中国社会科学院创新工程学术出版资助项目

中国社会科学院·智库报告

2020

走向全面小康社会

2020: TOWARDS
A COMPREHENSIVE WELL-OFF SOCIETY

"十三五" 规划研究报告

Understanding the 13th Five-Year Plan

李培林　蔡昉／主编

社会科学文献出版社

SOCIAL SCIENCES ACADEMIC PRESS (CHINA)

《2020：走向全面小康社会》课题组

总　负　责　王伟光

顾　　　问　赵胜轩

执行负责人　李培林　蔡　昉

参加讨论、研究、撰写人员　（按姓氏笔画排序）

马　援	王业强	王宏伟	王宏淼	王国刚
王俊秀	邓曲恒	史东辉	朱承亮	任常青
刘建华	刘树成	刘德良	孙婧芳	苏红键
杨宜音	杨春学	杨　舸	杨新铭	李　平
李　成	李　扬	李　林	李　周	李　河
李洪雷	李晓华	李培林	李　萌	李雪松
汪同三	汪德华	张友国	张车伟	张　平
张自然	张晓明	张晓晶	张海鹏	林　宝
金朝霞	郑世林	郑秉文	娄　峰	祖春明
贺　俊	都　阳	夏杰长	倪红福	高培勇
黄群慧	章建刚	董　昀	董裕平	蔡　昉
蔡跃洲	裴长洪	潘家华	魏后凯	

目　录

践行五大发展理念　全面建成小康社会（代序言）

蔡　昉

党的十八届五中全会通过的《中共中央关于制定国民经济和社会发展第十三个五年规划的建议》（以下简称《建议》）从全局性、根本性、方向性和长远性着眼，确立了"十三五"时期我国经济社会发展新理念，即创新发展、协调发展、绿色发展、开放发展和共享发展五大理念。这五大发展理念，认真总结了国内国外发展的经验和教训，凝聚了各个方面的发展共识，有助于破解我国发展中存在的不平衡、不协调和不可持续的问题，回应了广大人民群众对发展的新期待，是助推"十三五"时期全面建成小康社会决胜阶段经济社会发展的科学理念。

制定背景：发展阶段新变化

人类关于发展的理论和实践经历了长时间探索，形成过不尽相同乃至大相径庭的认识及其理论概括。特定发展阶段的主要矛盾决定了主流发展理念和主攻方向。在较早的发展阶段上，发展往往局限于经济领域，尤其强调经济总量扩大，造成以经济增长替代更广义发展的理论和实践倾向。这种倾向在特定发展阶段上一经形成，则导致发展目标的狭隘性、发展模式的偏倚性和发展结果的局限性。在资本稀缺、劳动力相对过剩和居民收入普遍低下的发展阶段中，以国内生产总值（GDP）增长为导向的发展，无疑有助于扩大经济总量、增加就业、提高居民收入，是增强国力和改善民生的必要前提。

随着发展进程的不断变化，发展条件和发展环境也必然发生变化，不仅在以往的发展理念及其所指导的实践中，长期存在的问题会逐渐积累、日益凸显，而且一些曾经行之有效的理念和实践，也会随时间的变化而趋于失效。因此，发展理念不应该也不可能是一成不变的，而需根据变化了的发展环境和发展条件，通过回应发展的目的是什么，发展不可以且不应该承担的代价是什么，发展应该以何种方式、路径和手段实现，发展的着力点需要放在哪里，发展绩效应该如何衡量，以及发展的成果如何得到共享等问题而与时俱进。

我国发展阶段变化的突出特点及对它的准确概括，是经济发展进入以增长速度换挡、结构调整加速和增长动力转换为特征的新常态。在我国经济发展进入新常态之际，虽然同时遭遇了一定的周期性冲击，如全球贸易增速减缓，为政策应对增加了复杂性和难度，但是，周期性因素不是新常态的本质特征。单纯强调外部因素或周期因素，而不能抓住造成经济下行压力的主导性的结构性因素，政策就容易偏向采用刺激性手段，形成政府越俎代庖配置资源，或者用补贴引导企业投资的现象。这样刺激出的增长速度，由于没有伴随着企业竞争力的提高、财政能力的增强从而公共产品供给的扩大，不能达到增加有效供给、改善民生的目的，甚至会贻误调结构和转方式战机。因此，对经济形势的判断要统一到新常态特征上来，促进发展必须把五大理念贯穿始终。

五大理念：目标导向与问题导向相统一

创新、协调、绿色、开放、共享的发展理念，充分反映了党的十八大以来我们党治国理政的新理念、新思想和新战略，对关于发展的目的、方式、路径、着力点、衡量和共享等方面的问题做出了全面回应，具体体现了目标导向与问题导向的统一。

创新发展着眼于培养新常态下经济增长新动力。改革开放后我国经济实现长达34年平均9.8%的高速增长，主要依靠体现在劳动力和土地的低成本优势与技术后发优势上的供给因素，以及居民收入提高、基础设施建设和对外开放带来的巨大需求因素。随着2010年我国成为世界第二大经济体，人均GDP进入中等偏上收入国家行列，同时，15~59岁劳动年龄人口总量达到峰值，人口抚养比抵达从下降转而上升的拐点，经济发展阶段发生了根本性的变化，支撑高速增长的传统动力相应式微。

从国际经验来看，许多国家在类似发展阶段上，传统增长源泉逐渐消失，又未能培养出必要的创新能力，失去了经济增长的持续动力，因而陷入"中等收入陷阱"。从我国经济发展面临的问题和挑战看，创新能力不强仍是我国与发达国家差距所在。因此，使创新成为引领发展的第一动力，形成经济增长的长期可持续动力，才能保持中高速增长，在2020年实现全面建成小康社会的目标，并进而跨越中等收入阶段。根据创新驱动的特点，全要素生产率的提高速度及对增长的贡献能力，是衡量创新成效的一个比较综合性的指标。

协调发展着眼于发展的健康性。我国发展长期存在着不平衡、不协调和不可持续问题，已经成为阻碍新常态下保持中高速增长和实现分享、包容的障碍。国际经验和我国现实都表明，在从中等偏上收入向高收入跨越的阶段，各种社会矛盾和社会风险，往往因区域、城乡、经济和社会、物质文明和精神文明、经济建设与国防建设等方面的不协调而产生和加深，一些国家也正是因此而落入"中等收入陷阱"。因此，坚持"四个全面"，按照《建议》的部署促进发展的协调性，是持续健康发展的内在要求。

绿色发展着眼于发展的永续性，顺应人民对美好生活的追求。有一种传统观念认为，增长与污染的关系类似于一条"倒U字形"曲线，因此先污染后治理是一种备选或者不可避免的方式。我国长期以来主要依靠物质投入驱动的经济增长，与这种认识偏差有关，已经造成对资源环境和生态的欠债。绿色发展理念认为，人民对优美环境和良好生态的追求，体现了发展的目的本身，绿水青山就是金山银山。而资源一旦枯竭，环境和生态一经破坏，则难以修复，必然要为此付出极高的代价。特别是，环境恶化对人的生活环境和人体健康造成的损害，代价尤其昂贵。全面建成小康社会，要让人民从发展中获得幸福感，必然不能以牺牲资源环境和生态为代价。

开放发展着眼于用好国际国内两个市场、两种资源，实现内外发展联动。我国以往的经济发展，受益于经济全球化和自由贸易。我们不仅要不断提高利用国际市场、在全球范围配置产能和应对国际经贸摩擦的能力，而且要努力发展更高层次的开放型经济，提高国际经贸等方面的制度性话语权，通过参与全球经济治理、提供国际公共产品和打造广泛的利益共同体，主动利用、扩大和引领经济全球化。

共享发展着眼于解决社会公平正义问题，体现了中国特色社会主义本质要求和发展目的。我国发展中的不协调问题表现为城乡、区域和居民之间的收入差距以及享受基本公共服务的不均等。全面建成小康社会，必须以全体人民共同进入为根本标志。以人民为中心的发展思想，最终要落脚于共享发展理念和举措，具体体现为坚持普惠性、保基本、均等化、可持续方向，从解决人民最关心、最直接、最现实的利益问题入手，提供更充分、更均等的公共服务。

目标实现：重视潜在增长能力和改革红利

《建议》对于全面建成小康社会、实现第一个百年目标提出的总体量化要求，是经济保持中高速增长，到 2020 年 GDP 总量和城乡居民收入在 2010 年基础上翻一番。根据横向和纵向比较，并且从经济增长换挡减速这一新常态特点出发，中高速可以定义为实现翻番目标所要求的增长速度。通过这种倒排方式和倒逼机制，为"十三五"时期经济社会发展设定时间表，实施路线图也相应由此确定。我国仍处于大有可为的重要战略机遇期，只要把握住新常态下发展重要机遇期内涵的变化，完全可以实现上述目标，避免落入"中等收入陷阱"，为第二个百年目标的实现打下牢固的基础。

2010 年我国 GDP 总量为 40.89 万亿元。按照到 2020 年 GDP 总量和城乡居民收入在 2010 年基础上翻一番的总体要求，若 2015 年 GDP 总量实现 7% 的增长，"十三五"期间每年需要 6.53% 的增长率，而如果 2015 年的增长率是 6.9%，则"十三五"期间需要平均每年增长 6.55%，即 6.5% 是底线。要实现这个不低于 6.5% 的增长速度，关键在于潜在增长能力加改革红利。

目前多数经济学家估算的"十三五"期间潜在增长率在 6%～7%。例如，我们根据生产要素供给和生产率提高的趋势，估算"十三五"期间潜在增长率为年均 6.2%。与此同时，我们估算的改革红利，即通过户籍制度改革、调整生育政策，以及其他提高资源配置效率的改革，显著增加劳动力供给、改善人力资本和提高全要素生产率，长期可以将潜在增长率提高 1~1.5 个百分点。不过，改革红利有的可以立竿见影，有的要在较长时间里才能显现出来。只要实质性地推进相关领域改革，在 6.2% 的潜在增长率基础上，增加不小于 0.3 个百分点的改革红利，就可以达到中高速增长的要求。

至于城乡居民收入在 2010 年基础上翻一番的目标，鉴于近年来 GDP 增长与居民收入增长的同步性有所增强，只要经济增长率能够保证 GDP 翻番目标的实现，也就同时保证了城乡居民收入翻番。更重要的是，上述定量目标的实现必须建立在提高发展的平衡性、包容性和可持续性的基础上，必须体现为为人民群众带来实实在在的获得感。在这方面，《建议》从非常广泛的方面做出部署，既有含金量又切实可行。

围绕创新、协调、绿色、开放和共享发展，《建议》提出了一系列重大战略和举措。例如，为促进创新发展，实施一批国家重大科技项目和在重大创新领域组建一批国家实验室；为促进协调发展，加快户籍人口城镇化率的提高，加强统筹协调，改革并完善适应现代金融市场发展的金融监管框架；为促进绿色发展，实行能源和水资源消耗、建设用地等总量和强度双控行动，实行省以下环保机构监测监察执法垂直管理制度；为促进开放发展，全面实行准入前国民待遇加负面清单管理制度，推动"一带一路"建设；为促进共享发展，现行标准下农村贫困人口实现脱贫，贫困县全部摘帽，解决区域性整体贫困，全面实施一对夫妇可生育两个孩子政策等。

全面小康社会，不是单纯用 GDP 总规模来衡量的小康社会，也不是仅仅用平均数来表示的小康社会，而是全体人民都能切身感受到的全面的小康社会。只有在五大发展理念的指导下，通过一系列重大战略、政策和举措的实施，着眼于把五大发展理念实际转化为人民群众看得见、摸得着、有获得感和幸福感的发展成果，才能实现我们的目标。

"十三五"时期我国经济社会发展的主要趋势和重大思路

张晓晶　李　成　董　昀[*]

摘要："十三五"及今后十年，是全面建成小康社会和实现"两个一百年"任务的关键时期。深刻认识经济社会发展的新趋势、新特点，特别是国内外经济发展的新常态，对于科学制定"十三五"规划、继续抓住和用好我国发展的重要战略机遇期、摆脱"中等收入陷阱"的"魔咒"、走上持续健康发展的轨道，具有十分重要的意义。

就国际形势而言，①全球经济进入新常态，经济增速回落，处在长周期的下行阶段；②由发达经济体主导的新技术革命与国际新规则下的全球分工体系正处在分化重组阶段，机遇与挑战并存；③本轮危机后的国家间竞争加剧，这使得中国需要动用更多的经济、政治、军事、外交等资源，以维持和平发展的环境，崛起成本上升。

就国内形势而言，①发展趋势体现为消费结构升级、基础设施投资、产业结构调整以及开放型经济新发展；②增长潜力巨大：储蓄仍然较为充足，工业化城镇化潜力仍然较大，提高劳动参与率和提升劳动力质量可以获取新的人口红利，中国作为后发国家仍能享受部分技术赶超红利，全面深化改革释放新的改革红利，积极参与全球治理获

---

　*　张晓晶，中国社会科学院经济学部，研究员；李成，中国社会科学院经济研究所，副研究员；董昀，中国社会科学院金融研究所，副研究员。

取新的全球化红利；③挑战依然严峻：经济增长的结构性减速、人口老龄化、金融风险、生态安全以及包容性增长的不足。

"十三五"时期的重大思路和关键举措可以概括为：坚守防范金融危机这条底线；拓展国际、国内两个空间；以绿色发展和包容性增长为主线，以创新驱动为根本动力，实现全面建成小康社会、逐步向高收入经济体迈进的目标。

关键词：新常态　经济形势　中等收入陷阱　经济持续健康发展

"十三五"及今后十年，是全面建成小康社会和实现"两个一百年"[①]任务的关键时期。深刻认识经济社会发展的新变化、新趋势、新特点，特别是准确把握国内外经济发展的新常态，对于科学制定"十三五"规划、继续抓住和用好我国发展的重要战略机遇期、摆脱"中等收入陷阱"的"魔咒"、走上持续健康发展的轨道，具有十分重要的意义。

党的十八届五中全会关于"十三五"规划建议稿指出，综合判断，我国仍处于可以大有作为的重要战略机遇期，也面临诸多矛盾叠加、风险隐患增多的严峻挑战；我们要准确把握战略机遇期内涵的深刻变化，更加有效地应对各种风险和挑战，继续集中力量把自己的事情办好，不断开拓发展新境界。

一　"十三五"时期国际形势

尽管国际金融海啸已逐渐退潮，世界经济也在步履蹒跚中走出衰退。但总体来看，世界经济政治格局仍处于深度调整与变革之中。这主要表现在：各国产业、人口、收入分配等长期性的结构问题并未得到根本解决，相应矛盾还在不断积累；政府与金融业等部门的资产负债表依旧脆弱，债务风险时隐时现；全球经济复苏步伐不一，发展失衡状态进一步延续；新技术领域国际竞争激烈，新的全球产业链正在形成；旧有的国际治理体系弊端凸显，但

---

① 即中国共产党成立一百年和新中国成立一百年。

新规则尚不清晰;各国财政、货币、金融监管等多方面的利益诉求多有分歧,相应的宏观政策步调失衡;地缘政治斗争加剧,部分地区安全形势恶化,乃至恐怖主义抬头;原油等大宗商品价格剧烈波动,不仅引发市场动荡,而且对国际利益格局产生较大冲击,并成为地区冲突的又一重要诱因。

上述复杂的国际经济政治形势,对于已经深度融入世界的中国有着广泛而深刻的影响。特别是中国经济社会逐渐步入新常态,其所面对的增长动力转换、产业结构升级、新型城镇化、人口老龄化等一系列结构性问题,都同各种外部因素紧密交织。因此,在探寻未来中国的发展路径与政策选择时,国际视角的重要性空前提高。

有鉴于此,我们试从长周期视角下的全球经济新常态、新技术革命与国际新规则下的全球分工体系、国家间竞争加剧与中国崛起成本上升等三大方面,展望未来五年至十年的国际趋势,并以此为基础,讨论中国将面临的外部机遇与挑战。

(一) 长周期视角下的全球经济新常态

2008 年经济危机之前的二十多年,是全球经济大繁荣的阶段,一般被学界称为"大稳定"(Great Moderation)。"大稳定"是全球范围内科技进步、体制机制变化和全球化的综合产物。从"大稳定"转变为大危机,并进而进入以长期结构调整为主要内容的新常态,其实只是"大稳定"繁荣掩盖下的各种矛盾产生、累积、深化、蔓延和爆发的结果。如果从长周期的视角来看,旧常态的辉煌恰恰是由于处在全球经济长周期的上行阶段,而旧常态的转折则预示着全球经济转向下行周期的开始。

从基础技术创新的角度来,18 世纪末以来,世界经济经历了五次长周期,其中,第五次世界经济长周期的上升期在 1980~2007 年。这正是前面所提到的"大稳定"时期。这个时期,以信息技术等高科技产业和高端生产性服务业为核心的"新经济"成为世界经济发展的主导,加上新材料、新能源、生物医药等领域的技术创新,以及全球化的发展,开启了持续近 30 年的经济繁荣周期,也构成康德拉季耶夫周期的上升阶段。对此,罗斯托(1983) 在 30 年前很有预见性地指出:有两股极其强大的力量——"康德拉季耶夫长波第五个周期的上升"和"第四次产业革命"——在对世界经济发生作用和施加影响。① 2007 年，以次贷危机爆发为起点，全球经济开始进入下行通道。从长周期角度看，上一波经济全球化与社会信息化的动能消耗殆尽，世界经济进入到第五次世界经济长波的下行阶段。而这也成为新旧常态的转折点，全球经济开始步入新常态。

全球新常态的最主要特征是所谓长期停滞，这一概念总括了未来五年到十年世界经济发展的大体趋势与特征。

就发达经济体而言，尽管开始复苏，但美国、欧洲、日本等有陷入"长期停滞"的迹象。这一观点由著名经济学家、美国财政部前部长萨默斯在2013 年底提出（Summers，2014）。其主要含义在于：由于实现充分就业并使储蓄和投资达到均衡的实际利率（即自然利率）处于较大的负值区间，远低于现行的实际利率，因此，传统的货币政策因"利率零下限"（Zero Bound）而失效（如以降息扩充流动性），进而出现投资不足、消费低迷、就业不充分、实际产出增长低于潜在水平等经济停滞现象。

造成长期停滞的原因归纳起来主要有以下三个方面。

一是技术。无论是经济增长理论还是实践都表明，决定长期经济增长的核心变量在于技术进步。据戈登测算（Gordon，2012、2014），美国全要素生产率早已重回 20 世纪 30 年代前的历史低位：1980 年至今 TFP 的年均增速仅为0.5%，约为 1930～1980 年间增速的 1/3。另有研究显示，由于欧洲、日本等主要发达经济体自身的创新能力有限，而对美国的知识技术外溢依赖较高，所以也步美国后尘，在 20 世纪 90 年代以来经历了程度不同的生产率增长减速。

二是人口与劳动力市场。由于人口生育率的下降、预期寿命提高、战后婴儿潮一代退出劳动力市场等因素，21 世纪以来美国等发达经济体普遍经历了劳动力供给数量减少、劳动参与率下降的困境。相对美国而言，欧洲、日本的劳动力供给状况更为悲观。自 20 世纪 90 年代以来，由于老龄化和少子化等因素，欧日两大经济体劳动人口相对比重下降的趋势不仅更为明显，而且持续的时间远较美国更长。与此同时，疲弱的经济环境，则进一步削弱了人力资本积累和劳动参与率。

三是收入分配。日趋恶化的收入分配格局，进一步抑制了发达经济体的

---

① 关于产业革命的划分有很多不同的观点。这和作者所处的时代有关。

增长潜力与社会活力,成为导致长期停滞的重要因素之一。实际上,如长期研究收入分配问题的著名经济学家皮克提等人的研究显示(Piketty 和 Saez,2013),早在经济繁荣的大稳定时期,发达经济体普遍经历了收入分配不平等的持续恶化。尽管在 2008~2009 年的金融危机与经济衰退中,这一局面曾暂时逆转,但其长期恶化的趋势并未改变。

上述观点在一定程度上正在变为现实。如在雷曼兄弟破产后的近六年间,在流动性普遍宽松的环境下,美国、欧洲等发达经济体仍旧没有回到此前的增长路径(Reinhart 和 Rogoff,2014),甚至出现了潜在增长率的下降——这意味着增速下降的长期化。值得指出的是,尽管自 2014 年下半年以来,美国经济出现好转迹象,特别是第三季度 GDP 增长率达到 5%(年率),创下了 11 年以来的新高,而美联储也在此时开始退出第三轮量化宽松。但这些迹象还远远不能说明美国经济就此开始强劲复苏。实际上,刚刚公布的数据显示,2014年美国全年 GDP 仅增长 2.4%。这一数字在近年来并不出奇,更慢于危机前 3% 的趋势增长率(即 1990~2007 年美国增长率的平均值)。同时,较之于美国,欧洲、日本等经济体的表现则更为逊色。特别是两大经济体都在此时陷入了公共部门债务高企、私人经济活动停滞,以及通货紧缩隐现的困境之中。

就新兴经济体而言,新常态的提法也同样适用。尽管各国面临的问题不同,但如仅聚焦于经济放缓,则可以归结为供给侧与需求侧两大类因素。在供给侧,第一,步发达经济体的后尘,新兴市场经济体的人口老龄化、少子化现象日益突出,劳动力供给由此收紧,工资成本优势逐渐丧失;第二,在后发国家同先发国家的技术差距不断缩小的同时,技术外溢对增长的贡献减弱;第三,在经历长时间的粗放式发展后,新兴国家的资源环境约束也趋于紧张。而在需求侧,第一,随着经济发展步入新阶段,新兴国家以高储蓄、高投资为特征的增长驱动模式弊端渐露,普遍出现投资回报率下降、资本配置低效、产能过剩等现象;第二,由于社会保障体系发展滞后、国内市场扭曲严重等原因,新兴市场的国内消费持续低迷,特别是难以在短期内弥补投资需求的下降;第三,在发达经济体增长整体放缓,以及国际贸易保护主义抬头的背景下,新兴经济体的外部需求已经严重萎缩且前景不容乐观。

(二) 新技术革命与国际新规则下的全球分工体系

本轮经济危机后,全球经济增长明显放缓,既有的全球分工体系被打破，全球资源需要重新配置。在新的国际分工形成的过程中，新技术革命与国际新规则将发挥关键性的作用。

首先看新技术革命。在全球经济增长遭遇逆风的同时，以互联网、再生能源、数字化制造三者深度整合为主要特征的所谓"第三次工业革命"却悄然而至（里夫金，2012），并成为21世纪以来人类在生产力上的又一次飞跃。可以想见，这轮技术变革将极大地改变人类的通信系统、能源模式，乃至生产生活方式，并在很大程度上重塑国际分工体系和利益分配格局。在这一潮流之下，处于不同发展阶段、在国际分工中扮演不同角色的经济体将面对不同的历史机遇与挑战。

对发达国家而言：由于在经济、政治、科技、文化、军事等多个维度的既有优势，新技术革命将最有可能在发达经济体发生，并进而强化后者在分工体系中的"中心"位置。如在近年来美国推动的制造业回归中，更加强调制造业中的创意设计与数字化，绝非简单的工厂设备回迁。而与此同时，德国也提出了以物联网、云计算和智慧工厂等为核心的"工业4.0"发展战略。值得一提的还有21世纪以来机器人产业的崛起。2014年，麻省理工学院的经济学家埃里克·布林约尔松（Erik Brynjolfsson）和安德鲁·麦凯菲（Andrew McAfee）研究了这一快速的转变。他们在《人工对机器》中写道："最近的机器人对人类技能的替代速度和替代范围有深远的经济影响。"在他们看来，低成本自动化技术的出现预示着规模足以与20世纪农业技术革命相媲美的巨大变革，农业革命导致美国的农业就业人数占总劳动力的比例，从当初的40%降到了如今的2%。麦凯菲认为，此次变革不但可以类比于农业的工业化，同样也可比肩20世纪制造业的电气化。机器人成为发达工业化国家重获制造业优势的重要砝码。当然，发达经济体由于处在创新的最前沿，也意味着可能承担较大风险。如何减少、分散此类风险，调动市场主体的创新动力，是对发达经济体的又一个重大挑战。

对新兴市场国家而言：一方面，面对新技术革命，不同发展阶段的国家往往处于相对接近的起跑线上。这为后发国家的赶超提供了难得的机遇。而后发国家也普遍具有摆脱旧有格局，争取向"中心"靠拢的积极性。此外，在"大稳定"时期，后发国家普遍经历了较长时期的高速增长，从而在经济、科技、文教、基础设施等方面取得了长足的进步。这为其迎接新技术挑战提供了坚实的物质和人力基础。另一方面，新技术革命下的利益分配格局，将会进一步倾向于位于价值链两端的设计研发和市场开发等活动的贡献，压缩价值链中端的劳动贡献。在劳动力成本上升和资源环境约束收紧的背景下，后发国家如果不能借助新技术革命发展新的比较优势，特别是通过产业升级和创新驱动实现向价值链两端的延伸，将逐渐被边缘化，直至被排除在"中心－外围"的分工体系之外，陷入尴尬的"中等收入陷阱"（Gill和Kharas，2007）。这一前景对于正在扮演"世界工厂"的中国有着特别的现实意义。

再来看国际新规则。面对全球分工体系的分化重组，发达经济体还酝酿重塑国际规则，以此获取新的竞争优势。

一是国际货币体系。在本轮金融危机的直接冲击下，以美元等西方主权国家货币为主导的国际货币体系受到严重冲击，种种弊端充分暴露。特别是作为货币霸权的美国所面临的"特里芬难题"，不仅造成了全球优质储备资产不足，而且使美国自身陷入了持续的经常项目逆差之中。在此背景下，2013年10月31日，美联储、欧洲央行、瑞士央行、英国央行、加拿大央行和日本央行等宣布它们已达成长期性多边货币互换协议。在全球金融危机即将进入第七个年头之际，全球六大央行联合推出货币互换升级版，清晰地表明，一张以美联储为中心、主要发达经济体央行参与的排他性超级国际储备货币供求网络已经形成。这个网络事实上已将发达经济体的货币供给机制内在地连为一体。特别值得注意的是，货币互换不仅涉及互换国之间的货币流动，而且涉及彼此间货币的汇率安排，进一步则涉及互换国之间宏观经济政策的深度协调。换言之，完备的国际货币体系必备的三大构成要素，即储备货币选择、汇率制度安排和国际收支协调机制，在互换网络中均有明晰的对应体现。这种安排的长期、无限和多边化，十分清晰地显示出发达经济体对于未来国际货币体系发展趋向的偏好。换言之，主要央行间建立长期稳定的货币互换网络，或许就是未来国际货币体系的基本架构。

二是国际经贸规则。发达经济体不满于传统全球化的模式，欲重塑全球化格局。特别是在经贸和国际投资领域，自2011年开始，在发达经济体之间相继展开的"跨太平洋伙伴关系协定"（TPP）、"跨大西洋贸易与投资协定"

（TTIP）、"服务贸易协议"（TiSA）以及"日欧经济伙伴关系协定"等的谈判，反映了区域间分工调整的新的多边架构。美欧试图通过改变规则提高其自身优势，并在客观上形成对中国不利的国际竞争局面。其做法包括：给中国贴上"国家资本主义"的标签，试图通过确立"竞争中性"原则来降低政府对经济活动的支持和中国企业在国际上的竞争优势，以及通过在环保标准、劳动标准、知识产权保护、治理结构、账目透明度等多个方面提出更高要求，制约中国在经贸投资领域的发展空间。

（三）国家间竞争加剧与中国崛起成本上升

如果说"大稳定"阶段，主要是企业特别是跨国公司间的竞争（背后有国家的支持），那么，危机以来，国家间竞争显得更为直接和明显。本轮经济危机后，全球经济增长明显放缓，既有的全球分工体系被打破，全球资源需要重新配置。在新的国际分工形成的过程中，国家间的竞争势必加剧。

回溯历史，全球分工体系的扩大也是外围和边缘地区不断被卷入资本主义生产方式的过程。资本主义生产方式最早发端于欧洲，在其初创阶段即有了复杂的国际结构。不同国家和地区在生产中扮演不同角色，也处在不同的分配地位。早期资本主义具有明显的国家主义倾向（Statism），因为全球分工以国家为基本单位，强大的国家才能在国际分工中占据有利位置。

本轮经济危机前的全球生产主要由三类分工者构成：金融 - 创新国、资源国和生产国。创新活动需要风险分担和利益共享机制，对金融体系的发达程度和灵活性要求很高。美国在危机前的很长时间里都承担了全球生产引领者的角色，其金融体系和创新机制在互联网时代催生出一大批创新企业。资源国大体有两种，一种是幅员辽阔、地大物博的，比如俄罗斯、加拿大和澳大利亚，另一种是某种矿产资源富集区，以中东地区为代表。生产国从低端产品到高端产品，构成逐渐上升的梯度。低端产品生产国需要的禀赋主要是受过一定教育的廉价劳动力。生产国梯度越高，资本和知识就越来越密集，劳动密集度下降但劳动成本快速上升。这三类分工者各有其典型代表，但是也有国家处在相对模糊的地带，兼具多项分工角色。

这种分工格局总体来说是各取所需、互利共赢的，促成了全球经济的快速扩张。但是长期来看它并不稳定。首先，资源国和生产国相对于金融 - 创新国会有持续顺差，造成严重的全球失衡，孕育了金融危机和经济危机；其次，金融－创新国虽然会获得超额垄断报酬和金融利益，但是国内会累积很多矛盾，比如贫富分化和金融风险；再次，生产国的劳动力成本会不断上升，在寻找产业转移空间的同时，还需要在分工体系中重新自我定位，从而对其上的在位者构成挑战；最后，全球的快速增长还必须考虑环境承载力，跟随劳动力成本一起上升的是环境成本，即一方面环境在不断恶化，另一方面人们的承受能力在减弱。

本轮全球经济危机可以说是对此前分工格局的一次颠覆和调整。美国在继续保持金融和创新优势的同时，通过制造业回流加强其生产国地位，通过页岩气革命又成为一个能源大国。同为发达经济体，欧洲和日本的经济调整和经济复苏要慢得多。在近期的石油价格下跌中，以俄罗斯为代表的能源国显示出其经济的脆弱性。在全球需求萎缩的大背景下，生产国之间的竞争趋于白热化，这在手机和汽车等产品上表现非常明显。总之，未来国家间竞争的主要表现形式不会是战争和军事对抗，而是经济竞争，即在全球分工体系中占据有利位置。通过引领全球技术潮流和主导全球经济贸易规则制定，使本国能够在全球分配中获取最大利益。

正是因为国家间竞争加剧，中国崛起的成本也在上升。

美国学者保罗·肯尼迪在《大国的兴衰》一书中也指出，一些大国在此消彼长、兴衰更替的动态过程中依靠技术突破、组织变革实现更快的发展速度，从而推动其国际竞争力迅速发展，并随着相对力量优势逐渐增大对国际体系力量格局、秩序、行为准则产生重大影响。这一过程就是所谓的大国崛起。后发国家的赶超和崛起既是一国内部复杂而艰难的发展结果，也是与被赶超对象的发展差异相对缩小的表现，是世界发展不平衡规律作用的结果。

中国作为一个新兴大国，正在迅速崛起。与过去30余年相比，在未来十年甚至更长一段时间内，中国崛起的成本在不断上升。这主要源于三个方面。

其一，全球范围内很多新兴大国（包括人口大国印度）都在加快推进现代化，其对全球资源能源的需求大幅增加，而面临的环境约束也在增强（包括各类减排协定），这就使得中国发展面临的资源环境成本在上升。

其二，随着中国经济规模的扩大，在国际社会中声音的增强，其所承担的国际责任也相应增大。中国要成为负责任的大国，这是国际社会的要求。

因此未来需承担更多责任，搭便车的机会大大减少。

其三，由于全球经济长期停滞的新常态以及国家间竞争加剧，需要我们动用更多的政治、军事、外交等方面的资源来应对，以保证中国经济的平稳增长和在全球范围内的崛起。这比起过去来，成本要高得多。

（四）对国际形势的总体判断

从全球整体看，在传统的全球化红利渐失和以要素驱动为特征的高速经济增长模式行将终结的大背景下，无论发达国家还是新兴市场都面临着结构转型和可持续发展的严峻挑战。各国开始转入以科技和人力资本为基础，以新技术革命为手段，以产业价值链为主要对象的国际竞争。与此同时，国际货币体系、贸易规则、政治秩序等也将出现异彩纷呈的多元化趋势。总体说来，这样的国际大势同现时中国自身的发展需要基本契合。中国正可以抓住这一战略机遇期，通过产业升级、需求调整、要素优化等途径，加快自身的结构转型。同时，随着综合国力的增强，中国应以更为积极的姿态投入到新世界体系的构建之中，特别是要在亚太乃至全球经济、政治、环境、安全等重大事务中勇于担当"负责任大国"的角色，转变以往主要聚焦于发展外贸、引进资金与技术的低层次对外开放战略，更须摒弃在全球化中"搭便车"、一味依赖发达国家技术外溢等狭隘的发展思路。

当然也需指出，后危机时代也是旧的利益格局被打破、新的平衡尚未建立的转型期。国际竞争将异常复杂、激烈，各种经贸、金融、政治、安全方面的矛盾冲突更为频仍且往往相互交织。为维护和平发展的外部环境，中国将需要动用更多、更广泛的经济、政治、军事、外交等资源。较之以往，这一挑战不仅更为艰巨、成本更高，而且中国在此方面也尤其缺乏经验。为此，中国需要在一个全面的、长远的、面向新时代新问题的对外开放战略框架下，在了解、尊重国际规则的前提下，充分整合自身资源，综合运用各种战术、方法、手段、途径，以最大限度实现国家利益，并为世界的和平发展做出应有的贡献。

二 "十三五"时期国内形势

本文对"十三五"时期国内形势的分析不拟面面俱到，而是选择若干具有趋势性、全局性和战略性特征的重点问题进行分析，旨在阐明问题要点、分析基本走势、探寻政策着力点。主要内容包括三方面：中国经济的发展趋势、增长潜力和重大挑战。

（一）发展趋势

以下从消费结构升级、基础设施建设、产业结构调整和开放型经济发展四个方面，讨论新常态下中国经济发展的基本趋势。

1. 消费结构升级

从总需求结构的角度考察，在 2008 年金融危机爆发之前，中国经济增长一度呈现投资驱动和出口驱动的特点。如表 1 所示，在经历了 2008～2009 年的剧烈波动之后，净出口对经济增长的贡献率已基本稳定在 -5%～-2% 的区间内，经济发展主要由投资和消费双轮驱动。

表 1 投资、消费和净出口对中国经济增长的贡献率

单位：%

年份	2006	2007	2008	2009	2010	2011	2012	2013
投资	43.6	42.4	46.9	87.6	52.9	48.8	50.4	54.4
消费	40.4	39.6	44.1	49.8	43.1	55.5	51.8	50
净出口	16	17.9	9	-37.4	4	-4.3	-2.2	-4.4

资料来源：国家统计局。

尽管如此，居民消费率偏低、投资率过高仍旧是制约中国宏观经济平稳运行的重大结构性问题。国家统计局统计以消费占支出法 GDP 比重核算的中国居民消费率呈现持续下降的趋势，即由 1978 年的 48.80% 逐步下降到 2012 年的 35.78%，34 年间下降了 13.02 个百分点（见图 1）。

与中国情况形成鲜明对比的是，世界上其他主要经济体的消费一直是宏观经济中最平稳的变量之一。如表 2 所示，各国的消费率基本保持在 50% 以上的较高位势，且总体平稳。这反衬出中国居民消费率数据出现的持续偏低和大幅变动的确是异乎寻常的。尽管中国的统计核算体系从 MPS 转入 SNA 所带来的变化和调整在一定程度上会导致消费率的低估，但中国居民消费率总体偏低仍是学术界普遍接受的基本事实。这也表明，中国的消费增长还有着巨大的潜力。

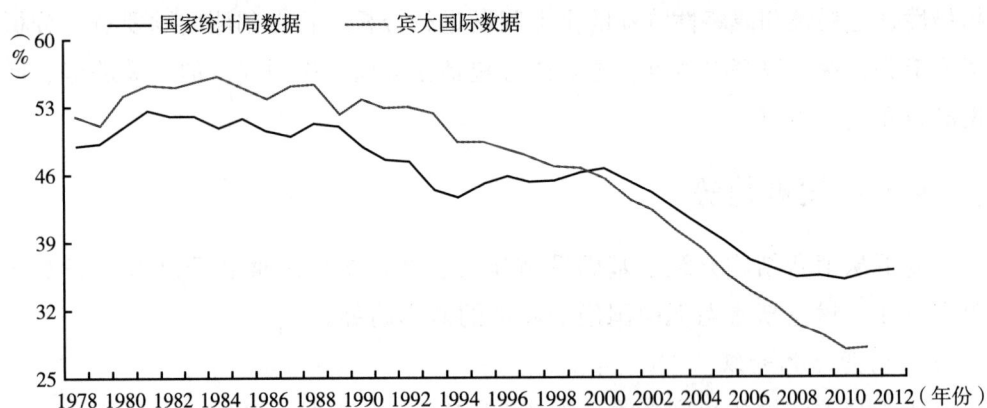

图 1　1978～2012 年不同统计核算的居民消费率变化趋势

注：①国家统计局数据为国家统计局核算，数据来自 2013 年《中国统计年鉴》。

②宾大国际数据为宾夕法尼亚大学世界比较中心核算，数据来自 Penn World Table Version 8.1。

表 2　1980～2010 年不同国家的居民消费率

单位：%

国　　家	1980 年	1985 年	1990 年	1995 年	2000 年	2005 年	2010 年
发展中国家							
印　度	74.61	67.66	65.59	63.71	64.15	57.54	63.2
巴　西	69.71	65.78	59.3	62.46	64.35	60.27	64.2
南　非	47.82	52.36	57.13	62.82	62.98	63.36	56.9
俄罗斯	—	—	48.87	52.09	46.19	48.90	51.3
发达国家							
英　国	58.26	59.32	62.00	63.27	65.07	64.32	65.3
日　本	54.07	53.86	52.52	55.04	56.22	56.99	59.3
法　国	56.42	58.64	57.09	56.61	55.73	56.86	58.0
德　国	58.44	59.73	57.64	57.73	58.87	59.09	58.9
美　国	63.46	64.96	66.70	67.77	69.02	70.36	71.2

资料来源：国研网数据库。

进入"十二五"以来，中国居民消费率持续下降的态势已得到了初步遏制。2010～2013 年，居民消费率持续回升，2013 年的居民消费率已恢复到 2007 年的水平。不过我们要充分认识到，消费率水平是一个受到历史文化、人口结构、经济发展水平等长期因素制约的慢变量，消费对经济的拉动作用同样也难以在短期内大幅提升。从国际经验看，新加坡在经济起飞阶段的居民消费率也是整体稳定在类似于我国现在这样的偏低水平，而在起飞完成后居民消费率才逐步提高。这表明，居民消费率的提高可能是结构转型和经济发展到一定水平的自然趋势和结果，并非短期政策作用的结果。因此，提高消费率不能单纯依靠总需求管理政策，而应该顺应经济发展的变化趋势，长短结合、供求并重。在当前中国居民收入稳步增长、消费能力不断增强的背景下，特别要重视通过创新供给激活消费需求，即通过体制改革和结构调整，降低创业创新成本，从而激发企业家的创新活力，推出能更好地激发消费者欲望、满足消费者需求的新产品、新服务，引导消费者提高边际消费倾向，稳步提高消费率。

从"能消费""敢消费""愿消费"角度看，增加居民收入只解决居民是否"能消费"的问题，并不能直接提高消费率；在给定收入增长的前提之后，设法提高消费倾向才是提高居民消费率的关键所在。在通过社会保障、消费者权益保护等方面的制度改革解决制度不完备、不确定性较大等导致居民不敢消费的问题之后，以供给端的变革促使消费者"愿消费"将是今后五年提高消费倾向的主要努力方向。

长期以来，我国社会消费品零售总额增长速度一直快于消费增长的速度，这表明服务消费偏低拖了整个消费增长的后腿，服务消费增长潜力巨大。近年来，个性化、多样化消费渐成主流，消费热点正从以商品消费为主向商品消费和服务消费并重转变，但服务供给仍然不足、服务价格总体过高。

具体而言，我国的服务消费发展存在两大瓶颈，即行业垄断和部分服务业发育不足。一方面，在和生产性服务息息相关的同时又为居民提供服务的行业，比如金融、快递、物流、电信、通信、网络等，目前还存在很多行政垄断，导致市场准入门槛偏高、市场进入不充分、供给数量不多，而且市场竞争不充分推高了价格。另一方面，在纯生活服务业，比如家政、养老、美容美发等，主要的制约因素是行业发育不充分，产业组织化程度低，难以达到规模经济，从而导致供不应求，推高了服务价格。

因此，发展服务消费将是创新供给激活消费需求的重要着力点。我们应当抓住服务业大发展的机遇，努力破除行政性垄断、降低市场准入门槛，同时通过财税、金融、教育培训等方面的政策，提高生活性服务业的组织化程度。这些政策的主要目的是鼓励企业家在服务消费领域实施创新活动，全面增加有效的服务供给，提高服务供给质量。

2. 基础设施投资

基础设施短缺是全球性现象。受城镇化、人口增长以及发达国家和发展中国家的需求促动，到 2030 年，全球基础设施投资将出现非常大的缺口。OECD 预测 2010 ~ 2030 年全球基础设施的投资需求将达到 53 万亿美元。另据毕马威估计，2013 ~ 2030 年间全世界需要 57 万亿美元基础设施投资才能与 GDP 增长节奏持平。这超过了所有现存基础设施存量价值的总和。在 57 万亿美元的投资需求中，水和水处理、能源及交通建设约占 80%，是国际基础设施投资建设的最主要领域。

而在国际比较中，亚洲发展中经济体特别是中国，基础设施投资缺口巨大。根据李克强总理在 2015 年初瑞士达沃斯论坛上的讲话，目前中国公共设施的存量仅为西欧国家的 38%、北美国家的 23%。图 2 关于人均公共资本存量的比较，进一步印证了这一说法（中国处在 EDA 分组）。

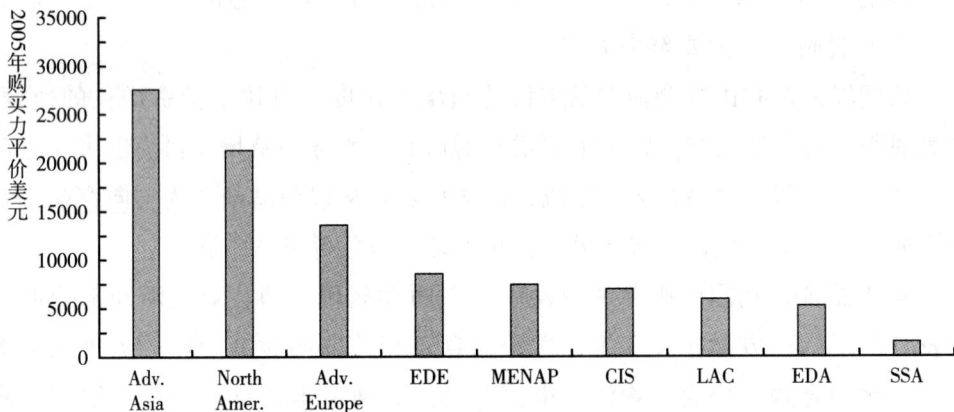

图 2　人均公共资本存量国际比较

注：其中，Adv. Asia = 亚洲发达经济体；Adv. Europe = 欧洲发达经济体；CIS = 独联体国家；EDA = 亚洲新兴和发展中经济体；EDE = 欧洲新兴和发展中经济体；LAC = 拉美及加勒比国家；MENAD = 中东、北非、阿富汗和巴基斯坦；North Amer = 北美；SSA = 撒哈拉以南非洲。

资料来源：IMF，Fiscal Monitor database；and IMF staff calculations（国际货币基金组织财政监测数据库和员工统计）。

我们认为,就中长期增长而言,基础设施投资将非常重要。它不仅在短期内能够提振需求,增加产出(见表3),而且可以在长期内提高生产能力与创新能力,以及提升人力资本。

表3 产出对公共资本的弹性

项　　目	所有公共资本	核心基础设施资本
中央政府完成	0.122	0.170
地方政府完成	0.145	0.193

资料来源:Bom and Ligthart(2014)。

一是扩大教育、医疗、健康、养老、文化创意等领域的社会基础设施投资。从长期增长角度看,在教育、医疗、健康等领域的投资有利于增加人力资本存量、提高人力资本质量,从而提高全要素生产率。

二是扩大与企业创新和产业竞争力提升有关的投资,有利于生产能力与创新能力建设。在短期内,投资是扩大内需、稳定经济的主导力量;但在中长期内,投资则会形成生产能力,影响供给面。因此,未来的投资如能投向提升企业技术水平、提高供给效率的领域,将有利于增强中国企业的竞争能力。在发达国家致力于推动"再工业化"、新一轮科技革命正在孕育之中的背景下,中国企业需要在产品、技术、组织等各个层面持续不断地实施创新活动,并加快应用先进技术,实现工业化与信息化的融合,从而提升各行各业的竞争力。特别要指出,从国际上看,美国等发达经济体常常将加速折旧作为走出危机的强力措施来采用,借以提高投资率,进而提高劳动生产率和国际竞争能力。这一做法势必加快设备投资的现金回流,更有利于企业的固定资产更新改造,值得中国借鉴。

3. 产业结构调整

金融危机之后,发达国家开始推行以重振制造业和大力发展实体经济为核心的"再工业化"战略。例如,美国提出"制造业行动计划",德国提出"工业4.0"计划,欧洲提出"未来工厂计划",等等,于是,制造业信息化和制造业服务化成为世界工业化进程的两个重要趋势。

制造业信息化表现为人工智能、数字制造、工业机器人等基础制造技术和可重构制造、3D打印等新兴生产系统的技术突破和广泛应用，这些构成了"第三次工业革命"的主要内容。当前方兴未艾的"第三次工业革命"，是由于人工智能、数字制造和工业机器人等基础技术的成熟和成本下降，以数字制造和智能制造为代表的现代制造技术对既有制造范式的改造以及基于现代制造技术的新型制造范式的出现，其核心特征是制造的网络化、数字化、智能化和个性化。3D打印、虚拟制造、工业机器人、智能化生产等一大批新兴生产技术集中、加快突破和应用，特别是与新兴产品技术相结合，不断改变传统的生产范式，实现了史无前例的成本、质量、功能、开发速度等全方位的综合运营指标优化。一个完整的技术经济周期可以划分为"导入"和"拓展"两个阶段，那么"十三五"将是"第三次工业革命"由导入期向拓展期转换的重要阶段，是新技术、新发明完成商业化的关键阶段，国家间的产业竞争将空前激烈。

由于全球范围内的产业重组与技术变革尚在起始阶段，新兴经济体与发达经济体在某些产业处于同一起跑线上，这对我们而言，是挑战，更是机遇。例如，在云计算等大数据处理技术方面，我国企业已经取得长足的突破，与前沿技术的差距快速缩小，技术的进步极大地降低了信息搜集和处理成本，直接推动了国内电子商务、互联网金融等相关新兴产业的高速发展。"十三五"期间，我国制造业还应加强生产工艺提升、产业工人技能提升和前沿技术突破，实现制造业向技能密集和技术密集的一体化产品升级。中国企业需要通过在前沿制造技术和制造系统领域的投资和研发，努力在若干产业部门抢占工业技术制高点，进入世界制造业强国行列。

目前，中国产业结构调整的主要方向是从制造业向服务业转移，但我国的服务业目前多集中于低端，生产率相对较低。故而当我们欢呼服务业比重上升的同时，应高度关注劳动生产率的提升问题。稳步推进制造业服务化正是提升服务业效率的可行途径。

"制造业服务化"作为一种新趋势，在全球范围内已经开始显示其良好的发展前景。所谓制造业服务化，一方面表现为产品制造过程中所需的工业设计、会计、法律、金融等服务性要素的投入不断增加和内部服务职能不断强化，另一方面表现为在实物产品的基础上衍生出越来越多的围绕实物产品的附加服务，独立的生产性服务业快速发展。推动制造业由生产制造型向生产服务型转变，不但成为提高制造业整体竞争力和附加价值的重要途径，而且有助于制造业减轻对资源的消耗和环境的破坏。我国的制造业服务化应当遵循一条从"内部服务化"向"外部服务化"转型的过程，循序渐进发展服务外包。在"十三五"乃至更长一段时期内，中国需要保持制造业和生产性服务业相互增强发展的局面。

4. 开放型经济发展

我们从商品进出口和资本流动两个方面来看开放型经济发展的大势。

在外贸方面，2014 年全年进出口总值同比增长 3.4%，远低于 7.5% 的年初预期目标，其中进口增长 0.4%，出口增长 6.1%，这已是外贸增速连续第三年未达到既定目标。

从国内因素看，综合要素成本攀升、人民币被动升值、制造业景气萧条是进出口持续下滑的直接原因。从国际环境看，世界经济长周期的繁荣已转为震荡复苏，跨国公司主导的全球化趋势被贸易保护主义遏制，中国在部分产业上的比较优势为周边国家和地区所取代，所有这些都使得中国外贸持续 30 多年的高速增长时代一去不复返了。未来五年，中国将处于传统出口优势丧失，外贸竞争新优势还未形成的"青黄不接"时期，培育外贸竞争新优势势在必行。

从世界贸易发展趋势看，服务贸易增长快于货物贸易，这是一个长期趋势。服务贸易发展战略既要立足于提高某些行业的国际竞争力，缩小逆差，又要容忍某些行业在相当长一个时期内维持逆差状态。我们认为，鼓励服务贸易发展将成为中国适应外贸新常态的重要政策抓手，外贸综合服务和跨境电子商务则是未来服务贸易发展的重点领域。从价值链角度分析，供应链的整合已经不再是原始的单个企业之间的交易契约关系，而是战略联盟的高度协同，供应链管理运营商与产业链上的其他生产、销售、消费企业，结成伙伴型合作关系，随着价值链的延伸，其获利方式不再局限于个别产品或一个节点的获利，而是整个价值链的利润。因此，发展包括融资、通关、退税、物流、保险等外贸环节在内的外贸综合服务前景广阔。2013 年中国跨境电商进出口交易额达到 3.1 万亿元。商务部预测，2016 年跨境电商进出口额将增至 6.5 万亿元。在传统外贸年均增长不足 10% 的情况下，中国跨境电商却保持着年均30%以上的增长。中国跨境电子商务已经逐渐形成一条涵盖营销、支付、物流、金融服务等领域的完整产业链。

当然，在提高经济发展质量方面，商品出口仍然具有重要意义。出口商品如果具有国际竞争力，就可以带动产业链内的各类产品升级、更新换代乃至整条产业链改造。当前，我国工业经济转型升级正在推进，制造业的模块化、智能化、数字化、网络化成为新潮流，而这些新产业能否成为未来我国的支柱产业，关键还要看其产品是否具有国际竞争力，能否占领国际市场。因此，出口商品能否被国际市场接受就成为检验我国产业转型升级成效的试金石。

在对外投资方面，近年来中国实现了快速增长。2002～2013年，我国非金融类对外直接投资年均增长39.8%，已成为资本输出大国。到2014年，我国全行业对外直接投资1160亿美元，与同期我国吸引外资规模仅相差35.6亿美元，这是我国双向投资按现有统计口径计算首次接近平衡。如果加上中国企业在第三地的融资再投资，我国对外投资规模将达1400亿美元，超过利用外资规模，成为资本净输出国。

在"一带一路"战略已经启动、人民币国际化加速、政府对企业投资的干预不断减弱、全球投资企稳回升、区域贸易自由化提速的新形势下，国内投资者将进一步在全球范围内配置资金，利用全球市场获取利润。我国对外直接投资将在未来一个时期内继续加速增长。

其中，"一带一路"战略的影响将尤为深远。目前我国已与十余个邻国签署了陆地边境口岸开放及管理问题的双边协议，协议开放口岸百余个，边境地区利用外联快捷、物流集中的优势，发展了旅游、物流仓储、加工、投资等经贸活动。实施"一带一路"战略将使这种经济贸易活动扩展到更多领域并辐射更广泛的内陆地区。从投资角度看，中国在基础设施建设和部分劳动密集型产业上的比较优势十分明显。在国内产能严重过剩、储蓄率过高的大背景下，中国可以通过鼓励企业走出去，推进建设亚洲基础设施投资银行、上合组织银行、金砖国家银行，创建区域性集体金融安全网等措施，将资金投向基础设施投资严重不足的周边发展中国家，并将基础设施建设与工业生产、绿色发展、结构调整结合起来。我们还可以此为契机，加快构建中国企业主导的全球生产经营网络，构建中国企业自己的全球价值链，实现从全球价值链中低端向中高端的攀升。

进一步说，在新的开放形势下，中国企业"走出去"应力求体现互利共赢，增加中国企业对外投资的东道国福利。走出去的中国企业应培育成为现代跨国公司，构建自主的跨国生产经营价值链，整合全球资源。要把互利共赢和促进国内经济结构调整、产业升级的立足点作为中国企业对外投资的指导方针，以建设自主国际化生产经营网络作为战略目标，来规划企业海外投资并建立与此相关的服务促进体系。

（二）增长潜力

1. 储蓄仍然较为充足

改革开放以来，中国的储蓄率持续在高位运行，支撑了长达30余年的高投资率和高经济增长率。从长期视角看，有两类因素导致中国的储蓄率居高不下，一类是人口结构因素，即劳动参与率的提高和年轻工作人口比重的增加导致总人口的消费倾向下降、储蓄倾向上升，从而产生进一步的储蓄率提高效应。另一类是体制因素，改革开放以来，我国国民收入分配格局不断向政府和企业倾斜，资源价格上涨、垄断利润上升和国企不分红等制度因素导致企业储蓄率过高。两类因素叠加，导致储蓄率居高不下。

我国经济的长期发展战略是降低储蓄率和提高国内消费率。随着人口老龄化的提前到来和各项制度改革的推进，居民储蓄倾向下降和企业储蓄占比下降的趋势初露端倪（见图3）。不过，发展阶段因素和制度因素都是在短期内相对稳定的因素，在五年左右的中短期内，中国储蓄率总体较高、资金供给总体充裕的格局不会改变。这就使得未来几年中国仍拥有较为充足的资金供给来继续支持一定速度的投资率和经济增长率，关键问题是如何完善金融体系，将资金配置到效率较高的生产部门，将这种发展潜力转化为有质量的经济增长率。

2. 工业化与城镇化潜力依然较大

工业化与城镇化是中国经济高速增长的两大引擎。未来5~10年，这两大引擎将继续拉动中国经济的增长。

虽然中国的工业化已经步入中后期，但这并不意味着中国的产业发展潜力已经耗尽。恰恰相反，当前中国工业正处于进军世界制造业先进行列的关键阶

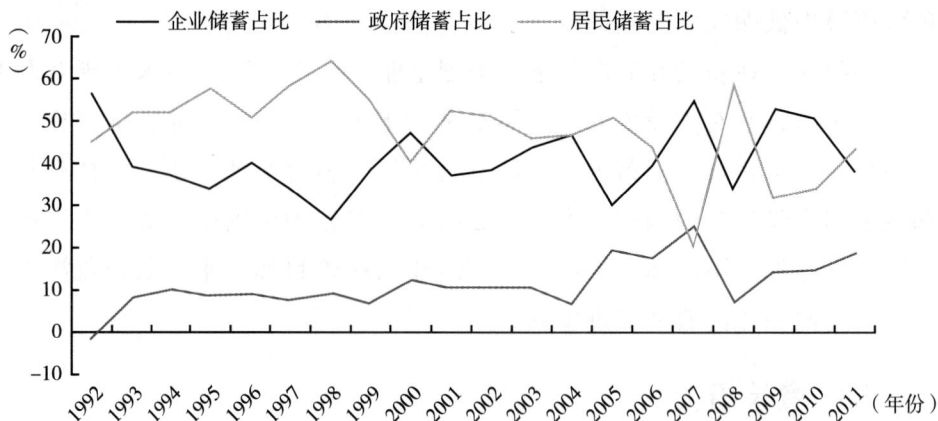

图 3　中国的储蓄结构

资料来源：历年资金流量表。

段。这是因为，中国工业化是沿着西方发达经济体工业化的技术路线推进的，大多数产业尚未占据世界产业技术制高点，一些生产规模大、市场占有率很高的国产产品（如纺织服装），技术、质量和档次并没有达到世界先进水平。即便一些国产产品的整机达到甚至超过了国际先进水平，但是关键零部件仍然在相当程度上依赖从国外进口。未来五年中国需要加快工业技术改造和技术创新，改善劳动生产率，推动全产业链的精细化和极致化，构建综合性产业竞争优势。如能沿着这一轨道前进，工业的这一转型升级过程必将带动经济发展质量的提升。另外，中国的服务业已经开启快速发展的进程，服务业产值比重已经超过了工业。服务业的大发展将通过扩大就业、促进消费、增强发展持续性、提升制造业的人力资本等渠道推动经济增长。

随着中国工业化已进入中后期，城镇化逐渐成长为中国经济增长的主要驱动力量。与发达经济体相比，中国城镇化还有相当的潜力。当前要注意切实改变"摊大饼"式的旧有城镇化模式，推进基于城镇化的综合配套体制改革，变城乡分割为城乡一体化，从等级制城镇化变为居民权利较为均质的城镇化，抑制土地城镇化，加快人口的城镇化，并基于新的居民形态建构城市、城乡和空间秩序的新体制，提高城市人口密度，提升人力资本和城市的聚集功能，重塑城市的产业竞争力。如此一来，城镇化就会产生聚集效应和规模经济效应，切实提高经济的供给效率。

3. 提高劳动参与率和提升劳动力质量，获取新的人口红利

尽管标准定义的人口红利在不断消失，但通过人力资本积累、技术进步和体制改革，我们仍有可能开发出新的经济增长动力，比如延长退休年龄就能够提高老年组的劳动参与率，从而导致劳动力总量的增加。

另外，从劳动力质量，或者说从人力资本角度看，由于近几十年来教育的大发展，中国正在获得大规模的人力资源红利，这在未来不仅可以有效地抵消人口红利不断减少的负面作用，而且还可以保持人力资本总量的持续增加，从而支撑整个中国经济的长期持续高增长。胡鞍钢等（2011）的测算也证实，中国自2000年起就开始出现净人力资本红利，而且直至2030年，净人力资本红利是不断提高的。这表明未来五年到十年间进入劳动力市场的年轻人将是人力资本充足的劳动者，能够较好地适应产业结构转型升级的要求，有利于生产效率的提高。

当我国的劳动力短缺、工资上涨成为常态以后，报酬递减的规律就会发生作用。也就是说，这个时候即使不断投入资本，用机器替代劳动力，但是投入并不能带来相应的回报，它的回报水平逐渐下降。报酬递减规律反映在经济增长上就是潜在增长速度的下降。

不过，目前所谓"第三次工业革命"中出现的智能机器人的大量使用，有可能有别于此前一般机器的使用。机器人的使用与机器替代劳动力的最本质不同，是前者可能不会很快遭遇资本报酬递减。这主要是因为，一般机器性能的变化相对缓慢，比如蒸汽机，其性能每70年才翻一番，但计算机就不一样，它遵循摩尔定律（Moore's Law），数字计算能力大约每两年就提升一倍。这使得智能机器人的效率提升是指数型的。因此，就投资而言，不同年份相同的投资，可能获得的是性能更高的智能机器（人）。这就大大延缓了报酬递减。

正因为如此，在对待机器人问题上，不能以过去机器替代劳动的老眼光来看待，我们的应对策略是：一是在劳动力逐步短缺的情况下，除了以延长退休年龄、提高人力资本等方式来应对外，还可以提倡用机器人来替代劳动，以弥补劳动力的不足；二是重塑教育机制，让更多的人可以"与机器合作"，而不是跟它们竞争；三是采取更多的措施来促进人们创业，从而催生新的产业，创造新的岗位（机器人毕竟会替代一部分劳动力）。

4. 作为后发国家，中国仍能享受部分技术赶超红利

全部生产率增长潜力的 3/4 来自对于现存最佳实践的广泛应用——也就是说是一种赶超型的生产率提升。这里所提供的积极的信息是，所有这些机会（最佳实践）我们都知道且存在于世界的某个地方。新兴经济体推动生产率进步有 82% 的机会来自赶超，只有 18% 是靠自主创新。作为对比，发达经济体提高生产率的机会，有 45% 得靠自主创新，借此推动生产率的前沿进一步往外扩展（MGI，2015b）。

中国目前仍处于赶超阶段，因此，仍能享受部分赶超红利。特别是在科技没有重大新突破的情况下，赶超型国家往往可以通过利用传统技术获得更多的经济增长机会。

不过，这并不意味着我们可以对于新的技术革命浪潮视若无睹，相反，我们需要紧跟技术前沿的可能变化，花大气力，尤其在制度与政策支撑方面，为迈向技术前沿做出努力。毕竟目前阶段不同于三十余年前。一方面，中国产业体系逐步完备，技术基础较为扎实，有了自主创新的基础；另一方面，经过较长时间的模仿赶超，我们离前沿技术越来越近，有某些领域，和发达经济体几乎处在同一起跑线上，赶超空间已经不大。从而，在"十三五"以及今后更长时间内，在充分利用技术赶超的同时，需要把自主创新放在更为重要的位置。

5. 全面深化改革，释放新的改革红利

改革的问题，归根结底是处理好政府与市场的关系问题。十八届三中全会之后，使市场在资源配置中起决定性作用和更好发挥政府作用成为经济体制改革的主基调。

从增长动力角度看，使市场在资源配置中起决定性作用就是要推进各类要素配置的市场化，这包括土地要素（构建城乡统一的建设用地市场）、资本要素（利率市场化、资本市场发展）、劳动力要素（户籍制度改革、城乡劳动力市场一体化）。这些改革如能在未来五年顺利推进，即便要素投入数量不变，也会通过资源配置效率的改进来提高全要素生产率，为经济增长提供新的动力。

更好地发挥政府作用则意味着政府将要做到有所为和有所不为。有所为是指政府要承担属于自己的责任，比如，增加社会领域的投资、人力资本的

投资，在提供公共产品与服务方面发挥基础性作用，这些举措不仅有助于实现社会公平，而且将提升人力资本质量，增强经济增长的包容性。有所不为是指，政府要减少对微观经济活动的干预，特别是放松管制、打破垄断、减少审批，从而降低创业创新成本，提高生产效率。

通过上述分析可知，全面深化改革各项举措的落实将会通过提高要素资源配置效率和生产效率，释放出新的改革红利，为未来一个时期中国经济的中高速增长提供新动力。

6. 积极参与全球治理，获取新的全球化红利

本次金融危机之后，国际货币体系、全球金融监管体系、国际贸易体系处在不断创新与重新修订之中。与此同时，发达国家力量的相对下降和发展中国家力量的相对增强也会逐步反映到全球发展规则中，为中国在全球治理体系中发挥更大的作用提供了机遇。我们可以利用这一历史契机提升我国在全球规则制定中的话语权，这包括：①推进对外的自贸区谈判以及国内的自贸区试验，扩大贸易增长空间；②推动国际货币体系改革、推进人民币国际化，提升金融竞争力；③参与节能减排、气候变化和低碳经济发展中的规则谈判。由于这些会影响未来的全球产业发展布局、各国责任和成本分担，因此，参与这些谈判将使得中国的相关产业更具竞争力，经济发展的外部环境更加有利。这些新的全球化红利显然将成为中国未来发展的又一动力来源。

（三）重大挑战

1. 结构性减速

改革开放以来，中国经济以年均 10% 左右的速度持续增长了 30 余年，被国际学界誉为"中国奇迹"。然而，"奇迹"并不意味着中国的高速经济增长违背了世界各国经济发展的一般规律。1820 年以来，西方 12 个主要发达经济体的长期经济增长率呈现先加速后减速的钟形演变轨迹：20 世纪 70 年代之前，在两次工业革命的推动下，各种生产要素不断从效率较低的农业部门向效率较高的制造业部门转移，从而提高了经济的潜在增长率，使得发达经济体的经济增长速度持续稳定地提高；20 世纪 70 年代对发达经济体而言是一个转折期，国际货币体系危机、黄金非货币化危机、两次石油危机和滞胀危机接踵而至，发达国家的经济增长陷入停滞困境，此后，各种生产要素

不断从效率较高的制造业部门向效率较低的服务业部门转移，从而导致潜在增长率持续降低。

与发达经济体一样，在经历了一个较长时期的经济高速增长之后，中国经济的潜在增长率将不可避免地降低。中国过去30余年的高速增长是在充分利用要素成本方面的比较优势，并在全球化的背景下有效发挥后发优势、推动技术进步的结果。当前和今后一个时期，在资源配置效率下降、要素成本抬升、科技创新能力不足和资源环境约束增强等趋势性因素的制约下，中国经济将彻底告别9%～10%的高速增长阶段，转入7%左右的中高速增长阶段。导致减速的上述因素大多不是经济政策失当造成的，也并非经济周期特定阶段的冲击使然，而是中国在经济发展新阶段所面临的根本性转折造成的。因此被称为"结构性减速"。

在7%这一较以往稍低的增长速度平台之上，储蓄、投资、消费、财政收支、货币供给、利率、汇率等主要宏观经济指标也将发生相应的变化，使得国民经济运行中积累的若干矛盾和风险"水落石出"，使得中国经济面临诸多风险与挑战。不过，挑战往往与机遇并存。如果我们能够用转方式、调结构、促改革的办法应对风险，就可以倒逼中国经济从投资驱动、出口驱动、要素投入驱动的阶段向形态更高级、分工更复杂、结构更合理的阶段演化，最终走上消费驱动、创新驱动、效率驱动的可持续发展道路。在这一过程中，我们既需要保持定力，冷静分析中国经济变化的客观规律，又要根据新形势、新变化，全面调整理念、心态和战略，迅速适应新常态、引领新常态，通过持续的努力完成中国经济的转型升级。

2. 人口老龄化

三十余年来，在计划生育政策的推动下，我国的生育率大幅下降，劳动年龄人口增长率得到有效控制。与此同时，经济的快速增长和居民生活水平的改善又导致平均预期寿命的增长，老年人口比重相应提高，从而使得中国在经济发展水平尚较低的情况下，过早地迎来了人口老龄化阶段，而且人口老龄化速度快于收入水平提高速度，这就是"未富先老"现象。根据联合国经社理事会的估算和预测（UN，2009），2010年中国65岁及以上人口占总人口的比重为9.4%，远高于发展中国家5.8%的平均水平。不仅如此，根据这一预测，中国的老龄化程度还将持续提高数十年，2020 年将提高到 13.6%，2030 年达到 18.7%，与发达国家 2010 年的平均水平相当，2040 年快速攀升至 26.8%，2050 年则高达 30.8%。从实际情况看，"十二五"期间，人口老龄化呈加速的态势，生育率水平的下降和低水平已持续多年，劳动年龄人口的总量也首次出现下降，人口的结构性矛盾已经非常突出。向未来看，中国在 2024 年就业会达到顶峰。并且，在未来 50 年，中国劳动就业会下降近 1/5（19%）（与之形成对比的，印度在未来 50 年劳动就业会增加 54%），见图 4。

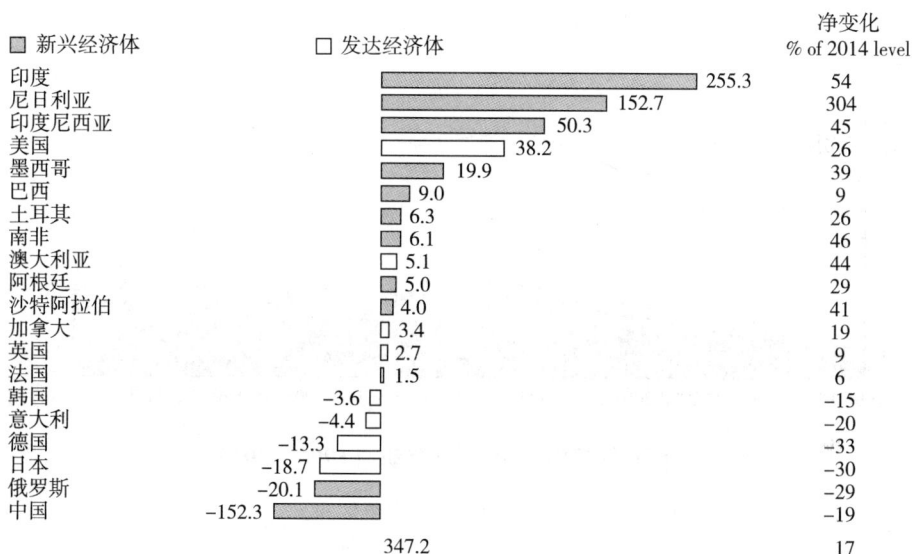

		净变化
■ 新兴经济体	□ 发达经济体	% of 2014 level
印度	255.3	54
尼日利亚	152.7	304
印度尼西亚	50.3	45
美国	38.2	26
墨西哥	19.9	39
巴西	9.0	9
土耳其	6.3	26
南非	6.1	46
澳大利亚	5.1	44
阿根廷	5.0	29
沙特阿拉伯	4.0	41
加拿大	3.4	19
英国	2.7	9
法国	1.5	6
韩国	−3.6	−15
意大利	−4.4	−20
德国	−13.3	−33
日本	−18.7	−30
俄罗斯	−20.1	−29
中国	−152.3	−19
	347.2	17

图 4　未来 50 年（2014～2064 年）各国劳动就业变动趋势（单位：百万人）

资料来源：The Conference Board Total Economy Database；United Nations Population Division；International Labor Organization；McKinsey Global Institute analysis（世界大型企业联合会总体经济数据库；美国国家人口署；国际劳工组织；麦肯锡全球研究院）。

"未富先老"意味着，中国将在人均收入水平不太高、劳动力需求仍然较旺盛、养老资源相对不足、社会保障制度不够完善的情况下，迎来劳动力供给减少、工资水平快速上升、人口红利过早消失的局面。劳动力短缺将削弱我国劳动密集型产业的竞争优势，而老龄化也将降低我国的储蓄率和资本形成率，这就对我国经济增长、就业和社保政策的设计构成严峻挑战。人口素质的提高、全要素生产率的改善和养老能力的可持续都是未来中国有效应对"未富先老"现象的负面效应所必须做好的功课。

3. 金融风险

"结构性减速"对中国经济冲击的重要表现就是金融风险显现。这里可以用全社会杠杆率的快速上升来衡量金融风险的上升。中国社会科学院资产负债表课题组的研究表明（见图5），1996～2013年，中国全社会杠杆率由113%上升到232%，增加了1倍多。特别值得关注的是，由2008年的170%上升到2013年232%，5年上升了60多个百分点。需要引起高度关注。

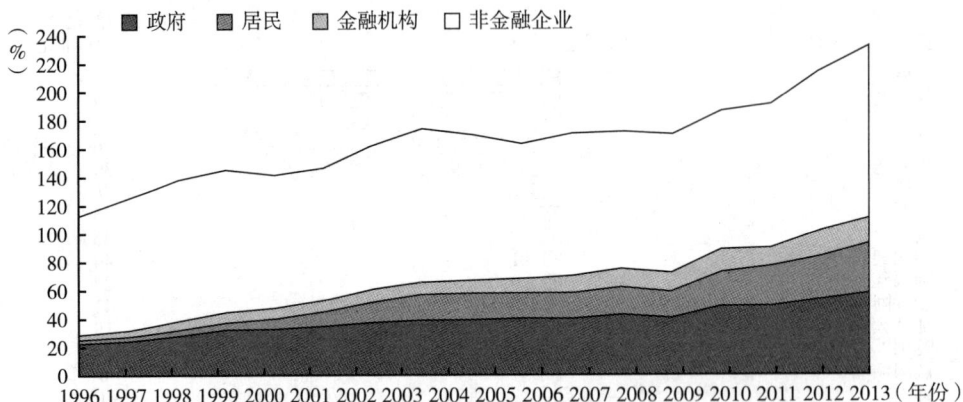

图5　中国各部门杠杆率的变动（1996～2013年）

资料来源：中国社会科学院"资产负债表"课题组估算。

一方面，政府债务占GDP的比重为58%（见表4），已经接近国际上60%的警戒线标准，另一方面，非金融企业债务占比为121%，远超过OECD国家90%的安全阈值。

另外，即便就国际比较看中国的总杠杆率（见表4，这里是指实体经济部门杠杆率，未计入金融机构债务），尽管比很多发达国家要低，但远高于巴西、印度、俄罗斯，同时也高于德国。以投资驱动增长、债务增长（或者说信贷扩张）支持投资，是中国过去三十余年的基本模式，但这一模式如果延续下去，就不得不面临杠杆率进一步攀升的挑战。

实际上，伴随中国经济发展进入新常态，经济增速开始下调，财政收入也由高速增长转为中低速增长的新常态。在中国现行税制下，随着经济增速放缓，财政收入增速的下滑幅度更大。我国间接税的比重高，资本货物、原

表 4　主要经济体债务结构（占 GDP 比重）和总杠杆率的国际比较

单位：%

国　　家	总杠杆率	政府部门占比	非金融企业占比	居民部门占比	金融机构占比
日　　本	400	234	101	65	117
西班牙	313	132	108	73	89
法　　国	280	104	121	56	93
意大利	259	139	77	43	76
英　　国	252	92	74	86	183
美　　国	233	89	67	77	36
中　　国	214	58	121	35	18
德　　国	188	80	54	54	70
泰　　国	187	46	65	76	64
巴　　西	128	65	38	25	32
印　　度	120	66	45	9	15
俄罗斯	65	9	40	16	23

注：总杠杆率（或总债务率）未包含金融机构债务。

资料来源：中国为 2003 年数据，中国社会科学院"资产负债表"课题组估算；发达国家为 2014 年第 2 季度数据，其他发展中国家为 2013 年数据，来自 MGI（McKinsey Global Institute），*Debt and（not much）Deleveraging*，February 2015。

材料、制造业等传统产业税收贡献较大，所得税和财产税等直接税占比偏低，财政收入增长受经济波动的影响很大。事实上，近几年来，中国财政收入已经呈现由过去的两位数增长进入一位数增长的减速态势。德意志银行的测算表明，2015 年中国财政收入增长速度可能急速降至 1%，而地方财政收入可能出现断崖式下跌，增速将降至负数。与此同时，政府的负担并不能减轻。其结果就是政府负债上升、赤字上升。

如果进一步考虑产能过剩引起的不良贷款率上升、房地产调整带来的坏账以及影子银行的潜在风险，这些与地方债务一起，将使得金融风险进一步加剧。

4. 生态环境

"十三五"期间，我国的生态环境处于转型发展的关键时期，生态环境领域的不平衡、不协调、不可持续的状况不容低估。希望"十三五"成为环境生态发展的拐点（即不再恶化而是有所好转），难度非常大。国家发改委在"十二五"规划纲要实施中期评估报告中指出，以细颗粒物、臭氧为特征的复合型污染物日益严重。一些地区大气、水、土壤等污染严重，各种污染物随时间累积，在空间集聚，呈现污染源多样化、污染范围扩大化、污染影响持久化特征。经济增长、人口增加、能源资源消耗和城市扩展对生态环境的压力进一步加大，60%左右的城市空气质量不能达标，中国的环境污染形势依然严峻。比起经济金融安全，生态安全是更为根本的涉及民生甚至百姓生存的方面，至关重要。

以下几个趋势性问题尤其值得关注。

第一，煤炭消费持续快速增长对单位GDP能耗、非化石能源消费比重等指标任务的完成构成了很大阻力。2011～2012年，我国消费年均增量近2亿吨标准煤，与"十五""十一五"时期增量基本持平。而且，煤炭作为短期唯一能够大幅度增加供应的能源品种，消费量也快速增长。煤炭在能源结构中的比重长期居高不下，一直在70%左右。如果能源消费总量继续保持上述增长趋势且能源消费结构不能有效改善（即煤炭占比不能显著下降），将对节能减排构成持续的阻力。

第二，资源生态类指标中质量效益指标缺乏，森林考核指标以蓄积量和覆盖率两个数量指标为主，没有森林的质量指标，导致历次森林资源调查的蓄积量和覆盖率指标快速增长，但森林资源整体质量出现下降。

第三，如图6所示，21世纪以来中国二氧化碳排放量开始出现急剧上升，并超过了美国。如果继续目前这种增长趋势，在不远的将来中国二氧化碳的历史累计排放量也很有可能成为世界第一。即使不断降低二氧化碳排放强度，应对气候变化的国际压力也将空前巨大。

5. 包容性增长

正确处理公平与效率的关系，实现经济增长成果的分享和增长过程的社会和解，提高经济增长的包容性是未来一个时期中国经济持续健康发展的重要组成部分。

虽然本轮国际金融危机以来，我国的基尼系数有所回落，表明收入分配状况趋向好转（见图7），但并不能说明中国收入差距已经见顶。这是因为当前的基尼系数下降很多是政策性因素造成的，而非市场行为和机制制度使然。

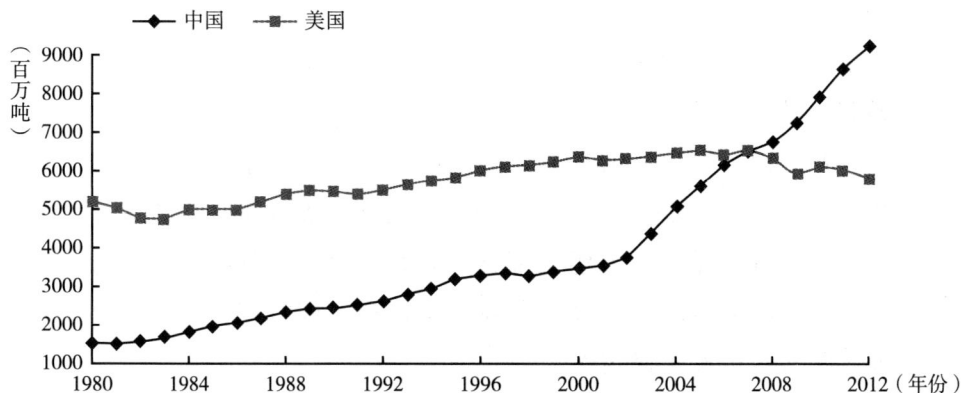

图 6　1980 年以来中美两国二氧化碳排放量变化

资料来源：BP 世界能源统计（2013）。

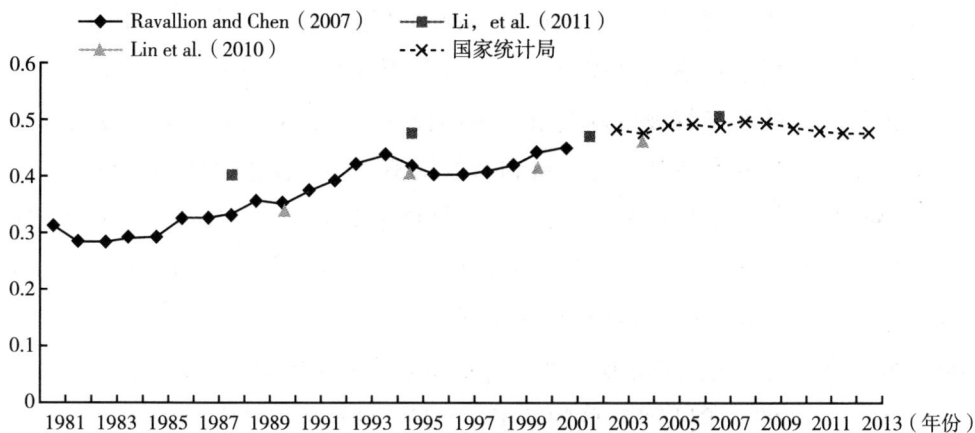

图 7　1981～2013 年中国的基尼系数

资料来源：转引自庄巨忠（2015）。

中国经济发展包容性不足的问题根植于计划经济时代的制度性不平等，例如，政府的行政垄断遍及经济领域，个人在经济活动中少有自由决策空间，薪酬分配中的平均主义与附着于官员等级制上的特权并存，等等。随着市场化改革的深入，行政垄断的领域缩小，个人的经济自由增加，收入分配中的平均主义被打破，经济发展的包容性有所增强。不过，由于经济体制的转轨尚未完成，不同社会群体之间的权利平等尚未完全实现，从而造成市场经济中的不平等竞争，并使得不平等竞争的后果继续复制并加剧不平等。这正是在经济高速增长、居民收入和财富普遍增加的情况下，对社会不公的批评却日益强烈的症结所在。

针对这种情况，在十八届三中全会《中共中央关于全面深化改革若干重大问题的决定》（以下简称《决定》）中，"实现发展成果更多更公平惠及全体人民"成为深化改革的重要组成部分，教育、就业、社保、收入分配等领域的改革都已经开始破题。不过，在制度设计和实施过程中，提高增长的包容性仍面临诸多挑战和不确定性。

第一，基本社会保险制度方面碎片化现象严重，统筹层次低，且区域间不可转移、接续。多层次的社会保险制度设计固然可收到迅速扩大覆盖面之功效，却也给保障体系的可转移、可接续造成了制度障碍。如何将完善社会保险关系转移接续政策与扩大社保覆盖面统一起来，仍有待进一步探索。

第二，随着中西部地区经济增速的加快，区域间收入差距正逐步缩小，这就意味着进一步通过转移支付政策缩小收入差距的难度正在加大。未来缩小收入差距的重点可能在于打破行业垄断、完善公共资源出让制度和收益分享制度等体制变革，而这些改革都涉及存量利益的调整，要全面推进实非易事。

第三，伴随着经济发展阶段的变化，农村剩余劳动力正在减少，劳动力市场总体将呈现供大于求的局面。然而，周期性失业和结构性失业问题却不容低估。未来五年，随着中国经济步入结构性减速通道，经济增长率势必有所降低；如果经济结构没有大的变化，经济波动势必引发周期性失业的增加。另外，大学生等青年群体"就业难""创业难"的问题正在凸显，同样值得高度关注。

三 "十三五"重大思路与关键举措

"十三五"及今后十年，中国所面临的重大背景有两个：一是中国经济进入新常态；二是处在中国实现"两个一百年"目标的关键期。在这样的大背景下，结合前文对于国际国内形势的分析，我们认为"十三五"的重大思路可以概括为：坚守防范金融危机这条底线；拓展国际国内两个发展空间；以全面建成小康社会向高收入经济体迈进为主题，以绿色发展和包容性增长为主线，以创新驱动为根本动力。

（一）坚守一条底线：防范金融危机

从长周期的角度，一个经济体快速增长 30 年左右，大体都会遭遇危机。以亚洲金融危机为例，那些经历了危机的亚洲国家（典型的如泰国、印度尼西亚、马来西亚、韩国），在危机前基本上都快速增长了 30 年左右。当然，这不一定是宿命。但中国目前所积累的风险以及增长回落后所呈现的"水落石出"的效果，会使风险暴露急剧上升。不少人（国内外的一些专家）认为中国金融危机不可避免。尽管我们不同意唱衰中国的论调，但要非常警醒，因为要实现无金融危机的增长并不容易。

因此，"十三五"及今后一段时间，防范金融风险是第一要务。只有不发生危机，才可能实现调结构、稳增长的任务，才可能在这一过程中全面建成小康社会。否则，危机爆发就可能令中国增长停滞，从而陷入中等收入陷阱。

有鉴于此，应当特别注重金融系统的健康发展，尤其是将防范系统性的金融危机作为必须坚守的底线。为此，一是应当在压力测试、资产负债表分析等研究基础上，通过顶层设计，整合中央银行、各金融监管机构、财政部、各大国有商业银行等部门，制定防范化解金融风险的各种预案。特别是要重点关注如何阻断风险在金融部门内部以及各部门之间的蔓延，必要时须考虑对风险点进行外科手术式的切除。二是应加强对若干系统重要性金融机构的日常风险监督与管理。如此不仅可以及时掌握相关信息，为预判形势和科学决策提供支持，而且能在问题变大之前，控制风险的积累。三是把握金融改革与风险防范之间的平衡，注意改革的顺序、节奏，防止风险激增甚至失控。四是要格外防范外部冲击带来的风险。应密切关注国际资本流动及相应的风险传入，尤其要在金融开放的过程中，始终保持清醒的头脑，掌握管控风险的主动权，并逐步积累经验，提高管理水平。

（二）拓展两个空间：国内空间与国际空间

提出拓展两个空间的背景在于，本轮国际金融危机之前的中国发展（"大稳定"时期），遇到各方面的阻力相对较小，但现在，大家日子都不好过（全球进入长期停滞新常态，中国进入结构性减速新常态），因此阻力增大，需要拓展经济发展空间。

首先是拓展国内发展空间。应全面贯彻落实十八届三中全会精神，进一步坚定不移地推进市场化改革。这主要包括：第一，充分整合国内市场，破除各种市场扭曲，特别是打破部门与行业垄断，以及市场的地域分割，使商品与要素能在价格信号的激励下自由流动；第二，通过改革财税体制与部门行政架构，以及转变地方政府绩效考核体系等措施，不断理顺中央与地方关系，充分调动两方的积极性，并引导、鼓励地方之间的良性竞争；第三，进一步破除各种制约创新的微观机制障碍，促进、规范产业间、产业内部，以及企业层面的研发合作与竞争，建立尊重微观市场主体，并能充分调动其积极性的国家创新体系。

其次是拓展国际发展空间。作为崛起中的大国，中国的发展还应放眼世界：一方面，通过"一带一路"建设、自贸区实践、对外基础设施投资、人民币国际化等多维度的探索，促进开放型经济体的转型升级，特别是要实现中国资本在全球范围内的高效配置，以及渐次推动中国在市场经济基本规则上的制度接轨；另一方面，综合运用经贸、金融、政治、外交、国防、文化等多方面"硬实力"与"软实力"，以负责任大国的姿态，积极、广泛地参与后危机时代国际政治经济秩序的重构，并以此推动多元、共赢、平衡、可持续的全球包容性发展。其中，深度参与联合国、世界银行与国际货币基金组织改革，完善"二十国"集团、金砖国家、亚太经合组织及上合组织等多边合作框架，加强互联互通伙伴关系等都是中国参与全球治理的重要战略平台与抓手。

（三）突出三个关键词：创新驱动、绿色发展、包容性增长

在未来的发展战略中，应突出创新驱动、绿色发展和包容性增长三个关键词，以绿色发展和包容性增长为主线，以创新驱动为根本动力。

所谓"创新驱动"，就是改变以往主要依赖资本、劳动力、自然资源投入的低效粗放的发展方式，实现以制度创新、科技创新、管理创新为主要驱动力的可持续的经济增长路径，并使中国迈入创新型国家行列，从而在国际产业链竞争中立于不败之地。所谓"绿色发展"，就是推动资源节约型、环境友好型的生态文明建设。这不仅是践行科学发展、实现国内要素结构转型

的基本途径，而且是中国对全人类可持续发展的责任与贡献。所谓"包容性增长"，就是实现经济、社会、生态、文化等全方位的平衡、协调、可持续发展，并使公众共享发展成果。这三个方面，构成全面建成小康社会的核心内容与重要举措。

值得指出的是，创新驱动是根本，没有创新驱动，绿色发展与包容性增长将缺乏动力源；绿色发展和包容性增长则是创新驱动的目的，这个目的是与全面建成小康社会和人的"全面发展"相吻合的：绿色发展改善了人的基本生存环境，包容性增长实现了人的平等和尊严。再进一步，创新的核心要素是人，任何创新都需要人来完成，只有人的全面发展，才可能为创新提供高素质的人力资本。由此，创新驱动、绿色发展与包容性增长三者形成良性循环，成为引领"十三五"新常态的主线。当然，所有这些都建立在深化改革的基础上。①

参考文献

[1] 〔英〕保罗·肯尼迪：《大国的兴衰》，王保存、王章辉、余昌楷译，中信出版社，2013。

[2] 〔美〕杰里米·里夫金：《第三次工业革命：新经济模式如何改变世界》，张体伟、孙豫宁译，中信出版社，2012。

[3] 罗斯托：《世界经济长周期与环太平洋时代》，《日本经济新闻》1983年9月26日。

[4] 庄巨忠：《探讨近期中国收入差距的变化趋势与决定因素》，载中国社会科学院经济学部编《解读中国经济新常态：速度、结构与动力》，社会科学文献出版社，2015。

[5] 胡鞍钢、才利民：《从"六普"看中国人力资源变化：从人口红利到人力资源红利》，《清华大学教育研究》2011年第8期。

[6] Bom, Pedro R., and Jenny E. Ligthart, "What Have We Learned from Three Decades of Research on the Productivity of Public Capital", *Journal of Economic*

---

① 鉴于改革几乎在每一个地方都有提及，就相当于是"十三五"发展的"空气"，因此就不作为关键词列入了。

Surveys 28 （5），2014，pp. 889 – 916.

［7］ Gill, Indermit, and Kharas, Homi, *An East Asian Renaissance*, International Bank for Reconstruction and Development∕ World Bank, 2007.

［8］ Gordon, R. J., Is U. S. Economic Growth Over? Faltering Innovation Confronts the Six Headwinds, *National Bureau of Economic Research*, No. 18315, 2012.

［9］ Gordon, R. J., The Turtle'S Progress：Secular Stagnation Meets the Headwinds, in *Secular Stagnation*：*Facts*，*Causes*，*and Cures*, Teulings, C. and Baldwin, R. eds. （CEPR Press, 2014），pp. 47 – 60.

［10］ McKinsey Global Institute, *Debt and （not much）Deleveraging*, February 2015a.

［11］ The McKinsey Global Institute （MGI）, Global Growth：Can Productivity Save the Day in an Aging World? January 2015b.

［12］ Piketty, T., and Saez, E., "Top Incomes and the Great Recession：Recent Evolutions and Policy Implications", *IMF Economic Review* 61 （3），2013, pp. 456 – 478.

［13］ Reinhart, C., and Rogoff, K., Recovery from Financial Crises：Evidence from 100 Episodes, *NBER Working Paper*, No. 19823 , 2014.

［14］ Summers, L., "U. S. Economic Prospects：Secular Stagnation, Hysteresis, and the Zero Lower Bound", *Business Economics* 49 （2），（2014, pp. 65 – 73.

［15］ United Nations, The World Population Prospects, The 2008 Revision, http：∕∕esa. un. org ∕ unpp∕ （2009）.

"十三五"时期全面建成小康社会的目标及 2030 年展望

李雪松　娄　峰　张友国[*]

摘要： 本报告分为六部分。第一部分根据索洛经济增长模型对1979～2014年期间我国经济增长的动力进行了分解。报告在应用索洛经济增长模型时，考虑了产能利用率和不能增加有效产量的治理环境污染投资对实际利用的资本存量的影响。2011年以来，TFP增长率有加速下滑的趋势。第二部分为"十三五"时期及2030年我国经济增长潜力的情景预测。根据发展经济学的规律，在对2015～2030年做预测时，我们把生产函数中的资本弹性系数和劳动力弹性系数当作变系数处理。在9个外生变量情景假设下，2015～2020年、2021～2025年和2026～2030年三个时期基准情景的GDP年均增长率分别为6.5%、5.6%和4.9%。第三部分为2000～2014年我国单位GDP碳排放变化的分解。第四部分对"十三五"时期及2030年我国单位GDP碳排放变化进行了情景预测。第五部分为"十三五"时期全面建成小康社会的主要目标设定及对策建议。建议将"十三五"时期GDP年均增长目标定为6.5%，到2020年可以实现国内生产总值比2010年翻一番的目标。建议"十三五"时期将城镇居民人均可支配收入和农村居民人均纯收入年均增长目标

---

* 李雪松，中国社会科学院数量经济与技术经济研究所，研究员；娄峰，中国社会科学院数量经济与技术经济研究所，副研究员；张友国，中国社会科学院数量经济与技术经济研究所，研究员。

分别定为 6.7% 和 8.0%，2020 年可以实现城乡居民人均收入比 2010 年翻一番的目标。建议在"十三五"规划中新增"贫困人口"指标，2020 年在现行标准下贫困人口实现脱贫。建议"十三五"期间将反映"人类发展水平"的四个分项指标都作为预期性指标（其中预期寿命指标在"十二五"规划中已经包含，只新增人均受教育年限、人均预期受教育年限以及人均国民收入三个指标）。建议在"十三五"规划中积极推广实施 12 年制义务教育。新增的指标有利于为实现邓小平提出的"三步走"战略目标提前布局。第六部分为 2030 年中国经济发展远景展望。预计中国将于"十四五"时期迈出"中等国家陷阱"，并进入高收入国家行列。预计 2030 年中国人均 GDP 将达到 3.3 万美元，达到高收入国家中的非 OECD 成员国的人均 GDP 水平。尽管中国"十四五"时期可进入高收入国家行列，但若想同时进入发达国家行列，还需大幅提升教育、科技、生态、社会和法治建设水平，大力提升人类发展水平。

关键词： 潜在增长率　碳排放　情景预测　发展战略

一　对 1979～2014 年我国经济增长的分解

根据索洛经济增长模型对 1979～2014 年期间我国经济增长的动力进行分解。鉴于近年来我国产能过剩严重，治理环境污染投资快速增长，本报告在应用索洛经济增长模型时，考虑了产能利用率和不能增加有效产量的治理环境污染投资对实际利用的资本存量的影响。具体思路如下，首先根据索洛经济增长模型：

$$y_t = \alpha_t + \beta k_t + \gamma l_t \tag{1}$$

其中，y_t 为 t 期的实际经济增长率，k_t 为 t 期实际利用资本存量的实际增长率，l_t 为 t 期的劳动力增长率，β 为资本弹性系数，γ 为劳动力弹性系数，α_t 为索洛余值，也即技术进步率。根据国内相关研究文献，假设该函数为规模报酬不变，1979～2014 年 β 和 γ 分别取值为 0.6 和 0.4。

假定 u_t 为 t 期的产能利用率（本报告运用 Peak - Peak 方法进行估计），K_t

为 t 期的资本存量(不变价),则 t 期实际利用的资本存量的增长率 k_t 为:

$$k_t = \left(\frac{u_t K_t}{u_{t-1} K_{t-1}} - 1 \right) \times 100\%$$

其中资本存量 K_t 的计算公式如下:

$$K_t = (1 - \delta)K_{t-1} + (1 - \xi_t)INV_t \qquad (2)$$

其中 INV_t 为 t 期的资本形成额(不变价);δ 为资本折旧系数,本报告取值 0.05;ξ_t 为资本存量消减系数,$\xi_t = \dfrac{IENV_t}{IALL_t}$,其中 $IENV_t$ 为 t 期的不能增加有效产量的环境污染治理投资总额;$IALL_t$ 为 t 期的固定资产投资总额,该系数用来反映环境污染治理成本对经济增长的制约。

根据公式(1)及上述假设,可以计算得到实际利用的资本存量、劳动力和索洛余值(即 $\alpha_t = y - \beta k_t - \gamma l_t$)对经济增速的贡献率及其贡献度。表 1 给出了 1979~2014 年中国经济增长动力分解的结果。

表 1　1979~2014 年中国经济增长动力分解

单位:%,个百分点

时　　期	GDP 增速	实际利用的资本存量			劳动力			全要素生产率		
		增长率	贡献率	贡献度	增长率	贡献率	贡献度	增长率	贡献率	贡献度
1979~1985 年	10.2	8.9	52.4	5.3	3.3	12.9	1.3	3.5	34.7	3.5
1986~1995 年	10.0	9.5	57.0	5.7	3.2	12.8	1.3	3.0	30.2	3.0
1996~2000 年	8.6	10.2	71.2	6.1	2.2	10.2	0.9	1.6	18.6	1.6
2001~2005 年	9.8	8.6	52.7	5.2	0.7	2.9	0.3	4.4	44.5	4.4
2006~2010 年	11.2	12.1	64.8	7.3	0.4	1.4	0.2	3.8	33.8	3.8
2011~2014 年	8.0	9.6	72.0	5.8	0.4	2.0	0.2	2.1	26.0	2.1
1979~2014 年	9.8	10.1	61.8	6.1	1.8	7.3	0.7	3.0	30.8	3.0

从表 1 可以看出,如果将资本、劳动力和全要素生产率(TFP)作为经济增长的主要投入要素,过去 36 年时间里我国的经济增长主要依靠投资驱动(平均贡献率为 61.8%);劳动力对经济增长的贡献率从 1979~1985 年的 12.9% 下降至 2011~2014 年的 2.0%;全要素生产率对经济增长的贡献率从 1979~1985 年的 34.7% 上升至 2001~2005 年的 44.5%,然后逐步下滑到

2011～2014 年的 26%。

从表 1 还可以看出，我国三大生产要素的一个基本发展趋势是实际利用的资本存量基本上保持在一个较高的增长水平之上。我国的劳动力增长率逐步下降，这与我国劳动年龄人口份额下降、人口抚养比上升相关。技术进步被认为是长期经济增长的重要源泉之一，可以看到，我国的 TFP 增长率在 1979～1985 年期间总体处于相对较高水平；在 2001～2005 年期间我国的 TFP 增长率达到最高水平，对经济增长的贡献度为 4.4 个百分点；2006 年以后我国的 TFP 增长率总体呈现下降趋势。值得注意的是，2011 年以来，TFP 增长率有加速下滑的趋势，其中主要的原因是我国产能过剩加剧，与国际技术前沿面的差距正在缩小，利用外资势头趋缓，通过吸收引进国际先进技术所带来的边际收益正在不断降低。

为明确全要素生产率的内部驱动要素，我们依据相关理论，构建模型把全要素生产率进一步细分为以下 6 个子要素：城镇化与劳动力转移、国外技术溢出效应、人力资本提高、研发投入与科技进步、市场化进程、其他影响因素。

（一）城镇化与劳动力转移

由于中国第一产业的劳动生产率远低于第二产业和第三产业的劳动生产率，随着城镇化率的不断提高，越来越多的农村人口会不断转移到城镇，从第一产业转向第三产业或第二产业，这样，总的劳动生产率将趋向于继续提高。从表 2 可以看出，1995～2014 年，城镇化与劳动力转移对全要素生产率增长率的贡献度平均高达 1.24 个百分点，在 6 个子要素中贡献度最大。

（二）国外技术溢出效应

一般说来，外商直接投资在给东道国提供资金的同时，也会从管理和技术两个途径对东道国产生正向技术溢出效应，从而提高东道国的全要素生产率，外商直接投资占比越大，这种正向溢出效应往往越强。本报告用该变量来反映国外资本技术对中国全要素生产率的影响。从表 2 可以看出，1995～2014 年，国外技术溢出效应对全要素生产率的平均贡献度为 0.91 个百分点，在 6 个子要素中贡献度居第二位。从不同阶段看，国外技术溢出效应对全要素生产率的平均贡献度呈现先升后降的发展趋势，其中加入世贸组织效应显

表 2　各项因素对 TFP 增长率的贡献度

单位：个百分点

时　　期	全要素生产率	城镇化与劳动力转移	国外技术溢出效应	人力资本提高	研发投入与科技进步	市场化进程	其他影响因素
1995～2000 年	1.60	0.86	0.55	0.25	0.23	0.50	-0.79
2001～2005 年	4.40	1.48	1.35	0.57	0.53	0.32	0.15
2006～2010 年	3.80	1.10	0.84	0.57	0.46	0.31	0.52
2011～2014 年	2.10	1.04	0.50	0.71	0.60	0.20	-0.95
1995～2014 年	3.00	1.24	0.91	0.59	0.51	0.31	-0.57

注：由于表中部分指标在 1994 年以前没有统计数据，因此从 1995 年开始计算。

著的 2001～2005 年间，其贡献度达到 1.35 个百分点的最高值。但由于我国与国际技术前沿面的差距在不断缩小，通过学习、模仿和吸收国际先进技术和管理所带来的边际收益正在逐步降低。2011～2014 年国外技术溢出效应对全要素生产率的贡献度已经下降到 0.50 个百分点，比 2001～2005 年大幅下降了 0.85 个百分点。

（三）人力资本提高

根据人力资本理论，教育是提高劳动者素质、增加人力资本的有效途径，一个国家的教育经费在 GDP 中的比重往往可以衡量该国人力资本的强弱，而人力资本是影响生产率的显著因素，但由于中国缺乏家庭教育经费的可靠数据，因此，本报告用财政性教育经费在 GDP 中的比重来衡量教育对全要素生产率的影响。表 2 显示，人力资本提高对全要素生产率的贡献度呈现不断增强的趋势，尤其是 2011 年以来，贡献度有所加大。这与我国近几年大幅提高教育经费投入有关，1995～2014 年期间，人力资本提高对全要素生产率的贡献度平均为 0.59 个百分点。

（四）研发投入与科技进步

该变量以研究与开发（R&D）经费实际增长率进行衡量，根据经济学理论，研发投入是提高全要素生产率的有效途径，是影响全要素生产率的显著因素。表 2 显示，研发投入与科技进步对全要素生产率的贡献率总体呈现不断上升的趋势，尤其是最近几年上升幅度有所增加，这可能与我国近几年来加强研发投入和激励自主创新的财税政策有关。1995～2014年期间，研发投入与科技进步对全要素生产率的贡献度平均为0.51个百分点。

（五）市场化进程

根据经济学理论，一般来说，市场化程度越高，越能促进市场竞争，从而加快提高技术进步和企业管理水平，这有利于全要素生产率的提高和发展。本报告采用樊纲、王小鲁、朱恒鹏著的《中国市场化指数：各地区市场化相对进程2011年报告》中的中国分省市场化指数数据，并估算得到全国市场化总指数。其指标主要包括政府与市场的关系、非国有经济发展、产品市场发育、要素市场发育、中介组织发育和法律5个子指数，用于衡量各省份市场化改革的深度和广度，基本概括了市场化进程的各个主要方面。从表2可以看出，1995～2014年间，随着市场化改革红利的逐渐减弱，市场化进程对全要素生产率的贡献度逐渐走低，平均贡献度为0.31个百分点。

（六）其他影响因素

其他影响因素是除了上述5种子要素以外的其他影响因素，比如规模经济效应、管理经营能力、国外专利使用和技术购买、资源约束等因素。表2显示，其他影响因素对我国全要素生产率的贡献度时正时负，1995～2014年期间平均贡献度为－0.57个百分点。值得注意的是，近几年其他影响因素对我国全要素生产率的贡献度负向影响较大，这可能与我国产能过剩严重导致规模经济效应下降、生产要素成本过高导致企业经营赢利能力减弱、投资回报率显著下降等因素有关。

二 "十三五"时期及2030年我国经济增长潜力的情景预测

根据发展经济学的规律，当经济体进入严重产能过剩、劳动力市场出现转折后，资本产出弹性一般会出现缓慢下降的趋势，而劳动产出弹性会出现缓慢上升的趋势。根据有关文献，在对2015～2030年做预测时，我们把生产函数中的资本

弹性系数 β 和劳动力弹性系数 γ 当作变系数处理，使 β 取值从 2015 年的 0.6 逐渐缓慢下降到 2030 年的 0.5，使 γ 取值从 2015 年的 0.4 逐渐缓慢上升到 2030 年的 0.5。运用上述经济增长机制和中国经济年度模型，表 3 给出了 2015～2030 年三种情景下中国经济的主要指标预测。可以看出，尽管中国经济增长率呈现逐渐下降的趋势，但总体上中国经济仍然能够保持平稳、较快的发展态势。

表 3 2015～2030 年中国潜在经济增长率预测

单位：%

年份	基准情景	增长较快情景	增长较慢情景
2015	7.2	7.3	7.1
2016	6.8	7.1	6.6
2017	6.6	6.9	6.4
2018	6.5	6.8	6.2
2019	6.3	6.6	6.0
2020	6.1	6.5	5.8
"十三五"平均	6.5	6.8	6.2
2021	5.9	6.3	5.7
2022	5.8	6.1	5.5
2023	5.6	6.0	5.3
2024	5.5	5.9	5.1
2025	5.3	5.8	4.9
"十四五"平均	5.6	6.0	5.3
2026	5.2	5.7	4.7
2027	5.0	5.6	4.5
2028	4.9	5.5	4.3
2029	4.8	5.4	4.2
2030	4.7	5.3	4.0
"十五五"平均	4.9	5.5	4.3

在基准情景下，2015～2020 年、2021～2025 年和 2026～2030 年三个时期 GDP 年均增长率分别为 6.5%、5.6% 和 4.9%。在增长较快情景中，如果中国稳步推进城镇化，促进制造业转型与升级，增强产品国际竞争力，并且进一步加大财政性教育经费在 GDP 中的比重，提高劳动者素质，加强研发投入，提高产品附加值，全面深化市场化改革，那么中国在 2015～2020 年、2021～2025 年和 2026～2030 年三个时期，也可能保持年均 6.8%、6.0% 和 5.5% 的较快增长率。在增长较慢情景中，2015～2020 年、2021～2025 年和 2026～2030 年三个时期的 GDP 年均增长率分别为 6.2%、5.3% 和 4.3%。

上述三种情景预测中，2015～2030年实际利用的资本存量、劳动力、全要素生产率三个因素对GDP增长的贡献度如表4～表6所示。

表4 基准情景下2015～2030年中国潜在经济增长率的分解

单位：%，个百分点

年份	GDP增速	实际利用的资本存量		劳动力		全要素生产率	
		贡献率	贡献度	贡献率	贡献度	贡献率	贡献度
2015	7.2	77.27	5.56	1.77	0.13	20.96	1.51
2016	6.8	79.44	5.40	1.88	0.13	18.68	1.27
2017	6.6	79.26	5.23	1.92	0.13	18.82	1.24
2018	6.5	77.76	5.05	1.91	0.12	20.32	1.32
2019	6.3	77.43	4.88	1.91	0.12	20.66	1.30
2020	6.1	77.15	4.71	1.88	0.11	20.97	1.28
2016～2020	6.5	78.21	5.05	1.90	0.12	19.89	1.28
2021	5.9	76.88	4.54	1.82	0.11	21.30	1.26
2022	5.8	75.38	4.37	1.71	0.10	22.91	1.33
2023	5.6	75.21	4.21	1.60	0.09	23.19	1.30
2024	5.5	73.73	4.06	1.43	0.08	24.84	1.37
2025	5.3	73.73	3.91	1.27	0.07	25.00	1.32
2021～2025	5.6	74.99	4.22	1.57	0.09	23.45	1.32
2026	5.2	72.41	3.77	1.06	0.06	26.53	1.38
2027	5.0	72.59	3.63	0.84	0.04	26.57	1.33
2028	4.9	71.46	3.50	0.59	0.03	27.95	1.37
2029	4.8	70.47	3.38	0.31	0.01	29.22	1.40
2030	4.7	69.64	3.27	0.01	0.00	30.34	1.43
2026～2030	4.9	71.31	3.51	0.56	0.03	28.12	1.38

表5 增长较快情景下2015～2030年中国潜在经济增长率的分解

单位：%，个百分点

年份	GDP增速	实际利用的资本存量		劳动力		全要素生产率	
		贡献率	贡献度	贡献率	贡献度	贡献率	贡献度
2015	7.3	77.72	5.67	1.74	0.13	20.54	1.50
2016	7.1	78.50	5.57	1.80	0.13	19.71	1.40
2017	6.9	79.02	5.45	1.84	0.13	19.15	1.32
2018	6.8	78.19	5.32	1.83	0.12	19.99	1.36
2019	6.6	78.39	5.17	1.82	0.12	19.79	1.31
2020	6.5	77.36	5.03	1.76	0.11	20.87	1.36
2016～2020	6.8	78.29	5.31	1.81	0.12	19.90	1.35

续表

年份	GDP增速	实际利用的资本存量		劳动力		全要素生产率	
		贡献率	贡献度	贡献率	贡献度	贡献率	贡献度
2021	6.3	77.45	4.88	1.71	0.11	20.84	1.31
2022	6.1	77.59	4.73	1.62	0.10	20.79	1.27
2023	6.0	76.43	4.59	1.49	0.09	22.08	1.32
2024	5.9	75.24	4.44	1.33	0.08	23.43	1.38
2025	5.8	74.13	4.30	1.16	0.07	24.71	1.43
2021~2025	6.0	76.17	4.59	1.46	0.09	22.37	1.34
2026	5.7	73.02	4.16	0.97	0.06	26.01	1.48
2027	5.6	71.97	4.03	0.75	0.04	27.28	1.53
2028	5.5	71.00	3.91	0.52	0.03	28.47	1.57
2029	5.4	70.14	3.79	0.28	0.01	29.59	1.60
2030	5.3	69.41	3.68	0.01	0.00	30.58	1.62
2026~2030	5.5	71.11	3.91	0.51	0.03	28.39	1.56

表6　增长较慢情景下2015~2030年中国潜在经济增长率的分解

单位：%，个百分点

年份	GDP增速	实际利用的资本存量		劳动力		全要素生产率	
		贡献率	贡献度	贡献率	贡献度	贡献率	贡献度
2015	7.1	76.81	5.45	1.79	0.13	21.40	1.52
2016	6.6	79.29	5.23	1.93	0.13	18.78	1.24
2017	6.4	78.33	5.01	1.98	0.13	19.69	1.26
2018	6.2	77.38	4.80	2.01	0.12	20.62	1.28
2019	6.0	76.49	4.59	2.01	0.12	21.50	1.29
2020	5.8	75.72	4.39	1.98	0.11	22.30	1.29
2015~2020	6.2	77.44	4.80	1.98	0.12	20.58	1.27
2021	5.7	73.71	4.20	1.89	0.11	24.41	1.39
2022	5.5	73.11	4.02	1.80	0.10	25.09	1.38
2023	5.3	72.61	3.85	1.69	0.09	25.70	1.36
2024	5.1	72.20	3.68	1.54	0.08	26.26	1.34
2025	4.9	71.99	3.53	1.37	0.07	26.64	1.31
2021~2025	5.3	72.72	3.86	1.66	0.09	25.62	1.36
2026	4.7	71.90	3.38	1.17	0.06	26.93	1.27
2027	4.5	71.99	3.24	0.94	0.04	27.07	1.22
2028	4.3	72.31	3.11	0.67	0.03	27.02	1.16
2029	4.2	71.16	2.99	0.36	0.01	28.48	1.20
2030	4.0	71.96	2.88	0.02	0.00	28.02	1.12
2025~2030	4.3	71.86	3.12	0.63	0.03	27.50	1.19

上述三种情景预测的主要外生变量假定如表 7 所示。

表 7 三种情景预测的主要外生变量假定

主要外生变量	时期	增长较快情景	基准情景	增长较慢情景
（1）人口增长率	2015～2020 年	年均增长 0.428%		
	2021～2025 年	年均增长 0.311%		
	2026～2030 年	年均增长 0.176%		
（2）城镇化率	2015～2020 年	2015 年 55.7% 2020 年 62.0%	2015 年 55.7% 2020 年 61.5%	2015 年 55.7% 2020 年 61.0%
	2021～2025 年	2025 年 67.0%	2025 年 66.0%	2025 年 65.0%
	2026～2030 年	2030 年 71.5%	2030 年 70.0%	2030 年 68.5%
（3）财政性教育经费占 GDP 比率	2015～2020 年	年均增长 4.5%	年均增长 4.4%	年均增长 4.3%
	2021～2025 年			
	2026～2030 年			
（4）研究与开发（R&D）经费实际增长率	2015～2020 年	2020 年 R&D 与 GDP 比率达 2.4%	2020R&D 与 GDP 比率达 2.3%	2020 年 R&D 与 GDP 比率达 2.2%
	2021～2025 年	2025 年 R&D 与 GDP 比率达 2.5%	2025 年 R&D 与 GDP 比率达 2.4%	2025 年 R&D 与 GDP 比率达 2.3%
	2026～2030 年	2030 年 R&D 与 GDP 比率达 2.6%	2030 年 R&D 与 GDP 比率达 2.5%	2030 年 R&D 与 GDP 比率达 2.4%
（5）FDI 增长率	2015～2020 年	年均增长 5.0%	年均增长 3.5%	年均增长 2.0%
	2021～2025 年	年均增长 3.5%	年均增长 2.5%	年均增长 1.0%
	2026～2030 年	年均增长 2.5%	年均增长 1.5%	年均增长 0%
（6）世界 GDP（汇率法）实际增长率	2015～2020 年	年均增长 3.3%	年均增长 2.8%	年均增长 2.3%
	2021～2025 年			
	2026～2030 年			
（7）市场化率	2015～2020 年	年均增长 3.0%	年均增长 2.5%	年均增长 2.0%
	2021～2025 年			
	2026～2030 年			
（8）环境污染治理投资增长率	2015～2020 年	年均增长 18%	年均增长 20%	年均增长 22%
	2021～2025 年			
	2026～2030 年			
（9）产能利用率	2015～2020 年	0.74	0.74	0.74
	2021～2025 年			
	2026～2030 年			

注：2000～2013 年间，不能增加有效产量的环境污染治理投资年均名义增长率为 18.8%，而且增速呈现不断上升的发展态势。

三 2000～2014 年我国单位 GDP 碳排放变化的分解

（一）单位 GDP 碳排放变化的影响因素及分解方法

碳排放可以分成三个部分：一是各生产部门的化石能源消耗产生的碳排放；二是生产中的工艺性碳排放（主要是水泥生产中的碳排放）；三是居民生活消耗化石能源产生的碳排放。据此，我们可以将单位 GDP 的碳排放 q 表示如下：

$$q = \sum_j (q_j + q_h) = \sum_j \left(\Gamma_j \sum_k \frac{C_{kj}}{F_{kj}} \frac{F_{kj}}{F_j} \frac{F_j}{E_j} \frac{E_j}{G_j} \frac{G_j}{G} \right) + \sum_k \frac{C_{kh}}{F_{kh}} \frac{F_{kh}}{F_h} \frac{F_h}{E_h} \frac{E_h}{H} \frac{H}{G} \tag{3}$$

其中，q_j 是生产部门 j 耗能产生的碳排放，q_h 是居民生活耗能产生的碳排放，Γ_j 表示第 j 个部门的工艺性碳排放因子（它等于工艺性碳排放与化石能源碳排放的比值加上 1），C_{kj} 表示第 j 个部门消费的第 k 种化石能源产生的碳排放，F_{kj} 表示第 j 个部门消费的第 k 种化石能源，F_j 表示第 j 个部门的化石能源消费总量，E_j 表示第 j 个部门的能源消费总量（化石能源与清洁能源），G_j 表示第 j 个部门的增加值，G 表示全部增加值即 GDP；C_{kh} 表示居民生活消费的第 k 种化石能源产生的碳排放，F_{kh} 表示居民生活消费的第 k 种化石能源，F_h 表示居民生活消费的化石能源总量，E_h 表示居民生活消费的能源总量（化石能源与清洁能源），H 表示居民生活消费支出。

进一步，我们可以把单位 GDP 的碳排放 q 表示如下：

$$q = \sum_j (q_j + q_h) = \sum_j \left(\Gamma_j \sum_k c_{kj} f_{kj} f_j e_j s_j \right) + \sum_k c_{kh} f_{kh} f_h e_h \Theta \tag{4}$$

其中，c_{kj} 表示第 j 个部门消费的第 k 种化石能源的碳排放因子，f_{kj} 表示第 j 个部门消费的第 k 种化石能源占其化石能源的份额，f_j 表示第 j 个部门消费的化石能源占其能源消费总量的份额，e_j 表示第 j 个部门基于增加值的能源强度，s_j 表示第 j 个部门的增加值占 GDP 的比重；c_{kh} 表示居民生活消费的第 k 种化石能源的碳排放因子，f_{kh} 表示居民生活消费的第 k 种化石能源占化石能源的份额，f_h 表示居民生活消费的化石能源占其能源消费总量的份额，e_h

表示居民生活消费的能源与其总支出的比例（可称为生活能源依赖度），Θ 表示居民生活消费支出占 GDP 的比重即消费率。

从式（4）可以看出，单位 GDP 碳排放量取决于生产部门的能源强度、产业结构、生产部门中的化石能源结构和比重、工艺性碳排放因子、生活能源依赖度、居民生活中的化石能源结构和比重以及消费率等因素。采用对数均值指数分解方法（LMDI）对式（4）进行分解，可以得到各种因素对单位 GDP 碳排放量变化的影响。为便于分析，我们将生产部门和生活部门中化石能源结构和化石能源比重的影响进行合并。分析中所用到的能耗数据主要来自历年《中国能源统计年鉴》[①]，碳排放数据根据 IPCC（2006）的方法估计。[②]

（二）我国单位 GDP 碳排放变化的因素分解

我们选取 2000～2014 年为研究时期，对单位 GDP 的碳排放变化进行历史分解。2000～2014 年，我国单位 GDP 碳排放量有较大幅度下降，但 2000～2005 年单位 GDP 碳排放量有所上升。表 8 给出了 2000～2014 年及其中各子阶段各因素对我国单位 GDP 碳排放量变化的贡献率。

表 8　2000～2014 年各因素对单位 GDP 碳排放变化的贡献率

单位：%

时期	能源强度	工艺性碳排放因子	产业结构	化石能源比重	化石能源结构	消费率	生活能源依赖度	合计
2000～2005 年	129.0	14.0	100.2	−10.8	−130.4	−22.4	20.3	100.0
2006～2010 年	103.4	−12.7	−18.2	11.5	12.3	2.5	1.3	100.0
2011～2014 年	102.7	−47.8	60.7	6.9	−21.4	−0.8	−0.5	100.0
2000～2014 年	97.7	−35.9	13.6	11.5	11.2	3.9	−2.1	100.0

注：负号代表不利于单位 GDP 碳排放的下降。

能源强度是影响单位 GDP 碳排放量变化的主导因素。我国的碳排放主要来自化石能源消耗。在整个研究时期内，各生产部门能源强度（即各部

[①]　2013 年和 2014 年的能耗数据分别来自 2014 年《中国统计年鉴》和《2014 年国民经济在新常态下平稳运行》（http://www.stats.gov.cn/tjsj/zxfb/201501/t20150120_671037.html）。

[②]　IPCC：《2006 年 IPCC 国家温室气体清单指南》，日本全球环境战略研究所，2006。

门单位增加值的能源消耗量）的变化对单位 GDP 碳排放量变化的影响远远超过其他因素。根据我们的估算，第一、第二和第三产业的能源强度在整个研究期间分别下降了 35% 、26% 和 18% ，这得益于各产业部门能源利用技术和管理水平的提高。特别是"十一五"期间，我国将节能作为一项约束性指标列入国家发展规划，这对各产业部门能源强度的下降起到了重要激励作用。

工艺性碳排放因子（单位水泥生产过程产生的碳排放占碳排放总量的比重）是单位 GDP 碳排放量变化的重要影响因素。在整个研究时期内，我国处于快速工业化发展阶段，对单位水泥的需求量较大，这导致工艺性碳排放年均增长 11% ，而第二产业的工艺性碳排放[①]占碳排放总量的比重则从 12% 上升至 17% 。工艺性碳排放因子的上述变化不利于降低单位 GDP 碳排放量。

产业结构变化是单位 GDP 碳排放量变化的另一个重要影响因素。由于不同产业部门的能源强度及相关的碳排放强度差异巨大，因而产业结构的变化也会影响单位 GDP 碳排放。2000 ~ 2014 年，我国第二产业增加值在 GDP 中的比重从 45.9% 缓慢下降至 42.6% ，第三产业的比重从 39.0% 上升至 48.2% ，而第一产业的比重则从 15.1% 下降至 9.2% 。第三产业部门的能源强度高于第一产业部门但远远低于第二产业部门，因而产业结构变化有利于降低单位 GDP 碳排放量。

能源结构对单位 GDP 碳排放量变化的影响也比较显著。一方面，我国清洁能源发展迅速，这使得我国能源消耗中的化石能源比重在整个研究时期内有所下降，从而有利于降低单位 GDP 碳排放量。另一方面，我国化石能源消费中煤炭和石油的份额略有下降，而天然气的份额则有所上升。由于天然气的碳排放因子明显低于煤炭和石油的碳排放因子，因而上述化石能源结构变化也有利于降低单位 GDP 碳排放量。

与居民生活相关的两个因素也有利于降低单位 GDP 碳排放，但它们的影响较小。在整个研究时期内，我国快速的工业化进程导致投资增速居高不下。同时，2001 年我国加入 WTO，大大促进了贸易增长，净出口迅速扩大。

---

① 我们暂且假定第一产业和第三产业无工艺性碳排放。

投资和净出口在 GDP 中的比例也相应地不断上升，挤占了消费的份额，使消费率从 2000 年的 62.3% 大幅下降至 2010 年的 48.2%，近几年开始缓慢回升。与此同时，生活能源依赖度（生活能耗与消费的比例）也略有下降。但总体上看，消费率和生活能源依赖度的上述变化对单位 GDP 碳排放变化的影响较小。

2000～2005 年，我国重化工业在此期间快速膨胀，导致第二产业能源强度不降反升，并使第二产业增加值在 GDP 中的份额也有所上升。在上述两大因素的主导下，我国单位 GDP 碳排放量在这一时期有所上升。

四 "十三五"时期及 2030 年我国单位 GDP 碳排放变化情景预测

可以预期，我国单位 GDP 的碳排放将不断下降。表 9 给出了三种经济增长情景下我国单位 GDP 碳排放在 2015～2030 年不同阶段的变化。"十三五""十四五""十五五"时期单位 GDP 碳排放的年均下降率在基准情景下分别为 3.89%、3.77% 和 3.58%；在经济增长较快情景下单位 GDP 碳排放的年均下降率分别为 3.59%、3.35% 和 3.19%；在经济增长较慢情景下单位 GDP 碳排放的年均下降率分别为 4.06%、3.84% 和 3.64%。

表 9　单位 GDP 碳排放的变化

单位：%

时期	基准情景	增长较快情景	增长较慢情景
"十三五"平均	-3.89	-3.59	-4.06
"十四五"平均	-3.77	-3.35	-3.84
"十五五"平均	-3.58	-3.19	-3.64

表 10 给出了未来各阶段各种因素对我国单位 GDP 碳排放下降的影响。2015～2030 年，生产部门能源强度的下降仍将对我国单位 GDP 的碳排放下降起决定性作用，其贡献率为 54%～60%。能源结构变化的影响也将比较显著。因为未来我国清洁能源在总能源消耗中的比重将持续上升，与此同时煤

炭在化石能源中的比重有望进一步下降。上述能源结构变化对单位 GDP 碳排放的影响将仅次于能源强度的影响。

表 10　2015～2030 年各种因素对单位 GDP 碳排放量下降的贡献率

单位：%

情景	时期	能源强度	工艺性碳排放因子	产业结构	化石能源比重	化石能源结构	消费率	生活能源依赖度	合计
基准情景	2016～2020 年	66.8	－15.6	15.4	27.1	2.5	－0.1	3.9	100.0
	2021～2025 年	61.2	－15.9	24.6	16.0	10.7	－0.1	3.6	100.0
	2026～2030 年	36.8	－18.4	23.0	15.9	40.6	－0.1	2.2	100.0
	2016～2030 年	54.8	－15.7	21.7	19.5	16.6	－0.1	3.3	100.0
增长较快情景	2016～2020 年	66.7	－14.7	15.9	28.1	0.3	－0.1	3.9	100.0
	2021～2025 年	65.0	－14.4	25.9	17.0	2.8	－0.1	3.9	100.0
	2026～2030 年	67.8	－13.1	22.9	22.9	－4.5	－0.2	4.1	100.0
	2016～2030 年	62.2	－14.1	23.6	21.3	3.4	－0.2	3.7	100.0
增长较慢情景	2016～2020 年	68.8	－15.8	14.8	26.0	2.4	－0.1	4.0	100.0
	2021～2025 年	62.5	－16.2	24.1	15.6	10.5	－0.1	3.7	100.0
	2026～2030 年	64.3	－14.9	20.3	20.1	6.6	－0.1	3.8	100.0
	2016～2030 年	59.3	－15.6	20.3	19.0	12.5	－0.2	4.5	100.0

注：负号代表不利于单位 GDP 碳排放的下降。

　　随着服务业在 GDP 中比重的上升，产业结构的变化仍将有利于单位 GDP 碳排放的下降，且其贡献仍将较大。随着居民消费结构的升级，生活能源依赖度将进一步下降，从而也会使单位 GDP 碳排放略有下降。不过，工艺性碳排放在碳排放总量中的比重可能上升，从而不利于单位 GDP 碳排放的下降。而随着我国对内需特别是居民消费的重视，消费率将上升，但其对单位 GDP 碳排放的总影响不大。

五　"十三五"时期全面建成小康社会的主要目标设定及对策建议

　　党的十八大报告根据我国经济社会发展实际和新的阶段性特征，在党的十六大、十七大确立的全面建设小康社会目标的基础上，提出到 2020 年要全面建成小康社会，在发展平衡性、协调性、可持续性明显增强的基础上实现两个"倍增"，即 2020 年国内生产总值和城乡居民人均收入比 2010 年翻一番。

"十三五"时期，按照与到 2020 年实现全面建成小康社会奋斗目标紧密衔接、与改革开放取得决定性进展紧密衔接、与人民群众对生态文明建设的热切期盼紧密衔接、与解决经济社会发展薄弱环节问题紧密衔接的目标，综合考虑未来发展趋势和条件，参考我们前面的情景预测结果，在目标设定时既要考虑只有通过不懈努力才能实现，又要适当留有余地。

党的十八届五中全会关于"十三五"规划建议稿提出，"十三五"时期经济社会发展的主要目标是：经济保持中高速增长，人民生活水平和质量普遍提高，国民素质和社会文明程度显著提高，生态环境质量总体改善，各方面制度更加成熟更加定型。下面我们围绕这些主要目标做进一步的阐发。

——经济平稳健康发展。国内生产总值年均增长 6.5%，城镇新增就业 4500 万人，城镇登记失业率控制在 5% 以内，价格总水平基本稳定，国际收支趋向基本平衡，经济增长质量和效益明显提高。按照"十三五"时期经济年均增长 6.5% 推算，到 2020 年可以实现国内生产总值比 2010 年翻一番的目标。

——结构调整取得重大进展。居民消费率显著上升。农业基础进一步巩固，工业结构继续优化，高端制造业和现代服务业发展取得显著突破，服务业增加值占国内生产总值比重提高 5 个百分点。城镇化率提高 6 个百分点，"一带一路"、长江经济带、京津冀协同发展取得显著进展。

——教育、科技水平显著提升。9 年义务教育质量显著提高，9 年义务教育巩固率达到 95%，高中阶段教育毛入学率提高到 90%，建议在"十三五"规划中积极推广实施 12 年制义务教育。研发经费支出占国内生产总值比重达到 2.4%，每万人口发明专利拥有量明显提高。

——人民生活持续改善。全国总人口达到 14.0 亿人左右。人均预期寿命提高 1 岁。新型农村社会养老保险、城镇基本养老保险、城乡三项基本医疗保险水平明显提高。贫困人口显著减少。城镇居民人均可支配收入和农村居民人均纯收入分别年均增长 6.7% 和 8.0%，2020 年可以实现城乡居民人均收入比 2010 年翻一番的目标。建议在"十三五"规划中新增"贫困人口"指标，2014 年中国贫困人口为 7017 万人，2020 年在现行标准下有望实现脱贫。

——生态文明建设取得明显成效。耕地保有量保持在 18.05 亿亩。单位工业增加值用水量降低 26%，农业灌溉用水有效利用系数提高到 0.55。非化石能源占一次能源消费比重达到 15%。单位国内生产总值能源消耗降低 17%，单位国内生产总值二氧化碳排放降低 18%。化学需氧量，二氧化硫，氨氮、氮氧化物等主要污染物排放总量显著减少。森林覆盖率明显提高，森林蓄积量明显增加。

——社会建设和依法治国显著加强。覆盖城乡居民的基本公共服务体系显著改善。全民族思想道德素质、科学文化素质和健康素质显著提高。文化、体育事业加快发展，文化、体育产业占国民经济的比重显著提高。全面推进依法治国，社会主义民主法制建设显著提升，人民权益得到积极保障。社会管理制度完善，社会更加和谐稳定。

——改革开放取得决定性进展。全面深化改革开放，行政审批、财税金融、要素价格、垄断行业等重要领域和关键环节改革取得决定性进展，政府职能加快转变，政府公信力和行政效率进一步提高。对外开放广度和深度取得突破性拓展，互利共赢开放格局进一步形成。

——人类发展水平显著提升。从 1990 年开始，联合国开发计划署（UNDP）首次在《人类发展报告》中公布了人类发展指数（HDI）。2013 年 HDI 是使用预期寿命、教育水平（含人均受教育年限和人均预期受教育年限）以及生活水准（购买力评价法的实际人均国民收入）三个基本维度的发展成就计算出来的综合指数。

根据联合国分类标准，HDI 在 0.8 以上的为人类发展水平很高的国家（2013 年有 49 个经济体），HDI 在 0.7~0.8 的为人类发展水平高的国家（2013 年有 53 个经济体），HDI 在 0.55~0.70 的为人类发展水平中等的国家（2013 年有 42 个经济体），HDI 在 0.55 以下的为人类发展水平低的国家（2013 年有 43 个经济体）。2010 年中国 HDI 为 0.701，开始进入人类发展水平高的国家行列，2013 年中国 HDI 为 0.719，居世界第 91 位，在人类发展水平高的 53 个国家中排名第 42 位，未来仍有很大的提升空间。

人类发展指数是一个综合性指标，将经济指标与社会指标相结合，较好地揭示了经济增长与社会发展的状况。它的四个分项指标既可以表达一定增长速度带来的人均国民收入增长和居民收入增长，也可以反映发展成果分享的目标（如预期寿命既反映医疗卫生、养老，也反映环境对健康的影响），以及经济增长长期可持续性（人均受教育年限和人均预期受教育年限）。

建议"十三五"期间新增能够反映人类发展水平的预期性指标。鉴于人类发展指数（HDI）由联合国计算，可以将反映"人类发展指数"的四个分项指标都作为预期性指标（其中预期寿命指标在"十二五"规划中已经包含，只新增人均受教育年限、人均预期受教育年限以及人均国民收入三个指标），而不必把人类发展指数（HDI）本身作为预期性指标，以方便国内各级政府实施。新增的指标有利于提高各级政府和全国人民对于教育、医疗、健康、环境等经济社会发展薄弱环节的重视和关注，为实现邓小平提出的"三步走"战略目标提前布局。

"十三五"时期全面建成小康社会的主要目标设定建议如表11所示。

表11　"十三五"时期全面建成小康社会的主要目标设定建议

指标	"十二五"年均增长（%）	2015 年	2020 年	"十三五"年均增长（%）	属性
经济发展					
国内生产总值（万亿元）	7.9	69.9	95.8	6.5[a]	预期性
服务业增加值比重（%）	[5.6]	48.8	54.8	[6.0]	预期性
城镇化率（%）	[6.0]	55.7	61.7	[6.0]	预期性
教育科技					
九年义务教育巩固率（%）	[3.3]	93.0	95.0[b]	[2.0]	约束性
高中阶段教育毛入学率（%）	[4.5]	87.0	90.0[c]	[3.0]	预期性
R&D 占 GDP 比重（%）	[0.3]	2.1	2.3	[0.2]	预期性
生态文明[d]					
耕地保有量（亿亩）	[0]	18.18	18.05[e]	[−0.13]	约束性
单位工业增加值用水量降低（%）	[30]	—	—	[26][f]	约束性
农业灌溉用水利用系数	[0.03]	0.53	0.55[f]	[0.02]	预期性
非化石能源占一次能源消费比重（%）	[3.1]	11.4	15.0[g]	[4.6]	约束性
单位 GDP 能源消耗降低（%）	[16.0]	—	—	[17.0][h]	约束性
单位 GDP 二氧化碳排放降低（%）	[17.0]	—	—	[18.0][h]	约束性
人民生活					
城镇居民人均可支配收入（元）	7.6	31420	43450	6.7	预期性
农村居民人均纯收入（元）	9.9	11000	16160	8.0	预期性
贫困人口（万人）	—	6000	0	[−6000]	预期性
城镇登记失业率（%）	—	4.1	<5.0		预期性
城镇新增就业人数（万人）				[4500]	预期性
全国总人数（万人）	—	137319	140000	0.40	预期性
预期寿命（岁）				[1.0][i]	预期性

续表

指标	"十二五"年均增长（%）	2015 年	2020 年	"十三五"年均增长（%）	属性
经济发展					
人类发展指数（HDI）[j]	0.8	0.73	0.76	0.8	
预期寿命	—	—	—	[1.0][i]	预期性
人均受教育年限（年）	—	7.9	8.9	[1.0]	预期性
人均预期受教育年限（年）	—	12.9	13.9	[1.0]	预期性
人均国民总收入（万元）	—	5.09	6.97	6.5	预期性

注：方括号内的数据为 5 年内的变化总量。

a：将"十三五"期间 GDP 的年均增长目标定为 6.5%，即前文的基准预测情景，既是可能实现的，也是需要努力才能实现的。

b：《国务院关于深入推进义务教育均衡发展的意见》。

c：《国家中长期教育改革和发展规划纲要（2010—2020 年）》。

d：《国民经济和社会发展第十二个五年规划纲要》。

e：《全国土地利用总体规划纲要（2006—2020 年）》。

f：根据《2010 年中国水资源公报》，按当年价计算，2010 年万元国内生产总值用水量和万元工业增加值用水量分别为 150 立方米和 90 立方米。据此，按 2000 年价格计算 2020 年万元国内生产总值用水量和万元工业增加值用水量应分别为 224 立方米和 125 立方米。根据《国民经济和社会发展第十二个五年规划纲要》，2015 年万元工业增加值用水量相当于 2010 年的 70%，则按 2000 年价格计算 2015 年万元工业增加值用水量约为 88 立方米。根据《全国水资源综合规划》，按 2000 年价格计算，到 2020 年，全国用水总量力争控制在 6700 亿立方米以内；万元国内生产总值用水量、万元工业增加值用水量分别降低到 120 立方米、65 立方米，均比 2008 年降低 50% 左右；农田灌溉水有效利用系数提高到 0.55。因此，2020 年比 2015 年降低 26%。

g：《可再生能源中长期发展规划》。

h：根据我们设定的情景预测中的增长较快、排放较多情景。

i：预期寿命仅有 2000 年和 2010 年全国普查时的数据，2000 年人口普查平均预期寿命为 71.40 岁，2010 年人口普查平均预期寿命为 74.83 岁，年均增长 0.34 岁；考虑到我国资源环境不断恶化以及经济增速逐渐下滑的总体趋势，预计 2011~2020 年平均预期寿命大约在 0.2 岁，按此数据推测，2020 年预期寿命为 76~77 岁。

j：鉴于人类发展指数（HDI）由联合国计算，我国在"十三五"时期可以只把该指数的四个分项指标作为预期性指标，而不把人类发展指数（HDI）本身作为预期性指标，以方便国内各级政府实施。

当前，我国经济总体已经进入中高速、优结构、新动力、多挑战的新常态。经济发展进入新常态，正从高速增长转向中高速增长，经济发展方式正从规模速度型粗放增长转向质量效率型集约增长，经济结构正从增量扩能为主转向调整存量、做优增量并存的深度调整，经济发展动力正从传统增长点转向新的增长点。认识新常态，适应新常态，引领新常态，是"十三五"时期我国经济发展的大逻辑。

"十四五"至"十五五"时期的 2020~2030 年间，中国潜在经济增长速度将下降到 5%~6% 的水平。根据日本、韩国的经验，经济增长率由中高速降低到 5% 以下将是债务风险与金融风险凸显期和危机爆发期。为此，"十三五"期间需要未雨绸缪，主要立足于向改革开放要动力，要控制好财政收支节奏，建立规范的地方政府融资机制，着力提高财政支出绩效，要实施稳健和审慎的货币政策，防止货币政策过度宽松，防止政府和企业债务率大幅攀升。

如果不顾地方政府和企业债务率快速攀高的现实，把中国现代化的中长期进程中尚存的基础设施建设任务，通过强刺激政策，提前到"十三五"期间集中释放，是可以促进"十三五"时期的经济以更高的速度增长的。但是，这种途径无异于缘木求鱼，无法持续，政府和企业债务率将大幅攀升，并可能在"十四五"期间引发债务危机、跌入"中等国家陷阱"。"十三五"期间的主要对策如下。

第一，坚持区间调控和定向调控。坚持宏观政策要稳、微观政策要活、社会政策要托底的总体思路，保持宏观政策连续性和稳定性，保持区间调控弹性，稳定和完善宏观经济政策，继续实施定向调控、结构性调控。实施结构性"加杠杆"以稳增长，结构性"去杠杆"以控风险，有效化解产能过剩，提高产能利用率，建立规范的地方政府融资机制，促进经济可持续、健康发展，促进人民生活水平不断提高，全面建成小康社会。

第二，以开放促改革，向改革要动力。"十三五"期间全面深化改革的难度很大，要加快推进多个自贸园区在投资负面清单、贸易便利化、金融改革与人民币国际化、事中事后监管等方面的改革与配套，以开放促改革。进一步放开高端制造业、现代服务业的市场准入，促进行政审批和垄断行业改革，促进对供给不足和回报率高的领域进行投资。要加强对关键领域改革的第三方客观评估，促进改革开放取得决定性进展。

第三，依靠创新驱动推动产业升级。从日、韩等国迈出"中等国家陷阱"的经验来看，现代服务业的扩张自然重要，但制造业的转型升级更为关键。要加快创新体制机制改革，激发创新潜力，强化企业在技术创新中的主体地位，引导资金、人才、技术等创新资源向企业聚集，推进产学研战略联盟，提升产业核心竞争力。

第四，优化经济发展空间格局。要完善区域政策，促进各地区协调发展、协同发展、共同发展。继续实施西部开发、东北振兴、中部崛起、东部率先的区域发展总体战略。重点实施"一带一路"、京津冀协同发展、长江经济带三大战略。稳步推进新型城镇化、劳动力转移和基本公共服务均等化，促进包容性发展。

第五，促进教育、科技、医疗、养老等薄弱环节发展，全面提升人类发展水平。显著提升教育质量和水平，建议"十三五"时期推广实施 12 年制义务教育。把基本公共服务制度作为公共产品向全民提供，完善公共财政制度，提高政府保障能力，建立健全符合国情、比较完整、覆盖城乡、可持续的基本公共服务体系，逐步缩小城乡区域间人民生活水平和公共服务差距。采取有力措施，力争使现行标准下贫困人口实现脱贫。

第六，大力推进节能减排和生态文明建设。优化能源结构，合理控制能源消费总量，完善资源性产品价格形成机制，改革资源环境税费制度，健全节能减排和生态文明法律法规和标准。建立可持续的制度安排，坚持源头严防、过程严管、后果严惩，治标治本多管齐下，朝着蓝天净水的目标不断前进。

六 2030 年中国经济发展远景展望

根据上述预测，表 12 给出了基准情景下 2015～2030 年中国经济总量及三次产业结构变化的预测结果，其中 2000～2014 年为历史数据。

表 12 基准情景下 2015～2030 年中国经济总量及三次产业结构变化预测

年份	GDP 当年价 （万亿元）	GDP 2000 年价 （万亿元）	GDP 增长率 （%）	第一产业 增加值占比 （%）	第二产业 增加值占比 （%）	第三产业 增加值占比 （%）
2000	9.98	9.98	8.4	14.7	45.4	39.8
2001	11.03	10.81	8.3	14.1	44.7	41.3
2002	12.10	11.79	9.1	13.4	44.3	42.3
2003	13.66	12.97	10	12.4	45.5	42.1

年份	GDP 当年价（万亿元）	GDP 2000年价（万亿元）	GDP增长率（％）	第一产业增加值占比（％）	第二产业增加值占比（％）	第三产业增加值占比（％）
2004	16.07	14.28	10.1	13.0	45.8	41.2
2005	18.59	15.89	11.3	11.7	46.9	41.4
2006	21.77	17.91	12.7	10.7	47.4	41.9
2007	26.80	20.45	14.2	10.4	46.7	42.9
2008	31.68	22.42	9.6	10.3	46.8	42.9
2009	34.56	24.48	9.2	9.9	45.7	44.4
2010	40.89	27.07	10.6	9.6	46.2	44.2
2011	48.41	29.64	9.5	9.5	46.1	44.3
2012	53.41	31.93	7.7	9.5	45.0	45.5
2013	58.80	34.39	7.7	9.4	43.7	46.9
2014	63.65	36.93	7.4	9.2	42.6	48.2
2015	69.93	39.59	7.2	9.1	42.0	48.8
2016	76.56	42.28	6.8	9.1	40.3	50.6
2017	83.90	45.07	6.6	9.0	39.5	51.5
2018	91.85	48.00	6.5	8.9	38.8	52.3
2019	100.39	51.03	6.3	8.8	37.7	53.5
2020	109.49	54.14	6.1	8.7	36.5	54.8
2021	119.20	57.33	5.9	8.6	36.2	55.2
2022	129.65	60.66	5.8	8.5	35.5	56.0
2023	140.78	64.05	5.6	8.4	34.8	56.7
2024	152.66	67.58	5.5	8.4	34.4	57.3
2025	165.31	71.16	5.3	8.3	33.8	57.9
2026	178.74	74.86	5.2	8.2	33.2	58.6
2027	193.00	78.60	5.0	8.1	32.9	59.0
2028	208.09	82.45	4.9	8.0	32.5	59.5
2029	224.18	86.41	4.8	7.9	32.0	60.1
2030	241.33	90.47	4.7	7.8	31.8	60.4

根据预测，2030年中国不变价GDP规模将为2000年的9.06倍、2010年的3.34倍、2020年的1.67倍。2030年第三产业增加值在GDP中的比重将上升到60.4％。

世界银行从1987年开始，按人均国民总收入（与人均GDP大致相当）对世界各国经济发展水平进行分组。通常把世界各国分成四组，即低收入国家、中等偏下收入国家、中等偏上收入国家和高收入国家。按世界银行公布的数据，2012 年的最新收入分组标准为：人均国民收入低于 1035 美元为低收入国家，1035 ~ 4086 美元为中等偏下收入国家，4086 ~ 12615 美元为中等偏上收入国家，高于 12615 美元为高收入国家。但以上标准不是固定不变的，而是随着经济的发展不断进行调整的，高收入国家门槛年均上调幅度为 200 ~ 300 美元。

如果"十三五"期间改革开放能够取得预期的决定性进展，预计中国将于"十四五"时期（2021 ~ 2025 年）迈出"中等国家陷阱"，进入高收入国家行列。

根据联合国开发计划署（UNDP）《人类发展报告》对世界各国的分组，发达国家（Developed Country）是指经济发展水平较高、技术较为先进、生活水平较高的国家。由于联合国定义的"发达国家"的人均国民收入门槛只是略高于世界银行定义的"高收入国家"的人均国民收入门槛，因此发达国家一定是高收入国家，但高收入国家未必是发达国家，因为高收入国家并不意味着就有先进的科技水平（如沙特）。尽管中国"十四五"时期可进入高收入国家行列，但若想同时进入发达国家行列，还需大幅提升教育、科技、生态文明、社会和法治建设水平，大力提升人类发展水平。

根据世界银行的统计，2013 年全球人均 GDP 为 1.1 万美元，高收入国家的人均 GDP 为 3.9 万美元，高收入国家中的非 OECD 成员的人均 GDP 为 2.1 万美元，OECD 成员的人均 GDP 为 4.3 万美元。根据我们的预测，2030 年全球人均 GDP 为 2.6 万美元，高收入国家的人均 GDP 为 6.9 万美元，高收入国家中的非 OECD 成员的人均 GDP 为 3.3 万美元，OECD 成员的人均 GDP 为 8.4 万美元。

预计 2015 ~ 2030 年间，人民币兑美元升值幅度将放缓，有些年份甚至出现阶段性贬值。假定 2015 ~ 2030 年间人民币兑美元年均升值幅度按照 1.5% 匡算，即 2030 年 1 美元兑换人民币 4.85 元。则 2030 年中国人均 GDP 将达到 3.3 万美元，将显著高于全球人均 GDP 水平，达到高收入国家中的非 OECD 成员的人均 GDP 水平。

这将为实现邓小平提出的"三步走"战略目标的第三步，即到 2050 年进入"中等发达"国家行列、人民生活比较富裕、基本实现现代化奠定坚实的基础，也将为实现中国共产党提出的"两个百年奋斗目标"的第二个目标，即在新中国成立 100 年时建成富强、民主、文明、和谐的社会主义现代化国家迈出坚实有力的步伐。

"十三五"时期全面建成小康社会的机制问题及对策

张　平　王宏森　张自然[*]

摘要： 从总体上看，"十二五"时期实现全面建成小康社会目标取得了很大进展，"十三五"经济增长年均达到 6.5% 就能实现 2020 年比 2010 年翻一番的总量目标，但趋势性、结构性、机制性三大方面的问题不容忽视。一是经济效率低下，如投资边际效率下降，劳动生产率、人力资本积累、全要素生产率的增长均出现放缓，从而引起经济增长速度趋势性下滑。二是结构性的问题，长期赶超造成的"结构性扭曲"带来了诸如消费率持续疲软，初次分配中劳动者份额低位徘徊，"空气质量""食品安全"问题严重，引起较大的民生关切。三是"机制"上的问题，如收入分配中的 GINI 系数、城乡收入分配差异、区域不平衡虽然在缩小，但很多是靠政府的转移支付来实现的，没有完成太多的机制性变革，特别是贫困问题依然难以消除；城市化率不稳定，城乡一体化的机制不完善；全面深化市场经济体制改革仍在推进中，很多市场机制、宏观调控体制仍是短板。上述挑战已经成为"十三五"全面建成小康社会的直接风险，如果经济失速与失业率上升过快，与机制不完善导致的分配差距再次拉大，以及金融的过快膨胀和外部冲击交织在一起，

---

* 张平，中国社会科学院经济所，副所长，研究员；王宏森，中国社会科学院经济所，研究员；张自然，中国社会科学院经济所，副研究员。

很可能会激化经济社会矛盾甚至引发危机。因此未来五年政策的核心是防止经济增长趋势下滑和外部冲击带来的总量风险，同时应注重消除结构扭曲带来的初次分配偏低、非农就业率低引起的消费不足、空气污染等常年积累下来的弊端，积极按新千年目标中的每天1.25美元的标准彻底消除贫困，通过体制建设来保证机制性地克服短板问题，从根本上建立一个自主决策、风险分散、有序竞争、普遍分享的市场经济体制机制，实现经济、社会与自然的和谐发展，才能在2020年实现全面建成小康社会的目标。

关键词："十三五"小康 短板 经济增长

小康社会目标是中国特色社会主义发展道路的一个重要组成部分，是中国经济社会现代化进程中不能绕开的必经发展阶段。这一重要目标具有动态探索的特点。1982年中共十二大提出"2000年国内生产总值翻两番、本世纪末达到小康水平"，2002年中共十六大提出确立21世纪头二十年"全面建设小康社会"的奋斗目标，把这看作实现现代化第三步战略目标必经的承上启下的发展阶段。2012年中共十八大又做出2020年"全面建成小康社会"的新部署。2015年是"十二五"的收官之年，也是准备开启"十三五"全面建成小康社会目标的关键一年。评测"十二五"全面实现小康目标情况，检视其中的机制和风险问题，才能未雨绸缪找寻对策以按预定进程实现国家的小康社会伟大战略。

从总体上看，"十二五"期间全面实现小康目标取得了很大的进展，为"十三五"经济增长打下了很好的物质基础，"十三五"经济增长年均达到6.5%就能实现2020年比2010年翻一番的总量目标。国家统计局和《小康》杂志社公布的"十二五"各类综合指标，都取得了长足进展，污染问题、收入分配差距拉大问题也有了重大转机。但从经济增速趋势以及金融债务压力来看，风险仍较高，特别是中国将更全面地融入世界，也存在着受到外部冲击的风险。"十二五"期间虽然在短板上出现转机，但收入分配、污染问题更多的是政策平抑的结果，不是制度机制保障下的趋势必然改变。展望"十三五"，核心是防止经济增长趋势下滑和外部冲击带来的总量风险，更应该注重体制机制建设，才能在2020年实现全面建成小康社会目标。

中央《建议》把"构建发展新体制"作为坚持创新发展、着力提高发展质量和效益的一项要求。这既是达到各方面制度更加成熟更加定型的要求，也是能够实现五大发展理念、全面建成小康社会的体制机制保障。本文分析"十二五"时期的机制体制问题，揭示"十三五"的相应挑战，提出防范风险、完善体制机制的政策建议。

一 "十二五"全面建设小康社会目标存在的问题

"十二五"期间中国 GDP 年均增长达到 7.86% 的水平（2015 年按 7% 计算），为"十三五"打下了坚实的基础，"十三五"年均经济增长速度达到 6.5% 就能完成比 2010 年翻一番的总量目标。在经济增长的同时：①我国收入差距缩小，更多地实现了分享，2010 年后全国居民收入分配差距和城乡收入差异也在缓慢缩小，社保覆盖水平大幅度提高。②需求结构发生变化，城乡恩格尔系数持续下降。恩格尔系数是衡量居民生活水平高低的指标，认为居民食物支出占总收入的比重越大，生活水平就越低。根据联合国教科文组织划定的标准，恩格尔系数 60% 以上为贫困，50%～60% 为温饱，40%～50% 为小康，40% 以下为富裕。我国 2013 年城市居民恩格尔系数为 35%，农村居民为 37.7%，恩格尔系数随着居民收入的提高而缩小，均达到小康水平或富裕标准。③城市化快速发展。预计"十二五"城市化率将超过 56% 的水平。从《小康》杂志公布的"小康指标"看，以人为本的社会、文化、安全、生活质量、人的素质等多个统计指标都有了显著的提高。

"十二五"期间也明显存在着趋势性、结构性和机制性问题，具体如下。

（一）经济增速趋势性下滑的问题

"十二五"期间，我国经济增长速度、劳动生产率、创新和人力资本积累等都出现了趋势性下滑。这些趋势性下滑将直接挑战全面建成小康社会目标的实现。具体表现如下。

第一，经济增长速度下滑趋势明显。尽管"十二五"期间我国 GDP 年均增长率达到 7.86%，但趋势不容乐观，2011 年经济增长 9.5%，2012 年、2013 年增长 7.7%，2014 年增长 7.4%，2015 年预计增长 7%，以此连年下滑趋势推延下去，"十三五"经济增长完成年均增长 6.5% 的水平有一定的难度。

第二，全社会劳动生产率的增速持续下降。随着"十一五"时期到"十二五"时期经济增长的减速，2011 年以来中国全社会劳动生产率的增幅也在持续下降（见表1），预计 2014 年、2015 年全社会劳动生产率增长为 7%，降至个位数。分产业看，第二产业劳动生产率增速明显下降，第三产业劳动生产率增长率也出现下降的趋势。在全社会劳动生产率下降的同时，全要素生产率（TFP）增长的贡献也在持续下降，它对经济的贡献从原有的 25% 下降到 17% 左右的水平。

表 1　2006～2013 年中国全社会劳动生产率情况

单位：%

年份	2006	2007	2008	2009	2010	2011	2012	2013
全社会劳动生产率增长	13.05	14.12	12.18	11.17	12.65	11.62	10.21	8.05

资料来源：中国社会科学院经济所"中国经济增长前沿课题组"。

第三，人力资本增长放缓。一般认为，人力资本的积累主要是通过教育实现，并把平均受教育年限作为人力资本的重要测度，Barro 和 Lee（2013）提供了世界各国人口教育水平的详细数据。把中国 15 岁以上人口平均受教育年限与美国、日本等发达国家及拉美等发展中国家（地区）进行比较（如表2 所示），可以看出：中国的人均受教育年限不仅与发达国家相去甚远，而且与诸多新兴工业化经济体也存在不小的差距。从人均受教育年限的增长幅度看，1970～2010 年，拉美 9 国、印度尼西亚、马来西亚、菲律宾、泰国、印度、中国分别增长了 1.1 倍、1.7 倍、1.5 倍、0.8 倍、2.2 倍、2.9 倍、1.1倍，中国人力资本增幅相对较小。

表 2　部分国家（地区）15 岁以上人口平均受教育年限

单位：年

年　　份	1970	1975	1980	1985	1990	1995	2000	2005	2010
美　　国	10.8	11.5	12.0	12.1	12.2	12.6	12.6	12.9	13.2
日　　本	7.8	8.4	9.1	9.6	9.8	10.5	10.9	11.3	11.6
拉美 9 国	4.0	4.2	4.6	5.3	6.0	6.7	7.3	8.0	8.5
印度尼西亚	2.8	3.2	3.6	3.9	4.2	4.6	5.2	6.4	7.6
马来西亚	4.2	4.8	5.8	6.7	7.0	8.4	9.1	9.7	10.4

续表

年　份	1970	1975	1980	1985	1990	1995	2000	2005	2010
菲律宾	4.7	5.5	6.2	6.6	7.1	7.6	7.9	8.2	8.4
泰　国	2.5	3.0	3.6	4.2	4.9	5.5	5.7	7.0	8.0
印　度	1.6	2.0	2.3	2.9	3.5	4.1	5.0	5.6	6.2
中　国	3.6	4.1	4.9	5.3	5.6	6.3	6.9	7.3	7.5

注：拉美9国为人口加权平均数，9国分别是乌拉圭、秘鲁、巴拉圭、墨西哥、厄瓜多尔、哥伦比亚、智利、巴西和阿根廷。

资料来源：Barro & Lee（2013）。

进一步，若把15岁以上人口平均受教育年限与人均GDP进行比较，可以得到更有意义的启示。从Barro和Lee（2013）与世界银行的"世界发展指数"中，抽取各国2010年15岁以上人口平均受教育年限和人均GDP序列，制成散点图（见图1）：可以看出，中国人均受教育年限不仅低于大多数人均GDP较高的国家，而且低于很多人均GDP较低的国家。

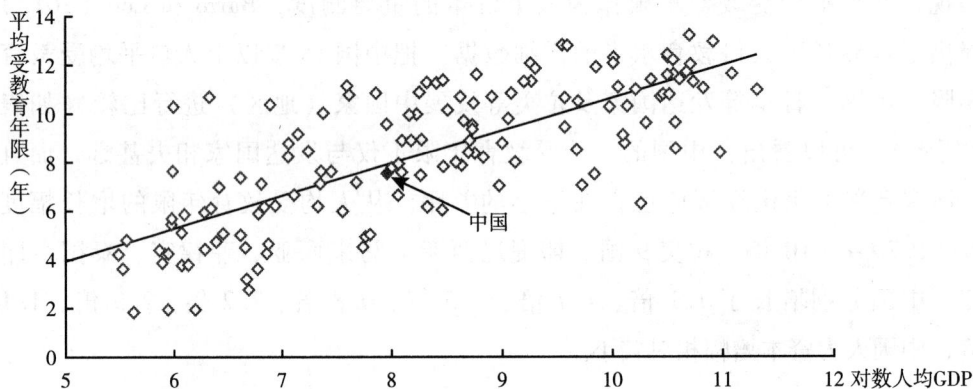

图1　中国与144个国家人均GDP与平均受教育年限对比散点图

注：平均受教育年限的统计口径为15岁以上人口。

资料来源：Barro & Lee（2013）、2014年世界发展指数（World Bank，2014）。

上述国际比较说明，技术进步、人力资本培育这两个对于内生增长极为关键的因素，在中国工业化结构性加速时期的要素驱动型增长模式中的作用是相对不显著的。这种局面如果不能予以调整，很难抵消经济过快减速风险。

（二）结构性问题

主要指经济社会分配中，仍有多个处于结构扭曲的问题，且未得到全面矫正，具体如下。

第一，需求结构中，"十二五"时期消费率持续走低，1978～2013年中国的消费率呈下降趋势，而2008年全球金融危机爆发后，消费率低于50%，"十二五"期间仍处在历史最低位。原因很多，表面原因是投资过快，根本原因是劳动者收入增长速度不快（见表3）。

表3 1978～2013年中国的消费率

单位：%

年份	1978	1979	1980	1981	1982	1983	1984	1985	1986	1987	1988	1989
消费率	62.1	64.4	65.5	67.1	66.5	66.4	65.8	66.0	64.9	63.6	63.9	64.5
年份	1990	1991	1992	1993	1994	1995	1996	1997	1998	1999	2000	2001
消费率	62.5	62.4	62.4	59.3	58.2	58.1	59.2	59.0	59.6	61.1	62.3	61.4
年份	2002	2003	2004	2005	2006	2007	2008	2009	2010	2011	2012	2013
消费率	59.6	56.9	54.4	53.0	50.8	49.6	48.6	48.5	48.2	49.1	49.5	49.8

资料来源：国家统计局。

第二，初次分配中劳动者所占份额低位徘徊。要素初次分配中劳动报酬占国内生产总值的比重，一直保持在50%上下的低位，到"十二五"期间，劳动报酬占国内生产总值的比重再次低于50%，2012年为45.59%（见表4），初次分配劳动报酬低与非农就业比重低高度相关，农村仍然有大量隐蔽性失业。

表4 国内生产总值中劳动报酬所占份额

单位：%

年份	1997	1998	1999	2000	2001	2002	2003	2004
劳动报酬份额	52.79	53.14	52.38	51.38	51.45	50.92	49.62	45.51
年份	2005	2006	2007	2008	2009	2010	2011	2012
劳动报酬份额	41.40	40.61	39.74	43.18	46.62	45.01	44.94	45.59

注：2014年《中国统计年鉴》仅提供2012年的分省份的劳动报酬。

资料来源：国家统计局、中国社会科学院经济所"中国经济增长前沿课题组"。

固定资产折旧和企业盈余占 GDP 的比重也处于历史低位。从 1997 年的 13.63% 上升到 2001 年的 15.72%，2001 年达到最高，此后固定资产折旧占 GDP 的比重逐年下降，直到 2012 年的 12.86%，为近十几年的新低。营业盈余占 GDP 的比重从 1998 年开始持续升高，直到 2007 年达到最高，为 31.29%，此后基本逐年下降，到 2012 年营业盈余占 GDP 的比重为 25.66%。

生产税额占 GDP 的比重从 2006 年后逐年上升，直到 2012 年的 15.89%，生产税额占 GDP 的比重的变化方向和固定资产折旧占 GDP 的比重变化方向相反。

第三，从生活质量中的分类看，空气质量和食品安全是"十二五"期间的短板。2014 年我们组织的"中国经济增长与周期论坛"对食品安全满意度的调查发现：35 个城市居民除厦门外，对食品安全均表示不满意。

后来我们增加了一项专项调查，询问受访者"您认为以下哪项①食品安全②空气质量③物价④交通状况，对您的生活质量影响最大"？受访者选择每个答案的比例，见表 5。

表 5 生活质量影响因素调查结果

单位：%

地　区	食品安全	空气质量	物价	交通状况
石 家 庄 市	22.22	50.81	19.10	7.87
北 京 市	28.07	46.37	18.02	7.54
宁 波 市	28.30	43.94	19.95	7.82
天 津 市	28.85	43.54	18.58	9.03
郑 州 市	26.88	42.05	21.16	9.90
南 京 市	30.83	41.63	20.63	6.92
济 南 市	27.71	40.71	22.45	9.13
上 海 市	30.36	38.60	20.88	10.16
杭 州 市	32.21	38.38	17.09	12.32
成 都 市	32.78	37.09	22.28	7.85
西 安 市	33.49	36.51	21.63	8.37
太 原 市	33.04	36.38	23.21	7.37
乌鲁木齐市	32.43	35.59	22.07	9.91
合 肥 市	34.42	35.51	20.25	9.81
武 汉 市	28.81	35.40	23.92	11.86
广 州 市	31.02	34.49	25.63	8.86
青 岛 市	30.47	32.13	27.98	9.42
长 沙 市	37.54	31.87	21.67	8.92

续表

地　区	食品安全	空气质量	物价	交通状况
重　庆　市	33.10	31.49	23.55	11.86
长　春　市	33.79	31.32	23.08	11.81
沈　阳　市	35.66	31.01	25.58	7.75
哈　尔　滨　市	35.12	29.13	28.72	7.02
大　连　市	34.40	28.01	28.01	9.57
福　州　市	37.15	27.65	23.18	12.01
厦　门　市	34.47	26.89	25.00	13.64
南　昌　市	37.73	26.60	22.06	13.61
银　川　市	37.50	25.96	31.73	4.81
昆　明　市	37.60	25.38	22.52	14.50
呼　和　浩　特　市	34.03	25.00	26.04	14.93
西　宁　市	28.99	24.64	32.61	13.77
深　圳　市	40.14	23.45	28.06	8.35
兰　州　市	31.10	22.26	30.79	15.85
贵　阳　市	28.15	21.73	27.16	22.96
南　宁　市	32.11	21.28	34.43	12.19
海　口　市	40.00	20.95	26.67	12.38
全　国　平　均	31.89	34.71	23.18	10.21

资料来源:首都经贸大学与中国社会科学院经济所"生活质量指数"联合调查,其结果发布于各年度蓝皮书。

这一专项调查显示,影响居民生活质量最重要的因素是空气质量和食品安全。35个城市中,17个城市的受访者把空气质量视为影响生活质量的最重要因素,18个城市的受访者把食品安全视为影响生活质量的最重要因素;在所有受访者中,认为影响生活质量的最重要因素分别是空气质量(34.71%)、食品安全(31.89%)、物价(23.18%)、交通状况(10.21%)。从35个城市的平均值来看,认为空气质量对生活质量的影响最大,食品安全次之,物价排第三位,交通状况最后。显然,食品安全问题已成为民生发展中的最大短板。

(三)"机制"上的问题

虽然有很多发展中的短板看似已经有了很大的改善,但是制度机制的保障很不稳定，因此调整机制的问题才是根本。

第一，收入分配机制。基尼系数是国际上用来综合考察居民内部收入分配差异状况的重要指标。中国国家统计局 2015 年 1 月 20 日发布数据显示，2003～2008 年，中国基尼系数持续上升，而 2009 年达到高峰后，"十二五"基尼系数逐年回落，2014 年全国居民收入基尼系数为 0.469（见表 6）。这是基尼系数自 2009 年来连续第 6 年下降，但这一数字仍然超过国际公认的 0.4 的贫富差距警戒线。

表 6　全国居民收入基尼系数

单位：%

年份	2003	2004	2005	2006	2007	2008	2009	2010	2011	2012	2013	2014
基尼系数	0.479	0.473	0.485	0.487	0.484	0.491	0.49	0.481	0.477	0.474	0.473	0.469

资料来源：国家统计局。

基尼系数、城乡收入分配差异、区域平衡近年来都在缩小，但很多是靠政府的转移支付来实现的，没有完成太多的机制性变革，短板的持续改善仍有很多的不确定性。从中国反贫困来看，其成就不可谓不巨大。但是，按国内标准看仍有 7000 万人口处在贫困线以下，以此标准在 2020 年实现农村贫困人口全部脱贫，仍需付出巨大的努力。未来五年的反贫困任务依然十分繁重，但反贫困不只是依靠政府或国际援助，而更应通过教育培训、稳定就业、提高收入、降低生活压力等方面来帮助他们脱困。

第二，城乡一体化机制很不完善。中国城市化发展迅速，"十二五"时期我国城市化率预计超过 56%，取得城市化发展决定性的一步。但城市化仍然争议颇多，特别是户籍带来的"城市化"挑战，以户籍人口计算城市化率远低于 50%，而以城市常住人口能享受城市社保覆盖也要低于 50%，因此城市化率不稳定，更为重要的是城乡一体化的机制不完善，人们无法享受城乡统一的普遍化服务，特别是基本的医疗服务都难以满足。人口流动受到户籍限制仍处于分割状态，行政区划和城乡分割仍难突破，在城乡一体化机制上不完善。

第三，市场经济体制机制仍未成熟。市场经济配置资源的主导作用仍没有发挥，国企改革仍在起步阶段。宏观调控体系改革也刚刚展开，利率、汇率市场化决定刚刚启动，财政税收综合改革"十二五"完成了全面"营改增"，但土地财政、地方债务高企等问题没有取得根本性改善。市场经济运行的法律制度体系也仅仅是起步运行。总之市场经济体制全面深化改革仍在推进中，很多市场机制、宏观调控体制仍不完善。

二 "十三五"全面建成小康社会可能面临的风险

"十二五"为"十三五"全面实现小康社会打下了坚实的基础，但仍存在着趋势性、结构性和机制性的问题，需要在"十三五"期间克服，很多短板的挑战已经成为"十三五"全面建成小康社会的直接风险。特别是经济增长和经济效率趋势性减速、结构调整不利、金融风险累积、体制机制改革不到位，都可能互相交织起来引发经济社会矛盾甚至危机。"十三五"无疑是中国跨越"中等收入陷阱"、全面实现小康社会目标的关键时期，防范风险是重要的。

（一）经济失速与失业率上升过快的风险

2008 年伴随金融危机的爆发，全球普遍的高速增长期也戛然而止。中国通过"4 万亿元"的反危机政策，推动经济增长在 2010 年回到了两位数10.4% 后，2011 年经济开始调头向下，增长速度为 9.3%，2012 年、2013 年降到 7.7%，2014 年 GDP 增速进一步下滑，全年 GDP 同比增长 7.4%，2015年预计只有 7%，趋势性下降非常严重。经济增长下降伴随劳动生产率和人力资本累积速度下降、全要素生产率下降，也就是说当前的经济下滑趋势中并没有新的技术进步、生产率提高和人力资本的上升，仍严重地依赖投资。"十三五"时期经济增长的区间会进一步下移至 5% ~7%，年均增长达到6.5% 就能实现"翻两番"，但也要充分防范经济下滑的"顺周期"紧缩效应，防止经济增长失速造成经济动荡的风险。

建成小康社会需要稳定的就业作为基石，需要一定的经济增长速度作为保证。如果有效需求不足，生产竞争和产能过剩日益加剧，会造成一些实力比较弱的中小企业不断减员限产，企业效益下滑；社会投资总量的减少会使社会就业岗位大打折扣，大量的低收入阶层失去赖以为生的工作，生活陷入困境；社会经济增速放缓，国家财政收入增长也会减慢，进而政府对低收入者和低收入地区的资金扶持力度减小。这是一个恶性循环过程。从总量看，"十二五"期间城镇新增就业规模持续增长，每年就业指标都能超额完成，2014 年我国城镇新增就业 1322 万人，创出 21 世纪以来的最高值。但与此同时，经济增速放缓对就业的影响正在逐步显现：第一，新增就业同比增幅缩小，从 2010 年的 5.99% 下降到 2013 年的 3.48%，2014 年较 2013 年增幅不到 1%。第二，从年龄看，国家统计局数据显示 2013 年 16 岁至 59 岁的劳动年龄人口较上年减少 244 万人，2014 年则进一步减少了 371 万人。相比需求因素而言，劳动年龄人口减少对劳动力市场的影响将更稳定和持久。第三，由于高等教育的持续扩张，结构性失业的苗头已经显现，未来仍将对劳动力市场的稳定构成挑战。第四，随着产出下滑，近年劳动力成本的"刚性"上升对利润空间压缩的影响程度会更大，由此带来的负反馈效应更为严重。

（二） 金融的过快膨胀与外部冲击风险

与制造业景气显著下降形成鲜明对比的是，近年来中国的货币金融资产扩张速度很快。我们根据 IMF 和中国央行、国家统计局的数据测算得知，国际金融危机后，中国保持了相对较高的货币扩张速度，广义货币供应量 M2 的余额，2009 年为 60.6 万亿元，2014 年为 122.8 万亿元，翻了一番。由于货币供应的相对过快增长，M2 与 GDP 的比重也显现上升态势，2009 年为 177.7%，2012 年为 187.7%，2013 年达到峰值 194.6%，2014 年略有回落，但仍高达 193.1%。

货币的脱实向虚趋势也很明显。2009 ~ 2014 年，中国金融资产从 121 万亿元增至 241 万亿元，绝对数量翻了一番，年复合增速达到 12.2%，占 GDP 的比重从 354% 增至 378%，增长了 24 个百分点，这与全球金融最发达的美国（金融占 GDP 约 410%）已相差不远。在构成金融资产三大类的银行资产、股票、债券中，银行资产的增幅最大，2009 年占 GDP 的比重为 231.1%，2013 年达到峰值 266%，2014 年略有下降至 264.5%，2009 ~ 2014 年增加了 33.4 个百分点。债务证券占 GDP 的比重从 2009 年的 51.3% 增至

2014 年的 56.1%，增加了近 5 个百分点。股票市值占 GDP 的比重则从 71.6% 降至 2014 年的 58.2%，减少了 13.4 个百分点。2009 年，银行资产占全部金融资产的比重为 65%，2012 年、2013 年、2014 年分别为 73.1%、73.8%、69.8%。未来 5 年，大力发展直接融资的任务依然很重。

近年来，实体经济通缩的影响向信用和负债表等方面传递，金融风险不断累积。企业家对增长前景缺乏信心，投资预期下降，企业资金主要进行财务成本调整，而不用于投资，大部分资金流向基建、地产和其他高杠杆或长周期部门，形成资金沉淀，周转率大幅下降。银行体系低成本负债资源趋于枯竭，近年来只能用更短的高成本负债（同业 + 理财）去支持信用资产，进一步加剧了流动性的脆弱性。根据国际清算银行的数据，2007～2012 年中国的非金融公司债务率、家庭部门的债务率（各自债务余额占 GDP 的比重）上升较快，分别增加了 38 个百分点、11 个百分点，此格局与发达国家的私营部门去杠杆化、自我修复和再平衡趋势正好相反。而政府部门的潜在债务压力也不小，根据审计署报告，截至 2013 年 6 月底，中国政府的债务与或有负债达到了 30 万亿元。

金融的全面膨胀，拉高了经济杠杆和资产价格水平，支撑了经济增长。但同时，货币金融对经济增长的边际效率在降低，并且不断加剧结构的不平衡，不利于经济发展方式的转变。中国当前的很多宏观政策希望抑制货币信用膨胀，但成效不大，金融继续膨胀，其政策效果恰恰直接打击了实体部门，将金融部门和实体部门的裂口越拉越大。

中国已是全面开放的大国经济，除了单纯贸易盈余波动的影响外，"十三五"期间，随着人民币资本项下的开放，汇率和大宗商品价格波动、外资流动、金融市场恐慌和贸易摩擦等都会影响中国经济的健康，国际经济周期所带来的外需冲击也不可低估。目前全球分工体系仍在重构中，未来 5 年将是充满摩擦的调整期。预期在"十三五"期间，净出口对中国经济增长的贡献都将处于较低水平甚至为负值，资本流动的逆转也可能成为新常态。

（三）机制不完善导致分配差距再次拉大和社会分化的风险

收入分配制度是经济社会发展中一项带有根本性、基础性的制度安排，是全面建成小康社会的另一项基石和重要保障。如前所述，我国收入分配不合理问题十分严重，反映收入差距程度的基尼系数近年来已经逼近 0.5 的警戒线。有研究测算中国收入最高 10% 家庭的人均收入甚至达到收入最低 10% 家庭的五六十倍，严重影响小康社会的建设进程。

我国收入分配不合理的根源在于两大方面：第一是政府及其代理人在国民收入分配中占的比重较大。居民收入份额在近十余年间下降了 10 多个百分点，这是总需求中消费率很低而投资率很高尤其是政府投资高企的最根本原因。由于国民财富以过高的税、费、经济租、非法收入等形式向政府及其各类代理人迅速集中，居民的收入提高难乎其难。

第二是城乡分治造成的"社会二元结构"。城乡分治把 13 亿人口变成了不平等的两大社会群体，在劳动、就业、教育、医疗、社会保障等方面都呈现不平等待遇。不同的身份，使城市居民与乡村居民参与市场竞争在起点上就变得不平等，在教育、人力资本积累、就业状态、创业环境等方面一开始就有很大的差距。

贫富差距关乎能否全面建成小康社会，影响了社会稳定。不适度的收入分配差距对经济发展动力的需求和投资都会有相应的消极影响，也会使部分经济困难的群体产生严重的心理失衡和被剥夺感，引发他们对社会的抵触情绪。虽然我国收入差距扩大已经导致种种不满，但在经济蛋糕不断做大的情况下，收入差距尚可容忍。然而，随着经济增长减速，在没有足够的增量可供分配的条件下，弱势群体占有的收入份额会更不稳定，而在资产升值的情况下则加剧了不同人群的收入差距。随着低收入群体被弱化，其不满就会强烈表达出来，一些事情处理得不公平或不透明成为其宣泄负面情绪的突破口，容易引发大规模的群体事件。贫富差距拉大也意味着中产阶级的萎缩，而中产阶级向来是政治发展的基石。在许多国家，街头政治逐渐取代了议会民主，保护主义及排外情绪挤压了多边合作，在社交媒体的协助下，所谓的"暴走快闪"迅速蔓延，很可能演变成群众运动，足以影响社会的稳定甚至政治生态。

三　克服机制障碍，防范风险，全面建成小康之策

未来 5 年是迈向全面建成小康社会的关键时期，机制问题能不能解决

好,风险因素能不能控制好,决定了中国能否跨越"中等收入陷阱",真正建成全面小康社会。政策上要把稳定化政策和改革体制机制进行联动,才能有效地稳定增长,防范金融风险。应大力推进市场化改革,建设成熟的社会主义市场经济体制,通过要素价格改革和国企改革激活微观经济,通过反垄断法实施和知识产权保护来激励创新;通过税收体制改革提高劳动报酬比重,改善收入分配机制,大规模削减制度成本和交易费用,以减轻经济主体的显性税费和隐性负担,促使他们更加公平地参与到经济发展过程中来;将原来事业单位的"科教文卫"按普遍服务与商业化供给分开,推动现代服务业发展,推动供给和需求机制进一步协调调整,全面加强政府准入制度和政府公共服务体系建设,让天空更蓝,食品、水和土壤更安全,提升教育、健康和社保水平,让人们得到更全面的发展,从而克服短板,控制风险,全面实现小康目标。

(一)稳速增效与防范金融风险

经济增长趋势性往往与金融风险伴随而生,而对于中国这样一个有着巨大就业压力的人口大国来说更是需要保持一定的增长速度,才能有效地跨越"中等收入陷阱"。改革开放 30 多年来的实践经验证明了超过两位数的高增长必然会引起超过 5% 的通货膨胀率,过高的经济赶超目标迫使经济、社会和资源体系处于高度紧张状态,难以实现结构调整、和谐社会和友好环境的建立,更难以将经济增长方式从粗放型转向效益型。但过快经济增长减速也会导致一系列的负面反应,甚至危机。

我国经济"新常态"的一个要义就是利用经济减速时期进行最为积极的结构性改革,并完善社会主义市场经济体制,同时又要稳定经济增长不滑出底线,积极防范金融风险。从世界各国的经验看,利用经济减速进行深层次调整的方法和经验,大多来自"改革性救助",即通过经济主体承诺一系列改革目标后再进行救助,这样将定向放松与改革启动相连接,起到防风险推动改革的目的,从本质上防止了经济硬着陆。

从理论上讲,经济增长减速是经济体的一次大的"清洁",经济学家熊彼特称之为"清洁机制",即淘汰落后企业,推动创新企业发展。但这一理论机制在现实中难以完成,特别是亚洲国家,在赶超过程中,政府支持的项目或企业都不愿意被清洁,反而抗拒减速清洁,形成所谓政府支持的"僵尸"企业，形成了政府巨大的包袱。结果是通过政府负债、持续发债提高债务率来维持原有的旧经济生产体系，没有创新，反而不断吸收资源。2009年反金融危机后，就留下来了很多这方面的诟病。

中国城市化过程中已经积累了大量的基础设施投资和相应的负债，由于基础设施投资回报期长，而对应的负债主要来自信托的高利率或银行贷款的短期限，这使得这些基础设施投资严重影响了地方政府的正常运营和银行等金融资产的安全。中央政府应推出中国版的资产购买计划，发行特别国债等金融工具对长期限的城市化基础设施资产进行购买，以缓解地方政府的债务状况。只有调整当前的债务架构，不断降低资金成本，才能继续扩大投资和提升中国资本存量。但这一地方债务救助必须配合一系列改革措施，否则就不是"改革救助"，而是更大的"软预算救助"了。把中国的高储蓄转化为中国的有效投资，可以推动中国经济增长与改革，并防范金融危机的冲击。

劳动生产率尽管不是一切，但长期而言几乎就是一切。因为劳动生产率是内生增长可持续的源泉，一个国家人民生活水平的提高最终取决于劳动生产率的提高。因此应进行现代服务业的改革，推动包括"科教文卫"在内的高端服务业发展，让服务业的效率提高与制造业劳动生产率同步增长，强化人力资本优势和创新优势，稳定潜在增长率。"十三五"期间经济增长速度应保持在6.5%左右，为市场化机制调整和体制改革留出空间，有效地激励企业增加效益，同时应以就业为政策底线，推动经济稳速增效。

（二）建立成熟的市场经济体制，进行深层次结构调整和制度创新

由于赶超阶段的政府动员型经济体制不可持续，政府应平衡短期利益和长期利益，转变目标和职能，简政放权，还权于民，让利于民。必须明白集中权力也意味着集中风险，给政府带来不必要的工作量，压力也是巨大的。"父爱主义"观念下的权威型、发展型政府的积极干预、动员、补贴、担保和救援等，容易使政策制定者、企业和民众产生政府是无所不能的错觉，并形成一种依赖心理，长此以往限制了市场机制在资源配置和经济增长中的基础性作用，企业缺乏竞争和创新能力，缺乏自我发展后劲，经济增长因此难以为继。而政府却机构膨胀，人浮于事，不堪重负，难担其重。因此政府目

标应从"投资增长型"转向"公共服务型",加大政府自身改革力度。要减少干预,改变过去那种在国家干预之下靠扩大投资来刺激经济发展的做法,从对物的投资转变为对人及市场环境的投资,引导经济升级,履行其公共财政和公共服务的职能。特别应强调相对价格体系和竞争性市场的完善,价格是市场运行的指针,合理的相对价格体系能有效引导市场参与者的行为,使整个经济运转效率提高。同时,应赋予所有经济主体平等的市场待遇,保护合法收入、私有产权和知识产权,形成规范的竞争性市场环境,提高投入要素的产出效率。放权让利的核心是明晰政府与市场边界,让市场真正起到资源配置的决定性作用,政府不与民争利,让企业和个人自我决策、自负其果。

(三)和谐发展

未来5年中国和谐发展和全面建成小康第一要务就是消除贫困,积极按照现行标准实现农村人口全部脱贫。配合消除贫困,积极调整收入分配机制,缩小收入差距,扩大社会保障体系的覆盖面,积极促进卫生、教育、保障性住房和公共服务的发展,解除百姓的后顾之忧,实现社会的和谐化。根本上就是要建立社会普遍分享的机制,为2020年建成全面小康社会打下坚实的基础。

青山净水、蓝天白云是全面小康社会的题中应有之义,但目前仍是短板。中华文明强调天人合一、道法自然等观念,从这个角度看,低碳经济发展及生态文明建设,实现绿色发展,完全可以建立在中华传统的创造性转化上,以此来推进绿色的生活模式和生产方式,实现人与自然的和谐,尽快走上循环、绿色经济的可持续发展道路。

参考文献

[1] Barro, Robert J. & Lee, Jong Wha, "A New Data Set of Educational Attainment in the World, 1950 – 2010," *Journal of Development Economics*, 104(C), 2013, pp. 184 – 198.

［2］中国社会科学院经济所"中国经济增长前沿课题组"：《中国经济增长报告（2012～2013）——宏观经济走势及展望》，社会科学文献出版社，2013。

［3］中国社会科学院经济所"中国经济增长前沿课题组"：《中国经济增长报告（2013～2014）——TFP 和劳动生产率冲击与区域分化》，社会科学文献出版社，2014。

［4］中国社会科学院经济所"中国经济增长前沿课题组"：《中国经济增长的低效率冲击与减速治理》，《经济研究》2014 年第 12 期。

［5］中国社会科学院经济所"中国经济增长前沿课题组"：《中国经济转型的结构性特征、风险与效率提升路径》，《经济研究》2013 年第 10 期。

［6］中国社会科学院经济所"中国经济增长前沿课题组"：《中国经济长期增长路径、效率与潜在增长水平》，《经济研究》2012 年第 11 期。

［7］中国社会科学院经济所"中国经济增长前沿课题组"：《城市化、财政扩张与经济增长》，《经济研究》2011 年第 11 期。

"十三五"时期农业、农村、农民发展改革研究

李　周　任常青　张海鹏[*]

摘要：发展农业、建设农村、富裕农民，是治国安邦的大事。农业丰则国家安，农村稳则国家强、农民富则国家盛。食物供需平衡和农产品价格稳定是市场稳定、社会稳定的基础，也是转方式、调结构、促改革的基础。农业向好全局就会主动。

"十三五"是全面建成小康社会的关键期、深化农村改革的攻坚期，要提升农民素质和提高农业生产集约程度，工业化、城镇化、信息化为农业带来的深刻变化，要以求真务实、一丝不苟的科学精神，探寻工农协调发展、城乡互补共赢的新优势、新空间、新机遇、新途径，并将其转换成新政策、新项目、新工程，促进现代农业发展、社会主义新农村建设和核心农民培养，实现农业稳固持续、农村美丽和谐、农民富有乐业的目标。

关键词：农地改革　农业发展　农村建设　现代农民培育

---

* 李周，中国社会科学院农村发展研究所，研究员；任常青，中国社会科学院农村发展研究所，研究员；张海鹏，中国社会科学院农村发展研究所，副研究员。

一 "三农"发展的主要任务

党的十八届五中全会关于"十三五"规划建议稿提出，要加快转变农业发展方式，发展多种形式适度规模经营，发挥其在现代农业建设中的引领作用；要着力构建现代农业产业体系、生产体系、经营体系，提高农业质量效益和竞争力，推动粮经饲统筹、农林牧渔结合、种养加一体、一二三产业融合发展，走产业高效、产品安全、资源节约、环境友好的农业现代化道路。

（一）发展现代农业

世界各国的农业资源禀赋和现代农业发展道路有很大的不同，但发展的结果却有相似性，即农业发展越来越依赖于技术、制度和组织创新，而对土地、水资源、资本和劳动力的依赖性逐渐下降。这是农业资源禀赋丰富的美国、加拿大，农业资源禀赋不丰富的以色列、荷兰，以及农业资源禀赋介于它们之间的法国、德国，都成功地孕育出合乎自身特色的现代农业的关键所在。我国地域辽阔，各地农业资源禀赋差异很大，适宜选择的农业发展模式有所不同，总体上看，发展现代农业主要有下列五项任务。

1. 转变农业发展方式

第一，依靠动植物品种获取技术、细胞和蛋白获取技术、卫星定位遥感技术、生物自动管理技术等创新，促进高新技术对资本、土地、劳动的替代，实现农产品供需平衡与消除资源耗竭、生态破坏和环境污染的有机统一。充分发挥基因工程、细胞工程的作用，构建监测和化解风险的快速反应机制，防范这种最大限度地简化复杂的生物演化过程的创新可能造成的风险。

第二，以市场需求为导向，以技术、制度、组织创新为手段，以生态系统和水土资源可持续利用为约束，进行农业布局规划和战略调整，形成优势突出，特色鲜明，适应资源、生态和市场要求的农业产业体系。实施高标准粮田建设工程，增强粮食综合生产能力；实施产业集群培育工程，构建新型农业经营体系；实施生态农业发展工程，形成农业新业态；提高农业规模化、专业化、区域化、组织化、机械化、信息化水平，提高农业综合生产能力。重点打造粮食生产核心区，增加产能、稳定产量、提高效益，保障国家粮食安全。

第三，实行最严格的耕地保护制度和农业用水总量控制制度，保护基本农田和农业产能，促进地表水替代深层地下水，守住水土资源红线；确定适宜的耕作强度和化学品投放标准，解决过度消耗水土资源、过度依赖化肥农药的问题，守住生态红线。

第四，强化食物生产和消费管理。改进收割机械、仓储设备和仓储技术，减少生产、仓储中的食物损耗；倡导一方水土养一方人的理念，缩短鲜活农产品运输距离，减少运输中的物耗和能耗；普及食品营养知识，消除大米过精、面粉过白和油色过浅导致的营养成分流失；开展素质教育，消除食物消费中的浪费行为。

第五，政策重点要由解决"近渴"拓展为消除"远渴"。要将瞄准食物产量、农民收入的政策体系拓展为瞄准农业资源、食物质量、生态系统服务价值的政策体系。要多扶持农业技术研发等具有乘数效应的公共品，少扶持农产品、生产要素等没有乘数效应的私有品；并将按行政区划配置农业研发资源的体制改为按农区类型配置农业研发资源的体制。要多补贴有机肥、生物农药、可降解地膜等环境友好型投入品，少补贴化肥、农药、地膜等对环境有负面影响的投入品。要多补贴农业生态建设，少补贴农业生产活动。水土资源确权登记必须尊重农民的选择，同时提倡能为土地整理创造条件的确股不确地的确权方式。

2. 扩大农业经营规模

我国农业面临的突出问题是主要农产品价格普遍高于进口农产品价格。2014 年，国内小麦、玉米和大米的价格都高于相应进口产品的国内到岸完税价，小麦高 5%，玉米高 6%，大米高 25%。大豆国内价格为每吨 4500 元，进口到岸价格为每吨 4200 元；油菜籽国内价格为每吨 5100 元，进口到岸价格为每吨 4300 元；棉花国家临时收储价格为每吨 20400 元，进口到岸价格为每吨 17000 元。原糖国内主产区价格为每吨 5400 元，进口到岸价格每吨低于 4000 元。畜产品也是如此。在价格信号的引导下，"十二五"期间农产品净进口量快速增加。面对这个局面，我们要跳出农业必须保护的窠臼，抓住越来越多的农民不愿继续从事超小规模农业的有利时机，推进农业适度规模经营，培育具有自生能力的核心农户，提升我国农产品的国际竞争力。

具有自生能力的核心农户是土地经营规模足以使其在农业中充分就业、且农业收入不低于主要劳动力在非农部门就业的农户收入的农户。农民就业转移和农地流转是核心农户充分就业的基础。国家应放弃维系超小规模农业的政策，消除劳动力转移、土地流转和改造传统农业的人为障碍，并从提高非农部门就业、收入的稳定性和农民的非农就业技能入手，提高农户经营超小规模农业的机会成本，促使农民就业转移、土地流转和核心农户形成。

根据调查，要确保核心农户的收入不低于主要劳动力在非农部门就业的农户的收入，农业经营规模至少应达到 30 亩。从可能性和操作性的角度考虑，"十三五"时期我国农业经营规模目标可以确定为：15 亿亩耕地推行规模经营，其中 12 亿亩耕地按户均 30 亩配置，3 亿亩耕地按户均 60 亩配置，余下的 3 亿亩耕地按户均 10 亩配置，加上 500 万个以林、牧、渔业为主的农户，全国农户 8000 万个，农民 3 亿人，农业人口比重减少到 25%。

3. 细化农业生产结构

传统农业只关注粮食生产而不区分口粮与饲料粮，现代农业初始阶段形成了包括口粮和饲料粮的生产结构，现代农业成熟阶段则形成了包括口粮、饲料粮和牧草的生产结构。牧草生产的出现有三个原因。第一，多年生牧草（紫花苜蓿的生长期为 25 年、三叶草为 20 年、禾本科的黑春草为 7~10 年）与每年种植、只成活百十来天的农作物相比，光热利用更充分，合成的生物量更多。据统计，单位面积豆科牧草的蛋白质含量是谷物的 5~10 倍。20 世纪 50 年代以来世界上种草的国家越来越多。在荷兰、法国、英国、德国、澳大利亚和新西兰等国家，50% 以上的耕地用于种草。谷物出口量最多的美国和加拿大，牧草种植面积也高达 40%。2001 年美国有 219 万农户，其中种草养牛的农户 123 万，占农户总数的 50% 以上。1997 年，荷兰种草养牛的农户 60283 户，占农户总数的 65%。2009 年美国种植牧草 435.4 万公顷，产量 1.52 亿吨；青贮玉米 241.4 万公顷，产量 1.12 亿吨；加拿大种植牧草 737.9 万公顷，产量 3043.2 万吨。2008 年，国际牧草贸易量 694.40 万吨，贸易额 22.89 亿美元，与 1962 年相比增长近 87 倍。第二，牧草耐旱省水，可以在降雨 200~300 毫米的半干旱地区种植。这些不适宜种植谷物的地方适宜牧草生长、收割和翻晒等，种草具有比较优势。第三，牧草是保持水土的理想作物。美国的调查表明，在 5 度的坡地上，每公顷土地的年平均土壤流失量，白茬地为 7 吨，一年生作物为 3.5 吨，人工林为 0.9 吨，多年生牧草为 0.02 吨。

"十三五"期间的种植结构调整举措包括以下几个方面。第一，推进饲料粮生产。我国目前玉米总产量的 70% 以上用作饲料，将其中一半改种高赖氨酸、高油玉米和青贮玉米，既可提高饲料粮的质量，又可提高饲料粮生产的经济效益。第二，推进豆科牧草生产。我国有 9 亿亩中低产田，将其中 1 亿亩改种豆科牧草，既能改善饲料结构和土壤肥力，又能减少水资源消耗和改造中低产田。牧草生产应走规模化、区域化、产业化之路，整合产前、产中和产后各环节，形成完善的牧草产业体系。第三，在天然草地上撒播草种。我国 40 亿亩草场中至少 4 亿亩草场适宜采用该措施，平均产草量可增加 20%，相当于增加了近亿亩草场。

4. 拓展农业多种功能

农业的功能包括农产品供给功能、调节气候、净化环境、维持生物多样性等生态服务功能和自然人文综合景观带来的休闲、审美、教育等文化服务功能。农民增收的途径要与农业功能拓展相衔接。农业功能拓展越充分，农业产业体系越健全，农民增收渠道就越通畅。

"十三五"期间我国农业要从拓展功能入手，延长产业链，多维度地增加附加价值和农民收入。第一，以农业资源高效和循环利用为核心，以生态农业、绿色产业为抓手，增强农业的产业竞争力。通过微生物资源产业化，将植物、动物构成的二维农业拓展为植物、动物、微生物构成的三维农业，通过海藻资源产业化，将陆地农业拓展为陆地与海洋交融的农业。第二，利用农业资源、农业设施、田园景观、农家生活、农耕历史文化、民族传统文化、地方特色文化等旅游资源，满足国民日益丰富多彩的精神生活与文化需求，实现第一产业和第三产业的有机结合。第三，维护和提升农业生态系统服务价值，通过生态补偿政策获得回报。

5. 提高农业持续水平

中国是土地资源相对稀缺的国家。传统农业阶段倾向于精耕细作，现代农业阶段倾向于用化学品替代土地。化学品的投入极大地提高了农产品产量，而化肥、农药和农膜的过量使用又影响了农产品质量安全，并造成农田生态系统恶化和环境污染。2010 年完成的第一次全国污染源普查结果显示，农村排放的化学需氧量占全国的 43%、总氮量占全国的 57%、总磷量占全国的 67%。农业已经成为主要的污染源。这种高耗肥（药、膜）、高耗水、高耗能、高产量的现代农业发展模式受到越来越多的质疑。农业作为一个具有显著的外部性的产业，应适当牺牲部分短期经济效益而增加正外部性，而不宜为了追求一点短期经济效益而增加负外部性。比如，大豆的根瘤菌每年每公顷可固定 90 千克氮，若适当放弃短期和局部经济利益，就可以通过种植大豆减少氮肥用量。

持续农业是仿照生态系统互适共生、互容共存和互补共赢三个特征的农业。其中，互适共生是指相互适应、和谐共生；互容共存是指相互包容、和睦共处；互补共赢是指相互补充、和衷共济。持续农业是超越化学农业的农业形态，是经济、生态、环境综合效益最大化的农业，而不是经济、生态、环境效益都最大化的农业。为了化解持续农业对农产品产量和产出的影响，必须实施适度进口政策和生态补偿政策。

（二）建设现代农村

整洁优美的农村环境、悠闲舒适的农家生活和平等和谐的人际关系，既是农民的追求，也是市民的向往。从上述三方面开展农村建设，会得到广大农民的认同和全体市民的支持。

1. 改善乡村环境

经过半个多世纪持续不断的努力，我国适宜绿化的荒山荒坡的绿化任务已经初步完成，森林覆盖率由 1949 年的 8.6% 提高到目前的 21.6%。经过最近 30 多年的推进，覆盖全部生态系统的自然保护体系已经基本建立。全国自然保护区总面积为 14631 万公顷，其中陆地面积占全国陆地面积的 14.8%，超过了世界和发达国家的平均水平。

"十三五"期间要将工作重心由绿化转向美化，逐步解决植被和物种过于单一的问题，逐步提高乡村景观的秀美程度；通过交通等基础设施建设，特别是人文景观与生态景观的优化配置，将乡村的绿色、美色充分展现出来，将生态系统由资源利用转为景观利用，提升农村的产业结构，逐步实现水土资源可持续利用、生态系统演进、国民经济发展和国民福祉改善的有机统一。

2. 推进乡村整治

最近30年，农民的居住条件有了明显改善。农户为住宅不断拆建付出了高昂代价，但农户住宅和周边环境协调性差等问题尚未得到很好的解决。

"十三五"时期，要把乡村整治作为农村全面建成小康社会的重要内容。要以全域规划、全域整治、全域建设的理念编制乡村整治规划，依据村落、镇区与自然景色融为一体的规划布局，创造性地开展乡村整治，逐步实现田园风光、秀山丽水、和谐乡村、幸福家园四位一体。乡村要成为农民共享现代文明的幸福家园，成为市民分享美好生活的休闲乐园，成为慰藉国民心灵的精神家园，要使乡村整治成为全体国民共同追求的目标。

乡村整治要着眼于乡村整体面貌提升和乡村整治方式转型，要从点上整治转向连片整治，推动乡村人居环境整体性改变，整治一片、巩固一片、维护一片，不断扩大乡村整治建设成果。乡村整治要创新运作模式，采用农民主导、市场运作、政府配合的方式和规则约束、文明评议等制度，提高村民参与乡村整治的积极性。要探索农村建设用地异地置换机制、有偿退出机制和有偿使用机制，开展农村建设用地综合整治和城乡建设用地增减挂钩试点，推进乡村人口向中心镇村集聚，促进农村建设用地集约利用和高效利用。

乡村整治要与城市化统筹规划。农业比较优势显著的村庄要配置现代农业居民点，农民转移量大、农业条件弱的村庄要向中心村聚集，人口流入较多、非农产业发展趋势明显的村庄要向小城市方向发展，文化古村古镇要向旅游名村名镇方向发展。

各地乡村要按照城乡统筹发展、城乡一体化的要求，特别是自身的突出优势确定一个标新立异的主题，制定一套切实可行的方案，配置一批丰富多彩的项目，设计一套行之有效的操作流程，形成亮点纷呈的创建局面，依托乡村整治、幸福家园建设带动乡村发展。

3. 促进乡村和谐

乡村和谐包括人际关系的和谐、村落关系的和谐和人与自然的和谐。促进乡村和谐的主要内容是：树立和谐理念，弘扬和谐精神，倡导和谐风尚，培育和谐氛围，享受和谐生活，化冲突为和谐。一要学习。通过培养村民的学习兴趣，使自觉、自律和反省、向善成为村民的生活方式。二要包容。以兼容并蓄的态度，将强调团结和睦的民族文化、与人为善的传统文化与强调国家法律和市场规则的现代文化融合为一个有机整体。三要奉献。以正确的人生观、价值观、道德观修身养性，形成我为人人、人人为我的共同理念和人人乐意为社区公益事业做贡献、志愿为他人提供服务的风气。

"十三五"期间，要以建设和谐乡村为抓手，培育互敬、互爱、互信、互助、互让、互谅、互勉、互慰的人际关系，将和谐相处、守望相助、激励相容等内在的农民意愿和需求落到实处。把建设文化场馆、开展形象性的文化活动同培育文明社会风尚、培养有益农民心性的和谐理念有机地统一起来，把挖掘传统文化的现代价值同引导村民参与文明公益活动有机地统一起来，开创和谐乡村建设的新局面。

（三）培育现代农民

劳动力是可变性最强的生产力。无论技术创新还是组织或制度创新都是劳动力努力的结果。从提高农民素质入手，把农民创收的潜力和创新的活力充分激发出来，是促进现代农业发展、持续增加农民收入和确保城乡同步小康的关键所在。

1. 进一步向农民赋权

30多年来，农村改革的主线是向农民赋权。改革初期赋予农民自主经营承包的权利。农民凭借着这个权利，很快就解决了自己的温饱和全国农产品短缺的问题。20世纪80年代中期农民被赋予在农村从事非农产业的权利。农民凭借着这个权利，创造出了乡镇工业占据中国工业半壁江山的奇迹。20世纪90年代以来赋予农民进城就业的权利。农民凭借着这个权利，现在已经成为我国工人阶级的主力军。农民对国民经济的贡献已经由农业部门拓展到非农产业部门，由农村拓展到城市。2008～2012年，农民工创造的GDP占全国GDP总量的份额由32.1%上升到38.6%，4年间提高了6.5个百分点。

"十三五"期间要赋予农民利用集体所有的农村建设用地经营城市的权利。让农村集体经济组织以土地入股的方式与资本开展合作，使农民得到持续的股权收入，并降低城市化过程中的土地成本，以及工业化、城市化的融资难度。

同时，深化改革城乡居民就业机会不公平的现象，赋予农民自由择业的权利；深化改革城乡分割的户籍制度，赋予农民自由迁徙的权利；深化改革农村集体经济的体制机制，赋予农民自由加入和自由退出的权利。

2. 加强农民人力资本投资

近些年，以农业具有弱质性为依据增加农业补贴已经成为国家政策的取向。其实，为农民发放资金和实物最多只能消除农业弱质性的负面影响，而产生不了消除农业弱质性的作用。农业的弱质性要靠技术创新、制度创新、组织创新和农民素质提高来消除，农业发展和农民增收也要靠技术创新、制度创新、组织创新和农民素质提高来实现。

"十三五"期间，要以"授人以渔"的方式提高农民做事的信念和学习的能力，并掌握承接项目所需的知识、技能、经验和信息；用"授人以欲"的方式激发农民奋进向上的欲望；用"授人以誉"的方式引导农民为自己成为更有价值的人而努力。今后的文盲不再是不识字的人，而是不会自学和学了知识不会应用的人。所以农民素质的高低要用他们的学习能力和做事能力来评估。各级政府都要为农民提高素质而进行人力资本投资，形成依靠人力资本投资、技术、组织、制度创新和完善农业产业链来兴农、富农、惠农的局面。

3. 健全农村公共服务体系

在建设服务农村服务体系中，市场和社区都要承担相应的责任，政府不宜大包大揽，以免导致市场发育不完整和社区缺乏凝聚力。对于政府来说，上级政府的责任是消除农村公共服务体系的地区差别。例如，中央政府的责任是消除农村公共服务体系的省际差别，省级政府的责任是消除农村公共服务体系的市际差别，余以类推。下级政府的责任是消除管辖范围内的农村公共服务体系中的薄弱环节。

政府要继续推进生态、社会等基础设施向乡村配置，推进社会保障、劳动就业、文化体育、医疗卫生等公共服务向乡村覆盖，发展服务组织，创新服务方式，健全服务体系，增强服务能力，提高服务质量，逐步消除教育、文化、卫生、社会保障和水、电、气、路、网络等的城乡差距；创建科学、文明、健康的生活方式，让乡村成为农民安居乐业的幸福家园。

二 深化农村改革的主要任务

（一）深化农地制度改革

土地制度是农村最基本的经济制度。推进农地产权制度改革，旨在探索集体经济的有效实现形式。近些年来农地流转变得越来越活跃了。随着农地流转规模不断扩大，流转形式不断增多，现行农地产权安排越来越不适应要求了。土地流转引发的问题，最为简明的办法是把隐含在农村集体土地中的股权显性化。集体经济组织成员实际上是凭借着他们拥有集体土地的股权得到承包权的。20 世纪 50 年代的农村集体经济组织是以农户土地折股入社的方式形成的，这是现在将隐含的股权显性化的理由。

农村集体土地的股权是稳定的，适宜用权证的方式界定；经营权是变动的，适宜采用契约的方式界定。集体经济组织成员既可以自己使用归其名下的集体土地经营权，也可以将其全部或部分让渡出去，集体土地股权证在这两种情形下都在自己手里，即土地股权证相当于房产证。集体土地股权按照公平原则在有资格的集体经济组织成员内部分配，也实现了集体土地的按份共有的改革目标。

农村土地制度应该具有稳定性、灵活性和有效性三个特征。一是稳定性。所谓稳定性，就是拥有特定社区集体土地股权的成员不要轻易发生变化。为此，一要减少集体成员之间的土地股权交易，二要把土地股权交易范围限制在集体成员之间，三要严格界定土地经营权流出主体的资格，以免多次流转对土地产权稳定性造成冲击。二是灵活性。股权形态的土地产权既有利于土地整理，又有利于土地产权细分，是比实物形态的土地产权更具灵活性的土地产权形态。三是有效性。这个有效性包括集体经济组织和持有集体土地股权的成员权益保护的有效性，土地经营者的农业生产的有效性，以及国家关注的土地资源可持续利用的有效性。

在农地产权结构中增加股权的理由包括以下几个方面。第一，土地承包权的经济实质是土地股权。土地股权与土地承包权相比，法学用语更规范更严谨，经济学概念更清晰更合理。第二，"大包干"初期，所有农户都经营自己承包的土地，土地承包权需要同实物形态的地块相对应。现在，越来越多的农户把承包的经营权让渡出去了，对土地的关注由生产功能转为财产功能，具备了将实物形态的土地权益调整为价值形态的土地权益的条件。第三，改革初期分到户的实际上是土地股权，采用承包权的说法是为了降低政治敏感性，以便在决策层达成改革共识，这充分体现了改革推动者的智慧。我们的认识不宜局限在承包权上。第四，土地流转越充分，农业平均经营规模越大。经营规模的扩大必然涉及土地整理。将农户的土地生产权改为土地收益权，有利于促进土地整理，提高农业生产效率。

（二）深化集体经济改革

经过30多年的体制演进，我国农村已经形成多种经济成分相安并存、共同发展的局面。现在强调集体经济，旨在解决其发展滞后的问题，而不是为了抑制其他经济成分的发展。

人类的发展是与集体行动相伴而行的。针对集体行动的绩效不尽如人意的现象，学者们就集体行动的监督和激励机制进行了深入探讨，主要结论是：集体行动必须以追求相容性利益为目标，必须具有对集体成员奖罚分明的选择性激励，必须赋予集体成员进入和退出的权利，合作方式应由农民共同决定，监督和激励机制应由农民共同设计，集体规模不宜太大。

虽然30多年来我国农村的集体经济受到农业"大包干"、乡镇企业改制和取消"三提五统"的数次冲击，但村级集体经济依然存在，农民依然认同集体经济。中南财经政法大学课题组的大型调查表明，大多数受访农户认为，所在村组集体经济组织在很多方面发挥了积极作用，但还满足不了农户的期盼。80.9%的受访农户认为应切实保障集体财产权，82.9%的受访农户认为集体经济组织尚需完善。受访农户几乎都认同集体经济组织和村民委员会合二为一的做法，担心另设一个集体经济组织会增加管理成本。61.3%的受访农户认为村民委员会行使经济职能的效果"很好"，26%的受访农户认为"一般"，3.9%的受访农户认为"不好"。这说明村民委员会代行农村集体经济组织职能并非完全不可行。

朱有志等人所做的湖南省5乡10村300份农户问卷的汇总结果表明：47%的农户认为所在村组拥有集体资产（包括土地、山林、房屋、作坊、水面等）。50.4%的农户愿意拿出部分承包耕地和林地作为村、组集体资产，25.2%的农户不愿意，24.4%的农户没有明确回答。59.3%的农户愿意以土地入股的方式，拿出一部分承包耕地和林地作为村、组集体资产。

当前发展壮大集体经济具有三个有利条件。第一，乡土能人的成长。改革开放30多年来农村最大的变化是涌现出一批乡土能人，他们其中的一些人愿意为家乡发展做贡献。这是发展壮大集体经济的人才条件。第二，集体建设用地进入市场。农村集体建设用地进入市场有利于资源配置优化，并给集体经济组织带来更多财富。这是发展壮大集体经济的资源条件。第三，农村大变革和农民大分化的环境。随着越来越多的农民进入非农部门就业，土地流转、土地入股等条件变得越来越好。这是发展壮大集体经济的环境条件。

坚持集体经营制度、发展壮大集体经济，必须深化集体经济改革。第一，将管理农民的理念转化为"依靠农民，服务农民"的理念。第二，赋予农户自由退出的权利。第三，选好带头人。通过民主程序选出懂经营、会管理、有技术，勇于创新、善于沟通、甘于奉献的农村能人。第四，完善治理机制。用制度和机制奠定民主管理的基础，实现能人模式到制度模式的过渡。第五，量化集体资产股权。通过股权化改革实现集体资产的按份共有，改变集体资产产权模糊不清的局面。第六，明确经营责任。活化资产存量，优化资产增量，抵御不当干预，确保集体资产保值增值。第七，提高管理水平。做好"三资"数据台账，构建"三资"信息监管平台，推进"三资"管理的制度化、规范化、信息化。第八，健全财务监管机制。发挥群众理财小组、监督小组的作用，定期进行财务审计，定期公开财务收支情况。第九，妥善处理集体经营和家庭经营的关系。保障集体经营的主导地位和家庭经营的基础地位，实现集体利益和成员利益的兼顾和平衡。

（三）深化乡村治理改革

乡村治理是国家治理体系的有机组成部分。我国传统的农村社区是由相对稳定的利益共同体构成的，社区事务主要在共同体内自行解决。宗族制度、伦理道德、村规民约在社区治理中发挥着重要作用。改革开放以来，在不断并村的影响下，乡村已由内生的利益共同体演变为外生的利益联合体。

虽然自然村的利益共同体功能依然存在，但回归自然村格局既不可能，也不合理。我国在改革开放初期就开始推行村民自治，从1980年第一个村委会诞生算起村民自治已推行了35年。村委会的主要工作是承接乡镇政府安排的行政事务，乡村治理具有行政化特征强化、共同体特征弱化的倾向。在市场化和乡土人才流出的冲击下，传统文化的纽带作用弱化了，乡村共同体的认同感和凝聚力弱化了，乡村治理主体也弱化了。

为了重建乡村利益共同体，提升乡村治理能力，各地进行了不同形式的创新。基本做法是发挥威望高、能力强的乡村贤达（如退休干部、退伍军人和经济能人）的作用。他们以公共治理、公共服务为职责，以民事民办、民事民治为原则，以法律政策、村规民约为依据，动员村民参与村庄公共事务，游说村里能人向村级公共事业投资，协助村庄发展经济。乡村贤达介入乡村治理，有利于促进中国制度优势和传统文化优势的结合，有利于整合乡村共同体和激发村民参与村庄事务的积极性，有利于提高乡村凝聚力和自治能力，有利于建立乡村居民的利益表达机制和乡土精英参与家乡建设的平台，有利于改进乡村治理结构和促进乡村社会治理。必须指出，我国乡村已经融入国家治理体系之中，自下而上的乡村治理必须服从国家治理体系的要求，与其形成互补关系而不是替代关系。

（四）创新农业经营主体

"大包干"的实施很快就解决了农民温饱和农产品供给短缺问题，说明超小规模农业对于解决这两个问题是有效的。超小规模农业的主要问题是就业缺乏市场竞争力，所以随着经济发展，愿意从事超小规模农业的农民越来越少，以致有人发出今后谁来种地的担忧。其实，超小规模的农业走向衰败是新型农业经营主体形成的必要条件，我们应该乐见其成。放弃超小规模农业的主要是在非农部门就业的青壮年农民，而不是留在农村的年老体弱的农民。

新型农业经营主体是在竞争中脱颖而出、具有自生能力的农民，而不是没有政府扶持就无法经营的农民。新型农业经营主体必须量力而行，自行解决发展过程中遇到的问题。政府采用这种策略，新型农业经营主体的发育会慢一些。但只有这样，才能通过市场竞争机制，形成具有自生能力的新型农业经营主体成长壮大的格局。这样的新型农业经营主体，银行会乐意为其贷款，保险公司会乐意替其保险，市场化的营商环境就逐步形成了。政府的责任是为新型农业经营主体创造公平竞争的环境，并把他们推向市场，而不是保护他们。

核心农民是推进农业经营方式创新的主体。"十三五"时期，要全方位地优化核心农户成长环境。要为核心农民增强素质、提高技能创造条件，要为有文化、懂技术、会经营的核心农户开办家庭农场创造条件，要为农民合作社、农业企业等其他新型主体的发展创造条件，提升我国农业对接市场、抵御风险的能力。

三　农业政策的评价

对于解决特定的问题，存在着追求理论完美和关注操作简便的政策选择。改革初期往往倾向于操作简便的政策选择，当前则越来越倾向于理论完美的政策选择。其实政策选择在任何时候都应该强调操作简便，而不是理论完美。下面结合具体的农业政策做一些分析与评价。

（一）目标价格政策

从理论上讲，粮食最低收购价政策有扭曲市场价格、推高粮价的弊端，而目标价格政策既可以充分发挥市场配置资源的决定性作用，又可以将国家干预市场的程度降至最低。这是决策界和学术界都赞同用目标价格政策替代最低收购价政策的主要依据。然而，要不要采用目标价格政策并非取决于这一判断，而要分析我国是否具备了实施目标价格政策所需的条件。据分析，现在实施目标价格政策会遇到以下五个问题。

第一，如何获得农产品市场价格形成的充分信息。所谓目标价格政策，就是政府预先确定目标价格，实际价格由市场决定，农产品市场价格低于目标价格时，按目标价格与市场价格的差价给予农民补贴；农产品市场价格高于目标价格时，则不启动该政策。在该政策下，倘若市场价格高于目标价格，农民会为了得到更多收入而讨价还价；倘若市场价格低于目标价格，农户决不会为减少政府补贴而讨价还价，在这种情形下就不会有价格形成的充分信息。

第二，如何识别目标价格和市场价格的差价。农产品从产地到销地通常会发生数次交易。粮食保护价是在粮食卖给政策执行机构时执行的，具有唯一性。在实施目标价格的情形下，如果每次交易都补差价，补贴总量就会很大。如果只补一次，如何找到需要补贴目标价格与市场价格差价的那次交易呢？

第三，如何消除低估粮食市场价格的偏差。市场价格与目标价格的价差是决定补贴数量的一个因素。由于价差越大补贴越多，一部分个人或组织就会为了获取更多补贴而低报粮食市场价格，导致粮食市场价格系统偏低的问题。

第四，如何消除高报粮食种植面积的偏差。种植面积是决定补贴数量的另一个因素。鉴于具体的补贴办法是：根据目标价格与市场价格的差价和总产量测算出补贴总量，再根据目标价格与市场价格的差价和平均单产测算出单位面积的平均补贴标准，最后根据实际种植面积和粮食补贴一折（卡）通，将补贴资金足额兑付给实际种植者。一部分个人或组织就会为了获取更多补贴而多报种植面积，导致种植面积系统偏高的问题。

第五，如何获得每个农户的准确信息。我国刚刚进入大数据时代，目前还不具备获得实施这项政策所需的每个农户的准确信息的条件。在这种情形下，工作重点应该是培育实施这项政策所需的条件，而不是急于推出这项政策。

简言之，政策优劣的判别标准并不是它的市场化程度的高低，而是其达到预期目标的可操作性的强弱。苏联和东欧国家急于向他们驾驭不了的市场经济体制转型，是他们的改革未能达到预期目标的重要原因。我们不宜忽略他们的教训而步其后尘。

（二）农业补贴政策

从理论上讲，农业补贴最好按粮食种植面积、粮食产量和销售量而不是按土地面积发放，最好补给农民而不是地主。但是，每年弄清每个农户的粮食播种面积、粮食产量和销售量的工作量很大，且很难消除各地虚报粮食播种面积和粮食产量的情况，所以这种理论上最好的做法的可操作性是很差的。农业补贴按耕地面积发放并非一无是处。第一，政策可持续性强。按照WTO规则，与生产和产量脱钩的补贴是不受控制的补贴，可以持续地执行下去。第二，政策执行成本低。政府无须为弄清每个农户每年的粮食播种面积、粮食产量而投入大量的调查成本。第三，农民满意程度高。按耕地面积发放补贴最透明、最公平，是农民认同按农地面积发放粮食补贴的主要原因。同理，农业补贴补给地主也并非一无是处。第一，我国的耕地仍以农民自营为主，截止到2014年上半年，流转土地只占所有耕地的28%。对72%的耕地来说，补地主和补农民是一样的。第二，土地是否流转取决于双方对流转价格的认同程度，而不取决于补贴给谁。近几年土地流转不断加速，说明这种补贴方式对土地流转的影响是有限的。第三，在地主和农民分离的情形下，农业补贴给地主，其转包费会相对低一些，补贴给农民，其转包费会相对高一些，双方的收益决不会因为补贴对象变化而发生显著差异。这也是转包土地的农民对这种做法没有太多意见的主要原因。

一言以蔽之，农民的接受程度是评价一个政策适宜与否的标准。强调理论上的合理性而忽视实际上的可操作性，就有可能失之偏颇。

（三）生态补偿政策

近些年来，为了提高企业和农民开展生态建设的积极性，政府开展的生态补偿的内容不断增多，范围不断增大。这项工作的主要问题并不是补偿标准太低，难以把农民参与生态建设的积极性激励出来，而是补偿方法不当。目前，所有生态补偿瞄准的都是土地面积和家庭，哪个地方拟补偿的面积大、户数多，得到的补偿款就多，反之则反是，而与被补偿者的努力程度毫无关系。这种做法的实质是"干多干少一个样，干好干坏一个样，干和不干一个样"。要扭转这个偏差，必须改用按生态系统服务价值的实际增量补偿的办法。必须指出，做这件事情不宜采取建机构、加编制和增预算的传统做法，而应该采用遥感分析、草根监测和第三方评估三位一体的做法。其中，科技人员利用遥感资料对生态系统服务价值的变化进行分析和评价。以村庄为单位做好生态系统服务价值监测体系的布点，各个监测样点由受过培训的农民监测样地的变化，为评估遥感分析结果的精准性提供数据。第三方评估的主要任务是，抽查监测样点，评估草根监测结果的可靠性和精准性。这项工作做好了，就可以将按面积、户数补偿的做法转换为按生态系统服务价值增量补偿的办法。

（四）粮食保障政策

我国现在确立的是"以我为主、立足国内、确保产能、适度进口、科技支撑"的国家粮食安全战略。20 字方针中，确保产能和适度进口是新提法。以产能目标替代产量目标，其核心是保护耕地，并通过土地整理和农业基础设施建设提高耕地的产能，而不是最大限度地追求耕地的产量。这是非常重要的变化。我国的耕地已经连续耕作了很长时间，在条件允许的情况下适当地降低耕作强度，是保护我国耕地产能，提高耕地利用可持续性的重要举措，是解决过量使用化肥农药，地下水位下降等环境问题的重要举措。产能保护需要适度进口来支撑，所以适度进口的提出也是非常重要的变化。

农业生产中的气候风险是常发性、客观性风险，政治风险是偶发性、主观性风险。对于特定需求，供给源越多，实现供需平衡的条件就越好，所以适度进口、多源进口是化解气候风险的重要举措。农业是水土资源密集产业。通过国际贸易增加农产品的供给源，有利于降低国内农业生产对水土资源的压力。政治风险要靠仓储和产能保护来化解，而不宜依靠提高粮食自给率来消除。总之，政府要综合协调国家粮食安全和统筹两种资源、两个市场的关系。

（五）城镇发展政策

1. 城镇化中的公平问题

关于城镇化过程中的公平问题，大多关注被征地农民的公平问题，其实更要关注城镇化过程中未被征地的农民和被征地农民的公平问题。否则，就难以抑制村庄追求土地非农化的冲动，就难以将最严格的耕地保护制度落到实处，就难以维护土地利用规划的严肃性。

政府制定的建设用地规划解决不了所有村庄和农民的权益公平问题。要确保所有村庄和农民的权益公平，政府必须把规划带来的级差收益征收掉。

虽然政府缺乏合理使用被征收的级差收益的制度使问题变得更加复杂，但仍要倡导依靠劳动（能力、创新）致富的文化，否则就会形成农民等待政府为其创造致富机会、政府通过规划和政策变动为农民创造致富机会的恶性循环。

2. 城镇化中的耕地保护问题

城镇化既是占用部分农地的过程，也是减少农民数量，扩大农地平均经营规模，提高农业劳动生产率和农民收入，缩小城乡发展差距，实现农民与市民生活方式趋同的过程。例如，随着城镇化的推进，日本农户平均经营规模从 20 世纪初的 1 公顷增至 1991 年的 1.4 公顷，专业农户的平均规模达到 5.05 公顷。美国农场平均规模由 1953 年的 242 英亩增至 2000 年的 434 英亩，增长近一倍。

保护耕地是世界各国城镇化过程中的普遍做法。为了节制城镇化对农地的占用，各国都制定了严格的耕地保护制度。

第二次世界大战前，英国对耕地基本不予保护，耕地面积迅速减少。为了遏制耕地下降态势，英国于 1947 年制定了《城乡规划法》。该法规定：所有土地的发展权均归国家所有，任何人欲开发土地，均须申请并取得开发许可。农地变更用途、规划机关审批开发申请时要向农业部部长咨询，以消除对农地的过度侵占。

日本对农地改变用途实行严格的管制。他们将农地分为一、二、三类。一类农地除公共用途外不准转用，三类农地可以转用，二类农地在没有适宜的三类农地时方可转用，但要一宗一宗排定等级，先转用低等级的农地。韩国的主要做法是把农地分为绝对农地和准农地。绝对农地严禁改变用途。除法律特别规定的公共目的外，改变农地用途必须经农林部许可。

美国农地资源禀赋丰富，同样形成了包括立法、规划、税收等内容的耕地保护综合体系。1981 年制定的《农地保护政策法》，将农地划分为四类，实行严格的用途管制，包括最大程度地减少联邦项目占用农地。《农地和乡村保护法》规定，所有开发都必须取得规划许可。审核农地转用时考虑更多的是农地的环境价值而不是农地生产力。

严格保护耕地，既是保障农业发展的要求，也是保障优质农产品生产的需求。在农业中，只有有机质含量高且各种营养元素丰富的土地才能生产出优质农产品。为了防止稀缺的肥沃土地因非农占用毁于一旦，必须对其进行严格保护。这是世界各国保护耕地的主要理由。

农地转为非农地通常具有增加投资、就业和 GDP 的效应。有人据此批评我国政府设置耕地红线的政策。这种只看到土地非农化增效的一面忽视城镇用地扩张没有限制就不会有节约土地的动力，土地利用效率必然低下的一面，显然失之偏颇。

我国耕地的产出效率位居世界先进水平。在世界主要粮食生产国中，只有法国和德国的耕地产出效率高于我国。我国城市土地的产出效率低于国际平均水平。我国城市人均建设用地（126 平方米）分别比发达国家（人均 82 平方米）和发展中国家（人均 87 平方米）高 53.7% 和 44.8%；单位土地面积投资量仅为美国的 1/3，德国的 1/7 和日本、英国的 1/10。按照国际统计数据，世界平均而言工业用地占城市用地的 15% 左右，2000 年以来我国工业用地比重一直超过 20%，许多城市超过 25%，甚至 35%。每平方公里城市工业用地的产出，我国 2011 年为 3.6 亿美元，东京 2007 年为 21.13 亿美元，新加坡 2007 年为 64 亿美元。由此可见，非农地利用效率高于农地并不能成为必须把农地转为非农地的理由。恰恰相反，城镇化过程中要严格控制工矿用地规模，激励企业家提高非农用地利用效率。

我国现有城镇用地 7.3 万平方公里，容纳了 7.3 亿人。按这个标准计算，再增加 3~4 万平方公里的土地就可以满足我国城镇化的土地需求。目前，全国农村建设用地有 18.5 万平方公里，足以满足城镇化建设的土地需要。何况现有的城镇化用地还有提高利用效率的空间。所以新增城镇用地不宜采用先占用耕地，再将农村建设用地复垦为耕地的做法。

四 "十三五"期间农业、农村、农民发展改革展望

"十三五"期间，随着一系列促进农业、农村和农民发展的国家政策和工程项目的实施，城乡发展的均衡性将进一步提高，城乡居民人均收入的差距将进一步缩小；随着户籍制度改革的突破性进展，我国户籍人口城镇化率将会有显著提高，农业平均经营规模会随着农业人口的下降而逐渐扩大，收入高于外出务工劳动力的职业农民的数量将逐渐增多；农村绝对贫困问题将

得到彻底解决。

农村新增劳动力的平均素质将随着高中教育的普及和经济困难学生资助的全覆盖得到有效的提升；农业劳动力健康体能保持时间和水平将随着城乡居民大病保险制度的全面实施而得到延长和提高；农户获取市场信息、技术信息的条件和出售农产品、购买农业生产资料的交易成本将随着"互联网＋"行动计划、分享经济和国家大数据战略的实施而得到显著改善和下降。农村的绿色发展，美丽中国建设和水、土壤和大气污染防治也都将取得明显的成效。

参考文献

［1］中国科学院农业领域战略研究组：《中国至 2050 年农业科技发展路线图》，科学出版社，2009，第 1～156 页。

［2］李周：《中国农村发展的成就与挑战》，《中国农村经济》2013 年第 8 期。

［3］李周：《深化农村改革的思考》，《中国乡村发现》2015 年第 2 期。

［4］李周、任常青：《农地改革、农民权益与集体经济：中国农业发展中的三大问题》，中国社会科学出版社，2015。

"十三五"时期
中国工业转型升级研究

黄群慧　李晓华　贺　俊[*]

摘要：在世界范围"第三次工业革命"不断拓展、全球投资贸易秩序加速重构，以及中国全面改革日益深化、"一带一路"战略与"中国制造2025"战略积极推进的大背景下，"十三五"时期中国工业发展面临新的机遇与挑战，工业在国民经济中的核心功能、发展思路和发展模式都将发生深刻的转变。"十三五"及未来更长时期，工业发展的主导模式将逐步由过去粗放的大规模标准化生产和模仿创新转向精益化生产和自主创新。工业发展战略的重点是提高传统产业的发展质量和水平、积极贯彻落实"中国制造2025"、培育壮大战略性新兴产业、推进工业化和信息化的融合与制造业和服务业的融合发展、促进工业的绿色低碳转型，推动工业增长由人力资本和物质要素总量投入驱动向知识、技能等创新要素驱动转型，构建产业结构合理、技术水平先进、生态环境友好、附加价值高、创造高质量就业的现代产业体系。

关键词："十三五"时期　制造业　转型升级　核心能力提升

党的十八届五中全会通过的"十三五"规划建议稿提出，要加快建设制

---

* 黄群慧，中国社会科学院工业经济研究所，所长，研究员；李晓华，中国社会科学院工业经济研究所，研究员；贺俊，中国社会科学院工业经济研究所，副研究员。

造强国，实施"中国制造 2025"；引导制造业朝着分工细化、协作紧密方向发展，促进信息技术向市场、设计、生产等环节渗透，推动生产方式向柔性、智能、精细转变。

"十三五"是我国实现"两个百年"目标、全面建成小康社会、跨越"中等收入陷阱"、基本实现工业化的关键五年，在世界范围"第三次工业革命"加速拓展和我国全面改革日益深化的大背景下，"十三五"时期我国工业在国民经济中的核心功能、工业自身的发展方向和模式，以及国家促进工业发展的战略思路将发生一系列深刻转变。工业对于国民经济社会的核心功能，将逐步由过去的以促进经济增长和就业为主向促进新技术的创新和扩散从而提高整个经济持续稳定发展能力为主转变；工业的发展方向将逐步由过去的结构优化向核心能力提升转变，发展模式将逐步由过去粗放的大规模标准化生产和模仿创新向精益化生产和自主创新转变；国家促进工业发展的战略思路，将逐步由过去的结构性扶持向普惠性的经营环境改善和公共服务体系建设转变。

一 "十二五"工业转型升级的主要进展

发布于 2011 年 3 月 16 日的《国民经济和社会发展第十二个五年规划纲要》提出的与产业转型升级有关的目标主要包括结构调整取得重大进展、科技教育水平明显提升、资源节约环境保护成效显著等三个方面内容。2011 年 12 月 30 日发布的《工业转型升级规划（2011~2015 年）》提出了更为具体的"十二五"期间工业转型升级目标，包括：工业保持平稳较快增长、自主创新能力明显增强、产业结构进一步优化、信息化和军民融合水平显著提高、质量品牌建设迈上新台阶、资源节约环境保护和安全生产水平显著提升等方面（详见表1）。

表 1 产业转型升级"十二五"规划目标及进度完成情况

类别	指标	2010 年	2015 年	2010~2015 年累计变化	2013 年	2010~2013 年累计变化
经济运行	工业增加值增速（%）			[8][1]		[8.56]
	工业增加值率提高（个百分点）			2		—
	工业全员劳动生产率增速（%）			[10][1]		—

续表

类别	指标		2010 年	2015 年	2010～2015 累计变化	2013 年	2010～2013 累计变化
技术创新	研发支出占国内生产总值比重(%)		1.75	2.2		2.08	
	每万人口发明专利拥有量(件)		1.7	3.3		4.02	
	规模以上企业 R&D 经费内部支出占主营业务收入比重(%)			>1.0		0.80	
	拥有科技机构的大中型工业企业比重(%)			>35		—	
产业结构	服务业增加值比重(%)		43	47		46.1	
	战略性新兴产业增加值占工业增加值比重(%)		7	15	8	—	
	产业集中度②(%)	钢铁行业前 10 家	48.6	60	11.4	39.4	
		汽车行业前 10 家	82.2	>90	7.8	88.4	
		船舶行业前 10 家	48.9	>70	21.1	47.1	
"两化"融合	主要行业大中型企业数字化设计工具普及率(%)		61.7	85.0	23.3	—	
	主要行业关键工艺流程数控化率(%)		52.1	70.0	17.9	—	
	主要行业大中型企业 ERP 普及率(%)			80.0		—	
资源节约和环境保护	单位国内生产总值能源消耗降低(%)				16	18.54	
	单位国内生产总值二氧化碳排放降低(%)				17		
	规模以上企业单位工业增加值能耗下降(%)				21	—	
	单位工业增加值二氧化碳排放量下降(%)				>21	—	

续表

类别	指标	2010 年	2015 年	2010～2015 累计变化	2013 年	2010～2013 累计变化
资源节约和环境保护	单位工业增加值用水量下降（%）			30		34.90[a] 31.66[b]
	工业化学需氧量、二氧化硫排放量下降（%）			10	—	
	工业氨氮、氮氧化物排放量下降（%）			15		
	工业固体废物综合利用率（%）	69	72	3	—	

注：①〔 〕内数值为年均增速；如未指明工业，均为全部国民经济部门数据。②是按产品产量计算的产业集中度；a 是按当年价格计算；b 是按 2010 年不变价格计算；"—"代表缺统计数据。

资料来源：2015 年目标引自《国民经济和社会发展第十二个五年规划纲要》和《工业转型升级规划（2011—2015 年）》（国发〔2011〕47 号）。2013 年船舶行业集中度引自中国船舶工业经济与市场研究中心：《中国船舶工业发展研究（2013 年度）》；汽车行业集中度引自中国汽车工业协会网站；钢铁行业集中度根据国际钢铁协会粗钢产业数据计算。

"十二五"以来，面对欧洲主权债务金融危机和世界经济缓慢回升的国际环境、国内生产要素价格持续上涨的压力、发达国家重振制造业和低成本发展中国家大力发展劳动密集型产业的挑战，我国工业总体上保持了平稳较快发展态势，产业转型升级取得积极的成效。

一是工业保持平稳较快发展。2010 年我国工业增加值为 160722 亿元，2013 年增长到 210689 亿元，按 2010 年不变价格达到 205624 亿元，年均增长速度为 8.56%，超过"十二五"期间年均增长 8% 的目标值。但是也需要注意工业增加值增速逐年下降的趋势，从 2011 年的 10.4% 下降到 2013 年的 7.6%，2014 年前三季度增速进一步下降到 7.4%，完成"十二五"增长目标的任务仍非常艰巨。

二是技术创新能力不断增强。R&D 经费支出从 2010 年的 7062.6 亿元增加到 2013 年的 11846.6 亿元，增长 67.7%，R&D 经费支出与国内生产总值之比从 1.76% 提高到 2.08%，提高 0.32 个百分点。"十二五"规划目标为 2015 年 R&D 强度达到 2.2%，2013 年底已完成计划进度的 72.7%。2013 年底，每万人口发明专利拥有量达 4.02 件，提前完成"十二五"规划确定的

3.3 件的目标。有 R&D 活动的规模以上工业企业比重从 2009 年的 8.5% 提高到 2011 年的 11.5%，2013 年达到 14.8%；规模以上工业企业 R&D 经费支出与主营业务收入之比 2009 年为 0.69%，2011 年达到 0.71%，2013 年达到 0.80%，与 2015 年 1.0% 的规模目标尚有较大差距。

三是产业结构不断优化。2010 年，我国三次产业结构为 10.10∶46.67∶43.24；2013 年为 10.01∶43.89∶46.09，第三产业比重第一次超过第二产业成为国民经济中最大的部门，其中工业占 GDP 的比重从 46.67% 下降到 43.89%，三次产业结构明显改善。"十二五"规划目标是到 2015 年第三产业比重达到 47%，比 2010 年提高约 4 个百分点，2013 年末第三产业比重 46.09%，已完成规划目标的 77.25%。淘汰落后产能取得明显进展，产能过剩问题有所改观，战略性新兴产业也获得较快发展。汽车产业前 10 位企业集中度从 2010 年的 82.2% 提高到 2013 年的 88.4%，提高 6.2 个百分点，完成规划目标的 79.48%，但是钢铁、造船行业的产业集中度比 2010 年有所下降。

四是两化融合深入推进。通信基础设施不断改善，电话普及率从 86.41 部/百人提高到 109.95 部/百人；互联网普及率从 34.3% 提高到 45.8%。越来越多的企业采用互联网进行宣传和市场交易，2013 年，制造业每百家企业拥有网站个数达到 68 个，有电子商务交易活动的企业比重达到 7.2%。在物联网、大数据、云计算等新一代信息技术成熟的推动下，商业互联网向工业互联网演进，越来越多的工业企业开始将信息技术应用于制造过程。

五是节能减排和环境保护取得明显成效。2010~2013 年，全国能源消费总量从 324939 万吨标准煤增加到 375000 万吨标准煤，但亿元 GDP 能耗从 0.81 万吨标准煤下降到 0.66 万吨标准煤（如果按照 2010 年不变价 GDP，2013 年亿元 GDP 能耗为 0.74 万吨标准煤），下降 18.5%，已提前完成 16% 的"十二五"规划目标。工业用水总量从 1447.30 亿立方米下降到 1406.40 亿立方米，亿元工业增加值用水量从 0.0090 亿立方米下降到 0.0067 亿立方米（如果按照 2010 年不变价 GDP，2013 年亿元工业增加值用水量为 0.0068 亿立方米），下降 25.56%（按 2010 年不变价格下降 24.44%），也已提前完成 30% 的"十二五"规划目标。

六是国际竞争力不断提高。工业制成品出口额从 2010 年的 14765 亿美元增加到 2013 年的 20772 亿美元，增长 40.7%；工业制成品出口占商品总出口额的比重从 94.82% 进一步提高到 95.12%。高技术产品出口额从 4924 亿美元增加到 6603 亿美元。中国制成品出口额占世界的比重从 14.8% 提高到 17.5%。其中，机械和运输设备占世界出口额的比重从 15.3% 提高到 17.5%（电子数据处理和办公设备从 37.7% 提高到 41.1%），纺织品从 30.4% 提高到 34.8%，服装从 36.7% 提高到 38.6%。

二 "十三五"工业转型升级面临的关键挑战

经过多年的快速经济增长，中国已经步入工业化后期，"十三五"时期经济进入中高速增长的新常态。在这种经济发展阶段变化的大背景下，一直以来作为经济增长主要驱动力的工业，面临着新的挑战和问题。

（一）技术制高点掌控不足

传统产业的高端生产装备和核心零部件长期受制于人。以机械产业为例，多数出口机械产品是贴牌生产，拥有自主品牌的出口机械产品不足 20%。从国内需求来看，80% 的集成电路芯片制造装备、40% 的大型石化装备、70% 的汽车制造关键设备、先进的集约化农业装备等依靠进口；基础部件制造能力滞后，高参数、高精密和高可靠性的轴承、液压/气动/密封元件、齿轮传动装置及核心传动部件，大型、精密、复杂、长寿命模具及其他关键基础零部件、元器件、电器部件的质量和寿命还不能完全满足机械工业发展的需求，大量依靠进口。

新兴技术和产业领域全球竞争的制高点掌控不足。以目前快速发展的工业机器人产业为例，在由机械、控制、传感三个部分组成的复杂技术结构中，中国企业整体上仅掌握了机械中的硬件技术。在机器人本体产业，国外机器人制造企业占据中国近 90% 的市场份额，发那科、安川、KUKA、ABB 四家公司合计占据中国国内约 65% 的市场份额，剩余 35% 的国内企业份额主要为低端市场。与此同时，国外厂商积极布局中国国内市场，遏制中国本土企业的发展。以 165kg 焊接机器人为例，国外品牌销售价格已经由 2010 年的 30 万元左右降至当前 22 万～24 万元。而由于国内工业机器人的核心部件采购成本较高，若国外品牌持续降价，将使得国内相关企业的赢利能力长期受到压制。在核心零部件领域，控制器、驱动及伺服电机、减速机等主要依赖进口（黄群慧，2014）。在工业机器人成本中，成本占比最高的为减速机，占 33%～38%，驱动及伺服电机占 20%～25%，控制器占 10%～15%，机器人本体在总成本中占比只有 20% 左右。在减速机领域，国际供应商主要有 Nabtesco 和 Harmonic 两家。在工业用机器人关节上的精密减速机上，Nabtesco 产品的全球市场占有率达 60%，特别在中/重负荷机器人上，其 RV 减速机市场占有率高达 90%；Harmonic 公司则以谐波减速机为主，在全球工业机器人关节减速机领域拥有 15% 左右的市场占有率。由于市场集中度高，国内本体厂商议价能力较弱，其减速机采购成本常常为发那科、KUKA、安川、ABB 等国际巨头采购价格的 3～5 倍。

（二）整体生产率增速下滑

生产率增速下降已经成为当前及"十三五"时期我国工业发展面临的最严峻的问题。改革开放以来中国工业经济增长的动力机制经历了两次大的转换，第一次大的转换是由 1979～1992 年的资本投入、劳动投入和 TFP 进步平衡贡献型增长机制，转换为 1993～2002 年资本投入与 TFP 进步并驾齐驱、共同驱动型增长机制，2003 年以后则进一步转换为要素投入（主要是资本要素投入）主导型的增长机制。2003 年以来，工业经济全要素生产率与资本产出效率急剧恶化。研究表明（江飞涛等，2014），2003～2012 年期间全要素生产率增长率年均值为 -0.051 个百分点，2008～2012 年期间全要素生产率增长率年均值更是下降至 -1.82 个百分点。这一时期，中国工业边际资本产出率亦持续快速下降，2002 年中国工业边际资本产出率为 0.61，2012 年该值已下降至 0.28。工业边际资本产出率和全要素生产率的下降并非仅仅是国际金融危机冲击的结果。2003～2007 年间，国民经济处于繁荣期，工业经济增速不断加快，与之背道而驰的是全要素生产率增长率与边际资本产出率的急剧下滑，2008 年金融危机及国内经济减速的冲击只是进一步加剧了效率恶化趋势。这就意味着当前政府主导、投资驱动的工业增长方式与要素主导型的增长机制均是不可持续的。按照资本产出弹性等于 0.5 时资本、劳动和 TFP 对中国工业经济增长的贡献情况进行分析，可以发现，资本投入是中国工业经济增长的最主要动力来源，30 余年来其对中国工业经济增长的平均贡献率达 49.09%，劳动投入对工业经济增长的贡献最小，TFP 对中国工业经济增长的贡献率居中，大约为 1/3 的水平。2003～2011 年，虽然工业增加值的增速较之前最高达到 12.58%，但 TFP 变动逐渐走低，并趋于负值。与此同时，工业的资本边际产出在 2002 年之后就出现了下降，累计降幅超过 50%。这表明，即便在工业经济高速增长周期中，资本的边际产出也呈现递减趋势。TFP 相对资本投入贡献偏小、TFP 和资本边际产出递减的趋势共同表明，我国的工业经济增长主要依靠要素投入、创新驱动不足的特征显著，甚至在日益强化，而这也正是我国工业经济增长速度最终进入下行通道的根本原因。

（三）"新常态"下的产能过剩

在国民经济和工业经济由过去的高速增长转向中高速增长的过程中，产能过剩问题变得更加突出和复杂。总体上看，当前及未来"十三五"时期我国制造业的产能过剩，是体制机制缺陷与国内增长阶段转换、世界经济深度调整共同作用的结果，因而具有全面性、长期性的特点。从范围上看，当前产能过剩的行业已经扩大，2005 年前后我国的产能过剩主要存在于钢铁、水泥、有色金属、煤化工、平板玻璃等传统产业，而本轮产能过剩的范围扩大到造船、汽车、机械、电解铝等领域，其中钢铁、电解铝、水泥、平板玻璃、造船是非常突出的行业。不仅如此，当前产能过剩甚至扩展到光伏、多晶硅、风电设备等代表未来产业发展方向的新兴战略性产业。从产能过剩程度看，2012 年底我国钢铁、水泥、电解铝、平板玻璃、船舶产能利用率分别仅为 72%、73.7%、71.9%、73.1% 和 75%，光伏行业 2013 年产能利用率在 60% 左右，多晶硅、风电设备产能利用率不到 50%，这都明显低于国际通常水平（一般认为正常的产能利用在 80%～85%）。由于我国没有正式公布的统一的产能利用率统计指标，无法准确地反映我国产能过剩程度。但是，从工业生产者出厂价格指数 PPI 看，从 2012 年 3 月起至 2014 年 11 月，已经连续 33 个月负增长。虽然影响这个指标的因素较多，但该指标创历史纪录地连续 30 个月负增长，在很大程度上说明当前我国工业存在严重的产能过剩、长期维持高库存以及实体经济不景气的情况。

我国当前和"十三五"期间的产能过剩，由于步入中高速的"新常态"，试图等待经济形势复苏后依靠快速经济增长来化解产能过剩已几无可能。我国进入了工业化后期，已经是名副其实的工业经济大国，有200多种工业产品产量居世界首位，接下来的任务是由工业大国向工业强国转变。在从大到强转变的过程中，产能过剩从以前相对过剩转为现实的绝对过剩，也就是说，以前周期性产业过剩后来都可以慢慢通过长期需求消化掉，但到工业化后期以后，许多产业年度需求峰值已经达到，不可能有长期需求慢慢把峰值吸收掉了。例如，煤炭行业，有研究预计我国煤炭消费总量的峰值应在2015年，到2017年原煤消费总量会降低到35亿吨左右，而我国目前生产和在建产能为55亿吨，产能绝对过剩问题十分突出；又如钢铁行业，有研究表明，发达国家均在完成工业化进程之后达到国内钢铁消费峰值，除了日本和德国以外，大多数国家平均为0.6吨/人左右，如果按照2013年7.8亿吨的粗钢产量测算，我国人均粗钢消费量已接近0.6吨，逼近了发达国家钢铁消费峰值，我国钢铁消费已接近饱和水平，这意味着内需层面很难实现爆发式增长以在短期内消化2亿吨左右的过剩产能（黄群慧，2014）。

产能过剩矛盾如果得不到有效化解，在微观层面，会出现恶性价格竞争、企业效益大幅下滑、大量企业破产、员工失业等现象；在宏观层面，环境问题日益严重，系统性经济风险会加剧，有可能进一步产生经济危机，从而影响社会经济稳定发展。因此，当前产能过剩问题可以说是"十三五"时期我国工业经济走向"新常态"所面临的一个最直接的潜在危机和挑战。

（四）"第三次工业革命"的加速拓展

中国作为最大的发展中国家，其工业化进程呈现快速、低成本、出口导向、不平衡发展等特征。从世界范围看，在中国进入工业化后期以后，其工业化又与发达国家的"再工业化"叠加，这使得中国工业化进程又增加了一些"变数"。以重振制造业和大力发展实体经济为核心的"再工业化"战略，并不是简单地提高制造业产值比重，而是通过现代信息技术与制造业融合、制造与服务的融合来提升复杂产品的制造能力以及制造业快速满足消费者个性化需求能力，这种制造业信息化与制造业服务化的趋势使得制造业重新获得竞争优势。虽然这两种趋势的源头可以追溯到20世纪八九十年代，但金融危机后，随着对制造业发展的重视，政府开始大力推动。例如，美国提出

"制造业行动计划"，德国提出"工业 4.0"计划，欧洲提出"未来工厂计划"，等等，于是，制造业信息化和制造业服务化成为世界工业化进程的两个重要趋势。制造业信息化表现为人工智能、数字制造、工业机器人等基础制造技术和可重构制造、3D 打印等新兴生产系统的技术突破和广泛应用，从而构成了"第三次工业革命"的主要内容。当前方兴未艾的"第三次工业革命"，是由于人工智能、数字制造和工业机器人等基础技术的成熟和成本下降，以数字制造和智能制造为代表的现代制造技术对既有制造范式的改造以及基于现代制造技术的新型制造范式的出现，其核心特征是制造的网络化、数字化、智能化和个性化。3D 打印、虚拟制造、工业机器人、智能化生产等一大批新兴生产技术集中、加快突破和应用，特别是与新兴产品技术相结合，不断改变传统的生产范式，实现了史无前例的成本、质量、功能、开发速度等全方位的综合运营指标优化。如果按照既有的经济史，一个完整的技术经济周期可以划分为"导入"和"拓展"两个阶段，那么，我们判断，"十三五"将是"第三次工业革命"由导入期向拓展期转换的重要阶段。

"第三次工业革命"成为世界工业化进程中突出的新趋势，这种趋势对我国工业化进程可能会形成以下冲击和挑战（黄群慧、贺俊，2013）：①进一步弱化我国的要素成本优势，我国必须推进低成本工业化战略转型。"第三次工业革命"加速推进了先进制造技术应用，必然会提高劳动生产率、减少劳动在工业总投入中的比重，我国的比较成本优势则可能会加速弱化。②对我国产业升级和产业结构升级形成抑制。现代制造技术的应用提升了制造环节的价值创造能力，使得制造环节在产业价值链上的战略地位将变得与研发和营销同等重要，过去描述价值链各环节价值创造能力差异的"微笑曲线"有可能变成"沉默曲线"，甚至"悲伤曲线"。发达工业国家不仅可以通过发展工业机器人、高端数控机床、柔性制造系统等现代装备制造业控制新的产业制高点，而且可以通过运用现代制造技术和制造系统装备传统产业来提高传统产业的生产效率，从而，"第三次工业革命"为发达工业国家重塑制造业和实体经济优势提供了机遇，曾经为寻找更低成本要素而从发达国家转出的生产活动有可能向发达国家回流，导致制造业重心再次向发达国家偏移，传统"雁阵理论"所预言的后发国家产业赶超路径可能被封堵。③可能进一步恶化我国的收入分配结构。提高劳动报酬的机制，虽然一般可以通过税收等制度设计提高劳动在初次和二次分配中的比重，但更根本、更有效、对要素市场扭曲最小的方式是为劳动者创造更多高劳动生产率的工作岗位。但是在一般劳动者素质不能够大幅度提高的情况下，"第三次工业革命"的推进会造成职工的失业或者被锁定在低附加值的简单劳动环节中。

这意味着"第三次工业革命"会加大我国实施新型工业化战略的难度，但"第三次工业革命"对我国也是一种机遇，这种机遇不是简单纳入全球分工体系、扩大出口的传统机遇，而是倒逼我国工业转型升级的新机遇。这实质上要求我国面对"第三次工业革命"的挑战，既要有紧迫感，也要有信心，既要保持战略上的平常心态，又要积极应对、适应新变革，从而走向"新常态"。

三 "十三五"工业转型升级的指导思想

2013 年国民经济三次产业的比例服务业已经超过了工业，而且到 2020 年我国将基本实现工业化，但是工业对我国经济发展的重要性并没有下降。一是因为工业最大限度地改善人类生活质量、增进了人类社会福祉，极大地满足了人类日益增长的物质文化需要，对人类社会进步发挥着不可替代的伟大作用；二是因为实现工业化并不意味着工业化时代的终结，对于刚刚步入工业化后期的中国而言，其工业化进程还远未结束；三是因为工业不仅是技术创新的主要来源，而且还是技术创新的使用者和传播者，这意味着从一个经济体的能力角度看，制造业才是决定经济发展的关键；四是当前我国服务业还无法完全替代工业成为经济的主导力量，我国服务业发展战略的重点应是围绕"做强工业"而大力发展生产性服务业（黄群慧，2014）。工业对我国的重要性没有下降，但进入"十三五"以后，其对经济发展的核心功能将逐步由过去以促进经济增长和就业为主转向以促进新技术的创新和扩散从而提高整个经济的持续稳定发展能力为主。要实现这种转变，面对上述几个方面的问题，"十三五"期间工业转型升级的指导思想也要实现从"结构优化主导"向"能力提升主导"转变。

随着国内外产业环境和竞争环境的变化，传统的产业结构概念对于我国工业转型升级的理论意义和实践意义已经大打折扣，工业发展的"结构红利"日益弱化，具体分析如下。

（1）我国已经具备较为完整的产业结构，经典产业结构理论揭示的产业结构变动特征已经很难指导我国的产业结构升级战略。经过三十多年的改革开放发展，我国本土企业的进口替代规模和外资企业的本地采购比例不断扩大，各类产业的分工水平不断深化，我国已经形成了产业门类齐全、行业覆盖广泛的制造业体系，已经成为继美国、德国和日本以后世界上极少数具备完整工业体系的国家。随着我国产业结构日益完备，制造业产业体系中的"短板"在不同的周期中被逐渐弥补，通过资源在产业间再配置提升总体生产效率的空间越来越小，制造业增长的主要动力正快速由产业间配置效率向动态效率转变。

（2）我国的工业贸易结构已经呈现出"稳态化"的特征。"十一五"以来，我国工业出口结构呈现出的一个重要特点就是主要行业的出口比重变动明显收窄、出口结构总体趋于稳定（宋泓，2010）：以纺织服装、鞋帽为代表的劳动密集型行业出口比重分别稳定在14%～16%和3%～4%的水平，以矿产品为代表的资源型行业的出口比重稳定在2%～3%的水平，以化工产品为代表的资本密集型行业的出口比重稳定在4%～5%的水平，而以机电产品为代表的技术密集型行业的出口比重稳定在55%～60%的水平。即随着我国经济发展水平的提高，我国制造业出口结构已经由"极化"向"多元化"发展，由"动态化"向"稳态化"发展，经典产业结构理论指导下的"增长极"战略的作用空间越来越小。

（3）从工业促进国民经济增长的作用看，工业的能力而不是工业的结构决定了国民经济的长期增长趋势。对制造业与国民经济增长关系的最新研究表明，在过去60多年间，由工业产品复杂性所反映的一国制造业能力是所有预测性经济指标中能够最好地解释国家长期增长前景的指标，该指标甚至能够解释国家间收入差异的至少70%（Hausmann 和 Hidalgo，2011）。如果说在经典的产业结构研究中，Fisher 和 Clark 的三次产业划分强调的是产品的物理形态，Hoffmann 对制造业的划分强调的是工业品的直接用途的话，Hausmann 和 Hidalgo 等学者显然更强调从产业所依赖的知识的复杂性，或者说工业所体现的技术的复杂性来认识工业的功能。因此，无论是从工业自身增长还是从工业促进国民经济增长的角度看，工业的动态效率和能力提升都比工业产业结构变得更加重要。

在明确工业转型升级指导思想从"结构优化主导"向"能力提升主导"的前提下，未来我国工业核心能力提升应重点围绕以下两个方向。

（1）一是由标准化、模块化产品向一体化产品转型升级。以日本东京大学 Fujimoto 教授为代表的经济学家开创的基于产品架构概念的研究，通过利用产业一体化架构指数来测度不同产业的一体化程度（Integral Degree）。他们发现了一国制造业在全球产业分工体系中的结构性特征——中国在劳动密集型的模块化产品方面具有优势，日本在劳动密集的高一体化程度产品方面更具优势，美国则在知识密集的低一体化程度产品方面更具优势（Fujimoto，2006）。基于技术模仿的大规模、标准化生产虽然有利于我国在短期内融入全球制造业分工，并快速形成完整的制造业体系，但产业创新能力弱、国际竞争力弱、分工地位低下的问题长期难以改善。在这种情况下，未来我国制造业发展，应当在依托既有的大规模生产优势的基础上，加强生产工艺提升、产业工人技能提升和前沿技术突破，实现制造业向技能密集和技术密集的一体化产品升级。

（2）二是由体现为装备引进的简单产品生产向以知识资源整合为核心的复杂集成产品转型升级。在一些关键设备和核心零部件领域，我国长期陷入"进口替代和循环引进"的怪圈——中国企业不断进入重大装备和核心零部件的生产领域，但重大装备和核心零部件受制于人的格局始终没有改观。造成这种状况的根本原因在于，国内企业进入重大装备和核心零部件领域的方式主要依靠生产设备引进，而且大部分是"交钥匙"工程的设备引进。这种所谓的"产业升级"缺乏实质性的技术吸收和学习过程，因而最终陷入循环引进的怪圈。虽然从产业或产品的角度看，发达国家企业将大量的零部件甚至关键零部件的生产外包给了中国企业，而且中国企业确实逐渐掌握了这些产品的生产工艺，但是从知识分工的角度看，概念设计和检测等关键能力仍然由领先企业掌握，仅仅是细节设计和工业设计等技术环节外包到了发展中国家。例如，在飞机发动机产业，虽然空客等飞机发动机制造商将大量的零部件进行全球外包，但由于其直接参与零部件等的设计，因此仍在相当数量的核心零部件领域保留着技术优势。也就是说，简单的产业分工和产品分工模式实际上掩盖了企业间和国家间远远更为复杂的技术和知识分工形式

（Brusoni and Prencipe，2001）。比自主生产更重要的是本土企业是否掌握了重大装备和核心零部件的设计知识。鉴于此，"十三五"期间我国产业政策应当重点扶持兼具自主创新和开放式创新的集成创新，特别是复杂产品集成创新的企业，通过全球知识资源的整合而不是"自主生产"，从根本上解决核心技术"受制于人"的问题。

四 "十三五"时期工业转型升级的重点领域

"十三五"时期产业转型升级应抓住新一轮科技革命和产业变革带来的战略机遇，积极应对生产要素价格上涨、发达国家重振制造业、低成本发展中国家发展劳动密集型产业等挑战，提高传统产业的发展质量和水平、培育壮大战略性新兴产业、推进工业化和信息化的融合与制造业和服务业的融合发展、促进工业的绿色低碳转型，推动工业增长由人力资本和物质要素总量投入驱动向知识、技能等创新要素驱动转型，发展结构优化、技术先进、清洁安全、附加值高、吸纳就业能力强的现代产业体系，在保持传统优势产业国际竞争力的同时，积极抢占未来国际竞争的制高点并形成新的竞争优势领域，保持制造业平稳较快和可持续增长。

（一）改造提升传统制造业

随着近年来生产要素成本的持续快速上涨，人口红利即将耗尽，中国制造业建立在低工资和劳动力无限供给基础之上的价格优势正在逐步削弱。兼之国际金融危机后发达国家在更高层次上回归制造业，周边劳动力成本更低的发展中国家大力发展中低端产业，"中国制造"正面临发展中国家与发达国家的双重挤压，如果不能顺利实现产业的转型升级，将会陷入"高不成、低不就"的困境。

1. 提高劳动密集型产业的技术水平

尽管随着以工资为代表的生产要素价格的持续快速上涨，我国劳动密集型产业的竞争力正在逐步削弱，但是由于劳动密集型产业以及资本和技术密集型产业的劳动密集型环节在制造业中仍然占有很高比重，吸纳大量的就业，因此仍然不能放弃。促进劳动密集型产业加快产品升级换代，提高产品质量，从而破解原材料、基础零部件受制于人的局面，为先进制造业的发展和中国制造由大到强奠定坚实的物质基础。促进劳动密集型产业增强创新能力，提高产品技术含量和附加价值，实现向全球价值链的高端环节攀升，从而化解要素成本特别是工资上涨的压力，并使广大人民群众能够更多地分享经济发展的成果。要促进劳动密集型企业提高管理水平，改进营销模式，打造知名品牌。

2. 加强传统产业的装备升级和技术改造

目前中国有很大规模的落后生产能力存在，对环境造成很大破坏，对资源造成很大浪费。技术改造能够实现技术进步、提高生产效率、推进节能减排、促进安全生产，是促进产业结构调整和产业转型升级的重要方式。应大力推广新技术、新工艺、新流程、新装备、新材料，对现有企业生产设施、装备、生产工艺条件进行改造。严格能耗和排放标准，加强环境执法，促进企业采用节能环保的设备、工艺。设立重点行业转型升级示范工程，支持纺织、服装、电子信息装配等产业应用新工艺、新装备特别是信息技术，促进商业模式创新，提升产品质量、增加产品附加价值。技术改造中要注意与技术创新的结合，一方面努力采用技术创新的最新成果，另一方面在技术改造中促进技术的创新，优化生产设备、工艺路线、生产流程和产品。新投资、新工厂、新产能要高起点，尽量采用全国乃至世界范围内的先进、适用技术，避免低水平重复建设。

3. 促进产业合理转移、优化产业布局

坚定不移地实施主体功能区规划，根据国家西部大开发、振兴东北等老工业基地、促进中部地区崛起、支持东部地区经济率先发展等区域发展战略要求，综合考虑环境容量、能源资源、交通运输条件、产业配套基础、市场容量等因素，优化重点产业生产力布局。重点推进钢铁、有色金属、石化等对运输条件要求高、环境容量要求大、依赖进口矿石资源的产业新增产能在沿海沿江地区布局；有序引导满足经济发展、城镇化推进和消费升级的投资在中西部地区落地；加快中西部地区基础设施建设，加强劳动力培训，积极开展东西部产业对接，承接东部沿海地区因土地限制、成本上涨向外转移的产业；依托"一带一路"战略，促进在国内丧失竞争优势的产业和严重产能过剩产业向周边国家转移。重点推进京津冀、长江中游城市群各地区和城市间的产业协同发展，打造一批新的产业增长极和具有国际竞争力的制造业基地。促进地方产业向重点产业园区集中，形成以产业园区为载体、产业特色鲜明、产业内配套服务体系完善、园区间有效分工合作的现代产业集群。

4. 促进制造业服务化与生产性服务业发展

随着加工组装活动的标准化以及与制造业相关服务活动的复杂化，服务环节占制造业附加价值的比重不断提高。推动制造业由生产制造型向生产服务型转变，不但成为提高制造业整体竞争力和附加价值的重要途径，而且有助于制造业减轻对资源的消耗和环境的破坏。促进制造业的服务化，要推动专业化的生产性服务企业发展，在我国重点发展研发设计、第三方物流、融资租赁、信息技术服务、节能环保服务、检验检测认证、电子商务、商务咨询、服务外包、售后服务、人力资源服务和品牌建设。促进制造业打破"大而全""小而全"的产业组织模式，聚焦于核心业务，而将非核心业务剥离和外包出去，更多地从市场购买生产性服务活动。鼓励制造企业加大研发投入，提高产品开发、原型设计和系统集成能力，促进价值链向整体解决方案延伸，加强按照客户需求进行个性化定制和生产的能力。支持大数据、云计算、物联网、电子商务、企业管理软件产业的发展，提升制造企业管理的信息化水平和加工制造过程的数字化和智能化。

5. 支持重点产业领域的转型升级

装备制造业要抓住由我国劳动工资上涨推动的对自动化装备快速增长的需求以及由新一代信息技术、传感器技术推动的工业物联网发展趋势，针对我国替代劳动的市场需求、淘汰落后产能和节能减排的替代市场需求，在提高基础材料、基础元器件和加工工艺水平的基础上，重点提升产品的研发设计和系统集成能力，开发适应我国制造业整体升级需求的成套装备，推动装备的数字化、智能化和网络化。汽车行业一方面要适应我国整体市场需求增长趋缓的新环境，加强对二三线城市市场的开发，加快整车出口、CKD全散装出口、SKD半散装出口和对外投资设厂步伐，另一方面要面对我国国内多元化的市场需求，重点开发市场需求增长较快的经济型乘用车、农用车和工程用车。加强研发投入和技术创新，解决汽车发动机、变速箱和其他关键零部件的技术瓶颈，提高零部件的国产化率，增强整车设计开发能力，加大对新能源汽车创新和市场应用的支持力度,促进汽车产业实现弯道超车。钢铁、有色金属产业要严格控制总量扩张,提高节能、环保技术水平,提升产品质量、优化产品结构、提高增加值率,在保持总产量不变甚至减少的情况下实现增长,并满足装备、汽车等行业升级对金属材料的需求。纺织服装行业要抓住"90后"一代成长为消费主体和电子商务快速发展的机遇,提高设计能力、打造知名品牌、创新商业模式,实现在全球价值链上的攀升。电子信息产业要适应工业物联网、可穿戴设备、智能家居、汽车电子等新的市场需求,提高核心芯片的设计能力、产品架构设计能力、外观工业设计能力和整体解决方案提供能力,促进软件与硬件、互联网与服务的融合,提高对平台、系统和核心零部件的控制力,从依靠装配环节的低成本为主的价格竞争转向综合实力的竞争。

(二) 培育壮大战略性新兴产业

新兴产业代表着先进生产力和产业发展的方向,特别是战略性新兴产业以新的重大市场需求为导向,以重大技术创新为引擎,能够对国家或地区未来经济社会的可持续发展发挥重大引领和带动作用,不仅是世界各国和国内各地区产业竞争的焦点,而且决定了各国在未来世界经济、政治乃至军事格局中的地位和国家安全。

1. 加快推进前沿技术发展

围绕经济社会发展重大需求,加大国家对新一代信息技术、生命科学、材料科学、新能源、航空航天等通用技术领域的基础科学、产业核心技术、产业共性技术创新的投入。发挥国家科技重大专项等国家科技资金的核心引领作用,实现战略性新兴产业一批关键核心技术的突破。通过建立工研院、企业界和大学共同参与的制造业创新研究所等方式,发挥政府资金对民间研发资金的带动作用,推进高端制造业的创新、研发和产业化。通过实施研发纳入 GDP 核算、研发费用加计扣除、科技资金后补贴等制度,调动地方和企业的创新积极性。加大实施产业化示范工程、政府采购和国产重大技术装备首台套政策的力度,积极推动战略性新兴产业领域的创新成果产业化,通过市场应用带动前沿技术的成熟完善和产业的发展壮大。建立和完善军民结合、寓军于民的武器装备科研生产体系,一方面发挥军工企业的工程集成技术优势、充分利用民用领域的前沿技术成果，另一方面加快军工领域高精尖制造技术在民用领域的合理扩散与改造应用。

2. 推动重点领域跨越发展

通过促进前沿技术开发、产业化和市场培育，促进节能环保、新一代信息技术、生物、高端装备制造、新能源、新材料、新能源汽车等战略性新兴产业领域的大发展。节能环保产业要重点服务于我国当前亟待解决的空气污染、土壤污染、水体污染以及降低单位 GDP 能耗、减少二氧化碳排放的目标，重点发展煤炭的清洁利用、节能、环境治理、资源循环利用的工艺、装备、产品和服务。新一代信息技术要以"核高基"国家科技重大专项为依托，实现核心电子器件、高端通用芯片及基础软件产品的技术突破与赶超，大力发展新一代移动通信、下一代互联网、物联网、云计算、大数据、超大规模集成电路、新型显示、高端软件等产品和服务，提高系统解决方案的提供能力。生物产业抓住我国人口老龄化的市场需求和医改深入推进的政策契机，加强基因组和蛋白质组为核心的生命科学基础研究，重点发展原创化学药、基因药物、疫苗、转基因农产品、高效低毒农药、生物能源等产品。高端装备制造业一是重点发展航空航天装备、卫星及其应用服务、新一代轨道交通装备等产业，突破大型干线客气、大型运输机和第四代战斗机航空发动机关键技术、提高整机设计开发能力；另一方面重点开发工业机器人、快速成型技术、工业控制软件，发展数字化、智能化、网络化的装备，为智能工厂、智能产品的普及发展奠定坚实的物质基础。新能源产业要服务于保障能源安全、实现节能减排国际承诺，重点发展新一代核能、太阳能光伏发电、太阳能热发电、风电、智能电网的产品、技术和装备，促进薄膜光伏电池、OLED 等技术的突破和产业化。新材料产业重点发展特种金属功能材料、高端金属结构材料、先进高分子材料（高性能纤维和高性能膜材料）、新型无机非金属材料、高性能复合材料以及应用于生物医药、电子信息、节能环保、新能源等领域的其他前沿新材料。新能源汽车产业要加强对高效固态锂电池、石墨烯电池、燃料电池等前沿技术的研发，提升电池管理系统的技术水平，突破制约新能源汽车发展的电池、电机、轻型材料等关键零部件技术瓶颈，提高整车集成能力和电池的安全性、使用寿命，增加续航能力和降低成本。促进先进信息技术、无人驾驶技术与新能源汽车的结合，提升新能源汽车的智能化水平。推进电动汽车充电桩的标准化和充电桩建设,为新能源汽车的普及建立良好的基础设施。

(三) 全面提高信息化水平

信息化的发展水平及其与工业化的融合程度已经成为决定工业竞争力的关键因素,推进我国工业转型升级必须大力提高信息化水平。

1. 加强信息化能力和基础设施建设

加强对移动通信、互联网、数字广播电视网、卫星通信的新一代技术的研发投入,推动技术标准制定,适时启动实验网项目、发放牌照和部署实施新一代网络设施建设。加快"三网"监管体制改革,统一互联网、通信网和广播电视网监管职能,推动电信网、广播电视网、互联网的三网融合。建设超高速、大容量、高智能国家干线传输网络等数字基础设施,加快4G网络的全面覆盖,满足商业互联网、工业互联网发展和"工业4.0"战略所需的带宽和实时能力。实施"智慧中国"工程,实现主要城市光纤到楼入户、农村宽带进乡入村、大学宽带入舍,核心商业区、商务区和大学校园实现Wi-Fi覆盖。支持云计算、大数据和物联网关键技术研发、重点领域的示范应用和产业化发展。

2. 加快两化融合发展

加强作为电子商务基础的信用服务、网上支付等支撑体系建设,促进电子商务在生产企业采购和销售环节的应用、传统商业企业打通线上与线下并向电子商务转型。支持电子商务专业化示范村、镇建设,推动电子商务在乡镇和农村地区的普及。促进物流配送的信息化转型,提升物流体系的电子化、信息化水平,建立具有信息发布、交易撮合、资信评估、货物跟踪、物流金融等综合功能的现代化物流交易平台,打造集物流、仓储、分包、加工、检测、商贸配送功能于一体的现代物流枢纽。鼓励电子商务商业模式创新和商业业态创新,支持众筹、众包平台型企业发展。加快推动电子政务在经济运行、财政管理、综合治税、海关监管、强农惠农、城市管理、国土管理、住房管理、应急指挥、信用监管、劳动就业、社会保障、医疗卫生、文化教育等领域的应用,加强电子政务网站建设,不断创新政务服务方式和手段,提高便民服务水平。借鉴"德国工业4.0战略"的经验,加快建立中国特色"工业4.0"服务架构标准，使企业在基本结构原理、结构和数据方面达成一致；加强对机器人等智能装备的研发和产业化；设立数字工厂示范项目，及时总结经验，推广最佳实践。

3. 推进信息公开、保障信息安全

积极推进基础信息资源、宏观调控信息、社会管理信息、公共服务信息的跨地区、跨部门、跨层级共享，完善信息共享的制度、程序和机制。大力推动政府部门掌握的海量数据资产开放与共享，根据特定的原则定期更新和公开数据，制定确保公正平等获取数据、开发利用数据的政策法规。加强数据安全和对个人隐私的保护，完善信息安全体系和认证认可体系，制定专门的隐私与数据安全法律法规和政策，建立信息安全风险评估、预警和应急机制。加强"工业4.0"安全体系建设，开发工业控制系统的安保架构和标准，建立关于产品、工艺和机器身份识别的安全标识，推动制造系统从"工业3.0"设施向"工业4.0"安全迁移。加强互联网安全的立法和监管，确保国家、企业和个人的信息安全。

（四）促进工业的绿色低碳转型

工业是我国能源消耗、污染物和二氧化碳排放的主要部门，生态、环境的压力要求必须改变工业的粗放发展方式，实现绿色低碳转型。

1. 优化能源结构，建立低碳发展机制

随着气候变暖受到越来越多的关注以及碳税和排放权交易等减排政策的广泛采用和实施，向低碳技术、低碳产业转型将成为决定国家产业竞争力的关键。一方面，低碳意味着成本优势、符合用户需求，具有更强的市场竞争力。另一方面，为了减少温室气体的排放，人类社会必须转变建立在高强度碳排放基础上的发展模式而转向低碳的发展模式。随着世界各国对低碳技术、基础设施及产业的巨额投入，在需求和供给的相互作用和协同演进下催生出新的产业必将逐步成长为经济的支柱产业。新能源的投入巨大，单靠政府的支持是远远不够的，必须将新能源的发展与企业的利益紧密联系起来，将碳价格体现在企业的生产成本中，通过发挥市场机制的决定性作用和更好地发挥政府的作用，推动经济的低碳转型。加强低碳技术的研发，将低碳技术的研发作为国家创新目标的重中之重，进一步加大对该领域 R&D 的公共支持力度。在低碳技术的选择上，既要着眼于近期有望实现产业化的太阳能发电、风能发电、智能电网、电动汽车等技术，又要密切关注氢能源、聚热式太阳能发电、核聚变等前瞻性技术。可以将低碳技术作为国家创新体系改革的试点，科研机构着重于基础科学和产业共性技术的研究，企业着重于面向产业化的技术研究，并实现产学研之间的合理分工与合作。支持低碳应用市场的发展，在政府财力可承受范围内，加大对风能、太阳能等可再生能源以及核能、水电等能源应用的补贴支持力度、扩大政府采购规模，同时完善法律法规，为低碳产品的采用创造良好的制度环境，如光伏发电、风力发电的无条件、优先上网，完善建筑节能标准和规范等。建立促进低碳发展的激励机制，加快推进碳税和排放权交易的试点，在此过程中积累管理经验，制定适合中国国情的低碳发展市场制度。

2. 推动工业节能降耗

严格限制钢铁、水泥、有色金属等高耗能产业的发展和控制高耗能产业的规模，如果未来国内对这些产业的需求超过国内供给能力，一方面可以直接从国外进口解决，另一方面可以通过内资企业向国外转移产能复进口弥补。参考国内外相关环境标准，制定各工业产业的投资强度、环保、能耗、排放、安全等准入标准、排放限值。项目开工建设前严格进行环境影响评价，从源头上控制污水、废气、固体废弃物和噪声等各种工业污染，减少和避免对环境和生态的破坏。同时，通过税收等市场化手段，调节高耗能、高排放产业的生产成本、产品价格和利润率，引导企业的投资行为。推广全生命周期能源管理，从设计、制造、包装、运输、使用到报废处理整个产品生命周期提高资源利用效率、减少对环境的负面影响。进一步推进淘汰落后产能，提高产业的整体技术水平，促进生产能力向大型企业和优势企业集中。

3. 能源管理体制改革和能源基础设施建设

加快推进电力体制改革，建立并完善发电和用电价格由市场决定、输配电价由政府核定并严格监管的电价机制。完善《可再生能源法》及其实施细则，落实可再生能源发电全额保障性收购制度，推进光伏、风电等可再生能源发展。加强山西、鄂尔多斯盆地、内蒙古东部地区、西南地区和新疆等国家综合能源基地建设，加快西北、东北、西南和海上进口油气战略通道建设。支持新一代核电装备的开发，在能源供应紧张的负荷中心适度发展核电。加大对页岩气、可燃冰等非传统化石能源的地质勘探，突破关键技术和装备瓶颈。继续推进煤炭综合利用技术的发展与产业化，减少煤炭利用的污染物排放、提高煤炭的综合附加价值。积极推动新能源、微电网、新能源示范区等综合应用示范工程建设，鼓励分布式光伏在公共建筑物、工商业设施、居民住宅、工业园区等领域的应用，探索可再生能源基地能源就地利用模式和输出模式。加快分布式能源技术的发展，探索适应分布式电力发展的技术标准和政策体系，采用信息、控制和储能等先进技术，推进电网的智能化和能源互联网的形成。

（五）推进海洋经济发展

海洋产业及其相关经济活动获得世界各国的高度关注，成为各国经济和国际政治战略的重要组成部分。发展海洋经济不但有助于缓解陆域资源和能源短缺、形成经济发展的新支柱，而且是提升我国对外开放水平的重要途径和保障我国海洋权益的重要手段。

1. 加强海洋综合管理体系

健全海洋资源开发的有关法律法规，推进海洋综合管理体系改革，加强海洋资源开发的统筹规划、近岸海洋资源的一体化开发，打破海洋经济的条块分割、行政关卡和地方保护主义。建立统一的海洋综合管理部门，整合海事、海监、渔政渔监等海上执法力量，提高海上执法装备水平，强化海上执法与检查力量。坚持可持续发展原则，防止海洋资源的过度开发，建立健全海洋环保设施、生产安全监控网络及沿海和海岛防灾减灾体系，加强海洋岸线保护。重点海域实施污染物总量监控，加强环境污染治理和综合整治，促进海洋生态环境的修复。控制近海渔业资源捕捞强度，保护水生资源繁育海域，加强珍稀濒危海洋生物物种保护，提高海洋生物资源的再生能力。制定和实施防治海洋污染的应急计划，加强海洋环境监测、监视和执法管理能力，减轻污损事件对海洋生态环境的影响。探索与海上丝绸之路沿线国家在海洋资源开发、海洋生态系统观测与研究、海洋生态环境保护与修复、海洋灾害预警、海上救援等方面的合作。

2. 建立现代海洋产业体系

增加对海洋渔业基础设施、沿海港口基础设施、沿海与内陆相联系的交通基础设施、沿海岛屿基础设施及海洋能源、海洋信息基础设施的投入。抓紧对专属经济区和大陆架进行全面的资源环境综合调查，为未来海洋开发、通过外交谈判或法律手段解决领海争端提供依据。坚持科学规划、合理开发、持续发展的原则，促进海洋渔业、海洋油气、海洋船舶制造、海洋运输、海盐和滨海旅游等传统产业转变发展方式，提高产品技术含量和附加值，不断增强市场竞争力；加强对海洋环境保护技术、海水养殖优良品种开发技术、海水养殖病害防治技术、海洋生物制药技术、深海勘探技术等重大海洋科学研究项目和重大关键性技术的投入，培育和发展海洋生物医药、海洋化工、海水综合利用、海洋新能源、海洋工程装备制造等新兴海洋产业；升级发展海洋监测服务、海洋救捞、海洋保险、海洋金融等海洋服务业。推进北部、东部和南部三大海洋经济圈的形成与发展，积极开展国家海洋经济发展试点，重点推进浙江舟山群岛新区、福建平潭综合实验区、广东横琴岛的开发建设，支持沿海地区建设特色鲜明的海洋经济区。

（六）构建综合交通运输体系

交通运输作为网络型基础设施，是关系国计民生的基础产业，是经济发展和城镇化推进的支撑，也对提高经济运行效率、缩小地区差距、实现产业空间的优化调整具有非常重要的作用。

1. 推动交通管理体制改革

根据适度超前、布局合理的原则，对不同类型的骨干运输网络、综合交通枢纽进行规划并提出运输能力提升、质量和服务改进的目标。做好运营车辆和船舶、装卸容器、装卸工艺、单据、基础设施、信息化等方面的标准制定和统一工作。加强交通建设项目的环境影响评价，减少交通对生态环境的破坏。鼓励发展公共交通，倡导节约型消费观，降低交通运输对资源的占用和消耗。加强公共信息平台建设，提供货物和运输能力检索、货物识别、货物跟踪等服务，促进交通运输体系的智能化及其与现代物流业的融合发展。加快交通投融资体制改革，在加大政府对综合交通体系投资的同时，探索以市场为主体的投融资模式，鼓励社会资本进入综合交通枢纽的建设和运营，推进综合交通枢纽建设资金的多元化。

2. 完善交通基础设施

"一带一路"战略需要交通先行，交通基础设施的互联互通是"一带一路"的优先和重点，要积极推进与沿线国家相连通的公路、铁路、航运等领域的重大项目建设。加快高速铁路、国家高速公路网剩余路段和瓶颈路段建设，完善快速铁路网、重载货运网、高速公路网构成的国家交通骨干网络。推动机场有序建设，大力发展通用航空，建立通达通畅的国内国际航线网络。发挥内河航运作用，加强长江干支流航道、码头、船闸等公共基础设施和支持保障系统建设，提高长江的通过能力，将全流域打造成黄金水道。有序协调推进沿海港口建设和现代化改造，打造国际航运中心，提升能源、原材料等战略物资运输的保障能力。合理规划并加快建设超高压电力传输网、跨国石油和天然气输送骨干管道，优化区域间能源传输网络，提高跨区域能源调度与能源供应安全保障能力。加强综合交通枢纽建设，促进各种运输方式的综合协调发展和无缝链接，提高交通运输效率、降低交通运输领域的碳排放水平。

3. 优化发展城市群和城市内部交通网络

统筹推进城市群综合交通网络建设，加快城市群之间的城际公路干线、轻轨建设，开通中心城市之间以及中心城市与中小城市之间的公交线路，为城市群的经济和社会发展一体化奠定坚实基础。继续加大投入提高农村公路的通达深度、覆盖广度和技术标准，开通农村客运班车，形成以城市为中心辐射到乡镇、农村的交通网络。优化城市道路网结构，统筹规划、有序推进城市地铁、轻轨等轨道交通，完善地面公共交通网络，改善自行车、步行出行条件。按照"零距离换乘"的要求，将城市轨道交通、地面公共交通、市郊铁路、私人交通等设施与干线铁路、城际铁路、干线公路、机场等紧密衔接。强化城市综合交通枢纽的综合服务功能，加强交通换乘中心之外的商业购物中心、文化娱乐中心、信息传递中心和社区服务中心功能。

五 "十三五"工业转型升级的政策调整

在新的国际竞争规则建立和国内深化改革的背景下，"十三五"期间，既有的产业政策必须根据新的环境和战略部署在政策作用对象、政策工具和政策作用机制等方面及时进行调整，通过更加合理的产业政策体系、更加科学的产业政策内容和更加有效的产业政策执行机制，促进我国工业整体生产效率和国际竞争力的提升。

"十三五"我国产业政策调整的主要内容如表2所示。

表2 "十三五"我国产业政策调整的主要内容

政策内容		过去	"十三五"调整的方向
研发扶持政策	扶持领域	大规模生产和组装技术改进	复杂产品集成、基于多科技的核心零部件、基础软件 科技基础设施建设
	扶持方式	事后扶持	事前扶持
科技政策	扶持领域	设备购置补贴	大企业的"母工厂"建设 中小企业工艺提升
	扶持和服务方式	资金扶持	资金扶持＋现场管理和技能提升服务 提高评估过程透明度
产业组织政策	重点扶持对象	大型企业	前沿技术突破的大企业 创业企业和高技术中小企业
	企业主体	国有企业主要作为产业政策工具	更好地发挥国有企业对市场经济的补充和增强作用(战略性、公益性)
区域政策	区域间竞争标的	经济规模	可持续增长能力
	区域间竞争方式	要素价格扭曲	经营环境改善,公共服务能力提升
开放政策	国际直接投资政策重点	引进来	走出去,整合利用全球高端要素
	贸易政策	扩大出口	关注结构性的市场,特别是高端市场出口
人才政策	政策重点	精英型管理人才和研发人才	精英型管理人才和研发人才 工程师和高技能工人
	技能提升	以技校为主体的通用技能培训	"技校＋研究型大学＋企业＋公共服务机构"的终身学习制度

(一) 科技政策:从重点突破到全面创新

以往科技部、发改委、工信部等管理部门设立的各类科技扶持项目具有明显的"重产品创新、轻工艺创新""重技术创新、轻技术扩散"的倾向,这是导致我国新技术产业化能力弱、科技资金使用效率低下的一个重要原因。战略性新兴产业和高技术产业的培育和发展,不仅是新产品技术突破的过程，而且也是与新产品技术相适应的新的生产工艺跟进突破的过程。在技术改造资金的扶持方面，要重视先进制造技术和设备的应用，但不能唯技术和设备，而是要通过人的技能提升和现场管理的综合改善，将先进、适用的生产技术最大可能地转化为产业竞争力（贺俊、吕铁，2012）。因此，要尽快修正和调整我国当前工业规划和产业政策中存在的偏差和错误，加快完善旨在促进先进制造竞争力提升的产业政策体系。

（1）推出我国的《现代工厂建设计划》，加快培育中国的"母工厂"。组织技术、产业和管理专家，加快制定和出台我国的《现代工厂建设计划》，明确提出依托具有先进制造能力的优势企业，加快建设我国的制造业"母工厂"（名称上可以采取"现代工厂"的说法）。以"现代工厂"为平台，加快人工智能、数字制造、工业机器人等先进制造技术和制造工具的研发和应用。只有大力发展先进制造（我们强调先进制造，而不是先进制造业），才能从根本上解决我国制造业越来越严重的"成本病"，并未雨绸缪地解决未来我国可能面临的"制造业大规模外迁"问题。

（2）在技术改造资金的使用中，突出现代生产管理方法的推广和应用，切实提高技改资金的使用效率。目前由工信部牵头管理的企业技术改造资金，主要用于激励企业进行既有生产设备的改进和新型生产设备的引进。我们建议，在技术改造扶持的同时，借鉴日本政府"技术咨询师"和澳大利亚"管理顾问"做法，建设一支专业的包含了生产管理咨询和培训的管理服务专家队伍，为企业提供质量管理、现场管理、流程优化等方面的生产管理指导和培训，切实提高我国制造业企业的生产制造水平。

（3）加快共性技术机构和科技基础设施建设。根据我们的研究，无论是在工业化中、工业化后期还是当前，在绝大多数领域，美、日、德等工业强国对产业发展直接提供的扶持资金或基金都是非常有限的，相反，这些国家的工业成果与其将大量公共资源投入到公共服务体系建设和科技基础设施建设方面直接相关。建议借鉴发达工业国家的经验，以海外高层次人才为依托，建设我国的工业技术研究院，为重点制造业发展提供共性技术支持。与此同时，加强我国先进制造业科技与产业化基础设施建设，加快我国的"先进制造业研究中心"的建设，加快我国在高效能运算、工程数据库等方面的科技基础设施建设。

在科技资金的使用方式上，目前我国的科技资金主要采用事后扶持的方式，即在研发项目基本已经比较成熟的阶段才能获得政府的资金补贴。而反观美、日、德等发达工业国家，更多地采用事前补贴而不是事后奖励的方式，从而真正帮助被补贴企业降低创新风险；政府部门对被补贴企业通常都采用严格的资金使用和项目过程评估，从而确保资金的使用效率。同时，发达工业国家在关注补贴规模的同时，更加关注补贴资金的使用效率和透明度，从而最大限度地提高了公共资金对于提升创新能力和产业竞争力的效果。建议充分借鉴这些国家的成功经验，增加研发项目事前扶持的规模和比重，同时提高科技资金使用的透明度，通过社会治理提高科技资金使用效率。

（二）产业组织政策：从促进集中到培育生态

（1）过去我国针对传统产业的产业组织政策以做大企业规模、提高市场集中度为主要政策目标。在产业发展处于为形成可以充分利用规模经济和范围经济的大规模生产能力，政府的金融和科技资源有限从而需要向少数企业集中的阶段时，这种产业组织政策有其合理性。但是，战略性新兴产业独特的技术经济特征，使得大企业不再是产业竞争力的唯一载体。首先，以云计算为代表的下一代信息技术使得企业可以将信息处理功能更多地外包给提供信息服务的第三方企业，加之数据挖掘技术的快速进步和服务模式创新，即便是地理上远离提供信息服务企业的小微企业也能够以足够低的成本获得更强的数据存储和计算能力。与此同时，新兴制造技术也提高了小型化、分散化经营的经济性。例如，以3D打印机为代表的个性化制造和网络开放社区的发展将大大促进以个人和家庭为单位的微制造和个人创业等极端分散组织方式的发展。其次，产业组织结构向网络化和平台化方向发展。制造业的服务化以及制造技术的融合，将使得企业之间的需求供给关系变得越来越开放，企业的同一个产品或服务可能供应完全不同的行业而不仅是同一行业的不同企业，不同的产业链相互交织，形成开放、多维、复杂的网络结构，从而很难识别、判定影响产业长期竞争力的核心资源的位置在哪里。不是某项核心技术或某个企业决定产业的竞争力，而是整个系统的质量决定产业的生命力。在这种情况下，具有独特技术优势的高技术创业企业和小微企业的重要性就凸显出来。一方面，这些企业的技术能力构成大企业技术优势的支撑；另一方面，更重要的，这些保证了技术多样性的小微企业群体维持了整个技术创新生态系统的动态性。

（2）加强国内企业在战略性新兴产业领域的技术合作，对于处于摸索阶段、具有较大技术差距的技术，加快联合攻关；对于已经具备技术基础的领域，把握机遇，加快推进工程化和产业化。以往我国的科技政策基本上遵循了一条不平衡发展的路径，即科学政策主要是促进资源向少数研究型大学和公共科研机构集中，技术政策主要向少数技术基础好、初步具备全球竞争力的企业倾斜。在过去科技资源相对有限的情况下，这种培育个别科学技术精英的做法有利于我国在少数关键技术领域的快速突破。但是，随着创新组织的生态化、关键知识的分散化以及知识产权竞争的"丛林化"，这种政策思路已经越来越不能适应产业发展的科技需求。例如，重大装备领域我国企业与国外的差距很大程度上不在于总成技术的能力差异，而在于基础材料和控制系统自主开发能力的缺乏，而基础材料和控制系统的突破又不是总成企业、材料企业或软件企业能够独立解决的。在这种情况下，通过合作研发来分散前沿技术突破的风险、实现创新主体之间的能力互补就变得更加重要。相应地，产业科技政策的思路就应当由培育科技精英向推动各类创新主体的合作转变。一是通过产业主导型的产学研合作加强基础研究对新兴产业的支撑作用。对于这类合作，政策的重点不应当是对科学研究不断施加越来越强的商业化激励和产业化研究任务，而应是在完善研究型大学和公共科研机构学术研究机制和共性技术开发、管理机制的基础上，加强企业在前沿技术领域的战略部署和项目组织能力。产业主导型的产学研合作不是体现在科技资源向企业的倾斜配置上，而是体现在企业对技术路线选择和多主体合作复杂创新项目的管理能力上。

（3）推出更加适应高技术创业和高技术小微企业要求的全生命周期技术扶持项目，政策资源配置的重点逐渐由大企业向高技术小微企业转变。建议借鉴美国和日本 SBIR 项目的经验，按照技术创新生命周期采取分阶段、竞争性、差异化的创新支持方式：第一阶段为技术可行性研究资助阶段，该阶段政府为企业提供相对小规模的资助；第二阶段政府对第一阶段取得初步成功的项目提供进一步的资助。前两个阶段的政府资助都是无偿的。不同的是，在技术可行性研究资助阶段，采取小额普发原则，即大范围资助，但单项资助额度相对低，这样既避免了对失败项目的过度投入，又可以广泛培育技术种子。一旦进入研究开发阶段，资助就采取大额集中原则，以加快推进技术成熟。第三阶段是技术成果商业化的阶段，该阶段政府对企业的资助不是必然的，而是根据技术产业化的市场条件和企业能力相机给予，政府的主要功能是为技术产业化提供各类服务。

（三）区域政策：从激励投资到优化环境

地区间竞争是过去30多年驱动中国工业快速增长、产业体系趋于完备的主要力量。以地方政府财政分灶吃饭为特点的制度安排，激发了各级地方政府通过压低土地、环境、劳动等要素价格，通过给予投资者税收、金融方面的优惠性政策等措施，动员投资特别是能够快速带来增加值和税收的大规模工业投资。这样的激励机制，充分调动了地方政府做大经济规模的积极性，对于鼓励各类企业的生产性投资具有明显的效果；但同时也导致了要素价格扭曲和产能过剩等一系列严重问题。扭曲的要素价格降低了整个经济系统的资源配置效率，而日趋严重的产能过剩以及与之相伴的恶性竞争又侵蚀了工业部门的赢利能力，不仅使得工业企业，特别是中小企业丧失了进行创新性投资的能力，而且导致了民间资本脱离实体经济的恶劣现象。地区间竞争本身是个中性的概念，从某种意义上讲，有效的地区间竞争应当是中国作为一个发展中大国的独特有利条件；问题的关键是如何设计恰当的激励结构引导地方政府竞争和如何竞争。

对于技术密集的先进制造业，各类主体的踊跃投资对于产业发展是重要的，但是不同于成熟产业增长所要求的生产性投资，对于技术密集的新兴产业，具有多样性和探索性的创新性投资才是产业成长的关键。因此，既有的与成熟产业快速扩张相适应的地方政府激励结构，必须根据先进制造业的技术经济特点和转变经济发展方式的要求进行适时的调整：一是将目前以增值税、营业税等间接税为主的税收体系逐步转变为以所得税、房产税、遗产税、社会保险税等直接税为主体的税收体系，弱化地方政府唯GDP最大化的冲动，同时配合地方政府官员晋升和绩效评价体系改革，引导地区间竞争朝着追求更加多元化经济社会目标和完善创新、创业环境等长期经济目标的方向发展；二是改变目前先进制造业政策遍地开花的思路，鼓励少数有条件的地区通过开辟和建设先进制造业发展特区的形式实现地区间有控制的竞争。通过地区间的错位发展和多元创新，探索对于培育发展我国先进制造业至关重要的主导技术路线、主导产品设计和主导商业模式。

（四）开放政策：从驱动增长到整合资源

国际直接投资和技术、设备进口对于形成改革初期中国工业的基础生产能力至关重要。与以往"承接国际产业转移＋打开国际市场"开放格局相对应的投资、贸易政策的基本逻辑，一是利用本土的要素成本优势，同时配合更加优惠的投资政策，吸引外资以及与这些资本相结合的设备和管理在本土落地；二是通过扩大对外贸易，积累引进国外生产设备和其他要素所需要的外汇，同时为国内快速增长的生产能力找到市场需求出口，从而形成产业不断扩张和快速增长的自我循环机制。虽然先进制造业的技术多样性和创新系统复杂性决定了其培育发展仍然要高度依赖国外的资源和市场，但由于先进制造业竞争的资源基础和竞争范式不同，其所要求的开放政策也与既有政策存在较大差别的。

（1）开放政策的重点要逐渐从促进"引进来"向鼓励"走出去"转变。先进制造业所涉及的技术和装备关系到国家和企业的核心竞争力，掌握这些技术的企业和国家往往严格封锁这些技术的出口，中国企业不可能通过引进方式获得这些技术和设备，只能通过主动走出去的方式尽可能融入发达国家的本地创新网络，来逐渐积累相关的技术能力。在发达国家可能掌握先进制造业创新资源的各类主体中，中小企业、高技术服务企业和研究型大学是中国企业接入当地创新网络的重要端口。这是因为，中小企业规模小，中国企业通过并购等方式整合利用其技术资源的难度小、成本低；高技术服务企业以出售技术为业，中国企业容易与其建立技术交易和合作创新的机制；研究型大学以推进科学研究为主要目标，与中国企业之间的技术竞争和产业利益冲突小。

（2）自主创新能力归根结底要在本土形成，因此"引进来"仍然是需要的，但引进来的结构需要调整优化。过去针对传统产业发展引进来的主要是资金、设备和最终产品，这些要素对于先进制造业的发展仍然重要，但先进制造业发展最急需的是承载了关键技术和隐含知识的人才。因此,"进口人才和知识",而不是进口设备和资金是未来我国国际贸易与投资政策调整的重点。对于后发国家而言,人才流动,特别是既具备高深的专业知识又深谙发达国家研发组织流程的留学人员的回溯,是比跨国公司投资更加有效的高技术转移渠道。需要注意的是,与财务资本关注在中国投资的要素成本和市场规模不同,智力资本除了考虑成本因素外,更关注在中国的创业和生活环境。与此相适应,针对先进制造业的产业政策除了要为企业提供扶持性的帮助外,更要提供适宜的生活和经营环境。

(3)关注国际高端市场,调整出口结构。日本数控机床产业和韩国电子产业的发展经验表明,高端市场不仅为后发国家提供了更高的产品附加价值,而且为后发国家提供了重要的用户创新资源。对于传统产业的发展,从占领国外低端市场和新兴市场逐渐向高端市场和发达经济市场升级的路径可能是最优的,但对于先进制造业而言,高端市场更有利于本土企业直接接入实验性消费者和关键创新资源。因此,首先瞄准发达经济市场再向新兴经济市场拓展可能更有利于产业的技术能力和长期竞争优势的培育和积累。

(五)人才政策:从吸引精英到形成梯队

人才政策方面,逐步由过去单纯重视精英型研发人才的培育和引进,转向同时关注工程师、高技能工人和一般产业工人通用技能提升的政策导向,重点是构建由企业、技术学校、研究型大学和改革服务机构共同组成的终身学习体系。

在继续贯彻落实国家引进高层次科技人才的一系列优惠政策的基础上,重点通过优化创业环境,形成海外高层次管理和技术人才回溯的市场机制。针对先进制造的人才要求,加强"精英型"的实用技术人才和工程人才的培养、培训,大学应当针对现代工厂中的班组长或车间负责人的工作要求来设置相应专业。建议设立"中国制造业产业技能提升资金",对一流大学和企业合作培养工程师和产业技术工人给予资金扶持,通过培养高技能产业工人,填补我国"低端职业教育"不能满足"高端制造"发展要求的空白。

在加强工程师和高技能产业工人培训的同时，借助职业技术学校的发展不断提升广大产业公认的技能水平。与此同时，借助政府扶持的培训项目，针对机床操作、通用工业机器人操作等重点工艺设备进行有重点的培训，提升我国制造业的整体劳动生产率。加强企业、职业学校、工程型大学和政府公共服务机构之间的合作，形成"终身学习"制度。

参考文献

［1］ 曹忠祥：《当前我国海洋经济发展的战略重点》，《宏观经济管理》2013 年第 6 期。

［2］ 黄群慧：《经济新常态、工业化后期与工业发展新动力》，《中国工业经济》2014 年第10 期。

［3］ 黄群慧、贺俊：《第三次工业革命与中国经济发展战略调整》，《中国工业经济》2013 年第 1 期。

［4］ 贺俊、吕铁：《战略性新兴产业：从政策概念到理论问题》，《财贸经济》2012 年第 5 期。

［5］ 江飞涛等：《中国工业经济增长动力机制转换》，《中国工业经济》2014 年第 5 期。

［6］ 李晓华：《中国工业的发展差距与转型升级路径》，《经济研究参考》2013 年第 51 期。

［7］ 刘光武、唐锐：《对城市综合交通枢纽建设理念的几点探讨》，《都市快轨交通》2013 年第 4 期。

［8］ 刘容子、刘堃、张平：《我国海洋产业发展现状及对策建议》，《科技促进发展》2014 年第 5 期。

［9］ 宋泓：《未来 10 年中国贸易的发展空间》，《国际经济评论》2010 年第 1 期。

［10］ 苏明：《促进我国海洋经济发展的财政政策研究》，《经济研究参考》2013 年第 57 期。

［11］ 杨卫东、邓润飞：《同城化背景下城市群综合交通发展对策》，《综合运输》2014 年第 1 期。

［12］ 张勇进、王璟璇：《主要发达国家大数据政策比较研究》，《中国行政管

理》2014 年第 12 期。

［13］Brusoni，S.，and A.，Prencipe，"Unpacking the Black Box of Modularity：Technologies，Products，Organisations，" *Industrial and Corporate Change* 2（10），2001.

［14］Fujimoto，T.，& O.，Takashi，"Empirical Analysis of the Hypothesis of Architecture based Competitive Advantage and International Trade Theory，" *MMRC Working Paper*，2006.

［15］Hausmann，R. & C. A.，Hidalgo，et al.."The Atlas of Economic Complexity：Mapping Paths to Prosperity，"*CID Harvard University Working Paper*，2011.

［16］《"十二五"国家战略性新兴产业发展规划》。

［17］《"十二五"综合交通运输体系规划》。

［18］《促进综合交通枢纽发展的指导意见》。

［19］《工业转型升级规划（2011～2015 年）》。

［20］《国民经济和社会发展第十二个五年规划纲要》。

［21］《国务院关于加快发展生产性服务业　促进产业结构调整升级的指导意见》。

［22］《国务院关于加快培育和发展战略性新兴产业的决定》。

［23］《全国海洋经济发展"十二五"规划》。

［24］《新材料产业"十二五"发展规划》。

"十三五"时期
我国服务业发展改革研究

夏杰长　倪红福[*]

摘要： 服务业促进经济增长模式转变、加快结构调整和稳定经济增长速度的作用越来越重要。"十二五"时期我国服务业快速发展，服务业规划目标将预期完成，但是我国服务业发展仍然存在增加值比重较低、附加值率低和结构不合理等问题。进一步根据国内外服务业发展经验，利用服务业使用法预测结果表明：到 2020 年，我国服务业增加值比重和就业比重分别达到 54.99% 和 45.39%，"十三五"期间服务业增加值比重和就业比重分别增加 5.66 个和 5.05 个百分点。"十三五"期间生产性服务业年均增长率达 9.04%，成为未来服务业发展中的主要贡献者。本文提出了服务业大发展战略思想、全面深化服务业改革、构筑服务业大发展的体制机制，以及相关政策保障措施的政策建议。

关键词： 现代服务业　产业结构　服务业比重　服务创新

---

[*] 夏杰长，中国社会科学院财经战略研究院，副院长，研究员；倪红福，中国社会科学院财经战略研究院，助理研究员。

党的十八届五中全会关于"十三五"规划建议稿提出，开展加快发展现代服务业行动，放宽市场准入，促进服务业优质高效发展；推动生产性服务业向专业化和价值链高端延伸、生活性服务业向精细和高品质转变，推动制造业由生产型向生产服务型转变。

2014年我国第三产业增加值占GDP的比重为48.1%，比第二产业增加值占GDP的比重（42.7%）高5.4个百分点，第三产业增加值增速为7.8%，比第二产业增加值增速（7.4%）高0.4个百分点。第三产业已成为我国国民经济中第一大产业，其支柱地位完全确立，是我国经济增长的最大贡献者。随着我国经济的发展，服务业的比重将继续提高，对经济增长、经济运行、经济波动以及对外经贸合作模式等方面将产生广泛而深远的影响。为了推动我国服务大发展，促进经济增长和就业，促进经济结构调整，为制定服务业发展政策提供依据，科学合理的预测我国服务业发展前景和内部结构变化，并探讨我国服务业发展重点领域、战略思路和政策措施，具有重要的理论和现实意义。这也是近期"十三五"规划中的重大问题，是紧迫而又重要的议题。因此，本文将在全面系统分析"十二五"时期我国服务业发展现状和问题的基础上，根据国内外服务业发展趋势，利用服务业使用法对我国服务业发展前景进行预测分析。然后，提出我国服务业发展的总体思路。

一 "十二五"期间我国服务业发展评估及存在问题

"十二五"已近尾声，在过去的四年中，我国服务业发展水平进一步提高，取得了可喜的成绩，基本上完成了"十二五"期间服务业发展规划要求，能够交上一份满意的答卷。

（一）"十二五"期间主要指标完成情况

1. 量化指标完成情况

（1）服务业增加值年均增速超过国内生产总值年均增速

2014年，服务业增加值增长率为7.8%，比全国GDP增长率（7.3%）高0.5个百分点。2011～2014年，服务业增加值四年平均增长率为8.4%，比GDP增长率（8.00%）高0.4个百分点（见表1）。即使2015服务业增加值增长率速度与 GDP 增长率持平，"十二五"期间，我国服务业增加值年均增速也将超过国内生产总值年均增速。

表 1　服务业增加值增长率

单位：%

年份	GDP 增长率	服务业增加值增长率	第二产业增加值增长率
2009	9.2	9.6	9.9
2010	10.4	9.8	12.3
2011	9.3	9.4	10.3
2012	7.7	8.1	7.9
2013	7.7	8.3	7.8
2014	7.3	7.8	7.3
2011～2014 年均值	8.0	8.4	8.33

资料来源：国家统计局网站。

（2）服务业固定资产投资年均增速略超过全社会固定资产投资和第二产业固定资产投资年均增速

2011～2013 年，我国服务业全社会固定资产投资年均增速为 17.8%，比全社会固定资产投资和第二产业固定资产投资的年均增速高 0.5 个和 1.4 个百分点（见表 2）。从各年份来看，除 2011 年外，其他年份的服务业固定资产投资增速均高于全社会固定资产投资增速和第二产业固定资产投资增速。若 2015 年能保持 2014 年的增长趋势，即使投资增速有所下降，整个"十二五"期间，我国的服务业固定资产投资年均增速也能超过全社会固定资产投资和第二产业固定资产投资年均增速。

表 2　全社会固定资产投资增长率

单位：%

年份	全社会固定资产投资	第一产业	第二产业	第三产业
2009	30.0	36.1	25.1	33.8
2010	23.8	14.9	22.7	25.2
2011	12.0	10.5	12.2	11.9

续表

年份	全社会固定资产投资	第一产业	第二产业	第三产业
2012	20.3	25.6	19.5	20.7
2013	19.6	32.4	17.4	20.9
2011~2013	17.3	22.8	16.4	17.8

注：由于统计局没有公布 2013 年的三次产业全社会固定资产投资，表 2 中 2013 年数据以城镇固定资产投资代替。2011 年全社会固定资产投资增速大幅下滑，2009 年 4 万亿元的投资计划，使得 2009 年、2010 年的投资增速过快，导致 2010 年全社会固定资产投资基数过大，当 2011 年投资增额幅度减小时，就导致增长速率的大幅下滑。2011 年投资增速是根据统计局公布的全社会固定资产投资数据计算得出的。统计局网站直接公布的 2011 年全社会固定资产投资数据可能是错误的，其公布的增长率高于本文计算的增长率。

（3）服务业增加值占国内生产总值的比重的规划目标提前实现

2014 年服务业占 GDP 比重为 48.1%，比 2010 年增长 4.9 个百分点，超过第二产业增加值占 GDP 的比重（42.7%）5.4 个百分点，连续两年超过第二产业的增加值比重（见表 3）。根据《服务业发展"十二五"规划》中目标：到 2015 年，服务业增加值占国内生产总值的比重较 2010 年提高 4 个百分点。也就是到 2015 年我国服务增加值占 GDP 比重为 47.2%。现已提前完成了服务业增加值占 GDP 比重的规划目标。

表 3　服务业增加值占国内生产总值比重

单位：%

年份	服务业增加值占 GDP 比重	第二产业增加值占 GDP 比重
2009	43.4	46.2
2010	43.2	46.7
2011	43.4	46.6
2012	44.6	45.3
2013	46.1	43.9
2014	48.1	42.7

资料来源：国家统计局网站。

（4）实现服务业就业规划目标指日可待

2013 年，我国服务业就业人数占全社会就业人数的比重为 38.5%，比 2010 年的服务业就业人数占全社会就业人数的比重（34.6%）高 3.9 个百分点（见表 4），与"十二五"期间服务业就业人数占全社会就业人数的规划目标①只差 0.1 个百分点，基本上实现规划目标。考虑到 2014 年和 2015 年的就业发展形势，随着城镇化和户籍制度的改革，第一产业的就业人数将继续存在下降空间，而第二产业的就业人数增长趋势放缓，第三产业的就业人数增长速度依然能保持增长态势，我国服务业就业人数占全社会就业人数的比重将进一步提高，到 2015 年，服务业就业人数占全社会就业人数的比重将达40%，完全能实现较 2010 年提高 4 个百分点的目标。

表 4　我国服务业就业人数占全社会就业人数的比重情况

单位：%

指标 ＼ 年份	2004	2005	2006	2007	2008	2009	2010	2011	2012	2013
第一产业就业人员占比	46.9	44.8	42.6	40.8	39.6	38.1	36.7	34.8	33.6	31.4
第二产业就业人员占比	22.5	23.8	25.2	26.8	27.2	27.8	28.7	29.5	30.3	30.1
第三产业就业人员占比	30.6	31.4	32.2	32.4	33.2	34.1	34.6	35.7	36.1	38.5

资料来源：国家统计局网站。

2. "十二五"定性目标完成情况分析

（1）生产性服务业快速发展，对产业结构优化升级的支撑作用日益突出

2011～2013 年，我国生产性服务业快速发展，生产性服务业的新兴领域不断拓展，新型商业模式和业态不断涌现。随着云计算、大数据、移动互联网信息技术的快速普及发展，以及中国互联网的广度和深度不断提高，互联网金融发展发生了剧变，形成了多种互联网商业模式（互联网支付、互联网信贷、互联网理财、互联网众筹）。如阿里巴巴、百度、腾讯、京东商城等互联网企业迅速进入互联网金融，互联网金融的用户规模和交易规模开始飞速增长。"十二五"时期以来，我国电子商务经济保持较快的增长速度，截

---

① "十二五"服务业规划就业目标：服务业就业人数占全社会就业人数的比重比 2010 年增加 4 个百分点。

至 2013 年底，中国电子商务市场交易规模达 10.2 万亿元，同比增长 29.9%，占 GDP 的比重超过 18%。跨境电子商务成为电子商务中的新亮点，根据商务部数据，2013 年，我国跨境电子商务进出口交易额达 3.1 万亿元。跨境电子商务一度成为 APEC 工商界一个非常热门的话题。在"新常态"下，以"一带一路"为指导思想、全国范围内铺开自贸区为政策支持，跨境电子商务成为新的经济增长点。

交通运输方面加快布局，完善网络，着力服务于国家"三大战略"。兰新、贵广、南广高铁的开通，连通"一带一路"，云南昆明至越南河内的国际高速公路贯通。编制完成《京津冀协同发展交通一体化规划》和交通一体化率先突破方案，京津冀交界处的北京新机场开工，京津冀一体化率先在交通一体化方面实施。"十二五"时期前三年间，我国物流业作为新兴的服务业部门，进入全面快速发展阶段。"第三方物流业"保持快速发展势头，网上购物继续推动中国物流网络体系建设，快递业务飞速发展。

（2）生活性服务业种类日益丰富，极大地满足了广大人民群众日益增长的物质文化生活需要。

在国家文化产业政策的积极引导和文化体制改革的大力推动下，我国文化产业已经由探索、起步、培育的初级阶段，开始步入快速发展的新时期。"十二五"时期以来，文化产业异军突起，逆势上扬，随着一系列利好政策的不断出台，文化经济和文化消费指数持续攀升，中国正在从文化大国向文化强国不断迈进。国家统计局依据第三次全国经济普查资料，对 2013 年我国文化及相关产业（以下简称文化产业）的主要指标进行了测算，2013 年我国文化产业增加值为 21351 亿元，与同期 GDP 的比值为 3.63%。其中，文化产业法人单位增加值为 20081 亿元，比上年增加 2010 亿元，增长 11.1%，比同期 GDP 现价增速高 1 个百分点。

"十二五"时期，旅游业服务质量明显提高，市场秩序明显好转，可持续发展能力明显增强，初步发展成为国民经济的战略性支柱产业。2013 年，国内游达 326200 万人次，是 2010 年国内游（210300 万人次）的 1.55 倍；国内旅游总花费 26276.12 亿元，是 2010 年国内旅游花费（12579.77 亿元）的 2.09 倍。入境游达 12907.78 万人次，比 2010 年入境游（13376.22 万人次）下降了 4 个百分点，但是，国际旅游外汇收入出现了上升，从 2010 年的

4581400 万美元上升到了 2013 年的 5166354 万美元，增幅为 12.8%。

体育产业得到快速发展，体育产业作为国民经济增长点作用日益显现，更加得到各级政府的重视，发展环境进一步得到优化。2013 年全国体育及相关产业总产出 1.1 万亿元，同比增长 11.91%，实现增加值 3563 亿元，同比增长 10.82%，增加值占 GDP 比重增加到 0.63%。

（3）服务业对外开放进一步深入，开放度进一步提高

中国服务业对外开放的空间在不断拓展，中国利用外资正在加速迈入"服务经济时代"。2014 年，制造业实际使用外资金额为 2452.5 亿元人民币（399.4 亿美元），同比下降 12.3%，在全国总量中的比重为 33.4%；服务业实际使用外资金额为 4068.1 亿元人民币（662.4 亿美元），同比增长 12.5%，在总量中的比重为 53.9%。外资渗透到中国金融、医疗、科研等服务领域各行各业，产生了提高经营效益、提升本土技术、拓宽服务领域等全方位影响。

在中国对外开放大格局中，服务贸易也正在发挥越来越重要的作用，促进市场化进程，同时促进国内经济结构调整，为经济发展再造"开放红利"。按 WTO 划分的服务业的 160 个部门，中国已经开放了 104 个部门，内地与港澳更紧密经贸关系安排中有 145 个部门开放，涉及保险、证券、银行、通信、邮政、快递、能源、会计、卫生、社会服务、旅游、建筑、房地产、环境等行业。2014 年 12 月 18 日，商务部与澳门特区政府在澳门签署了《内地与澳门 CEPA 关于内地在广东与澳门基本实现服务贸易自由化的协议》。内地首次以准入前国民待遇加负面清单的方式签署的自由贸易协议，涉及面广、内容丰富。广东率先与澳门基本实现服务贸易自由化，同时为内地与澳门基本实现服务贸易自由化先行先试积累经验，这将为澳门经济多元化发展提供有益的帮助，也将为内地经济带来新的活力，有利于全面推动内地与澳门经济的融合。

（4）"十二五"时期以来有关服务业发展和改革的政策支持文件不断出台，有力支撑了服务业快速有序发展

"十二五"时期以来，我国服务业的发展得到政府的高度重视，国家采取了大量支持服务业发展的政策措施，颁布了一系列的指导意见、管理办法等政策文件。如高技术服务业发展的政策体系和统计体系进一步完善，2011

年12月国务院办公厅出台了《关于加快发展高技术服务业的指导意见》,进一步细化有关高技术服务业发展的政策措施。科技服务业发展得到国家高度重视,2014年10月,国务院印发了《关于加快科技服务业发展的若干意见》(以下简称《意见》),部署培育和壮大科技服务市场主体,创新科技服务模式,延展科技创新服务链,促进科技服务业专业化、网络化、规模化、国际化发展,为建设创新型国家、打造中国经济升级版提供重要保障。这是国务院首次对科技服务业发展做出的全面部署。此外,国务院还颁布了一系列有关服务业发展的文件,如国务院《关于加快发展生产性服务业促进产业结构调整升级的指导意见》、国务院《关于加快发展体育产业促进体育消费的若干意见》、国务院《关于加快发展养老服务业的若干意见》等政策。

(二)我国服务业发展中存在的问题

"十二五"以来,我国服务业发展较快,服务业发展水平明显提高,但是与经济社会发展水平和人民生活需求的相比,还是存在一些突出的矛盾和问题,与国外主要发达国家甚至发展中国家的服务业发展水平差距较大。

1. 服务业增加值占 GDP 的比重仍然相对较低

2014年,我国服务业增加值占 GDP 的比重为48.2%,处于我国服务业增加值占 GDP 最高时期。最乐观估计,服务业占 GDP 的比重年均增加2个百分点,到2020年,我国服务业增加值占 GDP 也较难达到60%。这也远远低于欧美主要发达国家美国、英国、德国等国家水平,甚至比相同发展水平或落后国家的服务业增加值占 GDP 比重还要低。2010年,美国、德国、法国等发达国家的服务增加值占 GDP 的比重都达70%以上。即使与我们国家发展阶段相近国家,印度服务业增加值占 GDP 比重也达到55%,比我国高近10个百分点;巴西的服务业增加值比重也达到67.04%,比我国高近20个百分点[①]。

总之,无论是与发达国家还是与我国发展阶段相近的国家比较,我国服务业增加值占 GDP 的比重相对较低,还有很大差距。

2. 服务业附加值率比较低

附加值率(或增加值率)指在一定时期内单位产值的增加值。附加值率

---

① 国外服务业增加值占 GDP 比重的数据是根据 WIOT 表计算而得。

（增加值率）越高，说明该产业的创造价值的比重越高，相应生产中的中间消耗越低，属于高附加值产业。我国服务业以劳动密集型行业为主，且劳动报酬水平低，从而一定程度上导致了我国服务业整体增加值率相对较低。从WIOT中有关国外国家增加值率的数据来看，美国、法国、德国、日本等发达国家的服务业增加值率基本处于60%以上，"金砖国家"中的巴西、印度、俄罗斯国家的服务业增加值率也在60%左右，而我国服务业增加值率的最高水平（2010年）也只有55%。

3. 服务业结构不尽合理

我国服务业不但整体发展水平较低，而且其内部结构不尽合理。服务业的区域、行业发展不平衡，生产性服务业占比较低。

（1）地区服务业发展水平差距大

近年来，我国各地区的服务业增长较快，但受地区经济发展水平、自然禀赋、人口和环境的影响，服务业发展水平的差距较大。地区间人均服务产品差距明显大于地区间的GDP差距。如表5所示，2012年，人均服务业产品水平最高的北京达6.61万元/人，是最低的甘肃省（0.88万元/人）的7.5倍，而相应的北京地区的人均GDP水平（8.64万元）是甘肃的人均GDP（2.19万元）的3.94倍。从地区三次产业结构来看，2012年第三产业的增加值占比最高的北京达76.46%，是最低的河南（30.94%）的2.47倍。从地区的第三产业的增长率来看，2012年，增长速度最快的天津达12.58%，比增长速度最慢的北京（7.86%）高4.72个百分点。从2012年的服务业增长速度和人均服务产品水平关系来看，人均服务产品水平较低的地区，其服务业增长速度相对较快，表现出收敛的趋势。

表5　2012年中国各地区的服务业发展水平比较

地　区	人均GDP（万元）	人均服务产品（万元）	三次产业结构（%）			增长率（%）		
			第一产业	第二产业	第三产业	第一产业	第二产业	第三产业
北　京	8.64	6.61	0.84	22.70	76.46	3.19	7.48	7.86
天　津	9.12	4.29	1.33	51.68	46.99	3.00	15.22	12.58
河　北	3.65	1.29	11.99	52.69	35.31	4.00	11.51	8.62
山　西	3.35	1.30	5.77	55.57	38.66	6.32	10.81	9.65
内蒙古	6.38	2.26	9.12	55.42	35.46	5.65	13.28	10.02

续表

地　区	人均GDP（万元）	人均服务产品（万元）	三次产业结构（%）			增长率（%）		
			第一产业	第二产业	第三产业	第一产业	第二产业	第三产业
辽　宁	5.66	2.16	8.68	53.25	38.07	5.15	9.82	10.14
吉　林	4.34	1.51	11.83	53.41	34.76	5.30	14.02	11.30
黑龙江	3.57	1.45	15.44	44.10	40.47	6.45	10.30	10.77
上　海	8.48	5.12	0.63	38.92	60.45	0.48	3.12	10.62
江　苏	6.83	2.97	6.32	50.17	43.50	4.60	11.06	9.72
浙　江	6.33	2.86	4.81	49.95	45.24	1.98	7.33	9.40
安　徽	2.87	0.94	12.66	54.64	32.70	5.55	14.36	10.95
福　建	5.26	2.06	9.02	51.71	39.27	4.24	14.33	9.11
江　西	2.88	1.00	11.74	53.62	34.64	4.60	13.14	9.52
山　东	5.16	2.06	8.56	51.46	39.98	4.65	10.51	9.84
河　南	3.15	0.97	12.74	56.33	30.94	4.46	11.40	10.20
湖　北	3.85	1.42	12.80	50.31	36.89	4.70	13.20	10.79
湖　南	3.34	1.30	13.56	47.42	39.02	3.00	12.81	12.20
广　东	5.39	2.50	4.99	48.54	46.47	3.85	7.32	9.54
广　西	2.78	0.99	16.67	47.93	35.41	5.56	14.20	9.82
海　南	3.22	1.51	24.92	28.17	46.91	6.29	11.03	9.48
重　庆	3.87	1.53	8.24	52.37	39.39	5.31	15.60	12.00
四　川	2.96	1.02	13.81	51.66	34.53	4.50	15.15	11.61
贵　州	1.97	0.94	13.02	39.08	47.91	8.62	16.78	12.11
云　南	2.21	0.91	16.05	42.87	41.09	6.65	16.68	10.88
西　藏	2.28	1.23	11.47	34.64	53.89	3.36	14.45	12.05
陕　西	3.85	1.33	9.48	55.86	34.66	6.00	14.84	11.56
甘　肃	2.19	0.88	13.81	46.02	40.17	6.84	14.21	12.47
青　海	3.30	1.09	9.34	57.69	32.97	5.20	14.09	11.07
宁　夏	3.62	1.52	8.52	49.52	41.96	5.85	13.82	9.75
新　疆	3.36	1.21	17.60	46.39	36.02	7.02	13.66	12.33

注：根据2013年《中国统计年鉴》数据整理。

（2）传统服务业比重较高，现代服务业发展滞后

传统服务业比重较高，而现代服务业发展滞后，是我国服务业发展中面临的行业结构问题①。当前服务业主要集中在商贸、餐饮、仓储、邮政等传统服务业上，金融、电信、信息服务、商务服务和租赁服务、科学研究等现代服务业发展不足，服务业仍处于低层次结构水平。尽管近几年服务业内部结构有所改善，新兴产业有一定的升级趋向，但还没有成为产业增长的主体，传统部门和一般产业仍是带动服务业增长的主要力量。2012 年，交通运输仓储和邮政业、批发和零售业、住宿和餐饮业三大传统服务业增加值比重为 36.65%，而金融保险、商务服务、科技信息等具有在中心城市高度聚集、需求潜力巨大的现代服务业发展不够充分，比重明显偏低，如，金融业增加值占全部服务业的 12.41% 左右，信息传输、计算机服务和软件业占比还不到 5%。

从国外主要国家的服务业细分行业的比较来看，中国传统服务业（零售、批发、交通、运输、住宿和餐饮行业）的增加值占第三产业增加值的比重过大，达 36.65%。除俄罗斯和印度外，我国传统服务业比重明显高于其他国外主要国家，如比美国（23.41%）高 13.24 个百分点，比日本（28.20%）高 8.45 个百分点。

（3）生产性服务业产值规模小，发展水平较低

生产性服务业在众多发达国家和地区已经获得了长足的发展，在许多新兴经济体，现代生产性服务业正处在蓬勃发展时期。生产性服务业有利于促进一国产业结构升级，促进就业和地区经济发展，生产性服务业发展水平的高低体现了一国的经济发展程度。近年来，我国政府部门对生产性服务业发展高度重视，2014 年 8 月，国务院出台了《关于加快发展生产性服务业促进产业结构调整升级的指导意见》（以下简称《意见》），这是国务院首次对生产性服务业发展做出的全面部署，给生产性服务业发展带来了难得的发展机遇。但是，我国生产性服务业发展水平低，对制造业的支撑作用远没有发挥

---

① 根据 2012 年 2 月 22 日国家科技部发布的第 70 号文件来看，现代服务业是指以现代科学技术特别是信息网络技术为主要支撑，建立在新的商业模式、服务方式和管理方法基础上的服务产业。它既包括随着技术发展而产生的新兴服务业态，也包括运用现代技术对传统服务业的改造和提升。它有别于商贸、住宿、餐饮、仓储、交通运输等传统服务业，以金融保险业、信息传输和计算机软件业、租赁和商务服务业、科研技术服务和地质勘查业、文化体育和娱乐业、房地产业及居民社区服务业等为代表。

出来。由于现代服务业中大部分行业属于生产性服务业，因此，从现代服务业和行业角度来看，我国生产性服务业发展规模和水平严重滞后。若从中间投入角度来看，我国作为中间投入的服务产品占 GDP 的比重也显著低于西方主要发达国家，如 2010 年，美国作为中间投入的中间服务产品占 GDP 的比重为 47.54%，法国为 54.42%，韩国为 45.47%。而中国作为中间投入的中间服务产品占 GDP 的比重为 43.27%。值得注意的是，与巴西、印度、日本等国家相比，中国作为中间投入的服务产品占 GDP 的比重与这些国家相当，甚至好于这些国家，且占比的增长速度快于这些国家。

（4）体制和机制障碍制约了服务业发展

制度是经济增长和效率提高的重要影响因素，我国有关产业的改革历程中，服务业体制改革最为落后，也是改革难度最大的领域之一。我国服务业发展面临着以下几个体制障碍：一是服务业部分细分行业垄断最为严重，行政垄断在我国许多经济领域都存在，但以生产性服务业领域为甚，比如金融、电信、铁路、民航、教育、新闻出版传媒等就是典型的行政垄断行业。这些行业普遍产权不明晰，竞争力不强，效率低下；二是市场准入的门槛还比较高，尤其是对民营企业的门槛比较高。除餐饮、商贸等传统服务业外，其他的服务业的市场准入门槛都比较高。如银行、保险的经营牌照基本上靠政策分配。很多新兴服务业不让民营企业介入，抑制了服务业的发展；三是管理体制比较落后，与市场经济的要求存在一些差距。与工业企业相比，缺乏具有国际竞争力、符合现代企业制度要求的大型企业；四是真正落实和可操作性的服务业发展缺乏支持政策，过去一些财税、金融政策都是针对工业部门而出台，而许多对于服务业并不适宜。如银行贷款一般要求资产抵押，而服务企业中知识产权、品牌等无形资产占主导，造成许多服务业企业贷款困难。服务业的税率也相对较高，抑制了服务业的发展。

二 "十三五"时期我国服务业发展前景预测

做好服务业发展规划与战略研究，需要对服务业的发展趋势和前景进行科学预测。一般意义下的预测，是指人们根据所获得的信息，对某种情况在特定条件下将会发生什么变化所做的推断。任何预测的目的都是合理规划未来行动。在现有的信息下准确预测未来是一件不容易的事，甚至是一件不可能的事，但是，我们可以尽量利用已有的信息和方法，使预测结果更加精确。

对于服务业发展的预测，一般都是根据时间序列数据进行简单外推方法获取。李勇坚（2009）构建了服务业总生产函数，对服务业的规模、服务业增长速度、服务业占 GDP 比重等变量进行了预测，但是该方法从总量生产函数进行预测，无法了解服务业内部结构的变化。因此，本文将从服务业的需求角度出发，考察服务业作为中间使用、最终使用（居民消费、政府消费和投资）的比重的国际变化趋势，进而来预测我国服务业的发展趋势。

（一）服务业使用法预测理论和假设

从服务业使用角度来看，服务产品可以分为中间使用和最终使用，中间使用也就是经常说的生产性服务，未来几年是我国生产性服务业发展的关键时期，合理预测出生产性服务业的发展趋势具有重要决策参考意义。服务业最终使用主要包括居民服务消费、政府服务消费、固定资本形成总额中服务部分以及服务净出口。除外在投入产出表中服务产品的使用的结构数据，国家统计局没有公布每年生产性服务业、居民服务消费、政府服务消费、固定资本形成总额中服务部分以及服务净出口等具体数据，故本研究利用投入产出表中有关的结构数据并结合国外的演变历史，来推算"十三五"时期，我国生产性服务业、居民服务消费和政府服务消费等数据，进而预测我国服务业增加值比重、就业比重、服务贸易规模、生产性服务业发展水平等。

本研究中利用对服务业结构数据变化来预测我国服务业的发展趋势具有一定的科学性，一是，充分考虑到了我国经济结构的变化。中国经济发展正处于结构转型时期，不符合经典宏观经济模型中有关稳定状态的假设，计量预测方法中一般也要求假设经济中没有结构变化。二是，本研究在分析国外主要国家服务业的发展结构变化趋势时，对中国经济发展中服务业使用结构参数进行合理的假设。

接下来，主要从服务业使用法预测理论、预测假设的国际经验依据、服务业使用法预测结果的三个方面展开。

1. 服务业使用法预测理论

从服务业总产出的使用角度来看，服务产出作为中间使用（生产性服务)、最终使用——居民消费、政府消费和资本形成(包括存货)。在开放经济下,应增加一项净出口(出口减去进口)。于是我们可以得到以下关系式:

$$Y_{Serv} = Int_{Serv} + C_{Serv} + G_{serv} + Inv_{serv} + EX_{serv} - Im_{serv} \tag{1}$$

其中,Y_{Serv} 为服务业总产出;Int_{Serv} 为中间使用的服务产品;C_{Serv} 为居民消费的服务产品;G_{serv} 为政府消费的服务产品;Inv_{serv} 为资本形成中服务产品;EX_{serv} 为服务产品出口;Im_{serv} 为服务产品进口。

从国民经济核算角度来看,服务业的总产出等于总投入,总投入由中间投入和增加值两部分组成,于是我们可以得到:

$$Va_{serv} = Y_{serv} \cdot Rva_{serv} \tag{2}$$

其中,Va_{serv} 为服务业增加值;Rva_{serv} 为服务业增加值率。

由(1)可以变形得到:

$$Y_{Serv} = \left(\frac{Int_{Serv}}{GDP} + \frac{C_{Serv}}{GDP} + \frac{G_{serv}}{GDP} + \frac{Inv_{serv}}{GDP} + \frac{EX_{serv}}{GDP} - \frac{Im_{serv}}{GDP} \right) \cdot GDP \tag{3}$$

记 $Rint_{Serv} \equiv \dfrac{Int_{Serv}}{GDP}$,中间使用的服务产出占 GDP 的比重;$Rc_{Serv} \equiv \dfrac{C_{Serv}}{GDP}$,居民消费的服务产品占 GDP 的比重;$Rg_{serv} \equiv \dfrac{G_{serv}}{GDP}$,政府消费的服务产品占 GDP 的比重;$Rinv_{serv} \equiv \dfrac{Inv_{serv}}{GDP}$,资本形成中服务产品占 GDP 的比重;$Rex_{serv} \equiv \dfrac{EX_{serv}}{GDP}$ 为出口服务产品占 GDP 的比重;$Rim_{serv} \equiv \dfrac{Im_{serv}}{GDP}$ 为进口服务产品占 GDP 比重。

于是我们可以得到:

$$Y_{Serv} = (Rint_{Serv} + Rc_{Serv} + Rg_{serv} + Rinv_{serv} + Rex_{serv} - Rim_{serv}) \cdot GDP \tag{4}$$

由式(2)和(4)式可以得到:

$$Va_{serv} = (Rint_{Serv} + Rc_{Serv} + Rg_{serv} + Rinv_{serv} + Rex_{serv} - Rim_{serv}) \cdot GDP \cdot Rva_{serv} \tag{5}$$

于是可以得到服务业增加值占 GDP 的比重,记为 $Rvatgdp \equiv \dfrac{Va_{serv}}{GDP}$,可得:

$$Rvatgdp = \frac{Va_{serv}}{GDP} = \left(Rint_{Serv} + Rc_{Serv} + Rg_{serv} + Rinv_{serv} + Rex_{serv} - Rim_{serv} \right) \cdot Rva_{serv} \quad (6)$$

根据以上式子，如果我们能够预测 $Rint_{Serv}, Rc_{Serv}, Rg_{serv}, Rinv_{serv}, Rex_{serv}, Rim_{serv}, Rva_{serv}$，就可以预测服务业增加值占 GDP 中的比重，如果进一步能预测 GDP 值，还可以进一步预测生产性服务业、服务业出口、服务进口，服务业贸易规模等变量水平值。

2. 国际服务业发展趋势及结构参数假设

从以上的预测理论来看，为了预测我国服务业发展趋势，需要对 2014 年后服务业使用结构参数做出合理假设。因此，为了科学论证结构参数的这种变化趋势，本文根据 WIOD 项目的全球投入产出表数据，分析世界主要国家服务业变化趋势及相关结构参数变化，为本文预测假设提供经验证据支持。由于篇幅限制，以下只列出了相关分析结果。

表 6　国外主要国家服务业使用结构变化及比较

结构参数	国外变化趋势	国际比较	对中国变化趋势研判
服务业增加值占 GDP 比重	1995～2010 年，全球投入产出表中 39 个国家/地区（不包括中国）服务业增加值占 GDP 比重都呈现上升趋势，39 个国家的平均值从 1995 年的 62.34% 上升到 2010 年的 69.01%，每年增加了近 0.45 个百分点	我国服务业增加值占 GDP 比重处于较低水平。2010 年，中国服务业增加值占 GDP 比重为 43.23%（全球投入产出表计算），比美国相应比重（79.95%）低 36.72 个百分点，甚至比印度（55.47%）还低 12.24 个百分点	中国服务业增加值占 GDP 比重上升空间非常大
服务业增加值率	收入水平越高，服务业增加值率水平较高。如 2010 年，美国和日本服务业增加值率分别为 62.26% 和 64.86%，而韩国和印度尼西亚分别为 56.61% 和 56.46%。各国的服务业增加值率水平相对较稳定，波动幅度不大。1995～2010 年，39 个国家平均为 58%～61%	中国服务业增加值率（56% 以下）明显低于国外发达的国家水平，甚至比印度、印度尼西亚的服务业增加值率水平还要低	“十三五”期间，我国服务业增加值率不会出现大的增加，可能略有上升，基本维持在 56.5% 左右

结构参数	国外变化趋势	国际比较	对中国变化趋势研判
中间服务产品消费占GDP比重	中间服务产品消费占GDP的比重呈上升趋势,39个国家的平均水平从1995年的42.86%上升到2010年的54.48%,增加了11.62个百分点	近年来中国生产性服务业发展水平在逐年提高,中国中间服务业产品消费占GDP的比重从1995年的35.01%上升到2010年的43.27%。但远低于全球投入产出表中39个国家的平均水平(2010年,54.48%)	未来10年,中国生产性服务将会得到快速发展,中间服务产品消费占GDP的比重将逐步提升,年均增加1个百分点
居民服务产品消费占GDP比重	随着经济发展水平的提高,各国居民服务产品消费占GDP的比重也是逐步上升。39个国家(地区)的平均水平从1995年33.78%上升到2010年的36.65%	中国居民服务产品消费占GDP的比重严重低于西方主要发达国家的水平。甚至比一些新兴发展中国家(地区)的比重也低很多,如2010年印度、巴西的居民服务产品消费占GDP比重分别为28.39%和37.81%,比中国分别高10.23个和19.65个百分点	随着居民收入的增加,我国居民服务产品消费占GDP的比重将会稳步提高,"十三五"期间,该比重的年均增长将达0.4个百分点以上
政府服务产品消费占GDP比重	世界各国的政府服务产品消费占GDP的比重的略有上升,但变化幅度较小。39个国家(地区)的政府服务产品消费占GDP的比重的平均水平从1995年的20.17%上升到2010年的22.31%,仅提高了2.14个百分点	中国的政府服务产品消费占GDP的比重低于西方主要发达的国家(地区)的水平,但略高于印度、印度尼西亚和中国台湾。2010年,我国该比重(13.09%)比美国(17.18%)低4.09个百分点,而比印度(10.33%)高2.76个百分点	"十三五"期间,我国政府服务产品消费占GDP的比重仍将保持小幅上升,年均增长将在0.4个百分点左右
资本形成中服务产品投入占GDP比重	资本形成中服务产品投入非常少。39个国家(地区)的平均水平也只有4.05%,从时间变化趋势来看,各国的资本形成中服务产品投入占GDP的比重相对稳定,变化幅度不大,有升有降	中国的资本形成中服务产品的投入占GDP的比重略低于39个国家(地区)的平均水平和西方主要发达国家水平。2010年,中国该参数为3.99%,比39个国家(地区)平均水平(4.05%)低0.06个百分点	"十三五"期间,我国资本形成中服务产品投入占GDP的比重略有上升,年均增加0.1个百分点左右

续表

结构参数	国外变化趋势	国际比较	对中国变化趋势研判
服务产品出口占 GDP 比重	各国服务产品出口占 GDP 的比重总体上呈逐步上升趋势，但上升幅度不大。39 个国家（地区）的平均水平从 1995 年 9.33% 上升到 2010 年的 15.07%	我国服务产品出口占 GDP 比重低于 39 个国家（地区）平均水平，2010 年，中国该比重为 4%，比 39 个国家（地区）平均水平低 11 个百分点	"十三五"期间，我国服务产品出口占 GDP 的比重略有上升，但幅度不会很大
服务产品进口占 GDP 比重	各国服务产品进口占 GDP 的比重总体上略呈逐步上升趋势，但上升幅度都不大。39 个国家（地区）的平均水平从 1995 年 7.33% 上升到 2010 年的 11.5%。其中欧盟欧元区的服务产品进口占 GDP 比重最高（2010，17.7%），远高于北美地区（2010，3.09%）	我国服务产品进口占 GDP 的比重（2010，2.49%）处于中间水平，略高于俄罗斯（2010，1.39%）、巴西（2.95%），但远低于欧盟欧元区国家的水平（德国，2010，5.45%）	"十三五"期间，我国服务产品出口占 GDP 的比重略有上升，但幅度不会很大

3. 参数假设和校准

根据中国历年的投入产出表[①]，计算了相关结构参数值。基于前文对国际服务业发展的相关结构参数的比较分析，本研究假设 2011～2020 年的相应结构参数的变化幅度与以前年份的平均增长幅度相同。具体估算的结构参数见表 7。

表 7　结构参数的假设

年份	$Rint_{Serv}$	Rc_{Serv}	Rg_{serv}	$Rinv_{serv}$	Rex_{serv}	Rim_{serv}
1990	0.2041	0.1066	0.0937	0.0119	—	—
1992	0.3583	0.1041	0.1457	0.0238	—	—
1995	0.2952	0.0912	0.1125	0.0180	—	—
1997	0.2921	0.1158	0.1152	0.0114	0.0357	0.0081

---

① 中国投入产出表的年份包括：1990 年、1992 年、1995 年、1997 年、2000 年、2002 年、2005 年、2007 年和 2010 年。

年份	$Rint_{Serv}$	Rc_{Serv}	Rg_{serv}	$Rinv_{serv}$	Rex_{serv}	Rim_{serv}
2000	0.3391	0.1324	0.1268	0.0102	0.0362	0.0108
2002	0.3782	0.1901	0.1556	0.0214	0.0539	0.0156
2005	0.3837	0.1861	0.1423	0.0420	0.0596	0.0311
2007	0.3579	0.1723	0.1310	0.0272	0.0499	0.0219
2010	0.3901	0.1723	0.1275	0.0374	0.0427	0.0182
2011	0.4013	0.1764	0.1304	0.0385	0.0434	0.0187
2012	0.4125	0.1805	0.1334	0.0396	0.0441	0.0192
2013	0.4236	0.1846	0.1363	0.0406	0.0449	0.0198
2014	0.4348	0.1888	0.1392	0.0417	0.0456	0.0203
2015	0.4460	0.1929	0.1421	0.0428	0.0463	0.0208
2016	0.4572	0.1970	0.1450	0.0439	0.0471	0.0213
2017	0.4683	0.2011	0.1479	0.0450	0.0478	0.0219
2018	0.4795	0.2052	0.1509	0.0461	0.0485	0.0224
2019	0.4907	0.2093	0.1538	0.0472	0.0493	0.0229
2020	0.5018	0.2134	0.1567	0.0483	0.0500	0.0234

注：根据历年投入产出表数据计算得到。"—"表示没法获得该数据，1990 年、1992 年和1995 年投入产出表没有区分出口和进口，表中只有一栏净出口。2011 年后的数据根据前面数据的变化趋势预估的。

由于投入产出数据与 GDP 核算之间存在一定误差，尤其是在 2000 年以前，投入产出表中的数据与 GDP 核算中对应数据差别相对较大。为了与历年 GDP 核算数据保持一致，本文通过校准服务增加值率，以使本文推算的结构数据与已有公布历年 GDP 保持一致。校准结果表明我国服务业增加价值率大多数年份在 56% 左右。在后续预测 2014～2020 年的服务增加值占 GDP 比重、生产性服务业等变量时，本文取服务业增加值率 0.5808。

利用以上比例结构数据，就可以预测服务增加值占 GDP 的比重。若需要进一步预测生产性服务业、服务业进出口等水平数据，还需要进一步假设整个经济的 GDP 增长情况。因此，综合考虑各种因素以及相关著名研究机构对我国未来经济增长速度的预测数据，本研究假设未来 GDP 实际增长率在 2014 年 7.4% 以下，每年递减 0.2%，到 2020 年的 GDP 增长率 6.1%。同时，考虑的价格指数变化，我们假设在 2015～2020 年的 GDP 缩减指数年均为

2.38%（2010～2014 年的 GDP 缩减指数的平均值为 3.38%，考虑到"十三五期间"经济增速下降，通货膨胀也将随之下降，故假设比 2010～2014 年的平均值低 1 个百分点。），此外我们也对相关参数的假设进行了敏感性分析。

（二）服务业增加值占 GDP 比重及相关变量的预测

根据以上理论模型和假设，我们预测"十三五"时期服务业发展主要经济变量。以下列出了一些主要预测结果[①]。

从表 8 可以看出，在本文的假设条件下，到 2020 年时，中国服务业增加值占 GDP 的比重能够提升到约 54.99%。服务业增加值比重较 2015 年（49.33%）提升 5.66 个百分点，平均每年提高 1.134 个百分点。

表 8　我国"十三五"服务业占 GDP 比重的预测结果

单位：%，亿元

年份	服务业增加值占 GDP 比重	服务业增加值	GDP
2010	43.24	173595.98	401512.80
2011	43.37	205205.02	473104.05
2012	44.65	231934.48	519470.10
2013	46.09	262203.79	568845.21
2014	48.19	306739.00	636463.00
2015	49.33	347605.49	704695.29
2016	50.46	380123.46	753319.26
2017	51.59	414696.65	803791.65
2018	52.73	451348.67	856038.11
2019	53.86	490091.26	909968.51
2020	54.99	530923.22	965476.59

表 9 显示了中国服务业各具体消费项目的变化情况。根据国外的经验，在经济水平迈入中等收入水平后，经济进一步发展，生产性服务业将加速发展。"十三五"期间我国生产性服务业将得到快速发展，到 2020 年，中国中

---

① 对于假设条件的敏感性分析，限于篇幅，本研究没有列出，若需要可以向笔者索取。

间服务消费将达到 48.45 万亿元，比 2015 年（31.43 万亿元）多 17.02 万亿元，年均增长率达 9.04%。随着收入水平的提高，消费结构的升级，居民对服务产品的需求进一步增加，到 2020 年，居民服务消费将达 20.61 万亿元，比 2015 年多 7.01 万亿元，年均增长率为 8.68%。随着人口老龄化，2020 年政府服务消费达 15.13 万亿元，比 2015 年多 5.11 万亿元，年均增长率为 8.60%。固定资产形成中服务消费也进一步增多，到 2020 年将达到 4.66 万亿元，比 2015 年多 1.64 亿元，年均增长率为 9.08%。中间服务消费、居民服务消费、政府服务消费和固定资产形成中服务消费的增长速度都明显高于该期间的 GDP 的增长速度（6.50%），"十三五"期间，我国经济将进一步服务化，生产性服务将加速发展，各类最终服务需求也得到了大幅提高。

表 9　中国服务业消费情况

单位：亿元

年份	中间服务消费	居民服务消费	政府服务消费	固定资产形成中服务消费（包括存货）	服务净出口	服务业出口占GDP比重	服务业进口占GDP比重	服务总产出
2010	156631.55	69182.16	51201.94	15006.57	9830.53	17134.86	7304.33	301852.75
2011	189846.30	83462.96	61711.69	18198.63	11681.81	20536.71	8854.90	364901.40
2012	214256.87	93778.67	69275.20	20549.10	12934.78	22930.01	9995.23	410794.62
2013	240978.40	105031.28	77519.31	23123.09	14282.60	25526.27	11243.67	460934.67
2014	276735.38	120133.26	88590.76	26566.31	16112.80	29026.87	12914.07	528138.51
2015	314277.62	135909.84	100144.07	30183.45	17986.83	32655.04	14668.21	598501.81
2016	344380.84	148385.19	109251.78	33088.25	19384.70	35460.19	16075.49	654490.76
2017	376436.42	161632.11	118916.66	36182.40	20850.75	38424.96	17574.21	714018.34
2018	410470.69	175658.15	129143.69	39468.50	22384.19	41549.80	19165.60	777125.22
2019	446498.90	190466.31	139934.52	42948.13	23983.77	44834.16	20850.39	843831.63
2020	484524.17	206054.70	151287.25	46621.65	25647.70	48276.45	22628.74	914135.48

随着我国经济的进一步开放，全球产业结构的调整，全球价值链的深入发展，服务外包方兴未艾，信息技术的发展和贸易投资自由化继续推进，降低服务贸易成本，这些因素将推动世界服务贸易稳定增长。预计，"十三五"期间，我国服务贸易将保持较快的增长。到 2020 年，中国服务贸易的进出口

总额将达到 7.09 万亿元，比 2015 年多 2.36 万亿元，年均增长率达 8.4%。中国的服务出口到 2020 年达 4.83 万亿元，比 2015 年多 1.56 万亿元，年均增长率为 8.13%。服务进口到 2020 年达 2.26 万亿元，比 2015 年多 0.91 万亿元，年均增长率为 9.06%。

从生产性服务业、居民消费服务、政府消费服务和服务净出口对服务业总产出的贡献来看，中国服务业产出增长的主要动力来自生产性服务业发展。从 2015 年到 2020 年，服务业总产出的增加中，生产性服务业的贡献率为 53.94%，居民服务消费贡献率为 22.22%，政府服务消费贡献率为 16.20%，资本形成中服务产品需求的贡献率为 5.215%。服务净出口贡献率为 2.43%。

（三）服务业就业占全社会就业比重的预测

关于服务业就业人数的估计，本文使用劳动力需求弹性进行估计。我们分别估算了整体经济的劳动力需求弹性和服务业需求弹性，然后利用 GDP 和服务业增加值增长率推算整体经济和服务业就业人员，从而可以计算服务业就业占全社会的就业比重。劳动力的需求弹性定义：

$$\eta = \frac{\dfrac{\Delta l}{l}}{\dfrac{\Delta y}{y}} \tag{7}$$

其中，η 为（服务业）劳动力需求弹性，l 为（服务业）就业人员，y 为（服务业增加值）国内生产总值。Δ 表示变化量。

1. 就业弹性

自改革开放以来，中国的就业弹性总体上呈现下降趋势，且波动性较大。服务业就业弹性明显高于整个经济的就业弹性。1979～2013 年，服务业就业弹性平均为 0.6696（剔除 1990 年奇异值，0.4717），比整个经济的平均就业弹性（0.2856，剔除 1990 年奇异值后为 0.1622）高 0.3840（0.3095）。进入 21 世纪后，我国就业弹性大幅下降，2006～2010 年服务业平均就业弹性仅为 0.2114，整个经济的就业弹性为 0.0348。到 2010 年后，就业弹性略有回升，呈现一定的稳定性。

鉴于就业弹性变化趋势，服务业的资本密集化程度加深，本文假设自2014 年后，服务业的就业弹性为0.3，整个经济的就业弹性为0.04。根据服务业和整个经济的就业弹性，推算出服务业就业比重见表10。

2. "十三五"服务业就业比重估计

由于服务业的就业弹性和增加值增长率都高于整个经济的就业弹性和增长率，服务业的就业比重稳步上升，到2020 年，服务业就业比重达45.39%，比2015 年提高5.05 个百分点（见表10）。服务业新增就业岗位远远多于全社会的新增就业岗位，也就是农业或工业在未来可能出现就业负增长。

表 10 "十三五"服务就业比重预测

单位：万人

年份	全社会就业人数（万人）	服务业就业人数	服务业就业比重	服务业新增就业人数	全社会新增就业人数
2011	76420	27282.00	0.3570		
2012	76704	27690.00	0.3610	408.00	284.00
2013	76977	29636.15	0.3850	1946.15	273.00
2014	77205	30356.30	0.3932	826.17	227.85
2015	77424	31232.14	0.4034	878.89	219.26
2016	77638	32108.65	0.4136	879.58	213.69
2017	77846	32984.76	0.4237	879.17	208.07
2018	78048	33859.35	0.4338	877.64	202.40
2019	78245	34731.26	0.4439	874.96	196.68
2020	78436	35599.36	0.4539	871.12	190.92

综合上文，我们可以得到服务业增加值占 GDP 比重、服务业就业比重的预测结果（见表11）。到2020 年，我国服务业增加值比重和就业比重分别达到54.99%和45.39%，比"十三五"期间服务业增加值比重和就业比重分别增加5.66 个和5.05 个百分点，年均增加分别为1.13 个和1.01 个百分点。生产性服务业发展在未来服务业发展中占主导地位，生产性服务业发展是服务业发展的最大贡献者。

表 11　使用法预测"十三五"服务业增加值比重和就业比重

单位：%

年份	服务业增加值比重	服务业就业比重
2012	44.65	36.10
2013	46.09	38.50
2014	48.19	39.32
2015	49.33	40.34
2016	50.46	41.36
2017	51.59	42.37
2018	52.73	43.38
2019	53.86	44.39
2020	54.99	45.39

三　促进我国服务业大发展战略思路、体制机制和政策保障

《中国共产党第十八届中央委员会第五次全体会议公报》提出全面建成小康社会新的目标要求："经济保持中高速增长，在提高发展平衡性、包容性、可持续性的基础上，到二〇二〇年国内生产总值和城乡居民人均收入比二〇一〇年翻一番，产业迈向中高端水平"。要实现这个宏伟的目标，"十三五"期间经济增长速度不能低于6.53%。在农业增长速度相对较低，制造业双重挤压（高端制造业向发达国家回流、中低端制造业向法治中国家分流）的背景下，大力发展服务业特别是生产性服务业就成为极为重要的替代性战略选择。创新服务业发展思路，以"创新发展，融合发展，集聚发展，双向开放"的战略思路引领我国服务业发展。发挥市场机制对服务业发展的决定性作用的基础上，全面深化服务业改革，构筑起有利于服务业发展的体制机制，科学合理地制定服务业发展政策措施。

（一）加强服务业发展战略规划研究，明晰服务大发展的战略思路

加强服务业发展战略规划和政策引导，突出国家总体、长期战略的调节

引导作用，要坚持区别对待、分类指导原则，抓紧完善、细化服务业发展指导目录，明确支持方向，突出发展重点，并制定相应配套政策措施。当前应该加紧对以前有关服务业发展指导意见和措施，进行梳理和清理，加强"十三五"服务业发展相关重大问题的研究，科学编制"十三五"服务业发展规划，创新服务业发展思路，建议以"创新发展，融合发展、集聚发展、双向开放"的战略思路引领我国服务业发展。

（1）创新发展

走创新驱动之道路是改变我国经济增长动力的重要方面，服务业发展尤为如此。我国过去讲创新，主要集中在工业领域。其实，目前国内外发生的重大创新，主要集中在服务业领域了。可以讲，创新是提升服务业生产率和提高服务质量的关键要素。服务业领域的创新包括制度创新与技术创新两个方面，抓住了这两个方面的创新，就把准了服务业发展的原动力［7］。服务业创新是一种高风险行为，我们固然要激励创新创业者，但也要包容创新失败者，要建立起创新失败还有再发展空间与能力的机制。

（2）融合发展

产业间融合已成为现代产业发展一个重要特征。当今世界，服务业与制造业、农业之间关系越来越密切，彼此融合与互动发展是大势所趋。走融合发展道路，意味着要在制造业和农业注入更多更高质量的"服务元素"。这样做，既为服务业本身发展赢得了更大的市场空间，也为制造业升级、农业现代化提供了强有力的支撑。强大的工业是强国的基础。我们正在致力于打造"中国制造2025"。这一宏伟目标的实现，固然要工业自身的努力，但更需要"研发设计、软件与信息服务、质量控制、现代物流、营销渠道"等"知识密集型服务业"与制造业的深度融合与互动，以助推传统制造业走向"中国智造"。通过一产和三产的有机融合是助推农业现代化的新途径。在一产的土地上做好三产的文章，是一个全新的命题。服务资源大多集聚在城市，面对分散的农户，服务供应商不愿意"下沉"农村。这就需要政府这只有形的手，采取政府购买、政府补贴或者信贷优惠等方式，力推"服务下乡"，用信息（电商）、金融、地理标识和品牌建设、物流、农业技术、农村劳动力培训等生产性服务业与传统农业相融合，把这些服务要素扎根到农村农业中，为农业现代化奠定重要基石。

（3）集聚发展

服务业空间上的集聚是规模经济和范围经济的必然选择，服务业集聚发展是提升区域竞争力和产业竞争的重要手段，也是实施新型城镇化道路、走产城镇融合的有力支撑。顺应集聚发展的趋势，鼓励服务业园区自然形成和有机成长，是"十三五"时期服务业发展的重点任务之一。我们过去习惯于由政府主导"拉郎配"的方式人为地形成服务业园区或集聚区。这种做法，必须扭转。要在界定政府和市场边界的基础上，由市场来主导服务业集聚区的形成，政府的责任是搭平台、优环境、聚人才，而不是插手集聚区具体的建设事务。

（4）双向开放

"双向开放"意味着服务业的开放战略，不应厚此薄彼，而应双向互动、内外兼顾。服务业对外开放是提升我国服务业素质和国际竞争力的必由之路。服务业将是我国下一步对外开放的重中之重。要按照准入前国民待遇加负面清单的管理模式，着力推进金融、教育、医疗、文化、体育等领域的对外开放。通过积极参与TPP（跨太平洋伙伴关系协议）等自由贸易协议努力放宽服务贸易的准入和投资限制，实现服务要素在全国、全球范围内的互联互通。服务业对内开放同样重要。要通过对内开放，实现服务要素在全国范围内无障碍流动和服务资源的最优配置，从而提高服务资源的配置效率，各地把自己的服务业优势充分发挥出来，又能吸引其他地区的服务要素进入，弥补自己的短板。

（二）全面深化服务业体制改革，释放服务业发展活力

我国服务业制度建设相对滞后，具体表现在体制机制僵化、市场化程度不高、社会分工程度较低、部门服务业行政垄断严重，市场准入门槛高、定价机制不合理等。推进服务业改革，构筑有利于服务业发展的体制机制，可从以下三个方面着手：

一是打破垄断和市场管制、放宽服务业市场准入，引进竞争机制。行政垄断和市场管制是当前制约服务业发展的突出难题。国有企业在教育、文化传媒、医疗卫生、金融、交通运输和公用事业等领域的投资占比超过2/3。要改变这些状况，就必须大胆地进行制度创新，参照国际通行的做法，制定

公开透明的准入条件和标准，除对少数垄断行业及关系到国家安全的重点服务业，制定"否定"或"限制"行业目录外，其他的一概实施"非禁即入"的准入制度，切实打破垄断经营，鼓励社会资本以多种方式发展服务业，形成公正公平、多种所有制竞相发展的格局。

二是改革投资审批体制。我国现有的投资审批体制，仍对服务业有着较多的限制。例如，对铁路、高速公路、快递、房地产等诸多服务行业的投资方面，仍存在着大量的政府审批现象。现有的投资审批体制是一种对市场投资决策的扭曲，因为投资审批者并不对投资结果负责任，而审批的标准、原则、程序等又不够透明。这也是造成服务业投资效率低下和官员腐败的重要原因。要对现有的投资审批体制进行全面清理，尽量减少行政审批，简政放权，尽可能减少前置审批和资质认定项目，把"先证后照改为先照后证"落到实处，认真落实注册资本认缴登记制，营造有利于服务业发展的制度环境。

三是加强信用制度建设。服务产品无形的特点以及越来越多服务网上交易，决定了服务交易更具"信息不对称"和"道德风险"的可能性。采取切实有效措施，完善企业、社会和个人信用环境体系建设，建立企业和个人信用档案，增强交易透明度，加大对"违信"的处罚力度，确保服务业发展的正常市场秩序。

（三）积极有序推进城镇化，推动城镇化和服务业互动发展

作为服务业生长的理想空间，城市既承载着人口集聚和各种要素集聚以及由此带来的巨大服务需求和规模效应，又通过人口与要素的集聚而提高服务业效率和品质。因此，通过积极有序推进城镇化，为服务业发展创造最佳的空间形态和载体，是极为重要的路径选择。特别要依托城市快捷的交通、通信和金融以及多种社会服务网络，推动服务业集聚发展，提高服务业的规模经济效应和辐射效应，并以此带动相邻地区制造业的发展，实现城镇化、工业化和服务业的多赢格局。

（四）增加服务领域的公共性基础性投入，实施有利于服务业发展的财税政策

政府对服务业不宜再在竞争性领域增加投入，而是要侧重支持公共基础

设施、市场诚信体系、标准体系建设以及公共服务平台等服务业发展薄弱环节建设。继续深化服务业增值税的"扩围"改革，全面实施这一"税收新政"，以鼓励制造业与服务业的高度专业分工，从分工合作中寻求制造业和服务业的"双赢"。对研发设计、检验检测认证、节能环保等科技型、创新型生产性服务业企业，应实施税收激励政策，允许其按照高新技术企业的待遇享受15%的企业所得税优惠税率。

（五）构建多层次、多元化融资服务体系，完善支撑服务业发展的金融政策体系

鼓励发展天使投资、创业投资，支持融资性担保机构发展。通过多层次资本市场体系建设，满足不同类型服务业的融资需求。拓宽机构对现代服务业企业贷款抵押、质押及担保的种类和范围，加大金融创新对生产性服务业的支持力度。借鉴一些发达国家的经验，设立"服务业特别基金"，为符合国家产业政策的小型微型服务企业发展提供资金支持，破解融资瓶颈。

（六）培养服务业创新团队，为服务业发展提供人才支持

人才特别是创新型人才是服务业发展的关键，服务业最主要的"投入"就是人力资本。培养、引进高素质的现代服务业人才是政府义不容辞的责任。从资金投入和改革才培养模式等方面着手，支持服务业创新团队培养，鼓励服务创新，包容创新失败。按照"不求所有，但求所用"的原则，积极推进技术入股、管理人员持股、股票期权激励等新型分配方式，建立创新型人才柔性流动机制，鼓励更多的高端人才向服务业聚集，为服务业发展提供强大的智力支撑。

参考文献

[1] 程大中：《中国服务业的增长与技术进步》，《世界经济》2003年第7期。

[2] 李克强：《坚定信心 克难攻坚 以改革创新推动发展升级》，在中共中央党校的专题报告，2015。

［3］李京文、李军:《当代中国宏观经济模型与经济发展》,《中国社会科学院研究生院学报》2000 年第 2 期。

［4］李勇坚、夏杰长等:《制度变革与服务业增长》,中国经济出版社,2009。

［5］李勇坚:《中国服务业发展预测（2010～2020）》,内部研究报告,2009 年6 月。

［6］王恕立、胡宗彪:《中国服务业分行业生产率变迁及异质性考察》,《经济研究》2012 年第 4 期。

［7］许宪春:《中国未来经济增长及其国际经济地位展望》,《经济研究》2000 年第 3 期。

［8］夏杰长:《大力发展服务业是扩大内需的主要途径》,《经济学动态》2009 年第 2 期。

［9］夏杰长、李勇坚等:《迎接服务经济时代来临》,经济管理出版社,2010。

［10］夏杰长:《推动我国服务业大发展》,十一届全国人大常委会第二十六次专题讲座讲稿,中国人大网,2012 年 2 月 29 日。

［11］夏杰长:《生产性服务业是打造中国产业升级版的“利器”》,《光明日报》（理论版）2013 年 9 月 6 日。

［12］夏杰长:《为服务业发展注入新动力》,《经济日报》（理论版）2014 年 4 月 29 日。

［13］Hall, R, Jones C. , "Why do Some Countries Produce so Much More Output than Others?" *The Quarterly Journal of Economics*, 1999 (114) .

［14］杰里米·里夫金（Jeremy Rifkin）:《第三次工业革命:新经济模式如何改变世界》,张体伟、孙豫宁译,中信出版社,2012。

［15］Wu, Y. R. , *China's Capital Stock Series by Region and Sector*, Business School, Universtity of Western Australia, Discussion Paper, No. 09. 02.

"十三五"时期
我国财税改革与发展

高培勇　汪德华*

摘要：以中共十八届三中全会《关于全面深化改革若干重大问题的决定》和五中全会《关于制定国民经济和社会发展第十三个五年规划的建议》为蓝图，"十三五"时期的中国财税体制改革将循着与以往大不相同的理念和路线推进。站在新的历史起点上，作为国家治理的基础和重要支柱，财税体制改革应立足于优化资源配置、维护市场统一、促进社会公平和保证国家长治久安四个方面的功能定位，着力于建立与国家治理体系和治理能力现代化相匹配的现代财政制度。针对现行税制体系不利于发展方式转变、不利于社会公平和市场统一的不健全、不完善格局，应锁定"公平统一、调节有力"目标，在稳定税负的前提下，以逐步降低间接税比重、逐步提高直接税比重为主线索，着力于在增值税、消费税、资源税、个人所得税、房地产税、环境保护税以及税收征管法等方面推进税制改革。针对现行预算管理制度不适应国家治理现代化要求的不规范、不透明格局，应锁定"全面规范、公开透明"目标，着力于在完善政府预算体系、建立透明预算制度、加强预算执行管理、规范地方债务管理、规范税收优惠政策、改进年度预算控制方式等方面

---

* 高培勇，中国社会科学院学部委员，中国社会科学院财经战略研究院，研究员；汪德华，中国社会科学院财经战略研究院，副研究员。

推进预算改革。针对现行央地财政关系不利于发挥中央和地方两个积极性的不清晰、不合理格局，应锁定"有利于发挥中央和地方两个积极性"目标，着力于在进一步理顺中央与地方收支范围划分和建立财权、财力与事权相匹配机制方面推进财政体制改革。

鉴于当前全球经济社会形势的复杂性以及全面深化改革进入攻坚期和深水区的特殊国情，"十三五"时期的财税体制改革面临着与以往大不相同的一系列挑战，故而亟须与以往大不相同的勇气和策略推进并完成一系列改革操作，着力于避免因"减间接税易、增直接税难"而使税制改革成为"卡脖子工程"、因难以撼动非一般公共预算收支利益格局而使预算改革成为"半拉子工程"、因央地财政关系调整走向笼统而使财政体制改革成为"拖泥带水工程"。

关键词：财税改革　预算改革　财政体制

一　"十二五"规划执行情况的简要梳理

"十二五"时期（2011～2015年）恰逢中共十八大、十八届三中全会、十八届四中全会、十八届五中全会先后召开。这几次重要会议对于财税体制改革均有相关甚至是系统的部署。因而，"十二五"时期的财税体制改革，除了"十二五"规划的约束之外，还受到中共十八大、十八届三中全会、十八届四中全会、十八届五中全会的深度影响。特别是十八届三中全会《关于全面深化改革若干重大问题的决定》（以下简称《决定》），在将财政定位为"国家治理的基础和重要支柱"的同时，对财税体制改革从更高的层次、更广的视角进行布局，有力推动了"十二五"时期的财税体制改革。

随着十八届三中全会《决定》对财税体制改革做出系统部署，"十二五"规划有关财税体制改革的基本思路和具体内容发生了一些重要变化。如表1A部分所示，"十二五"规划所要求的全口径预算管理、中央对地方转移支付制度、省直管县财政管理制度改革、地方政府自行发债制度、预算编制和执行管理制度、预算公开、政府财务报告制度、营业税改征增值税、消费税改革等改革项目，均已经或将在2015年年底前实施。可以看到，多项改革均是在十八届三中全会《决定》公布之后加速推进的。

表1 "十二五"规划财税体制改革执行情况一览表

A. 已完成或基本完成的"十二五"规划改革要求

"十二五"规划要求	十八届三中全会要求	执行情况
实行全口径预算管理,完善公共财政预算,细化政府性基金预算,健全国有资本经营预算,在完善社会保险基金预算基础上研究编制社会保障预算,建立健全有机衔接的政府预算体系	实施全面规范、公开透明的预算制度	2010年,政府性基金预算、国有资本经营预算首次列入全国人民代表大会审议和表决程序;2013年全国社会保险基金预算提交全国人大审议。2014年,新《预算法》以及国务院关于预算改革的文件,进一步细化了全口径预算改革的要求,自2015年开始实施。(新《预算法》、国发〔2014〕45号《关于深化预算管理制度改革的决定》、财法〔2014〕10号、财预〔2014〕368号)
增加一般性特别是均衡性转移支付规模和比例,调减和规范专项转移支付	完善一般性转移支付增长机制。清理、整合、规范专项转移支付项目	改革方案和文件于2014年公布,2015年启动改革。(新《预算法》、国发〔2014〕71号《关于改革和完善中央对地方转移支付制度的意见》)
推进省以下财政体制改革,稳步推进省直管县财政管理制度改革	优化行政区划设置,有条件的地方探索推进省直接管理县(市)体制改革	财政省直管县改革已基本完成,部分地区(如新疆等地)未实施
建立健全地方政府债务管理体系,探索建立地方政府发行债券制度	允许地方政府发债。建立规范合理的中央和地方政府债务管理及风险预警机制	改革方案和文件2014年公布,2015年启动改革。(新《预算法》、国发〔2014〕43号《关于加强地方政府性债务管理的意见》、财预〔2014〕351号文)
完善预算编制和执行管理制度,强化预算支出约束和预算执行监督,健全预算公开机制,增强预算透明度	实施全面规范、公开透明的预算制度。审核预算的重点由平衡状态、赤字规模向支出预算和政策拓展	预算公开透明、推动预算绩效管理有明显进步。预算外资金已取消。出台多份文件要求加强财政支出预算执行管理以及盘活财政存量资金。十八届三中全会《决定》提出的改革思路较"十二五"规划有所拓展。相关改革方案和文件在2014年公布,2015年启动改革。(新《预算法》、国发〔2014〕45号文、财法〔2014〕10号文、财预〔2014〕368号文)
进一步推进政府会计改革,逐步建立政府财务报告制度	建立权责发生制的政府综合财务报告制度	2014年已公布改革方案,2015年启动改革。(新《预算法》、国发〔2014〕63号《关于批转财政部权责发生制政府综合财务报告制度改革方案的通知》)
扩大增值税征收范围,相应调减营业税等税收	推进增值税改革,适当简化税率	2012年上海市启动"营改增"试点,其后覆盖地域和范围不断扩大,预计2015年完成改革

续表

"十二五"规划要求	十八届三中全会要求	执行情况
合理调整消费税征收范围、税率结构和征税环节	调整消费税征收范围、环节、税率。	2014 年已开始调整消费税征收范围和税率结构的改革,预计 2015 年还将继续调整。征税环节尚未调整
深化部门预算、国库集中收付、政府采购及国债管理制度改革		《决定》中未再强调。2015 年之前已启动部分改革。新《预算法》涉及此项改革任务,相关改革方案在 2014 年公布,2015 年开始实施。(新《预算法》、国发〔2014〕45 号)

B. 尚未完成的"十二五"规划改革要求

"十二五"规划要求	十八届三中全会要求	执行情况
在合理界定事权基础上,进一步理顺各级政府间财政分配关系,完善分税制	建立事权和支出责任相适应的制度,适度加强中央事权和支出责任。保持现有中央和地方财力格局总体稳定,进一步顺中央和地方收入划分	《决定》明确了事权和支出责任划分的思路和方向,指出了中央地方财力划分的基本原则,具体方案尚在研究中,预计将在"十三五"时期公布
逐步建立健全综合与分类相结合的个人所得税制度,完善个人所得税征管机制	逐步建立综合与分类相结合的个人所得税制	未公布所得税改革方案。《税收征管法》修订工作正在进行中
研究推进房地产税改革	加快房地产税立法并适时推进改革	正在研究中
逐步健全地方税体系,赋予省级政府适当税政管理权限	深化税收制度改革,完善地方税体系	《决定》中的改革思路与"十二五"规划要求略有差异,目前未启动

C. 十八届三中全会《决定》提出的新改革要求	执行情况
建立跨年度预算平衡机制。	相关改革方案已公布,正在实施。(新《预算法》、国发〔2014〕45 号文、国发〔2015〕3 号文《关于实行中期财政规划管理的意见》)
清理规范重点支出同财政收支增幅或生产总值挂钩事项,一般不采取挂钩方式	相关改革文件已公布,正在实施。(新《预算法》、国发〔2014〕45 号文)
按照统一税制、公平税负、促进公平竞争的原则,加强对税收优惠特别是区域税收优惠政策的规范管理	相关改革文件已公布,正在实施。(新《预算法》、国发〔2014〕45 号文、国发〔2014〕62 号文《关于清理规范税收等优惠政策的通知》)
完善国税、地税征管体制	改革方案尚未公布
逐步提高直接税比重	参见个人所得税、房产税改革

资料来源:根据十二五规划、十八届三中全会《决定》以及财政部网站相关资料整理而得。

从表 1 也可以看到，一些改革项目的推进并不尽如人意。如表 1B 部分所示，"进一步理顺各级政府间财政分配关系，完善分税制"、个人所得税改革、研究推进房地产税改革、"逐步健全地方税体系，赋予省级政府适当税政管理权限"四个改革项目，虽在十八届三中全会《决定》中再次得以强调，但迄今为止，尚未见到相关改革文件，预计到 2015 年年底前难以完成改革任务。

与此同时，如表 1C 部分所示，建立跨年度预算平衡机制、清理规范重点支出挂钩事宜、清理规范税收优惠政策、完善国地税征管体制、逐步提高直接税比重等五项改革任务，在"十二五"规划中未见提及，系十八届三中全会《决定》提出的新的改革任务。其中前三项在新《预算法》实施后将实质性启动改革，国务院以及财政部也已专门出台文件布置相关工作。

总体看来，"十二五"规划所安排改革任务的执行情况受到十八届三中全会《决定》的深度影响，其中主要任务将能如期完成。从表 1 可见，在十八届三中全会召开之后，财税体制改革全面加速。2015 年开始实施的新《预算法》解决了多年来困扰财税体制的若干重大问题，国务院也已出台多项文件推动改革。已经启动或已完成的多项"十二五"规划列入的财税改革任务，大部分是在十八届三中全会之后实现的。"十二五"规划要求但尚未完成的几项改革，也在《决定》中得以强调。

可以预期，在"十二五"规划的基础上，"十三五"时期的财税体制改革还将受到《决定》的深度影响，成为"十三五"时期全面深化改革总棋局中的重要内容。

二　"十三五"时期财税体制改革的形势与任务

（一）"十三五"时期财税体制改革面临的形势

1. 十八届三中和五中全会布局的新一轮财税体制改革贯穿始终

2014 年 6 月，中共中央政治局通过了《深化财税体制改革总体方案》（以下简称《总体方案》）。按《总体方案》要求，2016 年基本完成深化财税体制改革的重点工作和任务，2020 年各项改革基本到位，现代财政制度基本建立。《总体方案》设定的改革时间表，恰好贯穿"十三五"时期的始终。由此可见，完成十八届三中全会布局的新一轮财税体制改革任务，实现现代财政制度基本建立的改革目标，将是"十三五"时期财税改革的中心工作。

需要注意的是，《总体方案》所描绘的新一轮财税体制改革，其影响力、涉及面、复杂性都超过以往的历次财税改革。概括起来讲，新一轮财税体制改革是经济发展步入"新常态"、致力于匹配国家治理现代化进程、立足于发挥国家治理的基础性和支撑性作用、以建立现代财政制度为标识的财税改革。[①] 新一轮财税体制改革的这些特点，要求在"十三五"时期树立推进改革的新思维，处理好财政与国家治理体系建设、财政与经济、继承与创新等方面的关系。

五中全会通过的"建议"针对"十三五"任务和挑战提出了新的要求："建立健全有利于转变经济发展方式、形成全国统一市场、促进社会公平正义的现代财政制度，建立税种科学、结构优化、法律健全、规范公平、征管高效的税收制度"。这是"十三五"时期推动财税改革和发展的时间表和路线图。

2. 财政收支形势进入新常态

"十三五"时期，一般公共预算收入增速已进入个位数时代，全口径财政收入增长态势均不容乐观，而财政支出需求将继续增长，支出刚性份额继续增加。财政收支的紧张态势，将是我国长期面临的新常态之一，也是"十三五"时期财税体制改革面临的重要约束条件。这一方面将为"十三五"时期推进财税体制改革带来压力，另一方面也要求将增强财政长期可持续性作为改革的重要目标。

在"十二五"时期，尽管国际金融危机的阴霾始终未能散去，但 2010 年和 2011 年我国的税收收入增长速度依然超过 20%。不过，从 2012 年起，税收收入增速逐步下滑到个位数。采用税种分解的思路分析 2010 年、2011 年两年税收高速增长的原因，可以发现，在中央层面，是进出口环节的税收超速增长。在地方层面，则是房地产相关税收的超速增长。与企业生产经营密切相关的主体税种如增值税、企业所得税等，对税收收入超速增长所起作

---

① 高培勇：《论国家治理现代化框架下的财政基础理论建设》，《中国社会科学》2014 年第 12 期。

用微乎其微。在一定程度上，这两年税收的高速增长，可视作2009年经济刺激计划的副产品。这意味着2008年之前依赖于增值税等主体税种高速增长的我国财政收入增长动力机制已经发生改变。

展望"十三五"时期，经济转向中高速增长将导致财政收入较低增长常态化，财政收入对GDP的弹性系数将回归到1左右，财政收入增长将与GDP现价增速大体同步。与此同时，受房地产供需形势变化的影响，土地出让收入可能下滑；受经济增速的影响，其他类政府性基金收入增长也不容乐观；社会保险缴费收入增速下降，2014年缴费收入已低于养老金支出需要，且年度缺口将不断加大。总体上看，全口径财政收入的各组成项增长态势均不容乐观，土地出让收入可能会大幅下滑。

从国际经验看，财政支出随着经济社会的发展进步呈刚性增长态势。在经济增速下降区间，反而有财政支出不断膨胀、财政收支矛盾加剧的趋势。"十三五"时期，我国经济增速进入中高速平台，但财政支出的各方面需求将越来越强劲，其中与个人直接相关的刚性支出份额将继续增加。保障和改善民生、推动经济发展方式转变、支持城镇化健康发展、应对人口老龄化挑战、深入推进体制改革等，都要求加大财政投入力度。其中，"保工资、保运转"支出以及与居民利益直接相关的社会福利性支出，都属于刚性支出份额，无法削减。2013年，教育、社会保障与就业、医疗卫生三项社会福利性支出达4.47万亿元，占全国公共财政支出比重的32%。"十三五"时期，受人口老龄化以及社会保障事业发展的影响，这部分支出的份额还将继续增加。

3. 全口径预算管理的力度与国家治理现代化的要求不相适应

国家治理的现代化，需要将政府所有收支纳入预算管理，通过预算程序使人民代表机构能全面控制政府收支总量、结构和政策。只有实现预算体系的完整统一，才能全面反映政府对公民的受托责任。当前我国已建立起以一般公共预算、政府性基金预算、社会保险基金预算、国有资本经营预算四本预算为主，能全面反映政府收支的全口径预算管理制度。新《预算法》也已确认了改革成果，并提出了加强四本预算之间统筹力度的法律要求。这些改革从财政层面奠定了法治政府的基础，但着眼长远，似还有进一步改革的空间。

如表2所示，2013年中国全口径财政收入占GDP的比重已达33.1%，税收在全口径财政收入中的比重仅为59%。除税收外，在一般公共预算中还有非税收入，占比为 10%。此外还有政府性基金收入，占比为 5.86%；土地出让收入，占比为 10.65%；社保基金缴费收入，占比为 13.68%；国有资本经营预算收入，占比为 0.88%。这些均是全口径财政收入的组成项。

表 2　2013 年中国全口径财政收入规模及结构

项目	金额(亿元)	占全口径收入比重(%)	占 GDP 比重(%)
一般公共预算收入	129142.90	68.92	22.81
其中:税收	110497.33	58.97	19.52
政府性基金收入	10989.09	5.86	1.94
扣除征地和拆迁补偿后的土地出让收入(地方)	19952.27	10.65	3.52
社保基金缴费收入(地方)	25638	13.68	4.53
国有资本经营预算收入	1651.36	0.88	0.29
全口径财政收入	187373.62	100.00	33.10

资料来源：根据《财政统计摘要 2014》提供的原始数据整理而得。其中社保基金缴费收入不包含居民养老基金缴费收入以及居民医疗基金缴费收入，具体数据来自 http://www.mof.gov.cn/zhengwuxinxi/caizhengxinwen/201410/t20141010_ 1147665.html。

现有的全口径预算管理制度，已经基本实现将所有政府收支的总量以四本预算的方式向人民代表大会全面反映。但从国家治理现代化的要求来看，应实现各级人民代表大会在立法层面对同级政府所有收支的"全口径"控制，即财政统一。这就是说，所有政府收支都必须纳入"公共"轨道，由立法机构按照统一的制度规范审查和批准，政府的活动及其相应的收支才具备合法性。即使退一步，也应实现由财税部门代表政府在行政层面对所有政府收支实行"全口径"管理，按照统一的制度规范行使管理权和监督权。这是实现立法层面"全口径预算管理"的重要基础。①

按照"全口径控制"这一标准，我国的全口径预算管理无论是立法层面，还是在行政层面均尚未实现。即便是新《预算法》，"将所有政府收支纳入预算"仍局限于理念层面，而尚未推进到包括所有政府收支的实践层面。预算管理程序改革主要集中在占全口径预算收入比重仅为 69% 的一般公共预

---

① 高培勇主编《实行全口径预算管理》，中国财政经济出版社，2009。

算。即使是这一部分，以支出挂钩、专项资金等形式存在的支出碎片化现象也很严重。更何况大量的政府性基金为收支部门所控制，既未实现立法层面的全口径控制，也未有在行政层面全口径统筹的具体安排。这不能不说是一个极大的缺憾。

十八届三中全会《决定》以及新《预算法》所启动的改革，强化了不同预算之间的统筹，有助于缓解支出碎片化现象。但从"全口径控制"标准着眼，四本预算是否可以简化合并？其相互之间应当是什么关系？需要进一步研究。

4. 财政收入结构尚不具备现代财政制度的特点

在现代财政制度中，税收应是政府取得财政收入的主要形式。税收制度反映国家与纳税人之间的经济关系，税收制度应具备公平统一、依法运行、结构合理、调节有力等特点。在当前我国经济发展新常态的背景下，特别需要税收制度在收入分配、节能环保等方面发挥经济调节功能。对照这一要求，一方面如表1所示，税收在全口径财政收入中的比重还较低；另一方面，税收制度本身、全口径财政收入体系的经济调节功能也非常不足。税收法治、构建公平统一的税收环境等方面缺陷明显。

仅就由18个税种所组成的现行税制体系而言，直接税占比仅25%左右，而间接税占比高达75%；93%的税收收入由企业缴纳，由居民缴纳的税收收入占比很低；针对居民个人征收的财产税尚属"空白"。[①] 这表明，中国现行税制缺乏调节收入分配的手段。同时环境税尚未出台，资源税税率偏低；而以经济调节为主要功能的特别消费税征收范围较窄，征收环节单一，税率结构欠优化等问题，也使其在节能环保、收入分配方面的调节作用较弱。

如按全口径财政收入来考察，如表3所示，我国对所得和收入征税的比重远低于若干大国以及OECD成员国平均值；对商品和劳务征税比重高于对照国家；社会保障税费低于部分对照国家；对财产征税反而高于对照国家。可以看出，大国之间的税制结构有所差异，但也存在一般规律。我国的社会保障税费比重低，反映社会保障事业发展不足。所得或收入征税属于能起调节收入分配功能的直接税，我国的比重偏低，反映税制体系调节收入分配功能不足。我国的土地出让收入实质上是由购房人承担，因此从筹集收入的角

---

① 高培勇：《以税收改革奠基收入分配制度改革》，《经济研究》2013年第3期。

度看与房产税类似。但与发达国家的房产税相比，我国的土地出让收入反而拉大了收入分配差距。越是低收入人群，在房价不断上涨的背景下，无论是以相对值还是单位绝对值衡量，其承担的实际税负反而越高。

表3 2012年若干大国全口径财政收入结构

单位：%

国　　家	所得或收入征税		商品和劳务征税		社会保障税费及工薪税		财产征税	
	占总收入比重	占GDP比重	占总收入比重	占GDP比重	占总收入比重	占GDP比重	占总收入比重	占GDP比重
美　　国	47.9	11.7	17.9	4.4	22.3	5.4	11.8	2.9
德　　国	30.4	11.1	28.8	10.0	38.3	13.9	2.4	0.9
墨西哥	26.3	5.2	54.5	10.7	16.5	3.2	1.5	0.3
法　　国	23.7	10.4	28.8	10.8	40.6	17.9	8.5	3.8
英　　国	35.6	11.8	32.9	10.9	19.1	6.3	11.9	3.9
韩　　国	29.9	7.4	31.2	7.7	25.0	6.2	10.6	2.6
日　　本	31.1	9.2	18.0	5.3	41.6	12.3	9.1	2.7
OECD平均	33.6	11.4	33.2	10.8	27.3	9.4	5.5	1.8
中　　国	17.2	5.7	42.48	14.05	13.7	4.5	14.04	4.6

资料来源：OECD成员国数据来自OECD的 *Revenue Statistics 2014*。中国数据为2013年数据，基础数据来源同表1。其中，中国的所得和收入征税包括个人所得税、企业所得税、土地增值税；商品和劳务征税包括增值税、消费税、进口货物增值税和消费税（扣除出口退税）、营业税、城建税、资源税、关税、烟叶税、非税收入中的专项收入、政府性基金收入（不包含土地出入收入）；财产征税包括房产税、车船税、车辆购置税、城镇土地使用税、扣除征地和拆迁后的土地出让收入；社会保障税费及工薪税即表1中的城镇职工五项社会保险的缴费收入。

税收优惠政策也是发挥税制体系经济调节功能的重要手段。但在我国，区域性税收优惠政策、行业性税收优惠政策繁多，制定这些政策的目的也并非仅是促进公平、促进创新、节能环保等，更多的是区域之间、产业之间竞相比拼的结果。除正式税制体系中的税收优惠政策之外，一些地方政府和财税部门还通过税收返还、财政补贴等方式变相减免税，制造"税收洼地"。这些问题的存在，不仅没有发挥税收有益的经济调节功能，反而严重影响了公平统一的市场环境。

5. 中央与地方财政关系有待理顺

处理好中央地方关系，是我国国家治理现代化进程的关键问题。财政关系是中央地方关系的基础，也是历史上调节中央地方关系的主要手段。1994年分税制改革改变了中央地方的财力分配关系，近些年来引起社会的广泛讨论，通俗的说法是"中央事少钱多，地方钱少事多"。但如果以大国横向比较的视角来分析，中国的情况应当是"中央钱不多，事太少"。事权划分及支出责任在分配领域的改革滞后，导致政府职能行使不畅，转移支付比重过大、管理混乱。

如表4所示，法国、英国、韩国是单一制国家，美国、德国、墨西哥是联邦制国家，但各国2012年中央政府的财政收入比重均超过50%，而中国2012年中央政府公共财政收入占全国的比重仅为47.91%。在中央政府财政支出比重方面，其他国家中央支出比重均超过50%，远高于中国的14.9%。以中央地方政府债务余额比重来观察，我国地方债务余额占GDP比重为20.64%，高于中央的15.3%。总体上看，虽然中国是单一制国家，但无论是中央地方财政收入的划分，还是支出的划分、政府债务余额的分布，都更接近于联邦制国家，甚至比联邦制国家更为分权。如将一般公共预算收支以外的政府收支加入考察，这一问题更为严重。

表4　2012年若干大国中央地方财政收支、转移支付和债务数据

单位：%

国　　家	中央收入占 总收入比重	中央支出占 总支出比重	中央转移支付 占总支出比重	中央债务余额 占GDP比重	地方债务余额 占GDP比重
美　　国	54.63	52.84	7.37	81.04	22.94
德　　国	64.55	60.92	3.52	56.99	32.25
墨西哥	83.98	56.22	21.77	—	—
法　　国	84.16	79.82	5.43	103.77	10.12
英　　国	90.76	74.35	14.6	99.33	5.94
韩　　国	82.42	58.72	19.08	36.43	1.23
中　　国	47.91	14.9	36.01	15.3	20.64

资料来源：中国数据系采用《财政统计摘要2014》以及国家审计署2013年第32号公告《全国政府性债务审计结果》中原始数据计算所得。其中地方政府债务是将政府承担担保责任、可能承担救助责任债务折算后，与政府承担偿还责任债务加总所得。其他国家数据来自OECD国家财政分权数据库，http：//www.oecd.org/ctp/federalism/oecdfiscaldecentralisationdatabase.htm。

如将政府职能划分为维护市场统一的政府基本职能、社会福利职能、促进经济发展职能，则在现代发达国家，司法、市场监管等政府基本职能侧重

于上级政府，社会福利职能视管理信息复杂性有所不同，但大部分也集中在中央，经济发展职能则侧重于地方。但即使与分权度较高的联邦制国家相比较，我国政府间财政关系的突出特点也是中央负责的事务太少，基本沿袭由中央掌握决策权，事务的具体执行权及支出责任由地方承担的分权模式。其根源是1994年的分税制改革及其后的改革，基本未涉及事权划分的改革；2003年以来多项重大民生福利项目出台后，政府事权划分采取一事一议的方式处理，维持了过去的分权模式。由此带来的一个问题是我国中央政府转移支付占全国财政总支出的比重远高于其他国家，达到36.01%（见表4）。转移支付的制度设计也存在问题。具有均等化功能的一般性转移支付规模偏小，指定用途的专项转移支付比重高、项目繁多、交叉重复，导致中央部委过多干预地方事权，地方财政自主权下降。

（二）"十三五"时期财税体制改革的主要任务

"十三五"时期的深化财税体制改革，是实现"完善和发展中国特色社会主义制度、推进国家治理体系和治理能力现代化"这一全面深化改革总目标的关键环节。按照十八届五中全会的部署，在"十三五"时期，要通过深化财税体制改革，"建立健全有利于转变经济发展方式、形成全国统一市场、促进社会公平正义的现代财政制度，建立税种科学、结构优化、法律健全、规范公平、征管高效的税收制度。建立事权和支出责任相适应的制度，适度加强中央事权和支出责任。调动各方面积极性，考虑税种属性，进一步理顺中央和地方收入划分。建立全面规范、公开透明预算制度，完善政府预算体系，实施跨年度预算平衡机制和中期财政规划管理。建立规范的地方政府举债融资体制。健全优先使用创新产品、绿色产品的政府采购政策。"

应当看到，这不是可以轻松完成的任务。为此，需要全面贯彻落实党的十八大和十八届三中、四中、五中全会精神，坚持处理好政府与市场的关系、发挥中央和地方两个积极性、兼顾效率和公平、统筹当前利益和长远利益、总体设计与分步实施、协同推进各项改革的基本原则，按照"完善立法、明确事权、改革税制、稳定税负、透明预算、提高效率"的思路，积极进取、稳步推进改革。

具体而言，改革的主要任务包括三个方面。其一，改进预算管理制度，加快建立全面规范、公开透明的现代预算制度。包括统筹各方力量，确保新《预算法》及各项相关改革的顺利实施；顺应国家治理现代化的新要求，研究进一步理顺预算管理体系的方案；重视社会福利性支出的预算管理，提升财政可持续性。其二，完善税收制度，建立有利于科学发展、社会公平、市场统一的税收制度体系。包括确保及时、平稳、高效完成《决定》提出的税制改革任务，提高税收的经济调节功能；坚持全口径管理思维，将非税收入纳入改革视野，清费正税，使政府收入结构逐步与成熟市场经济国家接轨。其三，调整中央和地方政府间财政关系，构建有利于发挥中央和地方两个积极性的财政体制新格局。包括合理划分中央地方事权和支出责任，以效率和公平为标准调整收入划分方案，优化转移支付结构与管理，逐步实现中央和地方财政关系的法治化。

三　预算制度改革及财政支出结构调整

预算制度改革是新一轮财税体制改革的重点和基石，也是十八届三中全会之后推进速度最快的一项改革。到目前为止，新《预算法》已于2015年开始实施，国务院已颁布多份文件推动改革与新《预算法》的实施。"十三五"时期，首先要统筹各方力量，确保新《预算法》及各项相关改革的顺利实施；其次要顺应国家治理现代化的新要求，研究进一步理顺预算管理体系，弥补新《预算法》的缺憾；最后是重视社会福利性支出的预算管理，提升经济发展新常态下的财政可持续性。

1. 确保新《预算法》及各项改革任务的有效落实

"十三五"时期，预算管理领域首要的改革任务是落实十八届三中全会相关决定，确保新《预算法》及相关各项改革措施的有效实施，加快建立全面规范、公开透明的现代预算制度。按照新《预算法》以及已出台的国务院、财政部等各项文件，改革的任务主要包括：建立透明预算制度，除涉密信息外，所有政府、部门预决算，专项转移支付均应细化公开；完善政府预算体系，加大四本预算之间的统筹力度；清理规范重点支出挂钩制度，避免财政支出政策碎片化；改进年度预算控制方式，公共预算审核重点由平衡状态、赤字规模向支出预算和政策拓展，建立跨年度预算平衡机制，实行中期财政规划;完善转移支付制度,让一般性专项支付和专项转移支付归位,增加一般性转移支付比重;加强预算执行管理,盘活财政存量资金,提高财政资金效率;规范地方政府债务管理,防范和化解债务风险。

落实各项改革任务均涉及错综复杂的利益关系,是对各级政府和部门既有工作模式,乃至对既有国家治理模式的挑战。为克服改革遇到的阻力,需要明确改革的宏观思路。一是坚持顶层设计与基层试验相结合,在正确方向指导下激发各方改革活力;二是坚持问题导向思维,研究推出各项改革的具体政策措施;三是注重改革的协调性,明确预算改革与整体改革之间的协同关系以及预算改革各项任务之间的逻辑顺序、主攻方向,确保各项改革形成合力;四是坚持整体推进和重点突破的改革思路,以重点突破带动整体推进,以整体推进支持重点突破。

推进各项改革的有效实施需要统筹各方力量。一是按照国家治理现代化的要求,强化人大预算管理能力。具体措施是适应新《预算法》的改革要求,增加人大预工委以及地方各级人大相关部门的人、财、物。二是要加强财政部门的宏观统筹力量,加强政策研究。三是加强审计部门的作用,发挥其在查找问题、独立分析、推进改革方面的独特优势。

2. 加强公开透明、绩效导向对预算改革的推动作用

透明预算以及强化预算管理的绩效导向,是《决定》以及新《预算法》确定的重要改革方向。两者既是改革重点任务,又是其他各项预算改革的重要推动力。"十三五"时期,应将公开透明以及全过程预算绩效管理作为预算改革的抓手,利用其反作用力推动各项改革任务的落实。

"透明预算"是现代财政制度的一个重要特征,也是实现国家治理体系和治理能力现代化,推进依法治国,打造法治政府、阳光政府的题中应有之义。预算改革的目标是建立"全面规范、公开透明"的现代预算制度。不论是哪一种政府收支,也不论是由哪一个部门或地区管理的政府收支,都要全面纳入预算管理,且都要按照公共收支的理念和规则加以管理。实现"透明预算"需要以预算公开为基础,公开透明的预算有助于全社会共同来查找发现问题,对各级政府和部门形成改革压力,进而有助于加快建立全面规范的预算管理制度。

"十三五"时期,打造"透明预算"的主要任务有:一是坚持全口径预

算管理思维，制定包括四本预算在内的公开透明的时间表和路线图；二是细化政府预决算公开内容，除涉密信息外，政府预决算支出全部细化公开到功能分类的项级科目，专项转移支付预决算按项目按地区公开；三是扩大部门预决算公开范围，细化部门预决算公开内容，中央和地方所有使用财政资金的部门均应公开本部门预决算，公开内容应含基本支出和项目支出；四是按经济分类公开政府预决算和部门预决算；五是积极推进各级政府债务公开，政府综合财务报告公开，预算绩效信息公开，财税政策与规章制度公开。

绩效导向是指以支出结果为导向的预算管理模式，是现代财政制度的发展方向。预算管理制度改革的根本目标是提升公共资金使用绩效。强化预算管理的绩效导向，既能推动政府部门不断改进服务水平和质量，又能暴露预算管理制度方方面面的问题。我国已推行全过程预算绩效管理制度，新《预算法》也提供了法律支持。"十三五"时期，应全面推进预算绩效管理，构建覆盖所有财政性资金，贯穿预算编制、执行、监督全过程，实现"预算编制有目标、预算执行有监控、预算完成有评价、评价结果有反馈、反馈结果有应用"目标的管理机制，以绩效问责倒逼改革。

3. 强化四本预算的全口径控制，研究编制综合预算

新《预算法》以及国发〔2014〕45号文等相关文件已要求，明确一般公共预算、政府性基金预算、国有资本经营预算、社会保险基金预算的收支范围，建立定位清晰、分工明确的政府预算体系，政府的收入和支出全部纳入预算管理。还要加大政府性基金预算、国有资本经营预算与一般公共预算的统筹力度，建立将政府性基金预算中应统筹使用的资金列入一般公共预算的机制，加大国有资本经营预算资金调入一般公共预算的力度。加强社会保险基金预算管理，做好基金结余的保值增值，在精算平衡的基础上实现社会保险基金预算的可持续运行。

"十三五"时期，应制定具体方案和切实措施，确保各级政府都能将上述改革要求落到实处。还应从强化所有政府收支全口径预算控制的目标出发，研究制定如何在现有四本预算的基础上简化合并，最终实现立法层次的统一控制。在现代发达国家，因社会保险基金管理上的特殊性，政府预算一般分为普通预算和社会保险基金预算两类，同时要编制全面反映政府收支状况的综合预算。鉴于现实国情，我国可分步推进、逐步实现这一目标。

其一是落实已出台改革政策的要求，加大政府性基金、国有资本经营预算统筹到或调入一般公共预算的力度。

其二是在现有框架下编制政府综合预算，全面反映政府的收支行为。

其三是将国有资本经营预算合并到一般公共预算中，使国有资本收益上缴比例不断提高，并将其全部纳入一般公共预算，国有资本所需支出从一般公共预算安排。

其四是逐步清理政府性基金，逐步将各类政府性基金预算合并到一般公共预算。

其五是取消国有资本经营预算和政府性基金预算，形成一般公共预算加社会保险基金预算的两本预算体系，同时编制综合预算。

4. 研究编制资本与债务预算，防范财政风险

规范地方政府债务管理，既是建设现代财政制度的重要组成部分，又与宏观经济、财政风险紧密相关，是"十三五"时期预算改革的重点和难点。当前我国已推出地方政府债务管理的一系列制度，包括增量上规范的地方政府举债融资机制，存量债务的处理机制，地方政府债务的规模控制和预算管理制度，地方政府性债务风险预警与防范机制等。"十三五"时期有效落实这些改革任务，建立"借、用、还"相统一的地方政府债务管理制度，满足地方政府合理投资需要，尚有很多难题有待解决，相关配套政策亟待推出。一是如何根据债务风险状况、宏观经济形势等，合理确定地方政府发债规模，并在各地区间合理分配。二是如何设计地方政府债务风险评估和预警机制、应急处置机制以及责任追究制度，并使其取得实效。三是如何分类处置大规模存在的融资平台公司，分清有关债务责任。完成这项工作难度不小。四是如何设计PPP模式，有力推动社会资本进入基础设施建设领域。五是如何建立健全地方财政收支体系，这实际上是打造健全的地方政府债务人人格、实现地方政府债务良性循环的基础。

地方政府债务风险广受关注。但在我国基础设施建设尚处于高峰期的国情下，允许地方政府举债融资非常有必要。控制地方政府债务规模和风险，必须要和控制基础设施建设类资本支出的规模和风险结合起来。按现有制度规定，地方政府债务将分为一般债和专项债，分别纳入一般公共预算和政府性基金预算。尽管目前摆脱不了这种惯性轨道，但从长远看，这种制度安排

不利于从整体上分析、控制资本性支出和举债融资的规模、结构。为此，"十三五"时期应研究制定单独编制资本支出和债务预算制度，即将所有政府债务和资本性支出综合起来，编制在一本预算中，以便于从整体上控制各级政府的资本性支出和对应政府债务的规模和结构，分析其必要性、效益和风险。

5. 调整支出结构，建立社会福利支出适度增长机制

国际经验表明，随着经济的发展，财政支出结构中社会福利性支出比重越来越高，经济建设性支出比重逐步降低。"十三五"时期，既是我国建设现代财政制度的关键时期，与此同时，随着经济和社会保障事业的不断发展，也将成为社会福利性支出不断提高、财政支出结构逐步向发达国家靠拢的重要时期。财政支出结构的调整是现代财政制度的自然结果，现代财政制度应当使财政支出安排符合人民期望的方向。

从现状看，我国一般公共预算中民生福利性支出的比重已经较高。但如以全口径财政支出来衡量，支出结构上经济建设色彩依然突出，社会福利性支出比重偏低。2012 年，中国全口径财政支出中经济建设支出的比重为38.67%，远高于 OECD 成员国中发达国家 10% 左右的水平，而医疗卫生、社会保障就业、教育等社会福利支出的比重为 40.51%，较 OECD 成员国 60%~70% 的比重低约 20 个百分点。[①] 由此可以预见，未来一段时期将是我国社会福利支出快速增长的时期。社会福利性支出比重不断提升，也是符合我国发展需要的调整方向。

拉美国家的"中等收入陷阱"以及近期的欧债危机均表明，社会福利水平过高或缺乏制度上的制约，不利于经济发展以及福利水平的长期改善。在社会福利支出快速增长时期，需要建立科学设计且严格执行的制度，以期在财政可持续的基础上不断提升社会公平。为此，需要在预算安排上建立社会福利支出适度增长机制，还要抓紧改善社会保障等领域的制度设计，避免"福利养懒汉"，提升社会福利体系建设对经济发展的积极影响；以教育、就业支持项目为重点，加强绩效评估，以强化激励为导向改善制度设计；加强基本养老和基本医疗保险基金的中长期收支分析，将短期内的政策调整与长期的资金平衡结合起来，确保基金财务的长期可持续性。

---

① Wang Dehua, The Size and Structure of China's Full-covered Fiscal Expenditure, *China Finance and Economics Review*, forthcoming.

四 税收制度及政府收入体系改革

税收及其他类政府收入担负着为财政乃至政府执政筹集稳定资金来源的基本任务。在现代国家治理体系中,还要充分发挥税收制度以及政府收入体系的经济调节功能,使其有利于科学发展、社会公平和结构优化。十八届三中全会《决定》中提出了优化税制结构、完善税收功能、稳定宏观税负、推进依法治税的改革思路,部署了"六税一法"以及清理规范税收优惠政策的改革任务。"十三五"时期的税收制度以及政府收入体系的改革,首先要确保及时、平稳、高效完成《决定》提出的改革任务,提高税收的经济调节功能;其次要坚持全口径管理思维,将非税收入纳入改革视野,清费正税,使政府收入结构逐步与成熟市场经济国家接轨。具体说来有以下四点重要任务。

1. 科学设计、分步实施、协同推进"六税一法"改革

十八届三中全会《决定》部署的"六税一法"改革,即增值税、消费税、个人所得税、房产税、资源税、环境税六个税种,以及《税收征管法》的改革,是"十三五"时期税制改革领域的重点工作。为此,首先要以"优化资源配置、促进社会公平"为判断标准,科学设计各项改革的具体方案,实现提高直接税比重的改革目标;其次要注意和全面深化改革各项任务、宏观经济形势等之间的协调关系,安排好各项税制改革的先后顺序。

增值税的改革目标是增强税制的中性特征,建立全面覆盖的、规范的消费型增值税税制。到"十二五"期末,应全面完成"营业税改征增值税"的改革,将"营改增"的范围逐步扩大到生活服务业、建筑业、房地产业、金融业等,同步取消营业税。"十三五"时期,增值税改革的重点是优化税制设计,包括实现向消费型增值税的完全转型、简化合并税率结构、清理规范增值税领域的税收优惠三项改革。国际上通行的消费型增值税,主要特征是企业的固定资产投资进项税可以纳入抵扣范围。2009年的增值税转型改革,解决了机器设备类固定资产投资进项税纳入抵扣范围的问题,但房屋建筑物投资进项税尚未纳入抵扣范围。实现这一改革有两种思路可以选择:一是在建筑业实现"营改增"改革之后,允许企业的房屋建筑物投资包含的进项税

纳入增值税抵扣链条；二是机器设备投资进项税抵扣比例从当前的 1 倍扩大到 1.5 倍，按照宏观数据测算，这一思路可实现与房屋建筑物投资进项税抵扣同等的减税效果，同时有利于鼓励企业走上技术更新、结构转型的发展道路，还能根据宏观经济形势的需要随时启动，无须等待建筑业"营改增"完成。按照税制理论分析，税收中性是增值税的突出优点，由此要求税率尽可能单一、免征或零税率范围尽可能小。在"营改增"完成之后，我国增值税基本税率已达四档，不利于优化市场配置资源功能的发挥。为此，在"十三五"时期，还应适时启动将基本税率从四档合并到两档的改革，同步清理各类税收优惠，减少免征或零税率适用范围。考虑到改革的社会接受度，可将起减税作用的增值税全面转型改革，与起增税作用的合并税率、清理税收优惠改革同步推进。

消费税、资源税以及环境保护税的改革目标是优化税制，增强税制的经济调节功能，充分体现资源、环境的稀缺价值。如果说增值税改革重要的原则是维持市场中性、避免市场扭曲的话，那么，消费税、资源税以及环境保护税改革就是要充分发挥其税制的扭曲作用，以纠正市场经济的负外部性。

按照这一思路，"十三五"时期消费税改革的主要任务，是在已部分完成改革的基础上，进一步调整征税范围、税率结构和征收环节。重点是将高耗能、高污染产品以及部分高档消费品、部分高档服务纳入征收范围，或者提高其税率，以发挥消费税在节约能源、环境保护和调节收入分配方面的功能；适应人们收入水平提高，消费结构已经发生变化的现实，将部分已成为正常消费品的应税产品从征税范围中剔除，或降低税率；将部分消费税征收环节从生产环节后移到批发零售环节。这是十八届三中全会确定的改革思路，其目的之一是与中央地方财力重新划分的财政体制改革相配套。

"十三五"时期资源税改革的目标是在对石油、天然气和煤炭实行从价计征的基础上，进一步扩大适用范围，特别是在水流、森林等资源生态空间，全面推行从价计征改革。

"十三五"时期，应着力推进以环境保护税替换排污费的改革。改革的重点和难点是综合考虑环境实际治理成本、环境损害成本和收费实际情况等因素合理设计税制和税率。可考虑结合国际经验，将大气污染物、水污染物、固体废物、噪声以及二氧化碳排放等都纳入征收范围，将排放量作为主要计税依据。加快环境保护税立法，开征环境保护税并替代排污费。

个人所得税以及房地产税的改革，担负着逐步提高直接税比重、优化税制结构和收入分配格局的任务。改革需要注意充分体现量能负担的原则，注重征管条件的配套，税制设计应有利于强化征管。同时，还要注意与"营改增"为代表的间接税改革相衔接——抓住"营改增"实现较大幅度减税、间接税比重有所降低、为直接税比重提高腾出必要空间的契机，适时启动个人所得税和房地产税的改革。

个人所得税改革的目标是，逐步建立健全综合与分类相结合的个人所得税制度。可从"小综合"起步，合并部分税目，根据征管条件的改善不断推进到"大综合"。在合理确定综合所得基本减除费用标准的基础上，适时增加专项扣除项目。合理确定综合所得适用税率，优化税率结构，可考虑适度加大分档区间，使最高档边际税率略有下降。

房地产税改革的目标是，加快推进房地产税立法，开征居民保有环节的房地产税收，统筹设置房地产建设、交易和保有环节的税负水平。可考虑对居住住房设定一定的区域校正人均免征面积，对所有经营性房地产和个人住房统一开征房地产税，按房地产评估价值确定计税依据。

个人所得税以及房地产税的改革，需要加快构建面向自然人的税收征管服务体系作为配套。为此，一方面，需要加快《税收征管法》的修订进程，建立第三方涉税信息报告制度，逐步实现法人、非法人机构、自然人之间税收征管的均衡布局，确保税务部门依法有效实施征管。另一方面，考虑到两个税种所涉的征管条件差异，可本着先个人所得税、后房地产税的次序，由流量环节的自然人入手，再到存量环节的自然人税，循序渐进。

在"六税一法"的改革顺序时间表设计上，应注意与配套条件、涉及范围以及外部宏观环境的协调，既要敢于啃骨头，又要注意节奏。首先应积极推动《税收征管法》的修订工作。在六个税种改革顺序上，应先易后难，注重减税改革和增税改革的搭配。"营改增"优先推进，同步推动消费税改革；资源税改革与增值税全面转型可同步推进；综合与分类相结合个人所得税税制改革，应积极推动，尽快实施；房地产税以及环境保护税均应立法与改革同步，考虑到房地产市场形势及环境保护税税制设计的难度，两者的改革可安排在"十三五"后期。

2. 优化政府收入体系结构

现代国家的财政制度，筹集财政收入应主要依赖于正式的税收。目前税收收入占全口径财政收入的比重不足60%，是在财政收入端困扰我国国家治理现代化的重要问题。"十三五"时期，应与预算体系改革相配套，优化政府收入体系结构，着力推动非税收入向税收收入转化的改革，将税收收入占全口径财政收入的比重提升到70%。改革的重点是清理政府性基金收入、一般公共预算中的专项收入和行政事业性收费，并实现社会保障"费改税"。

我国的各类政府性基金是在特定历史条件下按照国家规定程序批准，向公民、法人和其他组织征收的具有专项用途的资金，包括各种基金、资金、附加和专项收费等。从性质上看，除土地出让收入之外，大部分政府性基金收入以及专项收入应属于特别消费税。"十三五"时期，可逐项分析各类政府性基金以及专项收入，予以清理规范。如具备纠正外部性的经济调节功能，则改列入消费税征税范围；如不具备经济调节功能甚至起相反作用的，可考虑取消，相关支出如需要安排则从一般公共预算支出。结合简政放权，清理规范行政事业性收费，需要保留的予以保留。

"十三五"时期，要研究推进社会保障"费改税"的实施方案，提高社会保障筹资的强制性和规范性，重点是现行的五项职工社会保险缴费。一种思路是结合社会保障体制改革，将五项职工社会保险缴费改为征社会保障税，其缺陷是可能加重中小企业负担。另一种思路是参考最新国际经验，开征"社保增值税"替换部分社会保险缴费，具体是降低社会保险缴费（如职工养老保险）10～15个百分点，相应提高增值税基准税率2～3个百分点，将其增加的收入全部用于社会保障支出。这种思路的优点是可降低企业和就业者的劳动税负，有利于促进就业、促进贸易以及优化收入分配。

3. 推进税收法治化进程

推进税收法治化，不仅是建立现代财政制度的必要条件，也是落实十八届四中全会"依法治国"精神和十八届三中全会"税收法定"原则的必然要求。税收涉及每个人的利益，社会关注度高，因此税收法治化是财政法治化的优先事项。当前我国仅有三个税种立法，推进税收法治压力很大。"十三五"时期，应在处理好改革与立法之间的协调关系的基础上，安排好立法顺序，积极推进税收法治化进程，力争税收立法5～10部。

当前，我国推进财税领域改革的主要法律依据是 20 世纪 80 年代全国人大对国务院的授权，大部分由国务院直接颁布推动相关改革文件。这种改革方式，特别在税收领域的改革，引起了社会上较多的讨论。"十三五"时期，将是大力推进"依法治国"的关键时期，财税改革也要提升法治思维。首先，发布税制改革总规划，明确各税种改革的基本目标和框架，明确各税种立法的规划，向社会公布，这是改革法治思维的重要体现。其次，要确定基本的原则，凡是新推出的税种，如居民房地产税、环境保护税等，均应使改革与立法同步，法律实施之日就是改革启动之时。再次，对已经征收税种的改革也要积极立法。视情况不同，可以先改革后立法，以法律巩固改革成果，也可以使改革和立法同步，以法律提高改革的权威性。最后，对"十三五"时期未纳入改革视野的税种，也应积极立法。

4. 构建税式支出制度，将税收优惠纳入预算管理范围

按照《决定》、新《预算法》以及国发〔2014〕62 号文《关于清理规范税收等优惠政策的通知》的要求，清理规范税收优惠政策的改革已经启动。"十三五"时期不仅要按照相关法律和文件要求，继续强化税收优惠政策的清理规范工作，巩固改革成果，更重要的是推动相关制度建设，构建税式支出制度，将税收优惠纳入预算管理范围。

我国现实的税收优惠几乎涉及所有税种，产业税收优惠政策以及区域税收优惠政策繁多，"税收洼地"遍及各个产业和各个区域。这一状况出现的原因，除前期控制不严之外，也与缺乏一个统一的制度来管理税收优惠有关。为此，"十三五"时期，应学习成熟市场经济国家的做法，构建税式支出制度，使税收优惠的作用及其丧失的税收收入显性化，并将税收优惠纳入预算管理程序。所谓税式支出，即是将税收优惠政策导致的税收损失看作一种隐性的财政支出。所谓税式支出制度，就是测算每项税收优惠政策所导致的税收损失，编列按税种和按政策目标的预算，一般作为正式预算报告的附录。构建税式支出制度，有助于将税收优惠政策的成本和效益公开透明，有助于从制度上规范管理税收优惠政策。

五　财政体制改革

十八届三中全会在"发挥中央和地方两个积极性"的旗帜下，将财政体

制改革作为新一轮财税体制改革的重点任务，明确了改革的目标是建立事权与支出责任相适应的制度，同时要求稳定中央地方收入分配格局，调整收入分配方式。不过，目前除转移支付制度的改革方案之外，财政体制改革的具体方案尚未推出。可以预期，这将是"十三五"时期财税体制改革领域的重头戏。

1. 合理划分事权和支出责任

合理划分中央地方间事权和支出责任，既是建立现代财政制度的基础问题，又是国家治理模式现代化的重要支撑。十八届三中全会《决定》已确立改革的基本方向，即建立事权和支出责任相适应的制度，主要是把中央应该管理的事务管起来，对地方事权充分简政放权。设计具体的改革方案，实现《决定》提出的改革方向，将是"十三五"时期财政体制领域改革的首要问题。合理划分事权和支出责任，改革效果在财政上的体现主要是实质性大量减少专项转移支付；在行政上的体现就是上下"职责同构"现象弱化，中央公务员比重增加。

事权划分领域，首先要科学划分政府与市场的分界，其次是按照政府基本职能、社会福利职能、经济发展职能三个维度明确中央和地方的分工。具体说来，在维护市场经济体制运转的基本政府职能方面，尤其是保护财产权利和维护契约方面要突出中央的职能，以避免地方保护主义，提升社会公正度，促进统一市场形成。比如，按照十八届四中全会精神，要设立国家巡回法庭，还要突出食品安全监管、环境等领域的中央直属监管职能。在社会福利职能方面，应根据具体事权的管理复杂程度以及外部性程度分别处理。这涉及劳动力的自由流动和收入再分配的基本养老保障，应主要由中央直接管理；医疗保险和医疗机构的运转等，主要由地方管理。流动人口子女义务教育应由中央统一制定最低标准，并提供对应部分的转移支付，钱随人走，流入地政府担负主管责任。在经济发展职能方面，基础设施建设和产业支持政策的事权划分应稳定下来，分级负责。中央不应再以专项转移支付的方式支持地方基础设施建设和产业发展。

中央和地方支出责任划分及实现方式的总体思路是：分级事权应分级担负支出责任；公共事权可共同担负支出责任；中央事权可部分采取转移支付的方式委托地方承担。特别要注意的是，对于地方事权，要控制中央各部门以专项转移支付的方式干预地方。

从现实情况看，中央各相关政府职能部门不愿意承担具体的执行职责，而愿意保留以专项转移支付或审批制度干预地方的权力。地方政府则不愿意放弃具体执行的权力。双方都缺乏进行事权关系调整的激励。考虑到中央部委和各级地方政府均缺乏动力改变当前事权划分现状，可设立一个权威议事机构承担设计方案任务。可考虑由中央或人大常委会负责组成一个委员会，以形成中央地方事权和支出责任调整的具体方案，并担负方案实施的检查、落实等具体工作，解决争议问题并确定转移支付资金安排的基本框架。委员会的办公室可设在中央财经领导小组办公室或人大常务委员会的财经委员会内。

2. 以效率和公平为标准调整收入划分方案

十八届三中全会《决定》提出："保持现有中央和地方财力格局总体稳定，结合税制改革，考虑税种属性，进一步理顺中央和地方收入划分。"这是调整收入划分方案的总体原则。在现实层面，由于 2015 年"营改增"即将完成，原 100% 属于地方税的营业税，将被仅 25% 属于地方的增值税完全替代，由此地方政府将产生约 1.5 万亿人民币的财力、财权缺口。当前采取的过渡性安排政策，即原来缴纳营业税的企业在"营改增"之后的增值税依然归之于地方，不过是一种权宜之计，不可持续。如何按照"保持现有中央和地方财力格局总体稳定"的要求，设计具体的收入划分调整方案并取得各方共识，弥补地方政府的财力财权缺口，将是"十三五"时期的重要改革任务。

理论上，应将收入周期性波动较大、具有较强再分配作用、税基流动性较大、易转嫁的税种划为中央税，或中央分成比例大一些；将其余税种划为地方税，或地方分成比例大一些，以充分调动中央地方两个积极性。[1] 在现实中，除居民房地产税等少数税种之外，符合以上理论特点且能够留给地方政府的税种并不多。[2] 按照"保持现有中央和地方财力格局总体稳定"的要求，需要维持中央与地方 50∶50 的基本分配格局。因此，采取税种完全划分

---

[1] 楼继伟：《深化财税体制改革，建立现代财政制度》，《求是》2014 年第 20 期。

[2] Richard M. Bird, "Tax Assignment Revisited" in John Head and Richard Krever eds., *Tax Reform in the 21st Century* (New York: Wolters Kluwer, 2009), pp. 441 – 470.

与税种分成相结合的思路是一个必然选择。

具体方案设计上，可考虑调整增值税分成比例、部分消费税征税环节后移并划为地方税、启动居民房地产税并划为地方税等相结合的思路。如可考虑将增值税中央地方分成比例，由现有的 75∶25，改为 60∶40。但是各个地方所获得税收的具体分配公式应发生改革，不应完全按照现有当地所缴税收划分收入的模式，应在其中加入常住人口等指标。由此可实现维持现有财力分配格局、重构地方发展激励的改革目标。

3. 优化转移支付结构与管理，逐步法治化

按照已出台的国发〔2014〕71 号文《关于改革中央对地方转移支付制度的意见》，转移支付制度改革已经成为财政体制领域率先启动的改革事项。改革的总体目标是压缩转移支付规模，调整转移支付结构，完善转移支付分配方式和管理方式。"十三五"时期，要切实落实国发〔2014〕71 号文所要求的改革，在改革取得一定成效后应积极推动转移支付立法。

压缩转移支付规模，主要依赖于中央与地方事权的合理划分。按照十八届三中全会《决定》的意图，在维持现有财力分配格局的前提下，中央承担更多事权和支出责任，则转移支付规模应当能获得有效压缩。

调整转移支付结构，首先是要专项和一般转移支付分别归位，对现有各类转移支付重新梳理，按其实际性质分别归类；其次是完善一般性转移支付增长机制，增加一般性转移支付规模和比例，特别是明显增加对革命老区、民族地区、边疆地区和贫困地区的转移支付；最后是清理、整合、规范专项转移支付，将专项转移支付比重降低到 40%。对竞争性领域专项转移支付逐一甄别排查，凡属"小、散、乱"以及效用不明显的坚决取消，其余需要保留的也要予以压缩或实行零增长，并改进分配方式，引入市场化运作模式。

完善中央对地方转移支付管理办法和分配方式，主要是规范专项转移支付项目设立，严格控制新增项目和资金规模；建立健全专项转移支付定期评估和退出机制，认真清理现行配套政策，逐步取消地方资金配套；规范专项资金管理办法，做到每一个专项转移支付都有且只有一个资金管理办法；对专项转移支付资金分配，采取因素法和项目法相结合的方法。

4. 出台完善省以下财政体制的指导性意见

在中央和地方财政体制发生变动之后，省以下财政体制也要同步发生变

动。对此，应采取中央设立改革框架与底线、具体方案由省以下政府设计的思路。在事权和支出责任划分领域，可参照中央和地方的基本框架，提出地方各级政府间事权和支出责任划分的指导思想、具体原则，明确若干领域的底线要求，由各省级政府出台具体改革办法，允许地方结合本地实际灵活执行。在收入划分领域，应提出保障县级基本财力的底线要求，具体方案由地方自定。在省以下转移支付制度，各级政府可比照中央对地方转移支付制度，优化各级政府转移支付结构，完善管理和分配办法。特别是要加大整合力度，将支持方向相同、扶持领域相关的专项转移支付整合使用。

参考文献

［1］财政部国库司：《财政统计摘要 2014》，中国财政经济出版社。

［2］高培勇：《以税收改革奠基收入分配制度改革》，《经济研究》2013 年第 3 期。

［3］高培勇：《论国家治理现代化框架下的财政基础理论建设》，《中国社会科学》2014 年第 12 期。

［4］高培勇主编《实行全口径预算管理》，中国财政经济出版社，2009。

［5］楼继伟：《深化财税体制改革，建立现代财政制度》，《求是》2014 年第 20 期。

［6］《中共中央关于全面深化改革若干重大问题的决定》，人民出版社，2013。

［7］Richard M. Bird，"Tax Assignment Revisited" in John Head and Richard Krever, eds.，*Tax Reform in the 21st Century*（New York：Wolters Kluwer，2009）.

［8］Wang Dehua，The Size and Structure of China's Full-covered Fiscal Expenditure，*China Finance and Economics Review*，forthcoming.

"十三五"时期
我国金融体系改革

王国刚　董裕平 *

摘要：金融体系改革是指直接涉及金融体系内各个方面体制机制转变和金融发展方式转变的具有总体性质的改革。"十二五"期间，我国金融体系改革主要表现在：货币政策调控机制的"去行政化"进展明显，市场化和国际化程度明显提高；金融监管机制进一步强化，各金融监管部门之间的协调程度有所提高；金融机构改革持续深化，业务转型正在展开；多元化资本市场体系建设加快，债券发行注册制开始实施；等等。随着经济发展进入新常态，金融体系存在的主要问题也日渐暴露，主要表现在：实体企业与城乡居民的金融选择权依然没有破题；建立在单一银行信用基础上的金融体系尚无实质性改变，由商业信用、银行信用和市场信用构成的金融市场机制尚未建立；按照交易规则划分的多层次股票市场依然未能建立，各种债券（尤其是公司债券）基本还处于间接金融范畴；宏观审慎管理框架的构建和监管协调机制有待强化；金融体系基础设施建设亟待完善。"十三五"期间，中国金融体系改革主要表现在货币政策调控机制从运用行政机制直接调控向尊重市场机制间接调控转变，商业银行的发展方式、业务模式和管理机制转型，构建多

---

* 王国刚，中国社会科学院学部委员，中国社会科学院金融研究所，所长，研究员；董裕平，中国社会科学院金融研究所，研究员。

层次债券市场体系和完善多层次股票市场体系,加快发展现代保险服务业,深化政策性金融体系改革和探索基于负面清单的金融监管模式等方面,涉及众多攻坚克难之处,需要全面系统地予以考虑安排。

关键词:金融体系　深化改革　负面清单

2011年(尤其是十八大)以来,为了实现建成全面小康社会的奋斗目标,中央以坚定的决心、巨大的勇气和丰富的智慧全面推进经济社会各个领域的改革深化。十八届三中全会做出了全面深化改革的顶层设计,四中全会做出了全面推进依法治国的部署,五中全会为"各方面制度更加成熟更加定型"设立了倒排时间表。金融体系改革作为经济体制改革的一个重要环节,遵循总体改革的方向与规划,按照金融服务实体经济的逻辑要求,在充分发挥市场在配置金融资源方面的决定性作用背景下,持续推进金融市场体制机制的完善,构建和完善现代金融体系,不仅有效推进了"十二五"期间经济社会发展各项主要目标的实现,而且为"十三五"期间全面深化金融体系改革奠定了坚实的基础。

一 "十二五"期间金融改革的简要回顾

"十二五"期间,我国金融体系改革主要表现在如下几个方面。

第一,货币政策调控机制的"去行政化"进展明显,市场化和国际化程度明显提高。"十二五"期间货币政策目标体系、货币政策决策机制和货币政策传导机制等逐步完善。人民银行根据实际灵活创新运用多种政策工具,不断丰富和完善货币政策工具组合,加强了定向性结构调整,缓解企业融资成本高的问题,较好地实现了货币政策的宏观调控功能,促进了经济增长与物价稳定之间的较好平衡。在构建逆周期的金融宏观审慎管理制度框架和健全系统性金融风险防范预警体系、评估体系和处置机制方面,取得了一定的进展。加速推进利率市场化改革,适当扩大了利率市场化定价的空间,人民币贷款利率从扩大浮动区间到取消浮动区间管制,存款利率区间也进一步扩大到1.2倍,放开了上海自贸区外币存款利率上限。市场基准利率建设进展良好,相关部门对短期、中期利率的管理不断完善，银行间同业拆借利率和国债收益率曲线市场化水平不断提升。汇率制度不断完善，人民银行自 2014 年第二季度以来基本上退出了常态化的市场干预，人民币汇率双向浮动弹性明显增强，预期分化。人民币国际化明显加快，人民币跨境使用取得较大进展，已经和我国发生跨境人民币收付的国家达到 174 个，有 28 个中央银行与我国签订了双边本币互换，总金额超过了 3 万亿元，人民币货币合作从亚洲延伸到了欧洲主要经济金融中心以及美洲、大洋洲和中东地区，超过 30 家央行和货币当局将人民币纳入其外汇储备。中国香港、新加坡、中国台湾、伦敦等人民币离岸市场初步建立发展。境外直接投资人民币结算试点状况良好。按照"依法合规、有偿使用、提高效益、有效监管"原则，不断创新和拓宽外汇储备运用渠道和方式，外汇储备资产的币种结构、期限结构和收益率结构有所优化。

第二，金融监管机制进一步强化，各金融监管部门之间的协调程度有所提高。"十二五"期间，金融监管体制机制改革持续进行，监管体制机制的目标性、针对性和及时性不断提高，监管协调机制有所改善，有力维护了金融稳定与安全。2013 年 8 月国务院批复建立了由中国人民银行牵头，银监会、证监会、保监会和外汇局参加的金融监管协调部际联席会议制度。由于信托、影子银行、互联网金融等创新型金融业务不断发展深化，各监管部门的业务协调持续深入，加强了跨行业、跨市场的金融监管规则建设，对跨界传染和系统重要性金融机构的监管日益强化。金融法律法规的修订完善、社会信用体系的建设等多种金融基础设施建设取得较好的进展，例如，稳步推进《证券法》的修改，深入研究健全针对影子银行和互联网金融等新型业态的监管规则等。加强了监管的国际合作，相关监管部门积极开展与国际货币基金组织、国际清算银行、金融稳定理事会等的合作，参与国际会计准则、巴塞尔新资本协议、系统重要性金融机构、影子银行、破产处置机制等国际金融准则的修改，并相应促进完善我国的金融业稳健标准。

第三，金融机构改革持续深化，业务转型正在展开。"十二五"期间，国有商业银行公司治理体系改革持续推进，内部控制继续加强。国有商业银行优先股的发行和上市不仅有利于拓宽银行资本渠道，也为其未来股权结构进一步优化打开了空间。对政策性金融机构的认知与改革有所调整，国家开发银行成立住宅金融事业部，放缓了商业化改革，其定位问题尚未最终解决。中国进出口银行和中国农业发展银行在强化政策性职能定位、坚持以政策性业务为主体、审慎发展自营性业务的前提下取得了一定发展。在加强监管的条件下，适当放宽市场准入，允许设立民营银行，大力推进村镇银行等小微金融服务机构的发展。为强化市场纪律和金融稳定，大力推进存款保险制度建设，预计该制度在 2015 年能够正式出台。证券期货经营机构的发展进一步规范，保险机构的创新服务能力和风险内控能力得到进一步强化，保险业偿付能力监管水平也得到进一步提高。保险资金运用管理体制改革取得较大进展，设立了一批保险资产管理公司，拓宽了保险资金投资范围，保险资金运作水平稳步提高。金融资产管理公司商业化转型取得重大进展，逐步转型为多元化的金融控股集团，业务包含了不良资产处置、证券、基金、信托、银行和租赁等。2013 年我国信达资产管理公司在香港上市，2014 年华融资产管理公司也引入了战略投资者。金融业综合化经营发展比较迅速。"十二五"期间，中信集团和光大集团也完成了公司化改制，成为真正的金融控股公司。中国银行、中国农业银行、中国工商银行、中国建设银行、中国交通银行等国有商业银行、浦发银行、兴业银行等股份制商业银行以及国家开发银行等已全部或部分拥有了证券、投行、保险、租赁、基金等公司，成为事实上的银行控股集团。

第四，多元化资本市场体系建设加快，债券发行注册制开始实施。其一，债券市场发展明显加快，债券发行余额持续增加，市场交易量不断增长。银行间债券市场发行已实现注册制，对企业债券和公司债券的发行管制也不断放松。债券品种创新和多样化步伐加快。因金融危机暂停的资产证券化业务重新启动，发行规模和频次也逐步增多，在管理体制上，也从审批制改为备案制。其二，股票发行制度的市场化改革进一步深化。证监会在 2012 年、2013 年两次推动新股发行体制的市场化改革，但未能突破核准制，十八届三中全会《决定》明确提出推行股票发行注册制。"新三板"市场建设取得较大进展，2013年全国中小企业股份转让系统正式揭牌运营，挂牌的公司已超过千家。全国区域性场外市场也发展迅速，挂牌交易企业数量大幅增加，成为前述全国性证券市场的有益补充。其三，加快了资本市场的双向开放，正式启动了沪港股票市场交易互联互通，以促进内地资本市场与全球资本市场的融合。

"十二五"期间，面对正在经历的长周期的全球危机，我国经济发展进入了新常态，潜在经济增长减速，结构调整任务艰巨，我国金融体系改革也进入了关键阶段，虽然取得了显著的成绩，但存在的主要问题仍然非常突出。

其一，实体企业与城乡居民的金融选择权依然没有破题。这涉及政府与市场之间关系的改革难题，其结果则导致了我们几乎无法突破以银行间接融资占绝对主导的"外植型"金融体系结构。

其二，建立在单一银行信用基础上的金融体系尚无实质性改变，由商业信用、银行信用和市场信用构成的金融市场机制尚未建立，资本要素的市场价格基准难以形成，由此，导致货币政策当局只得依赖于一些传统的行政性措施对金融运行和金融市场进行直接干预，缺乏有效的市场化手段或工具对金融体系走势展开调控。

其三，按照交易规则划分的多层次股票市场依然未能建立，各种债券（尤其是公司债券）基本还处于间接金融范畴，难以有效满足城乡居民和实体企业的多元化融资与投资需求。另外，相对缺乏高效率的长期资金投融资体制，长期资本匮乏问题以及相应的金融资源的错配问题还在加剧。

其四，宏观审慎管理框架的构建和监管协调机制有待强化。基于系统性风险管控的宏观审慎管理框架在 2011 年之后进展较为有限，各部门监管协调的效率有待进一步提升，中央与地方的金融监管职责和风险处置责任界定需要加速推进，国内与国际的金融监管协调也应逐步微观化并与国内行业规范相融合。

其五，金融体系基础设施建设亟待完善，应该加快建立、修改和完善一些有利于促进市场体制机制良性运行的法律法规，比如证券发行与交易的注册制度、存款保险制度、金融机构市场化退出、危机救援机制等。

这些问题的存在，已经严重影响到我国金融体系服务实体经济的基本功能，特别是在实体经济正在出现重大变化时，我国金融体系必须以市场发展为导向，及时推进新一轮的全面性改革。

二 "十三五"时期金融改革的主要目标

党的十八届五中全会指出："加快金融体制改革，提高金融服务实体经济效率"，要求"加强金融宏观审慎管理制度建设，加强统筹协调，改革并完善适应现代金融市场发展的金融监管框架，健全符合我国国情和国际标准的监管规则，实现金融风险监管全覆盖"。全面把握和准确判断国内国际经济金融形势变化，适应我国经济发展新常态，是我们规划好"十三五"时期金融体系改革与发展的基本前提。

从国际情况来看，根据历史经验，未来 5 年全球恐难完全走出 2008 年以来的长周期性危机。危机以来，包括 G20 机制在内的各国联手采取的各项需求干预政策，只是阻断了危机冲击的传统路径，而那些导致危机爆发的内在因素，即植根于发达经济体内部的深层次结构扭曲至今并未得到纠正。虽然金融体系"去杠杆化"持续推进，但发达经济体的高福利－高消费－低储蓄格局以及相应的国际分工结构表现出的刚性特征与僵化特征依然明显，大多数发达经济体的财政赤字率和负债率居高不下，公共财政结构扭曲的风险还在累积，更是显示了"去杠杆化"的成效甚低，甚至还有进一步提高杠杆率的趋势。目前，美国通过"大水漫灌"式货币政策托底后经济逐渐出现了复苏的势头，但欧洲与日本仍然处于衰退的边缘。因此，自危机以来全球总需求不足仍将持续较长时间，发达经济体内各种矛盾可能继续恶化，还将加大贸易保护主义的力度，美国牵头希望达成 TPP 和 TTIP 的框架来重构国际经济的规则，抬高商品、服务和资本的流动门槛，特别是其涉及的"市场经济国家地位"、政府"竞争中立"等规则约束，对当前我国作为全球制造业中心的国际分工格局可能造成深刻影响，我国的出口不仅很难继续保持较快增长，而且在全球紧密融合背景下还会受到发达经济体内部调整的各种冲击影响。

从国内情况来看，关键的变化是经济脱离原来 30 多年持续高速增长的轨道向中高位区间换挡。除了国际因素，这主要是由内部结构性因素造成的结果。首先是我国人口结构在发生重要的趋势变化，在 21 世纪初期经过刘易斯转折点后，现在又较快地面临劳动年龄人口下降、人口抚养比快速上升的转折点，在科技进步贡献比较有限的条件下，人口红利丧失必然会导致经济增长的自然减速。其次，我国产业结构中已经存在大量产能过剩，说明制造业已基本饱和，结构调整就意味着第三产业比例的逐步上升，相对第二产业，我国第三产业的劳动生产率还比较低，因此，尽管发展第三产业创造了大量就业机会，但第三产业的低端发展使得产业结构调整在整体上对经济增长的贡献反而下降了。另外，从要素投入结构来看，劳动投入的增速趋于下降，由于房地产市场进入调整区间和产能过剩的压力，资本投入增速也在减缓，技术进步则进展较慢，因此，产出增长率也会减速。

面对这种结构性的经济增速减缓，传统上刺激总需求的宏观政策很难发挥作用，既有刺激性政策的作用效果实际上也在衰减。近年来，国内一直在强调转变发展方式和寻求新的增长点，其中受到普遍关注的就是通过城镇化发展来保持经济的较快增长。但城镇化发展过程受到相当程度的扭曲，不少地方脱离了"产业发展－就业增长－人口聚集－城市发展……"的切实路径，脱离着实解决医疗、保健、教育、文化、体育、道路和住房等方面严重供求缺口的取向，变成了简单的造城运动，几乎变成了单纯的房地产开发，问题不断积累，所造成的房地产市场泡沫风险、地方政府融资平台债务风险以及由此引致的银行体系风险开始局部显露（银行体系的不良资产比例和数额已连续 11 个季度上行），小微企业的融资需求更加困难。总体而言，国内外多种因素决定了实体经济增长减速换挡，而这已经成为我国金融体系所面临的系统性风险的主要来源。

就金融体系而言，现有的以银行信用为基础、以存贷款为主体的金融体系缺陷更加突出地暴露出来，不仅引致了经济和金融运行中的一系列矛盾和弊端，而且给经济社会的健康可持续发展留下了一系列严重的隐患。因此，金融体系必须通过全面深化改革才能适应宏观基础环境的重大变化，真正回归到服务实体经济的轨道，更好地满足我国在新常态下发展新型工业化、信息化、城镇化和农业现代化的需要。深化金融体系改革应以市场为导向，发挥市场在配置资源中的决定性作用，为此，需要正确处理好货币政策调控、金融监管与充分发挥金融市场在配置金融资源方面的决定性作用之间的关系，凡是市场机制能够发挥作用并且能够解决的问题，应交给金融市场去解决，不应由货币政策调控和金融监管代劳，以改变政府部门越位、缺位和错位等问题，真正落实好各种市场主体的金融权。

"十三五"期间，金融体系改革的主要目标包括以下几方面。

第一，货币政策调控机制从直接行政调控为主转变为运用价格机制间接调控为主，从"重需求管理"转向"需求管理与供给管理相协调"，建立宏观审慎政策体系。

第二，形成有效的市场价格基准。健全反映市场供求关系的国债收益率曲线，形成金融产品价格的市场基准；加快推进利率市场化，建立健全由市场供求决定利率的机制，建设完善的市场利率体系和有效的利率传导机制；完善人民币汇率市场化形成机制，增加外汇市场的参与者，减少人民银行对外汇市场的常态式干预；在这些条件基础上，形成人民银行运用价格机制调控金融运行走势的新格局。

第三，在金融脱媒的发展趋势下，有效推进商业银行的业务转型，明显降低生息业务比重，提高综合经营比重。切实降低实体企业的融资成本和提高城乡居民的金融财产收入水平，分散金融风险。

第四，发展多层次资本市场，满足多元化的投融资需求，推动资本市场双向开放，有序提高跨境资本和金融交易可兑换程度。推进债券回归直接金融，公司债券应主要面向城乡居民和实体企业发售，以降低实体企业的融资成本和提高城乡居民的金融资产收入水平；应致力于建立以证券公司网络系统为平台、经纪人为核心的场外交易市场，从根本上解决小微企业资本供给不足的问题。

第五，建立有效的长期资金的投融资体制。鼓励发展以保险业为代表的各类契约型金融机构，继续发展好政策性金融机构，为民营资本创造良好的投融资体制环境。

第六，建立有效的金融风险防范和化解机制，完善金融风险的预警机制和应急机制，防止系统性风险和区域性风险的爆发。

第七，深化金融监管体制机制改革，打破机构监管为主的格局，形成功能监管为主的体制机制，以此为基础，建立统一协调的金融监管部门机制、中央与地方分层监管体系。

上述多个方面的改革发展目标是一个有机统一的整体，它们虽各有侧重，但也相互依赖相互制约，因此，在改革举措的选择中应从这种有机统一角度进行甄别考虑。另外，金融体系改革是一个复杂且具有全局性的工程，应避免对经济和金融的正常运行产生瞬间的严重冲击，因此，要考虑选择有"滴水穿石"效应的举措，即在渐变中逐步形成巨变的效应。

三 "十三五"时期深化金融体系改革与发展的主要方面

金融体系改革是指直接涉及金融体系内各个方面体制机制转变和金融发

展方式转变的具有总体性质的改革。毫无疑问，金融体系改革的措施，不是指金融领域中的某个单项改革，而是指具有"牵一发动全身"的重大改革，它具有明显的方向性、战略性和全局性。

（一）深化货币政策调控机制改革

改革开放 35 年来，受计划经济体制机制影响和经济金融运行中一系列因素制约，我国货币政策迄今依然以运用行政机制直接调控为主。在此背景下，金融体系改革的深化受到一系列影响，难以有效实施。要落实市场在配置金融资源方面的决定性作用，就必须实现货币政策从直接调控向间接调控的转变，更多地运用利率、汇率等价格机制调控经济金融运行中的货币流向、流量和流速，推进金融资源按照市场机制的要求配置。

1. 宏观环境变化推动货币政策调控机制的转变

长期以来，在强烈追求经济高增长目标的驱动下，货币政策成为"保增长"的首要支撑，因而，在调控机制上倾向于直接的信贷管控与利率管制。这种政策模式的累积导致了金融的多重扭曲，使政府管制伸展到了金融各个角落。经过 21 世纪以来十多年的快速发展和受国际金融危机的深刻影响，我国货币政策的操作环境发生了重要变化。

第一，潜在增长率发生了明显变化，以改革保增长调结构成为政策总取向，推进基于创新、技术进步、制度改革的内生性增长成为政策总基调。

第二，国际收支从双顺差转变为趋于平衡，为货币政策调整提供了新的空间，在新常态下，货币调控的针对性、灵活性、前瞻性、稳健性等都将有所增强。

第三，金融创新、影子银行和互联网金融等的发展，促进了我国融资机制的多元化，也冲击了原有金融体制，倒逼改革，对货币政策产生了极大影响。其一，金融创新改变了整个社会的流动性，对已有的货币统计口径带来明显冲击。商业银行表外业务快速发展，创造了一些新的流通手段，这些表外业务并不在传统的货币统计范围内。其二，融资结构多元化，使传统银行信贷在促进储蓄向投资转化中的地位和作用明显地下降了。根据央行统计，2002 年，人民币贷款在社会融资总量中占比达 91.9%，到 2014 年，该占比已然下降到 60%。其三，信息技术的发展、清算和支付方式的变革，尤其是基于信息技术的互联网金融的兴起，使得大量支付和资金流通都游离于原来的金融监管规则、货币统计。

为了应对宏观环境的变化，近年来的货币政策思路已经做了一些调整，主要体现在相互关联的三方面："盘活存量、用好增量"、"总量稳定、结构优化"、更加注重"定向调控"。在严格控制总量的情况下，盘活存量能够提高资金使用效率，换言之，存量不"盘活"，总量就难以稳定。结构优化则是"用好增量"的必要途径和具体表现；定向调控也成为促进"结构优化"的手段。

2. 构建货币政策调控的新机制

我国金融结构出现了一系列新变化，与此对应，货币调控机制需要适应新的金融环境而及时地加以调整和改革。主要表现在：

首先，货币政策操作需要从主要关注传统银行信贷转向关注广义信用。尽管1998年改革货币调控机制，名义上确立了以公开市场操作、法定存款准备金比率和再贴现为主的间接货币调控机制，但在随后的10多年操作中，管控新增信贷规模依然是我国货币政策调控的一个重心。近年来，随着影子银行等融资渠道的拓展，传统银行信贷在社会融资总量中的比重明显下降，由此使得管控新增银行信贷规模的闸门不仅难以起到立竿见影的效果，甚至可能引致对宏观经济运行状况做出不恰当判断。从货币政策传导的信用渠道理论来看，影响经济活动水平的是实体经济部门获得信贷的条件以及信贷数量，而不是货币数量本身。因此，除了传统的银行信贷渠道之外，还应该把各种金融创新和影子银行体系发展所导致的广义信用渠道纳入政策关注的视野；在进一步发展中，也应将商业信用和市场信用纳入广义信用范畴。由此，货币政策调控的中间目标需要转向更多地关注广义信用。从各类企业发行公司债券来看，公司债券发行越来越趋向市场化。在注册制条件下，发行多少债券、什么时候发行、期限长短等均由企业自主决定，人民银行和金融监管部门难以继续按照审批制方式予以限制，由此，人民银行调控广义信用的基本途径就是通过利率机制来影响公司债券发行人的选择，从而调控广义信用总量。

其次，逐步确立以利率水平为操作目标的货币政策体系。在市场经济中，货币政策的价格型调控，是指确立以某种货币市场利率为操作目标的货币政策体系，央行通过公开市场操作和央行再贷款（或再贴现）等工具的配合运用，使该指标利率大体与央行的目标值一致。央行通过调整该操作目标利率，引导其他中长期利率联动，进而影响企业和家庭的借贷、影响投资与消费等实体经济活动。以利率为操作目标来影响广义信用总量，其有效性取决于两个基本因素：其一，利率的期限升水或风险溢价比较稳定；其二，借款者对利率变化要有足够的敏感性，否则，货币政策调控的效果就难以实现。由于我国利率市场化改革尚在推进过程之中，前一项基本因素目前尚不完全具备，后一项因素虽然在可观察的一些民间借贷活动中表现得不明显，但随着利率市场化改革到位，一般的理性借款者应该会遵循市场约束。因此，加快完成利率市场化改革已经成为我国货币政策改革的关键所在。

3. 重点加快完成利率市场化改革，形成市场价格基准

利率市场化是指利率形成和利率水平主要由市场机制决定的状况，它主要包括利率决定、利率传导、利率结构和利率管理等的市场化。实际上，利率市场化就是将利率的决策权交给各类金融市场活动主体（包括金融监管部门和银行、金融机构、实体企业和城乡居民等）共同选择决定，由这些主体自己根据资金状况、对金融市场动向的判断和运作取向等来自主选择适当的利率水平，最终形成以央行基准利率为基础，以货币市场利率为中介，由市场供求决定存贷款利率的市场利率体系和利率形成机制。显然，形成机制（即定价权）是市场化改革的核心。利率市场化的主要特征有三。一是城乡居民、实体企业和金融机构等金融交易主体共同享有利率决定权，交易价格应在市场交易主体各方竞争中形成。二是通过市场交易形成利率的数量结构、期限结构和风险结构。三是央行有间接影响金融资产利率水平的权力。中央银行可通过公开市场操作等多种方式间接影响利率水平或调整基准利率，由此影响商业银行等金融机构的资金成本和利率水平，进而影响广义信用数量（即不再通过利率管制等直接手段进行干预）。

迄今为止，我国已经基本实现了银行间同业拆借市场、债券市场、外币存贷款市场三个主要市场的利率市场化，但作为它们基础的人民币存贷款利率却尚未市场化。我国利率市场化的改革目标是，通过形成由存款人与存款机构之间、借款人和贷款机构之间在存贷款市场上的充分竞争机制，建立反映人民币存贷款风险的市场利率体系；同时，实现货币政策调控机制从直接调控向间接调控的转变。利率市场化改革的精髓并不仅仅是改变利率水平的

浮动范围，而且是要从根本上转变这些利率的形成机制，即由人民银行决定存贷款利率水平转为由金融市场各类参与主体在竞争中形成利率水平。

近年来，进一步推进存贷款利率市场化改革的各项条件逐步形成。从宏观层面看，经济运行总体平稳，价格形势基本稳定。从微观主体看，金融机构财务硬约束进一步强化，自主定价能力不断提高，企业和居民对市场化定价的金融环境也更为适应。为此，人民银行明显加快了存贷款利率"去行政化"的改革步伐，但现阶段人民银行实际上仍然管控着贷款利率的基准，金融机构也很难过度偏离这一基准进行定价。在推进存款利率"去行政化"方面，人民银行更加谨慎。从国际上的成功经验看，放开存款利率管制是利率市场化改革进程中最为关键、风险最大的阶段，需要根据各项基础条件的成熟程度分步实施、有序推进。对此，还需要继续着力培育各项基础条件，健全市场利率定价自律机制，强化金融市场基准利率体系建设。在当前各种理财产品实质上已经形成对存款市场利率产生影响的条件下，应抓住适当时机进一步扩大浮动区间，促进银行金融机构的自主定价。2015年正式推出存款保险制度后，存款市场中的利率差异化将进一步扩大。

在"十三五"时期，加快推进利率市场化改革的主要举措有四。一是加快债券（尤其是公司债券和地方政府债券）直接向城乡居民和实体企业的发售步伐，给这些资金供给者和资金需求者以更多的金融选择权，改变存贷款市场上的银行卖方垄断格局。二是取消人民银行对存贷款基准利率的行政管制，推进利率政策从行政管控向市场机制的转变。三是改善人民银行资产负债表结构，提高其资产运作能力，增强货币政策操作的灵活性和调控能力。四是通过金融脱媒，倒逼商业银行等金融机构业务转型，降低存贷款业务比重，发展中间业务，提高金融市场竞争力。

4. 继续改革创新其他货币政策调控工具

近年来，我国货币政策调控机制的改革突出表现在货币政策调控工具的创新运用方面。在"十三五"时期，还应根据宏观环境的变化趋势和我国经济金融的实践特征，继续改革创新这些货币政策工具的运用，丰富政策工具组合，从而发挥好宏观调控的政策效能。

从运用法定存款准备金率看，2003年以来，这一货币政策工具成为人民银行冲销外汇占款和"深度"冻结流动性的重要工具。2014年，随着宏观形势变化和货币调控思路的相应调整，为"用好增量"和"结构优化"，有针对性地加强对"三农"和小微企业的金融支持，人民银行选择了定向下调法定存款准备金率，这成为灵活运用货币政策的一个突出特点。可以说，法定存款准备金政策不再仅仅是传统的总需求管理政策的构成部分，也成为金融结构调整的一项重要政策工具。尽管如此，但真正重要的是，法定存款准备金率工具还应随着货币政策环境的变化而有序地进行调整。

在深化体制改革和经济新常态背景下，将法定存款准备金率谨慎有序地下调到合理的水平，不仅是稳增长政策的需要，也是进一步深化金融体制市场化改革的需要。在存款余额超过百万亿元（2014年11月达到115万亿元）的条件下，法定存款准备金率的调整应当避免对金融市场造成大的流动性冲击。应根据宏观经济环境的变化，以小幅多频次（比如每次0.2%或者0.25%）进行调整，同时，注意管理好政策预期，最终将其调整到较合理的水平。另外，这一调整需要较长时间，而利率市场化改革的需求又较为迫切，为此，一种可行的办法就是，在有序缓慢降低法定存款准备金率的过程中，可考虑按照市场利率略低的水平，为商业银行等金融机构存于人民银行的准备金（尤其是超额存款资本金）支付高于目前水平的利息，以减缓其对存款利率市场化改革的影响。

人民银行再贷款的运作方式主要包括再贴现、再贷款、常备贷款和抵押补充贷款等。在经济新常态的环境中，对冲销外汇占款和深度冻结流动性的货币政策操作需求的下降，为央行资产方的货币政策操作提供了必要的空间。适当采用再贴现与再贷款工具，可以发挥调节货币信贷总量及结构的政策功效。例如，2014年上半年，央行主要利用了再贷款来引导信贷结构的调整。相对于普通的再贷款而言，抵押补充贷款是非信用贷款；相对于常备贷款而言，其贷款的期限更长。央行可以用来引导中期利率走势。这样，通过公开市场操作中的短期流动性调节工具、央行贷款中期限较短的常备贷款和期限较长的抵押补充贷款，可以形成多样化的引导利率期限结构的利率走廊机制。在今后的实践中，央行还应该根据条件和环境变化，继续不断创新和运用好再贷款性质的政策工具，以增强其转向间接调控模式的政策效果。

公开市场操作是货币政策的微调工具，具有法定存款准备金政策无法比拟的灵活性。毫无疑问，未来公开市场操作仍将是货币政策微调的基本工具，所发挥的主要作用仍将是调节市场流动性和引导市场利率走向。在操作对象上，随着央行票据余额的进一步下降，交易对象应主要转向国债或金融债券。由于任何局部金融市场的意外剧烈波动都可能对整个金融市场造成不利影响，因此，针对特定金融市场波动而展开的"定向公开市场"操作，也可以成为货币政策的新尝试。鉴于我国利率市场化改革的"去行政化"正逐渐进入收官阶段，公开市场操作将不仅引导市场利率总体水平的变化，还将通过不同期限债券的操作引导利率期限结构的变化，提高货币政策传导的效率。

从操作汇率政策看，进入 21 世纪以来，人民币汇率既因我国经济的持续上升而升值，也因受到国外政治压力而被动地上升。在国内外利差与升值预期的双重作用下，资本持续流入给国内经济造成了巨大冲击。汇率形成机制的进一步改革，有利于我国更加积极、主动应对人民币升值的国外压力。随着 2008 年金融危机以来的全球经济再平衡进程加快，源自贸易顺差的人民币需求有着减弱的趋势；随着"走出去"战略的加快推进，国际收支趋向平衡；人民币汇率的双向波幅加大，美国退出量化宽松引致的人民币兑美元短期贬值，国际因素对人民币汇价水平影响加重等等，这些变化都有利于汇率形成机制更加市场化。2014 年以后，人民银行逐渐退出日常市场干预，市场预期分散，这为进一步深化人民币汇率机制的市场化改革、理顺货币政策传导的汇率渠道、提高货币政策效率创造了有利条件。在这种有利的局面下，"十三五"期间应当协调推进利率与汇率机制的市场化改革，加强外汇市场建设，大力拓展市场参与者的类型和层次结构，切实拓宽市场深度和广度，完善人民币汇率形成机制，进一步扩大人民币兑主要货币的浮动区间。另外，可以适时推出外汇平准基金，以增加平抑汇市价格波动的机制。

（二）加快商业银行转型改革，以利于重构现代金融体系

长期以来，我国的金融体系建立在单一银行信用的基础上，它借助于存贷款创造资金的功能，一方面提供了改革开放 30 多年来经济快速发展中所需资金，使得我国没有陷入一些发展中国家在经济起飞时所面临的贫困陷阱，因此功不可没；另一方面，又严重限制了实体企业和城乡居民的金融产品选择权，严重限制了商业信用和市场信用的发展，不仅使得金融产品价格体系

长期处于不合理的扭曲状态，难以充分发挥市场在配置金融资源方面的决定性作用，使市场内生性的大量金融需求难以得到满足，而且使得国民经济各项活动建立在信贷债务关系基础上，债务风险持续累积，成为制约金融深化改革的重要因素。因此，我国金融体系改革的基本方向，应该是发挥资本市场在配置金融资源方面的决定性作用，这就需要改变以银行信用为基础、以存贷款为主体的间接金融架构，建立以"直接金融为主、间接金融为辅"的现代金融体系。由此，加快商业银行转型改革，转变经营模式和增长方式，实现经营结构的战略性调整，提高经营效益，促进金融稳定，不仅是各家商业银行在面临日益激烈的市场竞争压力下寻求生存发展之道的问题，而且是我国金融从"外植型"转向"内生型"，从而优化金融体系结构，降低社会融资成本，支持实体经济发展的关键所在。

商业银行转型通常是在外部环境发生实质性变化的背景下展开的，其中，最重要的外部环境要素由金融产品及其价格、金融市场需求和金融监管机制等三方面构成。在"十三五"期间，我国银行业面对的这三个因素还将发生更加实质性的变化。这些因素的变化，导致原有相对传统、侧重存贷款规模扩张的业务模式将难以为继，主要表现在以下几个方面。第一，随着债券等直接金融产品向实体企业和城乡居民发售，这些资金供给者和资金需求者的金融选择权将明显扩大，由此，它们手中拥有的一部分（甚至可能是相当大一部分资金）不再以存款方式进入银行体系，它们对资金的一部分需求（甚至可能是相当大一部分需求）不再通过银行贷款解决，这将引致银行通过存贷款机制创造资金的功能明显减弱；另一方面，由于债券利率高于存款利率低于贷款利率，所以，它将引致存贷款的竞争力减弱，使得银行失去卖方垄断收益，迫使银行在存贷款业务缩减的背景下展开非生息业务。第二，金融市场需求变化。在大中型企业客户的融资渠道日渐多元化、对银行贷款的依赖度逐渐下降的背景下，银行贷款将逐步向小微企业和居民家庭集中。另外，随着城镇化建设的展开，以工业企业为主要对象、以贷款为主要机制的银行业务的增长空间将明显压缩，与此同时，以居民家庭为主要对象、以财富管理为主要机制的业务增长空间会快速扩展，这在客观上要求调整已有的业务模式、运作机制和服务对象，这些调整同时也是促进银行业务创新和发展的一个重要动力。第三，金融监管机制变化。与正面清单相比，在实行负面清单管理的条件下，金融监管趋向放松。由于"法无禁止即可为"，所以，银行综合化经营的空间将大大扩展。另外，金融监管部门也将进一步强化监管协调，即在放松对银行业务领域限制的同时，对银行的监管也将更加趋于系统性和预警性，由此，在权力清单范畴内的监管力度还将强化。这在一定程度上将进一步推动银行向非传统业务（尤其是向与金融市场相关业务）方面拓展。

我国商业银行转型的目标是通过建立一套与利率市场化条件下经济金融发展和客户需求变化相适应、与自身经营发展特点相符合的发展方式、业务模式和管理架构，以实现经营效益最大化、市场竞争能力持续提升、自身平稳健康运行和可持续的价值增长。转型的底线是不引发系统性风险和区域性风险。由于我国商业银行经营运作中存在诸如业务模式同质化（包括发展战略、市场定位、业务结构、产品与服务等方面的同质化）、中间业务收入占比过低、存贷款利差收入在营业收入中占比过高等一系列问题，在加快推进转型过程中，应按照适应性、差异性、协调性和渐进性四项原则有序落实。

商业银行转型主要包括发展方式转型、业务模式转型和管理转型三项内容。其中银行业务模式、资产结构和收入结构的调整是最为核心的内容，发展方式的转型是战略先导，管理转型则是重要保障。在发展方式转变上，商业银行将从之前过于追求速度和规模、高资本占用的外延扩张型向注重质量和效益、低资本占用的内涵集约型发展方式转型。在管理转型上，尽管具体内容、手段和侧重点会有所不同，但差别化、精细化、高效率和集约化的管理模式应是各家商业银行应特别予以关注的目标。在业务经营模式的转型上，各家商业银行转型的方向和路径不尽相同，它们可根据自身特点和优势选择适合自己的业务模式。在转型方向上可充分借鉴国外商业银行转型发展的成功经验，紧密结合我国特点，从市场定位、商业模式、产品创新、金融服务等方面入手，找准切合银行自身特色的差异化发展策略，巩固和强化核心竞争力，在转型过程中赢得主动权，避免新一轮的"同质化经营"。

对于大型银行来说，可以按照全面发展，综合经营的方向定位，调整优化业务结构，深入推进以商业银行业务为主业的综合化经营，有效开拓国际化发展路径，努力打造经营特色，最终转型成为国际性综合化经营的多元化银行金融集团。对于中型银行来说，按照专业拓展，打造特色的方向定位，大幅调整业务结构，包括大幅提高零贷占比、大力拓展主动负债和显著提高非利息收入占比，在细分领域强力推进专业化经营，审慎推进综合化、国际化经营，走与自身经营特色、业务优势相匹配的专业化发展道路，不求"做大、做全"，注重"做精、做细"。对于小型银行来说，按照聚焦小微、本地发展的方向定位，明确市场区域，找准服务客户，夯实基础、稳定核心负债，提供快捷灵活、特色化的金融服务。在具体业务转型战略方面，无论是大、中、小型银行，都应注重在中间业务发展上投入适当的战略资源。

商业银行的全面转型将是一项艰巨性和长期性的系统工程，也是商业银行的重构过程。既要稳步审慎，避免急于求成，又要积极创造条件，适时加快突破。首先，转型意味着对现有模式和范式进行具有实质性意义的较大变动，是对自身系统的提升、完善和升华，绝非易事，长期形成的各种惯性会形成各种各样的阻力；其次，我国经济发展方式转变、融资体制变化等外部环境变化的长期性和复杂性，也决定了商业银行转型并非是一场"毕其功于一役"的攻坚战，需要有历史耐心，甚至是以"滴水穿石"的方式逐步推进；最后，外部环境变化加之银行转型本身带有较大不确定性，转型有很大风险，不论是大的震荡还是转型失败，后果都相当严重。在转型过程中，一些商业银行被并购、倒闭乃至破产可能难以避免。为此，需要尽快配套建立存款保险制度等应对机制，缓释对金融体系可能造成的较大冲击。

（三）健全资本市场体制机制

十八届三中全会"决定"明确提出，要发挥市场在资源配置中起的决定性作用，这对应于"更好发挥政府作用"，强调的是要处理好政府与市场的这一经济体制中的核心问题。五中全会"建议"要求"积极培育公平透明、健康发展的资本市场"，强调了改革和培育资本市场与后者健康发展的关系。在金融改革中，一方面，由于我国金融领域（包括间接融资和直接融资）中盛行审批制，这一问题就表现得更加突出、更加严重；另一方面，相对于银行间接融资模式，市场直接融资模式的发展明显滞缓，特别是公司债券市场发展受到诸多限制而严重不足。近年来，这种以银行信用为基础、以存贷款为主体的金融体系的缺陷更加突出，不仅引致了经济和金融运行中的一系列矛盾和弊端，而且给经济社会的健康可持续发展留下了一系列严重的隐患，为此,以间接金融为主的金融体系已到了非改不可的程度。

1. 以多层次债券市场发展为重心的资本市场体制机制

债券市场作为资本市场最为重要和基础的组成部分,已经是我国金融体系发展中的短板,如果不能有效克服,以单一银行信用为主体、以间接金融为特征的金融体系就无法重构,切合市场经济内生性的融资与投资的需求仍将无法得到有效满足,经济和金融运行中所暴露的一系列矛盾和弊端也难以得到根本性解决。就此而言,建立多层次债券市场体系,是改革健全资本市场体制机制的关键所在。

当前阶段,我国债券市场的规范发展存在着诸多亟待解决的问题。一是债券市场监管体系存在多头管理、相对分割的弊端。这种"五龙治水"的格局导致各类债券在审批、发行、交易、信息披露等环节存在明显的差异性。人为的市场分割并不是市场经济内在需求的多层次市场,反而使得债券市场的整体性和统一性在监管差异的分割中碎片化,严重破坏了债券市场的统一性和协同性,阻碍了债券市场金融功能的有效发挥。二是债券市场主要由政府部门、商业银行等金融机构和国有经济部门主导,众多实体企业和城乡居民被排除在外,产品结构也存在明显缺陷,公司债券、集合票据、非公开定向债务融资工具、中小企业私募债等品种数量极为有限,规模狭小。三是债券市场运行主要是为金融体系自身服务的,在债券发行与交易环节中,主要由商业银行等金融机构从事买卖交易,债券从直接金融工具转变为间接金融工具,实质上并没有改变银行间接融资模式,债券市场沦为金融机构之间的"自娱自乐"和提高金融机构为自己服务比重的工具。四是债券交易市场均为有形市场,与债券交易特点严重不符,市场收益率曲线和定价机制不合理。同时,银行间市场和交易所市场明显分立,使得统一的债券交易市场碎片化。五是债券市场的基础设施建设仍然有待大幅调整和改善,包括相对统一的法律框架、市场的微观结构、风险对冲机制、市场违约及其处置机制等。

上述诸多问题,显然并非采取某种单项外科手术式的改革就能解决。实际上,这些问题是我国外植型金融体系的必然结果,为此,需要从建立一个内生性金融体系来着力,建立发展多层次债券市场,最本质的工作在于赋予企业和居民金融选择权。基于当前我国债券市场发展的现状,应从公司债券发行环节入手，重新整合债券市场体制机制。公司债券作为直接金融工具，理应直接向实体企业和城乡居民发行销售，通过他们之间的自主选择交易，培育形成多层次直接金融的债券市场，这既有利于使实体企业摆脱资金来源过度受限于银行贷款、暂时闲置的资金只能存入银行的格局，也有利于提高城乡居民的财产性收入和实体企业对暂时闲置资金进行现金管理的水平。

围绕公司债券直接面向实体企业与城乡居民发售这一核心举措，需要做好七个方面工作。第一，切实将《公司法》和《证券法》的相关规定落到实处，有效维护实体企业在发行债券中的法定权利。从1994年以后，发展公司债券市场就是我国证券市场建设的一项重要制度性工作。1994年7月1日起实施的《公司法》第5章专门对发行公司债券做了规范，其中规定，股份有限公司3000万元净资产、有限责任公司6000万元净资产就可发行公司债券，公司债券余额可达净资产的40%。2005年，在修改《公司法》和《证券法》中，这些规定移入了《证券法》中。但近20年过去了，按照这一数额规定的公司债券鲜有发行。为此，需要依法行事，将这些法律规定进一步落实。第二，建立全国统一的公司债券发行和交易制度，改变"五龙治水"的债券审批格局。第三，取消公司债券发行环节的审批制，实行发行注册制和备案制，同时，强化对公司债券交易的监管。第四，积极推进按照公司债券性质和发行人条件决定公司债券利率的市场机制的形成，在此基础上，逐步推进以公司债券利率为基础的收益率曲线的形成，完善证券市场中各种证券的市场定价机制。第五，积极发挥资信评级在证券市场中的作用，为多层次多品种的公司债券发行和交易创造条件。第六，建立公司债券直接向实体企业和城乡居民个人销售的多层次市场机制，通过各类销售渠道（包括柜台、网络等）扩大公司债券发行中的购买者范围，改变仅由商业银行等金融机构购买和持有公司债券的单一格局，使公司债券回归直接金融工具。第七，推进债权收购机制的发育，改变单纯的股权收购格局，化解因未能履行到期偿付本息所引致的风险。与此同时，切实落实公司破产制度，以规范公司债券市场的发展，维护投资者权益。

在公司债券回归直接金融的条件下，择机出台"贷款人条例"，以促进实体企业间的资金借贷市场发展，并以此为契机推进实体企业之间的商业信用发展；推进《票据法》修改，增加实体企业的融资性商业票据，提高货币市场对调节实体企业短期资金供求的能力；逐步推进金融租赁机制的发展，准许实体企业根据经营运作的发展要求，设立融资租赁公司或介入融资租赁市场。在这些条件下，多层次债券性直接融资市场才能建立发展起来，从而贯彻市场在资源配置中起决定性作用的原则，我国金融体系也就可以切实回归实体经济。

2. 建立完善多层次股票市场体系

我国股票市场是在政府主导与监管下培育发展起来的，经过20多年的努力，初步形成了由交易所内的主板、中小板、创业板和全国中小企业股份转让系统以及地方股权（产权）交易场所构成的股票市场体系。沪深交易所是股票市场的主体，主板、中小板与创业板三个板块实际上采用了统一的A股规则。全国中小企业股份转让系统自2013年1月起正式开市交易。该系统主要接纳高新技术企业和"两网"公司及交易所市场退市公司的股票挂牌交易，被称为"三板"市场。另外，各地的股权交易中心构成了多层次股票市场的基础层级，也被称为"四板"市场。这些区域性股权市场的特点是由地方政府组织运营和监管，分布相对分散，挂牌企业以本地企业为主，同时也吸收外地企业参加。有的交易中心还根据挂牌企业发展的不同阶段，细分出"成长板""创新板"等子市场。不难看出，我国已有的股票市场体系在形式上呈现出了"多层次性"。

但这种形式上的"多层次"与股票市场的内在机理要求并不吻合，貌合神离，而且有着极大的误导效应。从1990年上海证券交易所设立以后，我国的股票市场发展就已被政府强制的外部植入型机制所主导。在这种外植型模式下，证券监管部门直接设计和实施了股票市场从发行、上市、交易到退市的所有制度，拥有对股市各项制度安排的决策权、管制权和干预权，使得股市运行状况和发展路径主要取决于证券监管部门的主观判断，由此引致我国股市内在机制的全面扭曲和行政化，有典型的"政策市"特征，处于有"市"无"场"的境地。

从发达国家的股市发展史看，符合市场机制要求的股市一般具有如下特征。一是发行市场与交易市场分立。股票发行市场是发行人（股份公司，下同）与投资者之间的经济关系，股票交易市场是股东与投资者之间的关系，这两类不同的主体关系截然不同，决定了它们之间的法律关系、股票定价等的实质区别，不可相混。但在我国股市中，一开始就将发股上市连为一体，混淆了两个市场之间的实质性差别。二是经纪人为核心的股票交易市场规则。多层次股票市场体系由多层次股票交易市场规则界定。其中，股票交易市场规则是由经纪人制定和修改的，各个股票交易市场依交易规则不同而区分（如美国纽约证交所市场和费城证交所市场等），同一股票交易管理机构（如美国纳斯达克、东京证交所）中可以有多层股票交易规则并以此而划分为多层次股票交易市场。但我国的 A 股市场按照首次发行股票数额的多少划分为主板、中小板和创业板，这违反了股票交易市场规则的要求。三是多层次股票交易市场决定了股票发行的注册制。内在机理有三：其一，股票发行是发行人通过发股募集经营运作资金的要求，股票上市是股东卖出手中股票的要求，二者并非一码事；其二，股票发行成败的责任（以及发股后的履责）由发行人全部承担，股票交易的得失由从事交易的股东承担；其三，在多层次股票交易市场条件下，相关监管部门无法确认发行人在发股后是否向股票交易市场管理机构（如证交所）申请上市和在哪个股票交易市场申请上市交易，所以，也就无法按照上市交易的具体标准进行审批。但在我国，由于只有 A 股一个层次的股票交易规则，证券监管部门将其上市标准前移到发股环节，由此，形成了发股上市的审批制；同时，这种审批制中的单一规则又限制了按照新层次交易规则形成新的股票交易市场的进程。四是股票交易以股票的可交易性为基点，股票交易规则由上市规则、交易规则和退市规则等内容有机构成。但我国股票交易规则中，上市规则前移到发行之中，由证券监管部门掌控，交易规则中交割日、涨跌停板等由证券监管部门决定，退市规则中贯彻着盈亏标准，与世界各国和地区差别极大。五是股票市场对股权投资有积极重要的引导作用。但在我国，股票市场对股权投资的引导力度相当弱。一些股权投资基金到处寻求即将发股上市的股份公司为投资对象，投机倾向严重。在城乡居民和实体企业的存款余额高达 115 万亿元的背景下，众多实体企业依然困扰在严重缺乏资本性资金的"融资难"之中，经济运行在高杠杆率（且还在持续上升）的高风险之中。

建立按多层次交易规则设定的多层次股票市场体系，是我国股票市场深化改革的方向。应根据实体经济发展需要，实现股票市场发展模式由外植型向内生性转变，其中，首先应当改变的就是"政府办市场"的思路和相关监管理念。在此基础上，应依法治市，充分发挥市场机制在形成和建立多层次股票市场方面的决定性作用，分立发行市场和交易市场，发展有别于A股市场的新层次股票交易市场，形成新层次股票交易市场与A股市场之间建立在竞争基础上的协调互动，全面提高股市对实体经济的支持力度。为此，应从以下方面深化改革。

第一，分离发行市场和交易市场，实行股票发行的注册制。实行发股注册制的要义有三。一是依法公开披露信息，为此，需要在《证券法》中明确股票发行人应公开披露的信息内容和违反此项规定予以的惩处。二是发股的负面清单。20多年来，在发股审批制中，证券监管部门制定了众多的规范性文件（以至于连《人民日报》评论员文章都列入规范性文件）且越做越细、越做越多，这使得我国的发股制度规则数量远远超过了世界上任何一个国家和地区。其中的基本成因是，证券监管部门在这方面的权力不受限制，有无穷的扩展空间。要实行发股注册制就必须严格限制证券监管部门的权力扩张，为此，需要实行明确的负面清单制度。三是明确发股相关机构（包括发行人、会计师事务所、律师事务所、财务顾问和其他机构等）的法律责任，尤其是落实发股失败制度下它们各自的法律责任。

在分立发行市场和交易市场的过程中，需要处理好三个关系。其一，注册制的审核机关。发股注册制的审核机关应为证券监管部门，不应为证券交易所。如果将发股注册制的职能交给交易所，则一方面还将延续发股与上市相混的格局，所不同的只是，原先这种职能相混发生在证券监管部门层面，现在这种相混发生在交易所层面；另一方面，交易所受自身权益的制约和驱动，为了避免形成新的竞争对手，将严重阻碍新层次股票交易市场的形成。其二，在分立发股与上市过程中，为了使得股市的各方参与者（包括证券监管部门、发行人、交易所、投资者、各类中介机构和媒体等）适应这一新变化，可以考虑实施发股与上市的时间分离机制（例如，通过制度规定，在一段时间内发股后6个月才可向交易所申请股票上市），改变20多年来形成的按照股票交易市场思维进行发股定价的状况。其三，严格实施发股失败制度。对那些实际发售的股票数额占预期发股数额低于一定比例（如70%以下）的，实行发股失败制度，由发行人全额退赔投资者的本息，以抑制注册制条件下的发股随意性和冲动。

第二，分离沪深交易所的交易规则。有史以来，世界各国和地区中，按照一个交易规则设立两个交易所市场的唯独我国沪、深交易所；在网络经济时代，这种设置更加凸显其不合理性。要改变单一的A股市场格局，就必须改变沪、深股市同一交易规则的状况。改变的路径可以有二。一是合并沪深股市，使它们成为一家。但这种操作阻力较大、难度较大，给股市带来的震动也较大。二是分离沪深股市的交易规则，通过交易规则中上市规则、信息披露规则、交易规则和退市规则等的差别化，使它们成为不同层次的股票交易市场。中小板、创业板等的设立已为此做了一些前期准备工作，只需进一步调整交易规则就可水到渠成。

第三，建立以证券公司网络系统为平台、以经纪人为核心的新的股票交易市场。在这一新层次股票交易市场设立中，交易规则（包括上市规则、交易规则、信息披露规则和退市规则等）由各家证券公司中的经纪人协商制定，实行股票发行的有纸化和股票交易的无纸化制度、股票交易的做市商制度和由股票可交易性决定股票退市制度。与此对应，不再实行电子撮合的自动成交方式，实行做市商的撮合交易和自动报价方式。入市交易的股票既可是首发股票，也可是存量股份，各种股票由做市商推荐入市交易。另外，在进一步发展中，这一层次的股票市场可根据实际情况，由经纪人制定更加细化的交易规则，建立满足不同需求的多层次股票交易市场，最终形成类似于美国纳斯达克的多层次股票交易市场。

3. 多渠道推动股权融资发展

长期以来，我国实体企业资本性资金严重缺乏，这不仅使企业的经营运作困难重重，高杠杆率问题难以消解，而且给以银行信用为主导的金融体系带来严重的风险隐患。十八届三中全会《决定》明确提出应"多渠道推动股权融资"。根据当前我国的实际情况，并借鉴国外的经验，在深化改革中，应通过股权投资（PE）基金、政府引导基金、保险资金和社保资金等多种途径推动我国的股权融资发展。具体来看：

第一，应规范发展股权投资。在众多股权投资方式中，股权投资基金的市场化程度最高，是推进股权投资的重要组织方式。基金管理者通常以被投资企业的成长潜力和效率作为投资选择原则，将资金投入最有发展潜力的产业和运作效率最高的企业，由此，他们对引导和优化资源配置有积极重要的作用。但我国的股权投资基金在运作中存在四个有待解决的问题:一是相关法律政策不完善,有些法规界限比较模糊;二是股权退出渠道不畅且狭窄;三是投资"对赌协议"的合法性问题尚待解决;四是国内筹资环节薄弱,资本结构单一。

要规范发展我国股权投资基金的运作,应从三个方面深化改革。一是完善相关法律政策。在继续完善《公司法》、《证券法》和《信托法》等相关法律的同时,应尽快制定关于股权投资基金的专门管理法规,对投资运作的相关行为、组织架构和义务责任等进行规范。二是完善市场体系,建立股权退出的多元化机制。其中,既包括积极推动股票发行的注册制改革,尽快建立多层次股票交易,也包括进一步完善产权交易市场和股权转让机制等。三是明确股权投资基金的产业政策目标和发展规划。从美国和以色列的发展路径可以看出,在股权投资基金发展过程中,政府政策有至关重要的作用,其中包括维护政策的稳定性、加强知识产权保护提供教育培训、完善税收政策优惠和财政补偿制度等。

第二,设立政府引导基金。设立政府引导基金可以有效带动社会资本进行股权投资。创业投资引导基金往往以参股创投企业、贷款、担保、共同投资等方式进行运作。我国政府引导基金起步较晚。目前存在的主要问题有三:一是定位存在一定偏差;二是投资限制具有明显的行政色彩;三是缺乏有效考评监督机制。

为了更充分发挥政府引导基金的功能,推进股权投资的健康发展,需要解决好四方面问题。一是建立经济效益与社会效益相结合的考核体系。通过将经营性项目和政策性项目相结合,最终实现经营的保本微利,同时实现政府的政策目标。二是协调目标差异,提供风险保障。在引导基金的运作中,政府资本要对社会资本进行合理补偿,坚持让利于民,调动民间资本的积极性,避免政策产生挤出效应。三是定位好政府职责,加强监督管理,预防委托代理风险。政府只要通过相应政策制定规则来保证市场行为有序进行即可,所要做的是吸引更多的资金投入创业投资事业中去,同时引导创业投资资金的投资方向。四是建立公开透明的信息披露制度,避免道德风险,防范寻租行为。财政部门应做好监管工作,定期检查资金使用情况,并将检查情况及时公布。

第三,稳步推进保险资金的股权投资。保险资金具有长期性的特点,适合做资本性质的投资，因而是股权投资资金的一个重要来源。近年来，保险监管部门持续放宽了保险资金投资于权益类产品的限制，但迄今此类投资占比依然较低。要稳步推进保险资金用于股权投资，一方面需要改善投资结构，提高资金运用效率。从国外的经验来看，可以采取与股权投资基金相结合的方式展开投资运作。另一方面，要进一步完善资本市场，丰富金融产品体系，为保险投资提供产品种类齐全的不同期限、收益率、风险度和流动性特征的金融产品。

第四，放宽社保资金参与股权投资的限制。社会保险基金通常包括养老保险基金、医疗保险基金、生育保险基金、失业保险基金、工伤保险基金等。这类资金的特点决定了其投资过程中必须确保安全第一，同时又要平衡好可能面临的贬值压力，因此，在保证资产安全性、流动性的前提下，适度放宽社保资金参与股权投资的限制，既有利于增加社保资金的运作收益，也有利于拓宽社会资金的股权投资渠道。

放宽社保资金参与股权投资，需要解决好四个问题。一是调整社保基金结余的部分只能用于银行存款或购买国债的限制，适度放宽社保基金的投资渠道。要鼓励社保基金投资于那些业绩好、流通性好以及发展前景好的蓝筹股；要鼓励社保资金参与对中央企业控股公司、地方优质国有企业和重大基础设施的直接股权投资；要鼓励社保资金扩大对股权投资基金的投资等。二是继续提高社保基金统筹层次，尽快实现各类社保基金省级乃至全国的统筹管理，实现投资体制的市场化与资产配置的多元化，最终提高社保基金收益率以抵御通货膨胀风险。三是培育市场化的独立基金管理机构。四是建立统一规范的社保基金投资运营监管体制，确保基金投资的安全稳定。

（四）加快发展现代保险服务业

随着现代保险业的快速发展，保险业在现代金融体系中的作用越来越大。"十二五"以来，我国保险业取得了长足进步，中国已经成为全球第四大保险市场，其中农业保险保费规模和机动车辆保险保费规模都位居世界第二，仅次于美国。

从总体上看，我国保险业仍处于发展的初级阶段，与现代保险服务业的要求还有较大差距，主要问题有三。一是大而不强。目前我国保险深度（保费收入/国内生产总值）与密度（保费收入/总人口）相比世界平均水平都还有明显差距。二是保险核心功能不突出，保障性业务的发展不尽如人意。在重大自然灾害中，保险保障功能发挥明显不足。与发达国家的财产保险业相比，在同类灾害损失中，我国财产保险业赔付占灾害损失的比例不足2%，远低于发达国家30%的赔付比例水平。三是数据信息和数据平台等保险业的核心资源短缺制约着保障型业务发展。我国财产险业和健康险业虽然历经三十余年的发展，也积聚了数万亿元以上的资产规模，但基础资源的发展却严重滞后。例如，全国性的农业保险数据平台尚未成形，这种核心资源的短缺导致了农业保险缺乏科学的经营基础。

"十三五"时期，我国要加快发展现代保险服务业，需要着力解决好四个方面的问题。

第一，大力培育保险业核心功能。一是把商业保险建成社会保障体系的重要支柱，同时，给予其必要的税收优惠和社会保险市场化运作等政策支持。具体看来，可以大病保险民营化为突破口，尝试引入健康保险交易所作为大病保险交易平台，为整个基本医保体系的民营化探索新路；同时要加快推进个人延税型养老保险试点。二是建立巨灾保险制度。逐步形成以商业保险为平台、财政支持下的多层次巨灾风险分散机制，藏救灾能力于市场。三是发挥责任保险化解矛盾纠纷的功能，重点发展与公众利益关系密切的环境污染责任保险、食品安全责任保险、医疗责任保险、校园安全责任保险等领域。四是通过保险推进经济产业升级，着力发挥保险对于农业现代化和外贸转型升级等的作用。具体包括：完善政策性农业保险财政补贴制度，开展农产品目标价格保险试点；打破我国出口信用保险公司一家垄断经营格局，放开短期出口信用保险市场；在上海、天津自贸区和前海深港合作区，积极探索建立亚洲航运保险中心。

第二，深化保险资金运用改革。具体包括：减少对保险机构投资比例和投资范围的限制，建立市场化资产管理机制，把投资权和风险责任更多交给市场主体；允许专业保险资产管理机构设立私募基金，允许保险公司设立基金管理公司；以优级房贷为基础资产，探索发展按揭信用保险；优化保险投资统计监测体系，做好风险预警工作，规避由资产管理不善引发的影子银行风险传染；引导保险资金服务实体经济（包括服务新型城镇化建设、服务养老产业等）。

第三，加强保险业基础设施建设。具体包括：进一步完善行业车险数据平台，为车险费率市场化提供基础支持；加快建立农业保险风险数据库，开展农业保险风险区域划分和费率分区，为政策性农业保险奠定科学发展基础；修订人身险行业经验生命表、疾病发生率表等；加快我国保险信息技术管理有限责任公司发展，完善公司治理结构。

第四，加强保险消费者合法权益保护。具体包括：探索建立保险消费纠纷多元化解决机制，建立健全保险纠纷诉讼、仲裁与调解对接机制；加大保险监管力度，监督保险机构全面履行对保险消费者的各项义务，严肃查处各类损害保险消费者合法权益的行为；加强保险产品的透明度建设，鼓励社会机构建立对保险价格进行比较的网站平台，尝试公布行业交强险和商业车险的定价基准，在信息透明的前提下，允许保险公司扩大商业车险费率浮动范围。

（五）深化政策性金融体系改革

从经济理论和实践经验看，发展政策性金融体系都具有长期的必然性。无论是发展中国家，还是发达国家，都存在作为补充性的政策性金融，尤其是作为应对危机冲击的制度性机制性安排有不可替代的作用。在2008年金融危机过程中，政策性金融在抵御危机、恢复市场信心、稳定金融体系等方面发挥了重要作用。当前，我国正在加快经济结构转型和推进城镇化建设，亟须解决一直困扰的长期性资金匮乏问题，因此，政策性金融不仅不应被弱化，而且应根据实践需要，加快深化改革和继续创新发展的步伐。

我国政策性金融体系包括政策性银行、政策性保险机构、政策性担保机构、政策性基金等，其中政策性银行机构是主体。经过二十年的实践发展，随着市场体制不断完善和宏观环境的变化，目前政策性金融体系也遇到不少问题，主要表现有四。一是缺乏立法依据，监管缺乏协调。关于三家政策性银行的专门立法至今没有出台，监管上基本是参照甚至完全按照商业性金融机构的监管法律进行，而且监管呈现多头多线的局面，缺乏协调，使政策性金融机构无所适从。二是资金来源渠道相对狭窄，资本金补充不足。政策性银行的资金来源主要依靠向中央银行再贷款和发行金融债券，资本金补充困难，这使政策性金融机构的经营发展和转型改革受到种种制约。三是缺乏清晰定位，评价标准缺失。四是政策性业务与商业性业务容易形成竞争，经营面临一定风险，管理体制也有待完善。

我国政策性金融体系应以"服务国家战略、具有政府信用、尊重市场规则"为深化改革的基本取向,其中,"服务国家战略",应首先以政府设定的着眼于全社会的结构调整、和谐发展、社会安定和金融安全等目标为出发点,以追求社会利益最大化为目标,在保证国家战略能够得以顺利实施的前提下,加强风险控制、提高经营效率,实现财务上的可持续。"具有政府信用",应让政策性金融机构凭政府信用去获取低成本的资金,必要时政府应给予一定财政资金支持,做到可持续经营。"尊重市场规则",应突出政策性金融并非财政资金运作的特征,它是带有市场化资金融通性质的活动,其资金的获取主要还是依靠市场,因此,其资金的投向不能脱离基本的市场规则,必须尊重市场规则开展经营。

在"十三五"期间,政策性金融体系的改革深化,需要解决好五个方面的问题。

第一,应加快政策性金融的立法。在全面推进法治国家建设进程中,政策性金融机构必须在法律的框架内运行,专门立法有利于确保其自主决策、规范运作、可持续经营。考虑到我国政策性金融制度建设还必须经历一段渐进探索、开拓、创新的过程,可采取由粗到细、先易后难的方式,从制度、章程的较粗线条的全覆盖到渐进细化、升级的法规全覆盖的立法技术路线,最终形成较完备的相关法律体系。

第二,应寻求政策性目标与市场性目标相结合的均衡方案与机制。政策性金融的运作目标可以与城镇化所需要的大规模综合性投资相匹配,可以积极以市场性目标解决政策性金融机构的经营机制问题,构建风险共担机制和完善利益补偿机制,支持市场性目标的实现。另外,应构建科学合理的绩效评价体系,客观评价政策性金融机构的目标实现程度、经营管理水平和专业人员的资金运作水平等,以保障政策性目标的实现。

第三,应多途径分类推进政策性金融体系的改革与完善。既要在条件成熟时可以推动商业化改革,也应该考虑新建必要的政策性金融机制(例如住房金融机制)。

第四,应完善法人治理结构,提高政策性金融机构运作机制的专业化、市场化水平,对有综合性业务的政策性金融机构可考虑选择采用分账管理制度。

第五,应建立健全政策性金融监管体系。采取一行一策的办法,确定科学性的监管标准与要求，实施差别化的监管。强化政策性目标考核，构建相应指标体系，遵循全面风险管理的要求，强化对政策性金融机构经营风险管理能力和道德风险的监管。

（六）探索基于负面清单的金融监管模式

长期来，我国的金融监管过于强调行政机制的要求，一味求稳，担心失控，追求运用行政机制管控一切金融风险，对可能监管不了的金融风险就直接禁止对应的金融活动，忽视市场机制和金融机构的自防范风险机制的作用。在此背景下，金融监管部门常常处于自我定位不清的境地，对金融市场各类主体的自主行为管控过多。总体上偏向于实施"更强和更多的金融监管"，持续用行政规范取代市场规范，不仅对正规金融体系采取了全面行政管控，而且漠视经济金融运行中内生的非正规金融，似乎健康稳健的金融体系和金融市场运行是在事无巨细的全面金融监管下形成的，由此使得金融监管权控制或主导的外植型金融体系不断扩展，严重抑制了金融创新，造成金融体系越来越难以满足经济社会发展的内在要求。在全面深化改革、发挥市场机制的决定性作用背景下，金融监管应采取负面清单的思维方式，通过建立金融监管负面清单来厘清金融监管与金融市场的边界。

金融监管负面清单是指通过金融相关法律法规等明确规定禁止从事的金融活动和通过相关金融法律法规等明确规定的金融机构、金融业务、金融产品和金融服务等的市场准入条件。它一方面强调，凡是符合相关法律法规中准入条件规定的经济主体、金融业务、金融产品和金融服务等均可依法保障自由进入金融市场，尤须再获得金融监管部门审批；另一方面强调"法无禁止即可为"，只要不在法律法规禁止范围内，各种金融创新均可依法展开。

建立金融监管负面清单制度，是贯彻落实金融法治的基石所在。在实行金融负面清单制度条件下，金融监管部门的行政权力受到负面清单内容的严格限制，金融监管将真正转移到坚决打击各种违法违规行为、防范和化解系统性金融风险、监测和预警金融运行态势等方面。在此背景下，金融监管部门在行使监管权应要做到：一是权力的行使于法有据，不得超越法律法规的规定行使权力；二是权力行使公开透明，接受社会监督；三是权力行使要遵循正当程序，不得违反规定程序行使权力。与此同时，金融市场的各类主体可根据自身情况以及金融市场需求状况，自主地进入负面清单之外的金融市场，开展符合自己要求和权益的金融活动。

落实金融监管的负面清单管理模式，首先，要确立新的监管理念，对金融市场准入的认识，应从现有的正面清单模式的"法无授权即禁止"转向负面清单模式的"法无禁止则自由"。其次，要调整监管行为，加强金融监管部门对相关金融活动的市场准入后监管。负面清单之外的事项得到市场准入后，法律应当授权并要求金融监管部门加强事中和事后监管，以防范金融风险，保护金融消费者利益。再次，完善司法制度，强化司法对金融监管权力的制约。当金融监管者的立法或执法活动侵害金融市场交易主体利益时，金融市场交易主体有权向法院寻求司法维权和救济。最后，应建立集团诉讼、代表诉讼等诉讼制度，保护金融投资者和金融消费者合法利益，实现金融市场主体间权利义务的平衡，避免负面清单制度可能带来的负面效应。

若实施负面清单制度，金融监管部门就失去了审批制中寻租的空间，鉴于金融产品创新已越来越多采取多种金融机制复合运作，除金融机构外，各类实体企业和城乡居民也都进入了金融市场，继续贯彻机构监管的方式既不利于监管目标的落实也将持续暴露出各种弊端，由此，金融监管的重心从金融机构转向金融功能（或金融行为）就成为必然，与此对应，金融监管部门之间的协调就将从机构协调转变为功能协调，在此基础上，重新调整金融监管部门的设置就将成为可能。

随着我国金融业改革发展和对外开放程度的不断提高，互联网和移动通信技术的普及深入，金融业务综合化、金融活动国际化、金融产品多样化和金融创新常态化的趋势日益明显，这一切都对已有的金融分业监管体制提出了新挑战。另外，通过直接投资和参股其他金融企业或者通过金融控股公司形式等，金融机构形成了跨行业、跨市场和跨国界的综合化经营模式，加大了系统性风险在金融市场和金融机构之间放大与传染的可能，对金融稳定提出了新的挑战；同时，随着综合经营发展和金融市场的对内对外进一步开放，民间资本、海外资本将越来越多地进入金融体系，由此，金融的系统性风险特征将会在一定程度上与发达国家趋同，建立宏观审慎管理政策体系成为必然举措。

宏观审慎管理政策体系的形成和落实，既包括货币政策与金融监管协调，也包括货币政策与财政政策的协调，因此，仅靠"一行三会"的努力是远远不够的，它还涉及国家发改委、财政部及其他相关部委，鉴于此，需要从国务院层面考虑构建协调能力更强的运作机制，制定和落实微观监管政策协调、总量政策协调、总量政策与结构政策，以及经济金融运行政策与经济社会发展战略相统一的宏观审慎管理政策体系。

参考文献

［1］《国民经济和社会发展第十二个五年规划纲要》，新华网，2011 年 3 月 16 日。

［2］《中共中央关于全面深化改革若干重大问题的决定》，新华网，2013 年 11 月 16 日。

［3］《中共中央关于全面推进依法治国若干重大问题的决定》，新华网，2014 年 10 月 30 日。

［4］《国务院关于加快发展现代保险服务业的若干意见》，中国政府网，2014 年 8 月 13 日。

［5］恩格尔曼、高尔曼主编《剑桥美国经济史》第 3 卷，中国人民大学出版社，2008。

［6］董裕平：《政策性金融转型动态与我国的改革路径评析》，《财贸经济》2010 年第 11 期。

［7］法博齐：《债券市场：分析与策略》，中国人民大学出版社，2011。

［8］黄奇帆：《改革完善企业股本补充机制　促进中国经济持续健康发展》，《中国证券报》2013 年 11 月 21 日。

［9］贾康、孟艳：《政策性金融何去何从：必要性、困难与出路》，《财政研究》2009 年第 3 期。

［10］李扬：《适应金融发展需要　重塑监管框架》，《金融评论》2010 年第 6 期。

［11］时文朝主编《中国债券市场发展与创新》，中国金融出版社，2011。

［12］孙祁祥等：《中国保险业发展报告 2014》，北京大学出版社，2014。

［13］塞里格曼：《华尔街的变迁：证券交易委员会及现代公司融资制度演进》第 3 版，中国财政经济出版社，2009。

［14］王国刚：《以公司债券为抓手　推进金融回归实体经济》，《金融评论》2013 年第 4 期。

［15］王国刚：《中国货币政策调控工具的操作机理：2001～2010》，《中国社会

科学》2012 年第 4 期。

［16］王利明：《负面清单管理模式的优越性》，《光明日报》2014 年 5 月 5 日。

［17］魏加宁：《存款保险制度与金融安全网研究》，中国经济出版社，2014。

［18］新华社特约评论员：《适应新常态　推动新发展——一论学习贯彻中央经济工作会议精神》，新华网，2014 年 12 月 11 日。

［19］谢平、邹传伟：《中国金融改革思路：2013 ~ 2020》，中国金融出版社，2013。

［20］阎庆明等：《中国影子银行监管研究》，中国人民大学出版社，2014。

［21］易纲：《改革开放三十年来人民币汇率体制的演变》，选自《中国金融改革思考录》，商务印书馆，2009。

［22］周小川：《人民币资本项目可兑换的前景和路径》，《金融研究》2012 年第 1 期。

［23］周小川：《关于推进利率市场化改革的若干思考》，http：//www. pbc. gov. cn/publish/goutongjiaoliu/524/2012/2012011216064835365534/2012 0112160648353655534_　. html。

［24］中国保险监督管理委员会：《中国保险业社会责任白皮书》，2014。

［25］Allen F. ，Gale D. ，*Comparing Financial Systems*（MIT Press，2000）.

［26］Asli Demirgüç – Kunt，Edward Kane，Luc Laeven，"Deposit Insurance Database"，World Bank Working Paper，2014.

［27］Cassola, N. And N. Porter，Understanding Chinese Bond Yields and their Role in Monetary Policy，*IMF Working Paper*，2011WP/11/225.

［28］Clement, Piet，The Term "Macroprudential"：Origins and Evolution，*BIS Quarterly Review*（4），2010.

［29］Committee on the Global Financial System，Operationalising the Selection and Application of Macroprudential Instruments，CGFS Papers No. 48，2012.

［30］Demirguc-Kunt，A. ，and L. Klapper，Measuring Financial Inclusion：The Global Findex Database，World Bank Policy Research Paper 6025，2012.

［31］Rioja Felixand Neven Valev，Stock Markets，Banks and the Sources of Economic Growth in Low and High Income Countries. *Journal of Economics and Finance* 38，2014.

［32］Shleifer, Andrei，*The Failure of Judges and the Rise of Regulators*（Cambridge，MA：The MIT Press，2012）.

［33］Stigler, George，The Theory of Economic Regulation. *Bell Journal of Economics and Management Science*，2，1971.

"十三五"时期及未来中长期
创新驱动发展战略研究

李　平　王宏伟　蔡跃洲　郑世林　朱承亮[*]

摘要：实施创新驱动发展战略，就是要把创新提升到国家战略层面，使创新渗透和根植于民族精神和社会文化之中，成为推动国家持续发展的不竭动力。实施创新驱动发展战略是一项全局性、系统性的重大战略部署，既要从国家层面进行体制机制的重大调整，还要致力于企业、高校、事业单位、劳动者等微观主体的再造和调整。应该以"创新为引领、市场为导向、企业为主体、科技支撑发展"作为基本原则，通过深化科技体制改革，构建以企业为主体、市场为导向、产学研相结合的技术创新体系；力争到2020年迈入创新型国家的行列，到2030年成为科技强国，到2050年成为引领世界的科技和文化强国。为此，需要着力营造创新文化，提高全民创新意识和创新精神；充分发挥政府引导作用和市场配置功能，引导社会资源向创新领域集中，保障不同所有制企业公平分享科技资源，确立企业技术创新的主体地位。与此同时，要着力强化基础研究和产业共性技术及前沿技术研发；在战略必争领域进行前瞻性部署、取得关键性技术突破，并培养和吸引一批科技领军人才和高技

---

[*] 李平，中国社会科学院数量经济与技术经济研究所，所长，研究员；王宏伟，中国社会科学院数量经济与技术经济研究所，研究员；蔡跃洲，中国社会科学院数量经济与技术经济研究所，研究员；郑世林，中国社会科学院数量经济与技术经济研究所，副研究员；朱承亮，中国社会科学院数量经济与技术经济研究所，助理研究员。

能人才,切实提高国际竞争中的主动权和话语权;注重创新成果的商业性应用和转化,使各类创新活动在稳增长、保就业、惠民生方面发挥支撑性作用。

关键词:创新驱动 科技体制 企业主体 创新文化 国家创新体系

党的十八届五中全会关于"十三五"规划建议稿强调,创新是引领发展的第一动力,必须把创新摆在国家发展全局的核心位置,深入实施创新驱动战略,发挥科技创新在全面创新中的引领作用。

改革开放以来,中国人民和政府一直努力探索解放生产力和发展科技的最优道路。从1978年邓小平同志在全国科学大会上明确提出"科学技术是第一生产力",到1985年《关于科学技术体制改革的决定》确定了科技制度改革的基本内容和方针,1988年《国务院关于深化科技体制改革若干问题的决定》,1996年《国务院关于"九五"期间深化科学技术体制改革的决定》,2006年《国家中长期科学和技术发展规划纲要(2006~2020年)》,一直到党的十八大明确提出创新驱动战略,无论是在宏观层面,还是在微观层面,探索和追求提高自主创新能力,推动科技与经济结合,推动企业成为技术创新主体,以创新驱动经济和社会发展,构建国家创新体系,建设创新型国家和经济强国的步伐一直没有停歇。

在未来的"十三五"时期,中国经济发展将面临较大下行压力,资源、生态、环境的约束逐渐加强,人口红利的优势逐渐消失,进入所谓"经济新常态"。如何实现经济和社会的平稳和可持续发展,是"十三五"时期面临的重要挑战。实施创新驱动发展战略将成为引领中国建设创新型国家、实现经济强国的重要路径,是"十三五"时期国家发展全局的核心。

一 创新驱动发展内涵与战略目的

人类社会发展依赖于自然资源、劳动、资本、知识和科技等要素投入。其中,知识和科技由创新生成并且不断累积,逐步替代物质条件,成为现代人类发展的核心要素和基石。世界各国尤其是发达国家,均在不遗余力地推动创新，打造社会发展新的不竭动力。

创新驱动发展的内涵是，创新渗透和根植于民族精神和社会文化之中，成为推动国家持续发展的不竭动力、实现财富积累的根本方式和提升民族和国家竞争力的法宝。

实施创新驱动发展战略，就是要把创新提升到国家战略层面，通过顶层设计和制度改革创新，完善和优化国家创新体系，创造激励创新的有利外部环境，充分释放市场微观主体的创新活力，形成全民族基因式创新文化，提升全社会创新意识、创新能力和创新自觉，推动劳动者素质不断提高、知识持续快速积累，实现发展动力由以物质要素投入扩张为主，向以知识创新、科技创新、社会创新、管理创新为基的根本性转变，大力提升国家竞争力和国际竞争优势，以此持续推进民族兴旺、社会进步和人民富足。

二　创新驱动发展战略实施意义

（一）从理论角度来看，技术创新是经济可持续增长的根本动力

技术创新是经济增长的重要源泉。经济增长理论经过300多年发展，经历了从古典经济增长理论、现代经济增长理论至新经济增长理论的发展过程。20世纪80年代兴起的新经济增长理论，确立了自主创新作为推动全要素生产率提升和经济增长的核心动力要素的地位。

技术创新是促进经济繁荣的重要动力。技术创新从某种程度上影响着经济周期。技术创新成果持续不断并大量进入市场得以运用，将刺激公众对新产品的消费和企业对新技术的投资，有助于避免经济衰退，减轻经济波动幅度，使经济进入新一轮的上升通道，从而拉动经济增长。

（二）从近现代历史来看，创新是一个国家成为世界经济强国的必经之路

自主创新是一个国家成为世界经济强国的必经之路。历史经验表明，虽然不同国家的发展路径和模式有所不同，但具有很强的创新能力是多数经济强国的根本特征。

18世纪英国推动自主创新，19世纪后期美国成为自主创新大国，一直到"二战"后日本加强自主创新，迅速实现经济复苏并跃升为世界经济强国，这些成功经验证明了自主创新是实现经济增长、提高国家竞争力的重要驱动要素。

历史经验还表明，在每一轮技术创新和产业变革中，抓住发展机遇的关键是有效实施适应各国和各个时期的科技创新战略。例如，美国经济结构调整和经济复苏，日本走出"零增长"实现经济振兴，韩国经济崛起和走出亚洲金融危机，等等，都是有力的例证。

（三）从国际背景来看，各国都积极打造科技创新并将其作为经济发展的不竭动力

进入21世纪以来，伴随着国际力量对比发生的重大变化和国际体系的深刻复杂调整，国际竞争尤其是大国间的综合国力竞争日益加剧。随着知识经济时代的到来，智力资源已成为稀缺资源，谁掌握智力资源，谁就拥有财富，谁就具有经济发展的主动权。因此，各国不断加强对智力资源的开发与利用，科技创新能力已经成为国家综合国力的要素。一个国家及其企业拥有技术创新成果的质量和创新能力基本决定了该国在国际分工中的地位。

世界经济低速增长成为常态，当今世界普遍存在生产力危机，而中国更为突出，表现在经济增速下滑、经济结构不合理等方面。

许多国家都将创新提升到国家发展的战略核心层面，将创新作为抓手打造社会发展新的不竭动力。全球化科技竞争与合作广泛而深入，国际社会科技主导地位的竞争日趋激烈，发达国家在科技上占优势的压力长期存在。

（四）从中国发展实践来看，实施创新驱动发展是实现创新型国家和经济强国的关键

在复杂的国内外背景下，创新能力日益成为增强综合国力、保障和强化国家安全和控制力、改变世界竞争格局的决定性力量。积极实施创新驱动发展战略是提高自主创新能力，转变经济发展方式，支撑创新型国家建设，形成持续国际竞争能力，从根本上解决国家面临的挑战的必由之路，具有重要战略意义。

一是转变经济发展方式亟须实施创新驱动战略。中国正处于关键转型时期，转方式、调结构和次高速经济增长的局面将会持续较长一段时间，目前

经济下行压力较大，进入所谓"经济新常态"。改革开放以来，中国经济实行出口导向型和投资拉动型发展战略，实现了长达30多年的高速增长。但随着国内外发展条件的变化，这种依靠要素投入的粗放型增长模式难以为继，在"人口红利"逐渐减少、土地成本迅速上升、资源环境压力不断加大等诸多约束因素下，粗放型经济发展方式已难以支撑中国经济的可持续发展，调整经济结构、转变经济发展方式刻不容缓，其中科技创新尤为关键。而实施创新驱动战略是保障中国经济保持较高增速和转变发展方式的关键。

二是建设创新型国家亟须创新驱动战略的支撑和保障。科技是国家强盛之基，创新是民族进步之魂。我国是世界上具有重要影响力的科技大国，近年来我国创新能力显著提升。我国是科技大国但不是创新强国，创新型国家建设任重道远。目前我国狭义的技术进步贡献率还不高，科技创新对经济发展的支撑作用还没有充分发挥，经济增长依然主要依靠资本驱动。中国企业技术创新仍然以跟踪模仿为主，自主创新能力较弱。与发达国家相比，中国技术进步水平还有较大差距，仅达到美国的13%。实施创新驱动战略是建设创新型国家的必由之路，也是重要的支撑和保障。

三 我国创新驱动发展的现状

（一）取得的主要成果

（1）我国是世界上具有重要影响力的科技大国，创新能力大幅提升，为实施创新驱动发展积累了宝贵经验。我国国家创新指数由2000年的全球第38位上升至2013年的第19位。国际科学论文产出实现量质齐升，论文数量居世界第2位，被引论文数量居世界第4位。本国人发明专利申请量和授权量分别居世界首位和第2位，占全球总量的37.9%和22.3%。高技术产业出口占制造业出口的比重居世界首位，知识服务业增加值居世界第3位。

（2）我国是世界第二大经济体，研发经费投入持续增加，为实施创新驱动发展奠定了坚实物质基础。2013年我国国内生产总值为56.89万亿元，全社会研发经费支出11906亿元，居世界第3位，占国内生产总值的2.09%。

（3）我国积累了庞大的人力资本，研发人员全时当量居世界首位，占全球总量的 29.2%，为实施创新驱动提供了人才储备。

（4）重点领域和关键产业技术创新取得了丰硕成果，攻克了一大批制约产业发展的关键和共性技术，部分领域取得了突破性进展。

（5）科技运行机制发生重要转变，竞争择优成为科技资源配置的主要方式；科研院所改革取得突破，科研院所先后完成企业化转制，社会公益类院所分类改革取得积极的进展；《中华人民共和国科学技术进步法》《中华人民共和国专利法》《中华人民共和国促进科技成果转化法》等法规相继出台，科技政策法规体系基本形成。

（二）存在的主要问题

（1）科技体制改革不到位，政府对创新资源配置干预严重，寻租空间巨大，腐败现象频现，尚未很好地建立对创新成果的知识产权保护机制。

（2）产学研有机结合的技术创新机制有待形成，产业链上下游之间的技术创新结合不够紧密，科技成果转化率低。在科研项目立项、产业关键技术研发等方面没有形成上中下游合理分工、协同攻关、创新资源共享的机制，没有真正发挥科技在打造新兴产业中的支撑引领作用。

（3）以企业为主体的技术创新体系有待完善，企业尚未真正成为技术创新的主体，企业研发投入仍较低，创新动力不足。2012 年大中型工业企业研发强度仅为 1.38%。

（4）自主创新能力有待提高，产业核心关键技术对外依存度高，拥有自主知识产权的技术与产品少。缺乏产业关键核心技术，在整个世界产业分工格局中处于价值链低端。

（5）尚未形成激励全民族创新发展的环境，需要形成有助于摆脱习惯思维束缚，有助于把创新驱动、转型发展的要求转化为全社会自觉行动的创新氛围。

四　我国创新驱动发展的外部环境

（一）时代机遇

（1）科学技术越来越成为推动世界各国经济社会发展的主要力量，创新驱动是大势所趋，许多国家都将创新提升到国家发展的战略核心层面，世界科技创新格局正在调整。

（2）即将出现的新一轮科技革命和产业变革与我国加快转变经济发展方式形成历史性交会。

（3）国际金融危机加快了新科技和产业变革的步伐，给我国经济转型升级提供了良好机遇。

（4）科技创新走向全球化，创新要素在全球范围内流动空前活跃、重组不断加快，创新要素流动到哪里、向哪里聚集，哪里就可能成为全球新的产业和经济制高点。

（5）我国经济发展水平不断提高，国内市场需求规模和潜力不断增大，全方位对外开放格局逐步形成。

（二）现实挑战

（1）我国经济发展方式转变任重道远。我国在需求结构上仍然过分依赖投资和外需，经济增长主要还是靠投资拉动，投入结构上比较依赖于传统生产要素的投入和外延的扩张。

（2）我国经济发展中的结构性问题越发突出，发展不平衡、不协调、不可持续矛盾十分突出。人口、资源、环境压力越来越大，我国以较少的人均资源占有量和脆弱的生态环境承载着巨大的人口规模和市场需求，支撑着工业化、城镇化进程，维持经济的快速健康发展存在较大难度。

（3）我国经济正进入增长速度换挡期、结构调整阵痛期、前期刺激政策消化期、高速增长期掩盖的多风险显性化叠加的"新常态"阶段，面临"中等收入陷阱"的挑战。

（4）面临发达国家蓄势占优和新兴经济体追赶比拼的挑战。美国等发达国家提出"再工业化"战略，我国经济结构与新兴经济体面临更多的"同质竞争"。

五 创新驱动发展战略的指导方针、制定原则与战略目标

创新驱动发展战略作为国家战略，不仅涉及国家层面政策、体制、机制

的重大调整，而且涉及企业、高校、事业单位、劳动者等微观主体的驱动力和内生力的再造和调整。因此，创新驱动发展战略是一项富有长远性、全局性、系统性、调整性和内生性的国家重大战略部署。

（一）指导方针

从现在到 2035 年是我国进入创新型国家行列、基本实现创新引领发展的关键时期。一方面要坚持深化科技体制改革，坚持充分发挥市场在资源配置中的决定性作用，激发企业创新动力，以"创新为引领、市场为导向、企业为主体、科技支撑发展"为指导方针。另一方面要提高教育质量和全民素质，吸引和培育企业家、职业经理人、科学家等创新型人才，激发社会公众敢于冒险、勇于开拓的首创精神，形成全民族基因式创新文化，最终实现我国从创新大国向创新强国的战略转折。

（二）制定原则

实施创新驱动发展战略是事关我国经济社会长期可持续发展的重大改革举措，创新驱动发展战略制定应遵循以下原则和标准：一是有助于构建、完善、引导正向创新的体制机制，增强微观主体创新活动激励；二是有助于显著增强全民族创新意识，营造良好的社会创新氛围；三是有助于形成创新投入稳步增长、创新人才不断涌现、创新资源配置日益高效的良性格局；四是有助于显著提高自主创新能力，降低关键技术对外依存度；五是有助于显著提高知识、科技和创新活动对经济增长的贡献率，遏制负面创新对经济社会的消极作用。

（三）战略目标

1. 总体目标

深化科技体制改革，构建以企业为主体、市场为导向、产学研相结合的技术创新体系，实现创新资源的有效配置，提高全民族教育水平和质量，促进创新人才不断涌现，在基础科学和前沿技术方面取得突破性研究成果，实现企业自主创新能力显著增强，全面提高技术进步贡献率和全社会劳动生产率，使技术创新和社会公众创新成为经济增长的基本驱动力量，使我国真正成为创新型国家、科技和文化强国。

2. "十三五"时期目标

到"十三五"末期，中国迈入创新型国家的行列，自主创新能力显著增强。全社会研究开发投入占国内生产总值的比重提高到 2.5% 以上，基础研究经费占全社会研究开发投入的比重提高到 8% 以上，大中型工业企业平均研发投入占主营业务收入比例提高到 2%，科技进步贡献率力争达到 60% 以上，对外技术依存度降低到 30% 以下。教育质量和水平大幅度提高，涌现一批世界知名的创新型企业家人才和产品品牌，营造鼓励探索的全民创新文化氛围。

3. 未来中长期目标

2030 年中国可望进入创新型国家的中级阶段，成为科技强国。自主创新成为经济发展的根本动力，全社会研究开发投入占国内生产总值的比重提高到 3% 以上，基础研究经费占全社会研究开发投入的比重提高到 15% 以上，大中型工业企业平均研发投入占主营业务收入比例提高到 3%，科技进步贡献率力争达到 70% 以上，对外技术依存度降低到 20% 以下。迈入世界高教育质量国家行列，全民素质基本与发达国家持平，企业家创业和创新精神成为全社会发展主流之一，真正形成全民族基因式创新文化。

2050 年真正实现从"中国制造"到"中国创造"的转型，真正实现从"文化大国"到"文化强国"的转型，成为引领世界的科技和文化强国。

六　创新驱动发展战略的重点任务

（一）积极鼓励创新，形成全民族基因式创新精神和文化

营造鼓励创新、崇尚创新的社会文化氛围，提高全民族的创新意识和创新精神。鼓励个人的创新精神，政府和社会大众对个体的首创精神要充分鼓励，并宽容创新者的失败，为创新者提供良好的法规、政策保障和舆论导向；发扬大胆尝试和冒险精神，在制度上应该给创新思想生存的土壤，打破墨守成规、故步自封的弊端，鼓励大胆尝试，以及创业和创新的冒险

精神；建设创新文化，繁荣各领域创新文化，摒弃僵化思想，使公众创新成为经济社会发展的重要内生力量；营造崇尚创新、容忍失败的社会创新文化氛围。

（二）强化产学研各主体的市场地位，完善国家创新体系建设

从建立健全体制机制入手，完善和优化国家创新体系，真正形成以企业为主体、市场为导向、官产学研用相结合的创新体系。进一步深化国企改革，使其真正成为市场竞争的主体。加快建立以企业为主体、以市场为导向的技术创新体系，激发企业创新活力，使企业真正成为创新活动主体和创新决策主体，造就一批掌握核心技术并具有技术溢出能力的创新型跨国公司。强化对企业技术创新的支持，吸引企业参与确定科研方向、科研立项和牵头承担应用研究和技术开发。重点支持龙头企业建立高水平的研究院、国家工程中心和国家工程重点实验室，支持企业加快新一代的信息技术、新材料、新工艺、新装备的应用推广。加快地方科研院所改制，推进应用型技术研发机构市场化、企业化改革，对科研院所进行分类管理，推动高校技术转移中心、孵化器、科技园等中介组织企业化改制，使其真正成为科研成果转化的主体。继续实施技术创新联盟计划，鼓励企业、高校和科研机构结成以创新为目的的正式联合体，通过整合产业中分散化的研发力量，发挥对产业技术创新的支撑作用。坚持科技面向经济社会发展的导向，围绕产业链部署创新链，围绕创新链完善资金链，消除科技创新中的"孤岛现象"，破除制约科技成果转移扩散的障碍，提升国家创新体系整体效能。

（三）深化科技体制改革，建立公平竞争的市场环境

深化科技体制改革，确立市场配置资源的决定性作用。全面加快和推进要素市场化改革，加大知识产权保护力度，通过知识产权保护，让企业靠技术创新得到合理的市场报酬，保障不同所有制企业公平分享科技资源。形成市场竞争对企业技术创新积极性的倒逼机制，提升微观主体从事创新活动的动力。

梳理政府条条块块的科技资源，进行上下级政府和不同政府部门之间的

增减和归并，科学设计和配置科技资源。改革科技专项体制，借鉴美国、欧盟等地区科技资金配置先进经验，注重中央和省级政府科技立法建设，硬化政府科技资金软约束，加强第三方监管和科学评估。处理好科技"举国体制"和"公众体制"的关系，谨慎使用科技"举国体制"。

完善科技统筹机制和鼓励创新的机制。完善顶层科技决策机制和统筹协调机制。与科技体制改革相协同，推进财政体制改革、垄断行业改革、金融体制改革等一系列改革，建立跨部门的组织协调机制，更好地发挥政府的宏观调控职能，以推动产业界、大学和研究机构之间的合作，实现其功能上的互补。完善知识产权保护制度和行业监管规制，为微观主体从事创新活动创造公平高效的市场环境，有效遏制各种损害市场公平和消费者利益的负面创新活动。

（四）合理定位政府在创新领域中的地位，充分发挥引导作用

结合创新链条不同环节特征，从弥补市场失灵出发，界定政府部门在推动创新过程中承担的职能。切实用好市场"看不见的手"和政府"看得见的手"，逐步消除创新领域政府越位与缺位并存现象，使企业真正成为市场主体和创新主体，能够按照市场规则和利润最大化原则组织开展各种创新活动。

政府在创新领域的职能应定位于弥补和纠正创新领域存在的市场失灵，着力改善制度环境，为建设公平竞争的市场创造条件；承担企业不愿承担的公益职责，为微观主体创新活动提供更多的公共技术服务体系；加强国家创新体系建设，加快创新网络的形成，重构公益性技术中介机构，构建共性技术创新平台。改变单纯由政府部门评估科技转化成果的做法，加强第三方评估中介机构的建设，增强社会对科技资源配置效率和使用效果的监督；充分发挥政府的引导作用，引导社会资源向创新领域集中。

充分发挥政府在创新驱动发展战略中的引导作用，集中资源大力推动和发展战略性新兴产业和高新技术。增加基础研究，提高对中小创新型企业研发活动的资助水平。对于基础研究要给予稳定支持，政府鼓励更多的原创性研究，保证共性技术的公共供给。对于应用研究，要面向需求，由市场来决定资源的配置，发挥市场对技术研发方向、路线选择、要素价格以及各类创新资源配置的导向作用。政府在关系国计民生和产业命脉的领域要积极作

为，加强支持和协调，用好国家科技重大专项和重大工程等抓手，集中力量抢占制高点。

（五）加大科技基础设施建设，增强共性技术和前沿技术研发

实施科学有效的支持性政策措施，鼓励创新供给，加强基础科学和前沿技术研究领域的研究，提高原始创新能力和综合创新能力。积极构建高水平的产业共性技术支撑体系，建立国家共性技术和前沿技术基金，组建支持和促进共性技术研究开发和产业化的产业技术联盟。依托科研院所、高校和企业整合现有的创新资源，整合现有的高校、研究院所和重点实验室，支持以提高自主创新能力建设和关键技术研究为目标，在若干基础共性和前沿领域，以新机制和新模式探索建立国家级的研发中心。在新能源、新一代的信息技术、合成生物技术、关键和高性能材料等领域建立一批关键的技术平台。

（六）加快具有竞争优势领域和战略必争领域的技术突破，保障国际竞争力

竞争优势领域是我国已经具备较好的基础、与国际先进水平较为接近、能够率先实现引领和赶超的若干领域。在航天装备、网络通信设备、发电与输变电装备、轨道交通装备、能源装备、钢铁冶金、石油化工、家用电器等具有竞争优势的领域，要大力推动创新发展，加快形成全球竞争优势。

战略必争领域是我国经济社会发展和抢占未来产业制高点必须占领的，但长期薄弱、受制于人、差距较大的若干战略性和先导性领域。在集成电路及专用装备、操作系统及工业软件、数控机床及基础装备、航空工程装备、汽车、航洋工程装备、船舶、新材料、生物医药及医疗器械、节能环保和农产品加工等战略必争领域，要加强前瞻性部署和关键性技术的突破，努力掌握知识产权，提升自主创新能力，掌握在国际竞争中的主动权和话语权。

（七）提高教育质量和水平，培养和吸引一批科技领军人才和高技能人才

加强教育体制改革，完善创新人才培养机制。对现行以应试为出发点的

教育体制进行全面改革，培养学生的创新精神，鼓励学生敢于尝试和冒险，让学生学会主动思考和学习，改变"填鸭式"教育模式。推进素质教育，创新教育方法，提高人才培养质量，努力形成有利于创新人才成长的育人环境。协调好基础教育、高等教育、职业教育之间的分工，共同致力于提升公民的科学素养、人文素养，培育公民创新创业精神。

着眼于当前经济社会发展的现实需要，在关键核心技术领域吸引一批海内外高科技领军人才。塑造和培养企业家及企业家精神，注重吸引具有创业精神，活跃于社会创新、管理创新领域的领军人才。要用好用活人才，建立更为灵活的人才管理机制，打通人才使用、发挥作用中的体制机制障碍，最大限度支持和帮助科技人员创新创业，实现创新人才的竞争和自由流动。破除僵化的户籍制度，弱化行政单位终身制，淡化国籍意识，使人才充分竞争和流动，吸引世界一流人才集聚于中国。

（八）扩大科技开放合作，整合国内外优良科技资源

以全球化视野，整合各种优良科技资源，引导更多社会资源向创新活动集中，提高原始创新、集成创新和引进消化吸收再创新能力，更加注重协同创新和产业共性技术研发，使原创和独创的技术和产品不断涌现，推动技术创新、产品创新、生产和商业模式创新。

深化国际交流合作，充分利用全球创新资源，在更高起点上推进自主创新，并同国际科技界携手努力，为应对全球共同挑战做出应有贡献。支持企业灵活利用国际科技资源提高技术研发能力，鼓励企业进行带有技术研发色彩的国际并购，鼓励企业到海外建立研发中心。

七 实施创新驱动发展的模式

（一）发达国家模式借鉴

1. 美国模式——上下联动

美国逐渐形成了政府、大学（包括研发机构）和产业三方共同参与、协同发展的"政府—大学和研发机构—产业"三螺旋创新模式。美国国家创新

模式最大的特点是企业作为创新主体的作用能够得到充分发挥，政府仅进行必要的干预。美国采取遵循自由市场主义的技术领先者模式，是原创型科技创新领先者。

政府的调控与协调功能定位。政府的作用主要是从宏观角度为企业技术创新创造环境，通过各种直接或间接手段进行调控，采用金融和财政等调控政策，对公司和大学等部门和其创新行为进行调控。联邦政府从国家宏观层面确立创新战略目标，即维持美国在几乎所有领域的领先地位。联邦科研机构则主要承担与国家使命相关的基础研究和关键技术的开发，在美国国家创新体系中具有不可替代的作用。白宫每年发布总统科技报告，瞄准前沿科技领域。"阿波罗计划"、"星球大战计划"、奥巴马新政及制造业振兴计划，无一不是联邦政府主导推动的国家科技创新战略。

企业是创新和投资的主体。企业在美国创新过程中承担了重要的部分，企业利用了美国约 3/5 的研发经费并吸取了 3/4 的科技工作者，创造了全美 3/4 的研发成果。大企业在企业研发中的地位一直非常重要，自 20 世纪 70 年代以来中小企业也在研发方面发挥了越来越重要的作用，有力地促进了科技工业园的发展。在微观层面，创新文化和企业家精神支撑了美国旺盛的创业型经济。从东海岸的 128 号公路到西海岸的硅谷，都遍布着美国社会活跃的创新文化和广泛的创新基础。

大学是基础研究的主要基地。美国大学在基础研究方面的重要地位是不可替代的，随着知识经济的深入发展，知识创新和研发成为创新的核心，大学作为基础研究的主要基地，在创新过程中越来越发挥着主导作用。

科技中介服务机构是创新产业化的纽带。主要包括技术转让机构、咨询和评估机构、政策研究机构、风险投资公司等，它们在美国国家创新体系架构中的桥梁作用不容忽视。

2. 日韩模式——政府推动

日本战后重新崛起、韩国成功实现赶超，都与政府主导实施的创新发展战略密不可分。日本和韩国结合自身实际，走上技术模仿和自主创新相结合的创新模式。日本和韩国采用的是遵循国家制约主义的技术引进跨越模式。

日本的技术创新经历了一个从较低层次的单纯技术引进到简单模仿，再从消化吸收创新向较高层次的知识创新、原始创新发展的历程。这种创新模式升级是在日本政府、企业、科研机构和中介及行业组织共同推动下实现的。日本创新模式建构的基本特点在于，一方面积极引进、消化和吸收国外先进技术，另一方面在此基础上大力推进本国技术开发与创新，从而迅速提升日本制造业的技术水平。这种技术进步与创新与经济发展紧密联系、互相促进，经济增长受益于技术进步与创新，反过来又进一步促进技术进步与创新。战后日本政府主导出台了涵盖产业政策、私人与公共投资、教育、研发等方面的一系列政策，逐步形成了一套较为完善的制度框架，成为"国家创新体系"构建的样本和范例。

日本政府发挥着重要的指导作用。在制定规划，出台政策，加大投入，实施科技计划等方面积极主动，根据不同时期不同情况积极调整政策措施，优化促进技术创新的政策环境。

日本企业是技术创新的主体。企业根据市场需求，确定企业发展方向和目标，推进技术创新，分享创新收益，大企业基本上都有自己的研发机构，侧重于应用研究，在技术改造和产业化方面发挥自己的优势，而中小企业，由于自身实力不强，很难建立和形成自己的研发机构，所以积极与大学和科研院所合作，将其作为自己的技术依托。

日本大学和科研机构是重要的创新源。日本的大学和科研机构是技术创新的重要支撑。

日本中介服务机构提供服务。在搭建创新平台、提高创新服务等方面起到了不可替代的作用。具有日本特色的主银行金融体系，为企业的技术创新和生产发展提供了强大的融资保障。

技术创新的这几个方面的协调与密切合作成为日本技术创新的特色，在共同推进日本的技术创新方面发挥了巨大作用。

韩国作为一个追赶型国家，其科技发展之路与日本相似，都经过了一个政府主导的技术引进和技术改进的过程。20世纪60年代中期，韩国实施了《科学技术长期综合计划（1967～1986）》《高技术及其产业发展七年计划》《科技立国展望》等科技发展规划，并先后出台《科技振兴法》《科技创新特别法》《科学技术基本法》，配套相关科技政策，逐步形成较为完备的国家创新体系。同日本相比，韩国在工业基础与人力资源水平方面的起点都要低很多，但经过50多年的发展，韩国也成功跻身发达经济体行列，成为重要的创新型国家。

3. 德国模式——社会市场经济模式

德国政府在经济和创新发展过程中,采取了介于自由市场主义和国家制约主义之间的模式,即社会市场经济模式。这种经济和创新发展模式以市场经济为主,但不同于以自由市场主义为基础的市场经济。其基本思想是市场效率与社会认同在社会利益平衡中结合。社会市场经济模式主张以竞争为核心推动经济和创新发展,政府进行适当干预维护市场竞争秩序,国家对市场的干预以适应市场运行为主,并应符合市场自身规律。

德国创新体系非常完善,无论是宏观层面上的政府推动,还是微观层面上企业活跃的创新创业活动,都值得称道。从构成来看,德国创新系统大体上可以分为4个层次:政策决策与管理层、咨询与协调层、科学协会和研究执行层以及私营部门和工业协会层。

政治决策与管理层由联邦与各州的议会及政府构成,负责制定、执行与教育、技术和创新相关的政策及实施细则,并负责创新外部环境的建设。

咨询和协调机构主要包括科学委员会、创新与增长咨询委员会以及联邦州文教部长常设会议等,主要负责为联邦和州政府提供与科学政策相关的建议,并向总理提供咨询。

科学与研究协会主要包括研究基金会和马普学会等,这些协会一方面从事科学研究,另一方面负责制定并执行相关的研究政策及资金分配。

工业协会主要包括联邦工业协会、特定领域的工业协会和工商总会等,围绕着特定的研究课题开展一些辅助性活动,为其成员提供各种与研究和创新相关的服务。

德国创新最突出的特点是具有广泛的专业化中介服务机构。德国的中介机构种类众多,业务范围覆盖较广,主要包括:对政府资助的科技项目的立项进行评估和监督管理,为企业的创立和发展提供信息咨询和职业培训服务,从知识和技术的供给方向需求方进行技术转移,等等。

4. 北欧模式——自下而上

北欧国家的创新驱动表现出很强的自下而上特征。瑞典、芬兰、挪威等北欧国家,由于本国市场有限,经济发展需要海外市场带动。虽然这些国家规模较小,却是世界级的创新大国。这得益于其良好的微观创新基础。人均受教育水平很高，公民的学习和创新意识很强，同时政府对企业在技术创新方面给予大力支持，使得北欧拥有一批世界级的创新企业，如爱立信、诺基亚、诺和诺德、沃尔沃等，同时北欧的小企业在科技创新中展现的强大能力，更令世界刮目相看。

北欧创新体系的共同点是以企业为主体、市场为导向、产学研（企业、高等院校和研究机构）结合的创新体系。各国政府通过宏观指导和协调，鼓励企业、高等院校和研究机构积极开展创新活动。北欧各国积极推进国家创新体系的国际化，注重加强国际技术合作，尤其是与其他欧盟国家在技术方面的合作，同时注重增强对科技创新型中小企业的政策扶持。

（二）中国创新驱动发展模式选择

建设创新型国家，要以宽广的世界视角，抓住全球化机遇，充分利用国内国外两种资源。具体选择何种创新驱动发展模式要根据发展的战略目标、资源水平、技术创新水平、创新创业文化、创新人才培养与积累情况等现实条件进行科学选择。例如，在科技创新方面，为提高社会生产力和综合国力提供战略支撑，把原始创新、集成创新和引进消化吸收再创新结合起来，更加注重协同创新，走出具有中国特色的创新之路。另外，不同行业由于行业发展阶段和发展特点的差异，创新驱动发展模式的选择也有明显差异。创新驱动发展模式同样决定着企业创新活动的效率和效果，不同类型和处于不同发展阶段的企业选择的创新驱动发展模式也有较大差别，创新理性较强的企业更倾向于选择与自身状况相匹配的创新驱动发展模式。

1. 国家整体创新驱动发展模式选择

国家整体创新驱动发展模式的选择要根据国家所处的经济社会发展阶段而定。

（1）在近期发展阶段，需要适当借助政府"有形之手"推动创新驱动发展战略的实施，可以借鉴日韩模式，自上而下推动。

（2）在中期发展阶段，需要全力培育微观创新主体，加强对创新型大学和科研院所的改革，逐步减少政府干预力度，实现政府主导与市场导向结合，逐步实现上下联动。

（3）在远期发展阶段，需要进一步完善国家创新体系，融合美国和德国模式，以市场为导向，融合上下联动模式，并加强社会中介技术服务机构的作用。

2. 不同类型行业创新发展模式选择

（1）高技术行业、国内外技术差距小的行业以及国外垄断行业以自主创新模式为主。高技术行业的科技创新水平制约着国家整体竞争力水平，是影响国家战略技术储备的重要因素，应采用自主创新模式。具体来看，电子及通信工业的技术创新已经越过了引进消化吸收再创新的发展阶段，进入了自主创新阶段。由于技术引进程度和速度受行业发展和市场的双重限制影响，专用设备制造业应加强原始创新活动。

（2）国外技术成熟而国内技术差距大的行业以引进消化吸收再创新模式为主。钢铁工业、家电制造业以及水电技术装备、铁路技术装备、冶金、发电、石化设备等装备制造业等，可以引进国外先进技术，坚持引进消化吸收再创新模式，实施国产化并再创新，不断提高自身研发能力。电器机械及器材制造业、医药制造业、金属冶炼及压延加工业、汽车制造业、化学原料及化学制品制造业等技术成熟行业，可采用在引进和模仿基础上消化吸收再创新的模式。

（3）创新风险大、创新投入高的行业以集成创新模式为主。不同行业在选择实施技术创新组织方式方面也有所不同，医药制造业、化学原料及化学制品制造业由于创新投入高、风险大，应以联合创新模式为主。成熟的产业集群多采用集成创新模式，例如，重庆力帆集团和江苏波司登集团所在区域的产业集聚度较高，适于采用集成创新。

（4）战略性新兴产业可以通过组建产业创新联盟以产学研协同创新模式为主。产学研协同创新是以知识增值为核心，高校、科研院所、企业、政府、非政府组织等为实现重大科技创新开展大跨度整合的创新组织形式，涉及不同利益目标的创新主体，是一种独特的混合型跨组织关系，需要创建新的管理技能和组织模式。新兴产业采用"战略—知识—组织"三重互动的产学研协同创新，有利于形成基础研究和产业研究之间的紧密联系。产业创新联盟作为促进协同创新的有效载体，应找准各自与产业发展的结合点，加强自身能力建设，增强为企业服务、为产业服务的能力，成为联系市场与创新主体的桥梁和纽带，形成新的高端服务业态。

八 实施创新驱动发展战略的路径分析

实施创新驱动发展战略应注重顶层设计，结合我国经济社会发展现状和创新驱动发展战略目标，从适应创新驱动发展的制度与社会环境建设、创新活动呈现的不同形式和层次、创新活动对经济社会发展的支撑力度等不同维度，划分战略实施步骤，确定阶段目标。

（一） 推动科学和技术的发展

（1）重点支持科学发现、理论探索和技术发明，推进知识创新，为技术创新转化提供重要的基础。

（2）充分发挥市场机制的作用，并结合合理的调控和规制，大力推进技术创新，特别是共性技术和关键领域的技术创新。

（二） 提升创新对经济发展支撑力度

（1）培育自主创新能力，个别领域达到国际领先水准，有力支撑宏观经济增长，提升国际竞争力。

（2）全面提升传统产业、新兴产业技术水平，大部分领域都具备与主要发达国家同台竞技的技术水平，技术进步开始成为经济增长最重要的贡献因素。

（3）创新和创业活动开始成为各行业领域的自觉行为，经济发展模式全面转型为创新创业型经济。

（三） 推动科技体制机制改革

（1）深化科技体制改革，合理定位科技创新领域的政府职能。

（2）划分政府市场边界，以市场为导向完善政府调控手段，弥补市场失灵。

（3）完善知识产权保护、行业规制，构建跨部门跨主体协作机制。

（4）构建完善创新人才吸引和人才培养机制。

（四） 营造社会创新的环境

（1）加强创新文化建设，弘扬创新创业精神，营造创新社会环境，使创新思维渗透到经济社会方方面面。

（2）培育形成浓厚的社会创新氛围，创新组织管理和商业模式，推进社会创新。

九　保障措施和实施机制

（一）推动政府在科技发展中的职能转变

明确政府与市场的关系，推动政府机构向服务型政府转型。政府应减少对微观市场的干预，对于不存在市场失灵的环节政府应逐步退出，发挥市场在资源配置中的基础作用。在技术创新市场失灵环节，充分发挥政府的引导作用。理顺中央地方政府关系，破除唯 GDP 论的政府考核体系；加快垄断性行业改革，打破行政性垄断，在自然垄断行业的可竞争环节引入竞争机制；在市场准入方面实施负面清单管理和以资源节约、环境保护、质量安全、劳动者权益保护为主的准入标准。在投资、生产经营活动等领域大力减少行政审批事项，禁止变相审批；加快创新要素市场化，完善主要由市场决定价格的机制，加快推进能源、资源及其产品价格形成的市场化改革。应引入技术创新指标作为官员考核的标准，构建地方政府以创新驱动发展为激励的考核制度，逐步扭转当前依赖投资驱动的粗放型经济发展方式。

（二）　加快建立企业主导产业技术创新的体制机制

一是深化国有企业改革，发展混合所有制。二是全面加快和推进要素市场化改革。要素市场扭曲使得企业更愿意引进和模仿低技术生产能力，不愿意进行风险性技术创新活动，因此，无疑会抑制企业进行技术研发投入的积极性。三是加大知识产权保护力度。通过知识产权保护，让企业靠技术创新得到合理的市场报酬。四是不同所有制企业公平分享科技资源。不论是民营企业还是国有企业，在科技资源分配上一律平等，避免科技资源更多流入国有体制。在企业登记、申请立项、税收收费标准、政府采购、财政补贴、土地使用等方面，确保不同类型企业享有同等待遇。五是支持企业灵活利用国际科技资源壮大技术研发能力，鼓励企业进行带有技术研发色彩的国际并购，鼓励企业到海外建立研发中心。

（三）强化科技创新体系建设

构建以企业为主体、市场为导向，大学、科研院所和企业化技术研发机构为支撑的科技创新体系。充分发挥大型骨干企业的科技资源整合能力，激发广大中小企业的创新活力。设立"国家共性和前沿技术研究院"，集聚高端应用技术研发人才，创新科研管理体制，加强针对重点产业、新兴产业和重点产业集群的共性技术攻关与服务。加快完善大型科技工程与设施、科技数据与信息平台、自然科技资源服务平台以及国家标准、计量和检测技术平台等科技基础设施，鼓励骨干企业和产业联盟建设工程数据库，建立科技基础条件平台的共享和开放机制。设立"先进制造技术扩散应用项目"，以技术培训和技术咨询等方式促进先进制造技术推广应用。促使标准制定与科研、开发、设计、制造紧密结合，协同推进标准的培育、制定和产业化，鼓励国内标准的优先采用。鼓励各类创新主体积极参与国际标准制定，推动我国技术标准成为国际标准。加强知识产权保护和主要针对中小企业的知识产权诉讼服务。加强知识产权战略性部署，大力支持企业申请海外发明专利特别是基础专利。

同时，推进科技项目和经费管理改革，提高基础研究领域的固定投入比重，更加注重科研经费配置使用效益，完善科技创新评价标准，建立和完善"同行评议制度"。

（四）进一步营造中小企业发展环境

着力完善中小企业服务体系，加快建设专业化、覆盖广、公益性、综合性的中小企业服务机构和信息平台，培育一批专业素质高、服务意识强的中小企业服务队伍，完善中小企业服务平台和服务内容，建立有效的服务机构运行机制。实施分阶段的中小企业创新扶持政策，优化中小企业科技项目申报流程，统筹对中小企业科技创新的研发支持和产业化支持，由各部委对相应领域的中小企业和创业企业提供资金支持和优先政府采购。简化企业创办流程，加强创业培训与辅导。重点培育和支持一批具有较强创业辅导服务功能、运作规范的创业示范基地，鼓励各种类型的创业孵化机构发展。

（五）促进科技与经济发展之间的衔接

一是发挥政府在产学研合作中的引导作用。政府应着力于改善制度环境与完善公共服务体系，规范完善科技中介机构、产学研联盟的组织运行机制，拓展学术界与产业界之间的合作沟通渠道。二是实施大学技术转移中心、孵化器、科技园等科技中介组织企业化改制。三是深化地方科研院所的改制，对科研院所进行分类管理，加大支持力度。四是建立以企业为主体，高校和科研院所积极参与、风险共担、利益共享的产学研合作机制。收入分配制度的改革要体现向科研人员和研发活动倾斜的导向，激发研发人员和企业创新的热情。五是完善科技中介机构、产学研联盟的组织运行机制。重构公益性技术中介机构，以承担企业不愿承担的公益职责。六是借鉴美国创新实验室、德国创新联盟、澳大利亚合作研究中心、加拿大产业教授、日本和韩国技术研究组合等产学研合作典型长效机制模式，结合我国产学研合作实际国情，创新产学研合作模式，构建产学研合作的长效机制。

（六）优化支持科技创新的财税政策

加大政府采购等需求方政策措施力度，为创新产品创造市场，提高创新型企业的市场生存能力。加快完善和实施《中华人民共和国政府采购法实施条例》及相应制度，充分利用政府采购协议（GPA）在国防采购、医疗、中小企业产品、市场竞争前技术研发合同、创新产品首购［首台（套）］等领域的例外条款，支持企业创新发展。降低综合税费负担水平，鼓励企业在创新与研发、技术改造领域进行投资。调整进口关税优惠政策，对国内企业已经具备研制生产能力的重大技术装备和产品不再给予减免优惠。

完善财政资金投入方式，统筹支持制造技术研发、产业化及企业技术改造。规范财政补贴制度，提高补贴透明度，补贴重点由投资、生产环节转为研发创新、节能环保与消费环节。

（七） 完善推动中小企业技术创新的金融体系

创新信贷工具、完善资本市场，引导资金要素向创新型企业流动。创新渠道破解中小企业融资难、融资贵问题。加快利率市场化步伐，创新小微企业信贷工具、完善资本市场、完善科技中小企业股票发行与上市制度，引导资金要素向创新型企业流动。建立中央财政支出、地方政府、风险投资机构、企业和金融机构等共同构成的多元化投资体系。鼓励股份制银行和商业银行针对中小企业开展金融产品创新，降低中小板、创业板发行上市和债券市场融资门槛，设立政策性中小企业信用担保基金和风险补偿基金。大力发展风险投资基金、创业投资基金和私募股权投资基金，拓宽其资金来源，促进资金汇聚渠道多样化。建立风险分担机制，分担中小企业的技术创新风险。

（八） 着力培养多层次的科技人才

依托重大科研项目和建设项目，加大学科带头人和领军人才的培养力度，探索建立企业首席科学家制度，拓宽海外人才引进渠道，积极引进海外高端人才和紧缺人才。营造有利于企业家大量涌现、健康成长的良好市场环境，鼓励更多的人才创业。完善人才激励和评价机制，鼓励企业使用股权激励、知识产权共有等方式，提高高端人才的积极性。积极鼓励学术创业和海外人才创业。继续加大国家创业投资引导基金对高科技创业的投资力度。

（九） 形成对创新进行正面激励的文化

加大图书馆、科技馆、博物馆、文化馆等文化公共基础设施建设力度，为弘扬创新创业精神、营造创新文化氛围提供设施保障。依托教育部门、科技协会、民间组织等多方力量，加强科普教育，普及现代科学常识、提升民众科学素养，特别要激发广大青少年对于科学探索、技术发明、创新创业的兴趣和热情。文化宣传主管部门应引导主流媒体加大科学、探索、创新、创业方面的宣传，形成崇尚科学、奋斗励志的正面导向。

建立宽松的创新生态环境，允许积累、允许试错，为基础研究提供良好的支持，努力培育潜心钻研的氛围。培育企业家创新精神，倡导创新意识，提高全民科学文化素质，培育创新文化环境，从而形成全社会鼓励创新的正向激励环境，提升全社会创新意识、创新能力和创新自觉，使创新渗透和根植于民族精神和社会文化之中。

参考文献

［1］李平、蔡跃洲：《新中国历次重大科技规划与国家创新体系构建》，《求是学刊》2014 年第 5 期，第 16～29 页。

［2］Marsili，Orietta and Bart Verspagen. Technological Regimes and Innovation：Looking for Regularities in Dutch Manufacturing，ECIS，Eindhoven University of Technology，Working paper，2001.

［3］Simons，Kenneth L. and Judith L. Walls. The U. S. National Innovation System，*Encyclopedia of Technology and Innovation*，Wiley－Blackwell，2008.

"十三五"时期坚持和完善社会主义经济制度及其对策研究

杨春学　杨新铭[*]

摘要： 进入 21 世纪，特别是从"十一五"末到中共十八届五中全会期间，一项具有深远意义的成就就是对中国特色"社会主义基本经济制度"给予了一种充分肯定的诠释。中共中央《关于全面深化改革若干重大问题的决定》、《关于全面推进依法治国若干重大问题的决定》和《关于制定国民经济和社会发展第十三个五年规划的建议》中关于社会主义基本经济制度的表述，为深化改革指明了方向，也为进一步完善基本经济制度确立了保障性的制度框架与原则。但不可否认的是，如何坚持和完善这一经济制度，依然是我们面临的一项长期重要任务。

"十二五"是在 2010 年所谓"国进民退"的大争论中开始规划的。"十二五"《规划》中有关"坚持和发展基本经济制度"的部分侧重于强调"营造各种所有制经济依法公平使用生产要素，公平参与市场竞争、同行受法律保护的体制环境"，"促进国有资本向关系国家安全和国民经济命脉的重要行业和关键领域集中"，"鼓励和引导非公有制企业通过参股、控股、并购等多各形式，参与国有企业改制重组"，等等。这些规划思想在实践中得到了不同程度的落实，取得了显著的成就。

---

* 杨春学,中国社会科学院经济研究所,研究员;杨新铭,中国社会科学院经济研究所,副研究员。

在"十三五"期间，我们仍需进一步努力，结合十八届五中全会《建议》的布置，深化坚持和完善基本经济制度的基本思路，寻求最适度的所有制结构，同时注重其中关键性细节的改革。

关键词：社会主义基本经济制度改革　所有制结构　最适度规模

一　"十二五"时期的改革成就

（一）作为社会主义市场经济的重要组成部分，非公有制经济已经获得了长足的发展，在各项主要经济指标中超过了公有制经济，不存在所谓"国进民退"的趋势。同时，2008年以来公有制经济的比重下降幅度逐渐收窄，并呈现趋于稳定的态势

人们通常运用国有经济与民营经济在工业产值①、就业和税收中的相对比重来描述所有制结构的变动趋势。表1大致上展出了按照这种方式描述的情形。其中，广义民营经济的工业总产值由2003年的62.46%上升到2011年的73.82%，在工业销售总产值中的比重由2003年的81.39%上升到2012年的88.69%；广义民营城镇单位就业比重由2003年的73.18%上升到2013年的83.36%；广义民营经济的税收比重由2003年的76.94%上升到2013年的81.23%。

虽然国有经济下降的趋势没有改变，但自2008年以后下降幅度明显收窄，整体呈现逐渐稳定的态势，其中产出比重连续三年在26%以上，每年下降不到0.5个百分点；销售总产值每年下降也不足0.5个百分点；就业比重同样连续三年在18%以上，每年下降不到0.3个百分点，虽然2013年下降幅度稍有增加，也远比不上2008年以前的下降幅度；税收比重从2003年到2008年平均每年减少近0.7个百分点，而2008年以后逐渐回落至不到0.2个百分点，且2009年和2010年还出现较大幅度的增长。

---

① 公开的统计数据中，工业总产值数据只报告到2011年，其后代之以工业销售产值，二者差距主要是存货部分。当然，工业总产值主要是从报告期内生产角度衡量，而销售产值是从交易的角度，其中包含有上期产出。

表1 "十二五"期间所有制结构变化情况

单位：%

年份	工业总产值		销售总产值		城镇单位就业		税收	
	国有经济	广义民营经济	国有及国有控股经济	广义民营经济	国有及国有控股经济	广义民营经济	国有及国有控股经济	广义民营经济
2003	37.54	62.46	18.61	81.39	26.82	73.18	23.06	76.94
2004	34.81	65.19	17.04	82.96	25.34	74.66	22.50	77.50
2005	33.28	66.72	16.68	83.32	23.74	76.26	21.61	78.39
2006	31.24	68.76	15.06	84.94	22.71	77.29	21.67	78.33
2007	29.54	70.46	13.92	86.08	21.89	78.11	20.15	79.85
2008	28.38	71.62	13.03	86.97	21.34	78.66	19.64	80.36
2009	26.74	73.26	12.65	87.35	20.63	79.37	21.35	78.65
2010	26.61	73.39	12.31	87.69	18.79	81.21	22.37	77.63
2011	26.18	73.82	11.69	88.31	18.67	81.33	20.57	79.43
2012			11.31	88.69	18.43	81.57	20.25	79.75
2013					16.64	83.36	18.77	81.23

资料来源：根据2004～2014年《中国统计年鉴》相关数据整理得到。

表1是以国有经济与广义民营经济的分类角度来解释的。虽然国有经济是公有制经济的主体部分，但上述三个指标低估了公有制经济的比重。为了弥补这种分类存在的问题，我们利用全国第一次和第二次全国经济普查数据，对公有制经济和非公有制经济进行了一项较为全面的量化研究。这种经济普查数据包含着目前公开数据中最能全面准确反映第二、第三产业所有制结构的数据，即直接给出了刻画不同公有制和非公有制经济结构最恰当的指标——总资产，而对于混合所有制经济中的资产结构则根据实收资本结构进行划分。利用这一数据，结合学界有关就业弹性和产出弹性的实证研究结果，我们进行了估算，结果如表2[①]所示。

---

① 杨新铭、杨春学：《对中国经济所有制结构现状的一种定量估算》，《经济学动态》2012年第10期。

表 2　第二、三产业所有制结构估算结果

单位：%

项目 年份	资产		就业		产出（GDP）	
	公有制	非公有制	公有制	非公有制	公有制	非公有制
2004	65	35	49.7	50.3	37	63
2008	52	48	24.2	75.8	30	70

　　表 2 所给出的公有制经济比重包含着集体经济和从混合所有制经济中分解出来的公有制成分，但不包含第一产业的数据，因为全国经济普查不包含这一产业。因此，表 2 的结果低估了全社会公有制经济的比重。以集体土地所有制为基础的农户经济是农业经济中的主流，属于公有制经济的特殊形态，其产值大约占全部 GDP 的 10%。如果把这部分纳入计算，公有制经济占 GDP 比重要高于表 2 给出的结果。

　　第三次全国经济普查数据尚未公布，我们还无法按照上述思路估算公有制经济的最新比重。但是，据国资委的一项估算，近年国有经济创造的 GDP 约占全部 GDP 的 19.2%。[①] 如果加上集体经济和从混合所有制经济中分解出来的公有制成分，公有制经济在 GDP 中的比重仍会高于 30%。这就为进一步深化改革提供了充足的空间。

（二）虽然公有制经济在主要经济指标中的比重下降，但是，它在资产总量上仍然保持着"主体"地位；更为重要的是公有制经济的影响力并没有下降

　　公有制经济在经营性总资产中仍然占有绝对的优势。这给公有制经济和非公有制经济的共同发展提供了巨大的空间。根据一项研究的估算，2012 年公有制经济资产在第二、第三产业中的资产比重依然保持在 50% 以上，达到 50.44%；在第一产业中，保守估计也占到 86.56%。三个产业加总后，公有制经济资产总量为 258.39 万亿元，占全社会经营性总资产的 53%[②]。从 2004

[①]　彭建国：《关于积极发展混合所有制经济的基本构想》，《中国发展观察》2014 年第 3 期。

[②]　裴长洪：《中国公有制主体地位的量化估算及其发展趋势》，《中国社会科学》2014 年第 1 期。

年到 2008 年再到 2012 年，公有制经济资产比重变化趋势表明，公有制经济规模变化趋于稳定，这不仅是政策使然，更是经济规律发展的必然结果。

进一步地，公有制经济的影响力远远大于其在各个指标中的比重。虽然我们难以量化这种影响力，但从下属一组事实中，仍然可以看到其强大的力量。

事实之一：国有经济部门在国民经济的发展中承担着很多重大使命。这类作用是无法用数量指标来精确衡量的。例如，国有企业在国家技术创新体系中起着举足轻重的作用，基本上囊括了历年国家科技创新一等奖。"神舟十号"与"天宫一号"成功交会对接、探月工程"嫦娥三号"任务圆满成功、"蛟龙号"正式应用于深海研究勘探、4G 移动通信技术投入商业运用、高新武器装备研制等，都是国企带来的荣耀。在诸如三峡工程、青藏铁路、西气东输、西电东送、南水北调等国家重大工程中，国有企业也做出了杰出贡献。

国有企业更是提升国家竞争力的核心力量，承担着实施国家全球经济战略的任务。尤其是在一些关系国家安全和国民经济命脉的重要行业和关键领域，比如军工、航天航空、石油勘探等，经济规模要求很高，进行技术创新和走出去参与国际竞争，当前还只能主要依靠国有及国有控股大企业。在世界 500 强企业中，2010 年中国企业有 54 家（含中国香港、中国台湾地区的企业），其中国有及国有控股企业增加到 42 家，央企 30 家；2013 年，中国企业达到 89 家（不含中国香港、中国台湾地区的企业），其中国有及国有控股企业增加到 82 家，私营企业仅 7 家。而在 20 世纪 90 年代中期我国最大的 500 家国有企业全年销售收入的总和还不如美国通用汽车公司一家的销售收入。

事实之二：公有制在金融领域中占据着绝对优势的地位。2012 年，银行业金融机构总资产为 133.6 万亿元。其中，明确属于公有制经济的包括三家政策性银行和中、农、工、建、交等 5 家大型银行以及农村合作社、农村信用社、邮政储蓄银行和农村新型金融机构，这些银行的总资产就达 85.85 万亿元，占银行业总资产的 64.25%。证券公司当中国有股份占据着绝对优势，总资产达 1.72 万亿元；保险业总资产略大，达到 8.29 万亿元，其中主要的仍然是国有大型保险公司。可以说，三大金融行业总资产中公有制经济资产总数超过金融业总资产的 60%，应该不存在任何悬念①。

事实之三：在广大农村，以集体土地所有制为基础的农户经济在维护社会经济的发展和稳定方面仍然起着不可替代的作用。尽管第一产业创造的GDP 只占全部的 10%，但其吸纳的就业人数远远高于这一比重。2013 年，第一产业就业人数依然超过 30%，达到 31.40%，而如果将农村其他就业人口作为第一产业就业的服务人员或第一产业派生的就业的话，那么第一产业实际吸纳的就业人数占全部就业人数的 50% 以上。此外，除了家庭联产承包责任制这一传统的集体经济外，以农民专业合作社为主要形式的新型集体经济迅猛发展。2011 年全国农民专业合作社的数量和产值只有 52.17 万户和0.72 万亿元，到 2013 年分别达到 98.24 万户和 1.89 万亿元，分别是 2011 年的 1.88 倍和 2.63 倍。

（三）国有经济与民营经济在主要经济领域基本上形成了一种分工协作、竞争发展的良好格局，在质和量的组合上都有了显著的进步

在行业分布上，就资产、产值和影响力来说，国有企业主要集中的行业与西欧国有企业"黄金时代"的情形大致相当。中央所属企业主要分布于金融、能源（电网电力、石油和天然气开采）、邮政、电信、航运、汽车、石化、有色金属、军工等领域；地方国有企业主要集中于城市公用事业、市政工程、高速公路、钢铁、煤炭、矿业、冶金等领域。虽然国有企业也广泛存在于其他领域，但是规模相对较小。

民营经济在轻工、一般制造、建筑、交通运输、仓储、住宿和餐饮、租赁和商务服务等领域占据着绝对的优势，并且在重化工业、基础设施、公用事业等领域也有很大的发展。以工业领域来说，在 39 个行业中的资产中，国有企业占优势的只有 9 个行业，包括煤炭开采和洗选业（72.04%）、石油和天然气开采业（94.73%）、烟草制品业（99.30%）、石油加工、炼焦及核燃料加工业（58.83%）、黑色金属冶炼及压延加工业（54.50%）、交通运输设备制造业（53.19%）、电力、热力的生产和供应业（90.65%）、燃气生产和

---

① 相关数据来自《中国金融年鉴 2013》和保监会网站。

供应业（54.27%）、水的生产和供应业（79.59%）。其余30个行业国有资本占比不足50%。

即便是在国有企业控制的领域中，我们也可以看到国有经济与民营经济之间相互融合的发展态势。这在混合所有制经济的发展获得集中的体现。在这种形态中，国有经济和民营经济呈现"我中有你、你中有我"的格局，通过融合而实现共赢。2010年"新36条"颁布以来至2012年底，民间投资参与各类企业国有产权交易受让宗数合计4473宗，占交易总宗数的81%；受让金额合计1749亿元，占交易总额的66%。到2011年，中央企业及其子企业引入非公有资本形成混合所有制企业已占总企业户数的52%。

（四）国有企业的改革取得了重大进展，从而推动着国有经济效率的改善

国有企业改革一直朝着股权多元化的方向不断迈进。2012年《国务院关于国有企业改革与发展工作情况的报告》显示，全国90%以上的国有企业完成了公司股份制改革，中央企业的公司制股份制改制面由2003年的30.4%提高到2011年的72%。股票上市公司是典型的混合所有制经济形态。截至2013年6月底，中央企业及其子企业控股的上市公司共385户，占中央企业资产总额的56.97%、净资产的75.62%、营业收入的60.56%；这些上市公司中，非国有股权比例已超过53%。地方国有企业控股的上市公司681户，上市公司非国有股权比例已超过60%。

各种形式的股份制改造提升了国有企业效率，利润总额不断增长。2003年，国有及国有控股企业利润总额不足5000亿元，到2010年利润总额超过2万亿元，2011年达到2.47万亿元的峰值，其后稳定在2.4万亿元左右。也就是说，在"十二五"期间，国有及国有控股企业利润呈现出一种稳定的态势，如图1所示。

虽然总利润在增长，从最新的数据来看，国企仍有很大改善空间。例如，在2014年前11个月，国有工业企业的核心赢利同比下跌7.5%，而民营工业企业的核心赢利则在同期同比增长7.4%。虽然这种结果与国有企业相当一部分集中分布在近年受制于需求低迷和产能过剩的采掘、化工、机

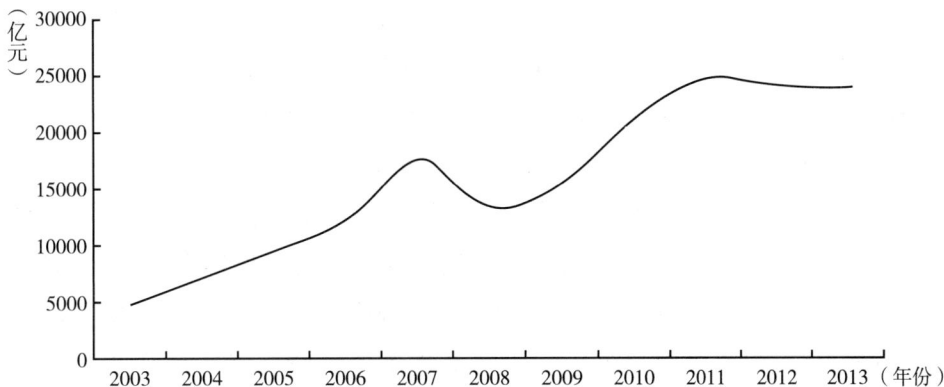

图1　国有企业利润总额（2003～2013年）

资料来源：历年财政部公布的"国有企业财务决算情况"。

械、交运等传统行业有很大的关系，但有一点是肯定的，那就是要从通过进一步改革来提高国企经营效益。

二　"十三五"时期完善基本经济制度的基本思路

"十三五"时期，我们要以十八届三中、四中、五中全会决定或建议中的相关论述作为深化改革的行动指南，坚持社会主义基本经济制度，坚持两个"毫不动摇"，在优化所有制结构的同时，进一步构筑不同所有制经济公平竞争、合作共赢的市场环境，全面提高经济质量。

第一，进一步解放思想，提高对非公有制经济的正面认识。这是彻底解决产权保护、公平待遇等现实问题的思想基础。

20世纪末21世纪初，是公有制经济和非公有制经济之间数量比重转换的分水岭。此后，非公有制经济在重要经济指标上超过了公有制经济。

面对这种现实，一直有人对"两个毫不动摇"心存疑虑。这种心情是可以理解的。在他们心里，即便两类经济都发展，如果非公有制经济的发展速度长期快于公有制经济，以逻辑来推论，总有那么一天，我们还能理直气壮地说我们仍然走在"公有制为主体"的道路上吗？现在更有人担心，以混合所有制来改革国有企业，会进一步削弱公有经济的主体地位。

其实，这种担心既没有必要，也没有道理。说"没有必要"，是因为即便是以经营性资产来衡量，公有资产仍然占据着数量上的优势，更何况公有制经济的影响力远远大于其数量指标所显示的比重。说"没有道理"，是因为中央文件多次重申，非公有制经济是中国特色社会主义市场经济的重要组成部分。它们的发展是市场化改革这一历史选择的必然结果，并不会影响"初级阶段的社会主义"性质。更何况，中国社会的"社会主义性质"，并不完全取决于所有制的性质，还取决于我们的执政党的意识形态和政治制度①。

学者们在"诠释"基本经济制度时，过分强调"公有制为主体"是为了保障我国经济的社会主义性质，言下之意岂不是说非公有制经济部分是非社会主义性质的？难道我们要这样来表述事实：就 GDP 的比重来说，2008 年，70% 是非社会主义性质的经济，30% 是社会主义经济？

我们认为，这种"诠释"方式是错误的，至少不利于所有制结构的优化改革。民营经济产权得不到良好的保护、民营企业遇到的"弹簧门"和"玻璃门"等现实，在很大程度上就是受到这种教条主义式诠释的不良影响的结果。中国社会的社会主义性质，不仅是由公有制来决定的，也是由我们的政治制度来决定的。正确的"诠释"方式应基于"初级阶段"和市场经济体制这两个最重要的现实基础，以"三个有利于"作为基本的衡量标准。从这样的基本立场出发，优化所有制结构才能有更加广阔的空间。

第二，借鉴国际经济经验，不能以英美模式为标准。

如何优化所有制结构？这一问题，在理论上和实践中，主要表现为国有经济的最优规模问题。因为，国有经济是我国公有制经济的主体和核心基础。

前面已经提及，学术界一直有一种声音认为，国有企业所占比重仍然太高，不符合建立高效率的市场经济的内在需要。要降到多少适合呢？有人提议：必须进一步将国有企业占 GDP 的比重降到 10% 以下②。具体的建议就是：倡导国有企业退出一般竞争性领域，最好退到"公共物品"领域。按照

---

① 邓小平同志就曾指出："多搞点'三资'企业，不要怕。只要我们头脑清醒，就不怕。我们有优势，有国营大中型企业，有乡镇企业，更重要的是政权在我们手里。"又说"依靠无产阶级专政保卫社会主义制度，这是马克思主义的一个基本观点"（邓小平：《在武昌、深圳、珠海、上海等地的谈话要点》，《邓小平文选》第 3 卷，人民出版社，1993，第 373 页、第 379 页）。

② 张维迎："未来 10 年国有企业比重应该降低到 10%"，2013 年 6 月 8 日"中国留美经济学会年会"上的发言，网易财经，http://money.163.com/13/0618/10/91L525J2002534M5.html。

这种观点的逻辑，似乎"国退民进"是所有制调整的唯一方向，也只有不断地"国退民进"才能优化"所有制结构"。即使是某些政府官员的辩解，也没有能摆脱这种思维方式，似乎只有不断地"国退民进"，才是一种积极的现象。以至于在前几年所谓"国进民退"的争论中，某些政府官员极力用数据来证明不存在"国进民退"现象，以此回应批评的声音。

如果国有企业占 GDP 的比重很高（譬如说 50%），或许是与高效率的市场经济体制不相容的。但是，什么样的比重算"太高"呢？为什么"国有企业占 GDP 比重降到 10% 以下"才是适合的呢？有什么合理的根据吗？

就纯粹的理论逻辑而言，自然垄断产业的存在本身并不一定就能充分证明必须由国有企业来经营。即便是公共物品，国有企业也不是唯一提供者。私人部门出于自身利益的考虑也会生产"公共物品"。但是，现实要远比理论逻辑复杂。国际经验表明：没有什么理由能够证明国有企业不能存在于一般性竞争领域，更不必说仅限于"公共物品"领域。

国有企业是否应存在于某一领域，要视具体情形而定。国有企业的规模是一个动态的演变过程，而且，决定这一过程的因素是非常复杂的，不仅仅是纯经济学的因素（即把企业内部的赢利等财务指标作为唯一的效率标准），还包括政党与意识形态、社会公平目标、自然垄断产业的特性、特定阶段社会经济发展的需要，等等。

让我们看一看欧洲国有企业在其"黄金时代"（1945～1979 年）的某些基本事实。欧洲国有企业在其鼎盛年代（1978 年），虽然各国的国有企业分布领域存在较大的差异，但大致上分布于下述几大系列：第一系列是基础设施和能源产业，包括广播、邮政、电信、铁路、航运、电力、石油、天然气、煤炭、城市公用事业等，控制程度为 75%～100%；第二系列是基础工业，包括石化、钢铁等，英、法、意等国的国有经济部门的控制程度为 75%，德国为 25%～50%；第三系列是金融领域，德、法、意等国较为突出，例如，1985 年法国国有金融机构控制着 90% 的银行存款和 85% 的信贷业务；第四系列是制造业，英、法、意三国国有经济部门的控制程度大约为 10%，主要集中在军工、航天、飞机、汽车、造船、电子等主要支柱性或高新技术产业。其中，在国有企业分布领域最广的国家——意大利，国有企业还存在于高速公路、食品、水泥、玻璃、纺织等领域。

推动"二战"之后欧洲国有化运动的两大因素是战后社会经济重建的需要和意识形态的追求。在这些国家，社会民主党或类似的政党执政数十年。据称，这些政党的意识形态包含着社会主义色彩。例如，英国工党的党章第四条就明确表达了对公有制的追求。当然，在这类政党眼中，公有制只具有工具性价值，只是追求更深层次的内在价值（福利、社会公正等）的工具。表3表明，在这一时期，这些国家的国有经济规模是较为可观的。

表3　1980年左右部分OECD国家国有企业在经济中的比重

单位：%

	产出比重	就业比重
法国（1982年）	16.5	14.6
奥地利（1978~1979年）	14.5	13.0
意大利（1982年）	14.0	15.0
瑞典（1982年）	—	10.5
英国（1978年）	11.1	8.2
澳大利亚（1970~1974年）	10.7	—
西德（1982年）	10.7	7.8
葡萄牙（1976年）	9.7	—
西班牙（1979年）	4.1	—
荷兰（1971~1973年）	3.6	8.0
加拿大（1970~1974年）	—	4.4
美国（1983年）	1.3	1.8

资料来源：引自 Roderick Floud and Paul Johnson（2008）：*The Cambridge Economic History of Modern Britain*（Volume 3），Cambridge University Press，p. 85。

再来看始于20世纪70年代末英国的"私有化运动"。虽然推动这一运动的因素较为复杂，但是，新保守主义意识形态起着关键性的作用。在这里，我们要注意的是，经过20世纪80~90年代的大规模"私有化运动"，除英国之外，这些国家的国有企业分布仍然较广泛。例如，目前在德国，联邦中央政府国有企业主要分布在广播、邮政、电信、铁路、机场、高速公路、银行、电力、天然气生产等行业；地方政府仍然控制着区域性银行、公共信用机构、保险公司、公用事业、建筑和地产，并在部分制造业企业中持有主要股份①。

虽然私有化使这些国家国有经济规模有所缩小，但仍然占有相当的比重。到 21 世纪初，主要发达国家国有企业产值占 GDP 比重依然较高，如法国为 10%（2005 年），德国为 10%（2001 年），意大利为 9%（2002 年）。②表 4 从另一个侧面也证实了这种情况。

表 4　英、法、意、德国有企业在就业、增加值和投资比重的简单平均数

国家 \ 年份	1982	1985	1988	1991	1995	1999
英 国	16.2	12.7	7.4	4.4	2.7	2.3
法 国	22.8	24.0	18.3	17.6	14.7	11.8
意大利	20.0	20.3	19.0	18.9	14.2	9.6
德 国	14.0	12.4	11.6	11.1	10.7	10.9

资料来源：Judith Clifton, FranciscoComin, Danniel Diaz Fuentes（2003）：*Privatisation in the European Union*, Kluwer Academic Publisher, pp. 107 – 110。

最典型的例外是美国（最多再加上私有化之后的英国）。请思考下列事实：在美国，所有的军工企业都是私有企业；即便是西欧国家以国有企业的方式来解决市场失灵的广泛领域，美国也是选择以"私人企业 + 政府规制"来替代之；美国仅仅在邮政领域国企占据统治地位，电力和铁路行业则不超过 25%，其他领域中，虽然存在国家参股的企业，但基本上采用承包给私人企业经营的形式。私有化运动在美国的具体表现是，原来由政府提供的公共物品正在逐渐地由市场提供，包括公共监狱、公用城市卫生，甚至军事服务（黑石公司）都已开始私有化。这种美国模式有其自身合理的文化传统基础，但绝不是发达国家绝对的、唯一的发展方向。

总之，经过私有化浪潮之后，只有美国和英国国有经济比重维持在较低水平，而大多数 OECD 国家都存在规模较大且分布较为广泛的国有经济产

---

① 李俊江、史本叶、侯蕾：《外国国有企业改革研究》，经济科学出版社，2010，第 76 页。

② 李俊江、史本叶、侯蕾：《外国国有企业改革研究》，经济科学出版社，2010，第 70～76 页。

业。这就意味着，所有制结构并不存在唯一的最佳模式，相反，各国应根据本国国情决定其最优所有制结构和国有经济和公有制经济的最优规模。

这就不得不让我们慎重思考以下问题：哪个国家可以复制美国模式？我们能学美国模式吗？我们要完全遵循美国主流经济学的逻辑来思考中国国有企业的发展吗？

第三，用动态的思路，寻找适合中国国情的适度所有制结构。

国有经济是我国公有制经济的主体力量。但是，我们对国有经济在 GDP 中的比重，一直没有一种权威的估计数据。根据国资委近年的测算，国有经济创造的 GDP 只占全部 GDP 的 19.2%。[①] 按照这一比重，我们的国有经济规模实际上已经接近法国、奥地利等国在其国有企业发展鼎盛时期的水平。这必须引起我们的高度关注：国有经济在国民经济中应该保持多大比重，才最有利于我国经济的发展？

就中国的情形而论，决定国有经济最佳比重的主要因素有：

第一位的因素，当然是中国制度的社会主义性质。每一种经济制度都带其自身独有的特征，这类特征是区别于社会主义与资本主义的实质性标准。虽然人们在不同时期对社会主义基本经济制度的认识是有差异的，但有一点是始终不变的，即公有制是其核心制度。

第二位的因素，是国家的经济发展战略，即把国有企业作为促进社会经济发展的工具。具体地说，通过公共投资来促进具有自然垄断性质的基础设施产业（如电信、铁路、公路等）和具有战略意义的关键产业（如银行、能源、电力、航空、某些高新产业等），进而推动其他产业的发展。与此同时，当然包括涉及国家安全的军工产业。

第三位因素，是把国有企业作为促进社会公平的工具。例如，国有企业经营"公用事业"，可以降低生活必需品的价格。同时，国有经济的发展，可以为收入分配改革奠定基础。

第四位因素是，把国有企业作为稳定宏观经济的工具。金融部门中国有经济占据优势和一定规模的公共部门投资，是实施反经济周期政策的重要基础。对于政府而言，引导非国有企业进行投资只能依据产业政策，而要引导

---

① 彭建国：《关于积极发展混合所有制经济的基本构想》，《中国发展观察》2014 年第 3 期。

国有企业投资除了产业政策外，更重要的是行政力量。虽然，政企分开是国有企业改革要实现的目标之一，但在特殊的历史时期可以通过特定的程序实现反周期的调控政策的意图。

综合这些因素而论，中国国有经济的比重为多大才最优？这是一个有待进一步论证的问题。但必须认识到，我国虽然处于社会主义的初级阶段，但仍然是社会主义。这一性质决定了我国国有经济的比重至少也不应低于法、奥等国在其国有企业鼎盛时期的比重。

（四）以十八届三中全会《决定》为指导，充分尊重各地探索发展混合所有制的新形式。

自党的十八届三中全会以来，发展混合所有制，再次成为国企改革的主要思路，国务院国资委、地方政府、国有企业正在紧锣密鼓地部署和推进这项改革。

其中，最突出的一种新现象是：2014年底以来，广东、安徽、云南、北京等地纷纷成立国资改革基金，力图通过市场化的手段，引入社会资本，以解决国企发展的历史负担重、资金筹措渠道窄等问题。各种迹象显示，通过国资改革基金来实现对国有资产的优化和整合，有望成为下一阶段国有企业改革的核心路径。这将成为下一步推进混合所有制改革进程的重要方式。

三 "十三五"期间改革的重点

（一）推动立法和司法改革，完善产权保护制度

产权的有效保护、合同的有效执行和纠纷的公平仲裁是市场经济最基本的支持性制度。各种类型的产权获得同等有效的法律保护，是市场经济顺利运转的法治基础，也是"多种所有制经济共同发展"的核心性制度基础。

对这一问题，《宪法》和有关法律都有一些明确的规定。例如，2004年通过的《宪法》修正案规定："公民的合法私有财产不受侵犯""国家依照法律规定保护公民的私有财产权和继承权"。2007年通过的《物权法》规定，"保障一切市场主体的平等法律地位和发展权利""国家、集体、私人的物权和其他权利人的物权受法律保护，任何单位和个人不得侵犯"。十八届三中全会《决定》提出"公有制经济财产权不可侵犯，非公有制经济财产权

同样不可侵犯"，各种所有制经济产权和合法利益"同等受到法律保护"。这些规定和原则是完善产权保护制度的指南。

我们必须承认，在实践中，还没有建立起与多种所有制经济共同发展相适应的产权保护制度。据世界银行与国际金融公司研究报告《中国营商环境2012》测算，2011年和2012年，在182个国家和地区中，中国投资者保护分别排第93位和97位，投资者保护强度指数（1到10）为5，属中等强度保护。

这涉及错综复杂的各种因素。那就是，我们正处于一个历史性的社会转型过程之中。人们的法治意识、法律的修改、司法的执行等方面，尚没有完全适应实践中公有制的多种实现形式、各种非公有制的经济形态不断发展过程中的产权结构变化的基本要求。十八届三中全会《决定》把产权保障提上重要的议事日程，是完全正确和非常必要的。

第一，完善有关产权制度的立法。这是健全和加强对国有、集体、社会、私人资产所有权、经营权和各类企业法人财产权的法治保护的最根本制度基础。这方面涉及的问题非常复杂，在这里，我们只想强调下述几点：

（1）寻找和弥补立法盲点，对各类新形态产权中的各种权利进行明确界定，保障使用权、受益权、索取权、处置权等权属。产权归属清晰，是产权保护制度的基础。在所有制度和产权制度改革过程中，产权结构不清是必然会出现的现象。例如，多数民营企业在其诞生之时都存在产权界定的模糊不清等弊端[1]。这一现实要求我们通过物权立法扩大私人"原始投资"之产权确认和保护的法律适用范围，详尽规定私人"原始投资"产权界定的标准和程序，依法扩大和放宽侵占私人产权的究责条件，以有效克服现行民营企业初始产权的界定原则，以及侵犯民营企业产权的违法行为究责注重侵权赔偿的"事后补救"，从而导致民营企业产权界定不清和保护不力的制度缺陷[2]。

（2）以立法的形式专设条款，用于启动调查政府部门以公共利益为名侵占公有制经济和非公有制经济合法权益的行为。虽然侵占财产权和其他产权的行为主体众多，但是，最大的危害来自政府行为。通过刑事立法和司法手

---

[1] 李胜兰、周林彬：《我国民营企业产权法律保护实证研究——以广东民营企业产权纠纷案件为例》，中国人民大学出版社，2010。

[2] 周林彬：《民企产权保护需创新》，《华南新闻》2004年1月9日。

段，为侵占公有企业财产的贪污罪和侵占私有企业财产权的行为人设立统一的刑罚条件和标准，以有效制裁日趋增多的挪用公有财产和侵占民营企业财产的违法行为。

（3）强化法律条款的针对性和可操作性，充分发挥违法处罚性规定的震慑力。

第二，完善司法制度。产权保护不仅要完善立法，还要强化执法。在这方面，十八届四中全会已经明确指出："全面落实行政执法责任制，严格确定不同部门及机构、岗位执法人员执法责任和责任追究机制，加强执法监督，坚决排除对执法活动的干预，防止和克服地方和部门保护主义，惩治执法腐败现象。"

要实现十八届四中全会的这一精神，核心是加强司法独立性，避免政府以权压法、以政代法，斩断政府与企业之间不正当的关系，使非公有制企业能够依赖司法系统抵制政府的不当、甚至非法行为，切实维护自身的合法权益。

在实践中，不论是公有财产，还是非公有财产，都存在保护不力的问题。但是，相对来说，司法系统没能做到对非公有制经济的公平裁决。当非公有企业的财产受到侵害时，立案、判决和执行都面临许多困难。当非公有制企业与国有企业发生财产、合同等经济纠纷时，裁决及其执行往往偏向于国有企业。

第三，重新系统地修订《土地管理法》《城市土地管理法》等有关土地的法规，保证农民能稳定长期地占有和使用土地，使农民能够真正行使他们的集体土地所有权。在公有资产领域，产权保护问题最突出的是农村土地集体所有制。农村土地的产权被搅得最乱，市场化程度最低，也是社会矛盾的最大焦点。是彻底改变对农村集体土地所有权的漠视的时候了！

在 2011 年中央农村工作会议上，时任国务院总理温家宝强调："土地承包经营权、宅基地使用权、集体收益分配权等，是法律赋予农民的合法财产权利，无论他们是否还需要以此来做基本保障，也无论他们是留在农村还是进入城镇，任何人都无权剥夺。"这可以作为土地制度改革的一项基本指导思想！

现在的关键问题是：各项相关法律都规定和承认农村土地归"集体所

有”这一核心事实，但是，它们的其他限制性条款却背离了这一核心条款，造成行政权和管理权大于所有权的格局。

十八届三中全会《决定》强调"赋予农民以更多的财产权益"，较为具体的有三点：①赋予农民对土地承包经营权抵押、担保权能等财产权利（第20条）；②农村集体建设用地和城市建设用地可同地同权同价（第11条）；③"慎重稳妥推进农民住房财产权抵押、担保、转让"（第21条）。

事实上，只有通过重新系统地修订相关方面的法规，我们才有可能实现三中全会《决定》的这些改革目标。例如，现行《土地管理法》第六十三条规定"农民集体所有的土地的使用权不得出让、转让或者出租用于非农业建设"；第二条规定，只有通过征收，农地才能非农用化。不修订这类条款，十八届三中全会《决定》第11条"农村集体建设用地和城市建设用地可同地同权同价"的改革，就没有法律基础。

我们已经看到：如果不修改现行的有些法律和政策规定，政府实际上是在"依法"剥夺农民的土地所有权益，也不可能实现三中全会《决定》改革农村土地制度的目标！

（二）以细致的分类，明确关键领域，优化国有经济的布局

我国国有经济发展已经呈现出一种趋于稳定的状态，公有制经济与非公有制经济分工协作、竞争发展的格局基本上已然形成。在这一格局下，应着重于公有制经济质量的提高和效率的改善，以及内部治理机制的完善，而不能单纯纠结于国有以及公有经济的规模，不能以"自然垄断"和"竞争性产业"之类含糊的概念来讨论国有经济的调整①，更不能持有国有企业必须退出"竞争性"领域这样简单的思维方式。

国有企业分布在哪些领域最合理呢？这其实是一个经验实证问题，取决于一个国家的具体国情及其动态发展过程。

正如前述，国有经济主体部分的分布较为集中，但是，国有企业仍然存在于广泛的领域。例如，轻工业、一般制造业、仓储、住宿和餐饮业、租赁和商务服务等领域，都不同程度地存在着国有企业。这些企业在资产规模和

---

① 韩琪：《国资委控制七大行业有失公平，国企定位不明确》，《中国经济时报》2007年4月5日。

赢利能力差距太大，其中，相当一部分属于小微企业类型。

面对这种布局，如何进行调整呢？我们认为，那就是坚持中央"有进有退，有所为有所不为"的核心指导精神，根据近10年社会经济的发展和新的改革要求，重新审视2006年12月推出的《关于推进国有资本调整和国有企业重组指导意见》（以下简称《指导意见》）①，调整思路，进一步优化国有经济的布局。

第一，对《指导意见》原来要求国有资本保持"绝对控制力"的七大行业和"较强控制力"的九个行业，要筛选出其中的基础性领域和关键性产业环节等产业制高点，让国有企业控制之；其余的领域，可以让国有企业与民营企业自由竞争，从而拓展民营企业进入的空间，但要控制外资可进入的领域。

这是一项复杂的工作，既涉及国有经济布局的调整问题，也涉及产业组织的合理化问题，需要在细心识别的基础上进行选择。以石油行业为例，既有上游的勘探和开采环节，下游的炼化、管道、销售等投资业务；还有众多的工程技术服务业务，如物探、钻井、管道建设、油田地面建设等一长串业务。勘探和开采环节具有行政垄断性质，这是事实，但并不意味着这种行政性垄断就注定是不合理的。对于这类具有高度稀缺性的资源部门或涉及国家经济安全的战略性部门，国家对这些领域采取垄断经营，是必要的。对于其他环节和领域，不能一概而论，要根据不同的情形，引入民营资本。这是改革的方向。但是，这种改革要具有全球竞争视野。石油石化行业的高集中度是全世界普遍现象。世界上，50个主要石油生产国和石油消费国中，76%的国家只有一个石油公司，20%不超过3家石油公司。这些公司都具有综合性经营的特征。

当然，不同产业的基础性领域和关键性产业环节是不同的。对于具有自然垄断特性的产业，要区分自然垄断的领域和可竞争的环节，并根据行业的特点进行整体布局，在此基础上，尽量引入各类竞争机制。

---

① 这份《指导意见》第一次明确提出国有经济进退的边界：军工、电网电力、石油石化、电信、煤炭、民航、航运七大行业，国有资本要保持"绝对控制力"；装备制造、车、电子信息、建筑、钢铁、有色金属、化工、勘探设计、科技九个行业，国有资本要保持"较强控制力"。《指导意见》所列的领域，主要只是针对国资委所管的中央国有企业。此外，还有"关系国民经济命脉"的金融业、基本上由地方国有企业控制关系"民生"的公用事业类产业等。

电力行业的输配电网、石油天然气的管道运输、电信行业的网络基础设施、铁路行业的路轨网络、航运的基础设施等，既具有网络特征的自然垄断领域，又属于基础设施，是这些行业的"产业制高点"，由国有资本垄断控制，是合理的。至于电力行业的发电，石油天然气的销售，铁路的运输，电信的移动电话、增值服务等，属于可竞争的领域，可以引入各种竞争主体，包括民营资本。

事实上，无论在所谓的自然垄断领域还是可竞争领域，都存在着不同程度的竞争。例如，电力生产实际上处于激烈的竞争当中，5家央企占全部市场50%左右的份额，各地还有数量众多的地方国有电厂、民营电厂。

至于军工行业，属于承担国家安全的特殊行业，既关乎国防安全、也关乎国内社会秩序安全的行业。例如，航空航天、军工、舰艇、军用电子等，这类企业直接服务于军队，保密程度较高，不宜引入非公有资本。但是，其间，不涉及核心机密的某些生产环节，可以通过外包的形式由非公有制企业生产，还要加速军用设施转向民用（如信息导航等）。

第二，对存在于一般竞争性领域的国有企业，应支持它们在公平的市场竞争中谋生存，让"优胜劣汰"的机制来决定它们的进退。

经过多年的改革开放，我国绝大部分行业已经形成竞争格局，包括国有资本比较集中的关系国民经济命脉的重要行业和关键领域，如钢铁、有色金属、化工、建材、建筑、机械制造，不论是进入门槛还是市场运营，都已形成充分竞争的格局。从行业分布上看，就企业数量来说，90%以上的国企处于竞争性领域。只要它们能在市场竞争中生存下来，就应当允许它们的存在。

相当一部分身处充分竞争领域的国企，不论是生产规模、发展速度，还是全员工效、科技创新等主要技术指标，在国内水平一流，在国际上也处于比较好的水平。

第三，在公用事业类产业领域，引入的民营资本，要完善和强化"规制"，限制市场化程度。供水、供电、供气、供暖、公共交通等公用事业领域，其产品和服务被视为公共物品，是在一定的经济和技术状态下社会的每一个成员只要付出合理的价格就有资格享受的生活必需品。这是现代文明社会的基本准则。公众要求它们提供的服务要具有稳定性和质量的可靠性，且不能完全按照市场均衡价格定价——因为这可能会导致低收入阶层陷入无法生存的境地。

因此，这类行业具有很强的政策性，承担着文明社会的社会责任——以优质低价的方式，合理分配基本的公共物品，基本上是由地方国有企业在经营。

对于国有企业垄断经营的这些领域，随着人们的收入和支付能力的提高，当然可以引入民营资本，但要让私营企业承担这种社会责任，需要有健全的规制来保护消费者的利益，重点应放在价格、质量和服务满意度等方面。人们似乎有一种认识，通过引入私营资本和市场机制的方式就可以解决国有企业在这些领域垄断经营中存在的问题。现实并没有这么简单。如果规制不完善，引入民营资本，不过是将公有企业垄断变成民营企业垄断。在这种情形下，企业可以通过提高价格来改进效率，但这种效率的提高极可能是以消费者的福利损失为代价的。

（三）推进国有经济薄弱环节的改革，改善国有企业的形象

国有企业是公有制经济的中坚力量。改善它们的形象，对于强化人们对"基本经济制度"的理论自信、制度自信是至关重要的。

"十三五"期间，我们要落实好中央审议通过的《中央管理企业负责人薪酬制度改革方案》《关于合理确定并严格规范中央企业负责人履职待遇、业务支出的意见》，并按中央的布置，重视国有经济领域的反腐败工作。在这里，我们想重点强调的是：回归国有企业的"公共"属性，提高国有企业利润的上缴比例，构建利润全民分享制度。

1994 年国家暂停国有企业上缴利润，以利于国有企业的"脱困改革"、股份制改革等。2007 年 12 月财政部会同国资委发布《中央企业国有资本收益收取管理办法》，2008 年开始恢复央企上缴利润的制度。依据财政部规定，2012 年，纳入中央国有资本经营预算实施范围的中央企业共计 963 户，其税后利润（净利润扣除年初未弥补亏损和法定公积金）的收取比例分为四类：第一类为烟草、石油石化、电力、电信、煤炭等具有资源垄断特征的行业企业，收取比例为 15%（其中，中国烟草总公司税后利润收取比例提高至 20%）；第二类为钢铁、运输、电子、贸易、施工等一般竞争性行业企业，收取比例为 10%；第三类为军工企业、转制科研院所、中国邮政集团公司、

2011 年和 2012 年新纳入中央国有资本经营预算实施范围的企业，收取比例为 5%；第四类为政策性公司，包括中国储备粮总公司、中国储备棉总公司，免交国有资本收益。

十八届三中全会《决定》提出了更明确的具体要求，"完善国有资本经营预算制度，提高国有资本收益上缴公共财政比例，2020 年提到百分之三十，更多用于保障和改善民生"。要实现这一目标，我们就需细致地改革国有企业利润上缴财政的制度安排。

第一，制度安排要在利润上缴比例和企业发展之间寻求一种合理的平衡。国企按某种比例上缴利润，是一种国际惯例，其根本目的在于让全体国民分享国有企业在其发展和经营过程中实现的赢利。OECD 国家普遍实行这种制度。对我国来说，这种制度安排的特殊性，更在于体现作为公有制经济的性质。

没有一个国家的制度安排会让国企上缴所有的利润。让企业上缴多大比例的利润才合理呢？这要充分考虑到企业未来发展对资金的需求，诸如扩大规模、技术开发、改造设施，等等。给企业留存的利润比例，要有利于企业长期的发展目标和价值最大化。

要充分考虑各类国有企业之间存在的差异（未来发展的空间、赢利程度、行业特性等因素），对不同类型的国有企业规定具有弹性的、可定期调整的利润上缴比例。

第二，把金融领域中国有企业的利润上缴问题纳入议事日程。这是实现"国有资本收益上缴公共财政比例，2020 年提到百分之三十"的必然要求。随着金融成为现代经济的核心与中国金融市场化、自由化的发展，金融业赢利水平不断上升，达到全国非金融企业利润的近一半。表 5 给出了 2011～2013 年金融机构利润总额变化情况。从规模看，金融业利润总额已经超过万亿元关口；从结构看，银行业是金融机构利润的主要获得者，占金融业利润的 90% 左右。需要指出的是，这里只计算了 16 家上市银行的情况，不包括政策银行、非上市股份制银行以及农村信用社、农村合作银行以及农商行以及贷款类金融机构等。因此，金融业的利润实际上只会比表 5 给出的数据更大。目前，国有金融机构并没有被纳入利润上缴的范围，而如此规模的利润不应该成为少数人分享的盛宴，更应该由全民共享，至少可以将上缴的利润作为抗击金融风险的重要储备。

表 5　上市金融业利润总额：2011～2013 年

单位：亿元

行业 ＼ 年份	2011	2012	2013
银行业	8749.93	10274.92	10278.25
证券业	393.77	329.30	440.21
保险业	489.18	559.65	851.94
其　他	110.72	141.93	148.45
合　计	9743.60	11305.80	11718.85

资料来源：根据上市金融企业相应年份年报整理得到，其中证券业数据来自中国证券业协会网站。

第三，重新审视并取消国企上缴利润的返还制度。据财政部发布的全国财政决算，2012 年，中央国有资本经营收入 970.68 亿元，而同年的国有企业利润为 2.1 万亿元。不仅如此，上缴利润中的九成又返还给国企。既然十八届三中全会《决定》明确"更多用于保障和改善民生"，那么，取消上缴利润返还制度是必需的，否则，让国民分享国有企业的发展成果就是"名至实不归"。

返还制度至少有两种不良影响：①收益没有实现全民共享，容易滋生高工资、高福利和高职务消费，加剧我国的收入分配差距；②某些国有企业用返还利润，进行"副业"投资和建设，造成了不好的社会影响。

（四）改革国有企业的监管体制

在中纪委第五次全会上，习近平总书记表示，要着力完善国有企业监管体制。这是正确的方向。目前，就代表政府行使所有权职能的角度来看，有三大类国有企业：国有资产管理委员会监管系列、财政部门监管系列和部委所属系列。其中，管理最混乱的是部委所属系列的国有企业。

第一，设立一个专门的临时机构，统一监督管各部委所属国有企业。

部委所属系列的国有企业，成分复杂，虽然多数企业规模不大、分布领域最广，但总量却是可观的。据统计，2013 年中央部门企业 9988 户，资产总额 1.6 万亿元，上缴利润 442.6 亿元[①]。审计署审计长刘家义 2014 年向全

---

① 数据来源：《2013 年全国国有企业财务决算情况》，财政部网站。

国人大常委会做关于 2012 年度中央预算执行和其他财政收支的审计工作报告时指出，至 2012 年底，还有约 4000 户中央部门所属企业未纳入国有资本经营预算。

如何避免这部分企业成为中央部委的"自留地"，切实斩断政企之间的联系，理顺部委企业与国资委监管企业、财政部监管企业之间的关系，也是当前改善国有企业形象，深化国有企业改革的一项重要议程。

2010 年，财政部发文（即《关于中央行政事业单位所属企业国有资产监管工作归口管理的通知》）要求"中央行政事业单位所属企业国有资产监管工作按照企业出资人性质分别归口我部行政政法司和教科文司管理"。我们认为，这种制度安排是不妥当的，应专门设立更专业化的管理部门。

第二，在暂时无法建立国有资产的统一管理监督机构之前，开启国有资产监督管理委员会的改革。

众所周知，国有资产监督管理委员会（简称"国资委"）成立于 2003 年，是为了解决原来那种国有资产多头管理的混乱局面而设立的，对其后国有企业的改制和发展做出了巨大的贡献。但是，随着它原来的核心职能之一（即国有企业的改制）使命的完成，国资委的现有体制已经不适应形势，一方面陷入对国有企业的某些非主要职责的细节具体事务管理之中而不堪重负，且受到干涉企业经营的批评；另一方面又因对国有企业存在的资源浪费、腐败等关键问题上近乎失声而受到"没有尽到监督国有企业行为的职责"的批评。

如何改革国有资产督管体制？学界和业界都有许多争论。我们认为，可以考虑这样一种方案思路：财政部门统一代表政府履行出资人的角色；国资委类似于银监会那样，成为国有企业的外部督管机构。

四 结束语

我国经济体制仍然处于转型过程之中。受各种因素的影响，社会主义初级阶段基本经济制度的完善还有很长的道路要走，既需要理论方面的创新，又需要实践中细致的改革。

国有经济的最适度规模是多大？国有企业分布于哪些领域最合理呢？这些都是经验实证问题，取决于一个国家的具体国情及其动态发展过程，都应遵循"三个有利于"的标准。国际经验表明：没有什么理由能够证明国有企业不能存在于一般性竞争领域，更别说退到"公共物品"领域。国有企业是否应存在于某一领域，要视具体情形而定。如果国有经济部门只能存在于微利和需要财政补贴的领域，那么，无效率就成为一个自我实现的预言，只能承受低效率之类的偏见和指摘。

社会主义当然不能放弃公有制，但肯定要求放弃任何形式的所有制教条主义。如何完善社会主义基本经济制度，解决它面临的各种问题，寻求适合中国国情的最适度所有制结构，将是我们面对的最大挑战。

参考文献

[1] Judith Clifton，Francisco Comin，Danniel Diaz Fuentes（2003）：*Privatisation in the European Union*，Kluwer Academic Publisher，PP. 107 – 110.

[2] Mary M. Shirley & Patrick Walsh，2001. Public vs. Private Ownership：The Current State of the Debate. World Bank Policy Research Working Paper No. 2420. http：//papers. ssrn. com/sol3/papers. cfm? abstract_ id = 261854

[3] Millward，R. 1982. The comparative performance of public and pravite ownership. In The mixeconomy, ed. E. Roll, pp58 – 93, New York.

[4] Pier Angelo Toninelli. 2000. The rise and fall of state – owned enterprises in the western world. Cambridge University press.

[5] Roderick Floud and Paul Johnson（2008）：*The Cambridge Economic History of Modern Britain（volume 3）*，Cambridge University Press，P85.

[6] 邓小平：《在武昌、深圳、珠海、上海等地的谈话要点》，《邓小平文选》第3卷，人民出版社，1993。

[7] 樊纲：《论体制转轨的动态过程》，《经济研究》2000年第1期。

[8] 韩琪："国资委控制七大行业有失公平，国企定位不明确"，《中国经济时报》2007年4月5日。

[9] 胡鞍钢：《"国进民退"现象的证伪》，《国家行政学院学报》2012年第1期。

[10] 胡星斗：《建议两会审议并制止"国进民退"》，光明网，2010年2月24日，http：//www. gmw. cn/。

［11］经济合作发展组织：《国有企业公司治理：对 OECD 成员国的调查》，李兆熙译，中国财政经济出版社，2008。

［12］李俊江、史本叶、侯蕾：《外国国有企业改革研究》，经济科学出版社，2010。

［13］李胜兰、周林彬：《我国民营企业产权法律保护实证研究－－以广东民营企业产权纠纷案件为例》，中国人民大学出版社，2010。

［14］刘元春：《国有企业宏观效率论》，《中国社会科学》2001 年第 5 期。

［15］罗进辉：《"国进民退"：好消息还是坏消息》，《金融研究》2013 年第 5 期。

［16］马骏：《"国进民退"五大案例背后》，《中国经济周刊》2010 年第 12 期

［17］裴长洪：《中国公有制主体地位的量化估算及其发展趋势》，《中国社会科学》2014 年第 1 期。

［18］彭建国：《关于积极发展混合所有制经济的基本构想》，《中国发展观察》2014 年第 3 期。

［19］王红茹、张伟：《"国进民退"真伪》，《中国经济周刊》2010 年第 11 期。

［20］许小年：《"国进民退"背离改革方向》，《商界（评论）》2009 年第 11 期。

［21］杨新铭、杨春学：《对中国经济所有制结构现状的一种定量估算》，《经济学动态》2012 年第 10 期。

［22］张维迎：《国进民退只是一种暂时性现象》，《高端财经》2009 年 12 月 18 日，http：//www.fivip.com/stocks/personage/scholar/200912/18－2032348.html。

［23］周林彬："民企产权保护需创新"，《华南新闻》，2004 年 1 月 9 日。

"十三五"时期
提高对外开放水平研究

裴长洪

摘要：党的十八届五中全会关于"十三五"规划建议稿指出，开放是国家繁荣发展的必由之路，必须顺应我国经济深度融入世界经济的趋势，奉行互利共赢的开放战略。本报告对"十二五"规划中对外开放任务落实情况进行了评估，深入阐述了十八大以来党和国家关于对外开放的新要求、新任务，认真研究了"十三五"期间我国对外开放的新目标和新举措，提出了经济新常态下我国扩大开放举措的评价思路。

关键词：对外开放 对外经济发展方式 全球经济治理

一 对"十二五"规划任务落实情况的回顾和评估

(一) 优化对外贸易结构

"十二五"期间，我国对外贸易规模继续发展，继 2010 年中国货物出口额成为世界冠军后，2013 年，我国货物进出口贸易额双双跃居世界第一。预计 2014 年我国货物进出口额增长 3.2%，达到 4.293 万亿美元，出口增长 5.3%，达到 2.327 万亿美元，进口增长 0.8%，达到 1.966 万亿美元；预计

---

* 裴长洪，中国社会科学院经济所，所长，研究员。

2015 年我国货物进出口总值（按照美元计算）增长 4% 左右，达到 4.465 万亿美元，出口增长 6.5%，达到 2.478 万亿美元，进口增长 3%，达到 2.025万亿美元。整个"十二五"期间，我国货物进出口总值年均增长将达到8.7%，出口年均增长将达到 9.58%，进口年均增长将达到 8.06%。

2013 年我国货物出口的世界份额为 11.75%，进口的世界份额为10.32%；预计 2014 年世界货物出口额增长 2.1%，达到 19.211 万亿美元，同年我国货物出口的世界份额为 12.11%，同年世界进口增长 2.0%，为19.27 万亿美元，我国货物进口的世界份额为 10.2%；预计 2015 年世界货物出口额增长 2.3%，达到 19.653 万亿美元，同年我国货物出口的世界份额为12.61%，同年世界进口增长 2.0%，为 19.655 万亿美元，我国货物进口的世界份额为 10.3%。

贸易结构优化的特征主要表现为：

（1）我国服务贸易增长快于货物贸易，在对外贸易总量中比重上升

表1　2010～2015 年中国服务贸易进出口统计（2014 年、2015 年为预测数据）

年份	中国进出口额		中国出口额			中国进口额	
	金额（亿美元）	同比增长（%）	同比增长（%）	同比增长（%）		金额（亿美元）	同比增长（%）
2010	3624	26.4	1702	32.4		1922	21.5
2011	4191	15.6	1821	7.0		2370	23.3
2012	4706	12.3	1904	4.6		2801	18.2
2013	5361	13.9	2070	8.7		3291	17.5
2014	6004	12.0	2202	6.4		3802	15.5
2015	6755	12.5	2377	7.9		4378	15.2

资料来源：商务部服务贸易统计。

"十二五"期间我国服务贸易增长速度明显快于货物贸易，特别是进口贸易年均增速达到 17.94%，出口贸易后 4 年年均增速也高于货物贸易的增长速度。这使服务贸易在整个对外贸易的比重中明显上升，2010 年我国服务贸易在整个外贸中的比重为 10.86%，其中出口为 9.74%，进口为 12.1%；到 2015 年分别为 13.14%，出口为 8.75%，进口为 17.78%；除出口比重下

降外，其他两个比重上升幅度很大。

（2）在货物出口贸易中，高新技术产品出口比重增加

2010 年我国高新技术产品出口额为 4126.7 亿美元，在出口总额中的比重占 26.15%，2013 年高新技术出口增长为 6603.3 亿美元，比重上升到 29.9%；2014 年前 10 个月，高新技术出口负增长 1.7%。这与新兴经济体市场不旺，投资品需求缩减有关。预计 2015 年将维持这种态势，高新技术产品出口占比将保持在 29.5% ~30.0%。

（3）出口贸易的区域结构逐步改善，中西部出口比重上升

2010 年我国中西部省区市在全国货物出口贸易中的比重仅占 9.3%，2013 年比重提高到 15.5%，2014 年前 10 个月，我国中西部地区出口继续快于东部地区，在贸易总额中所占比重进一步提升。东部地区向中西部地区产业转移加速，同时近几年已转移的投资逐步形成产能，并推动中西部地区出口迅速增长。重庆、四川、江西、广西和湖南等中西部省份的出口明显高于同期我国出口总体增速，而广东、江苏等南部 7 省份对外贸易比重回落，前 10 个月占出口总值较 2013 年同期下降 2 个百分点左右。预计到 2015 年中西部在我国出口贸易中的比重将上升到 19% 以上。

（二）"引进来"与"走出去"相结合

"十二五"期间，我国吸收外商投资继续保持平稳增长，2010 年我国吸收外商投资首次突破千亿美元大关，达 1057.4 亿美元，2013 年达 1187.2 亿美元。预计 2014 年和 2015 年将继续维持在 1150 亿 ~1200 亿美元，比"十一五"末期增长 8% ~10%。

"十二五"期间，吸收外商投资的趋势变化有以下几个方面。

第一，平均项目吸收外资规模提高，2010 年平均每个项目吸收外资规模为 386 万美元，2013 年提高到 521 万美元；2014 年 1 ~11 月，外商投资新设立企业 21296 家，实际使用外资金额达 1062.4 亿美元（未含银行、证券、保险领域数据），单项规模为 499 万美元。这一趋势必然延续至 2015 年。

第二，服务业吸收外资比重超过制造业。2010 年我国服务业吸收外资首次超过制造业，当年差额仅为 3 亿美元左右，到 2013 年已两者差额超过 159 亿美元，服务业吸收外资占比为 52.3%，而制造业占比下降到 38.7%。2014

年 1～11 月，服务业实际使用外资金额为 585.5 亿美元，同比增长 7.9%，在全国总量中的比重为 55.1%；制造业实际使用外资金额为 359.3 亿美元，同比下降 13.3%，在全国总量中的比重为 33.8%；其中通信设备、计算机及其他电子设备制造业，交通运输设备制造业，通用设备制造业实际使用外资规模较大，分别为 46.4 亿美元、30.3 亿美元、21.9 亿美元。2015 年服务业吸收外商投资比重将达 58%～60%。

第三，中西部吸收外商投资比重上升，东部下降。2010 年我国东部吸收外商投资比重达 85%，中西部只占 15%，到 2013 年，东部比重下降到 82.3%，中西部比重上升到 17.7%；2014 年 1～9 月，东部地区实际使用外资金额为 731.3 亿美元，同比下降 1.4%；中部地区实际使用外资金额为 85.9 亿美元，同比增长 9.5%；西部地区实际使用外资金额为 56.3 亿美元，同比下降 14.6%；中西部地区实际使用外资占比合计为 16.2%。预计 2015 年将延续 2014 年态势，中部吸收外商投资增长速度将最快，东部还将略有下降，西部也将有所下降，中西部吸收外资占比将维持在 16.5%～17.5%。

"十二五"期间，我国企业"走出去"发展很快。2010 年我国对外直接投资金额为 688.1 亿美元，2013 年增加到 1078.4 亿美元，首次突破千亿美元大关。2014 年前 9 个月累计实现投资 749.6 亿美元，同比增长 21.6%。截至 2014 年 9 月底，我国累计非金融类对外直接投资达 3.8 万亿元人民币（折合 6184 亿美元）。预计 2014 年我国对外直接投资将达 1200 亿美元，将首次超过吸收外商投资；2015 年将增长到 1300 亿～1350 亿美元。按照联合国贸发会议统计，2013 年中国企业对外投资已占世界直接投资流量的 7.2%，仅次于美国的 24.1% 和日本的 9.7%，如果把中国香港的 6.5% 占比和中国台湾的 1% 占比计算进来，中国的占比已经达 17.2%，大大超过日本。2014 年和 2015 年中国大陆的对外直接投资将继续增长，在全球流量中的占比将分别接近 9% 和 10%。

中国企业对外投资区域十分广泛，2014 年前三季度，我国内地对中国香港、东盟、欧盟、澳大利亚、美国、俄罗斯、日本七个主要经济体的投资达 559.2 亿美元，占我国同期对外直接投资总额的 74.6%。其中对中国香港的投资同比增长 19.5%；对欧盟、俄罗斯和日本的投资分别增长 218%、69.7% 和 150%；对东盟投资 35.6 亿美元，同比增长 3.2%；对美国投资

39.5亿美元，同比增长28.2%；对澳大利亚投资21.5亿美元，同比增长0.9%。

（三）完善区域开放格局

"十二五"期间，我国中西部地区对外开放加速，四川、重庆、河南、广西等省区市对外贸易增长速度快于东部省市，形成了若干内陆地区的开放经济高地。特别是2013年11月党的十八届三中全会《决定》中提出扩大内陆沿边开放，对于完善区域开放格局成为新的重大指导方针。

首先，《决定》提出："支持内陆城市增开国际客货运航线，发展多式联运，形成横贯东中西、联结南北方对外经济走廊。推动内陆同沿海沿边通关协作，实现口岸管理相关部门信息互换、监管互认、执法互助。"在这个方针指导下，陆路对外运输已经开通了郑欧班列（郑州至德国汉堡）、渝新欧班列（重庆至鹿特丹）、义新欧班列（义乌至马德里），中亚班列（西安至阿拉木图），加上已有的新欧班列（新疆至鹿特丹），形成了新的横贯东中西的对外经济走廊，陆路货运时间比海运货运时间缩短20天以上，有力地促进了中西部的对外开放。同时，郑州已经建成了铁路集装箱运输枢纽中心，并正在建设新的国际航空港，加大国际客货运的能力并进一步提高效率。在推进国际大通道的建设中，海关通关改革和监管改革也适时推进，形成内陆同沿海沿边通关协作，实现口岸管理相关部门信息互换、监管互认、执法互助的新局面。

其次，按照《决定》的精神，在沿边重点口岸、边境城市和经济合作区实行特殊优惠政策，促进人员往来、加工物流和旅游业。在这个精神指导下，"十二五"期间，沿边口岸和边境城市的对外经济合作更加活跃，特别是在新疆霍尔果斯口岸设立新的边境城市，对于促进新疆与中亚国家的经济合作和交往将起到新的促进作用。

再次，《决定》提出了加快同周边国家和区域基础设施互联互通建设，推进丝绸之路经济带、海上丝绸之路建设的重大战略。习近平主席多次阐述了这个战略的重大意义、内涵以及实施的基本思路。成为"十二五"期间完善区域开放格局的最重要和最引人瞩目的聚焦点。"一带一路"战略蕴涵以产业和经贸合作为基础、以文化和人文交流为重要支撑、以互利共赢和和平发展为目标的开放包容新理念。对比古代的丝绸之路，新丝绸之路的内涵和外延都大大地丰富和提高了，是现代版的世界经贸大融合的辉煌图景。推进过程必然要体现为：政策沟通、道路连通、贸易畅通、货币流通、民心相通的开放局面。"一带一路"的建设将是一个不断凝聚共识和循序渐进的过程。它将主要分为三个阶段进行：近期阶段重点目标是，道路、能源管线、电信、港口等基础设施共建和互联互通，提高贸易和投资的便利化水平；中期目标可以设想为，与中亚条件成熟的一些国家建立自由贸易区，并向更远的地区辐射；远期目标可以设想把自由贸易区拓展到欧洲、非洲和拉美国家，形成更大范围的经贸融合大格局。近期的道路互联互通，是未来跨区域互联互通开放战略的起点，具有奠基性意义。近些年来，全球迎来新一轮基建投资大潮，对通信、港口、交通等基础设施需求量非常大。根据《国际商业监测》发报告预测，随着各国政府加大对基础设施建设的投入，到 2030 年，全球基础设施投资需求将达 57 万亿美元，其中在 57 万亿美元投资需求中，水和水处理、能源及交通建设约占 80%，成为国际基础设施投资建设最主要领域。国家有关部门正在抓紧制定规划和论证，2014 年 12 月，由国家发改委、外交部、商务部牵头编制的"一带一路"总体规划已经上报国务院，总体规划出台后将进一步制定专项规划，相关的扶持政策也将陆续出台。与此同时，一些地方政府也在积极行动，主动加强与国家有关部门的联系和对接，做好与国家战略规划和政策的衔接工作。可以预见，"一带一路"对外开放新举措将成为"十三五"对外开放规划中重要的实施内容。

（四）积极参与全球经济治理与区域合作

在中共中央"关于十二五规划的建议"中，首次提出了中国参与全球经济治理的要求，从而成为"十二五规划"的内容，党的十八大和十八届三中全会都继续重申了这个开放举措。"十二五"期间我国积极参与全球经济治理和区域合作的重大举措主要有以下几个方面。

第一，自主设立了中国（上海）自由贸易试验区，并在一年后又在天津、福建、广东等地设立三个自由贸易试验园区。2012 年以来由美国参与制订的跨太平洋伙伴关系计划，即 TPP 计划正在积极推进，美国全方位主导TPP 谈判，中国大陆至今没有被邀请参与 TPP 谈判。同时，美国与欧盟也在进行 TTIP 谈判，在世界贸易组织框架内美国也在主导 Tisa 谈判，其目的都是试图制定国际贸易的新规则。而从国际金融爆发以来，在中美经济战略对话中，开启了中美双边投资协定谈判，美方要求以准入前国民待遇和负面清单管理为前提进行实质性谈判。经过慎重考虑，中国承诺了美方的要求。在这样背景下中国设立了上海自由贸易试验区。上海自贸区是中国自主开放的一个试验田，是单方向外方给予优惠的，不是通过约定、条约或者协议的形式相互优惠，通过人大对外资三法的豁免，三年内上海市自己可以制定负面清单的管理模式。这种试验的最重要的一点，就是我国在进一步扩大开放当中的压力测试的试验。要进一步扩大开放，建设法治化的营商环境，激发企业的创新能力，建设一个公平竞争的环境，首先是政府职能的转变和各种管理体制的改革。

第二，完成了中韩、中澳自由贸易区谈判，扩大了中国与各国的区域经济合作。2014 年 12 月 5 日，习近平总书记提出，加快实施自由贸易区战略，是我国积极参与国际经贸规则制定、争取全球经济治理制度性权利的重要平台，我们不能当旁观者、跟随者，而是要做参与者、引领者。这样的表述显示了中国对自身经济实力的信任。2012 年 5 月中韩自贸区谈判正式启动，旨在为两国货物贸易提供制度保障，拓展电子商务、节能环保、金融服务等新兴战略服务领域的合作。从贸易数据上看，中国已经成为韩国最大贸易伙伴国、最大出口对象国和最大进口来源国，韩国也已经成为中国第一大进口来源国和最重要投资来源国之一。在这样的背景下，谈判进展迅速，2014 年 11月 10 日，中国国家主席习近平与韩国总统朴槿惠在北京举行会晤，双方共同确认中韩自贸区结束实质性谈判。

就在中韩谈判顺利结束后的一个星期，2014 年 11 月 17 日，中华人民共和国主席习近平和澳大利亚总理托尼·阿博特共同宣布"实质性结束中澳自贸协定谈判"。2015 年，中华人民共和国和澳大利亚将签署《中澳自贸区协定》，未来五年，澳大利亚给予中华人民共和国的部分货物进口零关税，两国给予对方最惠国待遇。澳大利亚乳制品、牛肉、海鲜、羊毛等制品和煤、铜、镍等矿产将以低价格大举销售到中华人民共和国，同时，中华人民共和国的机电产品、工业制成品等也以零关税销售到澳大利亚。

中韩自贸区和中澳自贸区都取得了突破性的进展。首先韩国是全球第十四大经济体，中韩贸易接近 3000 亿美元，这是一个很大的量，但韩国有它自己的产业利益。比如说农业问题，但是在双方领导人的推动之下，秉承着要达成利益大致平衡的高水平的自贸协定，于是在不到两年的时间双方完成了这个谈判。经过一段的降税期，到最后达到 91% ~92% 的完全产品贸易自由化。而在中澳自贸区的协定内容中，澳大利亚的所有产品关税对我国将全部降为零。我国自澳大利亚进口总额的 85.4% 也将实现零关税。届时，牛羊肉、乳制品、葡萄酒、海鲜等产品会不断补充我国市场。中澳谈判已经十年，实际上到 2009 年之后基本上陷入停顿，它重启是在 2013 年初。经过金融危机之后，双方在谈判中都变得比较冷静。中澳两国的自由贸易协定，对于中国还有着一个特殊的意义，澳大利亚的经济制度和它的法律法规的安排，几乎和欧盟是没有什么区别的。假如中国能够和澳大利亚达成高水平的、涉及几乎所有目前自贸协定谈判的各种议题，包括边境上和边境后的议题，也包括我们称作 21 世纪新议题的议题，它的意义在于，中国将有能力也有自信，全面地参与全球无论是多边还是诸边的高标准的自贸协定谈判。中韩和中澳自贸区的谈判之成功超出了人们想象，它的速度之快，是很多人没有想到的，这意味着过去很多我们连想都不敢想的中美之间的谈判、中国与欧洲主要经济体的自贸区的建设速度，也会超出我们之前的想象。

第三，2014 年 11 月在北京成功举办的 APEC 峰会，中国成为会议议题设置、行动方案的设计者和首倡者，并在澳大利亚举办的二十国集团峰会上扮演了重要角色。2014 年 11 月 11 日，在中国举办的 2014 年亚太经合组织（APEC）领导人非正式会议上，国家主席习近平出席并在会场讲话汇总表示启动亚太自由贸易区进程，这是具有历史标志性意义的事件。1989 年，亚太经济合作会议成立，中国在 1991 年正式加入会议。1993 年正式改名为亚太经济合作组织，简称 APEC。中国在 9 年前提出亚太经合组织应当成为亚太自贸区的孵化器，但由于全球经济危机等因素，这一概念一直没有细化，直到在 2014 年 5 月青岛贸易部长会上，中方率先提出制定亚太自贸区的路线图。APEC 峰会上提出了北京路线图，这不仅解决了自贸区迟迟没有实质工作进展的问题，更重要的是，制定了接下来亚太自贸区工作的方向和内容。中国作为东道主，也是主要的倡议方，不仅制定了北京路线图，对于亚太自由贸易区设立的启动，也深深打上了中国的烙印。在推动亚太自贸区建立的同时，我国还提出了"丝绸之路经济带"和"21世纪海上丝绸之路"简称为"一带一路"的经济战略构想，并宣布成立"丝路基金"和亚洲基础设施投资银行的使命。这一举措刚一提出就得到了国际社会的高度关注和沿线国家的热烈反应，这是引领中国同沿线国家长期发展的一个战略构想，与金砖国家银行的设立一样，这两个金融机构的设立都是对整个全球金融治理结构的一个补充。

在澳大利亚举办的二十国集团峰会召开期间，通过中国国家主席的努力，结束了中澳自由贸易区谈判，成为该次峰会的亮点，也为中国在全球经济治理中的角色和地位做了新的注解。过去是别人制定好规则，谈我们应该怎么去服从这些规则、适应这些规则，从而去加入它。现在是我们在一起商量，参与制定规则。这就完全说明了这几十年中国产生的变化和我们在国际贸易和投资规则的重构当中，所扮演的角色。从规则的参加者到规则的参与者，一字之差显示了中国在对外经济交往中地位的变化。

二 十八大以来党中央关于对外开放的新要求、新任务

党的十八大报告中对未来我国对外开放提出的新要求是：实行更加积极主动的开放战略，完善互利共赢、多元平衡、安全高效的开放型经济体系；而目标是，全面提高开放型经济水平。十八届三中全会《决定》中提出的是"构建开放型经济新体制"。因此，完善一个体系、构建一个新体制是我国新一轮对外开放的两个新要求和总体目标。

什么是互利共赢、多元平衡、安全高效的开放型经济体系？首先要搞清什么是开放型经济体系。这个体系的基本分析框架如下。

（1）开放的部门和领域：①商品流动：物质生产和贸易；②要素流动：资本和技术交易；③服务流动：服务和信息的可贸易性。

（2）开放的空间配置：①沿海与大城市；②内陆与沿边；③少数民族区域与边境地区。

（3）开放的体制与政策含义：①边境开放：关税与非关税措施的削减；

特殊区域：海关特殊监管区或自由贸易区；接受世界贸易组织的原则并兑现有关承诺。②境内开放：兑现加入世界贸易组织的有关承诺；以及管辖境内经济活动的规则与国际规则的接轨与改革。

（4）开放的方式：①双边经贸关系；②多边经贸关系；③区域合作关系；④区域经济一体化。

（5）参与全球经济治理（平台角色与议题设置；公共品提供能力）：①联合国；②世界银行；③国际货币基金组织；④八国集团协商机制；⑤世界贸易组织治理机制；⑥二十国集团协调机制；⑦国际金融监管机制；⑧全球气候变化谈判；⑨亚太经济合作组织；⑩上海合作组织等。

在开放型经济体系前面有三个定语，其政策含义如下。互利共赢：减少对许多贸易伙伴的贸易顺差、增加中国企业对外投资的东道国福利。多元平衡：进出口贸易平衡、国际收支平衡、沿海与内地开放平衡、深化国内改革与扩大对外开放平衡、双边与多边及其他合作方式的平衡、在参与全球经济治理中权利与义务的平衡。而要实现这些平衡，就必须实行对外经济发展方式的转变。安全高效：增强抵御国际经济金融风险的能力与提高开放的经济、社会和生态环境福利水平。因此要继续改革和完善涉外经济体制，这包括进口贸易管理体制、"走出去"的政策扶持体制、金融改革和金融体制、人民币汇率体制、外汇管理体制、资源品价格改革及其储备体制，等等。

在完善我国开放型经济体系方面，我国面临的突出问题是如何解决互利共赢、与合作伙伴共享开放利益的问题。

国际社会对于中国扩大开放的反应已经与过去不同，过去对中国宣示采取对外开放的态度是欣赏和认可，现在的反应是，世界能从中国的扩大开放中得到什么。根据国际货币基金进出口贸易统计数据，2012年中国成为128个经济体最大的贸易伙伴，美国只是72个经济体最大的贸易伙伴；而在2006年，美国是127个经济体最大的贸易伙伴，中国只是70个经济体最大的贸易伙伴。中国货物贸易的增长速度很快，到2013年，货物出口已经占世界出口总额的11.75%；中国大量的贸易顺差不仅带来自身国际收支平衡的难度，也造成一些贸易伙伴的不满和贸易摩擦。中国吸收外商投资连年稳居全球第二、稳居发展中国家第一；从2000年开始，中国正式提出实施企业"走出去"战略，到2013年，中国企业海外投资额已超过千亿美元，未来5年年均增长将超过

10%，成为资本净输出国。但中国企业对外投资的东道国福利并没有得到国际社会的赞誉和宣扬，相反，投资保护主义却一直困扰中国企业的一些投资活动。究其原因，与中国企业海外投资带来的东道国福利不明显有很大关系。

截至 2012 年底中国企业境外投资的产业结构为：租赁和商务服务业占 33%、金融业占 18.1%、采矿业占 14.1%、批发和零售业占 12.8%、制造业占 6.4%、交通运输、仓储和邮政业占 5.5%、建筑和房地产业占 10.1%。显然，这种投资结构主要是为中国扩大海外市场和获取资源品服务的；而对吸收就业和带来当地税收贡献较大的制造业则比重很低。与美国企业海外投资存量相比，制造业比重明显偏低，2000 年美国制造业海外资产存量占其海外资产总存量的 26.1%，可见过去更高，虽然逐年下降，但到 2010 年仍然保持 15.0% 的比重，从而形成国际化的生产经营网络，而其服务业的对外投资，又很大程度上是为制造业的全球价值链服务的。而且，中国企业对外投资仍然是以国有企业为主的，根据统计，截止到 2012 年中国企业海外投资的资产结构中，国有企业占 63%、有限责任公司占 24%、

股份责任公司占 7%、股份合作公司占 1%、私营公司占 3%、其他占 2%。而国有企业对外投资很大程度上是为了解决能源及矿物供给问题，因此多采取并购投资方式，绿地投资不多，而并购投资对东道国也不带来生产和贸易增量，从而对就业、税收以及经济增长的贡献都较少（见表 2）。

表 2　2004～2012 并购占中国企业海外投资比重

单位：亿美元

年份	并购金额	同比%	比重%
2004	30.0	—	54.5
2005	65.0	116.7	53.0
2006	82.5	26.9	39.0
2007	63.0	-23.6	23.8
2008	302.0	379.4	54.0
2009	192.0	-36.4	34.0
2010	297.0	54.7	43.3
2011	272.0	-8.4	36.4
2012	434.0	60.0	31.4

资料来源：商务部《2012 年度中国对外直接投资统计公报》。

2013 年中国企业对外投资中的并购金额同比增长 30%，2014 年上半年，中国企业仅在技术、媒体和通信行业的海外并购额就达到 277 亿美元，同比翻番。以并购方式实现的企业投资，只对原有企业的股权和资产进行了购买，并不产生新的生产能力和就业增量，有的甚至还会出现裁员现象，因此对东道国的福利效果不明显，而且，并购方式的投资多数是投向资源能源性产业，容易出现"掠夺"的恶评，再加上能够出手大金额实行并购的企业，多数是国有企业和中央国有企业，因此也易于遭到"阴谋论"的诽谤，屡屡遭到投资保护主义的阻挠。

第二个突出问题是包括金融在内的一些垄断程度较高的行业开放与风险防控问题。要实现国际国内要素有序自由流动、资源高效配置、开放经济的安全高效，离不开垄断行业中的逐步开放与风险防范。

第三个突出问题是我国在全球经济治理中的话语权还不够，支撑话语权的硬实力和软实力都还不够。特别是我国目前在能源金融、法律和国际组织方面都缺乏影响力，只能被动接受国际油价大幅波动带来的风险，对于石油美元和能源金融资本的冲击缺少制约手段；而且缺乏可资利用的能源多边外交平台。我国不是国际能源署、能源宪章或石油输出国组织（OPEC）的成员，而二十国集团等对能源治理的影响极为有限。从 2014 年全球经济形势看，能源价格波动将继续在 2015 年影响世界经济，并长期成为全球经济治理的一大难题。中国是世界能源的需求大国，能源价格变动和供求形势对我国均有很大影响，参与全球能源经济治理是中国难以回避的问题。

十八届三中全会《决定》提出的"构建开放型经济新体制"，主要包括五方面特征：第一是建立与服务业扩大开放相适应的新体制和新机制；第二是逐步建立与国际贸易新规则相接近、相适应的新体制和机制；第三是具有支撑新体制的战略纵深和更优化的空间布局；第四是逐步培育具有与海洋战略意义相适应的新体制、新机制；第五是培育国际经济合作新优势的体制机制建设。

首先，新体制的最主要特征是服务业扩大开放。与货物贸易相比，服务贸易向世界市场提供的份额有不少差距（见表 3）。

表3 2012年中国与主要经济体向世界提供的市场份额对比

单位：百万美元，%

	货物进口额	世界占比	服务进口额	世界占比
世界	18601000	100	4152300	100
东盟	1219692	6.56	276300	6.65
欧盟(27)	5937635	31.92	1569064	37.79
北美自由贸易区	3190934	17.15	541500	13.04
中国	1818405	9.78	280164	6.75
日本	885843	4.76	174757	4.21
美国	2475900	13.34	11110	9.90

资料来源：WTO International Trade Statistics Database www.wto.org。

服务业开放的主要内容，相比货物，服务业开放的主要问题是投资，因此扩大外商投资准入，主要是服务业的投资准入，成为首要问题。"放宽投资准入"的开放含义，重点是推进金融、教育、文化、医疗等服务业领域有序开放，放开育幼养老、建筑设计、会计审计、商贸物流、电子商务等服务业领域的外资准入限制。接着是改革外资管理模式，实行准入前国民待遇和负面清单管理；同时要改革对外投资管理体制：确立企业和个人主体地位、创新对外投资合作模式、健全走出去服务支持体系。

其次，在国际经贸合作的基本方针上，是坚持和维护多边体制、积极参与区域合作、建设高标准区域合作体制，逐步接近新规则。《决定》指出：坚持世界贸易体制规则，坚持双边、多边、区域次区域开放合作，扩大同各国各地区利益会合点，以周边为基础加快实施自由贸易区战略。多边贸易体制的建立来之不易，多边贸易规则是全球各国的最大公约数，应当尽力维护并促进其进一步完善，今后仍然需要进一步推动多哈回合谈判；使多边贸易规则在全球贸易投资自由化、解决贸易摩擦纠纷、反对贸易投资保护主义中发挥更大作用。

尽管2014年11月27日，有关落实《贸易便利化协议》的议定书最终通过，这是WTO成立以来第一项全球贸易改革协定在经历19年漫长之路后的收获。美国并不放弃WTO，也不会放弃TPP、TTIP、Tisa这三个新的全球经贸治理的新规则版本。由于区域贸易自由化安排呈现广覆盖、高标准并与全球多边体系并行的局面，因此，未来两者之间的相互影响是不可避免的。WTO 受到 TPP、TTIP 的挑战也是不可避免的，尽管 WTO 规则仍然是全球最大公约数，但不排除区域高标准自由化安排对 WTO 的影响，因此 WTO 除了将贸易便利化改革纳入多边规则体系外，也必将思考如何进行包容各类标准的自由化协议的改革措施。对国际规则变化的新趋势我们应当未雨绸缪，尽可能站在历史潮流的前面。

应对 TPP 的实际措施："你打你的、我打我的"，采取积极主动的姿态，《决定》指出：在我国今后的自由贸易区战略中，要改革市场准入、海关监管、检验检疫等管理体制，加快环境保护、投资保护、政府采购、电子商务等国际经贸新议题谈判，形成面向全球的高标准自由贸易区网络。坚持双边、区域次区域开放合作。同时，加快中美和中欧投资协定谈判，缩小与 TPP 贸易新规则的差距。

通过上述的实际努力，将缩小与 TPP 所建立的贸易新规则的差距，在条件具备的情况下，中国是否会启动与其他经贸伙伴的自由贸易协定谈判（包括加入 TPP 的谈判），那主动权就完全掌握在自己手里。

再次是优化对外开放的区域布局。内陆沿边开放是老题目，但有新思路、大手笔：①大通道：内陆城市增开国际客货运航线、多式联运。建设对外经济走廊、丝绸之路经济带和海上丝绸之路。②大通关：改革海关监管、检验检疫等管理体制，口岸管理整合；统一对外通关协作。③大平台：加快海关特殊监管区域整合优化，有条件地方设立自由贸易园港区。④产业大集群：创新加工贸易模式，形成有利于推动内陆产业集群发展的体制机制；⑤开放大环境：建立国际开发性金融机构。

又次是构筑实施海洋战略的体制基础。要推进 21 世纪海上丝绸之路建设，必然要推进远洋船舶登记制度、海关、海事管理、国际航运中心建设等方面的改革；还要加强海洋资源勘探、利用开发的战略规划、进行多双边、区域经贸合作与开发利用海洋资源的力量整合；还要进行领海安全与保卫、海洋资源开发的安全与风险防范机制的建设。

最后是培育国际经济合作新优势的体制机制建设，这包括：稳定、透明、可预期营商环境：市场准入、海关监管、检验检疫、贸易便利化；培育参与制定国际规则的能力：新倡议、新议题和新行动，全球公共品和大国责任；健全应对经贸摩擦机制：谈判协商、高层对话、用好各种筹码，有效反制；强化中央、地方、商协会、企业的"四体联动"的综合应对机制。

三 "十三五"期间我国对外开放的新目标和新举措

（一）加快转变对外经济发展方式

1. 推进货物出口贸易转型升级

应该认识到，商品出口仍然很重要，我国外贸部门直接带动的就业人数超过 8000 万，其中 60% 以上来自农村（还有一种说法，中国 7.7 亿就业人数中，有 1/4 与外贸生产经营有关）。从提高经济质量的视角来看，出口部门的增长仍然具有重要意义。出口商品必然要求具有国际竞争力，出口规模的扩大带动了整个行业的产品升级和更新换代，乃至整个行业的改造。当前，我国工业经济面临转型升级，智能化、数字化、网络化制造业成为新潮流，而许多新兴产业能否成为未来我国国民经济的支柱产业，在相当程度上要看其产品是否具有国际竞争力，能否占领国际市场。另外还要看到，货物出口贸易在促进内陆地区开放和产业梯度转移中往往发挥先导作用。

但在中国经济进入新常态的条件下，我国对外贸易已经进入增长速度的换挡期，2009~2013 年这 4 年间，中国货物出口增长速度低于两位数，2009~2013 年的 5 年间，外需对中国经济增长的贡献明显下降，其中 2009 年、2011 年和 2013 年 3 年是负贡献。但中国货物出口的世界占比仍然以每年 0.7 个百分点的速度提高。2013 年中国货物出口的世界占比为 11.75%，这是因为，虽然世界贸易及中国出口值增速都有所下降，但是中国出口值增速仍然显著高于世界贸易值增速，2013 年世界贸易增速为 2.06%，而中国出口增速为 7.86%。由此可以估算中国货物出口贸易增长的合理区间：以 2014~2020 年中国经济潜在增长率 7% 以及世界经济年均增长 3% 为假定前提，以中国货物贸易出口值和世界货物出口值占生产总值比重 25% 与中国货物出口占世界货物贸易比重年均提高 0.6 个百分点为拟合值，估算世界贸易和中国货物贸易出口的年均增长速度，大体得出，中国进出口贸易年均增长高出世界货物贸易 3~4 个百分点，中国货物出口贸易高出世界货物贸易 4~5 个百分点。

这就是"十三五"期间中国货物进出口贸易增长的速度目标，同时按照在世界出口市场份额中每年提高0.5个百分点计算，到2020年，中国货物出口的世界市场份额可以达到17.5%～18.0%。

要实现这个目标，关键是要实行货物出口贸易的转型升级，其核心要义是从主要依靠土地、劳动力廉价的要素禀赋优势向培育国际竞争的新优势转变。新优势的最重要优势是培育人力资本新优势。未来大量劳动密集型企业的存在是必然的。那么它们的优势在哪里呢？它们的优势在于形成新型的劳动密集型制造企业。竞争力不仅取决于工资水平，还取决于劳动生产率和单位产品成本。工资水平提高并不绝对意味着竞争力下降，如果劳动生产率提高，单位成本下降，有可能抵消工资水平上涨的不利影响。而要提高劳动生产率，也不仅仅只有资本替代这一途径，提高人力资本水平，也是提高劳动生产率的重要途径。

2. 要营造培育人力资本的体制和政策环境

要创造有利于人力资本积累的政策环境。政府要发挥更积极的作用。在教育和培训的供给方面，政府应该增加公共投入，降低家庭和个人的教育（培训）支出比重。同时，通过劳动力市场制度建设，政府可以矫正失灵的市场信号，提高人力资本回报率，引导家庭和个人对人力资本投资。还要创造有利于提高劳动生产率的政策环境。

3. 提高企业技术创新能力和产品的研发能力，并积极参与国际标准的制定

在技术创新的基础上培育产品的品牌。加快培育自主品牌，提高出口产品的品牌竞争力。创新有许多形式，有技术革命型创新，它能促进新兴产业诞生、重新组织国际分工和大量企业涌现；也有国际分工条件下价值链环节中的二次创新，其中，既有原创型的、也有适应型、改进型、提升型的；既有完全自主知识产权的，也有引进、吸收消化再创新的，应当鼓励企业因地制宜、因厂制宜开展各种创新。

4. 采取精致化生产，通过管理创新提升产品质量和档次

许多中小企业没有能力采取资本替代措施，也不具备技术创新的各种条件，但它们依旧可以在现有技术和工艺条件下，通过化精细管理，节约成本，提高产品质量，并提高产品的附加值，使产品比过去更有竞争力。

5. 在产业转移中形成沿海与内地互连互补的专业分工关系

以空间延续廉价劳动要素的优势。中西部地区将会承接劳动密集型产业，但是不应该重复沿海地区早期工业化的模式。为此，良好的政策环境是关键，对政府来说，创造一个允许企业进入和退出，并借此机制扩大有效率企业的规模，提高其比重，淘汰无效率企业，比直接代替企业进行产业或技术选择，要有效得多。

6. 培育新型外贸经营主体，增强企业和产品的国际竞争力

第一，这需要从下大力气培育和扶持具有新技术、新业务、新商业模式的新型外贸经营主体入手。

什么是新型外贸经营主体？根据各地的实践经验，可以把它归纳为五个类型：其一，融前向后向服务于一体、商品贸易与服务贸易并举的、采取供应链管理模式的综合性服务型外贸企业，如厦门嘉晟外贸公司等；其二是融核心技术龙头企业与众多分工协作的境内外外包企业于一体的价值链、供应链企业群，如深圳华为技术有限公司；其三是融内贸与外贸、商品与服务于一体的新型国际商务平台，如浙江义乌小商品市场；其四是融线下线上、商品与服务于一体的跨境电子商务企业，如杭州阿里巴巴网络公司；其五是融制造与服务、贸易与投资于一体的跨国公司，如新疆特变电工有限公司等。这五类新型外贸经营主体的共同经验是，把不断开发新技术，或不断发展新业务和新商务模式同企业的人力资本提升紧密结合起来，从而形成新的国际竞争优势，开辟了一条弱化和摆脱利用传统优势的新路径。

第二，扩大货物进口贸易规模、优化结构，改善国内经济供给面。

改革开放以来，我国进口商品结构是生产型和需求拉动型的，资源品、资本品进口比重呈现上升趋势，中间品进口比重呈现下降趋势，消费品进口比重只有小幅度上升。如果仅是因为考虑贸易平衡扩大进口，将缺乏可持续性，也缺乏刺激政策的针对性，因此也要从有利于国内进一步发展的视角来审视这个问题，才能找到扩大和刺激进口政策依据。优化进口贸易结构是改善经济供给面的重要内容；对于一国宏观经济理部而言，除了强调需求管理以外，进口贸易结构调整也是一种重要的管理手段。在进口贸易结构的调整中，要重视不同类别进口数量与结构的优化以实现经济增长预期。从我国产业条件及进口贸易的实际情况出发，优化进口结构的政策取向是：

（1）资本品：在国内产业结构不断升级的过程中，国外先进技术型资本品和成套设备的需求亦不断增加；它弥补了我国在行业专用部件、机械电子设备、电信设备、运输设备等主要资本品在质量、数量上的供给不足，为我国经济增长提供了重要支撑。我国资本品进口比重长期居于高位，其结构具有相当的稳定性，我国要大力提高阴极阀门及阴极管、电信设备及零部件、电气电路装置等重要资本品的国产化率，采取政策手段促进新型成套设备、新型工作母机的进口，以提高资本品的生产效率；特别是要注意有选择地引进先进的数字化、智能化的设施、环保和新能源设施，更好地应对和利用世界第三次工业革命的挑战和机遇，促进经济持续稳定增长。

（2）初级品：初级品进口增长太快、比重持续上升是不利于经济持续增长的。因此，今后在初级品的进口中，除了保持粮、棉、食用油、大豆等产品进口的合理增长，以节约土地资源，并与国内食品保障安全和储备制度相配套外；能源和矿产品的进口，不应盲目加速增长，要从合理消费、提高资源利用效率和培育新能源的视角配置进口规模和增长速度，为此，要通过能源资源品价格改革和关税结构改革来促进进口规模与比重的合理调整。

（3）中间品：未来在中间品的进口中，要逐步改变中国进口关键零部件、国内生产大量消耗资源能源的配套产品加以组装和加工的现状。关键零部件的生产要逐步实现进口替代，鼓励国内生产，而消耗能源资源的中间品生产应逐步由国内生产转为"走出去"生产，从而扩大此类中间品进口，实现中间品内部结构的优化。要通过价格改革，促进进料加工贸易企业多使用境外的能源资源消耗型中间品。

（4）消费品：进行关税结构改革，部分降低这些产品的进口关税，对提高消费品进口的动力具有重要意义。从改善供给角度来看，今后我国消费品的进口还应更多从改善中国人力资本素质着眼，采取政策手段，多进口先进适用的教育消费品，如教材、教学设施，办公用品，医疗器械和设施，公共卫生设施和体育设施。

第三，根据新阶段的特点，提高利用外资水平

根据新的发展阶段的特点，对吸收外商投资提出新要求。首先是根据十八届三中全会决定的精神，未来我国吸收外商投资要有利于构建开放型经济的新体制。其次是未来我国吸收外商投资要有利于促进我国经济结构调整和产业升

级。再次是未来我国吸收外资要有利于培育我国经济新的国际竞争力。

根据以上总体思路，未来吸引外商投资的政策取向是：继续扩大服务业吸收外商投资，特别是在现代服务业领域吸引国际著名跨国公司投资，逐步开放教育、医疗、健康、养老、文化、各类中介服务等领域的外商投资；着力吸引具有先进制造业技术、工艺、管理优势的外商投资。逐步采取准入前国民待遇和负面清单管理模式。

第四，完善"走出去"的战略设计、结构和方式

继续鼓励中国企业"走出去"，特别是鼓励民营企业走出去。要从互利共赢和促进国内经济结构调整、产业升级的立足点作为中国企业对外投资的指导方针，以建设自主国际化生产经营网络作为战略目标，来规划企业海外投资并建立与此相关的服务促进体系。在政策引导上，要鼓励制造业领域的投资，鼓励多采取绿地投资方式，在服务体系建设中，要注意针对民营企业的弱点和不足，提供更多有针对性的、有效率的服务。同时要改善中国企业对外投资和经营的统计、税收以及绩效考核等方面的管理。

第五，重视并继续发展服务贸易

发展服务贸易优化是外贸结构的一项重要任务。首先要认识到，从世界贸易发展趋势看，服务贸易增长快于货物贸易，这是一个长期趋势（见表4）。

表4 2000～2013 年世界货物出口贸易与服务出口贸易增长情况

年份	货物出口增长%	服务出口增长%	年份	货物出口增长%	服务出口增长%
2000	12.32	6.0	2007	6.77	20.2
2001	-0.28	0.1	2008	2.17	12.4
2002	3.75	7.0	2009	-11.44	-9.4
2003	6.05	15.9	2010	14.07	9.8
2004	10.08	21.5	2011	6.32	12.2
2005	7.22	11.8	2012	2.98	2.2
2006	9.41	13.1	2013	2.76	5.5

资料来源：商务部政策研究室：《世界经济数据参考资料》，2014 年。

由表4可见，2000～2013 年，世界货物出口年均增长 5.55%；世界服务贸易出口年均增长 9.87%，而 2008～2013 年，中国的服务贸易增长也快于货物贸易增长（见表5）。

表5　2008~2013年我国服务贸易和货物贸易总额及增长情况

年份	中国服务贸易总额 （亿美元）	同比增长（%）	货物贸易总额 （亿美元）	同比增长（%）
2008	3045.0	21.4	25616.3	17.8
2009	2867.1	−5.8	22072.7	−13.9
2010	3624.2	26.4	29727.6	34.7
2011	4191.0	15.6	36420.6	22.5
2012	4706.0	12.3	38667.6	6.2
2013	5361.0	13.9	41603.1	7.6

在贸易增长低迷的2014年，服务贸易成为我国外贸新亮点。2014年上半年服务进出口总额达2847亿美元，较2013年同期同比增长了15.3%，较按美元计价的货物进出口增速高14.1个百分点。服务贸易占对外贸易的比重较上年同期提高了1.4个百分点至12.3%。其中，服务出口达1131.7亿美元，同比增长18.2%；服务进口总额达1715.5亿美元，同比增长13.6%。上半年，服务贸易逆差累计达584亿美元，较2013年同期又扩大了5.6%。但金融服务、电影音像、计算机和信息服务、咨询等高附加值服务出口保持较快增长势头，占比不断提高，而传统的旅游、运输服务、建筑服务占出口比重下降。

怎样看待服务贸易逆差？我国服务贸易长期处于逆差，1995~2013年连续19年逆差，而且逆差规模不断扩大（见表6）。具体分析来看，服务贸易逆差主要由运输、旅游、保险和专有权利使用费和特许费四个行业构成。旅游服务逆差反映国内消费能力的增强以及人民币汇率更趋市场化，这个趋势不可逆转，因此基本是合理的；专利使用费和特许费的增长和逆差反映新的生产性服务要素需求上升，这正是改善经济供给面的重要来源，有利于改善我国潜在经济增长率，这种逆差在相当一段时期内也是合理的。因此缩小逆差要有行业针对性。我国货物贸易数量庞大，需求旺盛，但运输服务业落后、第三方运输服务不发达，运输产业化发展水平较低，运力不足、国际竞争力也不强，但并非必然趋势，需要改变这种状态，不应当长期处于落后和逆差状态。服务贸易发展战略既要立足于提高某些行业的国际竞争力，缩小逆差，又要容忍某些行业在相当长一个时期内维持逆差状态。这种发展战略的前提条件是必须保持货物贸易和经常项目收支的顺差。在此前提下,可以把服务贸易逆差作为常态对待。

服务贸易逆差对我国经常项目的平衡暂时没有很大影响,因此具有可持续性,当然,长期趋势需要另行研究。

第六,优化对外开放的区域布局

应及时总结和推广中国上海自由贸易试验区的成功经验,在广东、福建、天津复制类似的自由贸易园区外,还可以考虑在重庆、西安和郑州等地扩大复制。

表6　2001～2013年我国贸易差额情况表

年份	货物贸易顺差(亿美元)	服务贸易逆差	经常项目差额
2001	225.5	61.3	174.0
2002	304.3	67.0	354.0
2003	254.7	84.8	431.0
2004	321.0	95.5	689.0
2005	1020.0	92.6	1323.0
2006	1775.1	89.1	2318.0
2007	2643.4	76.0	3532.0
2008	2981.3	115.6	4206.0
2009	1956.9	295.1	2433.0
2010	1815.1	219.3	2378.0
2011	1549.0	549.1	1360.0
2012	2311.1	897.0	1414.1
2013	2597.3	1221.0	1886.0

进一步推进沿海开放进程,形成沿海开放的新高地,如京津冀、环渤海,应成为沿海地区新的开放高地;内地开放要通过长江经济带和中原交通枢纽建设等措施形成新的开放高地;沿边开放要利用双边与区域合作关系,有针对性地选择新的开放口岸和边境城市作为新的抓手。

利用服务贸易自由化推进内地、香港、澳门、台湾的产业合作、金融合作,使港澳台经济与大陆的联系更加紧密。

（二）构建开放型经济新体制

第一，创新外商投资管理体制

统一内外资法律法规，修订外资"三法"，按照推进准入前国民待遇和负面清单管理模式，扩大服务业领域的外资准入。同时，放宽外资在先进制造业领域的准入，逐步开放汽车、化工、运输设备等制造业外资进入的股权比例限制；逐步减少外资进入交通、通信、基础设施以及农业、矿产开采等领域限制。

改革外商投资监管体制，把重事前审批逐步转向放开事前审批，而重点监管工作放在事中和事后。

推动国有原有的开发区转型升级。重点是引进和发展先进制造业和生产性服务业。在基本完成开发投资阶段并已经完全转向生产经营的开发区，应当向城市建成区转型，完善行政管理体制，发展城市基础设施，发展各类民生需要的服务业，便利居民生产和生活。

第二，建立促进"走出去"战略的新体制

扩大企业和个人对外投资，确立企业和个人对外投资主体地位。推进境外投资便利化，取消核准制，实行备案制；完善国有企业境外经营的业绩考核和责任追究制度。

完善境外投资战略规划体系，明确互利共赢的指导思想，以建立自主跨国生产经营的国际化网络为战略目标，改善投资结构和方式，创新对外投资合作方式，把绿地投资与并购、证券、联合投资有机结合，促进高铁、电力、输电设备技术、移动通信等领域的对外投资。

健全走出去服务保障体系建设，完善统计体系和中介组织服务。推进中美、中欧双边投资协定谈判。

第三，构建外贸可持续发展的新体制

保持和延续外贸的传统优势，主要是积极向内地转移外贸生产和经营环节，形成沿海与内地专业分工与协作的关系。培育外贸出口的新产品优势，扩大高铁、核电、通信、电站等设备产品、船舶、汽车和成套设备的出口规模。

提高贸易便利化水平，推进贸易便利化改革措施，形成海关、边检以及口岸管理的一站式服务体系。

建立健全服务贸易促进体系,推进制造业服务化转型,推进运输体制改革,增强海洋运输和航空运输能力,完善旅游服务体制,增强旅游国际竞争力。

以质量、效益和改善国内经济潜在增长率为导向,完善外贸政策以及有关的财政、税收、金融、投资和产业政策。保持人民币汇率基本稳定并完善出口退税制度,调整关税政策,进一步完善关税结构;优化进口结构要与国内产品的价格改革、关税改革联动配套。

健全贸易摩擦应对机制,鼓励企业进行境外应诉,并进行有关的培训和服务,利用中介组织和行业协会的力量保护我国企业和个人的合法权益。

第四,构建开放安全的金融体制

继续推进金融业开放,逐步放开证券、保险业外资进入的股权比例限制,扩大股权开放的领域,鼓励跨境并购;推动资本市场双向开放,实行人民币可兑换政策,允许境内外企业跨境投融资、开放期货市场、允许境内机构参与境外衍生品市场。完善汇率形成机制和外汇管理制度,推进外资企业外汇资本金结汇管理改革,健全金融风险调控体系。

建立"走出去"的金融支持体系,完善境外的投融资机制,探索建立境外股权资产的境内交易融资平台。扩大人民币跨境使用,形成区域性人民币债券市场,允许境外企业在境内发行人民币债券融资工具,同时也允许境内企业在境外发行人民币债券,形成人民币离岸市场,扩大人民币境外循环。加快国内金融改革,特别是加快公司债券市场的建设,支持公司企业发行债券并建立市场直接交易,并在此基础上形成衍生品市场,通过境内金融市场的扩大和金融产品的增加来扩大人民币回流的投资空间。

第五,健全稳定、透明、可预期的营商环境

加强开放型经济法治建设,保护内外企业和个人的正当权益。优化市场竞争环境,清理阻碍形成全国统一市场的违规的地方性优惠政策,改善科技创新环境,保护知识产权,鼓励制定行业技术标准,支持行业协会和商会的自治和自律措施,维护市场的秩序。

健全开放型经济的安全保障制度。改善出口管制措施、完善产业安全保护制度,实行产品安全认证。

第六,加强支持保障机制的建设

实施开放的人才政策,吸引海外高层次人才,完善外国人永久居留制度；积极选派人员进入国际组织任职；建设对外开放的智库建设，采取多种方式培训有关开放型经济所需要的各类专业人才。

（三）积极参与全球经济治理

第一，转变在全球经济舞台上的角色定位

从主要是被动地接受和适应国际经济规则的参与者角色向积极参与全球经济治理、参与国际经济规则的制定、发挥负责任大国作用的角色转变。我国参与全球经济治理的两大制约因素：第一是提供全球公共品的能力还不够；第二是在以市场经济体制为基础的国际规则中的不完全适应性。因此要从增强硬实力和软实力两方面入手。软实力的增强要靠改革开放。例如，中美有可能引导全球国际投资规则的制定。如果中美投资协定谈判达成，这将意味着中国不仅参与了国际投资规则的制定，而且引领了国际游戏规则的产生。此外，新的国际规则对中国巨额的海外投资不仅可以要求东道国的法律保护，还可以要求国际规则的保护。如果中国（上海）自由贸易试验区建设获得成功，不仅可以促进我国的改革和发展，还可以从试验中获得规避国际风险因素的免疫力，更好应对未来的国际新规则。中国（上海）自由贸易试验区也是增强软实力的举措。它是为扩大开放探路，以开放促发展、促改革、促创新，成为可复制、可推广的试验；不是用优惠政策来推动，也不是以基建投资炒热土地的老办法来吸引地产投资；而是注重体制、机制改革创新；不仅涉及货物贸易，主要针对服务贸易开放，不仅涉及边境开放，主要涉及境内开放。

当今世界，国际规则作为公共品，已经对各国经济福利产生愈来愈大的影响。以欧美之间的自贸协定谈判为例，其谈判重点不在关税，因为双方之间目前的关税已经很低。双方的谈判重点是统一标准与规则，如统一金融服务规则，统一汽车安全标准，等等。统一这些规则和标准每年将为双方带来巨大的经济利益。我们只有在扩大开放中才能认识这种公共品的意义并学会它的生产与消费。

第二，加快实施"一带一路"战略

推进基础设施互联互通，扎实推动中巴、孟中印缅经济走廊建设，把推进这两个经济走廊建设作为"一带一路"战略的重要抓手。同时深化沿线的经济贸易合作，密切科技人文交流。

实施海洋战略，"十三五"的破题之举是推进21世纪海上丝绸之路建设。加强海洋运输能力建设，加快建设上海、天津、深圳等国际航运中心；同时要制定全国海洋经济发展的政策措施以及海上丝绸之路的发展规划。

加强铁路集装箱货运物流枢纽中心建设，更有力支撑"一带一路"战略。目前在郑州已经建成了铁路集装箱运输枢纽中心，对外运输已经开通了郑欧班列（郑州至德国汉堡）、渝新欧班列（重庆至鹿特丹）、义新欧班列（义乌至马德里），加上已有的新欧班列（新疆至鹿特丹），形成了新的横贯东中西的对外经济走廊，因此要加大铁路集装箱物流中心建设，可以考虑在重庆、义乌等地建设新的铁路集装箱物流中心。利用国际航空港建设推进民用运输服务行业改革和发展。目前我国民用航空业国际化程度较低，国际航线的运输量在世界总运量的比例很低，国际货运量和客运量与国内运量相比也较小。而且，航空运输业市场化程度较低。我国空港的硬件建设已经十分壮观，但航空运输枢纽港的开放和建设相对落后，不仅没有像迪拜、新加坡那样享誉世界的国际运输中转枢纽，国内航空枢纽港辐射的航线资源也相当吃紧。这在很大程度上限制了我国航空运输业的发展，也影响了航空运输业对上下游行业和关联行业的辐射作用。因此应考虑在郑州之外多地设立若干国际航空枢纽港，加大航空的客货运能力，建议由发改委牵头，会同商务部、民航总局、空中管理部门等单位研讨补充航空运输业的改革和发展问题。

第三，拓展国际经济合作新空间

坚持世界贸易多边体制规则，但要认识到，由于区域贸易自由化安排呈现广覆盖、高标准并与全球多边体系并行的局面，因此，未来两者之间的相互影响是不可避免的。WTO受到TPP、TTIP的挑战也是不可避免的，尽管WTO规则仍然是全球最大公约数，但不排除区域高标准自由化安排对WTO的影响，因此WTO除了将贸易便利化改革纳入多边规则体系外，也必将思考如何进行包容各类标准的自由化协议的改革措施。对国际规则变化的新趋势我们应当未雨绸缪，尽可能站在历史潮流的前面。因此要建立高标准的自由贸易区网络，建立中国－东盟升级版、推进中国—海合会、中日韩、RCEP、中国—斯里兰卡、中国—巴基斯坦第二阶段降低税收等自由贸易协议谈判；推进中欧自由贸易区和亚太自由贸易区的研究和谈判。

在联合国和20国集团等主要平台之外，积极参加金砖合作、气候谈判、电子商务、能源安全、粮食和食品安全以及贸易金融等全球性协议谈判，提出新主张、新倡议。

商讨制定国际开发性金融的治理规则。我国已经发起成立了金砖国家银行、亚洲基础设施投资银行、丝路基金等国际性开发金融机构，如何进行国际投资开发和融资支持的国际经济治理已经成为我国自己提出问题而又必须自己回答的新问题。在国际开发金融体系中，世界银行的主导地位不会改变，但随着金砖银行、亚洲基础设施投资银行以及丝路基金等国际开发性新金融机构的出现，国际开发性金融的规则体系也将发生新的变化。我们需要与合作伙伴方共同商讨制定这种合作共赢的国际开发性金融的治理规则。

争取融入并引导全球能源治理。由于全球没有统一的能源安全组织，在现有的能源机制中，既有全球性的，也有区域性的；既有消费国组织也有生产国组织，机制之间缺乏协调并且十分松散。我国可以考虑重点参与国际能源署的改革，加强20国集团在能源治理上的宏观协调功能，派人员参与石油输出国组织、天然气生产国论坛等资源国协调机制，在参与治理过程中，形成并强化其建章立制的可能性。

第四，创立新的国际经济治理合作机制

设立金砖国家开发银行、亚洲基础设施开发银行、丝路基金后，与合作伙伴一起团结协作、认真运营、积累经验，努力使其成为新的国际金融治理的平台。

集官方和民间的力量，创立中欧、亚太自由贸易区战略研究的国际合作机制，争取尽快拿出研究成果，并使其成为各伙伴方进入谈判的重要准备手段。

四 新常态下对我国扩大开放举措的评价思路

"十三五"期间，我国经济将继续处于新常态，在经济增长下行环境外，对外开放领域中的数量增长指标未必十分显著，因此，如何认识和评价开放经济的成就是一个重大的理论和实践问题。

通常我们在论述过去开放经济成就时，可以列出十分令人骄傲的数据：1978~2012年，中国GDP总量增长141.47倍，货物进出口总额增长686.89倍，吸引外资金额增长131.18倍，对外直接投资增长904.59倍。截止到2012年，中国GDP总量跃居全球第二、进出口总额全球第二、吸引外资规模全球第二、对外直接投资全球第三。2014 年 3 月 1 日中国商务部发布消息称，经世贸组织确认，2013 年中国正式成为全球货物贸易第一大国。中国的开放经济成绩卓著，这是世界的共识。中国已经成为世界最富影响力的经济体之一，是代表广大新兴经济体与发展中国家最重要的国际力量，是对未来全球经济格局有重要影响的国家之一。但是从 2012 年以来，世界经济下行，需求萎缩，我国争取外需遇到严重困难，货物出口贸易结束了两位数增长的历史。与经济增长进入中高速增长阶段相对应，在对外贸易领域，随着土地、劳动力价格等要素禀赋优势的弱化，比较优势也相对弱化，在人民币汇率升值的压力下，货物出口的国际竞争力出现下降的现象。在这些因素的共同作用下，我国货物出口贸易的增长速度也将进入一个较以往低的新阶段。

考察 21 世纪以来全球经济和贸易增长的关系可以看出，在经济繁荣的时期，世界贸易以更快的速度增长，但在经济萧条时期，世界贸易则以更低速度增长甚至出现衰退，这在 2001 年和 2009 年尤为明显。2014 年，世界贸易略有改观，但仍以较低的速度增长。据 IMF 预计，今年全球贸易将增长 3.8%，虽然较去年加快 0.8 个百分点，但仍比 2000～2007 年 5.9% 的增速低 2.1 个百分点（见图 1）。

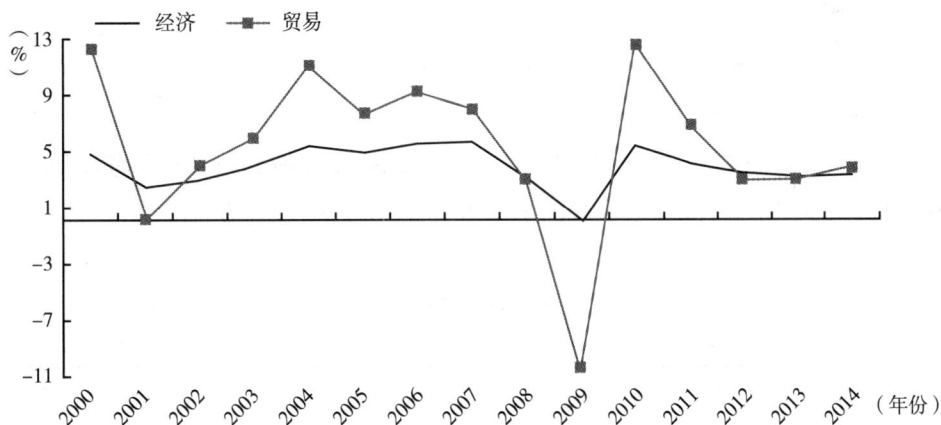

图 1　全球经济与贸易增速

资料来源：国际货币基金组织。

世界贸易组织认为：世界贸易与世界经济增长存在长期稳定的正向关系，而且贸易的波动要强于经济变化，所以，世界经济波动尤其是发达国家的经济波动对世界贸易有显著的影响。世界贸易在 2009 年受到全球金融危机影响降幅超过 10% 之后，2010 年出现 13.9% 的恢复性高增长，为 1980 年以来的最高水平。但由于全球经济复苏缓慢，2011～2013 年世界贸易增速也大幅减缓，2012 年、2013 年世界贸易与世界经济增速基本持平，维持在 2.2%～2.3%。2014 年以来，世界经济增速不稳定而且没有预想的乐观，导致进口需求疲软，世界贸易增幅也低于预期（见图 2）。

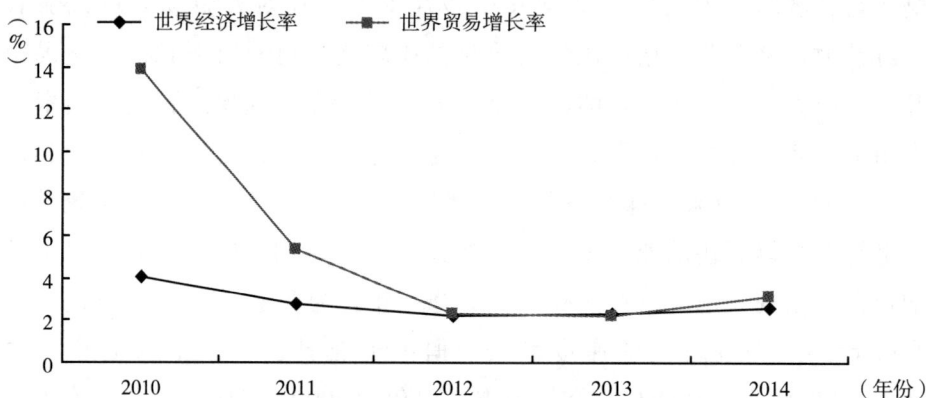

图 2　2010～2014 年世界经济与贸易增长率

资料来源：WTO《世界贸易预测》，2014 年 9 月。

2014 年上半年，由于美国和德国经济分别在第一季度和第二季度出现 2.1% 和 0.6% 的下滑，以及中国经济第一季度增速从 2013 年同期的 7.7% 下降到 7.4%，影响其贸易伙伴的出口，世界贸易（按进出口平均计算）比 2013 年同期仅增长 1.8%，对 2014 年的预测值下调（见表 7）。

表 7　2010～2014 年世界贸易增长率

单位：%

类别　　　　年份	2010	2011	2012	2013	2014*
世界商品贸易	13.9	5.4	2.3	2.2	3.1
出口：发达国家	13.4	5.2	1.1	1.5	2.5
发展中国家	15.0	5.5	4.1	3.9	4.0
进口：发达国家	10.9	3.4	0.0	-0.3	3.4
发展中国家	18.2	7.7	5.4	5.3	2.6

注：2014 年 * 为预测值。

资料来源：WTO《世界贸易预测》，2014 年 9 月。

国际组织预测 2015 年全球需求依旧低迷。三大国际组织对 2015 年全球经济走势预测基本相同，一致认为 2015 年经济增长虽略好于 2014 年，但依然维持一个很低的增速（见表 8）。其中，2014 年 10 月国际货币基金组织的预测最为乐观，预测 2014 年全球经济将实现 3.3% 的增长，其中发达国家增长 1.8%，发展中国家增长 4.4%；预测 2015 年全球经济增长 3.8%，呈现缓慢复苏，但增速比 4 月的预测值均有所下调。预计疲软的全球需求将对贸易增长形成制约。

表 8　国际组织对 2014～2015 年世界经济增长率预测

单位：%

类别	国际货币基金组织		世界银行		联合国	
	2014 年	2015 年	2014 年	2015 年	2014 年	2015 年
世界	3.3	3.8	2.8	3.4	2.8	3.2
发达国家	1.8	2.3	1.9	2.4	2.0	2.4
发展中国家	4.4	5.0	4.8	5.4	4.7	5.1

资料来源：国际货币基金组织《世界经济展望》，2014 年 10 月；世界银行《全球经济展望》，2014 年 6 月；联合国《2014 世界经济状况及前景》，2014 年 6 月。

鉴于先行指标变化、需求因素和贸易保护等不利影响，预计 2015 年世界贸易仍将维持缓慢的增长。世界贸易组织预测，2015 年世界贸易将增长 4.0%，增速不仅大大低于过去 20 年平均增速 5.3%，也低于 4 月预估的 5.3%，但高于 3.1% 的世界经济增速（见表 9）。

表 9　国际组织对 2014～2015 年世界贸易增长率预测

单位：%

类别	世界贸易组织		国际货币基金组织		世界银行	
	2014 年	2015 年	2014 年	2015 年	2014 年	2015 年
世界贸易量	3.1	4.0	3.8	5.0	4.1	5.2
出口	—	—	—	—	4.1	5.2
发达国家	2.5	3.8	3.6	4.5	3.6	4.7
发展中国家	4.0	4.5	3.9	5.8	5.5	6.4
进口	—	—	—	—	4.4	5.2
发达国家	3.4	3.7	3.7	4.3	4.2	4.8
发展中国家	2.6	4.5	4.4	6.1	4.8	6.3

资料来源：世界贸易组织《世界贸易预测》，2014 年 9 月；国际货币基金组织《世界经济展望》，2014 年 10 月；世界银行《全球经济展望》，2014 年 6 月。

在国际直接投资方面，虽然联合国贸发会议做了谨慎乐观的预测，认为2014年的世界直接投资流量将从2013年的1.45万亿美元增加到1.6万亿美元，2015年将再增加到1.75万亿美元，但这些数字都依然低于2007年的1.9万亿美元和2008年的1.8万亿美元。在发布《2014年世界投资报告》中，作者仍然充满忧虑地写道：5000家最大的跨国公司的现金持有量超过11%，而2006年只有6.5%，反映了跨国公司的投资谨慎态度。危机后由于中央银行的干预，大型企业融资相对容易，而宽松的货币政策没有使大企业的债务融资回升至危机前的水平，2013年债券发行量在5000亿美元以下，几乎不到2008年的1/3；相反，大企业增加了股份回购和红利发放，导致1万亿美元的现金流出，这也反映它们对投资采取非常谨慎的态度。这些分析都反映出世界直接投资增长趋势并不乐观。

上述分析说明，在新的对外开放中，如果我们继续采取以往对开放经济发展的评价思路，主要以贸易投资增长的幅度和规模作为评价的主要依据，可能并不能得到满意的结果，相反，如果没有这些令人炫目的数据，是否就意味着我们开放经济型的发展并不成功呢？因此要讨论评价的思路问题。

从党的十八大以来提出的开放型经济发展的总体目标和主要任务来看，我们并不主要追求贸易投资增长的幅度和规模，而是要完善开放型经济体系和构建开放型经济新体制。遵循这个目标，是我们评价开放型经济发展的总体指导方针。因此，要把转变对外经济发展方式和构建开放型经济新体制中提出的各项任务和要求作为评价的依据，而不是过分看重贸易、特别是出口贸易；投资，特别是吸收外商投资的数量增长。相反，应当把我们过去不够重视的问题作为重要的评价目标，如是否实现互利共赢，是否达到体制机制转轨，是否培育了新的动力和增长点，等等。

"十三五"时期
资源环境发展战略研究

潘家华　李　萌[*]

摘要： "十二五"时期，我国经济在稳步发展的同时，主要污染物排放有所减少，资源利用效率得到较大提升，能源结构调整升级，污染防治取得一定成效，环境恶化趋势放缓，但由于历史累积的欠账，环境承载能力已经达到或接近上限，尤其是面对经济新常态下企求高增长的压力，资源、环境领域的挑战更为严峻，资源、生态正悄然取代资本和技术，上升为我国经济社会可持续发展和全面小康社会实现的关键制约因素。"十三五"时期，环境保护将在各种压力形成的夹缝中前行，需要继续坚持节约资源和保护环境的基本国策，全面推进生态文明建设，积极应对气候变化，推动资源利用方式根本转变，推进环境管理战略转型，提高生态环境承载力，加快资源环境管理体制机制的改革，实现生态环境质量的总体改善。为此，必须遵循创新、协调、绿色、开放、共享的发展理念，按照环境保护国家治理体系和治理能力现代化的要求，从组织领导、制度建设、项目规划、市场机制以及社会治理五大方面进行统筹设计。

关键词： 资源　环境　生态文明建设　发展战略

---

* 潘家华，中国社会科学院城市发展与环境研究所，所长，研究员；李萌，中国社会科学院城市发展与环境研究所，副研究员。

党的十八届五中全会关于"十三五"规划建议稿提出，必须坚持节约资源和保护环境的基本国策，坚持可持续发展，坚持走生产发展、生活富裕、生态良好的文明发展道路，加快建设资源节约型、环境友好型社会，形成人与自然和谐发展现代化建设新格局，推进美丽中国建设，为全球生态安全做出新贡献。

"十三五"期间，我国的资源环境发展处于转型发展的关键时期。一方面，资源环境压力经过改革开放以来30多年的积累，不平衡、不协调、不可持续的局面日趋严重，在经济发展水平接近人均1万美元的情况下，需要从根本上加以扭转；另一方面，2020年全面实现小康，经济发展的动力和压力仍然不会有根本的改变，环境与民生的矛盾与协同共存，解决相关问题需要决心、毅力和勇气。尤其在当前经济发展步入新常态，产业结构调整和升级加速的情况下，历史累积的欠账、环境资源禀赋和技术突破的不确定性等使得我国能源、资源、环境等领域的挑战更为严峻。刚刚闭幕的十八届五中全会明确提出，要坚持节约资源和保护环境的基本国策，争取"十三五"时期生态环境质量总体改善。为此，我们需要不断加大改革力度，以提高资源利用和环境质量为核心全方位推进生态文明建设，保障"十三五"资源环境战略目标的顺利实施，助力资源节约型、环境友好型社会和全面小康的实现。

一 "十二五"规划完成情况评估

"十二五"规划力求解决经济社会发展中的3个核心问题，即"不平衡、不协调、不可持续"的问题，涉及28项量化考核指标，包括12个预期性指标和16个约束性指标。资源环境方面的指标有12项，其中11项为约束性指标，1项为预期性指标：耕地保有量为约束性指标，目标是保持在18.18亿亩；单位工业增加值用水量为约束性指标，目标是降低30%；农业灌溉用水有效利用系数为预期性指标，预期增长0.03，提高到0.53；非化石能源占一次能源消费比重为约束性指标，目标是累计增长3.1个百分点，从8.3%达到11.4%；单位国内生产总值能源消耗为约束性指标，目标是累计降低16%；单位国内生产总值二氧化碳排放为约束性指标，目标是累计降低17%；主要污染物排放为约束性指标，包括化学需氧量减少8%，二氧化硫排放减少8%，氨氮排放减少10%，氮氧化物排放减少10%；森林覆盖率为约束性指标，目标是提高到 21.66%；森林蓄积量为约束性指标，目标是增加 6 亿立方米，如表 1 所示。

表 1　"十二五"规划指标预期完成情况

序号	指标名称	目标	类型	完成现状	评估
1	耕地保有量	保持在 18.18 亿亩	约束性指标	20.31 亿亩①	良好
2	单位工业增加值用水量	降低 30%	约束性指标	<25%②	滞后
3	农业灌溉用水有效利用系数	提高到 0.53	预期性指标	0.52③	良好
4	非化石能源占一次能源消费比重	达到 11.4%	约束性指标	11.1%④	良好
5	单位国内生产总值能源消耗	降低 16%	约束性指标	>13.9%⑤	良好
6	单位国内生产总值二氧化碳排放	降低 17%	约束性指标	>14.7%⑥	良好
7	化学需氧量	减少 8%	约束性指标	10.28%⑦	良好
8	二氧化硫排放	减少 8%	约束性指标	12.08%⑧	良好
9	氨氮排放	减少 10%	约束性指标	9.95%⑨	良好
10	氮氧化物排放	减少 10%	约束性指标	7.07%⑩	明显滞后
11	森林覆盖率	提高到 21.66%	约束性指标	21.63%⑪	良好
12	森林蓄积量	增加 6 亿立方米	约束性指标	与第七次清查结果比增加 14.16 亿立方米⑫	良好

注：①国务院新闻办公室定于 2014 年 12 月 5 日上午 10 时举行新闻发布会，农业部种植业管理司司长曾衍德指出，第二次全国土地调查后，耕地数量是 20.31 亿亩。但是有两点需要说明：一是耕地数量只是账面数字的变化，实际耕地还是那么多；二是这些耕地一直在种粮、种菜，都在生产。目前最主要的措施就是划定永久基本农田，已经划了 15.6 亿亩，但是没有落实到田块。

②来自工信部的数据显示，2011 年我国规模以上单位工业增加值用水量同比下降 8.9%，2012 年、2013 年分别预计下降 7%，2014 年预计下降 5.8%。实际完成情况不容乐观。

③国务院新闻办公室于 2014 年 9 月 29 日上午 10 时举行新闻发布会，水利部副部长李国英介绍中国节水灌溉状况，指出 2000 年以来，我国农田亩均灌溉用水量由 420 立方米下降到 361 立方米，农田灌溉水有效利用系数由 0.43 提高到 0.52，农田灌溉用水量占全社会用水总量的比例从 63% 降低到 55%，有效灌溉面积由 8.25 亿亩增加到 9.52 亿亩。

④吴新雄在 2014 年 12 月 25 日召开的全国能源工作会议上介绍，我国加快发展清洁能源，能源结构进一步优化。预计 2014 年，非化石能源占一次能源消费比重提升至 11.1%，煤炭比重下降至 64.2%。

⑤国家统计局数据显示，2011 年全国单位国内生产总值能源消耗下降 2.01%，2012 年全国单位国内生产总值能源消耗下降 3.6%，2013 年单位国内生产总值能源消耗下降 3.7%；2014 年 12 月 24 日，国家发改委副主任解振华在"2014 年中国节能与低碳发展论坛"上表示，初步估计

2014 年全国单位国内生产总值能源消耗下降 4.6% ~ 4.7%，达到了"十二五"以来最大的降幅，超额完成年初预定的 3.9% 以上的目标。以上累计下降额超过 13.9%。

⑥单位国内生产总值二氧化碳排放至 2012 年累计下降了 6.6%（其中 2012 年下降 5.02%），2013 年同比下降 4.3%，国家发改委表示 2014 ~ 2015 年单位 GDP 二氧化碳排放要下降 4% 以上，累计超过 14.7%。

⑦为至 2014 年上半年的累计数字。

⑧为至 2014 年上半年的累计数字。

⑨为至 2014 年上半年的累计数字。

⑩为至 2014 年上半年的累计数字。

⑪⑫国家林业局 2014 年 2 月 25 日公布了第八次全国森林资源清查成果，全国森林面积 2.08 亿公顷，森林覆盖率 21.63%，森林蓄积量 151.37 亿立方米。与 2008 年底结束的第七次清查结果相比森林蓄积量净增 14.16 亿立方米，提前完成到 2020 年比 2005 年增加 13 亿立方米的增长目标。

资料来源：国家统计局统计年鉴，环保部全国环境统计公报，工信部、发改委相关数据。

　　"十二五"规划实施 4 年来，我国应对气候变化工作稳步推进，基础能力建设得到加强。适应气候变化特别是应对极端气候事件能力提高，极端天气和气候事件监测预警预防能力逐步提升。推进资源节约集约利用，资源利用效率持续提升。实施能源消费总量和能源消耗强度双调控，强化重点领域节能减排和重点工程，节能降耗取得成效。环境保护工作力度加大，主要污染物排放总量控制取得进展，2012 年全国城市污水处理率和生活垃圾无害化处理率分别达到 87.3% 和 84.8%，提前完成《我国国民经济和社会发展十二五规划纲要》（以下简称《纲要》）目标。空气环境治理力度加大，实施环境空气质量新标准，出台《大气污染防治行动计划》，进一步完善区域大气污染联防联控机制，国务院确定的首批 22 项落实《大气污染防治行动计划》配套措施中，调整可再生能源电价与环保电价、油品质量升级价格、电解铝行业阶梯电价、新能源汽车推广应用鼓励政策等 6 项配套政策措施已经出台，其他措施也将陆续出台。"十二五"落后产能淘汰任务提前一年完成。环境风险防控能力有所加强，环境预警与应急水平有所提升。重点区域保护力度加强，生态建设扎实推进。生态补偿机制不断完善，补偿力度逐步加大。森林蓄积量增加 6 亿立方米，提前实现"十二五"规划目标。[①]

---

① 《国务院关于〈中华人民共和国国民经济和社会发展第十二个五年规划纲要〉实施中期评估报告》。

受经济增长速度超过预期、产业结构优化升级较慢、能源结构优化调整进展不快、部分企业减排力度不够等原因的影响，资源环境领域的"十二五"规划推进一度较慢，中期考核时 5 个指标完成滞后，其中包括环保方面的 4 个约束性指标：单位国内生产总值能源消耗、单位国内生产总值二氧化碳排放、非化石能源占一次能源消耗比重、氮氧化物排放。特别是氮氧化物排放，2011 年甚至上升了 5.74%，给后续工作带来了很大的压力。资源环境规划指标未能按期完成的原因，突出表现为规划对地方政府约束不力。同时，节能环保主要由地方政府承担，中央政府难以直接介入，且对地方完成真实情况的核查滞后或困难，导致地方的节能减排数据与国家不衔接，"地方形势大好、国家压力很大"。另外，由于对资源环境问题重要性的认识不到位，基层政府考核指标与国家"十二五"规划不挂钩，节能工作力度和重视程度普遍不高，表现为行动滞后，见效延迟。出于对 GDP 的追求，淘汰过剩产能的精神在地方没有得到认真贯彻执行，高耗能产业没有得到有效抑制甚至出现反弹。

目前，除了传统煤烟型大气污染，以细颗粒物、臭氧为特征的复合型污染日益严重。中国的环境污染形势依然严峻。[①] 引起雾霾的 PM2.5 浓度在"十二五"规划中并没有列为控制目标。但是，"十二五"初期凸显的污染物排放的细颗粒物引致的全国大范围雾霾，引起全国关注。为回应社会关切，环保部在 2012 年开始系统检测，2013 年明确在重点污染区域进一步强化污染减排目标的考核和监督检查，将京津冀、珠三角、长三角 PM2.5 浓度纳入考核目标，而且要求三个区域的 PM2.5 浓度要下降 6%。2013 年底，由全国 190 个城市近 950 个监测点位组成的国家空气监测网投入运行，开始实时发布监测数据。[②]

国务院办公厅印发《2014～2015 年节能减排低碳发展行动方案》要求，进一步硬化节能减排降碳指标、量化任务、强化措施，提出了 2014 年和 2015 年两年节能减排降碳的具体目标：2014～2015 年，单位国内生产总值能源消耗逐年下降 3.9%、化学需氧量下降 2%、二氧化硫排放下降 2%、氨氮排放下降 2%、氮氧化物排放下降 5% 以上，单位国内生产总值二氧化

---

① 《国务院关于〈中华人民共和国国民经济和社会发展第十二个五年规划纲要〉实施中期评估报告》。
② 2013 年 3 月 15 日，环保部副部长吴晓青在全国人大一次会议新闻中心做出的表述。

碳排放两年分别下降4%、3.5%以上。2014年上半年，国家重点监控污染源监督性监测结果也表明，国控重点污染源主要污染物排放达标率同比略有降低。[①]

2013年4月，国务院办公厅转发了《"十二五"主要污染物总量减排考核办法》，环保部等四部门印发了《"十二五"主要污染物总量减排统计办法》《"十二五"主要污染物总量减排监测办法》。3个办法的发布实施，标志着减排三大体系建设进入新阶段，是完成"十二五"减排约束性指标的制度保障。预计2014年化学需氧量、氨氮排放、二氧化硫排放、氮氧化物排放四项主要污染物排放量指标均可完成年度目标[②]。从表1的完成现状可以看出，规划执行情况较中期评估结果已经大有改观，在经济升级转型和结构调整的大背景下，可以预计，在"十二五"规划余下的时间内，随着各项节能减排和环境污染治理政策的出台，包括目前滞后的指标在内的各项约束性指标是可以完成的。

2015年是全面落实完成"十二五"规划各项目标任务的最后一年，中国政府将继续坚持节约优先、保护优先、以自然恢复为主的方针，发挥市场在资源配置中的决定性作用，加快资源环境领域的立法进程，完善制度和体制机制，确保"十二五"规划中资源环境目标的全面实现。

二 "十三五"改革和发展的内容

继党的十八大提出将生态文明建设纳入"五位一体"的总体布局，生态文明理念上升为统筹谋划解决环境与发展问题的重要理论，在十八届三中全会通过的《中共中央关于全面深化改革若干重大问题的决定》中，生态文明建设成为重要的改革议题之一，并提出了"推动形成人与自然和谐发展现代化建设新格局"，十八届四中全会通过《中共中央关于全面推进依法治国若干重大问题的决定》，十八届五中全会又进一步把生态文明建设纳入我国"十三五"规划，并明确提出坚持绿色发展，坚持节约资源和保护

---

① 环保部：《2014年上半年全国环境质量状况》，2014年8月4日。
② 2014年12月15日，环保部部长周生贤在北京主持召开环境保护部常务会议，听取了关于2015年四项主要污染物减排目标设定情况的汇报。

环境的基本国策，加快建设资源节约型、环境友好型社会，形成人和自然和谐发展的现代化建设新格局，这些为我国资源环境发展指明了方向和路径。

"十三五"时期是实现中国共产党第十八次代表大会确定的全面建成小康社会目标的关键时期，也是中国经济社会发展进入"新常态"后，增长速度进入换挡期、结构调整面临阵痛期和前期刺激政策进入消化期这样"三期叠加"的特殊阶段，对资源环境的发展既是严峻的挑战，也是重大机遇，战略安排上要主动适应"新常态"，在深入贯彻落实新修订的《中华人民共和国环境保护法》的基础上，积极应对国际上的压力和需求，确保中国经济社会的可持续发展。

（一）积极应对气候变化

中国政府高度重视应对气候变化问题，在减缓和适应气候变化方面做了大量扎实有效的工作，担负起了一个大国应尽的职责，并在国际气候谈判中成为中坚力量。2014 年 9 月在联合国气候峰会上，国务院副总理张高丽全面阐述了中国应对气候变化的政策、行动及成效，并宣布中国将尽快提出 2020 年后应对气候变化行动目标，碳排放强度要显著下降，非化石能源比重要显著提高，森林蓄积量要显著增加，努力争取二氧化碳排放总量尽早达到峰值。[①] 2014 年 11 月 12 日，中国国家主席习近平和美国总统奥巴马共同发表了中美气候变化联合声明，一起确定了各自 2020 年后的目标。中国提出 2030 年左右二氧化碳排放达到峰值，并且将努力争取早一点达到峰值，非化石能源占能源消费的比重要达到 20%，这一目标体现了我国应对气候变化的决心和信心。

2014 年 9 月，国务院批复《国家应对气候变化规划（2014～2020年）》，再一次确认中国政府在 2009 年联合国哥本哈根气候会议前提出的减缓气候变化的目标，到 2020 年，实现单位国内生产总值二氧化碳排放比 2005 年下降 40%～45%、非化石能源占一次能源消费的比重达到 15% 左右、森林面积和蓄积量分别比 2005 年增加 4000 万公顷和 13 亿立方米的目标。

---

① 国家发展和改革委员会：《中国应对气候变化的政策与行动 2014 年度报告》，2014 年 11 月。

国务院批复明确要求，要牢固树立生态文明理念，坚持节约能源和保护环境的基本国策，统筹国内与国际、当前与长远，减缓与适应并重，坚持科技创新、管理创新和体制机制创新，健全法律法规标准和政策体系，不断调整经济结构、优化能源结构、提高能源效率、增加森林碳汇，有效控制温室气体排放，努力走一条符合中国国情的发展经济与应对气候变化双赢的可持续发展之路。

"十二五"规划已经明确将阶段目标纳入约束性范畴，除非化石能源占比的难度较大以外，其他目标的实施情况良好，为"十三五"期间全面完成国家应对气候变化规划的目标奠定了坚实的基础。"十三五"时期，森林碳汇目标总体稳中有进，困难还是在非化石能源在一次能源消费占比达到 15% 的目标。2016～2020 年五年时间提升 3.6 个百分点，要求平均每年增加幅度超过 0.71 个百分点。在《中美气候变化联合声明》中，2021～2030 年 10 年间提升 5 个百分点，占比达到 20%，平均每年提高 0.5 个百分点。

考虑到有关创建措施实施效果的"滞后"效应，清洁生产、工业固体废物综合利用水平将在"十三五"期间得到进一步提升，能源消耗强度、二氧化碳排放强度等指标显著降低。战略部署的重点，一是进一步优化能源结构，二是推动绿色低碳循环经济的发展，三是全方位推动应对气候变化工作。

（二）推动资源利用方式根本转变

我国在短短几十年里，走过了发达国家上百年甚至更长时间才完成的工业化、城镇化过程，也付出了沉重的资源环境代价，传统的自然资源粗放利用状态已经到了不得不改的时候。习近平总书记指出，节约资源是保护生态环境的根本之策，大力发展循环经济，促进生产、流通、消费过程的减量化、再利用、资源化。[①] 从源头上扭转生态环境恶化趋势，要坚持节约优先、保护优先、以自然恢复为主的基本方针，着力推进绿色发展、循环发展、低碳发展，节约集约利用资源，着眼于资源均衡化配置，推动资源利用方式根本转变，加强全过程节约管理，形成节约资源和保护环境的空间格局、产业

---

① 中共十八届中央政治局 2013 年 5 月 24 日上午就大力推进生态文明建设进行第六次集体学习。

结构、生产方式、生活方式，大幅降低能源、水、土地消耗强度，按照资源承载力合理控制城镇规模，促进经济社会发展与资源利用相协调，以资源的可持续利用促进经济社会的可持续发展。

在土地资源方面，在完成农村宅基地和集体建设用地使用权确权登记发证的基础上，加快建立城乡统一的建设用地市场。扩大国有土地有偿使用范围，减少非公益性用地划拨。建立兼顾国家、集体、个人的土地增值收益分配机制，合理提高个人收益。① 完善土地租赁、转让、抵押二级市场，鼓励农村产权和承包经营权流转，发展多种形式规模经营。

我国水安全形势严峻，除了水资源严重短缺和水污染问题突出，近年来持续大面积大旱，很多河流进入枯水状态，严重威胁着人民的生活用水和生产用水，不少江河流域的水利工程建设水平落后，不利于保障水安全，治水工作已势在必行。在水资源方面，要遵循习近平总书记提出的"节水优先、空间均衡、系统治理、两手发力"治水思路，深化水利改革，加快政府职能转变，发挥市场配置资源的决定性作用，从水资源的分配、开发、利用、调度和保护等各个环节着手，坚持以水定城、以水定地、以水定人、以水定产，加快落实最严格水资源管理制度，切实转变用水方式，全面建设节水型社会，强化水资源保护，促进水生态系统保护与修复，缓解水资源、水环境约束趋紧的矛盾。② 围绕2011年中央一号文件提出的2020年基本建成四大体系的目标，积极顺应自然规律、经济规律和社会发展规律，加强需求管理，严格控制用水需求过快增长、合理调整用水结构与格局，合理配置水资源、保障供水安全，加快实现从供水管理向需水管理转变，从粗放用水方式向集约用水方式转变，从过度开发水资源向主动保护水资源转变，从单一治理向系统治理转变，凝聚全社会治水力量，统筹解决水安全问题，努力构建中国特色水安全保障体系。③

此外，还要实施林地规划管理和林地用途管制，严格控制林地流失，按

---

① 党的十八届三中全会通过的《中共中央关于全面深化改革若干重大问题的决定》。
② 全国水利发展"十三五"规划编制工作视频会召开，贯彻落实党的十八大、十八届二中、十八届三中全会精神和习近平总书记关于保障水安全的重要讲话精神，全面启动和部署水利发展"十三五"规划编制工作。参见水利部网站，2014年5月8日。
③ 水利部召开党组扩大会议学习贯彻习近平总书记关于保障水安全重要讲话精神，水利部网站，2014年4月25日。

照国家林业局制定的《湿地保护管理规定》全面推进自然湿地保护和退化湿地恢复，加强生物多样性保护。[1]

（三）推进环境管理战略转型

近年来全国环境质量状况总体趋向改善，进入 2014 年以来，随着《大气污染防治行动计划》及相关措施的落实，同时受气象条件利好影响，74 个城市总体空气质量有所改善，平均达标天数比例略有上升，主要污染物浓度均不同程度下降，全国地表水总体为轻度污染，国控重点污染源主要污染物排放达标率同比略有降低。[2] 与过去相比，环境污染出现了新的变化，一些地区大气、水、土壤等污染严重，各种污染物随时间累积，在空间集聚，呈现污染源多样化、污染范围扩大化、污染影响持久化特征，经济增长、人口增加、能源资源消耗和城市扩展对生态环境的压力进一步加大，60% 左右的城市空气质量不能达标，公众对环境质量改善的期待不断提升，环境保护任务依然艰巨[3]。

根据生态文明体制改革和建设时间的要求，环保部分析认为，通过改善政府职能、推进环境污染第三方治理，继续开展排污权有偿使用和交易试点等措施，到 2020 年主要污染物排放总量显著减少，人居环境明显改善，生态系统稳定性增强，辐射环境质量继续保持良好。[4] 具体指标包括：大气，地级以上城市空气质量明显改善、重污染天气减少 60%、可吸入颗粒物和细颗粒物浓度下降 30% 以上，二氧化硫、二氧化氮、一氧化碳和臭氧平均浓度达标；水，城镇集中式饮用水源水质稳定达标，基本消除劣五类水体，城市内无黑臭水体，现状水质优于 III 类水体保持稳定，近岸海域水质略有改善；土壤，全国耕地土壤环境质量达标率不低于 82%，新增建设用地土壤环境安全保障率 100%，完成土壤污染综合治理试点 200 个，区域土壤综合治理示范区 6 个。此外，还包括生态环境改善和环境风险防控的内容，并提出提升放射性污染防治水平，保障核安全。

---

① 国家林业局编制中的《林业适应气候变化方案》。
② 环保部《2014 年上半年全国环境质量状况》。
③ 2013 年 11 月 25 日下午，全国人大常委会听取审议国务院"十二五"规划纲要实施中期评估报告。
④ 环保部编制中的《国家环境保护'十三五'规划编制基本思路（初稿）》。

习近平总书记提出，老百姓对美好生活的向往就是我们奋斗的目标。环保工作要主动回应公众期待，以解决损害群众健康的突出环境问题为重点，以大气、水和土壤污染防治为突破口，推进环境管理战略转型，逐步改善环境质量，以实际行动让人民群众看到希望。在加强生态文明建设的理念指导下，环境保护作为国家现代治理体系的重要组成部分，已成为调整经济结构、转变经济增长方式的重要手段，要主动适应"新常态"的要求，从环境管理转向环境治理。为此，首先需要转变认识，由过去侧重于生态环境自然属性的保护，转变为侧重于环境治理的社会属性，重视人们对生态环境的认知、参与环境决策的权利等，在发挥政府强制型手段的同时，利用市场机制引导社会力量参与保护环境，从政府主导型的一元治理结构迈向由政府、市场和社会构成的多元结构。①

（四）提高生态环境承载力

生态环境承载力是生态承载力与环境承载力概念的复合，就其组成要素而言，包括资源承载力、社会经济承载力和污染承载力（环境容量）。② 建设生态文明，实质上是要建设以生态环境承载力为基础、以可持续发展为目标的资源节约型、环境友好型社会。2014 年 12 月召开的中央经济工作会议认为科学、准确地认识环境问题是准确把握经济新常态的一个重要方面，指出我国现在的环境承载能力已经达到或接近上限。我国的生态系统正在承受着巨大且不断增长的人口和发展压力，提高生态环境承载力将是城镇化的最大挑战。

按照习近平总主席提出的"让透支的资源环境逐步休养生息"战略思想，对一些长期以来不堪重负的耕地、江河湖泊、海洋、湿地、森林、草原等自然生态系统给予人文关怀，实施休养生息，是破解资源环境瓶颈制约、修复自然生态的重要创新。

严格划定生态红线，统筹考虑生产、生活和资源环境需求，以自然修复为主，综合运用工程、技术、生态、法律、经济和必要的行政措施，加强生

---

① 张炳淳：《环境治理转型的新契机》，《中国环境报》2014 年 8 月 15 日。
② 董秀成：《中国生态环境承载能力面临巨大压力》，http：//blog. caijing. com. cn/dongxiucheng，2014 年 11 月 9 日。

态资源的养护，加大生态基础建设力度，大力推进退耕还林等重点生态工程，大力淘汰落后产能，形成绿色低碳循环发展新方式，促进生态系统尽快步入良性循环的轨道。

2011 年 4 月，住建部等 16 个部门联合下发的《关于进一步加强城市生活垃圾处理工作的意见》，明确提出 2015 年和 2030 年城市生活垃圾无害化处理率的发展目标和发展要求。到 2015 年，全国城市生活垃圾无害化处理率达到 80%，直辖市、省会城市和计划单列市生活垃圾全部实现无害化处理。每个省（区）建成一个以上生活垃圾分类示范城市。50% 的设区城市初步实现餐厨垃圾分类收运处理。城市生活垃圾资源化利用比例达到 30%，直辖市、省会城市和计划单列市达到 50%。建立完善的城市生活垃圾处理监管体制机制。到 2030 年，全国城市生活垃圾基本实现无害化处理，全面实行生活垃圾分类收集、处置。城市生活垃圾处理设施和服务向小城镇和乡村延伸，城乡生活垃圾处理接近发达国家平均水平。对已经不堪重负的生态系统，实行强制性保护，减轻生态环境压力，加大治理和生态修复力度，恢复生态系统的生机和活力，维持生态系统的稳定，改善其生态服务功能。城镇建设要更好地融入自然的山水环境，在水资源严重短缺的情况下，要扩大森林、湖泊、湿地等绿色生态空间，增强水源涵养能力和环境容量，提高资源的支撑和保障能力。

（五）加快资源环境管理体制机制改革

十八届三中全会决议提出，要加快建立生态文明制度、健全国土空间开发、资源节约利用、生态环境保护的体制机制。在资源环境方面，我们既要汲取西方发达国家的经验教训，又要充分发挥我国政治体制集中力量办人事的优势，结合我国国情和发展阶段，特别是利用好"新常态"这一转型发展的调整阶段，用新理念、新思路、新方法改革创新资源环境的管理体制和机制，利用资源环境管理促进空间布局的优化、产业结构的调整和发展动力的转换。

在体制建设方面，现有的按照生态环境要素划分部门管理职能、按行政区划实施管理措施的做法导致部门职能交叉重叠、责权利不清，由于协调不够影响了工作效率，也增加了政策成本。需要遵循生态环境系统整体性、地域性规律，对相关的行政资源和分散在环保、农业、林业、国土等部门的职能进行整合，推进资源环境的全要素统一管理，打破行政区划的界限，推行流域管理、行业管理，尊重区域间发展不平衡的事实，执行差异化的政策，理顺中央与地方政府间的环境权责关系，对资源环境管理部门扩权，保障其能独立且统一进行环境监管执法，促进生态环境保护的监管模式由从达标排放与总量控制相结合向环境质量管理和总量控制相结合转变，切实推进生态建设和环境质量的提升。

在机制建设方面，一是要加强观测监测，改增量考评为存量考评，通过编制自然资源资产负债表、强化离任责任审计、在政绩考核中加大资源消耗、环境保护等指标的权重等措施，实行生态环境损害赔偿和责任追究制度，形成国家规划目标和指令性任务的约束机制；二是要通过产业化、建立环保基金、对污染防治采取"以奖代补"等途径，形成有利于发挥各方面节约资源保护环境的积极性、促进形式多元治理结构、激励全社会共同参与的机制；三是要完善财政转移支付政策和生态补偿机制；四是提高资源税税负、开征环境税，形成资源环境管理的资金保障机制。①

三　实施时间表路线图

确保"十三五"资源环境战略目标的实现，必须遵循创新、协调、绿色、开放、共享的发展理念，按照环境保护国家治理体系和治理能力现代化的要求，从组织领导、制度建设、项目规划、市场机制以及社会治理这五大方面进行统筹设计。

（一）理顺相关机构，加强专门领导

首先要合理划分中央和地方环境保护事权。中央政府发挥其宏观管理、制度设定、必要的执法权及流域性、跨区域性环境管理与协调职能；地方政府提供环境基本公共服务，保障地区环境安全。

同时，也要理顺已有相关机构的责权，加强专门领导机构建设。2016 年启动资源环境保护的"大部制"改革，各省市重组对应机构，形成纵向的工

---

① 马凯：《坚定不移推进生态文明建设》，《求是》2013 年 5 月。应加大资源环境税费改革，按照价、税、费、租联动机制，适当提高资源税税负，加快开征环境税，完善计征方式。积极探索运用税费手段提高环境污染成本，降低污染排放。

作机制和横向的跨部门协调机制，统一施行环境保护、水利、国土资源、林业、气象等部门的职能，并相应开展项目审批和考核监督等，建立相关的科学决策和责任制度，包括综合评价、目标体系、考核办法、奖惩机制、空间规划、管理体制等。至2017年，通过环保体制的改革以及简政放权的深化，建立系统协调的专门领导机构，提高服务水平，应用现代技术，创新行政管理方式，提升政府的现代化治理能力。

（二）实现管理的制度化、法制化

推进资源环境管理的法制化和制度化，以法律和制度保障生态文明建设的管理和运行。"十三五"时期，进一步贯彻实施新修订的《中华人民共和国环境保护法》，健全与全面建成与小康社会要求相符合的法律法规和环境标准体系，尽快完成大气污染防治法的修改，并加快大气污染防治的相关法律法规标准的修订。在2015年选择100个左右城市（区、县）开展国家循环经济示范城市（县）创建工作的基础上，[①]"十三五"时期着力推进交通、建筑等领域的绿色标准的贯彻实施。

同时，实行资源环境从过程监管到质量监管的改革，体现在制度体制上，需要加强监管，建立内化的自律和责任追究制度。建立并认真落实各级政府、职能部门和企业节能减排的责任制和问责制；完善相关制度和技术手段，开展绩效考评并实施目标责任管理，将考评结果纳入各级干部政绩考核制度；建立并实行各级政府、职能部门的问责制和一票否决制以及企业的生产者责任制；严格落实环境责任追究制度，尤其是刑事责任的追究制度；等等。"十三五"时期，要通过生态建设和环境保护相关制度建设，用2~3年的时间逐步建立健全立法执法体系，实行最严格的环境保护制度。

（三）加强重点领域和项目的建设

"十三五"期间，环保投入的重点不仅是控增量，而且是减存量。第一，注重系统治理，统筹山水林田湖各要素。不断强化用水需求和用水过程治理，推动建立国家水资源督察制度，强化地下水保护与超采区治理，逐步实

---

① 国家发展改革委：《关于组织开展循环经济示范城市（县）创建工作的通知》，2013年9月4日。

现地下水采补平衡。全面实行居民生活用水阶梯式价格。同时,建立差别化水资源费征收标准体系,适当调整水资源费征收标准,采取有保有退的措施,对高污染、高耗水行业执行高于一般工业的征收标准,促进高水耗产能退出。加强城市战略储备水源地建设与维护,大中城市均要建设战略储备水源地。①

第二,推进重点流域和区域水污染防治,在已经建立的部际联席会议制度基础上,强调地方人民政府是城乡供水安全保障的责任主体,要将饮用水水源保护工作纳入国民经济和社会发展规划,纳入地方政府考核体系,严格问责。从源头和全过程严格控制水源污染,加大水源保护执法力度,严厉打击污染地表、地下水源地的行为,禁止水源保护区内环境违法行为,严禁工业危险废物及垃圾等向保护区周边转移,对有条件的重要水源地推行封闭管理。大力推进国家水土保持重点工程建设,推行生态清洁型流域管理。加强重大骨干水源工程和重点旱区抗旱应急工程建设。

第三,结合国家主体功能区规划,优化国土综合开发利用空间格局,严格生态空间保护制度,除了土地、水资源,还要对林地、湿地、沙地、物种等逐步划定并严守生态红线,切实树立底线思维。通过生态移民、产业转移等途径对自然价值较高的国土空间实施有效的保护,建立陆海统筹的生态系统保护修复和污染防治区域联动机制。推动建立跨区域、跨流域生态补偿机制,促进形成综合补偿与分类补偿相结合,转移支付、横向补偿和市场交易互为补充的生态补偿制度。

第四,在严格控制煤炭消费总量的基础上,积极推动化石能源的清洁化利用,加快节能低碳技术进步和推广普及,大力发展非化石能源,加快发展循环经济,促进清洁生产,使能源结构不断得到优化。在煤炭消费总量控制方面,根据大气治理的需要,从京津冀和长三角地区开始,"十三五"期间应较"十二五"期间有更大的削减幅度,指标的分解从打破地域界限逐渐落实到具体的行业、企业。大力推进以水电、核能等为代表的清洁能源的发展。

第五,继续把大气污染防治作为重中之重,深入实施大气污染防治行动计划,施行跨区域的联防联控,"十三五"时期从着力推进重点行业和重点区域的大气污染治理逐步推行到全领域、全区域及生产消费的全过程。完善

---

① 编制中的《京津冀协同发展水利专项规划》。

重污染天气监测预警体系，加快城市空气质量自动监测网络建设。

另外，根据农业部编制的《全国农业可持续发展规划（2015～2030年）》、国家发改委编制的《农业环境突出问题治理总体规划（2014～2018年）》等，大力推进生态村镇建设，开展耕地重金属污染治理和农业面源污染治理等，促进农业生态环境改善，也是"十三五"时期环境治理和生态建设的重要工程。

（四）完善市场化运行机制

加强资源环境的市场制度建设，通过严格执行自然资源确权制度和生态产品使用权交易制度，促使环境资源的产权通过市场进行交易、重组和优化，实现资源环境的合理配置。

加强自然资源资产用途管理，按照资源环境有偿使用的原则，充分发挥市场机制的作用，通过生态补偿和赔偿等方式，使其外部效应内部化。

改革环保收费和环境价格，建立全面反映市场供求、资源稀缺和生态环境损害成本及修复效益的价格形成机制。例如，用 5 年左右的时间建立结构清晰、比价合理的销售电价分类结构体系。大力推进排污权交易试点，加快实施各类排污指标的有偿使用和交易，加快排污权交易的组织机构建设和监管能力提升。进一步加大节能减排工作力度，扩大实施排放指标有偿使用的污染物种类、地域和行业范围，扩大化学需氧量、氨氮、总磷有偿使用范围，探索开展重金属污染物、氮氧化物排放指标有偿使用试点。到 2017 年，试点地区排污权有偿使用和交易制度基本建立，试点工作基本完成。[①]

引导环境保护和治理实现市场化运作。"十三五"时期，进一步激励企业和民间资本参与环境保护和治理，积极发展生态金融，探索新业态、新产品、新模式，吸引社会资本进行环保领域投资，探索和逐步建立长效的市场化运作机制。

（五）创新社会共治体系

保障公众参与资源建设和环境保护，既是对公民权利的保护，也是激发

---

① 《国务院办公厅关于进一步推进排污权有偿使用和交易试点工作的指导意见》，国办发〔2014〕38 号，2014 年 8 月 6 日。

社会参与环境保护和生态建设的有效途径。"十三五"时期,应进一步深化改革和创新环境治理体系,逐步建立与完善社会治理,到"十三五"期末,形成一个囊括行政监督、社会监督、公众参与、司法保障等的多元善治的资源环境监管体系。

一方面,用 1 年左右的时间,各地加强信息化建设,完善信息平台,推进信息公开,畅通公众参与渠道,对于涉及公众利益的重大决策和建设项目建立沟通协商平台广泛听取公众意见和建议;另一方面,通过一些激励和奖励,鼓励公众对政府环保工作、企业排污行为等进行监督评价,建立健全公众舆论与监督机制。另外,不断引导和大力发展环境救助,提升公众环保意识和公众参与能力,最后形成环境治理广泛参与、环境问题共同解决、环境服务共建共享的良好互动格局。

参考文献

[1]《中国共产党第十八届中央委员会第五次全体会议公报》,新华网,http://news. xinhuanet. com/fortune/2015 – 10/29/c_ 1116983078. htm。

[2]《中国共产党第十八届中央委员会第三次全体会议公报》,新闻网,http://news. xinhuanet. com/house/sh/2013 – 11 – 12/c_ 118113936. htm。

[3]《我国国民经济和社会发展十二五规划纲要》,新华社,2011 年 03 月 16 日。

[4] 环保部:《2014 年上半年全国环境质量状况》,2014 年 8 月 4 日。

[5]《中共中央关于全面深化改革若干重大问题的决定》,新华网,http://news. xinhuanet. com/2013 – 11/15/c_ 118164235. htm。

[6]《生态文明体制改革总体方案》,新华网,http://news. xinhuanet. com/2015 – 09/21/c_ 1116632159. htm。

[7]《京津冀协同发展规划纲要》,新华网,http://news. xinhuanet. com/house/bj/2015 – 07 – 12/c_ 128010919. htm。

[8] 张炳淳:《环境治理转型的新契机》,《中国环境报》,2014 年 8 月 15 日。

[9] 马凯:《坚定不移推进生态文明建设》,《求是》,2013 年 5 月。

"十三五"时期
城镇化和区域发展战略研究

魏后凯　王业强　苏红健[*]

摘要：本报告分析评价了"十二五"时期中国城镇化和区域发展的基本特征，提出了"十三五"时期推进新型城镇化和区域协调发展的总体思路、重点任务和举措。"十二五"时期，中国城镇化快速推进，城镇化率提前实现规划目标，中国整体进入城市型社会，城镇化率超过世界平均水平，城镇化的区域差距不断缩小，城市群加快发展，城市基础设施建设稳步推进。但目前中国的城镇化质量还较低，农业转移人口市民化任务艰巨，城镇规模体系两极化倾向严重，城市无序蔓延现象更加显著，城市建设与管理水平相对落后。"十三五"时期，要紧紧围绕实现有质量的健康城镇化目标，全面推进城镇化战略转型，以市民化为核心实现以人为本的中国特色新型城镇化。为此，重点需要从有序推进市民化与户籍制度改革、优化城镇化规模格局和空间形态、建立完善多元化的投融资机制、积极推进土地制度改革与集约利用等方面稳步推进新型城镇化。区域发展方面，"十二五"时期，国家采取了一系列政策措施深化完善区域发展总体战略和主体功能区战略。总体来看，国家区域发展战略取得了较大成效，中西部经济呈现快速增长态势，区域发展的相对差距逐步缩小，老少边穷地区发展步伐加快，区域合作

---

* 魏后凯，中国社会科学院农村发展研究所，所长，研究员；王业强，中国社会科学院城市发展与环境研究所，副研究员；苏红键，中国社会科学院农村发展研究所，助理研究员。

和开放取得了较大进展，主体功能区建设开始试点。随着国际国内发展形势的变化，中央已明确提出重点实施"一带一路"、京津冀协同发展和长江经济带三大战略，并将海洋经济纳入区域发展总体战略框架，实行陆海统筹发展，由此勾画出"四大区域＋经济支撑带"的区域总体战略框架。"十三五"时期，应进一步完善区域发展总体战略，推动形成东西联动、陆海统筹、协同发展的新格局，为此，国家应以主体功能区和特殊问题区为载体，实行差别化的区域政策，进一步完善区域补偿政策，同时以创新、信息化和开放为驱动力，三轮驱动促进区域协调发展，全面缩小地区发展差距。

关键词：城镇化 区域发展 发展战略

"十二五"时期，中国的城镇化和区域发展战略成效显著，城镇化水平快速提升，四大区域相对差距开始缩小，老少边穷地区加快发展，主体功能区战略逐步推进，但存在的问题也很显著。"十三五"时期，在国家全面推进新型城镇化、"一带一路"、长江经济带等新的战略背景下，需要把握机遇、破解发展难题，实现更高质量的健康城镇化、促进区域协调发展。

党的十八届五中全会关于"十三五"规划建议稿强调，要推进以人为核心的新型城镇化，提高城市规划、建设、管理水平，深化户籍制度改革；要以区域发展总体战略为基础，以"一带一路"建设、京津冀协同发展、长江经济带建设为引领，形成沿海沿江沿线经济带为主的纵向横向经济轴带。

一 "十三五"时期中国城镇化战略

"十二五"时期，中国城镇化快速推进、成效显著，但城镇化质量问题还很突出。"十三五"时期，中国的城镇化将重点以实现更高质量的健康城镇化为目标，从市民化、城市可持续发展、城镇化空间和规模格局、城镇化体制机制创新等方面推进城镇化战略。

（一）"十二五"时期城镇化的进展和成效

"十二五"时期，中国城镇化水平快速提升，取得重要突破，城镇化区域差距开始缩小，城市群加快发展，城市基础设施建设稳步推进。

1. 中国城镇化取得重要突破

"十二五"规划中，2010 年基期城镇化率为 47.5%，预期 2015 年达到 51.5%。实际上，2010 年，中国城镇化率水平为 50.0%，2014 年达到 54.8%。按 照年均 1 个百分点左右的推进速度，预期 2015 年城镇化率达到 55.8% 左右，比 2010 年增长 5.8 个百分点，超过"十二五"规划中预期的 4 个百分点的增长速度。

"十二五"时期，中国城镇化水平实现了两个重要突破：一是 2010 ~ 2011 年中国城镇化率达到并开始超过 50.0%，中国整体进入城市型社会阶 段，同时，根据 Northam（1979）的城镇化 S 形曲线理论，中国城镇化开始 进入 50% ~ 70% 的减速推进阶段（如图 1 所示）。二是 2012 年中国城镇化率 达到 52.6%，开始超过世界平均水平（52.5%），并以高出世界平均水平的 速度（年均 0.5 个百分点）快速推进（如图 2 所示）。

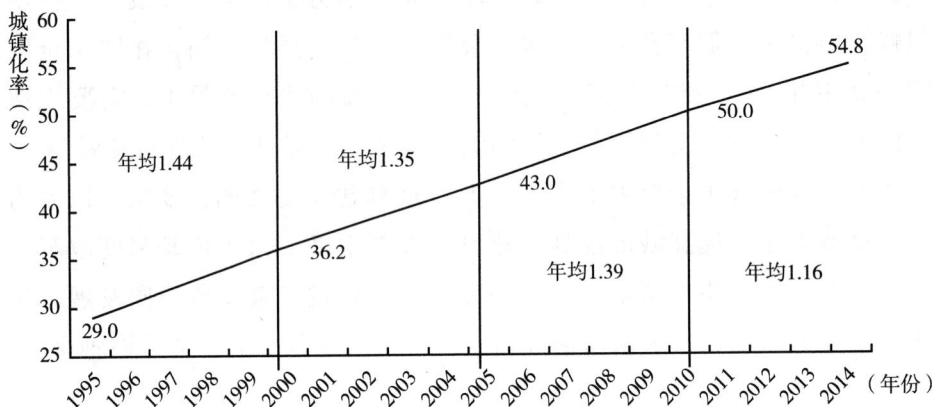

图 1　中国城镇化率超过 50% 拐点

资料来源：2014 年《中国统计年鉴》，《2014 年国民经济和社会发展统计公报》。

2. 城镇化区域差距开始缩小

如表 1 和图 3 所示"十二五"时期，中国城镇化的区域差距开始缩小。 2013 年，东中西部和东北部地区的城镇化率分别达到 62.8%、48.5%、 46.0% 和 60.2%，东部和东北地区的城镇化率高于全国整体水平，中西部地 区的城镇化率低于全国整体水平。2010 ~ 2013 年，四大区域的城镇化率增长 速度分别为年均 0.99 个、1.63 个、1.59 个、0.85 个百分点，中西部地区城

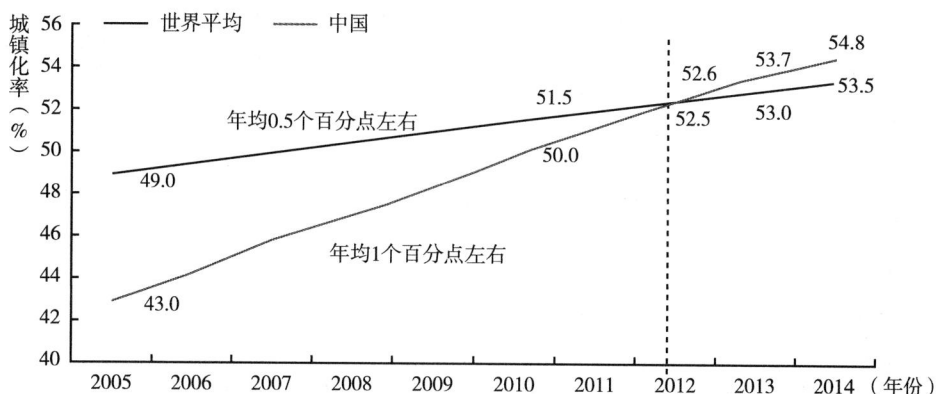

图2 2012年中国城镇化率超过世界平均水平

资料来源：世界银行网站数据（http：//data. worldbank. org）、2014年《中国统计年鉴》，《2014年国民经济和社会发展统计公报》。

镇化率表现出较高的增长速度，而且增速高于"十二五"时期。中西部地区较高的增长速度缩小了其与全国整体水平及其他区域的差距，2013年，西部地区城镇化率比全国平均水平低7.7个百分点，比2010年降低1.1个百分点；西部与东部地区差距为16.8个百分点，比2010年降低1.8个百分点。

表1 中国四大区域城镇化率情况

单位：%，百分点

地区 年份	2006	2010	2011	2012	2013	2006~2010 年均增长	2010~2013 年均增长
全国	44.3	50.0	51.3	52.6	53.7	1.40	1.26
东部	54.5	59.8	60.8	61.9	62.8	1.34	0.99
中部	38.0	43.6	45.5	47.2	48.5	1.40	1.63
西部	35.7	41.2	43.0	44.7	46.0	1.38	1.59
东北	55.5	57.7	58.7	59.6	60.2	0.53	0.85
全国－西部	8.6	8.7	8.3	7.8	7.8		
东部－西部	18.8	18.6	17.8	17.1	16.8		

资料来源：2007~2014年《中国统计年鉴》。

3. 城市群成为城镇化主要载体

"十二五"时期，"两横三纵"的城镇化战略格局不断深入推进，东部

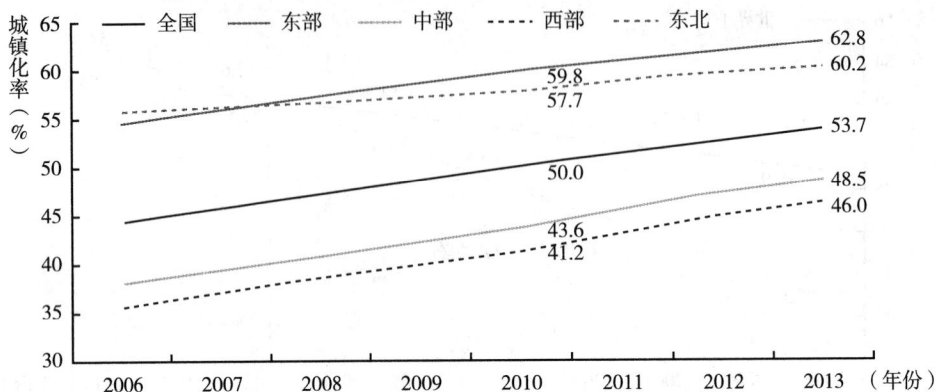

图3　中国四大区域城镇化率演进情况

资料来源：2007～2014年《中国统计年鉴》。

沿海三大城市群继续引领全国发展，中西部地区的长江中游城市群和成渝城市群的功能地位日益增强，哈长城市群、山东半岛城市群、辽中南城市群、海峡西岸城市群、关中城市群、中原城市群、江淮城市群、北部湾城市群和天山北坡城市群等城市群快速发展。据不完全统计显示，2012年中国城市群总面积占全国的25%，集中了全国62%的总人口、80%的经济总量、70%的固定资产投资、76%的社会消费品零售总额、85%的高等学校在校学生和92%的移动电话用户，98%的外资和48%的粮食，是中国各大经济区最具活力和潜力的地区（方创琳，2014）。其中，京津冀、长江三角洲、珠江三角洲三大城市群，以2.8%的国土面积集聚了18%的人口，创造了36%的国内生产总值，成为带动我国经济快速增长和参与国际经济合作与竞争的主要平台①。

4. 城市基础设施建设稳步推进

"十二五"时期，城市公用事业稳步发展，城市水、电、路、气、信息网络等基础设施显著改善，如表2所示。2010～2013年，中国城市用水普及率从96.7%提高到97.6%，燃气普及率从92.0%提高到94.3%，人均拥有道路面积从13.2平方米提高到14.9平方米，每万人拥有公交车辆从11.2标台提高到12.8标台，人均公园绿地面积从11.2平方米提高到12.6平方米。

———————————————

① 转引自《国家新型城镇化规划（2014～2020年）》。

其中，用水普及率、燃气普及率以及人均公园绿地面积由于水平较高，年均增幅相对"十一五"时期放缓；道路面积和公交车辆的人均水平均维持"十一五"以来的增长幅度，稳步提升。另据初步统计，全国已有230多个城市开辟了公交专用道（路），北京、天津、上海、广州、长春、大连、武汉、深圳、重庆、南京等城市开通运营了轨道交通，到2012年末，全国有16个城市已建成轨道交通线路长度2006公里，在建轨道交通线路长度2060公里（魏后凯等，2014）。

表2　城市公用事业发展基本情况

项目＼年份	2006	2010	2013	2006～2010 年均提高	2010～2013 年均提高
用水普及率(%)	86.7	96.7	97.6	2.49	0.29
燃气普及率(%)	79.1	92.0	94.3	3.23	0.74
人均拥有道路面积(平方米)	11.0	13.2	14.9	0.55	0.55
每万人拥有公交车辆(标台)	9.1	11.2	12.8	0.53	0.53
人均公园绿地面积(平方米)	8.3	11.2	12.6	0.72	0.49

资料来源：2007～2014年《中国统计年鉴》。

（二）当前中国城镇化存在的主要问题

"十二五"时期，中国城镇化水平快速提升，但城镇化质量的提升还比较缓慢，在城市二元结构与市民化问题、城镇规模体系、城市土地蔓延、城市建设与管理等方面还存在比较严重的问题，制约着城镇化健康发展。

1. 农业转移人口市民化任务艰巨

农业转移人口市民化任务艰巨主要体现在以下4个方面：第一，市民化进展缓慢。我们从政治权利、公共服务、经济条件、综合素质四个维度，构建了农业转移人口市民化综合指数，经测算，2009～2011年，市民化进程指标年均提高1.5个百分点，2011～2012年中国农业转移人口市民化进程维持在40%左右，表现出止步不前的态势。第二，有待市民化的人口多。2012年，被统计为城镇人口的农民工及其随迁家属达2.34亿人，农民工人

数以年均 600 万左右的速度增加。据估计，综合考虑农民工存量和增量，
2020 年前全国大约有 3.0 亿、2030 年前大约有 3.9 亿农业转移人口需要实
现市民化（总报告编写组，2013）。第三，市民化成本高，全国平均市民化
成本约为 13 万元。第四，市民化的意愿问题提高了市民化工作的复杂性。
根据 2014 年的各项调查数据如表 3 所示，江苏省 3 个城市农民工市民化意
愿较高（占八成左右），其他地区和城市只有 40% 左右农民工具有较强的市
民化意愿。

表 3　2014 年农民工市民化意愿调查

调查主体	城市	样本数（个）	进城意愿（%）
国家统计局中山调查队	中山	82	41.5
国家统计局南京调查队	南京		73.0
国家统计局常州调查队	常州	152	82.9
国家统计局苏州调查队	苏州		80.0
国家统计局烟台调查队	烟台	90	41.3
国家统计局保定调查队	保定		54.0
广安市统计局城乡调查队	广安	500	45.6
浙江农业转移人口市民化课题组	浙江	2300	39.9

资料来源：笔者根据公开发布的相关数据整理。

2. 城镇规模体系两极化倾向严重

自 2000 年以来，中国政府再三强调要促进大中小城市和小城镇协调发
展，中共十八大报告进一步明确提出要"构建科学合理的城市化格局"。然
而，从近年来中国城镇化的进程看，这种科学合理的城镇化格局远没有得到
有效形成，反而出现了大城市尤其是特大城市迅速膨胀、中小城市和小城镇
相对萎缩的两极化倾向。一方面，大城市数量和人口比重不断增加，一些特
大城市规模急剧膨胀，逼近或超过区域资源环境承载能力，大城市病问题
凸显；另一方面，中小城市数量和人口比重减少，中西部一些小城市和小
城镇甚至出现相对萎缩迹象，城镇体系中缺乏中小城市的有力支撑（如表 4
所示）。

表 4　中国不同等级规模城市数量和人口比重变化

城市人口规模	1990 年			2000 年			2012 年		
	城市数量（个）	数量比重（%）	人口比重（%）	城市数量（个）	数量比重（%）	人口比重（%）	城市数量（个）	数量比重（%）	人口比重（%）
200 万以上	9	1.95	22.92	13	1.95	22.53	26	3.97	33.13
100 万~200 万	22	4.77	18.74	25	3.76	14.55	39	5.95	15.80
50 万~100 万	28	6.07	12.64	54	8.12	15.54	95	14.50	18.76
20 万~50 万	119	25.81	24.64	220	33.08	28.86	250	38.17	22.84
20 万以下	283	61.39	21.07	353	53.08	18.52	245	37.40	9.48
合　计	461	100	100	665	100	100	655	100	100

注：城市人口规模按非农业人口分组，人口数为非农业人口。

资料来源：根据《中国人口统计年鉴》和《中国人口与就业统计年鉴》相关年份计算。

3. 城市无序蔓延现象更加显著

"十二五"期间，城市土地扩张的速度相对"十一五"不减反增。近年来，中国城市无序蔓延现象严重，一些地方过度依赖土地出让收入和土地抵押融资推进城镇建设，新城新区、开发区和工业园区等大规模扩张，占用了大量土地尤其是耕地资源。2010～2013 年，中国城市建设用地面积从 39758 平方公里增长到 47109 平方公里，年均增长 2450 平方公里，建成区面积从 40058 平方公里扩展到 47855 平方公里，年均增长 2599 平方公里（如图 4 所示）。城市建设用地和建成区面积的年均增长水平都高于"十一五"时期的水平，其中建成区面积扩展速度（2599 平方公里/年）比"十一五"水平（1412 平方公里/年）高出 1187 平方公里/年，城市无序蔓延现象更加显著。

4. 城市建设与管理水平相对落后

在城镇化率快速推进和城市土地快速扩张、城市大规模建设的同时，中国城市的建设和管理水平却相对比较落后。主要表现在：第一，城市建设水平低，城市建设缺乏特色、文化缺失，城市建筑质量低、寿命短，城市建设重地上、轻地下等问题突出。第二，城市管理水平较低，城市综合管理能力、管理结构、细节管理、应急管理以及管理方法等都还比较落后。与此同时，城市空间二元结构加剧了城市建设和管理问题。在一些城市尤其是老工

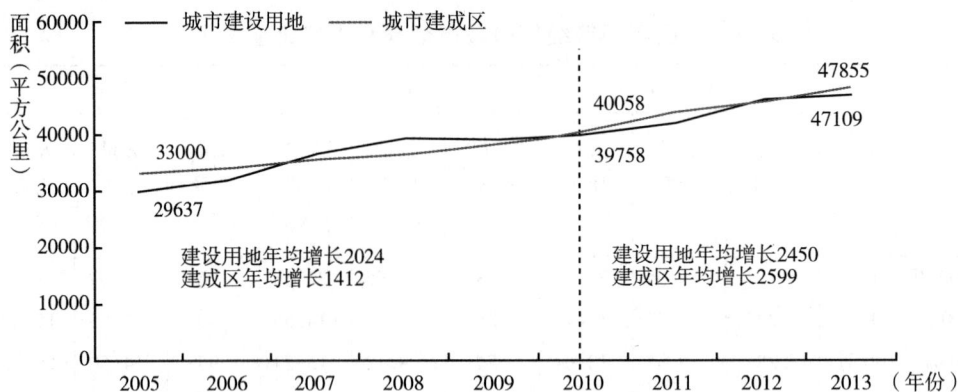

图 4　中国 2005～2013 年城市建成区与建设用地情况

资料来源：2006～2014 年《中国统计年鉴》。

业基地和大城市，"一边高楼林立，一边棚户连片"的城市二元结构已经成为城市建设和管理面临的重要难题，棚户区、城中村、破落旧城与现代化的新区和中心城区形成鲜明对比，大量的棚户区甚至有沦为城市贫民窟的危险。

（三）"十三五"推进城镇化的基本思路与目标

1. 基本思路

紧紧围绕实现有质量的健康城镇化，加快转变城镇化发展方式，以有序推进农业转移人口市民化为核心实现人的城镇化，以城市群建设引领大中小城市和小城镇协调发展，以提升城市综合承载力支撑城市可持续发展，以体制机制创新保障城镇化健康发展，走以人为本、四化同步、格局优化、生态文明、文化传承的中国特色新型城镇化道路。

2. 目标预测

（1）2020 年城镇化率预计达 60%

我们采用经验曲线法、经济模型法和城乡人口比增长率法对中国"十三五"及未来城镇化趋势进行了预测（见表 5，魏后凯等，2014）。综合以上三种方法，我们认为，"十三五"期间，在国际国内环境保持相对稳定的情况下，中国城镇化水平将年均提高 1 个百分点左右，城镇化速度大幅度下降的可能性不大，但也很难再现"九五"以来年均提高 1.39 个百分点的增长奇迹。

2020~2030 年，中国城镇化推进速度将基本保持在比较理想的水平，即年均提高 0.8 个百分点左右；2030~2050 年城镇化速度将明显放缓，年均提高 0.6~0.8 个百分点的可能性比较大。基于以上判断，我们认为 2020 年、2030 年、2040 年、2050 年中国城镇化水平将分别达到 60%、68%、75% 和 82% 左右。如果采用城乡人口比增长率法进行预测，2020 年、2030 年、2040 年、2050 年中国城镇化水平将分别达到 61%、66%、71% 和 75% 左右。

表 5   2020~2050 年中国城镇化水平预测结果

单位：%

预测模型和部门	2011 年	2020 年	2030 年	2040 年	2050 年
联合国预测	49.2[a]	61.0	68.7	73.4	77.3
经验曲线法	51.3	59.1	69.5	78.1	85.0
经济模型法	51.3	61.1	69.6	77.2	84.8
城乡人口比增长率法	51.3	60.8	66.0	70.8	75.1
综合预测	51.3	60.3	68.4	75.4	81.6

注：a 为 2010 年数据。

资料来源：联合国预测结果来自 United Nations（2012），其余结果来自魏后凯（2014）。

（2）2020 年东中西部和东北地区的城镇化率将分别达到 66.7%、53.5%、51.4%、63.6% 左右

目前中国各地区所处的城镇化阶段差别显著，城镇化水平高低不一。我们以 1978~2010 年中国四大区域的城镇化水平为依据，采用城乡人口比增长率法对"十三五"时期及未来中国四大区域的城镇化趋势进行了预测。预测结果表明，东部地区将是最先基本完成城镇化的区域，到 2020 年、2030 年、2040 年、2050 年，东部地区城镇化率将分别达到 66.7%、73.0%、77.6% 和 81.7%（见图 5）。东北地区城镇化将继续保持较平缓的增速，"十三五"期间城镇化率年均仅提高 0.6 个百分点，其后还将下降，2020 年、2030 年、2040 年、2050 年东北地区城镇化率将分别达到 63.6%、69.2%、73.3% 和 77.0%。中西部地区城镇化仍将处于加速推进阶段，"十三五"期间，中西部地区城镇化率仍将保持 1 个百分点左右的速度快速推进，2020 年、2030 年、2040 年、2050 年中部地区城镇化率将

分别达到 53.5% 、63.2% 、69.9% 和 73.9% ，西部地区将分别达到 51.4% 、61.2% 、68.0% 和 72.2% 。

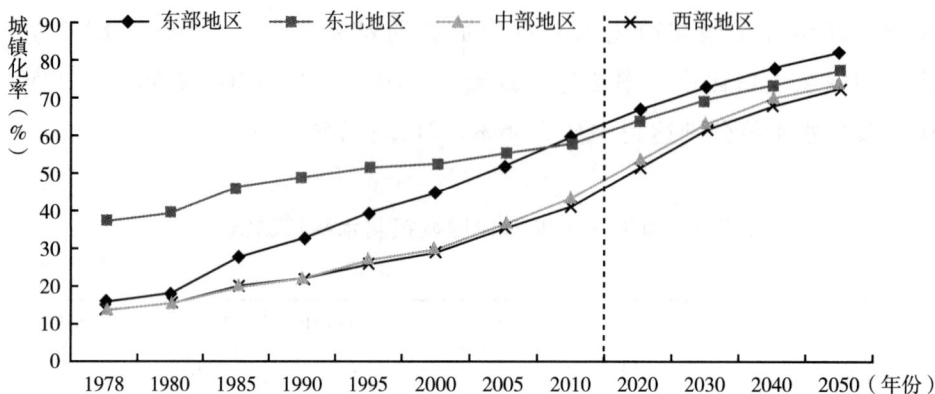

图 5 中国四大区域城镇化率预测

资料来源：魏后凯（2014）。

（四）"十三五"推进城镇化的重点任务与措施

"十三五"时期的城镇化，必须以实现更高质量的健康城镇化为目标，重点从以下 4 个方面推进。

1. 稳步推进市民化与户籍制度改革

推进农业转移人口的市民化是全面提高城镇化质量的重大战略举措。既要有顶层设计，对全国推进市民化工作的总体目标、重点任务、战略路径和制度安排进行全面规划部署；又要长短结合，明确各阶段的目标、任务和具体措施，制定切实可行的实施方案，分阶段稳步推进。从全国看，力争用 15 年左右的时间，从根本上解决农业转移人口的市民化问题，实现更高质量的健康城镇化目标。

"十三五"早期，分类剥离现有户籍制度中内含的各种福利，在全国推行居住证制度，对城镇常住外来人口统一发放居住证，持证人可享受本地基本公共服务和部分公共福利，如政治权利、劳动权益、就业培训、义务教育、基本社会保障等，切实保障农业转移人口的基本权益，基本实现基本公共服务城镇常住人口全覆盖。同时，对符合一定条件的农业转移人口，如有固定住所和稳定收入来源、就业或居住达到一定年限等，应优先给予落户。

"十三五"中后期，通过强化综合配套改革，完全剥离户籍内含的各种权利和福利，逐步建立城乡统一的户籍登记管理制度、社会保障制度和均等化的基本公共服务制度，初步形成市民化长效机制，基本实现基本公共服务城乡常住人口全覆盖。城乡居民实现在常住居住地依照当地标准，行使公民的各项基本权利，享受各项公共服务和福利，包括选举权、被选举权和公共福利享有权等。

在"十三五"基础上，最终经过 5～10 年的努力，建立市民化与城镇化同步推进机制，推动形成全国统一的社会保障制度和均等化的基本公共服务制度，在全国范围内实现社会保障一体化和基本公共服务常住人口全覆盖，确保农业转移人口在政治、经济、社会和文化等领域全面融入城市，公平分享改革发展成果，平等参与民主政治。

2. 优化城镇化规模格局和空间形态

"十三五"时期，需要进一步构建科学合理的城镇化规模格局，优化城镇化的空间布局和形态。为此要加强对进城农民迁移意愿和城市综合承载力的调查研究，根据资源环境承载能力、城市公共设施容量和人口吸纳能力，实行差别化的规模调控政策，合理引导农业转移人口流向，依靠产业集聚引导人口集聚，促进人口与产业协同集聚、产业发展与城镇建设有机融合，推动形成以城市群为主体形态，大中小城市和小城镇合理分工、协调发展、等级有序的城镇化规模格局，有效遏制城镇增长的两极化倾向。

对特大城市人口规模实行差别化调控。在制定科学的城市规模等级分类标准基础上，对特大城市既要严格控制人口规模，加强大城市病综合治理，防止城市空间过度蔓延，又要充分发挥中心城市的引领、示范和辐射带动作用。要破解这种两难的困境，关键是要转变发展方式，促进城市全面转型升级，实行"去功能化"。功能疏散或"去功能化"是控制特大城市人口规模的核心和关键。为此，要在合理确定功能定位、实行功能疏散的基础上，积极引导和鼓励特大城市中心区人口和产业向周边地区扩散，优化大都市区的空间结构。此外，还必须从综合承载力和宜居、可持续的角度，科学确定特大城市的增长边界，合理划定生态红线，设定生态空间的底线和开发强度的高线，促进生产、生活和生态空间和谐有序。

巩固并发挥城市群的主体形态作用。随着城市群的迅速兴起，目前中国已进入一个以城市群为载体的群体竞争新时代。未来20年，中国仍将处于城镇化的快速推进时期，城市群不仅是推进城镇化的主体形态，也是吸纳新增城镇人口的主要载体。为此，在推进城镇化的过程中，必须继续巩固和充分发挥城市群的主体形态作用，使之成为吸纳新增城镇人口的主要载体。首先，积极培育壮大不同等级的城市群。应实行多中心网络开发战略，积极培育壮大世界级、国家级和区域级三级城市群，要不断提高城市群的可持续发展能力，推进城市群的区域一体化进程。

提高中小城市和小城镇人口吸纳能力。应针对中小城市和小城镇面临的主要问题，着力加强基础设施建设，提高公共服务能力和水平，积极培育特色优势产业，不断扩大就业机会，以逐步提高其人口吸纳能力。同时，要摒弃资源配置中的行政中心偏向和大城市偏向，充分发挥不同规模城镇的优势，强化大中小城市和小城镇功能分工，推动特大城市全面转型升级，引导其人口、要素、产业向中小城市和小城镇转移扩散，支持国内外民间资本投向中小城市和小城镇，政府投资的城镇基础设施和公共服务要向中小城市和小城镇倾斜。特别是，要采取财政补贴、奖励、贴息等手段，加强小城镇基础设施、公共服务设施和安居工程建设，鼓励小城镇向专业化、集约化、特色化、生态化方向发展，逐步培育建设一批生态宜居、设施完善、特色鲜明、优势突出、竞争力强的特色生态小镇。

3. 建立完善多元化的投融资机制

"十三五"时期，在土地财政不可持续的态势下，要加快财税体制和投融资机制改革，创新金融服务，放开市场准入，加强公私合作（PPP），逐步建立多元化、可持续的城镇化资金保障机制。

建立多元化的市民化成本分担机制。农民进城落户和融入城市涉及多个方面的体制改革，需要支付巨额的改革成本。要合理消化这一成本，就必须充分发挥政府的主导作用，加大各级财政的投入力度，同时鼓励企业、农民、社会积极参与，逐步建立一个由政府、企业、农民、社会等共同参与的多元化成本分担机制。首先，充分发挥政府的主导作用。要明确中央、省和城市政府的职责分工，义务教育、社会救助等最基本的公共服务主要由中央政府负责；失业、医疗、养老保险等随着统筹层次的提高，中央财政也应承担更高的比例;而就业扶持、权益维护、计划生育、公共卫生、社区服务、保障性住房等方面的投入,主要由城市政府承担,中央和省级财政通过加大转移支付给予相应支持。要建立财政转移支付同农业转移人口市民化挂钩机制,加大中央财政对农业转移人口集中流入地区的支持。其次,鼓励企业和社会广泛参与,尤其要调动企业的积极性,参与分担就业培训、权益维护、社会保障和住房条件改善等方面的成本。要积极引导企业加强对农业转移人口的就业培训,参与公租房、廉租房建设,集中建立农民工宿舍或公寓,改善农民工居住社区的环境。同时,要强化企业的社会责任,加强农民工的劳动保护,及时足额为农民工缴纳相关保险费用,提高农民工参与城镇社会保险的比例。

建立规范透明的城市建设投融资机制。在完善法律法规和健全地方政府债务管理制度基础上,建立健全地方债券发行管理制度和评级制度,允许地方政府发行市政债券,拓宽城市建设融资渠道。创新金融服务和产品,多渠道推动股权融资,提高直接融资比重。发挥现有政策性金融机构的重要作用,研究制定政策性金融专项支持政策,研究建立城市基础设施、住宅政策性金融机构,为城市基础设施和保障性安居工程建设提供规范透明、成本合理、期限匹配的融资服务。理顺市政公用产品和服务价格形成机制,放宽准入,完善监管,制定非公有制企业进入特许经营领域的办法,鼓励社会资本参与城市公用设施投资运营。鼓励公共基金、保险资金等参与项目自身具有稳定收益的城市基础设施项目建设和运营。

4. 积极推进土地制度改革与集约利用

近年来,中国城市无序蔓延加剧,"十三五"时期亟待实行最严格的耕地保护制度和集约节约用地制度,按照管住总量、严控增量、盘活存量的原则,创新土地管理制度,优化土地利用结构,提高土地利用效率,合理满足城镇化用地需求。

建立城镇用地规模结构调控机制。严格控制新增城镇建设用地规模,严格执行城市用地分类与规划建设用地标准,实行增量供给与存量挖潜相结合的供地、用地政策,提高城镇建设使用存量用地比例。探索实行城镇建设用地增加规模与吸纳农业转移人口落户数量挂钩政策。有效控制特大城市新增建设用地规模,适度增加集约用地程度高、发展潜力大、吸纳人口多的卫星城、中小城市和县城建设用地供给。适当控制工业用地，优先安排和增加住宅用地，合理安排生态用地，保护城郊菜地和水田，统筹安排基础设施和公共服务设施用地。建立有效调节工业用地和居住用地合理比价机制，提高工业用地价格。

健全节约集约用地制度。完善各类建设用地标准体系，严格执行土地使用标准，适当提高工业项目容积率、土地产出率门槛，探索实行长期租赁、先租后让、租让结合的工业用地供应制度，加强工程建设项目用地标准控制。建立健全规划统筹、政府引导、市场运作、公众参与、利益共享的城镇低效用地再开发激励约束机制，盘活利用现有城镇存量建设用地，建立存量建设用地退出激励机制，推进老城区、旧厂房、城中村的改造和保护性开发，发挥政府土地储备对盘活城镇低效用地的作用。加强农村土地综合整治，健全运行机制，规范推进城乡建设用地增减挂钩，总结推广工矿废弃地复垦利用等做法。禁止未经评估和无害化治理的污染场地进行土地流转和开发利用。完善土地租赁、转让、抵押二级市场。

深化国有建设用地有偿使用制度改革。扩大国有土地有偿使用范围，逐步对经营性基础设施和社会事业用地实行有偿使用。减少非公益性用地划拨，对以划拨方式取得用于经营性项目的土地，通过征收土地年租金等多种方式纳入有偿使用范围。

推进农村土地管理制度改革。全面完成农村土地确权登记颁证工作，依法维护农民土地承包经营权。在坚持和完善最严格的耕地保护制度前提下，赋予农民对承包地占有、使用、收益、流转及承包经营权抵押、担保权能。保障农户宅基地用益物权，改革完善农村宅基地制度，在试点基础上慎重稳妥推进农民住房财产权抵押、担保、转让，严格执行宅基地使用标准，严格禁止一户多宅。在符合规划和用途管制前提下，允许农村集体经营性建设用地出让、租赁、入股，实行与国有土地同等入市、同权同价。建立农村产权流转交易市场，推动农村产权流转交易公开、公正、规范运行。

深化征地制度改革。缩小征地范围，规范征地程序，完善对被征地农民合理、规范、多元保障机制。建立兼顾国家、集体、个人的土地增值收益分配机制，合理提高个人收益，保障被征地农民长远发展生计。健全争议协调裁决制度。

强化耕地保护制度。严格土地用途管制，统筹耕地数量管控和质量、生态管护，完善耕地占补平衡制度，建立健全耕地保护激励约束机制。落实地方各级政府耕地保护责任目标考核制度，建立健全耕地保护共同责任机制；加强基本农田管理，完善基本农田永久保护长效机制，强化耕地占补平衡和土地整理复垦监管。

二 "十三五"时期中国区域发展战略

"十二五"时期，区域总体发展战略是以四大区域为地域框架，推进新一轮西部大开发、全面振兴东北地区老工业基地、大力促进中部地区崛起和积极支持东部地区率先发展，并针对革命老区、民族地区、边疆地区和贫困地区提出"进一步加大扶持力度，加强基础设施建设，强化生态保护和修复，提高公共服务水平，切实改善老少边穷地区生产生活条件"。随着国际国内经济政治发展形势的变化，中央先后提出一系列的"经济发展带"战略，包括"一带一路""长江经济带""京津冀协同发展"等，基本上勾画出了"十三五"时期区域发展战略的总体框架，即"四大区域＋经济发展带'路'"，为统筹国际国内两个市场、实现东西并重、内外联动、区域协同、陆海统筹，促进地区协调发展进行了战略性空间布局。

（一）对"十二五"区域发展战略的评价

"十二五"时期，国家区域发展战略基本上是按照四大地域框架以及特殊问题区域来推进的，在国土空间开发方面初步提出了主体功能区战略。目前，西部大开发已经接近 15 年，西部地区在一系列国家优惠政策和资金支持下，经济增速明显加快；自 2003 年实施东北振兴战略以来，国家有关部门在项目投资、财税、金融、国有企业改革、社会保障试点、资源型城市转型试点、对外开放和基础设施建设等方面制定实施了一系列的政策措施。2012年，又启动了第二轮东北振兴计划；中部崛起战略是继西部大开发和东北振兴战略之后的又一项国家区域发展战略，除了比照东北振兴和西部大开发相关政策外，国家并没有出台专门针对中部崛起的政策措施；同时，为了充分发挥东部地区的优势，自2003年以来，国务院在东部沿海地区批准了一系列区域发展规划，为东部地区率先发展提供了的空间。

总体来看，国家区域发展战略取得了较大成效，主要包括以下几个方面。

一是中西部经济呈现快速增长态势。2011~2013年，西部和中部地区的地区生产总值年均经济增速为12.39%和11.18%，均超过了东部地区，分别比东部地区高2.78个和1.56个百分点；从工业增加值来看，西部地区平均增速为14.86%，中部为13.99%，东部为11.51%，均高于东部的9.58%；而从固定资产投资来看，"十二五"期间中西部地区的全社会固定资产投资增速也远高于东部地区。2011~2013年，西部地区平均为20.90%，中部地区平均为19.00%，而东部地区仅为15.65%。中西部在快速增长带动下，西部地区GRP占全国的比重由2010年的19.03%，上升到2013年的20.00%（见表6）。

表6 四大区域GRP增长速度

单位：亿元、%

地区 年份	西部		东部		中部		东北	
	数值	增长率	数值	增长率	数值	增长率	数值	增长率
工业增加值								
2010	34349		102308		39335		17148	
2011	43117	25.53	118498	15.83	49044	24.68	20849	21.58
2012	47812	10.89	125945	6.28	53769	9.63	22428	7.57
2013	51709	8.15	134282	6.62	57888	7.66	23634	5.38
全社会固定资产投资								
2010	61892		115854		62891		30726	
2011	72104	16.50	130263	12.44	70824	12.61	32643	6.24
2012	89009	23.44	151922	16.63	86615	22.30	41043	25.73
2013	109261	22.75	179098	17.89	105740	22.08	46540	13.39
地区生产总值								
2010	88773		244685		92650		40452	
2011	101231	14.03	270366	10.50	104553	12.85	45549	12.60
2012	113803	12.42	295450	9.28	116001	10.95	50215	10.24
2013	126003	10.72	322259	9.07	127306	9.75	54442	8.42

资料来源：根据中国国家统计局国家数据库中相关数据编制，www.data.stats.gov.cn。

二是区域发展的相对差距逐步缩小。国家实施区域总体发展战略的根本目标是缩小中西部与东部地区在经济发展水平上的差距，实施西部大开发战略以来，各项政策取得了良好的成效，近年来东西部发展差距在迅速缩小。一是人均地区生产总值（GRP）相对差距不断缩小。东部与中西部地区间人均GRP的相对差距均呈现出不断下降的趋势，而四大区域人均GRP变差系数下降趋势更为明显（见表7）。2013年，东部地区和西部地区人均GRP的相对差距由2010年的50.72%下降为44.70%；而四大区域人均GRP的变差系数则由2010年的33.90%下降为29.11%。二是居民收入相对差距不断缩小。东部与中西部地区之间农村居民人均纯收入和城镇居民人均可支配收入的相对差距均呈不断缩小的趋势，后者相对比较明显。2013年，东部与西部地区农村居民人均纯收入和城镇居民可支配收入的相对差距分别由2010年的45.74%和32.08%分别下降为43.30%和30.06%；而变差系数则分别由2010年的25.74%和20.77%分别下降为23.97%和19.25%。由表7可以看出，城镇居民人均可支配收入相对差距下降的幅度明显超过农村地区。

表7　四大区域人均地区生产总值相对差距

单位：%

		东－西相对差距		变差系数	
		数值	变化	数值	变化
农村居民人均纯收入	2010	45.74		25.74	
	2011	45.26	1.06	25.39	1.37
	2012	44.29	3.18	24.70	4.05
	2013	43.30	5.34	23.97	6.89
城镇居民人均可支配收入	2010	32.08		20.77	
	2011	31.23	2.65	20.07	3.38
	2012	30.46	5.07	19.50	6.12
	2013	30.06	6.29	19.25	7.33
人均地区生产总值	2010	50.72		33.90	
	2011	47.93	5.50	31.45	7.23
	2012	45.62	10.06	29.76	12.19
	2013	44.70	11.87	29.11	14.13

注：东西部间人均GRP相对差距＝（东部地区人均GRP－西部地区人均GRP）/东部地区人均GRP×100%。以下相对差距均按此种方法计算，即东部与中西部地区间相对差距系数＝（东部指标值－中西部指标值）/东部指标值×100%。

资料来源：2014年《中国统计年鉴》。

三是老少边穷地区发展步伐加快。"十二五"时期，中央加大了对革命老区、民族地区和边境地区转移支付力度，2011 年转移支付总额为 370 亿元，2012 年为 559 亿元，2013 年预算数为 622 亿元，3 年增长率依次为12.1%、48.9%、11.2%，从而为这些特殊的问题区域提供了发展的动力支持。同时，国家对集中连片贫困地区，包括六盘山片区、秦巴山片区、武陵山片区、乌蒙山片区、滇桂黔石漠化片区、滇西边境片区等，积极推进产业扶贫、整村推进、异地扶贫搬迁等专项扶贫工作。2012 年，东西扶贫协作政府和社会援助投入 10.32 亿元，企业协议合作投资 4556 亿元，分别比 2011年增长 9.1% 和 73.2%。在国家扶贫力度加大的背景下，西部各地区贫困人口和贫困发生率迅速下降。例如，2013 年西藏、云南贫困人口数量同比减少12.8 万人和 150 万人；贵州 2013 年较 2011 年贫困人口数量下降了 290 万人；新疆 2012 年较 2011 年减少贫困人口 30 万人。2012 年，全国十一个革命老区市地区生产总值的平均增长速度为 11.5%，超过全国平均水平 3.8 个百分点，经济发展水平不断加快；人均地区生产总值达到 25422 元，接近全国平均水平，为全国平均水平的 92.17%；民族地区经济发展水平也不断加快，人均地区生产总值逐年提高。2011~2013 年，民族 8 省区人均地区生产总值分别为 27269 万元、30667 万元、33711 万元，相比 2010 年分别增长了13.39%、27.03%、40.54%。

四是区域合作和开放取得了较大进展。"十二五"以来，中央研究制定了促进西部地区承接产业转移的政策意见，建设了广西桂东、重庆沿江、宁夏银川等承接产业转移示范区，批准了《粤桂合作特别试验区总体发展规划》《国家东中西区域合作示范区建设总体方案》等一批东中西合作区规划方案，进一步完善了对新疆、西藏、贵州、青海等地区经济对口支援的方式与途径。东中西经济合作规模不断扩大、领域不断拓宽、机制不断创新、效益不断增强。据不完全统计显示，目前已有近 30 万家东部企业到西部地区投资创业，投资总额达 20000 多亿元。

同时，中央继续深化与周边国家区域合作机制，加强多重合作机制下的沟通与协调，进一步完善了上海合作组织、东盟与中国（"10+1"）领导人会议、亚欧会议、西部国际博览会、中国-亚欧博览会、中国-南亚博览会、中国-东盟博览会等各类对外交流平台，充分发挥其作为区域合作平台的载体功能与带动作用,为中西部地区企业参与区域经济合作创造条件。在进一步深化中国－东盟自由贸易区、中国－巴基斯坦自由贸易区、大湄公河次区域合作、泛北部湾区域经济合作、中国与中亚次区域合作等区域合作载体的基础上,又积极实行沿边开放战略,提升了国家重点开发开放试验区、边境经济合作区、跨境经济合作区、境外经贸合作区等载体的对外经济联系功能,设立了一批边境开放口岸、内陆新区、内陆保税区以及综合改革试验区,进一步强化了中西部地区对外开放功能。

五是主体功能区建设开始试点。2014 年 3 月,国家发展改革委和环境保护部联合发布《关于做好国家主体功能区建设试点示范工作的通知》(以下简称《通知》),决定以国家重点生态功能区为主体,选择部分市县开展国家主体功能区建设试点示范工作。自《通知》发布以来,各地迅速开展宣传动员工作,召开试点示范工作会议,编制实施意见和方案,试点工作顺利推进。综合来看,一是国家主体功能区建设试点示范工作逐步推进。如湖南、福建、安徽、浙江等省召开了试点示范工作会议,各试点县市制定了试点示范初步方案。二是加大中央财政转移支付力度。2014 年中央财政将河北环京津生态屏障、西藏珠穆朗玛峰等区域内的 20 个县纳入国家重点生态功能区转移支付范围,享受转移支付的县市达 512 个,中央预算对重点生态功能区转移支付达 480 亿元,专项转移支付中天然林保护工程补助经费 150.04 亿元,退耕还林工程专项资金 296.27 亿元。三是财政部和环境保护部继续对国家重点生态功能区环境状况和自然生态进行全面监控和评价,并根据监测结果实施相应奖惩。

从主体功能区建设试点的效果来看,一是试点示范工作调动了地方积极性。进入国家主体功能区建设试点示范名单的县市,均在各地申报的基础上确定,各地积极性较高,主动性较强。这种上下结合的试点示范,将有利于推进主体功能区建设和体制机制创新,有利于积累经验和形成示范效应。二是以转移支付为主的纵向生态补偿机制初步形成。2008 年以来,中央对重点生态功能区的转移支付逐年增加,2014 年又比 2013 年增长 13.5%,天然林保护工程补助经费和退耕还林工程专项资金分别比 2013 年增长 18.6% 和12.2%,均远高于中央对地方税收返还和转移支付 8.0% 的平均增速。中央对限制开发和禁止开发区域转移支付力度加大,为这些地区加强生态环境保护、提高基本公共服务能力提供了保障。

尽管"十二五"期间，国家区域总体发展战略取得了较大的成效，但也存在一些问题，主要包括：第一，区域绝对差距还在扩大。如2013年，东部地区人均地区生产总值为62189元，西部地区为34392元，二者绝对差距为27797元，比2010年增加了4113元；第二，区域一体化进展缓慢。国家批复的各种特殊区域和规划过多、区域政策泛化、各种优惠太多，造成各种区域之间重视规划和战略层面竞争，区域合作和区域协调动力不足；第三，民族地区、贫困地区同步小康难度大。从总体进程看，2011年全国小康实现程度为83.1%，民族地区为70.9%，民族地区与全国平均水平相差12.24个百分点，民族地区大体相当于全国2006年水平；第四，区域补偿力度较小、主体功能区建设推进较慢。目前，国家主体功能区制度的综合政策体系还未形成，各项政策分散在各个部门，呈现出"碎片化"特征。虽然《全国主体功能区规划》提出了分类管理的区域政策，但至今并未颁布实施细则，各项政策由相关部门掌握，部门分割严重。主体功能区建设仍处于试点示范阶段，有关部门对试点示范的技术规范、标准和考核指标缺乏明确规定，试点示范方案由地方组织编制，更多反映地方的诉求；第五，区域内部分异（差异）扩大，如沿海省内、西部内部绝对差距不断扩大，等等。

（二）"十三五"区域发展战略的总体构架

"十二五"规划中提出区域总体发展战略，主要包括东部、中部、西部和东北四大区域加问题区域的发展战略架构。随着国际国内环境的变化，中央进一步提出"一带一路""京津冀协同发展""长江经济带"发展战略，从扩大内需和对外开放两个维度丰富了区域总体发展战略，拓展了区域总体发展战略的空间感和层次性，并将海洋经济纳入区域总体发展战略框架，实现陆海统筹发展。因此，"十三五"时期，应进一步完善区域总体发展战略，继续坚持实施西部大开发、全面振兴东北等老工业基地、促进中部崛起和支持东部率先发展战略，积极培育全国性的经济支撑带，构建"十三五"时期"四大区域＋经济发展带（路）"的空间发展战略架构，形成东西并重、内外联动、区域协同、陆海统筹、全方位开放的新型区域总体发展战略。

一是进一步完善区域发展总体战略。"十三五"时期要继续坚持实施西部大开发、东北地区等老工业基地振兴、促进中部地区崛起、沿海地区率先发展战略。首先，应进一步强化西部大开发的战略地位。随着国家区域发展战略的调整，西部地区是推进"一带一路"战略的核心区域和关键节点，将成为未来中国经济增长的"支撑区域"，同时，西部又是全面实行小康社会的难点地区，西部地区能否实现全面小康社会的目标，事关全国建设全面小康社会的大局；其次，应继续推进东北老工业基地全面振兴。东北地区作为传统的老工业基地，体制机制不畅是制约东北发展的关键因素，尤其是近年来东北经济再度放缓，"十三五"时期应坚持以深化改革为主线，全面振兴东北地区等老工业基地；再次，要进一步提升中部崛起战略的功能定位。"一带一路"战略为中部崛起提供了广阔的市场和发展空间，"十三五"时期，中部地区应进一步加强区域层面的互联互通，依托"长江经济带"构建起四大区域联动发展的空间纽带；最后，要进一步促进东部地区创新发展。经过 30 多年的高速发展，沿海地区逐渐面临劳动力成本高、资源环境压力大等一系列问题，"十三五"时期，沿海地区应充分利用经济优势，加快国家创新型城市和区域创新平台建设，提高科技创新能力，引领区域创新发展。

二是积极培育全国性的经济支撑带。实施"一带一路""长江经济带""京津冀协同发展"三大战略（见中央经济工作会议），依托经济核心区，积极培育横贯东西、带动全国的经济支撑带。初步考虑，可以培育四大经济支撑带：珠江 - 西江经济带、长江经济带、丝绸之路经济带（依托陇海 - 兰新线）、环渤海 - 华北经济支撑带。①珠江 - 西江经济带。2014 年 7 月，《国务院关于珠江—西江经济带发展规划的批复》（国函〔2014〕87 号）中将珠江—西江经济带定位为中国西南、中南地区开放发展新的增长极，为区域协调发展和流域生态文明建设提供示范。②长江经济支撑带。2014 年 9 月，国务院印发《国务院关于依托黄金水道推动长江经济带发展的指导意见》部署将长江经济带建设成为具有全球影响力的内河经济带、东中西互动合作的协调发展带、沿海沿江沿边全面推进的对内对外开放带和生态文明建设的先行示范带。③丝绸之路经济支撑带。丝绸之路经济带是中国与西亚各国之间形成的一个在经济合作区域，主要是依托以沿线交通基础设施和中心城市，对域内贸易和生产要素进行优化配置，促进区域经济一体化，最终实现区域经济和社会同步发展。④环渤海 - 华北经济带。在京津冀协同发展战略的推动下，"十三五"期间将会形成环渤海－华北经济支撑带，一是面向未来打造首都功能承载区、推进区域协同发展体制机制创新；二是探索完善城市群布局和形态、推进世界级城市群建设、为优化开发区域发展提供示范和样板；三是探索生态文明的道路，推进人口资源环境协调发展；四是促进环渤海地区发展，带动国家北方内地发展。

三是全面推进实施陆海统筹发展。"十二五"规划对于推进海洋经济发展方面提出"坚持陆海统筹，制定和实施海洋发展战略，提高海洋开发、控制、综合管理能力"。中国沿海11个省区市北起辽宁省，南至海南省，沿海经过河北、天津、山东、江苏、上海、浙江、福建、广东、广西，连接渤海、黄海、东海、南海四大海域，构成了大"S"形海域经济带。随着辽宁沿海经济带、天津滨海新区、山东蓝色经济区、江苏沿海经济带、长三角经济区、浙江海洋经济发展示范区、福建海峡西岸经济区、珠三角经济区、广东海洋经济综合试验区、广西北部湾经济区、海南国际旅游岛、河北沿海经济带等一系列沿海经济区先后上升为国家战略，大"S"形海域经济带逐步形成。在"十三五"时期，必须坚持陆海统筹发展的基本思路，把海域纳入国土空间开发体系，并将国土空间开发的战略布局重点逐步向海洋倾斜，对海洋资源进行科学的价值评估和工程核算，做出海洋资源有偿使用的政策安排，整合11个省区市的海域发展规划，保证海洋资源的合理利用与有序开发。

（三）"十三五"区域协调发展的路径和措施

"十三五"时期，区域总体发展战略思路应坚持在"一带一路"和"长江经济带"的战略指引下，继续深入推进西部大开发，全面振兴东北地区，促进中部地区崛起，支持东部地区转型升级，以深入推进主体功能区建设为核心，坚持创新驱动区域发展和大力促进区域信息化，实施东西并重，内外联动的全方位开放战略，进一步完善区域补偿政策，逐步缩小地区差距，实现区域协调发展。

第一，深入推进主体功能区建设。即对优化开发区、重点开发区、限制开发区和禁止开发区，根据功能定位和发展导向实行差别化政策，按照主体功能区要求实施分类调控。一是建立多层次的生态补偿机制。进一步规范中央对重点生态功能区的转移支付，公开相关信息，加强实施效果评估；同时推进横向生态补偿和耕地保护补偿试点，加快建立生态补偿市场机制。二是研究制定国家主体功能区建设试点示范的技术规范、标准和评价指标体系。三是对有关部门政策进行整合，进一步完善国家主体功能区制度的综合政策体系，打破部门分割。要对现有各部门的各种试点示范进行整合，并将试点示范工作与重点生态功能区转移支付统筹考虑。四是建立完善动态监测、管理和评估体系以及差别化的绩效考核评价指标体系。

第二，进一步完善区域补偿政策。"十三五"时期，国家应进一步加大对特殊问题区域的支持力度，分类实施针对特殊问题区域的区域补偿政策。一是加强基础设施建设的支持力度，对以国家和省级为主承担的铁路、高速公路、水利等基础设施项目，优先布局中西部经济落后的问题区域；二是在基础教育、基本医疗、社会保障等基本公共服务方面提供支持，实现基本福利的均等化；三是加大金融信贷的支持力度，特别是在信贷投放上，要加强对问题区域的支持力度，增强这些地区的自我发展能力。

第三，实施创新驱动区域协调发展。充分发挥大城市科技创新的辐射带动作用，在科技投入、人才引进、改革开放等方面，加大对中西部和老少边穷地区的支持力度。一是在国家重大科技专项和体现国家战略意图的重大科技项目和重大工程的安排上，适度向中西部地区和老少边穷地区倾斜，整体提升落后地区科技创新水平；二是在一些中西部省区市系统推进全面创新改革试验，形成几个具有创新示范和带动作用的区域性创新平台；三是创新体制机制、优化政策环境、强化保障措施，推动"万人计划""国家特支计划""创新人才推进计划"等一系列人才推进计划向中西部倾斜，构筑中西部地区创新人才高地。

第四，依靠信息化促进区域协调发展。充分运用信息技术，有效缩短中西部地区与东部地区的发展差距，将比较优势转化为竞争优势，以促进经济快速、可持续发展。在信息资源配置和信息化建设方面，国家应对中西部地区给予资金、人力和政策倾斜。一是支持中西部地区加快信息网络的建设和管理，优化网络结构和布局；二是制定相关政策和措施，鼓励中西部地区工业企业信息化改造；三是支持中西部地区政府、金融、海关、税务、商检等公共管理部门的信息化建设，加快发展面向经济和社会的信息服务业。

第五，实行东西并重、内外联动的全方位改革开放战略。要进一步深化改革开放，鼓励中西部地区加快完善体制机制，扩大沿边开放、向西开放、对内对外开放，在中西部地区建设一批特殊经济区、开放开发试验区、自主创新试验区、重点边境口岸，打造向西开放的桥头堡，开拓经济发展空间。同时，依托"一带一路"发展战略，大力推进国际区域合作，综合利用国际、国内两个市场，实现内外联动，提升对外开放层次和空间，构建全方位改革开放的区域发展战略格局。

参考文献

［1］方创琳：《中国城市群研究取得的重要进展与未来发展方向》，《地理学报》2014 年第 8 期。

［2］李靖宇、何青：《陆海统筹战略取向下的中国大"S"型海域经济带创建构想》，《港口经济》2013 年第 7 期。

［3］单菁菁：《农民工市民化的成本及其分担机制》，载潘家华、魏后凯主编《中国城市发展报告（No.6）》，社会科学文献出版社，2014，第 124～141页。

［4］魏后凯：《中国区域政策——评价与展望》，经济管理出版社，2011。

［5］魏后凯等：《中国城镇化：和谐与繁荣之路》，社科文献出版社，2014。

［6］魏后凯：《中国城镇化进程中的两极化倾向与规模格局重构》，《中国工业经济》2014 年第 3 期。

［7］魏后凯、苏红键：《中国农业转移人口市民化进程研究》，《中国人口科学》2013 年第 10 期。

［8］魏后凯、苏红键、李凤桃：《农民工市民化现状报告》，《中国经济周刊》2014 年第 9 期。

［9］总报告编写组：《推进农业转移人口市民化的总体战略》，载潘家华、魏后凯主编《中国城市发展报告（No.6）——农业转移人口的市民化》，社会科学文献出版社，2013，第 1～43 页。

［10］Northam，R. M.（1979）. *Urban Geography*，2nd edn. New York：John Wiley & Sons，65 – 67.

"十三五"时期
就业发展战略研究

都　阳[*]

摘要："十二五"期间经济增长放缓，但劳动力市场总体上保持稳定，其主要原因是近年来劳动年龄人口数量的绝对下降。"十二五"规划纲要提出的劳动力市场预期指标可以顺利完成，但是"登记失业率"和"城镇新增就业"作为规划指标不仅难以反映劳动力市场的实际运行情况，也难以体现规划的指导作用。

"十三五"期间需要彻底改革就业规划和劳动力市场监测体系，建立适应劳动力市场新常态、与市场经济相兼容的指标与监测体系。新的规划与监测体系应该放弃报表统计的调查方式，代之以住户和企业抽样调查；以"调查失业率"代替"登记失业率"；以"非农总就业"代替"城镇新增就业"。同时，需要加大信息收集、公布的频率，丰富其他反映劳动力市场动态变化的指标。

"十三五"期间应着力化解劳动力市场面临的潜在风险。劳动力成本的迅速上升，对经济结构转型提出了刻不容缓的要求，并加大了结构性失业发生的风险，对劳动者的素质提出了更高的要求。

应对劳动力市场即将面临的挑战，"十三五"规划应关注以下几个方面内容。第一，通过全面推进户籍制度改革，提高劳动参与

---

* 都阳，中国社会科学院人口与劳动经济研究所，研究员。

率，缓解劳动力短缺和劳动力成本快速上扬造成的压力，为结构调整赢得时间；第二，进一步深化教育体制改革，延长义务教育年限，为产业结构升级奠定人力资源基础；第三，完善劳动力市场制度，努力实现安全性与灵活性的平衡。

关键词： 就业　失业率　非农总就业

"十三五"时期是我国由中等收入国家向高收入国家迈进的冲刺阶段。以2005年购买力平价计，2014年我国的人均GDP水平超过8400美元。如果在"十二五"后期及"十三五"时期，人均GDP能够保持年均7%的增速，那么2020年以2005年不变价计算的人均GDP将达到13500美元（PPP）。

然而，劳动力市场出现的变化使今后一段时期的发展条件与快速增长时期迥然不同。妥善应对劳动力市场转折所引发的挑战，是"十三五"时期保持经济持续健康发展的重要条件。十八届五中全会《建议》对促进就业创业做出了全面部署。本文在回顾"十二五"时期就业情况的基础上，对"十三五"时期实施更加积极的就业政策、贯彻十八届五中全会精神提出政策建议。

一　"十二五"就业规划落实情况

就业是民生之本，维持稳定的就业形势，是保障民生的首要任务。"十二五"规划纲要要求"实施更加积极的就业政策、加强公共就业服务、构建和谐劳动关系"，为此提出了两个预期性指标：城镇登记失业率和城镇新增就业人数，要求城镇登记失业率控制在5%以下，"十二五"期间的新增就业人数4500万，即相当于每年新增就业900万人。

从实际完成情况看，2011～2013年，每年年末的城镇登记失业率均保持在4.1%以下，2014年第三季度的城镇登记失业率为4.07%。截至目前，登记失业率远远低于"十二五"规划所提出的5%的预期目标。虽然国家统计局没有系统公布调查失业率，但根据一些正式发布的信息，调查失业率也处于低位。国家统计局对31个大中城市的住户抽样调查资料显示，调查失业率水平总体稳定，略有下降。从2014年3月至6月，月度调查失业率分别为5.17%、5.15%、5.07%和5.05%。

城镇新增就业指标完成的也很顺利，2011～2013 年，城镇新增就业分别为 1221 万人、1266 万人和 1310 万人。2014 年前三个季度，累计新增城镇就业 1082 万人。因此，截至 2014 年第三季度，已经累计新增城镇就业 4879 万人，完成了"十二五"规划提出的要求。总体上看，"十二五"期间，预期性指标完成情况良好，就业形势总体保持稳定。

图 1 反映了劳动力市场形势与经济增长的变化情况，我们可以看到进入"十二五"时期，求人倍率[①]基本维持在 1 以上，劳动力稀缺的特征越来越明显。尤其需要指出的是，劳动力市场形势的基本稳定，是在经济增长率明显下降的情况下发生的，这种情况在改革开放以来还是第一次出现。2012 年第二季度以来，各个季度经济增长的速度基本处于 8% 以下的低位水平，而求人倍率却呈现上升趋势。2014 年前三个季度，GDP 的增长幅度分别为 7.7%、7.4% 和 7.4%，求人倍率分别为 1.11，1.11 和 1.09。

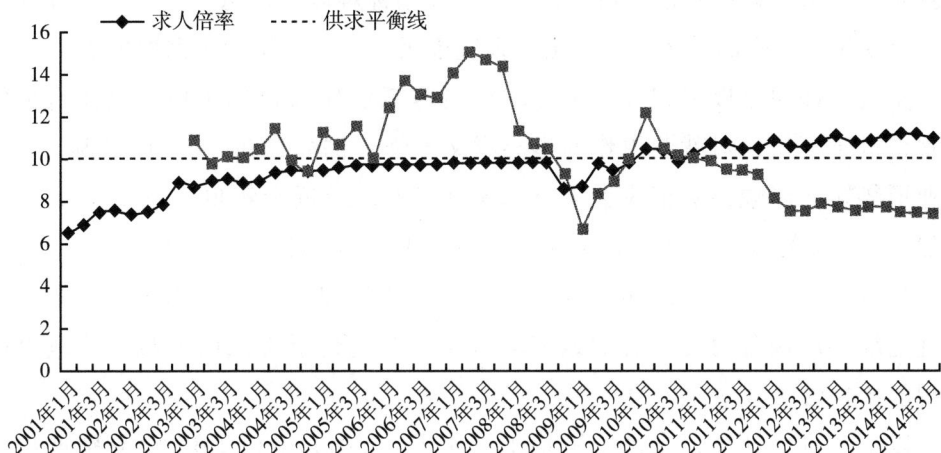

图 1　分季度求人倍率与经济增长率变化情况

资料来源：国家统计局网站：www.stats.gov.cn；中国就业网：www.chinajob.gov.cn。

"十二五"期间，外出农民工的数量稳步增加，2011～2013 年，外出农民工数量分别为 15863 万人、16336 万人和 16610 万人。外出农民工数量的逐年

---

①　求人倍率是劳动力市场上岗位空缺的数量与求职者人数的比，它反映劳动力市场上供求关系的对比情况。求人倍率大于 1，意味着从总体上看，劳动力市场的岗位数量大于求职的人数。

增加一方面反映了非农就业市场的稳定形势，另一方面也体现出劳动力市场总体上的根本转变。这种情况也是改革开放以来的其他时期未曾出现过的。

因此，实际的就业完成情况已经大大超出了"十二五"规划纲要提出的预期目标。不过，在评估劳动力市场形势及政府所应完成的预期目标方面，以下问题更值得关注。

首先，两个预期指标本身并不能恰当、全面地反映劳动力市场形势的变化，因此，指标的实际完成情况难以用来评估就业状况。在考察失业情况时，使用的是登记失业率①，其定义与国际通用的失业率定义有较为明显的差别，而且登记失业制度仅覆盖具有城镇户籍的人员，不适用于1.6亿外出农民工，农民工的就业状态及其变化难以得到有效反映。此外，登记失业是以"登记"为基础，往往不能真实地反映实际是否就业。

同时，随着劳动力市场形势的变化以及人口转变进程的加速，以"城镇新增就业"来指导就业问题也缺乏针对性。该指标难以反映劳动力市场上就业数量的净变化，指标的采集依赖于报表系统逐级上报，数据的可靠性堪忧。

其次，即便是以登记失业率和城镇新增就业作为预期指标，具体目标的设置也过于宽松，对就业工作的指导意义不强。例如，在过去30年内，无论就业形势多么严峻，登记失业率从未高于5%，最近十年也一直低于4.3%。显然，以5%的登记失业率作为预期目标，其实际的指导意义有限。

最后，在"十二五"的后期以及"十三五"期间，劳动力市场政策及就业优先战略应该着力面对劳动力市场出现的新变化所带来的挑战，防范可能出现的结构性失业。

以不变价格计算，农民工平均工资水平在2011年和2012年分别增长了15.1%和8.9%，劳动力成本上升的趋势非常明显，劳动密集型行业面临前所未有的挑战，也加大了稳定劳动力市场的压力。

同时，由于经济结构向资本、技术和知识密集型行业的转型尚未实现，加之高校扩张后毕业生人数的逐年增加，大学生就业形势在"十二五"后期将更加严峻。这些结构性的就业问题，难以通过劳动力市场政策的调整得到

---

① 城镇登记失业人数同城镇从业人数与城镇登记失业人数之和的比。而登记失业人员指有非农业户口、在一定的劳动年龄内、有劳动能力、无业而要求就业，并在当地就业服务机构进行求职登记的人员。

根本解决,而需要靠经济结构的转型升级和增长方式的转变。因此,在"十二五"后期,加强经济政策与劳动力市场政策的配合非常必要。

二 "十二五"以来劳动力市场的主要变化

"十一五"和"十二五"时期,劳动力市场出现的最明显的变化,就是劳动力短缺的频繁出现以及普通工人工资水平的加速上扬。2001~2006年,农民工平均实际工资的年复合增长率为6.7%;而2007~2012年增长到12.7%。同时,非农劳动力市场上对农业劳动力逐渐增加的需求,不仅从数量上导致劳动力短缺的出现,也在价格上推动了不同行业和地区的工资趋同。根据国家发改委"农产品成本监测"资料,我们以农业中三种主要粮食作物稻谷、小麦、玉米的平均雇工工价反映农业劳动力投入的平均成本,以国家统计局"农民工监测调查"提供的农民工工资信息反映非农劳动力市场上的工资水平,可以发现二者呈现明显的趋同。2001年,农民工平均日工资水平高出农业中雇工日工资35.8%,到2003年二者的差距达到峰值42.5%,随后,二者开始趋同。2013年,农民工平均日工资水平仅比农业雇工日工资高出4.5%。

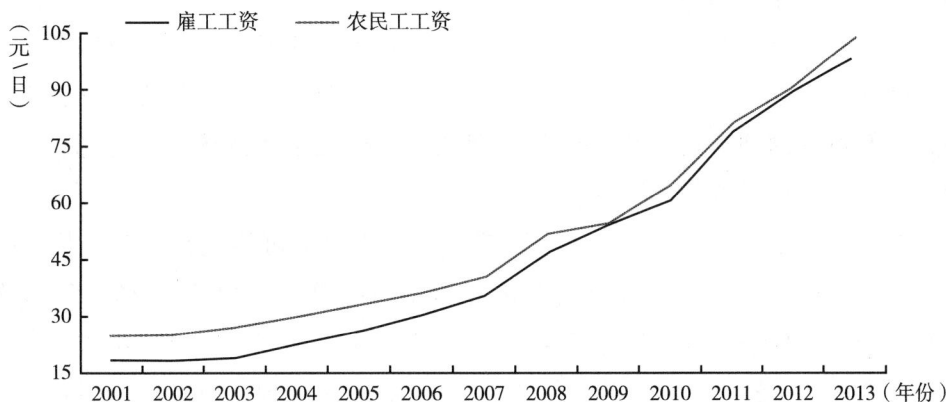

图2 农业雇工工资和农民工工资变化

资料来源:笔者根据相关统计资料计算。

普通工人的工资上涨,对于以劳动密集型行业为主的经济影响明显。一旦劳动力成本的上升速度快于劳动生产率的增长速度,则意味着劳动力密集型行业的比较优势的削弱，在这种情况下，经济结构的转换与升级的压力将大大增加，转变经济增长方式刻不容缓。

图3展示了近年来我国制造业单位劳动力成本（即人均劳动力成本与劳均产出之比）的变化情况以及与一些主要的制造业大国的比较。图3（a）显示，"十一五"时期制造业的劳动生产率与劳动力成本总体保持同步增长，但在"十二五"时期，劳动力成本的增长速度明显快于劳动生产率的涨幅，导致单位劳动力成本的明显上升。图3（b）显示了主要制造业国家的单位劳动力成本与美国的比较（以美国为100，而且美国的单位劳动力成本水平在近年来基本保持稳定）。可以看出，日本和韩国的制造业单位劳动力成本在近年来处于下降的趋势，而中国自2004年跨越刘易斯转折点后，其单位劳动力成本相对比重则由2004年的31%逐渐上升到2011年的40%。中国如果不加快劳动密集型行业的转型升级，一方面，劳动力绝对成本会高于其他中等收入国家；另一方面，系统的创新能力与创新机制尚未形成，无法站在制造业微笑曲线的两端，很容易形成比较优势的真空，并影响经济增长。

在"十三五"时期，是否能够稳妥应对单位劳动力成本上升对劳动力市场和经济发展带来的挑战，将是关乎我国是否能够顺利从中等收入国家迈向高收入国家的关键问题。

第一，在推动我国劳动力市场已经出现的变化的因素中，人口因素发挥了基础性的作用。由于人口结构的变化具有稳定性，其变化趋势也容易掌握，我们可以预期，在"十三五"期间人口结构变化将持续发生作用，并导致劳动力供给偏紧的形势延续。

图4描绘了21世纪头50年我国劳动年龄人口的可能变化情况。从2012年开始，我国劳动力年龄人口的总量开始呈下降趋势，2013年16~59岁的劳动年龄人口较前一年下降了244万，2014年又下降了371万。由于人口因素是短期内不可改变的稳定因素，我们可以明确地看到，劳动年龄人口总量减少的趋势仍将维持。根据人口预测数据，2015年16~59岁的劳动年龄人口仍会较2014年下降275万。如果以劳动年龄人口中劳动参与率较高的20~59岁年龄组来观察，有效劳动供给减少的趋势将更为明显。"十二五"时期是我国劳动力人口变化最迅速的时期，由以前每年超过1000万人的增幅，迅速下降到非常低的水平，而该年龄组在2015年将比2014年减少99万人，而

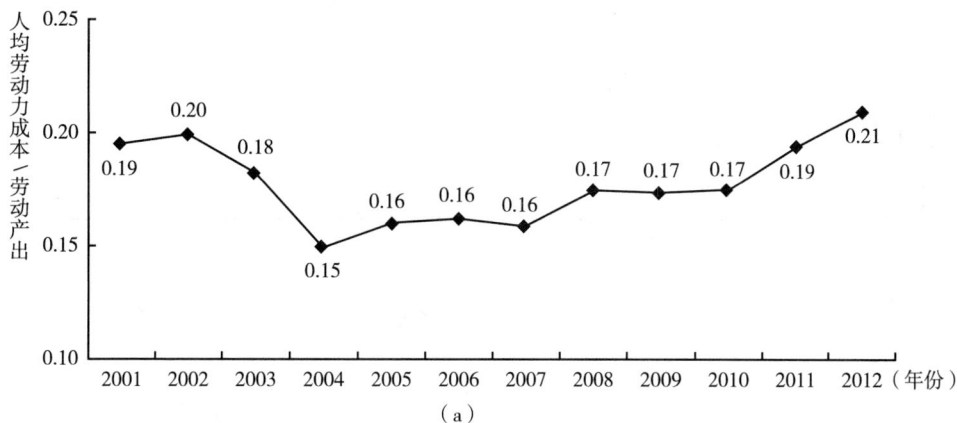

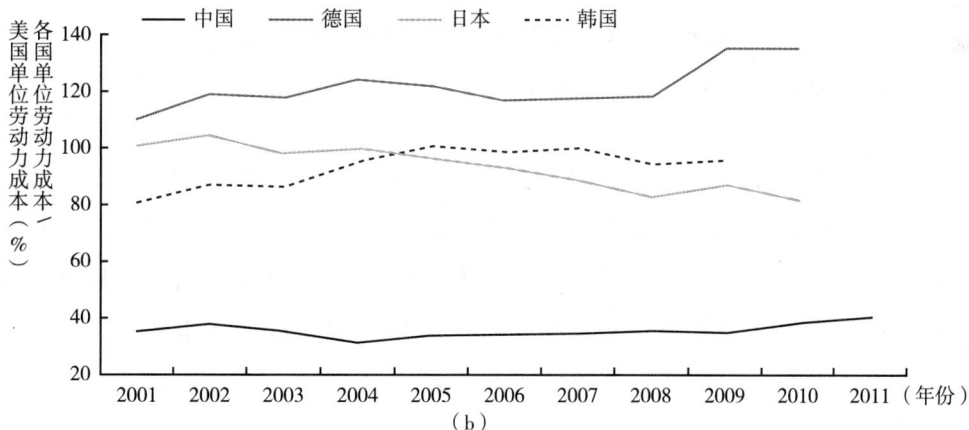

图3 制造业单位劳动力成本及国际比较

资料来源:笔者根据相关统计资料计算。

2014年该组别的人口较前一年减少了65万人。"十三五"时期的大部分年份中20~59岁的劳动力年龄人口处于零增长或略有下降,其中,新进入劳动力市场的年轻劳动力的数量将呈减少的趋势。

根据我们的测算,最近五年非农部门的平均就业弹性为0.27(即非农部门的GDP每增长1个百分点,就业增加0.27个百分点),且波动很小。以此为依据,如果经济增长速度保持在7%,可以产生潜在的就业岗位在950万左右。可以预期,在就业弹性保持稳定的情况下,由于劳动力供给格局总体偏紧,目前出现的工资上涨和劳动力短缺的局面在"十三五"期间仍将延续。

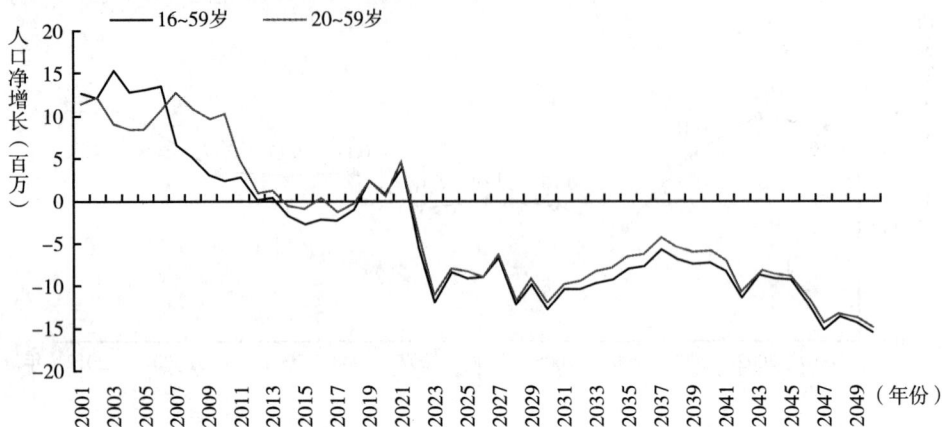

图4　2001～2050年劳动年龄人口的变化

资料来源：笔者根据相关统计资料计算。

第二，在"十三五"时期经济政策和劳动力市场政策要注意防范可能加大的结构性失业的风险。从世界范围看，劳动力市场出现的结构性变化并不鲜见。从20世纪80年代开始，美国等发达国家劳动力成本的上升导致其资本和劳动相对关系发生变化，并由此诱发了技术偏向型的技术变迁。而这种技术变化使得劳动力市场对高技能者的需求不断增加，低技能的普通岗位则增长缓慢。这时，就不难看到接受过大学教育的劳动者在劳动力市场上更受欢迎：他们的失业率较低，而且有着更高的工资水平和更快的工资增长。同时，接受更高教育的劳动者由于其人力资本投资获得了更高的回报，形成了对个人人力资本投资的激励。

而由人口因素推动的劳动力市场变化所产生的效应则有很大的不同。目前，劳动力市场上普通工人工资的迅速上涨，增加了教育的机会成本。我们的研究已经发现，在贫困的农村地区，义务教育辍学率呈上升趋势。显然，如果不及时进行政策干预，在经济结构出现明显变化之后，我们将面临技能型人才供给不足的局面。换言之，如果不充分考虑目前强劲的劳动力市场所隐含的风险而未雨绸缪，"十三五"时期结构性失业的风险将会增大。

第三，国际经验表明，从中等收入阶段成功跃入高收入国家的经济体（如日本、韩国、新加坡和中国台湾）与陷入"中等收入陷阱"的国家（如部分拉美国家和南亚国家）的本质区别在于，东亚经济体在中等收入阶段的后期更多地依靠全要素生产率推动经济增长，而陷入中等收入陷阱的国家则只依赖生产要素投入。

在改革开放的前20余年，由于农业中存在大量剩余劳动力，其边际劳动生产率低下，通过促进农业剩余劳动力向生产率更高的部门转移和流动，就会提高劳动生产率并促进经济增长。我们发现，由于"十一五"和"十二五"时期劳动力市场出现的转折性变化，农业剩余劳动力逐渐枯竭，农业部门和非农部门的工资（边际劳动生产率）趋同，通过劳动力再配置提升全要素生产率、推动经济增长越来越困难。如表1所示，在"十五"期间，劳动力再配置对经济增长的平均贡献率为13.1%，到"十一五"期间下降到3.4%，"十二五"期间进一步下降到2.2%。随着劳动力市场变化的加剧，在"十三五"时期通过劳动力再配置获取的TFP将更加艰难，经济增长将越来越依赖于提高已经转移的劳动力在新岗位上的生产效率。

表1　劳动力再配置对经济增长的贡献

单位：%

年份	经济增长率	再配置贡献	再配置贡献占增长比重
2001	8.3	1.13	13.6
2002	9.1	1.64	18.0
2003	10.0	1.53	15.3
2004	10.1	0.95	9.4
2005	11.3	1.06	9.4
2006	12.7	0.84	6.6
2007	14.2	0.52	3.6
2008	9.6	0.35	3.7
2009	9.2	0.05	0.6
2010	10.4	0.27	2.6
2011	9.2	0.11	1.2
2012	7.7	0.09	1.2
2013	7.7	0.31	4.0

资料来源：笔者根据相关数据计算。

第四，随着劳动力市场供求关系的转化，我国逐渐进入劳动力市场矛盾多发期，在"十三五"期间维持和谐劳动力市场的任务更加艰巨。伴随着劳动力短缺和工资水平的不断上涨，劳动者在劳动力市场上的谈判力量日益增强，对工资水平和工作条件的预期也逐步提高，劳动力市场也随之进入矛盾多发期。"十二五"期间，劳动争议的数量明显提高，可以预期，"十三五"时期维持和谐的劳动力市场将面临更加紧迫的形势。

三　建立顺应新常态的劳动力市场规划与调控体系

伴随着经济发展进入新的发展阶段，劳动力市场也进入新常态。劳动力市场新常态的突出特点就是在劳动力总体供求关系上告别了劳动无限供给的时代，新古典机制在就业决定和劳动力资源配置中将发挥越来越明显的作用。为了顺应劳动力市场出现的转折性变化，在制定和落实"十三五"规划时，需要改革目前的劳动力市场监测与调控体系。这就需要对计划经济时期形成的就业统计与监测体系以及就业调控目标进行彻底的改革，同时，建立起与新古典特征相适应的指标监测与调控体系。

（一）实现规划与市场经济的兼容

在"十三五"规划中，改革规划目标，放弃从计划经济时期一直沿用至今的规划指标，代之以在市场经济国家广泛使用的就业调控与检测体系和指标。如前所述，在五年规划和年度计划中，"新增就业"和"登记失业率"一直是主要调控目标。这两个指标已经严重脱离了市场经济体系的实际需要，不能真实反映社会经济发展和劳动力市场运行的情况。相形之下，发达的市场经济国家在长期的经济发展过程中，已经摸索出一整套监测和调控劳动力市场的方法和指标体系，我们在今后的规划工作中应该积极予以吸收和借鉴。

目前的劳动力市场与就业规划除了指标的设计不合理外，指标统计和采集的方法也缺乏科学性，难以适应经济发展和瞬息万变的劳动力市场所产生的信息需求，以此作为调控与治理基础，必然会产生不必要的信息失真或信号扭曲。具体来说，劳动力市场指标和信息统计、采集，应该以科学的抽样调查为基础，而不宜沿用计划经济时期采用的报表系统。

（二）加强就业规划与其他宏观经济指标的关联

就业规划不仅要监测和调控劳动力市场，更要注重就业与其他劳动力市场指标以及宏观经济运行指标的关联。因此，除了就业总量和失业率外，我们还需要掌握工作时间、失业时间、失业与就业转换、企业雇佣与解聘等一系列信息，只有这样才能进一步分析劳动力市场与宏观经济运行态势之间的相互关系，找准调控的目标和方向。

同时，劳动力市场指标作为宏观调控体系的重要组成部分，应该缩短信息采集的周期，加大信息发布的频率，更及时地反映劳动力市场与宏观经济运行发生的变化。目前，经济增长、投资、价格水平等主要宏观经济指标已经实现了季度乃至月度的采集与公布，而劳动力市场指标采集周期则相对较长。在"十三五"期间应该努力改变这一状况。

（三）借鉴国际经验建立符合劳动力市场运行的监测体系

积极借鉴市场经济先行国家的经验，努力在"十三五"期间建立起与新常态相适应的就业和劳动力市场监测与调控体系。该体系需要以抽样调查为基础，以就业与失业监测为核心，全面及时地反映劳动力市场的动态变化。

失业

基于科学的抽样方案的住户调查是获取调查失业率信息的基础。绝大多数市场经济国家以调查失业率作为劳动力市场监测和宏观经济运行的基础性指标。国家统计局已经持续开展了多年的劳动力市场调查，近年来还在31个大中城市开展了月度失业率调查。应该说，以调查失业率作为就业规划和监测的基础条件已经成熟。通过扩大调查范围、完善调查制度、优化抽样方案、加强质量控制、提高调查频率，目前的失业监测体系完全有能力达到发达市场经济国家的监测水平。

需要指出的是，虽然失业率是反映劳动力市场动态最重要的指标，但仅仅以失业状况来考察劳动力市场的活跃程度是不够的。通过以下几个指标，我们可以更全面地了解劳动力市场上失业以及潜在失业的状况与性质。

关于失业，我们不仅需要掌握失业数量的多少（失业率），还需要了解失业的性质如何，尤其是失业了多长时间。一般来说，在劳动力市场萧条的时期，长期失业会增加。因此，一旦长期失业率显著提升，就意味着经济结构性转换所导致的结构性失业在提高。治理失业的政策手段也应该以此为目标。

劳动参与率也是一个非常重要的补充性指标，是指包括失业和就业的经济活动人口占劳动年龄人口的比重。换言之，劳动参与率反映了有多少劳动年龄人口退出了劳动力市场。"十三五"期间，我国的劳动年龄人口将持续减少，提高劳动参与率就显得尤其重要。

兼职率反映了潜在失业的程度。因为，因经济原因的兼职，反映就业不充分，该比例的上升，意味着未来失业率存在上升的潜在风险。

就业

就业监测最主要观察经济中就业岗位的变化。需要指出的是，目前规划中使用的"城镇新增就业"，只统计了增加的岗位，而没有考虑损失的岗位，其实并不能反映劳动力市场上就业岗位的动态变化。建议在"十三五"期间，通过建立覆盖城乡的住户调查体系，以科学的抽样方法，有效监测包括广大农民工在内的就业群体，以全面真实地反映就业总量的变化。

除了就业总量关系以外，我们还需要知道就业岗位变化的构成。因此，需要在就业指标里观察企业部门和公共部门就业的变化情况。同时，对于发展中国家而言，非正规就业往往在就业中占较大比重。非正规就业比重的变化也是劳动力市场和经济运行状况的重要反映。一般而言，当经济增长放缓、劳动力需求开始减少时，非正规就业的比重会开始上升，当经济扩张、企业雇佣需求增加时，非正规就业的比重会趋于下降。

工作时间

通过观察劳动者工作时间的变化，不仅可以更准确地度量劳动力投入的程度，也可以更细致地观察劳动力市场就业变化的方向。一般而言，由于劳动力市场规制的存在，就业需求的减少并不一定通过岗位减少来反映，雇主可能首先缩减劳动时间，来应对需求的下降。因此，劳动时间的变化可以成为就业需求监测以及宏观景气变化的先行指标。

同时，区分生产型部门和其他经济部门也是必要的，前者可能对经济的周期性波动有更直接的反应，因此，也有利于政策制定者提前预判劳动力市场的变化方向。

劳动力供求

作为反映劳动力市场供求变化的先行指标，以求职者人数和招聘岗位数的比率计算的求人倍率，已经得到使用。在"十三五"期间，需要进一步优化该指标的信息采集体系，加强既有数据的开发利用，提高数据发布的频率。具体来说，对目前的人力资源和社会保障部收集并公布求人倍率数据可以在以下几个方面加以改进。

首先，需要进一步拓宽数据的采集渠道。目前，职业供求数据主要来源于政府举办的职业中介机构，考虑到就业中介的市场化程度越来越靠，新型媒体也在就业中介中发挥越来越重要的作用，在"十三五"期间，可以扩大就业供求信息的收集范围，以更全面地反映劳动力市场供求的实际状况。

其次，就业供求变动是判断就业/失业状况的先行指标，因此，有必要加大采集与公布的频率。目前，人力资源和社会保障部门每季度公布一次劳动力市场供求信息。在条件成熟的情况下，可以提高到月度公布。

最后，利用就业中介提供的就业供求信息的一个缺陷是样本具有较强的选择性，即只有在职业介绍机构登记的个人和岗位信息，才被统计，因此，有必要辅之以企业和个人调查信息，完善该指标。

雇佣与解雇

通过雇佣与解雇的信息可以直接地观察不同周期之间劳动力市场的岗位变化，尤其是有多少劳动者由失业状态转化为就业状态，以及在最近的观察周期内失去岗位的人占就业的比重。同时，我们也需要掌握失去岗位是因为主动离职，还是因为被动解雇。

企业用工计划

企业用工计划是反映未来劳动力市场变化的前瞻性指标，对于失业预警和宏观经济调控的相机决策具有重要的参考价值。由于该指标具有及时性、短期性，因此，需要以较快的频率获取数据，并及时公布。目前，国家统计局的企业景气调查已经具备收集该类信息的基础。

（四）统计信息的开发利用

建立符合劳动力市场新常态的规划与监测体系，需要整合现有统计资源，通过对现有的统计体系全面改革，加强顶层设计来实现。

首先，需要加强部门间的合作，避免信息收集渠道的碎片化。目前，统计体系已经有能力收集如表2所示的有关统计信息。但对于就业与劳动力市场统计的规划和监测，尚缺乏系统性，需要通过全面改革，对现有资源进行整合。甚至是在统计体系内部，不同的专项调查也需要相互协作。

其次，要加强就业规划的顶层设计，使就业和劳动力市场信息系统地开发利用，不仅服务于就业和劳动力市场的规划设计，也要加强对就业、失业以及其他劳动力市场指标与宏观经济相互关系的分析。

最后，要避免过去信息封锁、封闭使用的局面，加强信息的开发、开放与利用，及时向社会公布加总信息，向相关决策机构、国家级智库开放微观数据，以利于提高决策的科学性和时效性。

表2　就业规划与监测体系

项目	指标名称	单位	定义	数据来源
失业				
	调查失业率	%	失业者占劳动力的比重	住户调查
	劳动参与率	%	经济活动人口占劳动年龄人口比重	住户调查
	兼职率	%	兼职者占劳动年龄人口的比重	住户调查
	失业时间	月	连续失业的时间	住户调查
就业				
	企业就业总就业	%	在企业部门就业的人数占劳动年龄人口比重	住户调查
	公共部门就业总就业	%	在公共部门就业的人数占劳动年龄人口比重	住户调查
	非正规比率	%	在非正规就业者占全部就业的比例	住户调查
工作时间				
	生产部门周工作小时	小时	生产部门就业人员平均每周工作的小时数	住户调查
	全部从业人员周工作小时	小时	全部就业人员平均每周工作的小时数	住户调查
工资				
	平均每小时劳动报酬	元/小时	全部就业人员平均每小时获得的劳动报酬	住户调查
	生产部门劳动报酬	元/小时	生产部门的就业人员平均每小时获得的劳动报酬	住户调查

续表

项目	指标名称	单位	定义	数据来源
供求				
	求人倍率	指数	求职者人数和招聘岗位数的比率	市场中介调查
雇用与解雇				
	雇用率	%	招聘人数占总就业的比重	住户调查
	失业－就业转换比率	%	失业后再就业人数占全部失业者的比重	住户调查
	五周内失业比例	%	五周内失去工作的人数占就业的比重	住户调查
	离职率	%	五周内离职者占就业的比重	住户调查
企业用工计划				
	企业雇用计划	%	有新雇佣计划的企业占全部企业的比重	企业调查

四 "十三五"就业发展的重点领域

"十三五"时期是经济发展进入新常态的关键阶段。就业发展应该关注以下几个重点领域。第一，通过全面深化户籍制度改革，进一步提高劳动参与率，为经济结构调整和转变经济增长方式赢得时间；第二，要积极应对结构调整所提出的挑战，做出相应的规划和政策调整；第三，进一步加强人力资本积累，迎接中国经济的新一轮变革；第四，抓紧时机，完善中国的劳动力市场制度。

（一）努力提高劳动参与率

在劳动年龄人口数量开始下降的背景下，通过对劳动力市场相关的制度改革来提高劳动参与率，是延续中国经济竞争优势的重要手段。实际上，劳动参与率的变化已经成为决定中国劳动供给的主要因素。

根据 2010 年中国第六次人口普查数据的 1% 样本，如果仅仅考虑非农劳动参与率，16 岁以上劳动年龄人口为 56.3%，其中，16～64 岁的劳动年龄人口的非农劳动参与率为 65.0%。我们看到，近年来劳动力短缺所引发的普通劳动力工资上涨，对非农劳动参与率的提升起到了推动作用，与 2005 年相比，16～64 岁的劳动年龄人口的非农劳动参与率提升了 2.74 个百分点。

2005 年 16 ~ 64 岁的劳动年龄人口总量为 9.17 亿人，也就是说，即便没有劳动年龄人口总量的增加，通过劳动参与率的提高就会使劳动供给在这五年里有所增加。而从人口统计的数据看，2005 ~ 2010 年，16 ~ 64 岁的劳动年龄人口数量增加了 4491 万人。

如果我们把劳动参与（经济活动）人口的数量看作中国非农劳动供给总量的话，我们可以根据上述参数的变化，将 2005 ~ 2010 年劳动供给变化（LS）按照来源进行分解，即劳动参与率（LFP）的提高以及劳动年龄（WP）人口数量的变化。

$$\Delta LS = LS_{2010} - LS_{2005} = LFP_{2010} \times WP_{2010} - LFP_{2005} \times WP_{2005}$$
$$= (LFP_{2005} + \Delta LFP) \times (WP_{2005} + \Delta WP) - LFP_{2005} \times WP_{2005} \quad (1)$$
$$= \Delta WP \times LFP_{2005} + \Delta L \times WP_{2010}$$

（1）式对非农劳动供给来源进行了简单的分解，其中的第一项是劳动参与率保持不变的情况下，劳动年龄人口数量的变化所引起的劳动供给变化；第二项是劳动参与率变化所引起的劳动供给变化。按照 2005 年抽样调查资料和 2006 年人口普查资料推算，2005 ~ 2010 年非农劳动供给增加了 5431 万人，其中 2794 万人（占 48.5%）来自劳动年龄人口数量的增加，2637 万人（占 51.5%）来自劳动参与率的提升。这一观察对于未来的劳动力市场形势变化具有重要的政策含义：从 2012 年开始，中国 16 ~ 59 岁年龄组的人口数量已经开始下降，这意味着，在经济结构转型尚未实现的情况下，保持劳动力供给的优势应该主要着眼于劳动参与率的提升。

我们发现在包含农业的劳动参与率中，按地区划分：西部地区的劳动参与率高于东部地区和中部地区；但是，如果将农业排除在外，非农劳动参与率最高的地区是东部，其次是中部和西部。16 ~ 64 岁劳动年龄人口中（不含农业），东部地区的劳动参与率是 69.8%、中部地区的劳动参与率是 59.5%、西部地区的劳动参与率是 60.9%。非农经济活动集中于东部地区的趋势仍然明显。

城镇地区是非农活动集中区域。如果我们将总样本划分为城市、镇和乡村，就很容易发现非农劳动参与率从高到低分别是：城市、镇和乡村，如表 3 所示。进一步观察东、中、西部地区不同类型区域（城市、镇、乡村）的劳动参与率，结果与总体情况很类似。分区域看，东部城镇地区的劳动参与率高于西部地区的劳动参与率，中部地区的城镇劳动参与率最低；如果不考虑务农的情况，东部地区的农村劳动参与率也高于中西部地区。这个结果反映了不同地区的经济活跃程度存在差异。

表3　非农劳动参与率及地区分布

单位：%

	16~64 岁样本				16 岁以上样本			
	全国	东部	中部	西部	全国	东部	中部	西部
全国	65.0	69.8	59.5	60.9	56.3	61.7	51.1	51.0
城市	67.2	70.5	61.1	64.6	61.1	64.4	55.3	58.2
镇	65.7	70.3	61.7	63.2	58.7	63.1	55.0	56.1
乡村	60.5	67.8	55.7	53.9	47.5	55.2	43.9	39.7

资料来源：笔者根据 2010 年人口普查资料计算。

（二）促进就业结构的转型与升级

如果说中国在改革开放以后三十余年的发展实现了工业化，基本完成了就业结构从农业为主向非农业为主的转变，那么，在"十三五"时期，非农产业内部的结构细分和产业升级将进入关键时期，并推动中国经济的进一步发展。

根据对不同经济体在不同的发展阶段就业结构变化的经验观察，在经济发展的初级阶段，伴随着就业向工业部门的集中，经济结构的专业化程度逐步提高，但到了中等收入阶段后期，经济结构又重新开始出现多元化趋势，并对经济增长方式和人力资本水平提出了更高要求。

我们以 2005 年"1%人口抽样调查调查"和 2010 年"第六次人口普查"的长表资料为基础，观察中国就业结构在劳动力市场经历迅速变化的时期就业结构的变动情况。我们将按两位码的行业分类和按两位码的职业分类的岗位矩阵，得到反映中国非农行业岗位情况的 4000 多种岗位，把岗位按工资十等分，观察从低端到高端岗位在 5 年中的变化情况。如图 5（a）所示，从 2005 年到 2010 年，在最低端的岗位就业的人数减少了 600 万，而中高端岗位就业的人数均有增加。这意味着中国的就业结构在五年中有较为明显的升级。

为了进一步观察经济结构和就业结构是否呈现出多元化的趋势，我们计算了每个等分内各个岗位就业数量的基尼系数，基尼系数的值越大意味着就业结构的专业化程度越高，反之，基尼系数越小，则就业结构多元化趋势越明显，结果如图5（b）所示。该图有两个特点值得关注。首先，2005～2010年从高端到低端岗位，就业的集中度都有所下降，这也符合中等收入后期的结构变化特点，即就业结构开始向多元化方向发展。其次，高端的岗位多元化趋势也越明显，而就业增加最明显的中等岗位也呈现出较明显的多元化。

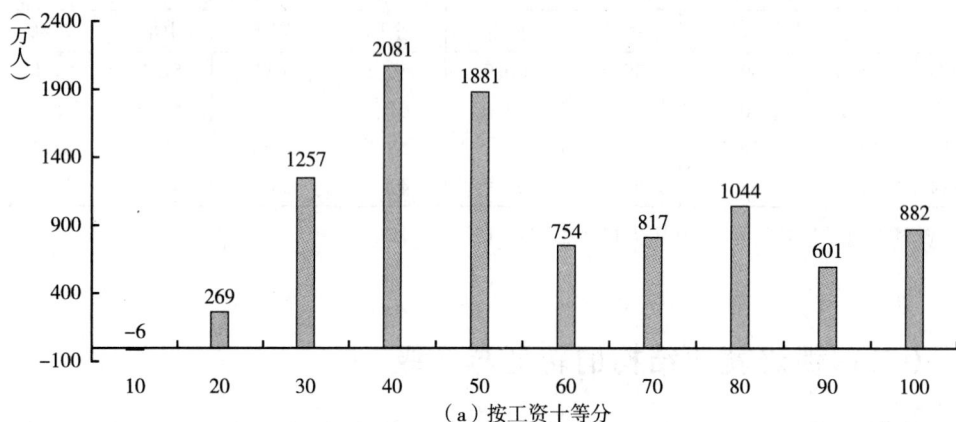

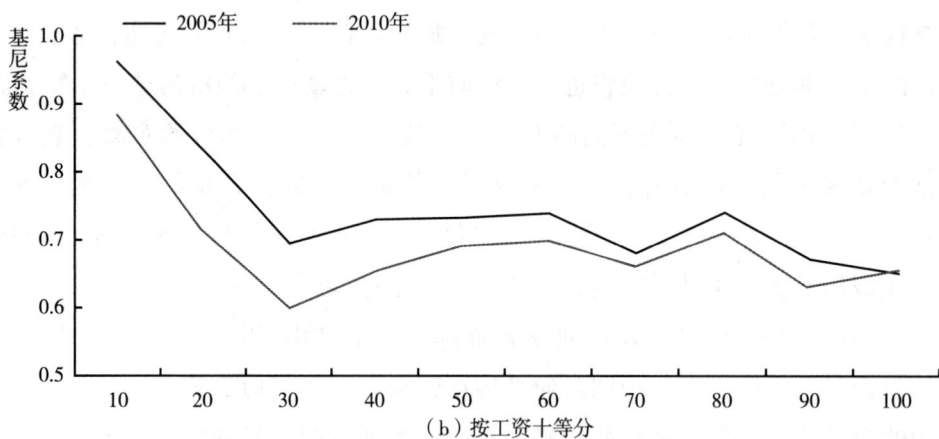

图5　2005～2010年就业结构的变化

资料来源：笔者根据相关资料计算。

在"十三五"期间，经济结构和就业结构的多元化趋势将进一步加速，并将成为推动经济发展的力量。要促进经济结构向多元化方向转变，必须充分发挥市场在资源配置中的决定作用。首先，要继续全面深化生产要素市场的改革，通过更加健康、有效、充分竞争的资本市场、劳动力市场和土地市场，为生产要素更合理的配置提供及时、正确的价格信号。其次，要推动和完善企业微观机制的改革，让不同所有制的企业都能成为微观经济的主体，对要素市场的价格信号做出积极的反应。最后，要造就一批训练有素的劳动者，增加人力资本存量、提高人力资本质量，从而使劳动者能够适应经济结构转变的需要。

（三）加大并优化人力资本投资

"十三五"期间的经济发展在中华民族伟大复兴的道路上具有里程碑的意义。虽然决定经济绩效的因素非常复杂，但对成功的跨越者与陷入中等收入陷阱国家的比较可发现，在中等收入阶段有效地积累人力资本，并通过人力资本的提升促进全要素生产率的增长，进而推动经济增长，是其中非常重要的环节。

在过去三十多年时间里，中国的人力资本积累是卓有成效的。快速、全面地普及九年义务教育为中国的工业化进程积累了大量合格的产业工人，已成为不争的事实。正是这一时期的人力资本积累，确保了中国制造业的长足发展和劳动密集型经济的国际竞争力的提升。在最近十年来，高等教育的超常规扩张，也对提高劳动者的总体素质发挥了积极的作用。即便一些大学毕业生在短期内面临就业困难，劳动者素质的提升也必将为未来经济结构的全面转型与升级打下人力资源的基础。在中国经济发展面临重要挑战的"十三五"时期，继续保持人力资本积累的趋势，既对经济的持续发展有重要的意义，也面临更加严峻的挑战。

随着综合国力的不断增强、教育公共财政支出的大幅度增加，教育的持续发展已经具备了坚实的物质基础。在顺利完成"普九"以及高等教育扩张之后，在"十三五"期间实现义务教育的延伸是可行的。特别是人口结构的变化使得高中阶段适龄人口的总量在未来会继续维持下降趋势，因而，延伸义务教育并不会对公共财政带来多大的增量压力。

图6展示的是高中适龄人口（15~17岁）占总人口比重的变化情况。2004年高中适龄人口占总人口的比重达到5.8%的顶峰，随后呈逐年下降的

趋势，"十二五"初为4.1%，到"十二五"末将下降到3.8%。在"十三五"期间，虽然该比重的变化将相对平稳，但仍然有逐年的小幅下降，到"十三五"末期将不足3.5%。

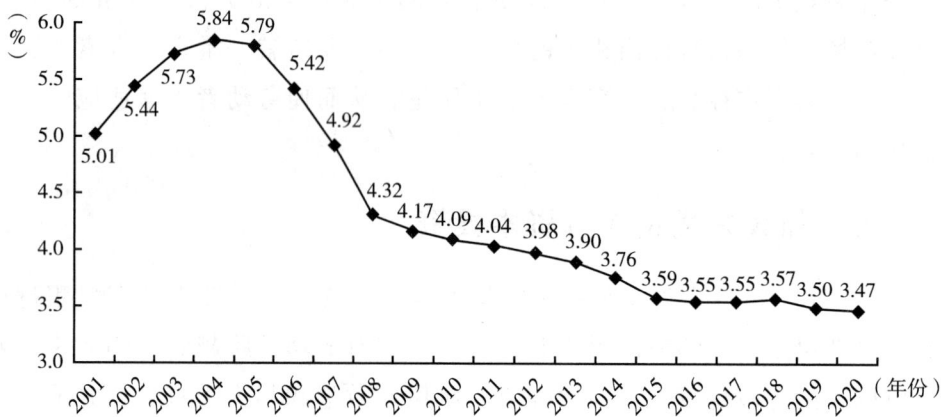

图6　2001～2020年高中适龄人口（15～17岁）占总人口的比重

资料来源：笔者根据人口普查资料计算。

根据人口预测的结果，到"十三五"末期，高中阶段适龄人口的总规模约为4812万人。我们假设"十二五"期间高中教育阶段的学生规模保持在2013年的水平，即4370万人，如果在"十三五"期间逐步推行高中阶段的义务教育，并在"十三五"末期使高中阶段适龄人口的毛入学率达到100%，则整个"十三五"期间新增的高中在校学生数约为442万人。如果对新增高中阶段公共教育投入保持在2012年的水平，即生均公共财政教育事业费投入7776元，则在"十三五"期间实现毛入学率100%的目标，累计所需的公共财政投入约为344亿元（2002年价格）。这意味着，整个"十三五"时期的公共财政投入水平大约相当于2012年国家财政性教育经费投入的1.5%。可见，即便考虑高中义务教育化后需要更多的资源投入，增量也非常有限。

实际上，由于没有将高中教育纳入义务教育体系，高中教育萎缩的情况已经非常明显。这必然造成既有的教育基础设施、师资等教育资源的浪费。

（四）进一步完善劳动力市场制度

自从改革开放以来，中国劳动力市场制度经历了较为剧烈的调整和改革。

1992 年中国正式确立了市场经济制度以后，1994 年颁布实施的《劳动法》是劳动力市场制度建设中具有里程碑意义的一部法律，标志着在就业决定和工资形成这两个环节正式引入了劳动力市场机制。自 20 世纪 90 年代末，一系列劳动力市场规制的措施相继出台，并逐步形成了中国劳动力市场制度的基本框架。"十五"和"十一五"时期是中国劳动力市场制度密集出台的时期，经过"十二五"时期的实践，有必要在"十三五"时期进一步完善这些制度。

总体上看，中国的劳动力市场制度由法律制度和劳动力市场政策两个支柱组成。前者包括在最近十余年相继颁布的与劳动相关的法律、法规；后者则主要是积极的就业政策和其他一些影响劳动力市场结果的政策。从对劳动力市场干预的手段看，根据劳动力市场制度安排的方式不同，司法手段、行政手段和经济手段以不同的方式对市场机制的作用产生影响。在劳动力市场制度框架中，以下几个法律、法规发挥着越来越重要的作用。

《劳动合同法》于 2008 年 1 月开始颁布实施，该法为劳动者的利益提供了广泛的保护。与以前的《劳动法》相比较，《劳动合同法》在以下两个方面提出了新的规制，即雇主为工人提供合同的性质以及解雇工人的条件。根据《劳动合同法》的规定，在两个固定期限合同或十年的就业关系后，雇主必须提供无固定期限合同。试用期被限定在 1~3 个月，对劳务派遣行为也做出了相关的规定，而且新近又做出更为严格的修订，对于解雇的赔偿条件也做出了明确的规定。从总体上看，《劳动合同法》具有明确的就业保护倾向。

《劳动争议调解与仲裁法》同样于 2008 年 1 月颁布实施，旨在配合《劳动合同法》执行，改善劳动争议的解决机制。它规定了劳动争议调解、仲裁、受理、听证等的程序和方式。而其突出的特征是降低了劳动者应用司法手段解决劳动争议的难度，从而具有突出的保护劳动者的倾向。

2004 年劳动和社会保障部颁布实施了《最低工资条例》。该《条例》规定了最低工资制度实施的条件、定义、最低工资标准形成和调整的原则等。但与其他很多国家的最低工资制度不同，该《条例》并没有规定全国统一的最低工资标准，而将确定最低工资标准的权力赋予地方。伴随着劳动力市场形势的变化，《最低工资条例》越来越成为政府干预市场工资率的一个重要手段，一个突出的特征就是，近年来各地纷纷快速地提高最低工资标准。

《就业促进法》也于 2008 年 1 月开始颁布实施，并成为中国政府实施积极的就业政策的法律依据。《就业促进法》明确了各级政府在就业创造、就业服务、职业教育和培训、就业援助、就业监察和监管等方面的责任，同时也明确了反对任何形式的就业歧视、倡导不同群体就业平等的司法取向。

市场经济先行国家由于劳动力市场制度框架比较早地成熟，因此，对劳动力市场制度的度量也已经形成了较为完整的体系。我们可以从就业保护严格程度、产业和集体谈判关系、社会保护的程度等几个维度，衡量劳动力市场制度的严格性。在这几个维度中，就业保护具有核心地位，OECD（2004）提出了度量劳动力市场上就业保护严格性的具体方法。遵循这一方法，我们也可以对中国目前的劳动力市场制度做出相应的评价，并将中国劳动力市场制度的严格性与 OECD 国家进行比较。具体来说，对劳动力市场制度的严格性包括就业保护、临时合同和集体谈判等三个方面的内容。

对上述三类指标进行加权平均，就可以得到对劳动力市场总体严格性的评估数值。通过借鉴 OECD 的标准对中国劳动力上的相关规定进行评估，发现从总体上看，现行的劳动力市场制度在就业保护上处于较高的水平。如表 4 所示，如果以同样的标准评价 OECD 国家和中国的就业保护严格程度，中国目前的劳动力市场规制的总体严格程度仅仅低于荷兰和比利时，而高于其他所有发达国家的水平。我们在表 4 中还列出了中国颁布实施《劳动合同法》时 OECD 国家的人均 GDP 水平。我们看到，当时发达国家的平均人均 GDP 水平为 33940 美元，平均的劳动力市场严格程度为 2.34；相形之下，中国当时的人均 GDP 水平为 3271 美元，即便以 2012 年的人均 GDP 水平，也仅为 6100 美元，与发达国家仍然有较为明显的差异，但中国劳动力市场严格程度综合评分为 3.33。考虑到与发达国家在经济发展阶段上的巨大差异，目前的劳动力市场制度所提供的就业保护水平无疑是相当高的。

在劳动力市场的各项制度安排中，发达国家之间的态度与判断并不一致。这其中，我们需要优先考虑那些在市场经济成熟国家已经取得较大共识的制度安排。例如，各个国家对于就业保护、临时合同的规制程度的分歧较大，但对集体谈判则有相对一致的看法。因此，对这样已经取得共识的制度应积极推进，这有助于我们在制度建设过程中少走弯路。在"十三五"时期借鉴国际经验、寻求劳动力市场安全性与灵活性的统一、完善我们的劳动力市场制度，仍然有很长的路要走。

表4 中国与 OECD 国家劳动力市场制度严格程度比较

	2008 年人均 GDP(美元)	劳动力市场严格程度
墨 西 哥	15267	1.1
挪 威	61331	1.1
土 耳 其	15021	1.5
加 拿 大	35648	1.5
斯洛伐克	29037	1.6
丹 麦	39841	1.7
美 国	46690	1.8
爱 尔 兰	41813	2.0
瑞 士	47551	2.0
澳大利亚	39028	2.0
西 班 牙	33130	2.1
意 大 利	33372	2.1
奥 地 利	39784	2.2
日 本	33499	2.3
新 西 兰	28925	2.4
波 兰	18025	2.4
德 国	37114	2.5
法 国	34166	2.7
捷 克	25872	2.7
匈 牙 利	20429	2.8
英 国	35877	2.8
芬 兰	38080	3.0
韩 国	26688	3.0
瑞 典	39613	3.0
希 腊	29603	3.1
葡 萄 牙	24938	3.1
荷 兰	42929	3.4
比 利 时	37031	3.5
OECD 平均	33940	2.34
中 国	3271	3.33

注：人均 GDP 为当年价格。

资料来源：stats. oecd. org。

五 "十三五"就业发展战略的推进路径

结合劳动力市场在"十二五"期间出现的明显变化，以及中国经济发展进入新常态的事实。"十三五"就业发展规划应该突出抓好以下几个方面的工作。

（一）全面推进就业规划与监测体系改革

以往的五年规划和年度就业监测所一直沿用的指标，已经与市场经济发展的形势、中国劳动力市场的实际运行状况严重脱节。在经济发展进入新常态、劳动力市场运行具有越来越明显的新古典特征的情况下，亟须在"十三五"规划期间对这一领域进行全面系统的改革。

首先，我们建议在"十三五"规划中放弃使用计划经济时期形成并一直沿用至今的规划指标：城镇登记失业率和城镇新增就业人口。在"十三五"规划中，代之以"调查失业率"和"非农总就业人口"作为规划目标。在数据信息获取方式上，改变以往以报表系统为主的模式，代之以抽样调查为主。

其次，在"十三五"期间，建立起完善的就业监测体系，其内容包括就业与失业、工作时间、工资与劳动力成本、劳动力市场供求、企业用工计划等。在"十三五"规划中，对就业与劳动力市场监测体系进行系统设计，整合现有的各种调查资源，统一就业信息的采集和发布，提高监测信息采集和发布的频率，对主要指标按月度公布。

最后，在就业监测中，将农民工系统地纳入监测范围，实现就业与劳动力市场信息采集、发布的一体化。以非农就业作为规划和监测的主要目标，而不以特定群体作为监测对象。

（二）全面推进户籍制度改革

在"十三五"时期，全面、彻底地推进户籍制度，将是提高劳动参与率最有效的手段。根据已有的研究，在劳动力市场自发机制推进的劳动力流动已经非常充分的基础上，进一步促进劳动力要素的再配置将依赖于户籍制度的全面、彻底改革。

改革户籍制度的呼声由来已久，全面深化户籍制度改革已经刻不容缓。不仅是由于户籍制度改革的条件已经成熟，更重要的是，中国经济发展进入了关键阶段，改革的停滞将阻碍我们获取新的增长源泉。

一直以来户籍制度改革都是以地方实践的渐进方式开展的。由于户籍制度的长期存在，已经形成了庞大的利益群体，使得每一步改革都成为利益关系调整的博弈，并直接影响了户籍制度改革的进程。目前，采取顶层设计、全面改革户籍制度的时机已经成熟。

全面推进户籍制度改革的核心与终极目标，是使与户籍相关的社会福利与人口登记功能分离。在"十三五"时期推进户籍制度改革的进程也应该按照这一目标加以设计。十八届五中全会《建议》要求户籍人口城镇化率加快提高，就是为户籍制度改革设定了倒排时间表和倒逼推进机制。

首先，在"十三五"初期实现基本社会保护体系的一体化，完善并统一基本养老制度、基本医疗制度，实现全国范围的统筹，到"十三五"末期实现全国统筹的社会保障制度。

其次，在已经着手实施的"居住证"管理制度的基础上，在"十三五"时期，逐步实现不同地域和规模的城市在户籍管理上的一体化。目前，《居住证管理办法（征求意见稿）》已经向全社会颁发。该办法强调了常住人口与户籍人口在公共服务和社会保障方面的一体化，并提出了居住证管理和积分入户的相关办法。建议在"十三五"规划的具体实施过程中，加快公共服务和社会保护一体化的进程，通过具体的实践措施加快户籍制度改革的步伐。

最后，在"十三五"末期，努力实现户籍制度改革的全面突破，从目前仍然坚持的分类改革的方案，过渡到全面改革。

（三）探索延长义务教育年限

义务教育是国家依法统一实施、所有适龄人口必须接受的教育，具有强制性、免费性和普及性，是教育工作的重中之重。虽然高中阶段的教育在过去十年也有较大的发展，但由于没有纳入义务教育体系，接受高中阶段的教育不具有强制性。因此，在普通工人工资迅速上涨、教育机会成本不断提高的情况下，即便在教育公共财政资源相对宽松的时期，若缺乏明确的制度干预，高中阶段的教育的萎缩也不可避免。从这个意义上说，高中教育义务化既是对"普及高中教育"的战略目标的深化与延伸，也是通过制度建设加强人力资本投资、干预市场失灵的有效手段。

秉承渐进改革的一贯思路，并确保"十三五"期间在义务教育制度的改革与完善上有所突破，义务教育延伸至高中阶段可以遵循以下总体思路。

实现高中阶段的强制教育

义务教育的首要特征就是其强制性。从这个意义上说，制度建设应优先。通过将高中阶段的教育纳入义务教育体系，可以进一步强化国家、学校、家庭与个人在高中教育中的作用，引起全社会对高中阶段教育的关注，遏制高中教育逐年萎缩的局面。同时，将高中教育纳入义务教育的范畴，可以进一步明确各级政府及公共财政在高中教育中应该发挥的作用，更有效地督促各级政府积极地抓好高中教育。

力争到"十三五"末高中毛入学率达100%

2013年，高中阶段毛入学率为86%，其中，普通高中为48%，成人高中、中等职业教育等占38%。由于高中适龄人口正逐年减少，《国家中长期教育改革和发展规划纲要（2010—2020年)》提出的到2020年高中阶段毛入学率90%的战略目标有望在"十二五"末期即告实现。以此为基础，在"十三五"期间高中适龄人口继续减少的情况下，提高五年规划的水平和努力目标，实现高中教育的全面普及是完全可行的。即便假定"十三五"开始时高中在校生人数保持现有水平，则每年增加高中在校生数约88万人（占高中在校生规模的比重不到2%）即可实现高中教育的普及。

增加对高中教育的公共资源投入

在"十三五"期间，适当增加对高中教育的公共财政投入是非常必要的。公共资源的增加可以分步推进。首先，确保全面普及高中教育的资源投入，即实现"十三五"末高中毛入学率达到100%的目标所需的增量公共财政资源。根据前面的静态测算，在"十三五"期间，累计投入344亿元即可实现这一目标。其次，增加高中教育的生均经费投入。目前，由于没有纳入义务教育，高中教育的生均公共资源投入水平甚至低于初中教育。如果静态地计算，在"十三五"初期达到目前初中教育的投入水平，公共财政需要累计增加约 158 亿元。最后，逐步提高高中教育阶段的公共资源投入水平，确保对高中教育的公共财政投入增长幅度与其他义务教育阶段的公共投入持平。借鉴推进免费九年义务教育的成功经验，从中西部和农村地区开始，逐步推进高中阶段免费义务教育的进程。

整合职业教育与普通教育资源

高中阶段教育的特殊性在于普通高中与中等职业教育混合。在"十二五"期间，国家加大了对职业教育的公共资源投入力度。但资源在不同地区、不同部门和不同类型的学校间分割的现象非常明显。通过高中教育义务化，整合国家对高中阶段的职业教育以及普通高中的教育资源投入，提高资源的使用效率，将有助于推进高中教育义务教育化。

增加普通高中的毛入学率

较之于其他阶段的教育以及中等职业教育的大发展，普通高中在"十一五"后期以及"十二五"期间处于停滞状态。2008 年以来普通高中的毛入学率几乎没有增加，近年来甚至出现萎缩的苗头，高中阶段毛入学率的增加主要来自中等职业教育的扩张。实际上，相对于在普通高中实施的通识教育而言，公共资源投资于职业教育面临更多的风险和不确定性，从而容易造成投资的低效甚至失败。首先，职业教育所形成的人力资本较之普通高中具有更大的专用性，从劳动力市场匹配的角度看，人力资本的专用性越强，工人与岗位的匹配难度也越大，造成结构性失业的风险也越高；其次，如前所述，中等收入向高收入过渡必将伴随着经济结构的剧烈变动，相应地，就业的岗位、职业与行业特征都将发生明显的变化。在经济结构变化的方向并不明确的情况下，大力发展职业教育在办学方向、课程设置、招生规模与结构等方面都面临更大的风险；最后，随着产业结构的升级，普通高中与通识教育所积累的一般性知识对于提高工人的创新性会产生更多的帮助，而且会在更长的时期里对人力资本积累产生作用。

因此，我们建议在"十三五"期间将高中阶段教育的增量资源主要配置于普通高中。在目前普通高中毛入学率为 48% 的基础上，力争到"十三五"末期使普通高中的毛入学率达到 60%，并在随后的时间里结合经济发展的实际需要与劳动力市场的变化情况，调整中等职业教育与普通高中的比例关系，逐步增加普通高中的比重。

通过改革职业教育增加通识课程

虽然职业教育的投入有显著增加，但职业教育的效果，尤其是职业教育与劳动力市场是否实现有效联系有待审慎评估。可以预期的是，在"十三五"及其以后的时期内，中国经济将经历较为明显的结构转换。为了降低对职业教育既有投资造成的潜在风险，建议在"十三五"期间加大职业教育的改革力度，尤其是增加职业教育中通识课程的比重，提高接受职业教育的学生学习一般知识的能力。同时，借鉴国际经验，在"十三五"期间逐步调整和规范高中教育的课程设置。

加强城乡统筹促进农村地区的高中教育

随着城镇化的推进，越来越多的农村人口将聚集到城市。由于城乡之间人口转变进程的差异，城市户籍人口中高中适龄人口的下降也更为迅速。深化户籍制度改革、统筹城乡教育资源，将有助于推进高中教育义务化的进程。同时，将高中教育纳入义务教育，也有助于在不同地区之间协调高中教育的责任，从而促进户籍制度改革的深化。

（四）使灵活安全的劳动力市场制度初步定型

十八届三中全会通过的《中共中央关于全面深化改革若干重大问题的决定》提出，到2020年实现各项制度基本定型。因此，"十三五"时期也是劳动力市场制度改革和完善的关键时期。对于中国这样具有发展和转型双重特征的国家而言，制度建设的阶段性特征必须予以考虑。中国正面临着经济发展的刘易斯转折，也就是说，从劳动力无限供给的二元经济社会，向具有新古典特征的市场经济模式转变。相应的，劳动力市场制度的建设也要适应这种转变。

在二元经济时代，由于存在大量的农业剩余劳动力，劳动力无限供给是经济发展中面临的最主要的特征。在这样的发展阶段，经济发展的主要目标是创造尽可能多的就业机会，为农村的剩余劳动力转移创造条件。而劳动力市场政策的主要目标则是最大限度地促进劳动力流动，减少制约劳动力流动的制度性障碍。换言之，在这样的发展阶段，劳动力市场以放松规制为主要取向，制度选择的任务和难度不大。

一旦经济发展越过刘易斯转折点，劳动力市场上的供求力量对比就开始发生根本转变，也就是说，供求双方的力量都对就业关系发生作用，而不像二元经济时代只是需求的单边力量起支配性作用。在这一发展阶段，劳动力市场会随着供求格局的变化产生一系列新现象，劳动力市场的制度选择也变得更加复杂和必要。

第一，劳动力市场制度要致力于保持和谐的劳动关系。在经济发展跨越刘易斯转折点后，劳动力短缺的出现提升了劳动者在供求关系中的谈判地位。同时，不断上升的工资水平（以及工作条件）使工人对雇主的预期不断提升。在这种情况下，一旦实际的劳动力市场结果与工人预期的水平有差距，劳动争议就有可能出现。于是，我们会观察到，伴随着劳动条件的改善和工资水平的上涨，劳动争议的数量不是下降了，而是上升了。从政策制定者的角度而言，应该充分地认识到劳动争议在此时的出现是一种正常、必然的情况。而应对的关键是顺应这种形势的变化，确立相应的制度措施，使劳动争议得到有效的解决。

第二，劳动力市场制度要满足工人不断提升的社会保护需求。在刘易斯阶段，对于从农业中转移出的劳动力而言，他们最迫切的需求是获得就业机会和非农收入。但随着刘易斯转折点的来临，工资水平的不断上扬使得劳动者的需求日益丰富，特别是对社会保护的需求随之上升。在这样的阶段，清晰界定社会保护中企业、政府和社会的责任，将是劳动力市场制度面临的主要挑战之一。

第三，随着经济结构的转变和劳动力市场的转折，农村转移劳动力越来越成为专业的产业工人。这也意味着他们返回农业、农村的可能性也越来越小。对于新生代的农民工更是如此。因此，劳动者所面临的劳动力市场面风险和不确定性，越来越接近于成熟的市场经济国家的情形。特别是随着收入水平的提升，我们不能再寄希望于农业成为最后的安全网，不能希望经济发生波动时以农村劳动力返乡的形式来平抑经济冲击的影响。

第四，人口因素是推动劳动力市场转变的主要动力，因此，目前中国的劳动力市场变化所产生的效应与发生于发达国家的技能偏向型的转变有明显的差别。在欧美等发达经济体，随着劳动力成本的不断上升，经济发展的比较优势越来越转向资本、技术和知识密集型行业，随之出现了所谓技能偏向的技术变迁，这种变化使得劳动力市场对高技能者的需求不断增加，而低技能的普通岗位则增长缓慢。于是，接受过大学教育的劳动者在劳动力市场上更受欢迎：他们的失业率较低，而且有更高的工资水平和更快的工资增长。但目前我国出现的劳动力市场变化主要体现为普通工人工资的上涨，这非但不能对人力资本投资形成激励，还增加了受教育的机会成本，导致基础教育辍学率的增加。在这种情况下，农民工等普通劳动力的短期行为会导致未来熟练工人供给不足，并制约中国由中等收入向高收入迈进。

中国劳动力市场目标模式建设除了要注重考虑刘易斯转折带来的制度需求变化之外，还应该注意中等收入阶段特殊的发展阶段特征所引致的制度需求。毕竟对于一个处于中等收入阶段的经济体而言，向高收入阶段迈进仍然是社会经济发展的主要目标。劳动力市场制度也需要为这一发展目标服务。

最近的劳动力市场变化及经济发展新特点越来越表明，中等收入以后的经济增长制约因素将越来越来自制度是否能刺激生产要素的有效供给，包括劳动力要素的供给。因此，劳动力市场制度设计要更加注意对其劳动供给的影响，鼓励个人积极地参与劳动力市场，同时提高劳动力供给的质量和有效性。因此，对个人人力资本投资的激励、工作时间的激励、劳动参与的激励等都将成为比以前更加重要的政策领域。

一方面，随着劳动力短缺的出现，劳动力投入的数量可能成为经济发展中越来越明显的制约因素。劳动力市场制度要及时调整，刺激有效劳动供给的增加，尽可能延长劳动力的数量优势。特别是从目前的劳动力市场状况看，在劳动力短缺的同时，城镇劳动力市场的参与率却趋于下降。这就意味着，通过政策调整促进就业、增加劳动供给的余地仍然存在。

另一方面，随着劳动密集型产业竞争优势的下降，劳动力市场制度也要着眼于经济结构的调整和升级，注重与人力资本投资制度的衔接，以利于提升劳动者的素质。例如，当普通工人工资上升时，接受教育的机会成本增加，将导致辍学率的上升。从人力资本积累的角度而言，补贴教育的机会成本将有助于降低辍学率，同时，从劳动力市场制度而言，规范用工制度和劳动力市场准入条件，也有利于为未来的经济发展积累人力资本。

（五）对不同群体实施针对性的扩大就业政策

在"十三五"期间，以下几类人群的就业问题值得关注。由于造成他们就业压力的原因各不相同,扩大就业的政策应该具有针对性。

首先,经济结构调整和化解过剩产能的过程中,有可能产生新的就业困难人员。应该综合运用积极和消极的劳动力市场政策,及时应对可能出现的就业冲击。一方面,应该在过剩产能集中的地区,培育新的产业,创造新的就业机会;另一方面,要利用失业保险基金大量结余的优势,夯实对失业者的保障基础。

其次,大学毕业生仍然是就业政策应该关注的特殊群体。一方面,需要结合经济结构调整与产业升级,创造出更多适合大学毕业生的就业岗位;另一方面,需要鼓励大学生创业,通过在全社会营造鼓励创新、保护创新的环境,扶持小微企业的发展,并将大学生创业计划纳入小微企业发展计划。

最后,虽然农民工总体就业形势在"十二五"期间保持稳定,但仍然需要在"十三五"期间关注他们可能面临的就业风险,特别是经济结构调整对农民工就业可能造成的冲击。针对农民工的人力资本水平可能不适应未来产业升级需要的情况,应该深化培训体系的改革,通过培训需求的引导发挥企业在培训中的作用,提高培训的针对性;进一步提高农民工社会保护的水平,增强他们应对劳动力市场负面冲击的能力。

参考文献

[1] 都阳、杨翠芬:《高校扩招对中国农村地区高中入学决策的影响》,《劳动经济研究》2014 年第 2 期。

[2] 都阳:《劳动力市场制度的国际比较及其对中国的启示》,《劳动经济研究》2014 年第 5 期。

[3] 都阳、蔡昉、屈小博、程杰:《延续中国奇迹:从户籍制度改革中收获红利》,《经济研究》2014 年第 8 期。

[4] Yang Du, "Do the Recent Labor Market Changes Negatively Affect Schooling?" *China & World Economy* 21 (2), 2013.

"十三五"时期
收入分配问题及对策研究

邓曲恒　张　平　孙婧芳[*]

摘要：本报告回顾了"十二五"规划实施以来的宏观分配格局以及居民收入分配状况，阐述了调节收入差距的基本思路以及"十三五"时期调节收入差距的政策建议。"十二五"时期宏观分配格局得到改善，居民收入在国民收入分配中的比重逐渐提高，居民收入增长与经济发展保持了同步，劳动报酬在初次分配中的比重在2012年有了大幅提高。"十二五"时期居民收入差距有所缩小，居民收入的基尼系数从2009年开始逐渐回落，城乡收入差距、地区收入差距、行业收入差距都有所缩小。过高收入也得到了有效调节，高收入者收入增长过快的势头得到抑制。"十三五"时期要以初次分配体制改革为突破口，理顺收入流动机制。我国正处于经济社会转型期，收入分配秩序尚未完全理顺，因垄断、寻租、腐败等因素而产生的不公平的收入差距在总体收入差距中的份额仍不可忽视。"十三五"时期着力在初次分配环节调控收入差距，不仅有助于将不公平的收入差距转化为公平的收入差距，充分发挥收入差距对经济主体的激励作用，提高效率，促进经济增长，而且能降低再分配手段的调控压力，为再分配政策创造更大的操作空间。具体而言，

---

* 邓曲恒，中国社会科学院经济研究所，研究员；张平，中国社会科学院经济研究所，副所长，研究员；孙婧芳，中国社会科学院经济研究所，副研究员。

"十三五"时期对收入差距的调节应关注以下几个方面。第一，规范生产要素市场和商品市场，培育市场运行秩序，消除不公平的收入差距；第二，建立收入流动公平机制；第三，促进教育公平，加快医疗体制改革，确保起点的公平；第四，完善以税收、社会保障、转移支付为主要手段的再分配调节框架；第五，改善统计服务，优化统计设计，加强收入分配的监测机制和信息披露机制建设。

关键词：宏观分配格局　居民收入分配　收入分配状况

十八届五中全会公报提出，"坚持共享发展，必须坚持发展为了人民、发展依靠人民、发展成果由人民共享，作出更有效的制度安排，使全体人民在共建共享发展中有更多获得感，增强发展动力，增进人民团结，朝着共同富裕方向稳步前进。按照人人参与、人人尽力、人人享有的要求，坚守底线、突出重点、完善制度、引导预期，注重机会公平，保障基本民生，实现全体人民共同迈入全面小康社会。"实现共享发展和全体人民的全面小康，就必须要改革完善收入分配制度，继续缩小收入差距，促进经济发展果实的公平分配。

"十二五"规划实施以来，中国的宏观分配格局有所改善，居民收入增长与经济发展保持了同步，居民收入差距有所缩小，特别是惠民政策在扶贫、社保、保障性住房、最低收入保障等多方面扎实的工作给予最低收入家庭较大的支撑；而就业市场的持续改善增加了居民分享经济增长的能力，使得居民收入增长与 GDP 增长基本同步，同时通货膨胀（CPI）不断走低稳定了收入增长与分配的格局。但拉大我国收入分配差距的很多体制性和机制性的因素并没有被完全消除，需要在"十三五"期间下大力气克服，从而建立一个有稳定预期的收入流动（Income Mobility）秩序和收入分配趋向公平的体制机制，为向"橄榄形"的分配格局过渡奠定基础。

我国正处于经济社会转型期，收入差距的高企在很大程度上是市场发育不成熟和改革措施不到位所致。初次分配是收入差距和收入流动混乱的根源，"十三五"期间，在初次分配环节缩小收入差距应该成为收入分配的调控重点。再分配政策是初次分配的有益补充，要充分发挥再分配对收入差距的调节作用。再分配政策的成本和收益必须予以综合评估，尽量减少再分配对效率的过多伤害。中国仍处于发奋图强的时代，收入流动秩序就是要让人们能靠勤劳工作、提高人力资本、积累家庭财富来提升家庭收入。通过深化劳动力市场改革，清理阻碍收入纵向流动的各种制度障碍，激励人们在机会平等的基础上积极进取，并通过再分配将收入差距控制在适度范围内。

一 "十二五"期间收入分配的政策调控初见成效

（一）宏观分配格局得到改善

国民收入分配格局体现了国民收入在政府部门、企业部门和住户部门之间的分配。通过分析国民收入的来源，可以辨识国民收入的功能性分配特征。从宏观分配格局可以发现，在 2000～2008 年，住户部门在初次分配和再分配中的比重以及劳动者报酬在初次分配中的比重经历了一个较为迅速的下降过程。由于初次收入分配出现了不利于劳动者的趋势，因此普通劳动者难以参与对经济增长成果的分享。为改善宏观分配格局，"十二五"规划提出，要努力提高居民收入在国民收入分配中的比重，提高劳动报酬在初次分配中的比重。统计数据表明，"十二五"规划实施以来，居民收入在国民收入分配中的比重逐渐得到提高。而劳动报酬在初次分配中的比重则在 2012 年有了大幅提高。

本文根据资金流量表对宏观分配格局进行了考察。国家统计局对 2000 年以后的资金流量表根据全口径财政收入详细数据、国际收支平衡表数据等进行了调整，而 2000 年以前的资金流量表未做相应调整。因此，2000 年前后的资金流量表并不是完全可比的，本文只根据 2000 年以后的资金流量表对宏观收入分配格局进行分析。

表 1 列出了住户部门、企业部门和政府部门在初次分配以及再分配中的比重。可以看到，住户部门在初次分配和再分配中的收入占比在 2000 年后都呈现下降的态势。这与 20 世纪 80 年代末 90 年代初的"工资侵蚀利润"形成了鲜明的对比。

使用再分配过程中各部门的可支配收入份额减去初次分配过程中各部门的初次分配份额，可以清楚地看出再分配过程中各部门利益重新分配的情况。表1显示，再分配之后各部门收入份额的变动幅度并不算很大。因此，在当前的分配制度下，中国宏观分配格局主要是由初次分配决定的。具体来说，企业部门的可支配收入份额比初次分配中的收入份额有所降低。2002~2010年，住户部门是再分配的受损者。"十二五"规划实施以来，住户部门转而成为再分配的受益者。在再分配过程中，政府部门通过自身的主导地位攫取了较高的利益分配。政府部门在再分配过程中的利益分割份额过大，在一定程度上侵占了住户部门和企业部门的份额。

表1 住户、企业、政府三大部门在初次分配和再分配中的占比

单位：%

年份	初次分配			再分配		
	住户	企业	政府	住户	企业	政府
2000	67.15	19.72	13.13	67.54	17.94	14.53
2001	65.93	21.40	12.67	66.07	18.92	15.01
2002	64.49	21.57	13.94	64.43	19.34	16.23
2003	64.09	22.28	13.62	63.97	19.94	16.09
2004	61.14	25.12	13.74	61.05	22.51	16.43
2005	61.28	24.52	14.20	60.84	21.60	17.55
2006	60.73	24.74	14.53	60.25	21.54	18.21
2007	59.61	25.65	14.74	58.89	22.10	19.01
2008	58.66	26.61	14.73	58.28	22.74	18.98
2009	60.69	24.73	14.58	60.53	21.19	18.28
2010	60.50	24.51	14.99	60.40	21.19	18.41
2011	60.67	23.95	15.38	60.78	20.03	19.19
2012	61.65	22.73	15.63	61.99	18.47	19.54

资料来源：2009年以前的数据来自魏众（2014），2010年以后的数据由笔者根据资金流量表自行计算。

美国、日本、英国在处于与中国目前相近的发展阶段时，住户部门在初次分配中的比重都要高于中国。例如，1929年美国住户部门在初次分配中的比重为81.08%。尽管这一比重在后来有所降低，但直到1965年还达到75.50%。而日本在1955~1975年，住户部门在初次分配中的平均比重高达81.78%。相比之下，尽管"十二五"规划实施以来住户部门在初次分配中

的份额有所增长，但是中国住户部门在初次分配中的份额并不高，2012 年其份额仅为 61.65%。

从国际比较的角度看，美国、日本、英国劳动报酬比重均呈现上升趋势，而中国的劳动报酬比重则呈现相反的变动趋势（谢攀等，2014），但 2012 年开始劳动报酬比重有所上升。图 1 描绘了 2000～2012 年劳动者报酬在初次分配中的份额的变动过程。图 1 显示，除了在若干年份（2002 年、2009 年和 2012 年）出现暂时性的上升以外，劳动者报酬在初次分配中的份额基本呈现逐渐下降的趋势。2000 年劳动者报酬在初次分配中的份额为 53.3%，到 2011 年已经下降到了 47.3%。2012 年劳动者报酬在初次分配中的份额跃升为 49.3%，与 2006 年的水平持平，从而扭转了劳动者报酬份额持续下降的势头。

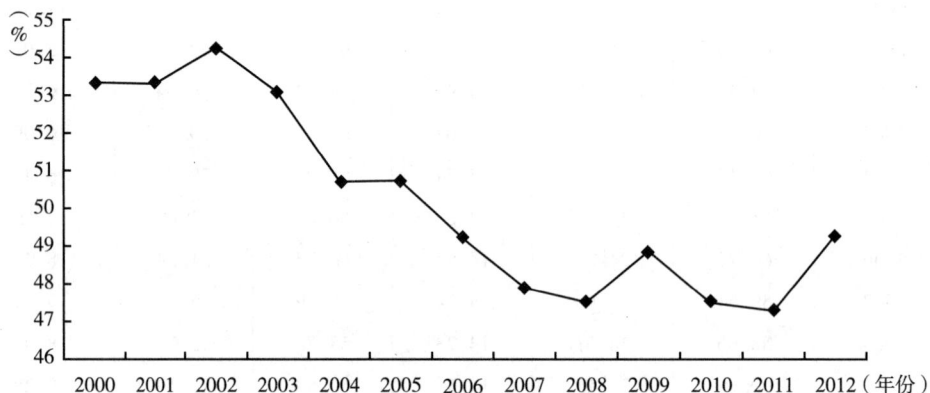

图 1 劳动者报酬在初次分配中的份额

"十二五"规划实施以来，居民收入增长与经济发展保持了同步。图 2 显示了城乡居民人均收入与人均 GDP 的增长速度。2003～2008 年，人均 GDP 的增长速度要快于居民收入的增长速度。从 2011 年开始，居民收入的增长速度要转而快于人均 GDP 的增长速度。

对宏观收入分配格局的分析能够清楚地揭示国民收入在住户部门、企业部门和政府部门之间的分配，为理解居民收入分配提供一个宏观图景。但要进一步理解居民收入差距的产生机理，需要考察收入的规模性分配。此外，由于统计制度和统计指标的差异，宏观收入分配格局并不能全面反映收入的

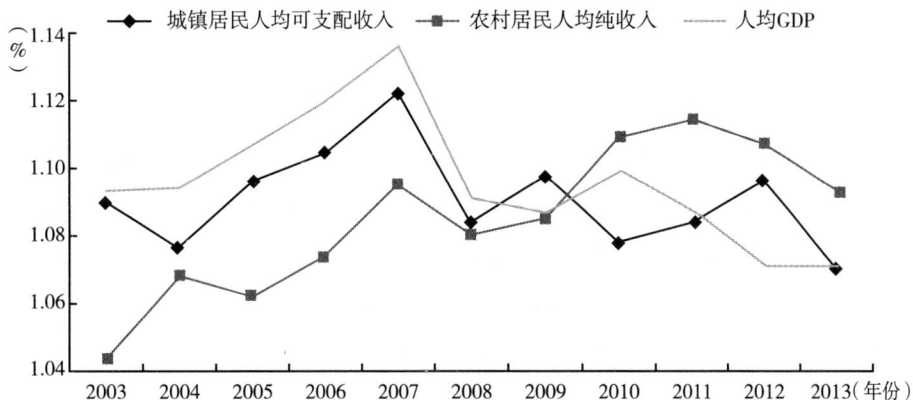

图 2　城乡居民人均收入和人均 GDP 的增长速度

分配状况。[①] 因此，基于微观住户数据对居民收入差距进行考察对收入分配研究而言是不可或缺的。

（二）居民收入差距有所缩小

改革开放初期，中国的收入分配呈现平均化的特点。世界银行的估计表明，1982 年中国居民收入的基尼系数仅为 0.3。此后，收入差距呈现不断扩大的趋势。根据收入分配课题组的估计，1988 年、1995 年、2002 年、2007年的基尼系数分别为 0.382、0.452、0.468、0.487。国家统计局则公布了2003～2013 年逐年的基尼系数。根据国家统计局的数据，中国的基尼系数在0.47 至 0.49 之间变动。但基尼系数从 2008 年开始连续 6 年有所回落，2013年基尼系数降低为 0.473。基尼系数在最近几年的持续下降趋势，似乎印证了库茨涅兹"倒 U 形"拐点的到来，即收入差距在经济发展初期会出现扩大，但是随着经济的进一步发展，收入差距变动趋势会出现转折，收入差距在到达最高点后转而下降。但库茨涅兹"倒 U 形"假说目前在国内的研究中还难以得到验证（李实，2008）。因此，最近几年基尼系数的降低是否就一定预示收入差距会在今后持续缩小，还需要进一步的追踪与研究，政策制定

---

① 例如，自有住房估算租金、股票交易收益、产权收入等在住户调查数据中被计入收入，而在国民经济核算体系中并未纳入。因此，国民经济核算体系会低估房产价格上涨导致的财产性收入增加以及由此导致的收入差距的扩大。

者不能对收入差距问题掉以轻心。

从居民收入分配的结构来看，城乡收入差距、地区收入差距、行业收入差距以及社会成员之间的收入差距是居民收入分配的突出问题。"十二五"规划指出，要有效调节过高收入，努力扭转城乡、区域、行业和社会成员之间收入差距扩大的趋势。从现有的统计资料看，这些政策目标已经得到初步实现。"十二五"规划实施以来，城乡收入差距、地区收入差距、行业收入差距都得到了抑制。过高收入也得到了有效调节，高收入者收入增长过快的势头得到抑制。城乡收入差距的变化情况见图3。

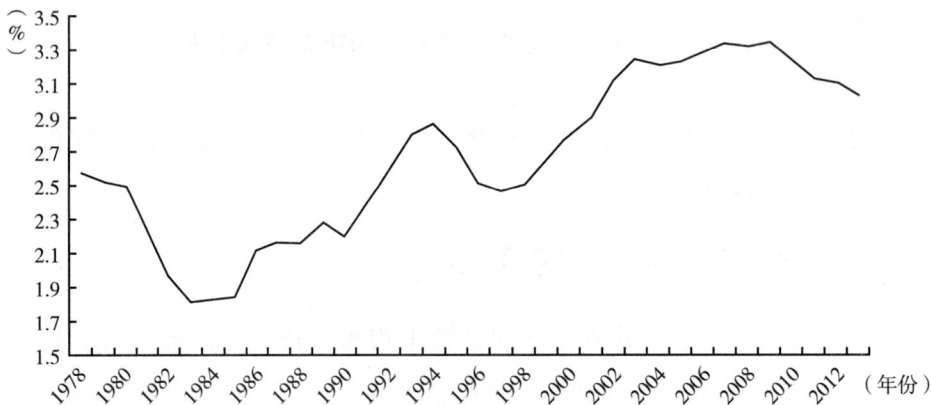

图3 城乡收入差距

注：城乡收入差距的度量为城市居民可支配收入与农村居民纯收入的比率。

1. 城乡收入差距有所缩小

城乡收入差距的产生一方面与二元经济结构有关，另一方面则与城市偏向的社会经济政策不无关系。改革开放初期，受农村经济改革先行于城市经济改革的影响，以及农产品价格的相对高企，农村居民的收入增长要快于城镇居民的收入增长，从而导致了城乡收入差距的缩小。但是自20世纪80年代中期以来，除少数几个年份，城乡收入差距基本上呈现扩大的趋势。"十二五"规划实施以来，城乡收入差距有所缩小，但由于数据较少，目前尚无法判断城乡收入差距的缩小是长期趋势还是短期波动。[①]

---

① 城乡收入差距的时序变动请见图3。需要指出的是，相对农村居民而言，城镇居民享受了更多的公共服务与福利。如果将这一因素考虑进去，城乡居民在福利上的差距要远大于城乡收入差距。

2. 地区收入开始收敛

由于自然禀赋、发展机会、工业化传统、市场发育等历史和现实的原因，地区差异问题在我国长期存在。利用各省份的城镇居民人均可支配收入和农村居民人均纯收入数据，本文计算了各省份之间城镇居民人均可支配收入和农村居民人均纯收入在 2000～2012 年的变异系数。图 4 列出了相关结果。图 4 显示，从横截面看，农村居民收入的地区差距要大于城镇居民收入的差距。从时间趋势上看，农村和城镇的地区差距都经历了逐渐扩大，然后逐渐缩小的过程。"十二五"规划实施以来，地区差距进一步缩小。

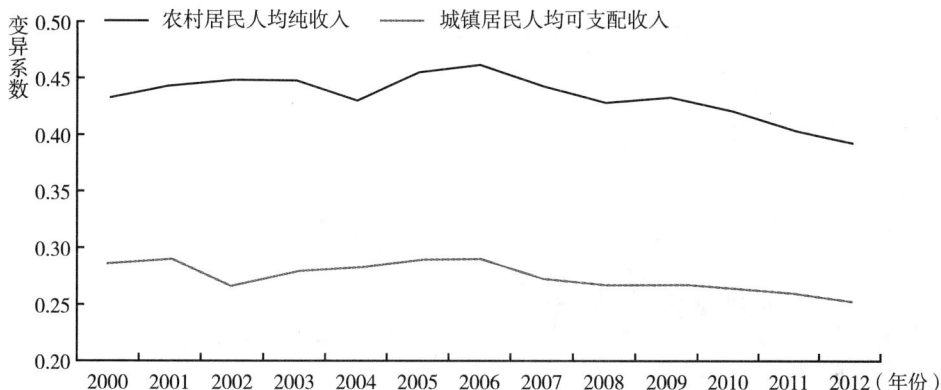

图 4　各省份人均收入的变异系数

3. 行业工资收入差距缩小

行业收入差距是收入分配的热点话题。图 5 显示了行业平均工资收入的变异系数。[①] 由于行业的分类标准在 2002 年有所改变，因此 2002 年前后的行业平均工资收入的变异系数不具可比性，2003 年行业收入差距的突然拉大在很大程度上是因为行业分类标准的变动所致。可以看到，1990～2001 年，行业收入差距持续扩大。而在 2002 年以后，行业收入差距一直在高位徘徊，但从"十二五"规划实施开始呈现降低的态势。

垄断行业和竞争性行业之间的收入差距一直广受诟病。图 6 将制造业视为竞争性行业，选取金融业和房地产业作为垄断行业的代表，考察了垄断行

---

① 这里的行业平均收入仅是单位就业人员在特定行业的平均收入。

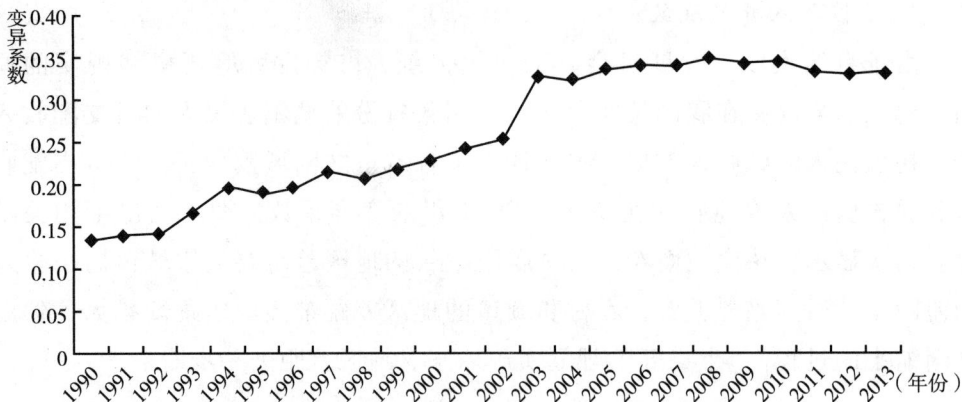

图 5　行业平均工资收入的变异系数

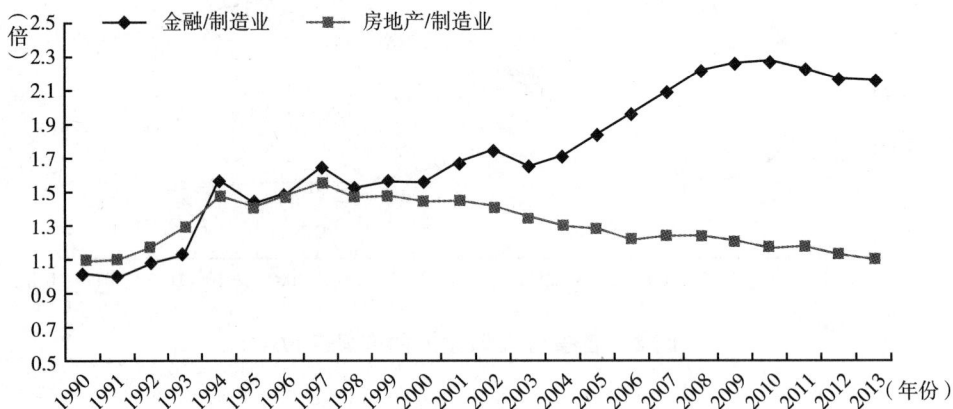

图 6　金融业、房地产业与制造业的相对工资

业和竞争性行业之间的工资收入差距。① 图 6 显示，金融业和房地产业在 20
世纪 90 年代初与制造业的平均工资相差不大，到 90 年代末，金融业、房地
产业与制造业之间的工资差距稳定在 1.5 倍左右。21 世纪以来，房地产业与
制造业的收入差距逐渐缩小，而金融业与制造业的收入差距却在逐渐扩大，
2010 年金融业的平均工资已经达到制造业平均工资水平的 2.27 倍。"十二
五"规划实施以来，金融业与制造业的收入差距开始缩小。2011 年金融业

---

① 这一分类可能并不精确。例如，房地产业可能包括房地产开发的外围产业（如房地产中介）等垄断色
彩不浓的行业。

的工资水平为制造业工资水平的 2.21 倍, 2012 年和 2013 年则稳定在 2.15 倍。

4. 不同收入组别之间的收入差距得到控制, 过高收入得到有效调节

"十二五"规划实施以来, 社会成员之间的收入差距呈现收敛的态势, 过高收入得到了有效调节。图 7 和图 8 分别列出了城镇和农村不同收入组别在人均收入上的相对差距。根据统计年鉴的定义, 城镇居民根据收入的不同被分为低收入户、中等偏下户、中等收入户、中等偏上户和高收入户。农村居民也进行了类似的分类。简便起见, 这里只选取了低收入户、中等收入户和高收入户进行分析。从图 7 可以看到, 城镇地区高收入户、中等收入户和低收入户之间的收入差距从 2000 年开始缓慢拉大。不同收入组别之间的收入差距在 2002 年进一步扩大, 2005 年则达到峰值。2005 年城镇地区高收入户的收入分别为中等收入户和低收入户的 2.49 倍和 5.70 倍。2005~2011 年, 不同收入组别之间的收入差距有细微的缩小, 但一直在高位徘徊。2012 年以后, 不同收入组别之间的收入差距尤其是低收入户与其他收入户之间的收入差距开始大幅缩小。2012 年城镇地区高收入户的收入分别为中等收入户和低收入户的 2.30 倍和 4.97 倍。

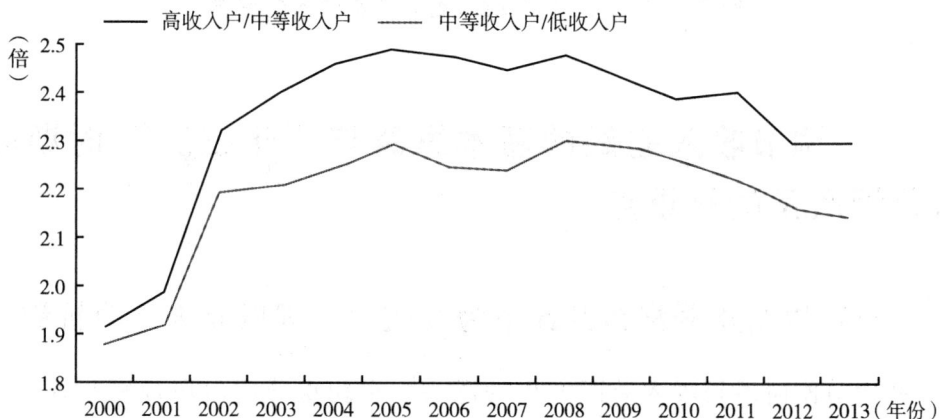

图7 城镇地区不同收入组别人均可支配收入的差异

"十二五"规划实施以来, 农村地区不同收入组别的收入差距也得到了缩小, 但与城镇地区的收入差距的变动状况略有不同。图 8 显示, 农村地区

不同收入组别之间的收入差距要大于城镇地区。农村地区不同收入组别之间收入差距的扩大，主要发生在低收入户和其他收入户之间。农村地区高收入户和中等收入户之间的收入差距在 2000 ~ 2013 年的变动基本不大。农村地区中等收入户和低收入户的收入差距则从 2000 年的 2.50 倍一路攀升到 2011 年的 3.10 倍，2012 年以后有所下降。农村地区高收入户和低收入户的收入差距在"十二五"规划实施以来也得以缩小，2011 年高收入户的收入为低收入户的 8.39 倍，2013 年已经缩小到了 8.23 倍。

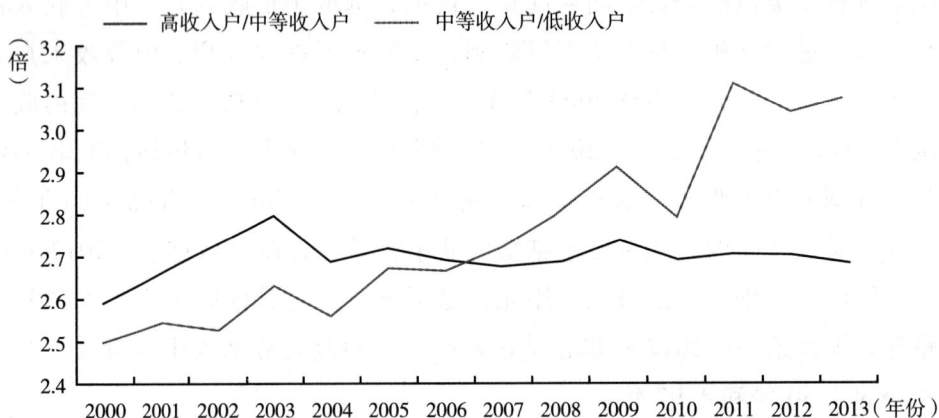

图 8　农村地区不同收入组人均纯收入的差异

二　调节收入差距的基本思路与"十三五"时期收入分配政策的侧重点

（一）以初次分配体制改革为突破口，理顺收入流动机制

初次分配阶段是收入差距产生的源头。在初次分配阶段理顺收入分配秩序并有效控制收入差距，能够减轻再分配政策的调控压力。与 OECD 国家相比，我国再分配政策的收入分配调控效果相对较弱，因此，要更为重视对初始分配环节的政策干预。"十二五"规划实施以来，我国已经出台了多项再分配政策，对收入差距的缩小起到了一定作用。"十三五"时期除了坚持以往的再分配政策以外，可以在初次分配环节中加强对收入分配的

调控。

初次分配要处理好效率和公平的关系，尊重和鼓励公平的收入差距。收入差距既包括公平的收入差距，也包括不公平的收入差距。如果社会经济主体都通过合法的途径获取报酬，而且所获得的报酬与贡献相一致，由此产生的收入差距就是公平的收入差距。我国社会主义市场经济体制已经基本建立，市场在资源配置中起到了决定性的作用。传统计划经济体制下平均主义的分配方式被摒弃，以按劳分配为主体、多种分配方式并存的分配制度基本确立，劳动、资本、土地、技术、管理等生产要素按贡献参与分配的初次分配机制不断得到完善。在市场经济条件下，人力资本等生产要素的回报率不断提高，但由于个人在劳动、资本等生产要素方面存在种种差异，因此在初次分配中不可避免地会产生收入差距。市场竞争导致的收入差距有助于生产效率和资源配置效率的提高，同时也合乎公平原则。

不公平的收入差距是指部分社会经济主体通过垄断、腐败、寻租、造假等违法违规行为和不正当竞争行为攫取经济利益而导致的收入差距。不公平的收入差距使得人们的努力与回报不一致，而公平的收入差距能够发挥对经济主体的激励作用，引导人们通过诚实劳动、合法经营获取正当经济利益。公平的收入差距合乎效率准则。只要公平的收入差距被控制在合理范围之内，就有助于激发人们的积极性。而不公平的收入差距破坏了市场秩序、竞争规则和法律制度，损害了正常参与市场竞争的经济主体的利益，既缺乏效率，也有损公平。

在初次分配阶段，收入差距应是市场竞争结果的最终体现。由于目前我国市场发育尚不完善，市场秩序还有待规范，因而部分收入差距不具公平性。研究表明，人们对公平的收入差距较为认同，但对不公平的收入差距尤为反感。"十三五"时期的相关政策应侧重缩减乃至消除不公平的收入差距，发挥公平的收入差距的激励作用，同时也要掌握好公平的收入差距的范围和程度。遵循市场规律的优胜劣汰导致的公平的收入差距，如果其保持在适度规模，政府需要给予尊重和鼓励。超出社会可承受范围的公平的收入差距，政府可以采用再分配政策进行适度调节，但再分配政策的成本不应被忽略。

在初次分配中，政府的首要任务是提供公共服务，维护市场竞争秩序，规范生产要素和商品市场，促进市场发育，对垄断、行业进入障碍、贷款配给等要素市场的歧视性对待、劳动力市场流动障碍等市场失范现象进行纠正，确保分配环节中的过程公平。

然而，过程公平并不一定就能导致最终分配结果的公平。人们在教育、个人禀赋、家庭经济资源等方面往往有所不同，在起点上就存在差异。即使分配环节的过程公平能够得到保证，起点差异仍会导致分配结果的不公平性。确保起点的公平，不仅能促进最终分配结果的公平，而且能够促使经济主体充分参与市场竞争，进而促进效率的提高。例如，教育回报率的提高反映了劳动力市场配置效率的改进，由此导致的收入差距的扩大被普遍认为是合理的。但人们在教育上的差异并不都是公平的，家庭经济条件、当地的教育供给、父母对教育的重视程度等方面的差异会导致人们有着不同的教育状况。教育的不公平无疑是起点的不公平，尽管教育参与分配的过程呈现出公平性，但分配的结果公平并不一定就能得到保证。美国著名经济学家雅克布·明瑟的估算结果显示，1/3 的美国收入差距可以归因于教育。中国的相关研究也表明，个人在教育上的差异是导致中国收入差距的重要内在因素。扩大教育和培训方面的政府支出，完善义务教育体系，促进教育公平，无疑有助于确保分配环节的起点公平和结果公平。

起点公平和过程公平会保证收入分配最终结果的公平，但结果公平的收入差距可能会超出社会成员的忍受范围。此外，部分经济主体在市场竞争中可能会被淘汰。因此，在提供公共服务以确保初次分配的起点公平和过程公平之外，政府需要采用税收、转移支付和社会保障政策等再分配手段对过高的收入差距进行干预，保障社会成员的基本生活，确保收入差距保持在可被接受的区间之内。再分配政策要注重对成本和收益的考量，在现阶段不应以过度损害经济效率为代价。

我国初次收入分配的不平等程度在数值上与 OECD 国家相差不大。但 OECD 国家通过税收和转移支付等再分配政策，使得可支配收入的分配不平等程度大为降低。相比之下，我国的再分配政策的收入分配调节效果还有待提高。优化再分配政策，无疑可以起到缩小我国收入差距的作用。然而，再分配政策不可避免会涉及对社会经济生活的直接干预并增加行政成本，一些再分配政策可能会扭曲市场运行，损害经济效率。例如，美国芝加哥大学经济系教授 Mulligan（2012）指出，美国在全球金融危机后加强了再分配力度，向失业人员和穷人增加了不少转移支付，反而使得失业率高企以及劳动供给减少，造成经济恢复缓慢，并对初次分配产生了干扰。

应该看到的是，OECD 国家的市场发育较为完善，所形成的收入差距大部分为公平的收入差距。相比之下，我国正处于经济社会转型期，收入分配秩序尚未完全理顺，垄断、寻租、腐败等因素导致的不公平的收入差距在总体收入差距中的份额仍不可忽视。"十三五"时期着力于在初次分配环节调控收入差距，不仅有助于将不公平的收入差距转化为公平的收入差距，充分发挥收入差距对经济主体的激励作用，提高效率，促进经济增长，而且能降低再分配手段的调控压力，为再分配政策创造更大的操作空间。

（二）"十三五"期间调节收入差距的政策建议

1. 规范生产要素市场和商品市场，培育市场运行秩序，消除不公平的收入差距

建设统一的劳动力市场，根据效率原则配置劳动力资源。劳动收入是大多数人的主要收入来源。从宏观分配格局的角度看，扩大就业、深化工资制度改革、促进中低收入职工工资合理增长是提高劳动报酬在初次分配中的比重的根本举措。从居民收入分配的角度看，建设统一的劳动力市场，根据效率原则配置劳动力资源，鼓励劳动力自由流动，不仅能够促进效率的提高，而且能够消除不公平的收入差距。

为了消除劳动力市场的制度性障碍，美国在 20 世纪 60 年代制定平权法案，禁止雇主基于种族、肤色、宗教以及性别等非市场因素对雇员进行歧视，为劳动力资源的配置遵循市场法则提供了有力保证。我国也在规范劳动力市场方面做出了不少努力。"十二五"规划指出，要健全统一、规范、灵活的人力资源市场，为劳动者提供高效的就业服务。"十三五"期间，要进一步促进我国的劳动力市场发育，完善招聘和用工机制，杜绝家庭背景、权力、关系、"走后门"等非市场因素对劳动力配置的影响，使得能力与努力能够获得应有的回报，从而铲除不公平的收入差距所赖以滋生的土壤。改革户籍制度，取消附着在户口之上的就业准入和社会福利差别，还原户口本来的户籍登记功能，促进劳动力在不同行业、所有制单位、地区之间的流动。改革薪酬制度，规范工资决定机制，消除同工不同酬现象，使得工资与劳动生产率相一致。

治理资源类生产要素的收入分配乱象。目前土地、矿山等资源类生产要素的收入分配较为混乱。尽管土地、矿山等资源类生产要素名义上归全民或集体所有，但实际上被少数人采用巧取豪夺的方式占有。资源类生产要素所产生的巨额收入流本应由全民或集体共享，但事实上进入少数人手里，极大地扩大了收入差距。调查显示，在土地拆迁过程中，农民所得到的补偿仅是集体土地被征收后增值收益的一小部分，增值收益的大部分被地方政府占有。治理资源类生产要素的收入分配乱象，有助于缩小居民收入差距并改善宏观分配格局。

改善金融服务，缓解民营企业和中小微企业的融资困难。民营企业、中小企业乃至小微企业是吸纳就业的重要渠道。但相比国有企业和大企业而言，民营企业和中小微企业面临着不少制度性歧视，融资困难即是一例。一方面，金融服务业以大银行、大企业为主要供给主体，中小金融机构在数量和资金规模上均处于绝对弱势。另一方面，民营企业和中小微企业的贷款门槛和融资成本较高。"十三五"时期要加快金融部门改革，疏通民营企业和中小微企业的融资渠道，以促进民营企业和中小微企业的发展，进而产生对扩大就业和缩小收入差距的推动作用。

设定合理的最低工资标准，严格执行最低工资政策，促进低工资群体工资收入的增长。最低工资政策通过设定劳动者的工资下限，能够起到确保低工资群体的工资收入得到合理有效增长的作用。但这一作用的实现需要以最低工资政策的严格执行为前提。我们的研究证实了这一点。遵循国际通行的低工资定义，我们将低工资定义为工资中位数的2/3。我们的研究发现，简单地提高最低工资标准并不能降低劳动者成为低工资者的概率。但如果最低工资政策能够得到严格执行，那么提高最低工资标准能够显著降低劳动者成为低工资者的概率。由于最低工资标准的提高会导致对劳动的需求减少，因此，最低工资对就业可能有负面影响，从而减弱最低工资政策调节收入差距的功能。[1] 相关研究表明，最低工资政策对我国的就业在总体上具有一定的负面影响，但这一负面影响具有异质性。对西部地区、高工资企业和高利润企业而言，最低工资政策对就业没有损害。[2]

---

[1]　Deng and Li, 2012。

[2]　例如，Fang and Lin（2013）和 Huang et al.（2014）。

为充分发挥最低工资标准调节收入差距的功能，必须重视最低工资政策的执行，强化劳动监测。由于最低工资政策对就业具有一定的负面影响，因此不应强行设定最低工资标准的调整目标，"十三五"时期需要根据各地经济发展、企业赢利情况和劳动力市场状况，设定适宜的最低工资标准。

2. 建立收入流动公平机制

已有的收入分配政策基本是基于静态或比较静态意义上的收入分配状况而做出的，缺乏对动态收入变动的政策考量。动态视角的收入分配包括代内收入流动性、代际收入流动性和代际收入分配问题。

由于不确定性以及生命周期效应的存在，居民的个人收入状况在不同年份之间往往会有所不同，居民的相对收入排序也会有所变动。代内收入流动性正是对人们在不同年份之间收入变动以及相对收入排序的变化的考察。如果代内收入流动性较高，低收入状态并不具有持久性，则代内收入流动性使得居民尤其是低收入居民能够在随后的时期改善他们的经济状况，那么静态时点上的收入差距并不值得担忧。相反，如果代内收入流动性较低，那么收入差距即使是在较长的一段时间都无法得到改善，收入差距格局将呈现固化的态势。我们的研究表明，代内收入流动性在近年并未出现明显的上升。

代际收入流动性度量了父母收入对其子女收入的影响幅度，能够反映机会公平的实现程度。代际收入流动的缓慢所导致的收入差距，既缺乏效率，又丧失公平。在代际收入流动缓慢的情形下，"干多干好"并不导致"多得"，努力和能力难以给子女带来应有回报，因此无法形成对经济主体的正确激励，造成效率的损失。此外，家庭裙带关系成为决定子女收入的主要因素，家庭出身导致的不平等难以通过努力在后天得到缩小，并会导致子女收入的巨大差异。这一收入差异反映了收入分配结构的固化，是不公平的收入差距。我们估计了中国城镇居民的代际收入流动程度，并进行了国际比较。我们发现，中国城镇居民的代际收入流动性要低于大多数高福利的高收入国家（如澳大利亚、加拿大、丹麦、芬兰、德国、挪威和瑞典），但与美国的代际收入流动性相差不大。与一些低收入国家（如尼泊尔和巴基斯坦）相比，中国城镇居民的代际收入流动性也处于较低的水平。中国城镇居民的代际收入流动性也并不高于巴西和智利等其他中等收入国家。由于户籍制度等城市偏向政策的存在，农村居民子女的上升空间相对较小，因此，全国总体的代际收入流动性极有可能低于城镇居民的代际收入流动性。

合理的收入流动性能够降低长期意义上的收入分配不均等程度，也能促进机会的公平分配，因而能够增进社会福利，促进社会公平。然而，收入流动性的提高也意味着不确定性的增大和收入波动性的扩大，从而会导致社会福利的减少，收入流动性应控制在适度范围。

在政策方面，"十三五"时期应创造良好的市场竞争环境，提高代内收入流动性，改善收入的动态分配。扩大公共教育开支、促进劳动力市场发育、通过遗产税等再分配手段降低父母经济条件对子女收入的影响，能够提高代际收入流动性。此外，要改革养老保险制度，优化经济增长成果在退休人员和就业人员之间的分配。

3. 促进教育公平，加快医疗体制改革，确保起点的公平

教育和健康是人力资本的重要组成部分。赋予社会成员平等地接受教育和享受医疗服务的权利，可以使得社会成员充分积累人力资本，确保起点的公平。我们的研究表明，教育对城镇居民收入差距的贡献已经达到了10%。如果低收入家庭子女能够得到良好的教育机会，那么将能在未来极大地缓解收入差距。

发达国家通常实施了教育干预政策，以保证低收入家庭子女的受教育权利，促进教育机会的公平分配。从政策的实施时机来看，政策覆盖儿童的年龄越小，政策的实施效果越明显，因此发达国家较为重视早期儿童发展项目的实施，以使得低收入家庭的儿童能够与来自高收入家庭的儿童站到竞争的同一起跑线上。例如，美国早在1965年就实施了开端计划（Head Start），为来自低收入家庭的3岁至5岁儿童提供教育、营养、卫生等服务。开端计划的资金来源主要为联邦政府的财政拨款，目前全美每年有超过100万名儿童从开端计划受益。作为开端计划的有机组成部分，美国也实施了早期开端计划（Early Head Start），其目标群体为低收入家庭的婴幼儿与孕妇。英国政府则在1998年就实施了确保开端计划（Sure Start），旨在提高低收入家庭4岁以下婴幼儿的健康、学习能力、社会发展能力等。

当前，我国的义务教育已经得到全面普及，但学前教育尚未纳入义务教育的范畴，学前教育的城乡差异和地区差异较大。由于学前教育阶段是缩小

能力差异的黄金时期,因此"十三五"时期应大力加强对农村以及落后地区学前教育事业的建设,促进农村和落后地区幼儿的早期智力发育。

在医疗卫生方面,加快医药卫生体制改革,提高基本公共卫生服务水平,纠正医院改革的过度市场化倾向,实现人人享有基本医疗服务。在政策重点上,"十三五"时期应采取措施改善贫困地区儿童的营养状况,增强对贫困家庭孕妇与婴幼儿的卫生干预力度,满足贫困地区儿童的早期发展需求。

4. 完善以税收、社会保障、转移支付为主要手段的再分配调节框架

OECD 国家的再分配政策能够有效调节收入差距。表 2 列出了 2011 年部分 OECD 国家再分配政策对收入差距的缓解幅度。从表 2 可以看到,除个别国家以外,OECD 国家的再分配政策能将初次分配收入的基尼系数降低至少 20% 。爱尔兰的再分配政策尤为有效,基尼系数在再分配后降低幅度达 46.83% 。如果将 OECD 国家的基尼系数进行简单平均,那么初次分配收入和经再分配后的可支配收入的基尼系数分别为 0.472 和 0.311。这说明,再分配政策使得 OECD 国家的基尼系数下降了 34.11% 。

表 2　2011 年部分 OECD 国家初次分配收入和可支配收入的基尼系数

国　　家	初次分配收入	可支配收入	降低幅度(%)
澳 大 利 亚	0.460	0.324	29.57
奥 地 利	0.496	0.282	43.15
加 拿 大	0.438	0.316	27.85
智 利	0.532	0.503	5.45
捷 克	0.460	0.256	44.35
丹 麦	0.431	0.253	41.30
爱 沙 尼 亚	0.483	0.323	33.13
芬 兰	0.486	0.261	46.30
法 国	0.512	0.309	39.65
德 国	0.506	0.293	42.09
希 腊	0.555	0.335	39.64
冰 岛	0.406	0.251	38.18
爱 尔 兰	0.568	0.302	46.83
以 色 列	0.481	0.377	21.62

续表

国　　家	初次分配收入	可支配收入	降低幅度（%）
意　大　利	0.502	0.321	36.06
韩　　国	0.338	0.307	9.17
卢　森　堡	0.480	0.276	42.50
荷　　兰	0.424	0.278	34.43
新　西　兰	0.453	0.323	28.70
挪　　威	0.423	0.250	40.90
波　　兰	0.466	0.304	34.76
葡　萄　牙	0.537	0.341	36.50
斯洛伐克	0.420	0.261	37.86
斯洛文尼亚	0.460	0.245	46.74
西　班　牙	0.520	0.344	33.85
瑞　　典	0.435	0.273	37.24
瑞　　士	0.368	0.289	21.47
土　耳　其	0.474	0.412	13.08
英　　国	0.525	0.344	34.48
美　　国	0.506	0.389	23.12
简　单　平　均	0.472	0.311	34.11

资料来源：OECD 数据库，http：//stats. oecd. org/Index. aspx？DataSetCode = IDD。澳大利亚、芬兰、韩国、美国的数据年份为 2012 年。

相关研究表明，我国的再分配政策对收入差距的调节效果极为有限，对某些群体而言，再分配政策甚至导致了收入差距的扩大。[①] 以 2007 年为例，包括社会保障、转移支付在内的福利收入分别占城镇居民和农村居民总收入的 20% 和 2%。相较而言，日本和韩国的福利收入占居民收入的份额分别为17% 和 6%。可见我国城镇地区的再分配力度不可谓不强。但福利收入仅使得城镇居民收入的基尼系数降低了 0.7%。农村的福利收入反而使得基尼系数上升了 2%。考虑到城市居民享受的社会福利要远多于农村居民，因此，再分配政策对城乡收入差距的调节是逆向的。对全国居民收入差距而言，再分配政策所起的调节作用可能极为有限。"十三五"时期，需要进一步优化

---

① 杨穗等，2013。

再分配政策，挖掘再分配政策的收入分配调节功能。

优化税制结构、加强税收征管。税收是收入再分配的重要手段，累进税能够有效缩小收入差距。间接税在我国税制结构中占主体地位，但间接税基本是累退性质的，因而导致我国税制在整体上的累退性。个人所得税和选择性课征的消费税为累进性税收，能够在一定程度上中和间接税对收入差距的扩大效应。但目前我国累进性税收占税收收入总额的比重偏低，无法完全抵消间接税的累退性。"十三五"期间应逐步提高直接税的比重。此外，个人所得税对收入分配的调节功能相对有限，需要进一步提高税收征管能力。"十三五"期间可以探索遗产税以及生前赠予税的课税办法，在合适时机开征遗产税与赠予税。

健全社会保险制度。"十二五"规划实施以来，社会保险制度不断发展，社会保险的覆盖面不断扩大，社会保险基金收入不断增加，更多的居民从中受益。但社保的制度分割较为明显。以养老保险为例，与城镇职工基本养老保险、城镇居民基本养老保险、机关事业单位养老保险、新型农村养老保险对应的主体分别是企业职工、城镇居民、机关事业单位人员、农民。不同群体被不同的养老保险制度覆盖，缴费和收益存在一定的差异。

此外，农民工社保的可携带性不高。当农民工异地流动时，也不能提取社会统筹部分。这不仅阻碍了劳动力自由流动，而且也客观地使得收入较低的农民工对收入较高的当地城市居民进行了补贴，从而导致了收入差距的拉大。

日前，机关事业单位养老保险改革已经确定即将推行。"十三五"期间，要继续推动社保的一体化，提高统筹层次，加强社保在地区之间的转续衔接。

继续发挥低保的兜底作用。我国低保制度的保障水平较低，这限制了低保制度兜底作用的发挥。对许多低保户而言，低保金并不足以使他们摆脱贫困状态。由于保障制度覆盖面不足，并不是所有的穷人都能获得低保。首先，随着经济增长水平的提高，低保标准也应随之提高，使得低保人群能够得到基本生活保障。其次，尽快解决地区之间低保保障水平差距过大的问题。受地方财力的影响，低保人均支出的地区差异较为明显。一些相对比较落后地区的低保水平明显偏低，而一些经济发达地区甚至出现保障过度的问题。为此，"十三五"期间应该加大统筹协调力度，通过增加对落后地区的转移支付缓解其低保资金不足的压力。再次，在低保实施过程中，通过完善制度设计，建立及时有效的信息系统，扩大居民在核定低保对象过程中的参与力度，以最大限度地减少低保的瞄准误差。最后，目前低保资格受户籍的限制，只有当地户籍人口才能申请低保。在城乡一体化和人口流动频繁的背景下，应打破低保政策在户籍制度上的限制。

5. 改善统计服务，优化统计设计，加强收入分配监测机制和信息披露机制建设

国家统计局于 2013 年初恢复了发布全国基尼系数的做法，公布了 2003～2012 年全国居民收入的基尼系数。权威性的基尼系数的发布，使得社会成员不至于根据个案和个体经验对整体收入差距进行不恰当的猜测，有利于人们对总体收入分配状况的把握。但国家统计局所发布的只是全国居民的基尼系数，更为精细的基尼系数（如城镇居民和农村居民的基尼系数、行业收入差距、地区收入差距等信息）尚未披露。而分人群、分行业、分地区、分所有制的收入差距信息有助于人们分析收入差距的内在结构，理清收入分配的主要问题。及时发布更为详尽的基尼系数，不仅有助于人们理解收入分配的现状、判断收入差距的走势，而且能为收入分配政策设计提供参考。

统计部门根据我国的经济和社会发展状况，有针对性地调整了统计设计和统计制度，以便能够更为真实地反映收入分配的现状以及变动趋势。但由于统计制度的惯性以及出于对历史可比性的考虑，加之经济发展状况的复杂性和多样性，部分统计制度和指标仍沿用以前的做法，尚存在一定的改进空间。

计算城乡收入差距，首先需要界定城镇居民和农村居民。然而，规模庞大的农民工在原有的城乡分割的调查体系中难以得到反映。由于农民工往往是农村户口拥有者中收入较高的人群，在调查中忽略农民工无疑会导致对城乡收入差距的高估。国家统计局已经建立了城乡统一的住户调查机构，利用覆盖农民工的最新调查结果对以往的城乡收入差距进行调整，并将统计数字予以发布，这有助于人们把握城乡收入差距的真实水平和变化。

不同行业和不同所有制单位之间的工资差距是社会关注的热点问题，但公开发布的统计年鉴只提供了单位就业人员在不同行业和不同所有制单位的平均工资，并未包括个体从业人员的劳动报酬，无法全面地反映行业收入差距和所有制单位之间的收入差距。在失业率方面，目前统计年鉴所披露的是登记失业率。众所周知,相比调查失业率而言,登记失业率倾向于低估真实失业率。由于一些旨在缩小收入差距的措施(如提高最低工资标准)需要以扩大或至少不伤害就业为前提,以登记失业率为失业指标将无从判断政策影响就业的效果和收入分配效应。

参考文献

[1] Deng, Q. & S. Li, "Low – Paid Workers in Urban China", International Labour Review 151(3), 2012, p. 157 – 171.

[2] Fang, T. & C. Lin, "Minimum Wages and Employment in China", IZA DP No. 7813, 2013.

[3] Huang, Yi, P. Loungani & G. Wang, "Minimum Wages and Firm Employment: Evidence from China", IMF Working Paper WP/14/184., 2014.

[4] Mulligan, Casey, The Redistribution Recession: How Labor Market Distortions Contracted the Economy(Oxford University Press, 2012).

[5] 李实:《三十年经济增长与收入分配》,《"市场化三十年"论坛论文汇编(第二辑)》,2008。

[6] 魏众:《2000~2011 年中国宏观分配格局中的问题分析——基于资金流量表的分析》,《经济学动态》2014 年第 1 期。

[7] 谢攀、李文溥、龚敏:《经济发展与国民收入分配格局变化:国际比较》,《财贸研究》2014 年第 03 期。

[8] 杨穗、高琴、李实:《中国社会福利和收入再分配:1988 – 2007 年》,《经济理论与经济管理》2013 年第 03 期。

"十三五"时期
社会保障制度改革前瞻

郑秉文[*]

摘要： 十三五时期，在机关事业单位人员基本养老保险实行改革之后，社会保障制度的主要公平问题在较长时期内就基本解决，财务可持续性问题上升为主要矛盾。财务可持续性的主要问题包括提高多缴多得的激励性，建立多元化和市场化的基金投资管理体制，建立抵御老龄化自动平衡机制，将养老保险基金管理层次提高到全国水平，改革养老保险费双重征缴体制，改革社会保险经办服务体系等。城镇职工基本养老保险改革的主要任务是向"名义缴费确定型"（NDC）转型，在设计方案时不仅要考虑到上述困难的一揽子解决，还要考虑到制度目标和条件约束等问题；失业保险的主要任务是修订《失业保险条例》，在将其制度功能扩大到预防失业和促进就业的同时，要考虑到规模巨大的农民工群体和城镇灵活就业群体对失业保险制度的需要，以提高失业保险制度的瞄准率，从制度上彻底解决失业保险基金收入和支出的矛盾；医疗卫生体制要解决的问题主要是公立医院的改革和医疗保险的统账结合问题，这是医疗卫生体制和医疗保险体制改革的关键；在非缴费型制度建设方

---

* 郑秉文，中国社会科学院美国研究所，所长，研究员；中国社会科学院世界社保研究中心，主任。

面有两个主要任务,一是应将《社会救助暂行办法》升格到《社会救助法》,二是建立全国统一的社会养老金,以此替代目前城镇职工养老保险制度的社会统筹部分和城乡居保中的统筹养老金,这样两个制度的统账结合模式就得以实现。

关键词:社会保障制度　名义缴费确定型　统筹养老金

党的十八届五中全会关于"十三五"规划建议稿提出,要建立更加公平可持续的社会保障制度;实施全民参保计划,基本实现法定人员全覆盖;坚持精算平衡,完善筹资机制,分清政府、企业、个人等的责任;适当降低保险费率,完善社会保险体系;完善职工养老保险个人账户制度,健全多缴多得激励机制;实现职工基础养老金全国统筹,建立基本养老金合理调整机制。这些要求是"十三五"时期我国社会保障改革和发展的基本遵循。

一　"十二五"规划任务落实情况回顾:简单评估

十二五规划的第八篇"改善民生　建立健全基本公共服务体系"有两章对社会保障任务进行了规划,即第三十三章"健全覆盖城乡居民的社会保障体系"和第三十四章"完善基本医疗卫生制度"。下面对其落实情况做一评估。

(一)关于社会保险制度实施情况的对比

"十二五"规划对城乡社会保险及其五个险种规划的任务做了较为详细的规定,其规定内容和实施情况对比如下。

1. 关于实现新农保全覆盖

截至 2014 年 11 月底,城乡居保(含新农保)覆盖了 4.99 亿人①。在十二五规划规定的诸多指标中,覆盖面是达标最为理想的。虽然新农保和城居保合并为城乡居保,城镇居民参保人数没有具体披露,但估计只有 2000 多万

---

① 引自国务院副总理马凯《国务院关于统筹推进城乡社会保障体系建设工作情况的报告——2014 年 12 月 23 日在第十二届全国人民代表大会常务委员会第十二次会议上》,中国人大网:http://www. npc. gov. cn/npc/xinwen/2014 - 12/24/content_1890884. htm。下文凡是没有注释的均引自该文。

人。因此，剔除城镇参保农民工之后，农村基本实现了应保尽保，实现了"十二五"规划关于实现新农保全覆盖的规定任务。重要的是，"十二五"期间，农垦职工、未参保集体企业退休人员、五七工、家属工等群体上千万人也纳入职工养老保险制度，集中解决了一批突出的历史遗留问题。

2. 关于扩大工伤、失业、生育保险制度覆盖面

2010 年，失业保险覆盖 13376 万人，工伤保险覆盖 16161 万人，生育保险覆盖 12336 万人；2013 年底，这个三项保险覆盖面分别提高到 16467 万人、19917 万人和 16392 万人[①]。虽然这三项保险覆盖面不如养老保险，但就国外经验值来看，已达到较好水平，这三项保险在国外一般也是养老保险的 1/5 ~ 1/3。

3. 关于发展企业年金和职业年金

建立职业年金是指针对机关事业单位的补充养老保险，由于机关事业单位养老金改革迟迟未有实质性进展，职业年金在"十二五"期间没有进展。但是，企业年金在"十二五"期间得到了长足发展，成为社会保障制度发展的一大亮点。从参与率来看，2010 年底[②]，建立企业年金的企业数量是 3.71 万家，覆盖职工 1335 万人；但截至 2014 年 9 月底，建立企业年金的企业数量骤升至 7.22 万家，翻了一番，参加职工 2210 万人，大约也增加了将近一倍。从积累基金规模来看，2010 年底为 2805 亿元，截至 2014 年 9 月底已高达 7092 亿元，翻了一番多，增长十分明显，差不多年均千亿元。重要的是，2013 年 12 月，在十八届三中全会刚刚闭幕一个月，财政部等就颁发了《关于企业年金、职业年金、个人所得税有关问题的通知》（财税〔2013〕103 号），这是中国版 401k 税收优惠政策的重要进步，标志着 EET 税优政策的正式出台。虽然这还有很多不完善之处，但毕竟向国际接轨的税优政策迈出了最为重要的一步。

4. 关于全面落实城镇职工基本养老保险省级统筹和实现基础养老金全国统筹

"十二五"规划的这个任务显然没有完成。早在 1991 年颁发的建立职工

---

① 引自 2010 年和 2013 年的《人力资源和社会保障事业发展统计公报》，见人力资源和社会保障部官网。
② 郑秉文：《中国养老金发展报告 2011》，经济管理出版社，2011，第 61 ~ 62 页。

养老保险制度的第一个文件时就提出来"由目前的市、县统筹逐步过渡到省级统筹"①，但是这个目标在"十二五"期间并未实现，全国统筹的目标就更遥不可及。大约在 2009～2010 年，全国绝大部分省份曾宣布实现省级统筹，但其核定标准是《关于推进企业职工基本养老保险省级统筹有关问题的通知》（劳社部发〔2007〕3 号）中规定的"六统一"，指统一制度、统一费率和费基、统一养老金计发办法和统筹项目、统一基金核算、统一预算、统一业务流程。即使按照"六统一"的标准，根据国家审计署的统计，截至 2011 年底，全国仍有 17 个省份尚未完全达到省级统筹②。根据国际惯例，基金流的收支管理与核算层级才是唯一的衡量统筹的标准，从这个标准看，真正实现省级基金统筹管理的只有四个省份（北京、上海、天津和陕西）。

5. 关于发挥商业保险补充性作用

"十二五"期间，健康保险对医疗和养老的补充性作用虽然大有长进，但由于税收政策改进不大，保险深度和密度虽有进步，但总体上看没有实质性变化，真正的养老保险产品为 1 万亿元左右（其余 5 万亿元主要为理财产品）。

（二）关于社会救助体系的发展

从数量上看，截至 2014 年 11 月底③，全国城市低保对象为 1893 万人，农村低保对象高达 5202 万人，五保供养对象 532 万人；城市低保月人均补助 266 元，保障水平达到 401 元；农村低保年人均补助 1440 元，保障水平达到 2673 元。社会救助的力度和幅度都始终保持在这个较高水平上。在"十二五"期间，全国城乡救助资金投入力度不断加大，包括城乡低保资金在内已

① 见《国务院关于企业职工养老保险制度改革的决定》（国发〔1991〕33 号），第七条规定："尚未实行基本养老保险基金省级统筹的地区，要积极创造条件，由目前的市、县统筹逐步过渡到省级统筹。"当时，职工缴费标准每月不超过 3%。1993 年 11 月 14 日召开的党的十四届三中全会审议通过的《中共中央关于建立社会主义市场经济体制若干问题的决定》一般被认为是正式建立养老保障制度的标志，这个"决定"正式确定了"实行社会统筹和个人账户相结合"的制度。

② 国家审计署：《2012 年第 34 号公告：全国社会保障资金审计结果》，2012 年 8 月 2 日，国家审计署官网。

③ 引自国务院副总理马凯：《国务院关于统筹推进城乡社会保障体系建设工作情况的报告——2014 年 12 月 23 日在第十二届全国人民代表大会常务委员会第十二次会议上》，中国人大网：http://www.npc.gov.cn/npc/xinwen/2014－12/24/content_1890884.htm。

超过1万亿元。

从法治建设上看，"十二五"期间建立了救助标准的物价联动机制，出台了《国务院关于进一步加强和改进最低生活保障工作的意见》，对城乡低保制度进行了改进和规范；印发了《城乡医疗救助基金管理办法》，城市和农村医疗救助基金整合为统一的城乡医疗救助基金；国务院颁布了《社会救助暂行办法》，进一步加强了低保制度的城乡统筹；印发了《关于全面建立临时救助制度的通知》等。重要的是，2013年国务院印发了《关于加快发展养老服务业的若干意见》，对我国养老服务业发展做出了系统安排和全面部署；2014年国务院印发了《关于促进慈善事业健康发展的指导意见》。

（三）"十二五"期间社会保障取得的巨大成就

1. 社会保险基金支付能力明显提高

2009年城镇职工基本养老保险支出仅为10555亿元，累计结余仅为15365亿元；2013年支出高达16470亿元，基金余额高达28269亿元；城镇基本医疗保险基金余额在2009年是5047亿元（含个人账户积累，下同），2013年则高达9117亿元；失业保险基金规模从2009年的1750亿元，提高到2013年的3686亿元；工伤保险基金余额从479亿元提高到996亿元；生育保险基金从261亿元提高到515亿元[①]。

2. 社会保险的财政补贴力度逐年增强

五项社会保险中，除养老以外，其他四险无须财政补贴。城镇职工基本养老保险的补贴在"十二五"期间明显增加，2009年为1954亿元，2013年为3019亿元。2009年建立的新农保和"十二五"期间建立的城居保都得到财政的大力资助，2013年对城乡居民养老保险的财政补助为1402亿元，基金累计结余3000多亿元。

3. 社会保险制度建设取得诸多成就

第一，2011年建立城镇居民养老保险制度（简称"城居保"），这是历史上首次为城镇居民建立养老保险制度。

第二，2014年"新农保"与"城居保"合并为"城乡居保"，意味着城

---

① 引自2010年和2013年的《人力资源和社会保障事业发展统计公报》，见人力资源和社会保障部官网。

市和乡村的居民两个制度在执行上的首次合并，是社保制度城乡统筹的可喜进步。

第三，2014 年失业保险对采取有效措施不裁员、少裁员，稳定就业岗位的三类企业（实施兼并重组企业、化解产能严重过剩企业、淘汰落后产能企业），由失业保险基金给予"稳岗补贴"并执行到 2020 年。

第四，2015 年 1 月机关事业单位人员进行养老保险改革，实行与城镇职工养老保险制度完全相同的社会统筹与个人账户相结合的基本养老保险制度，标志着受社会广泛质疑的双轨制正式结束。

4. 新一轮医改使医疗保险基金实力得以增强

"十二五"规划恰好贯穿新一轮医改（2010～2013 年），城镇居民医保和新农合基金收入从 1174 亿元增长到 3927 亿元，年均增长 35.2%，各级财政共拨付补助资金约 1 万亿元、占总筹资额的 80%，参保补助标准由 2009 年的每人每年 80 元提高到 2014 年的 320 元。

（四）"十二五"规划经验教训总结

"十二五"规划中列出的社会保险和社会救助等很多领域已经达标并取得辉煌成就，其主要原因主要是党中央高度重视、各级政府和主管部门奋力拼搏。统筹层次之所以几十年来难以提高，主要原因在于制度设计结构存在一定问题，需要进行结构改革。十八届三中全会《决定》明确指出要完善个人账户制度，为结构改革指出了方向。商业保险补充性作用难以发挥等在"十二五"期间没有达标的主要原因在于需要一揽子顶层设计。

二　"十三五"期间社会保障制度全面深化改革的指导方针：三层含义

党的十八届三中全会通过的《决定》内涵丰富，思想深邃，字里行间充满改革创新气息，在涵盖的 15 个领域 60 项具体任务中，每一段甚至每一个字都闪耀改革创新睿智。深入学习三中全会《决定》原文，领会三中全会的精神实质，可加深对这轮社会保障体系全面深化改革重要性、必要性和准确性的理解。

（一）社会保障是国家治理体系的一个子系统

三中全会《决定》指出，"全面深化改革的总目标是完善和发展中国特色社会主义制度，推进国家治理体系和治理能力现代化"，将推进国家治理体系和治理能力现代化作为全面深化改革的总目标，对社会保障制度改革既具有重大而深远的理论意义，也具有指导社会保障体系改革的现实意义。从战略高度看，如果说"国家治理体系和治理能力"是指一个国家的制度体系和制度执行能力，那么，作为一个有机整体，社会保障体系必然包含在国家治理体系之中，社会保障制度执行能力也必然包括在国家治理能力之中。在历史的新起点，社会保障体系既是民生工程，也是服务型政府的服务窗口，还是国家治理体系的一个重要子系统，更是国家治理体系的组成部分。国家治理体系是一个总和概念，也是一个具体概念，社会保障作为一个子系统，既有提供服务的一面，也有共同治理的一面；既有被动接受的性质，也有主动参与的性质。国外社会保障体系模式选择和路径依赖的百年历史显示，社会保障这个子系统对国家治理体系既可以发挥正能量作用，也可以发挥负能量作用；既可以成为国家治理能力中稳定社会的安全网，也可以成为经常引爆社会骚乱和削弱治理能力的火药桶，甚至演变为国家治理能力的一个短板。国家治理能力现代化自然包括社会保障制度体系和制度执行能力的现代化，其中，社会保障制度执行能力现代化是国家治理能力现代化的一个标志性指标。因此，三中全会《决定》在这段里提出的"必须更加注重改革的系统性、整体性、协同性"，实际就是指在国家治理体系和治理能力现代化进程中对其他社会子系统提出具体要求。相对于社会保障体系全面深化改革的顶层设计方案而言，这个子系统的顶层设计及其改革目标能否很好地配合、顺应和支持国家治理体系和治理能力现代化建设的总目标，实际就是这轮改革是否考虑到了系统性、整体性和协同性。

（二）社会保障依然存在处理好政府和市场的关系问题

三中全会《决定》提出："经济体制改革是全面深化改革的重点，核心问题是处理好政府和市场的关系。"社会保障领域依然存在这个核心问题，即处理好政府和市场的关系问题。在建立社会保障制度的 20 多年时间里，这个问题越来越突出，具体而言，处理好政府和市场的关系主要体现在两个方面。一是在社会保障制度外部，要进一步廓清社会保障与公共财政的关系，厘清两个制度的边界，正确认识和明确它们各自的功能定位，这是厘清社会保障领域里政府和市场关系的核心问题。二是在社会保障制度内部，要进一步强调和构建多层次与多支柱的制度目标，最大限度地促进发展以市场为基础的第二支柱和以市场为导向的第三支柱即商业养老保险，高度重视制度内部的多层次和多支柱建设。

如何处理好社会保障领域政府与市场的关系问题在过去较长时期一直是学术界和决策层没有直面思考和给予明确答案的问题，是近百年来国际社会保障学术研究和各国改革中存在争议的问题，也是不同历史文化传统及其国民性的选择结果及其具体表现。

（三）社会保障制度改革指导方针的三层含义

三中全会《决定》明确指出："建立更加公平可持续的社会保障制度。坚持社会统筹和个人账户相结合的基本养老保险制度，完善个人账户制度，健全多缴多得激励机制，确保参保人权益，实现基础养老金全国统筹，坚持精算平衡原则。推进机关事业单位养老保险制度改革。"这段重要表述应成为"十三五"期间社会保障改革的指导方针，具有三层含义。

1. 明确了全面深化改革的总体要求，即建立更加公平可持续的社会保障制度

社会保障的公平和效率相辅相成，不可偏废。其中，三中全会明确决定对机关事业单位养老保险制度实施改革，这是对多年来全社会极其关注和质疑的养老保险双轨制的郑重回应，是当前养老制度公平性改革的标的物，是当前社会保障领域的"硬骨头"；同时，机关事业单位养老金改革也是统筹、牵引和推动全国基本养老保险统账结合制度改革和转型的一个契机和突破口，成功与否至关重要，影响全局；三中全会将公平性改革列为首要，充分体现了以习近平同志为总书记的党中央和新的领导集体有胆有识、敢于碰硬、勇于担当的政治决心和改革气魄。

2. 确立了"十三五"期间这轮全面深化改革的检测标准，即推进实现全国统筹和坚持精算平衡原则

这个检测标准包括五项社会保险。这是多年来困扰制度正常运转的两个

难题。统筹层次低下是派生其他诸多制度困境的主要根源之一。关于制度精算平衡，这既是一个认识问题，又是一个现实问题；如此专业化的技术词语出现在党的重要文献之中，在历史上是首次，它为确保社会保障制度持续健康发展以顺利跨越"中等收入陷阱"提供了一个测量基准，为社会保障制度运行质量的可检查、可评估、可量化提供了一个基本原则，为重新确立和强调个人账户的"精算中性"功能提供了一个合法依据。如果说完善个人账户制度是加强可持续性的一个抓手，那么，强调制度精算平衡就是度量可持续性的一个工具。

3. 指出了城镇职工养老保险全面深化改革的主要任务，即通过完善个人账户制度，健全多缴多得激励机制，以确保参保人权益

只有完善个人账户制度，多缴多得的激励机制才能得以健全，参保人的权益才能够得以确保。其中，完善个人账户制度是健全激励机制的关键和确保个人权益的载体。这是一个重大变化，是一次制度结构性改革，它意味着"做实个人账户试点"这个十几年来的传统表述，终将让位于"完善个人账户制度"即向名义账户制转型，其意义重大，含义深远。如果说推进机关事业单位养老金改革强调的是公平性的话，那么，完善个人账户制度的着力点就无疑是制度的可持续性。

三 "十三五"期间城镇职工基本养老保险改革的主要困难：五个方面

2015年1月3日，在全面推进依法治国的新年伊始，国务院《关于机关事业单位工作人员养老保险制度改革的决定》（国发〔2015〕2号）正式发布。通览《决定》十二条，机关事业单位养老金改革的制度描述跃然纸上，机关事业单位养老金体制全面深化改革的基本思路是"一个统一和五个同步"。"一个统一"是指党政机关、事业单位建立与企业相同的基本养老保险制度，实行单位和个人缴费，改革退休费计发办法，从制度和机制上化解"双轨制"矛盾。"五个同步"是指机关与事业单位同步改革，职业年金与基本养老保险制度同步建立，养老保险制度改革与完善工资制度同步推进，待遇调整机制与计发办法同步改革，改革在全国范围同步实施。这就意味着，

未来机关和事业单位养老保险将采取两步走的改革模式,即并轨后再按照《中共中央关于全面深化改革若干重大问题的决定》的规定对统账结合制度进一步升级,机关和事业人员将与城镇职工基本养老保险制度采取同一个制度,即公共部门在中国享有养老金特权的历史将一去不复返。

如果说在"十三五"期间机关事业单位养老金并轨这个主要的公平性问题已经解决的话,那么,社会保障制度财务可持续性将是"十三五"期间需要解决的主要问题。

从制度根源上讲,社会保障财务可持续性主要有如下五个方面的突出问题。

(一)制度的收入能力低下

养老保险制度作为一项保险制度,必然存在收入和支出的平衡问题。一般来说,"支出端"的政策性很强,支出规模和待遇水平带有相当的刚性。如果"收入端"的缴费收入能力不能满足"支出端"的要求,与其参数相差太远,就说明制度的收入能力太差。养老保险制度的收入主要由参保人缴费和投资收益构成。这两个方面的收入能力在中国都非常差。

1. 制度激励性不好导致缴费收入能力很弱

几乎所有国家养老保险的主要收入均为缴费收入,它主要来自雇员和雇主的双方缴费。由于养老保险制度激励性不好,多缴多得的原则没有真正树立起来,缴费与权益脱节严重,制度设计复杂,参保人不知道现在的缴费到退休时能拿回多少。于是,参保人、参保单位、地方各级政府等各个角色到处都充斥着道德风险,他们采取各种办法,偷费逃费、跑冒滴漏,制度的实际收入与制度参数规定的预期收入之间存在很大差距。比如:

第一,实际费率低于规定费率。政策规定的费率在一些发达地区难以执行,因为出于局部利益的考虑,降低企业费率将有利于吸引招商引资,并且发达地区的基金实力雄厚,余额巨大,没有"出口",于是,有些省份和城市明里暗里支持降低费率,甚至发布文件予以指导和保护。企业缴费率存在的"多轨制",甚至成为"合法"的"费率乱象",这在世界各国是不多见的。

第二,实际费基小于真实费基。降低企业负担与职工负担的一个最好办法还在于缩小缴费基础，这是减少缴费的十分普遍的现象。为了少缴费，很多企业主和职工常常合谋缩小费基；从全国参保人的缴费比例来推算，缴费的工资基数只是真实工资的60%左右。这与住房公积金的情况正好相反。社保经办机构、税务系统和地方政府等睁一只眼闭一只眼，这已是公开的秘密。

2. 基金投资体制落后导致收益率太低

投资收益是仅次于缴费收入的第二个收入渠道，但由于投资体制始终没有改革，存银行的利率不超过2%[①]，而1993～2012年CPI年均复合增长率高达4.8%，2003～2012年也高达3.28%[②]，十几年来损失超过千亿元；按照全国社保基金理事会的收益率来衡量将损失5500亿元[③]。重要的是，基金收益率太低导致制度公信力太差，参保人的积极性受到负激励。

制度的"收入端"设计存在较多问题，影响了收入能力，这是目前威胁养老保险制度的最大敌人。20年来，养老制度之所以能够维持下来，基金规模之所以疯涨，主要是三个原因导致的：

第一，覆盖面不断扩大。加入进来的年轻人成为制度"净缴费者"，而支付他们养老金则是几十年之后的事情。这就是现收现付的一个特点，但随着覆盖面的逐渐扩大，终有一天制度将实现应保尽保。也就是说，是人口红利"掩盖"和"挽救"了制度的真实财务状况。

第二，财政补贴逐年扩大。1998年财政补贴只有24亿元，而2013年为3019亿元；1998～2013年财政补贴合计18339亿元，而2013年底的基金全部余额是28269亿元[④]，也就是说，大约有2/3的结余实际是来自财政补贴的，是制度外生因素的结果。

第三，每年的"非正常缴费收入"比重太大。在每年的缴费收入中，大约有10%来自"补缴"和"预缴"等[⑤]：2013年是1873亿元，2012年1936亿元，2011年1898亿元，2010年1302亿元。这些"非正常缴费收入"是地方政

---

① 王亚平：《全国各类社保积累额金2.5万亿元，五项基金年均收益不到2%：五部委勾勒完善社会保障路线图》，《中国证券报》2008年11月7日，A01－A02版。

② 见2013年《中国统计年鉴》（网络版），"10－1各种价格指数"。

③ 郑秉文等主编《中国基本养老保险基金投资管理改革研究报告》，中国劳动保障出版社，2014。

④ 以上数据分别引自历年的《人力资源和社会保障事业发展统计公报》，见人力资源和社会保障部官网。

⑤ 引自郑秉文主编的历年《中国养老金发展报告》，经济管理出版社。

府刻意而为，它们为了增加当期的制度收入，缓解当期的支付紧张形势，将一部分临近退休人员以较低的"一次性趸交"吸纳到制度当中来。这等于是把财务风险推给下一届政府的"击鼓传花"。如果除去每年的"非正常缴费收入"，每年几乎都是收不抵支的，这样，就不会有今天累计下来的庞大的基金余额。

（二） 抵御老龄化自动平衡机制缺失

我国的老龄化情况非常严峻，一胎政策将导致未来的人口赡养率发生逆转；比较 2021 年和 2049 年两个时点，我国老龄化来势凶猛：2012 年我国的老龄化程度低于任何 G8 国家，但到 2049 年将高于美、英、法、加等绝大部分发达国家。

表1　"两个一百年"时点上中国与主要发达国家老龄化比较
（60 岁及以上人口占总人口比例）

单位：%

年份	中国	美国	英国	法国	德国	意大利	加拿大	西班牙
2010	12.3	18.4	22.6	23.0	26.0	26.5	19.9	22.3
2021	17.4	22.4	24.5	26.3	30.2	29.2	25.0	25.1
2049	33.9	26.6	29.6	30.5	37.5	38.4	31.0	38.3

资料来源：http：//esa. un. org/unpd/wpp/unpp/panel_ population. htm。

问题恰恰在于，我国养老保险制度缺乏抵御老龄化的自动平衡机制，主要表现为如下两个大问题：

1. 没有建立参数自动调节机制

养老保险制度有三大参数：缴费率、替代率和退休年龄，这三大参数没有建立起与人口赡养率的变化相挂钩的自动调节机制，这是财务可持续性的一个最大潜在威胁，也是一个最大的制度缺陷。国外很多现收现付的制度基本都建立起参数自动调节机制，这个机制的建立受到了社会的认可。

2. 没有建立起精算报告制度

哥斯达黎加只有 470 万人口，但它的社会保险局精算处就有 25 个成员[①]，

---

① 来自调研数据。笔者于 2012 年 10 月 31 日在哥斯达黎加社保局开会获得。

而中国人力资源社会保障部的精算处只有 3 个人，且没有建立年度报告发布制度。从小国哥斯达黎加到中等发达国家韩国，再到最大的发达国家美国，它们都有精算制度并发布精算报告，它们的精算结果是：哥斯达黎加将来收不抵支的时点是 2038 年，基金枯竭的时点是 2043 年；韩国第一个时点是 2035 年，第二个时点是 2060 年；美国的这两个时点分别是 2021 年和 2033 年。第二个时点的出现，用美国年报的术语来说，意味着养老保障制度的"破产"，这时，拯救社保制度的手段就是财政介入。中国的老龄化更为严峻，这两个时点肯定也存在，但我们没有自己的报告（见表 2）。

表 2　哥斯达黎加、韩国和美国基本养老保险基金与中国的比较

中国		哥斯达黎加			韩国			美国		
年份	老龄化（％）	老龄化（％）	收不抵支时点	基金枯竭时点	老龄化（％）	收不抵支时点	基金枯竭时点	老龄化（％）	收不抵支时点	基金枯竭时点
2010	12.3	9.5			15.7			18.4		
2021	17.4	13.8	2038 年	2043 年	23.0	2035 年	2060 年	22.4	2021 年	2033 年
2049	33.9	29.7			38.9			26.6		

资料来源：哥斯达黎加的数据引自哥斯达黎加社会保险局（CCSS）的演讲材料（2012 年 10 月 31 日于圣何塞）；韩国的数据引自金渊明的演讲材料（2012 年 9 月 8 日于东京）；美国的数据引自 Board of Trustees of the Federal Old-Age and Survivors Insurance and Disability Insurance Trust Funds，*The 2013 Annual Report of the Board of Trustees of the Federal Old-Age and Survivors Insurance and Disability Insurance Trust Funds Communication*. Washington，D. C.，2013。

（三）中国养老保险制度的账户设计存在天生缺陷

中国养老保险制度的账户设计存在一些天生的财务缺陷，导致这个制度注定离不开财政转移支付的"输血"。换言之，制度设计上的这些天生缺陷决定这个制度从诞生之日起就处于"亚健康"状态。这就是财政补贴逐年增加的主要原因之一。

1. 个人账户保输不保赢，导致统账结合从诞生之日起就离不开财政补贴

制度规定，参保人提前死亡的，个人账户资产可以继承；超过平均余命的长寿者则可领取账户养老金到死亡，大数法则荡然无存，个人账户不能封闭运行，其缺口由统筹基金兜底支付，而统筹基金则由财政兜底支付。所

以，个人账户制度从建立的第一天起就注定须由财政间接兜底。令人扼腕的是，这个规定在《社会保险法》中以立法的名义得到确认，成为此轮改革的一个难题，三中全会《决定》规定的"完善个人账户制度"难以落实。本来，加强多缴多得的"精算中性"原则可以通过扩大个人账户的办法予以实现，但在《社会保险法》的规定下，个人账户越大，亏空就越大；相反，个人账户比例越小，亏空就越小；但是，个人账户越小，就离多缴多得的"精算中性"越远。《社会保险法》刚刚生效三年，但修法的要求就已显得非常急迫。

2. 社会统筹部分导致基金管理层次难以提高，基金不能横向调剂使用，落后地区收不抵支离不开财政补贴

发达地区由于流动人口的流入等原因而有大量基金结存，规模越来越大的基金结余只存款于银行，处于贬值风险之中。欠发达地区收不抵支，只能年年依靠财政转移支付发放养老金。所以，从国家层面来看，每年大量的基金结余等于变相地来自财政补贴，而这些财政资金又以低利率为代价存入国有银行，等于是财政资金支持了国有银行。

（四）管理体制不顺影响制度的财务能力

制度运行中一些管理体制还有很多不顺的地方，也导致制度不能实现收入最大化，存在很多漏洞。比如：

1. 养老保险费双重征缴制度并存，导致收入不能到位

1999 年颁布的《社会保险费征缴暂行条例》规定，社会保险费的征收机构由省、自治区、直辖市人民政府规定，可以由税务机关征收，也可以由社会保险经办机构征收。目前的情况是这两个单位大致各占半壁江山。在征缴过程中，为了降低下一年的任务基数，一些地税部门完成征缴的额度往往是最低限度。

2. 社保经办机构属地化管理，人员编制和行政经费拨款均来自地方

基金管理带有明显的地方化特点，提高统筹层次是难上加难，自 1991 年提出向省级统筹过渡以来，统筹层次几乎还是原地没动，大部分还是以县级统筹为主，中央鞭长莫及，社会保险基金的地方利益越来越固化，这也是造成统筹层次难以提高、基金难以上解到中央、投资体制改革难以改革、收益率低下、财政补贴逐年增加的主要原因之一。可以说，提高统筹层次是目前改革最为迫切的任务之一。

3. 用上年的社会平均工资作为核算基数，这将减少制度收入

社平工资增长率超过 14%，用上年的基数做核算就立即减少了费基，减少了收入。还有很多类似的制度设计缺陷，不利于制度收入。

（五）基本养老保险制度一枝独大，财务压力巨大

多层次养老保障体系失衡，基本养老保险成为退休人员的主要收入来源，来自市场的退休收入比重太低，即第一支柱的制度收入和支出占 GDP 比重逐年增加，而第二支柱企业年金和第三支柱商业养老保险的发展相对滞后。另外，财政转移支付的规模逐年增加，例如，2013 年对城镇基本养老保险的转移支付规模已达 3019 亿元[①]，但却没有形成国家统一的社会养老金。

四 "十三五"期间城镇职工基本养老保险改革的主要方向：名义账户制

三中全会《决定》绘制的社会保障全面深化改革蓝图是社会保障制度建立 20 年以来力度最大的一次改革，持续 13 年的"做实个人账户试点"向"完善个人账户制度"转型，意味着个人账户功能定位的重大转变。

（一）做实个人账户的制度目标及其条件约束

20 多年前确立的社会统筹与个人账户相结合的制度结构，其本质是创建一个前所未有的混合型部分积累制（现收现付制与个人积累制），其初衷是将社会统筹和个人账户的优势发挥出来（社会共济和个人积极性、代际团结和人口老龄化），其目的是将待遇确定型和缴费确定型的两种计发方式结合起来（预期稳定和多缴多得）。

从国际养老保险制度改革的角度看，或至少在理论上讲，引入和建立个人账户的目的可能很多，各国情况不同，目的也不同，但公认的目标主要有

---

① 《2013 年度人力资源和社会保障事业发展统计公报》，见人力资源和社会保障部官网。

两个：一是以真金白银的货币/金融形态为未来退休预先建立一个资产池（新加坡和香港地区等经济体的改革），以应对人口老龄化的冲击；二是加强当前个人缴费与未来养老金权益的密切联系（一些东欧国家和瑞典等国家的改革），增强激励性，构建一个精算中性的制度体系。

第一个目标即为未来建立资产池。这是当初建立个人账户的主要目标，但无疑这个目标没有实现。除其他诸多原因以外，账户资产池之所以没有建立起来，主要是因为财政压力巨大，转型成本始终没有解决。从国外几十年来的改革实践来看，凡是从现收现付制向积累制或部分积累制转型的国家，建立个人账户的资金一般都由议会立法明确具体筹资办法，一次性解决转型成本（筹集资金解决转型成本的途径一般是向参保人发行认购券，或通过国有企业私有化，或直接进行财政转移支付，等等），甚至列出时间表。由于经济发展水平和历史条件的限制，当时建立统账结合和引入账户时并没有给出一揽子解决办法，账户缴费收入不得不用于保证当期养老金发放，补足统筹基金的缺口。为解决规模越来越大的空账问题，2001 年中央决定辽宁省实施做实个人账户试点，至今已扩大到 13 个省份[①]。但由于转型成本的解决没有法制化，力度有限，中央财政仅对少数几个省份进行数量有限的配比补贴，东部发达地区的试点省份完全由地方财政解决，大部分地方政府积极性不高，所以，13 年来做实的账户额与空账额的差距越来越大，空账规模从 2007 年的 1.1 万亿元扩大到 2013 年底的 3.1 万亿元，做实账户额则从 790 亿元提高到 4154 亿元[②]。

第二个目标即加强激励性。理论上讲，个人账户比例越大，激励性越强，但为减少做实个人账户的资金压力，个人账户比例从 1997 年的 11% 降到 2005 年的 8%，在做实账户试点的 13 个省份里起步做实的比例仅为 5%，有的省份只有 3%。个人账户规模一路缩小，其主要原因是转型成本太高，即账户比例越大，做实所需补贴就越大。这就形成一个悖论：提高激励性需要扩大账户，做实账户只能缩小账户，于是，做实账户处于两难境地。但在事实上，由于存在天文数字的转型成本，建立个人账户的第 1 个目标要服从

---

① 2001 年最先开始做实个人账户试点的是辽宁；2003 年推向吉林和黑龙江；2006 年又有 8 个省份加入进来，它们是天津、上海、山西、山东、河南、湖北、湖南和新疆；2008 年浙江和江苏又自愿加入进来。至今，参加做实个人账户试点的省份共有 13 个。

② 引自郑秉文主编的历年《中国养老金发展报告》，经济管理出版社。

于第 2 个目标，即做实个人账户的目标要服从于强化个人账户激励性的目标，这就需要完善个人账户制度，回归个人账户功能的本源，不求形式，但求本质，这就是三中全会《决定》对此轮改革做出重要决定的精神实质。

（二）实行名义账户制的本质是避免巨大转型成本

名义账户制（NDC）的"学名"是"名义缴费确定型"，其本质有两点：在融资方式上实行的是现收现付制（PAYGO），但在给付方式上采取的缴费确定型（DC）；换言之，在名义上，它采取的似乎是缴费确定型完全积累制（FF），但实际上采取的却是现收现付制，只不过这不是待遇确定型（DB）现收现付制，而是缴费确定型现收现付制；也就是说，它破除了 DC + FF、DB + PAYGO 的传统规律，而是"错位"地将 DC 与 PAYGO 相结合起来；它不是真正的 DC 制，而是一个模仿的 DC 制，于是就是 NDC 了，即 Notional Defined Contributions①。

名义账户的制度设计诞生在瑞典，瑞典乌普萨拉大学经济学家教授爱德华·帕尔默（Edward Palmer）是这个制度的设计者之一，但最先实践这个制度的是拉脱维亚。目前已有拉脱维亚、瑞典、意大利、波兰、蒙古、吉尔吉斯斯坦和俄罗斯七个国家先后实行了名义账户制，其中瑞典的名义账户制最精细，积累的经验最多，研究的文献也最多，被业界视为运行最好的名义账户制②。由于人口老龄化和财务负担等压力，研究名义账户制适用性的国家数量更多，包括发达国家和新兴市场经济体③，可以说，对其感兴趣的国家和政府越来越多。

可以说，自 1889 年德国俾斯麦首次建立社会养老保险计划以来，名义账户制的诞生是继 1981 年在智利诞生 DC 型完全积累制之后养老保障领域里又一次重要的制度创新，它解决了智利模式中需要天量转型成本的难题，但却吸收了多缴多得的精算中性的优势，在应对人口老龄化趋势带来的长寿风险方面具有 DC 型完全积累制的类似功能和相同作用，在社会保障历史上具有

---

① 关于 NDC 的论述，见郑秉文《养老保险"名义账户"制的制度渊源与理论基础》，《经济研究》2003 年第 4 期，第 63～72 页。

② 参见郑秉文《欧亚六国社会保障"名义账户"制利弊分析及其对中国的启示》，《世界经济与政治》2003 年第 5 期，第 56～61 页。

③ 郑秉文：《欧盟国家社会养老的制度选择及其前景——兼论"名义账户"制对欧盟的适用性》，《欧洲研究》2003 年第 2 期，第 74～91 页。

里程碑意义,这就是 20 世纪 90 年代以来欧亚七国先后转型的重要原因。

向名义账户制转型,不能简单地理解为只是把账户"做空"了事,而是应珍惜这轮改革的宝贵机会,广泛研究和吸收七国实行名义账户制的经验和教训,根据中国的具体国情,针对制度存在的弊端,强化制度的激励性。

(三) 实行名义账户制的目的是为了提高制度激励机制

向名义账户转型和扩大个人账户比例均属结构性改革,而非一般的参数调整。因此,这轮改革的性质是制度升级、结构调整,目的是增强多缴多得的激励机制,强化精算中性因素,这就是在统账结合的特定条件下此次改革的核心内容。换言之,如果这轮改革解决的仅是现存账户"空账"的合法化和"艾伦条件"指出的做实账户产生的潜在福利损失问题,而没有从根本上触动制度自身的激励性,进而没有提高制度的收入能力,那么,就没有真正解决三中全会《决定》提出的"坚持精算平衡原则"和财务可持续性问题。因此,如果说个人账户转型是这轮改革的一个主要内容的话,扩大账户规模应是这轮改革的题中应有之义,这便是这轮改革的双重含义。

而提高制度的激励机制的主要手段就是扩大账户比例规模。但在做实账户的制度属性要求下,个人账户比例越大,做实账户所需资金的规模也越大,扩大账户就受到资金条件的约束,于是就形成了悖论:增强激励性需要扩大账户比例,但做实账户的制度目标恰恰相反,账户比例越小越容易做实。8% 的个人账户尚且无力做实,账户比例再大就更难做实。于是,在做实账户为主要目标的指导下,账户比例从 1997 年 26 号文规定的 11% 下降到 2005 年 38 号文规定的 8%。缩小账户的结果与提高激励性的需要存在冲突,做实账户与扩大账户比例(增强激励性)之间存在根本矛盾,这就是现行统账结合的"制度困境"所在。实行名义账户和扩大账户比例互为条件,前者为扩大账户比例提供了现实可能性和理论依据。如前所述,目前的统账结合存在的最大问题是激励性不足,进而导致其可持续性受到严峻挑战。

实行名义账户为扩大账户创造了条件,使之成为可能,这是因为,一是账户比例规模任其扩大,不受融资条件所限;二是个人缴费比例并未提高,而是将雇主单位缴费的一部分划入个人账户里,这将增强账户持有人的积极性。因此,在统账结合框架中向名义账户转轨,个人账户与社会统筹之间是此消彼长的关系，账户越大，统筹就越小，反之亦然；就激励性而言，账户越大，划入个人账户里的雇主缴费比例就越大，制度的激励性就越好，反之亦然；就制度收入能力而言，账户越大，职工的积极性就越高，就越愿意扩大费基和提高费率，由此，制度的收入就越好。

反之，在向名义账户制转型过程中，如果只完成了第一项任务即只是将空账合法化，而没有扩大账户规模和提高制度激励性，就意味着只完成了一半任务，这甚至会受到社会的质疑。

从这个意义上来看，个人账户规模是否能够扩大，将是"十三五"期间改革能否达到预期的关键之一。也正是从这个意义上来看，如果只是简单地将账户"做空"了事，这轮改革的效果就会大打折扣。

五 "十三五"期间其他缴费型制度改革重点：三个范例分析

按照三中全会《决定》战略部署（见第四十五条），在社会保障改革一揽子顶层设计中，至少应将如下十个问题纳入其中作为"内生机制"一次性设计进去，以尽量避免政策碎片化和制度碎片化现象。一是推进机关事业单位养老保险制度改革；二是整合城乡居民基本养老保险制度、基本医疗保险制度，推进城乡最低生活保障制度统筹发展；三是建立健全合理兼顾各类人员的社会保障待遇确定和正常调整机制；四是完善社会保险关系转移接续政策，扩大参保缴费覆盖面，适时适当降低社会保险费率；五是制定渐进式延迟退休年龄政策；六是加快健全社会保障管理体制和经办服务体系；七是健全社会保障财政投入制度，完善社会保障预算制度；八是加强社会保险基金投资管理和监督，推进基金市场化、多元化投资运营；九是制定实施免税、延期征税等优惠政策，加快发展企业年金、职业年金、商业保险，构建多层次社会保障体系；十是积极应对人口老龄化，加快建立社会养老服务体系和发展老年服务产业。

在"十三五"期间，上述十个问题牵涉社会保障改革的方方面面，它们之间互为条件，相互促进。其中，第一项改革已经开始实施，2015年1月国务院发布了《关于机关事业单位工作人员养老保险制度改革的决定》（国发

〔2015〕2号），目前，这项改革正在制定实施细则；第三、四、五项作为内生机制应统一设计在制度机制之中；第六、七、八、九和十项应与制度设计有机衔接起来，这几项改革既涉及改革的策略问题，也需要政治决心。

如前文所述，目前社会保障改革正处于三重任务叠加和交织的巨大压力之中，这十项改革任务或属于"制度参数调整"，或属于"制度结构改革"，或属于"建立各子制度"。这十项改革既是"十三五"期间的机遇，更是挑战。

在上述十项改革中，适时适当下调社会保险费率和建立社会保险投资基金投资体制具有一定代表性，即前者体现了社会保障制度改革的复杂性，后者体现了急迫性。此外，"十三五"期间失业保险改革也具有特殊意义。

（一）关于降低社会保险费率的时机选择问题

2014年底和2015年初，有关部门引出社会保险费率偏高和降低费率的话题，立即受到媒体极大关注，相关报章和媒体进行了各种解读，引发了广泛讨论。十八届三中全会《决定》指出："适时适当降低社会保险费率。"这里，关键在于"适时"。由于我国五项社会保险的费率压力和改革取向大不一样，应区别对待，而不应"一刀切"：养老保险费名义上很高，但却收不抵支，目前不宜降低；而其他四项保险费率较高，有一定的下调空间。

1. 医疗、失业、工伤和生育四项保险费率偏高，有一定下调空间

在五项社会保险中（主要指城镇职工，下同），除养老保险费以外，医疗、失业、工伤和生育等四项社会保险费率（以北京服务业为例，下同）合计相当于工资的15.2%，其中雇主缴纳12.7%，雇员仅缴2.5%。孤立地看这四项保险费率，似乎不是太高，尤其是雇员四项保险缴费合计才仅为2.5%。但是，纵向看，四项保险缴费收入合计形成的基金积累规模增长速度十分惊人：2003年仅为1107亿元，2013年竟达14314亿元，10年增长了13倍；占当年GDP比例的增速更是令人难以置信，2003年仅为GDP的0.08%，到2013年高达2.5%[①]。四项保险基金规模增长如此之快，举世罕见。

一方面，基金快速增长是好事，说明基金支付能力大大加强，社会保险的

---

① 这里引用的有关社会保险基金规模的数据来自历年的《人力资源和社会保障事业发展统计公报》，见人力资源和社会保障部官网。

物质基础更加雄厚；但另一方面，基金规模异常增加说明费率高企，存在下调空间，尤其在投资方式十分落后和贬值风险加大的外部条件下，应该及时采取措施。仅以医疗保险基金为例，2002 年积累仅为 670 亿元，到 2013 年骤然升至 9117 亿元，占 GDP 的比例从 0.05% 跃升至 1.6%。我们知道，在以支定收的四项保险里（医疗保险略有差异，因为存在个人账户，是统账结合模式），制度目标追求的应是当期平衡，略有结余。否则，不仅影响参保人当期消费能力，不利于拉动内需和转变增长方式，而且还有损社保制度公信力。

2. 养老保险费率情况复杂，暂不宜下调

我国养老保险的法定费率（也称"名义费率"）确实很高，雇主缴纳20%，雇员缴 8%，合计达 28%，在世界各国中排前 15 名，目前，比中国费率高的发达国家有西班牙、荷兰、意大利等，新兴市场有波兰、捷克等。

但在现实生活中却没有收缴上来这么多的钱，因为有些省份明确降低了费率（广东和浙江等，珠三角很多城市的单位缴费只有 10%～13%，而不是国家规定的 20%），相当数量的职工个人降低了实际的缴费基数，例如，年收入 10 万元的话，实际是按 6 万元做基数缴纳的，这几乎是公开的秘密。"实际费率"与"法定费率"严重偏离的现象说明，制度设计中存在严重的负激励问题，世界上几乎没有第二个国家如此鲜明地存在"两个费率"。这里以 2013 年的统计数据来考察"两个费率"之间的偏离：国有单位平均工资是 52657 元[①]，城镇集体单位 38905 元，当年的缴费人数是2.41 亿，这里假定其平均工资基数大约为 40000 元（国有单位已基本全部参保，考虑到相当数量的城镇集体单位和灵活就业人员参保因素），其费基应是 96.4 万亿元，打折之后理论上的缴费收入应为 26000 万亿元，但真实的"正常缴费收入"仅为 16761 亿元，大约少收入 1/3。

"两个费率"存在如此差距，可用养老金替代率来予以佐证：2012 年全国养老金月均是 1742 元，城镇在岗职工月均工资是 3966 元，替代率大约是44%；相比之下，美国养老金替代率是 40%，与中国相差无几，但是，其缴费率只有 12.4%，还不到中国的一半。需要说明的是，这是在全部正常收入都用于全部支出之后的替代率，如果为了留有结余而人为降低替代率，那将

---

① 这里引用的工资方面的数据来自 2013 年《中国统计年鉴》。

另当别论。这里继续剖析 2013 年的收支情况：真实的"正常缴费收入"为 16761 亿元，加上 642 亿元利息收入，合计为 17403 亿元，而养老金总支出是 18470 亿元，存在缺口 1067 亿元。

那么，既然存在缺口，为什么还会有几千亿元的结余呢？这是因为还有两笔"额外"的收入，这里还以 2013 年为例：一笔是 2258 亿元的"非正常缴费收入"（主要包括四项，即预缴、补缴、历史清欠、"其他收入"）①，一笔是 3019 亿元的财政补贴。把这两笔与缺口相抵之后，2013 年就出现了 4210 亿元的"当期结余"。

由于地区经济发展很不平衡等原因（例如，流动人口空间分布不均、老工业基地等），每年的结余都沉淀在发达地区，欠发达地区收不抵支，其养老金发放缺口不能用"一平二调"的办法从发达地区予以调拨，而只能靠财政补贴来解决，所以，在目前每年都离不开财政补贴的情况下，如果再全国统一降低费率，那就势必加大财政转移支付的压力和规模。换言之，尽管费率这么高，但事实上"正常缴费收入"仍然低于养老金支出，如果降低费率，就会加剧收不抵支的问题！

3. 降低养老保险费率需要满足两个条件，即参保人真实足额缴费和基金管理层次提高到全国

养老保险存在"两个费率"，这是一个"常态"，而不是个别现象，这里再继续考察其他几个年份的数据：

——2012 年"正常缴费收入"14531 亿元加上利息收入 573 亿元，合计仅为 15104 亿，而养老金支出是 15562 亿元，存在缺口 461 亿元；由于有了"非正常缴费"2249 亿元，财政补贴 2648 亿元，于是，当年"结余"就高达 4439 亿元。

——2011 年"正常缴费收入"12058 亿元加上利息 446 亿元，合计仅为 12504 亿元，而当年的养老金支出是 12765 亿元，存在缺口 261 亿元；但由于当年有"非正常缴费"2119 亿元，财政补贴 2272 亿元，所有这些相加减去 12765 亿元养老金支出之后，"结余"高达 4130 亿元。

——2010 年"正常缴费收入"9808 亿元加上利息收入 274 亿元，合计

① 这里引用的"非正常缴费收入"等数据来自郑秉文主编历年的《中国养老金发展报告》，经济管理出版社。

仅为 10082 亿元，而养老金支出是 10555 亿元，缺口 473 亿元。但由于有了"非正常缴费收入" 1383 亿元和财政补贴 1954 亿元，于是，2010 年有近3000 亿元的"结余"。

十几年来，养老保险财务状况就是这样运行的，它呈现为一个矛盾体：费率很高，但费率降不下来，这意味着，畸形的养老保险制度绑架了财政。学术界关于"费率高、降低费率"的说法和呼声由来已久，至少已有十多年，但却始终没敢"动"它，它成为一个互为条件的悖论，"麻秆打狼，两头害怕"：参保人和参保企业认为，之所以道德风险猖獗，收不上来钱，其直接原因就是费率太高，如果降下来，降到真实的费率水平，费率和费基就自然而然"做实"了，缴费就马上会真实起来；但主管部门始终认为，如此之高的费率都收不上来钱，都需要年年给予财政补贴，且一年比一年多，降下来就更收不抵支了，那时，再提高费率可就不容易了，到时责任由谁来承担？

博弈的双方都有自己的道理，谁也不敢迈出第一步，这就是费率始终居高不下但又没有下降的根本原因。笔者认为，在这个均衡状态下，不应用"冒险"的办法去解决一个理性的问题，不应把养老保险制度设计成一个"博弈场"。解决费率高的关键不在于谁有勇气迈开第一步，而在于改革制度本身，在于尽快按照十八届三中全会《决定》的部署，对养老保险制度进行全面深化改革，使之能够满足如下两个条件。

第一，按照三中全会《决定》提出的坚持精算平衡原则，扩大精算中性因素，增强制度的激励性。这样做的目的是逐渐缩小"两个费率"的差别，最终只有一个费率，即使法定费率与实际费率完全重合起来，这说明，只要真正实现多缴多得的原则，参保人就会主动真实缴费，各种逃费和避费的道德风险就会自动消失。住房公积金制度之所以生命力长久，之所以不存在"两个费率"，就是因为它遵循的是多缴多得的原则。所以，在降低费率之前，应先对制度结构进行全面深化改革。

第二，按照三中全会《决定》实现基础养老金全国统筹。目前，养老保险基金的管理层次是以县市为主，统筹层次太低，这在全世界都是十分罕见的，它不仅成为很多弊端的根源（例如，每年"吃掉"大量财政使之转化为国有银行存款；劳动力跨地区流动十分困难；政策和制度碎片化情况严峻；

等等），而且也是法定费率居高不下的主要原因。因此，在这轮养老保险制度改革中，实现全国统筹是改革的主要目标之一。

只要满足上述两个条件，降低费率的时机就会摆在面前，这就是"适时"的具体含义。到了那个时候，降低养老保险费率就水到渠成了。

（二）关于建立社会保险基金投资体制的模式选择问题

2005 年，原劳动和社会保障部便开始探讨基本养老保险个人账户基金投资运营问题。在地方各省自主投资呼声较高的情况下，相关部门主张中央政府集中投资，但学界看法存在较大分歧，投资体制改革无果而终。但随着做实账户试点的省份数量不断增加，2006 年 12 月中央决定，中央财政给予 9 个省份做实个人账户的补助资金并正式委托全国社保基金理事会来投资运营。

2011 年启动了第二次社会保险基金投资体制改革，当时圈定的可供选择的思路中有"政府部门投资运营"、"专门机构投资运营"和"市场机构投资运营"三个模式，最终决定采取的改革方案是建立一个专门机构投资运营社会保险基金，即由中央政府出面建立一个通览全国、市场化、多元化的投资机构，直属国务院。但是，由于网络媒体对投资体制改革的不理解和误解，大量言论质疑和批评社会保险基金采取市场化的投资体制，称投资的结果将是"养命钱打水漂"等，2012 年 2 月改革暂时告一段落。2012 年 3 月，广东省委托全国社保基金理事会代理投资千亿资金正式签字。

从历史上看，虽然"2006 年改革"与"2011 年改革"的结果都是以委托全国社保基金理事会投资而告终，但事实上，两次改革与最终的结果没有任何内在逻辑关系。

三中全会已正式将投资体制改革列为重要改革内容，"十三五"期间社会保险基金投资体制改革势在必行。"十三五"期间将要进行的第三轮改革可供选项范围要大于第一次，也大于第二次，可以说，前两次改革可供选择的方案有可能在第三次中全部列入，这是因为形势发生了变化，其中，一个最大的变化是新的领导集体做出庄重承诺：财政供养人员只减不增，这样，似乎两年前"新建中央机构"的改革思路受到限制，于是，除了"2011 年改革"面临的三个思路可供选择之外，"2006 年改革"的选项范围似也再次呈现在决策者面前，且呼声也不绝于耳；重要的是，在有关消息透露说山东省也将委托给全国社保金理事会千亿资金之后，委托全国社保基金的投资模式在第三轮改革中也非常引人注目①。

从投资主体的角度看，"十三五"期间社会保险基金（基本养老保险基金）投资体制改革至少存在五个方案（见表3）。

表3　中国基本养老保险基金投资体制面临的可供选项的比较

"2006 年改革" 的选项	方案一： 各省地方自行对基本养老保险个人账户基金进行投资		方案二： 中央政府对基本养老保险账户基金进行集中投资		
"2011 年改革" 面临的可供选项	方案一： 政府部门投资运营模式： 指国债投资模式，养老保险基金全部用于购买国债，典型国家为美国、西班牙等	方案二： 专门机构投资运营模式： 指由政府出面建立一个统揽全国、市场化和多元化投资机构，直属国务院，典型模式为加拿大、日本和韩国等	方案三： 市场机构投资运营模式： 指参保人为个人账户持有人，对账户资产具有完全的投资决策，典型模式为智利和我国香港"强基金"模式等		
"十三五"期间改革面临的可供选项	方案一： 借用省级社保经办机构 省级政府作为受托人，这是"行政受托"，属于地方政府直接控制	方案二： 建立省级独立法人机构 建立省级国有独资法人机构，这是"法人受托"，具有完善的治理结构，属于地方政府间接控制	方案三： 统一委托给全国社保基金理事会 延续和改造2006年部分省市账户做实试点的中央补助受托管理的做法，委托为全国社保基金理事会	方案四： 新建若干养老基金管理公司 由全国社保经办机构将养老保险基金"分配"给若干投资机构或养老基金管理公司进行投资	方案五： 新建全国独立投资机构 新建一个独立法人投资机构，直属国务院，负责全国基本养老保险基金（社会保险基金）的投资运营
难易程度	这五个方案由易到难，可循序渐进，也可一步到位				

资料来源：笔者制作。

① 郭晋辉：《山东破冰首设地方社保基金理事会》，《第一财经日报》：http://finance.sina.com.cn/money/insurance/sbxw/20140708/141319640722.shtml?from＝hao123_finance_money。

这五个方案的优先排序及其根据是这样的：

方案五就是"2011 年改革"的方案。这显然是"上上策"。如果继续实施这个方案，那就意味着，中国届时将有两只主权养老基金，一只以财政资金为主而形成，一只以参保人缴费形成，它们可以实行不同的投资策略，甚或不同的国际投资区域。至于增加事业人员编制的问题，新建机构可完全遵照市场规律和国际惯例行事，应给予其完全的企业地位，不需要事业编制，行政费用也不需要财政拨款，甚至现存的全国社保基金理事会也应如此统一改为企业建制，这样，这两个机构投资者既可建立与国际接轨的机构投资者的薪酬福利待遇，也可解决人才流失问题，还可解决正常的运营费用问题，更重要的是，这不但没有增加事业编制，反而腾出大量事业编制，可谓一举多得。

方案四是与其他各个方案并不冲突的一个方案。在所有方案中，不管采取那个方案，都需要外部投资管理人，届时，外部投管人的数量是不够的，质量也是需要提高的，而组建若干养老基金管理公司即可解决这些问题。更重要的是，建立养老基金管理公司还具有三个重要作用：一是作为基本养老保险基金的外部投资管理人，起到提高和稳定投资收益率的作用；二是成为推动普及企业年金的旗舰平台，构建中国版的政府推动型企业年金市场；三是成为机关事业单位职业年金的一站式服务的提供商，为机关事业单位养老金改革所不可或缺。众所周知，机关事业单位养老金改革的基本原则是"基本养老＋职业年金"的"两层设计"，其中职业年金可形成"两层市场结构"，即若干养老基金管理公司实行有限竞争态势的"一级市场"，和大量投资"外包"给有资质的大量金融机构的"二级市场"。

方案三是中策，因为全国社保基金理事会虽然可以作为（唯一或主要的）受托投资管理人，但早晚要解决这样一个问题：其资金来源不同，基金性质不同，用途不同，风险容忍度不同，流动性和资产配置要求也都不同，随着时间的推移，规模将越来越大，一分为二是迟早的事情，与其将来拆分，不如现在就新建机构。

方案一和方案二是多年前在劳动保障部系统最为流行的一个政策主张，但很显然，这两个方案的最大问题在于三十多个省级投资主体的法人治理结构难以完善，许多重大问题难以解决，比如，谁来决定资产配置，各省收益率的差别如何处理，若收益率为负值将如何面对，如何面对各省分散投资的利益输送风险点太多等问题，不仅投资风险加大，而且有可能增加对资本市场的冲击和不确定性；更重要的是，省级投资主体不仅会强化早已形成的地方利益，而且与提高统筹层次背道而驰，南辕北辙；一旦这一步迈出去，在可预见到的时期内，全国统筹水平将不可能真正实现，如同 1999 年确立的社会保险费双重征缴体制那样（社保部门和税务部门同时征缴），重建单一征缴体制将面临水火不容的利益博弈，即使在《社会保险法》多年的立法过程中都未推进半步，因此，一旦省级投资体制确立，中国的社保制度碎片化必将被彻底"固化"，届时，在世界各国社会保险基金投资体制中，中国将是唯一一个由省级地方政府主导投资的国家（加拿大魁北克省除外）。上述分析显示，建立省级地方投资体制是"下下策"，这是笔者始终以来一贯反对地方作为投资主体的主要原因。省级投资体制不利于提高统筹层次，而统筹层次低下是目前很多制度缺陷的根源。

（三）关于《失业保险条例》的修订问题

自 1999 年《失业保险条例》颁布以来，我国失业保险制度快速发展，已经成为我国社会保障体系中最重要的项目之一，在推动国企改革和建立现代企业制度、推进市场经济体制改革、应对全球化和经济危机的冲击、完善劳动力市场制度等方面，失业保险制度发挥着不可取代的作用。但总体来看，《失业保险条例》已不适应目前经济发展新常态的需要，失业保险政策已发生很大变化，"十三五"期间亟须对《失业保险条例》（下简称《条例》）进行修订，并将下述几方面内容在修订时纳入进去一并考虑。

1. 修订时应将失业保险的功能定位扩大到预防失业和促进就业

现行《条例》开宗明义，将失业保险制度的功能定位定义为"为了保障失业人员失业期间的基本生活，促进其再就业"。三中全会《决定》指出要"增强失业保险制度预防失业、促进就业功能，完善就业失业监测统计制度"。虽然《失业保险条例》颁布至今只有 15 年，但 2006 年东部 7 省（市）扩大失业保险基金支出范围政策试点至今已有 10 年，这个试点跨越了"十一五""十二五"。可以说，在中国的特殊国情下，这个持续了 10 年的试点是失业保险制度的一次重大改革，失业保险由保障生活的单一功能转变为

"保障生活、预防失业和促进就业"相结合的"三位一体"功能。2014 年 11 月,《关于失业保险支持企业稳定岗位有关问题的通知》(人社部发〔2014〕76 号)决定,对采取有效措施不裁员、少裁员,稳定就业岗位的三类企业(实施兼并重组企业、化解产能严重过剩企业、淘汰落后产能企业),由失业保险基金给予"稳岗补贴",并规定"稳岗补贴"的具体比例由省级人力资源社会保障和财政部门确定。

76 号文规定的"稳岗补贴"政策执行到 2020 年底,这意味着,东部 7 省(市)试点工作正式在全国铺开,且无须每年单独审批。失业保险制度的这一重大变化和发展在客观上需要尽快修订 1999 年通过的《失业保险条例》,以适应新政策和新常态的需要。为应对国际金融危机,2009 年失业保险开始实施的"援企稳岗"实践证明,它开辟了运用失业保险基金稳定就业岗位的新机制,既是对我国失业保险制度内涵的扩展,也是对我国就业政策的丰富和完善,在稳定就业上取得了显著成效。

2. 修订时应规定实现省级统筹并将公务员纳入进来

我国城镇职工实行的是五项社会保险制度。《社会保险法》规定:"基本养老保险基金逐步实行全国统筹,其他社会保险基金逐步实行省级统筹。"事实上,截至目前,基本养老保险和其他四项社会保险均未实现为它们规定和设置的各自的统筹层次,大部分省份的失业保险没有实现省级统筹。但就实现省级统筹的条件来看,失业保险应该最有条件在全国范围内实现省级统筹。既然条件基本具备,就应该在十三五期间尽量实现这个制度目标,为其他社会保险项目提高统筹层次积累经验。

2015 年 1 月,国务院颁发了《关于机关事业单位工作人员养老保险制度改革的决定》(国发〔2015〕2 号),机关事业单位养老保险改革指日可待。从发展趋势看,机关事业单位人员参加五项社会保险是大势所趋,其中,大部分省份机关事业单位人员已经参加了城镇职工基本医疗保险制度。但现行《条例》仅规定城镇企业事业单位参加失业保险,机关公务员没有纳入进去。在修订《条例》时将机关公务员也纳入进来,是大势所趋,也是十分紧迫的。

3. 修订时应为三个群体单独制定三个小制度

10 年来,失业保险基金规模发展十分迅速(2003 年历年结存仅为 304 亿元,2013 年高达 3686 亿元),而参保缴费人群覆盖面扩大并不明显(2003

年是 10373 万人，2013 年是 16417 万人），领取失业津贴的人数稳中有降（2003 年是 415 万人，2013 年仅为 197 万人）。这些数据说明，与其他社会保险项目相比，失业保险制度有自身的特殊性，即在非正规部门十分庞大、农民工群体和流动人口规模日益扩大的情况下，失业保险的瞄准率、覆盖率、失业率（2003 年城镇登记失业率 4.3%，2013 年是 4.05%）三者的关系难以理顺，更难匹配，基金规模不断膨胀趋势将在所难免，在既定缴费率的情况下，应尽快修订《失业保险条例》，为农民工、城镇灵活就业人员和应届大学毕业生这三个难以参加失业保险的特殊群体量身定做三个小制度，让失业保险的预防失业和促进就业的功能延伸到这三个群体，以回应失业保险基金所面对的问题和三个群体的特殊需求。

第一，为农民工建立"一次性失业补贴"制度。对有明确的雇主并参加失业保险的农民工群体，针对其就业时间短和零散、失业与就业状态和身份难以界定等特征，建议放宽《失业保险条例》关于"履行缴费义务满 1 年"的规定，建议将缴费义务缩减到 6 个月，并将按月领取的失业津贴改为"一次性失业补贴"（现行《失业保险条例》规定"失业保险金由社会保险经办机构按月发放"），待遇水平可适当降低，以适应短期就业农民工的"失业"特征，扩大参保农民工受益范围，增强制度激励性，达到进一步提高农民工参保积极性和扩大农民工覆盖范围的目的，以期让失业保险为农民工这个特殊群体做出特殊贡献。

第二，为城镇灵活就业人员建立"失业保险储蓄账户"制度。城镇灵活就业人员没有雇主或没有稳定的雇佣关系，没有持续的就业记录，就业和失业的身份难以界定，失业保险制度基本与这个群体无缘，由此成为世界各国的一个难题。建议为这个群体建立"失业保险储蓄账户"，由失业保险基金每年向个人账户提供配比缴费，以引导个人积极参保并缴费。当经济周期来临时，个人可从中提取资金用于当前消费，从而实现经济上行期（就业状态）向下行期（失业状态）的消费平滑、正规部门（失业保险基金由企业缴纳）向非正规部门的"转移支付"、国家（失业保险制度）对社会（灵活就业群体）的扶助倾斜。

第三，为应届大学毕业生建立"见习岗位津贴"制度。毕业 6 个月后仍未就业的大学毕业生不仅跨年度寻找合适工作的难度加大，而且有可能损伤就业信心，造成极大的生活与心理压力，并给家庭带来经济压力。建议为毕业 6 个月仍未就业的应届大学毕业生提供见习岗位，失业保险基金向接受大学毕业生见习的企业提供岗位津贴，发放期限不超过 6 个月。这样既能够为大学毕业生延长适应社会的缓冲时间，又不会因长期闲置而浪费高学历群体的人力资本。

六 "十三五"期间非缴费型制度改革展望：医疗卫生体制再改革

（一）医疗卫生体制再改革的问题

三中全会《决定》提出："经济体制改革是全面深化改革的重点，核心问题是处理好政府和市场的关系。"医疗卫生体制改革仍然存在这个核心问题，即处理好政府和市场的关系问题。在过去的 20 多年时间里，这个问题表现得越来越突出，尽管这个领域的改革已经进行过几次。具体而言，处理好政府和市场的关系应主要体现在四个方面。

一是要高度重视构建多层次与多支柱的医疗卫生改革目标。在明确大力发展国家举办的第一支柱的同时，要最大限度地促进发展以市场为基础的第二支柱（即企业补充医疗保险）和以市场为导向的第三支柱（即商业健康医疗保险）。要高度重视医疗保险制度内部的多层次和多支柱建设，这是处理好政府和市场的关系和正确发挥市场因素作用在医疗保险领域里的正确路径。可以说，如何处理好社会保障领域政府与市场的关系问题在过去较长时期一直是学术界和决策层没有直面思考和给出明确答案的问题，是近百年来国际社会保障学术研究和各国改革中存在争议的问题，也是不同历史文化传统及其国民性的选择结果及其具体表现。

二是高度重视公立医院的改革。从某种意义上说，公立医院改革的成败，是决定医疗卫生体制改革成功与否的关键。新一轮医改之所以受到诟病，在相当程度上受制于公立医院的改革效果。

三是要高度重视现行医疗保险制度统账结合的制度机构的运行效率。从某个角度讲，医疗保险的统账结合遇到的困难与养老保险统账结合遇到的困境很相近，只不过，医疗保险的统账结合低效率不如养老保险明显。

四是要高度重视医疗卫生体制的模式选择。毫无疑问，世界上目前存在美国模式与欧洲模式这两大模式，它们各有千秋，利弊兼得，相得益彰。但总体来看，欧洲模式财政负担沉重，不利于企业竞争力和国家竞争力的提升，不适用于处于发展中的新兴市场经济体，不适用于大型经济体。这实际涉及对医疗卫生体制和医疗保险体制的定位问题。在"十三五"期间，社会保障改革进程中，模式选择问题不仅依然存在，而且将更为明显，因为"十三五"期间恰逢中国从中等收入国家转为高收入国家的关键时刻。

（二）关于将《社会救助暂行办法》升格到《社会救助法》的问题

改革开放以来，缴费型的社会保险制度与非缴费型的社会救助制度都得到了长足发展。与社会保险制度不同，社会救助制度的资金由各级财政转移支付承担，所以，社会救助制度日益成为建立公共财政体系的一个要素，也是实现社会公正和加大再分配力度的主要手段，为广大人民群众分享高速发展的国民经济、稳定社会和构建和谐社会做出了较大贡献。

为使社会救助制度的运行更加法治化、体系化和规范化，2014年2月国务院颁发了《社会救助暂行办法》（以下简称《暂行办法》）。《暂行办法》首次为我国社会救助事业发展提供了明确的法律依据，首次从法律上确立了社会救助的地位作用、基本原则、主体责任、制度安排，首次实现了社会救助从制度"碎片"到衔接整合的转变。《暂行办法》以行政法规的形式将社会救助制度确定为八个方面：最低生活保障、特困人员供养、受灾人员救助、医疗救助、住房救助、教育救助、就业救助和临时救助。

为了很好地贯彻落实《暂行办法》，2014年6月发布的《关于贯彻落实〈社会救助暂行办法〉的通知》，对完善落实各项配套政策措施、建立健全社会救助工作机制和加强组织领导等提出了要求。毫无疑问，《暂行办法》是中国社会救助事业发展新的里程碑，它标志着新形势下社会救助事业迈上了法治化、体系化、规范化统筹发展的新阶段。

但是，《社会救助暂行办法》是行政法规，难以满足作为一项基础性制度安排的现实需要。这是因为，社会救助由八个领域构成，每个领域实际上都是一个十分庞大和非常复杂的社会救助系统，比如住房救助或教育救助等，任何一项社会救助都需要根据《社会救助法》制定专门的实施条例。《社会救助法》的上位法是《宪法》，又是统领所有八个社会救助项目的上位法，是它们的"根本大法"，其地位显然是目前《暂行办法》行政法规所不能比拟的。

因此，十三五期间《社会救助暂行办法》在适当时机应升格为《社会救助法》，这样，与已经颁布的《社会保险法》一起，缴费型制度和非缴费型制度就都有了自己的"根本大法"。

（三）关于建立全国统一的社会养老金的问题

一般来说，社会养老金是指来自财政转移支付、待遇水平为定额式、达到法定领取年龄均可领取的普享型养老金。中国社会养老保险的两个板块均为统账结合模式，即城乡居保（以前为"新农保"）的统账结合为个人账户由参保人缴费形成，而统筹养老金（基础养老金）主要由财政补贴形成，其性质为现收现付，没有积累；城镇职工养老保险的统账结合为个人账户由参保人缴费形成，这个特征与城乡居保完全相同，但统筹养老金则不同，而是以企业为主缴费形成，虽然也是现收现付，但由于地区间发展不平衡，在一些发达省份形成了规模较大的积累，从全国范围来看，基金增长势头十分明显。

这样，在中国两个板块社会养老制度中，便存在两个性质完全不同的统筹基金，即城乡居保的是来自财政转移支付，而城镇职工的则是来自雇主缴费。城镇职工养老保险制度由于统筹层次低下等种种原因，部分省份存在不小的收支缺口，财政不得不对其进行转移支付，以确保当期养老金按时足额的发放，2013 年的转移支付规模已达 3019 亿元[①]。

这就存在一个可能性：以 2013 年的转移支付规模为基准，对全部 8041 万养老金领取人发放一份社会养老金，以替代目前的统筹养老金，同时，将雇主缴费的绝大部分甚至全部划入个人账户。这样做的结果是，在没有增加国家财政负担的前提下，实现了全国两个板块的统筹，同时，城镇职工养老保险的个人账户部分比例扩大之后会产生极大的激励作用，费基和费率均可做实，这时，还可在不降低养老金替代率的前提下达到（前述的）降低雇主费率的目的。

---

① 《2013 年人力资源和社会保障事业发展统计公报》，人力资源和社会保障部官网。

　　建立和统一全国两个板块统筹养老金的这个可能性，应与城镇职工基本养老保险的 NDC 改革协同起来，一并考虑并设计。

参考文献

［1］人力资源和社会保障部：历年《人力资源和社会保障事业发展统计公报》，人力资源和社会保障部官网。

［2］2013 年《中国统计年鉴》，中国统计局官网。

［3］郑秉文主编的历年《中国养老金发展报告》，经济管理出版社，2011～2014。

［4］郑秉文：《欧亚六国社会保障"名义账户"制利弊分析及其对中国的启示》，《世界经济与政治》2003 年第 5 期。

［5］郑秉文：《欧盟国家社会养老的制度选择及其前景——兼论"名义账户"制对欧盟的适用性》，《欧洲研究》2003 年第 2 期。

［6］郑秉文主编《中国基本养老保险基金投资管理改革研究报告》，中国劳动保障出版社，2014。

"十三五"时期中国人口发展战略及应对人口老龄化对策

张车伟　林　宝　杨　舸*

摘要："十二五"时期中国人口保持低速增长，人口老龄化程度继续加深。根据预测，中国人口将在 2026 年左右达到高峰后开始下降，而劳动年龄人口及比例将双双持续下降，老龄化程度将不断提高。从国际比较看，中国人口"未富先老"特征明显，且未来还将保持较快的老龄化速度。"十三五"期间中国人口结构性矛盾将更加突出，尤其是人口老龄化的影响将日益凸显：人口快速老龄化使传统经济发展方式难以为继；老年人口快速增加带来社会治理新难题；老年收入保障体制亟待完善；养老服务供给不足威胁家庭和谐、社会稳定。必须从两个方面入手应对人口老龄化：一方面寻求通过政策来改变人口老龄化趋势；另一方面建立体制机制积极应对人口老龄化带来的不利影响。为此，建议采取以下政策措施。一是落实党的十八届五中全会提出的全面放开二孩生育建议，尽快让生育决策回归家庭。当前，全面放开二孩生育的条件已经具备。二是渐进式延迟退休年龄，实行弹性退休制度。人口老龄化和平均预期寿命延长是需要延迟退休年龄的根本原因，养老金制度并轨和劳动力市场变化都为延迟退休年龄

---

* 张车伟，中国社会科学院人口与劳动经济研究所，所长，研究员；林宝，中国社会科学院人口与劳动经济研究所，副研究员；杨舸，中国社会科学院人口与劳动经济研究所，助理研究员。

创造了良好条件。三是加快推进养老保险制度改革，完善老年收入保障体系。养老保险制度改革已有良好开端，应进一步提升统筹层次、改善缴费水平和待遇水平的合理性。四是把养老服务界定为准公共品，促进养老服务业发展。应明确养老服务中的政府责任，大力发展养老服务业，加快推动社会养老服务体系建设。

关键词：人口老龄化　生育政策　经济发展方式　养老服务

"十三五"是全面建成小康社会、实现中华民族伟大复兴中国梦的关键时期。人口是影响中国经济社会发展的"常变量"，其长期趋势尤其是人口老龄化趋势，不仅会影响到"十三五"时期各项经济社会发展目标的实现，更关系到全面建成小康社会和中华民族伟大复兴中国梦的实现。中共十八届五中全会通过的《中共中央关于制定国民经济和社会发展第十三个五年规划的建议》中明确提出要"促进人口均衡发展"、"全面实施一对夫妇可生育两个孩子政策"和"积极开展应对人口老龄化行动"。根据上述精神，本报告主要探讨"十三五"时期我国的人口发展形势、面临的挑战以及应对人口老龄化的战略对策。

一　人口发展形势及预测

（一）"十二五"人口发展基本形势

"十二五"时期人口发展的基本形势是：人口增长保持低速，人口老龄化程度不断加深，人口流动持续扩大，并继续呈现向城镇地区聚集的趋势。

1. 人口自然增长率处于历史低位，出生人口规模缓慢回升

"十二五"头三年，中国人口继续保持低速增长。截至 2013 年底，中国总人口达到了 13.61 亿人，较 2010 年增加了约 2000 万人，年均增长约 660 万人。"十二五"时期人口自然增长率延续了"十一五"末期以来处于历史低位的趋势，保持在 5‰的水平（见图 1）。

中国人口转变主要受出生率变化影响，但这一特征在"十二五"时期有所变化：人口死亡率在下降到最低水平后的攀升对人口自然增长率变化趋势的影响逐渐增强。中国人口出生率在 2010 年达到 11.90‰的低位后开始缓慢上升，到 2013 年达到了 12.08‰，然而，人口自然增长率却仅从 2010 年的

4.79‰上升至 2013 年的 4.92‰，上升幅度小于人口出生率变化幅度，其原因主要是同期人口死亡率延续了 2003 年以来的上升趋势，从 2010 年到 2013 年上升了 0.05‰，抵消了人口出生率上升对自然增长率的作用（见图 1）。

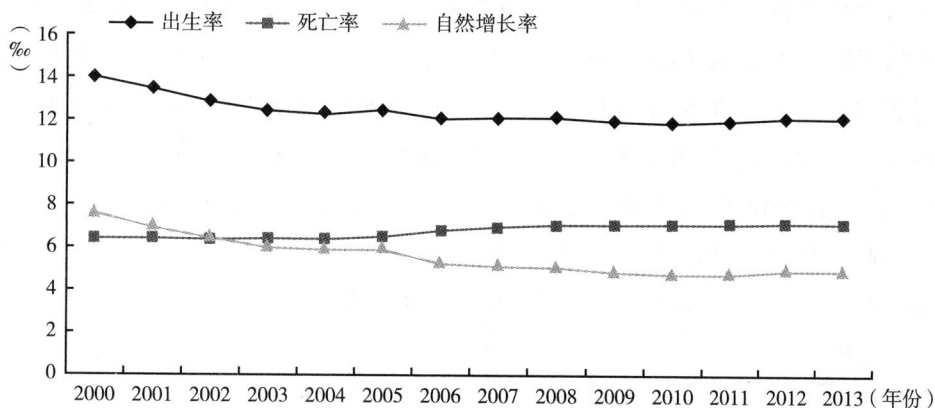

图 1　2000 年以来中国人口变动情况

资料来源：2014 年《中国统计年鉴》。

"十二五"时期的出生人口规模缓慢回升，出生人口规模为 1600 万人以上，并表现出逐渐上升之势。21 世纪以来，中国出生人口规模在 2003 年首次低于 1600 万人，此后虽然在 2005 年和 2008 年两次回到 1600 万人以上，但第二年就又回落到 1600 万人以下，2011 年再次回到 1600 万人以上后，并没有再出现回落，而是保持缓慢上升，到 2013 年达到了 1640 万人（见图 2）。

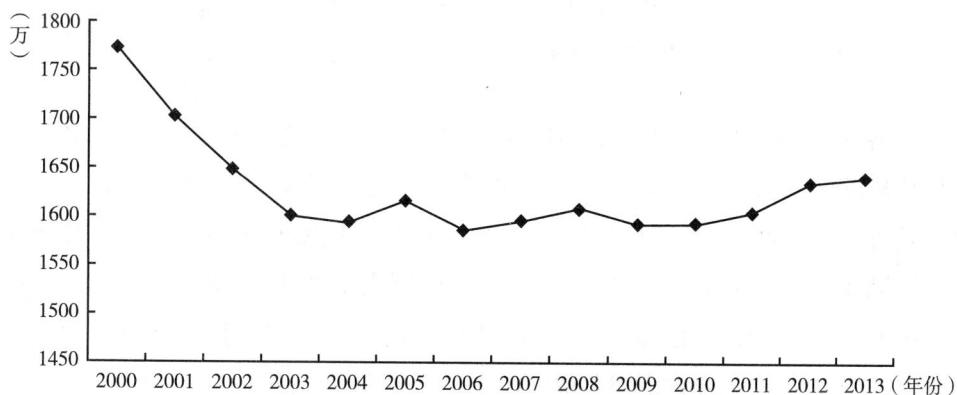

图 2　2000 年以来中国出生人口规模的变化

资料来源：根据 2014 年《中国统计年鉴》各年人口数和出生率数据计算。

2. 人口老龄化程度不断提高，总抚养比开始上升

人口老龄化程度不断提高是"十二五"时期人口年龄结构变化的主要特征。进入"十二五"时期以来，中国人口发展出现了少儿人口比例和劳动年龄人口比例双降、老龄人口比例上升的局面。0~14岁少儿人口比例延续了前期的下降趋势，从 2010 年的 16.6% 下降至 2013 年的 16.4%，但下降速度有所放缓；15~64岁劳动年龄人口比例在 2010 年达到 74.5% 的高峰基础上开始下降，2013 年下降至 73.9%；65 岁及以上老年人口比例则从 2010 年的 8.9% 上升至 2013 年的 9.7%（见图 3）。根据中国人口发展趋势，少儿人口比例将趋于稳定，劳动年龄人口比例则将继续下降，老年人口比例则将持续上升，到"十二五"时期末，预计将达到 10.5%。

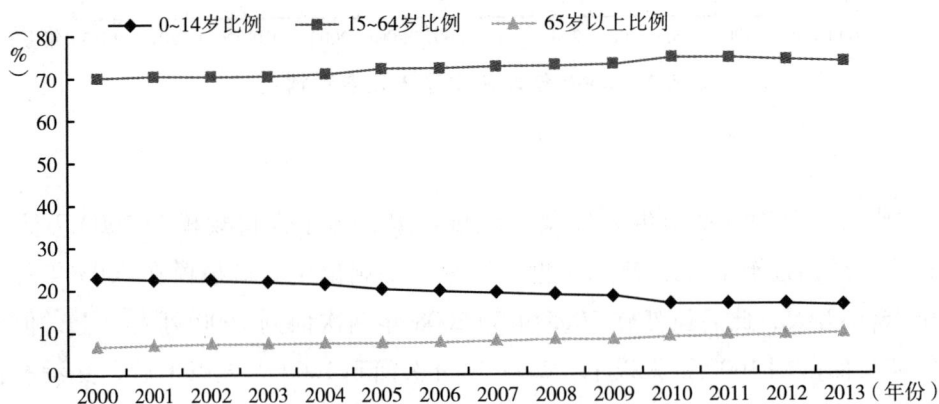

图 3 中国人口年龄结构变化趋势

资料来源：2014 年《中国统计年鉴》。

与各年龄段人口比例变化相联系，"十二五"期间中国人口总抚养比（65 岁及以上人口/15~64 岁人口）出现了上升，即劳动年龄人口的相对负担开始加重。进入"十二五"时期以来，由于少儿抚养比趋于稳定，老年抚养比不断上升，总抚养比开始从 2010 年的历史低位开始攀升。2011~2013年，少儿抚养比稳定在 22.1%~22.2%，老年抚养比则从 12.3% 上升到 13.1%，总抚养比也随之从 34.4% 上升至 35.3%（见图 4）。

3. 流动人口规模继续扩大，城镇化率不断提高

"十二五"期间，中国人口流动规模继续扩大。根据第六次人口普查数

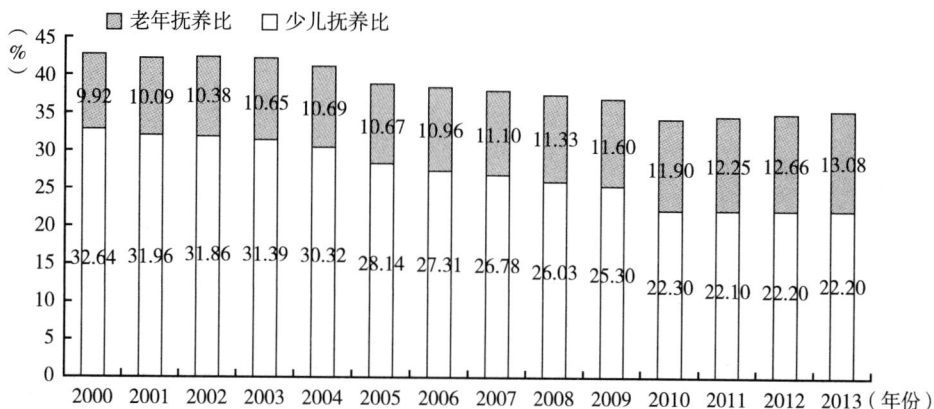

图4　中国人口抚养比变化情况

资料来源：2014 年《中国统计年鉴》。

据，2010 年普查时人户分离人口①达到 2.61 亿人，其中流动人口②为 2.21 亿人。进入"十二五"时期以来，人户分离人口和流动人口均继续上升（见图 5），到 2013 年人户分离人口达到了 2.89 亿人，年均增加约 930 万人；流动人口达到了 2.45 亿人，年均增加约 800 万人。如果按照"十二五"前三年平均增长规模推算，到"十二五"期末，人户分离人口将超过 3 亿人，流动人口将超过 2.6 亿人。

农民工是中国人口流动的主体。根据国家统计局的监测结果，2013 年外出农民工③达到了 1.66 亿人，其中举家外出农民工数量达到了 3525 万人（见表 1）。进入"十二五"时期以后，外出农民工规模虽然仍保持扩张态势，但增速明显减缓。2010 年，外出农民工增速达到了 5.52%，随后逐年下降，到 2013 年仅为 1.68%；与此同时，举家外出农民工的增速却从 2010 年的 3.54% 上升至 2013 年的 4.44%，举家外出农民工占全部外出农民工的比例从 2010 年的 20.03% 上升至 2013 年的 21.22%，农民工举家外出的趋势逐渐加强。

---

① 人户分离人口是指居住地和户口登记地不在同一乡镇街道的人口。
② 流动人口是指人户分离人口中不包括市辖区内人户分离的人口。市辖区内人户分离的人口是指一个直辖市或地级市所辖区内和区与区之间，居住地和户口登记地不在同一乡镇街道的人口。
③ 外出农民工指在户籍所在乡镇地域外从业的农民工。农民工指户籍仍在农村，在本地从事非农产业或外出从业 6 个月及以上的劳动者。

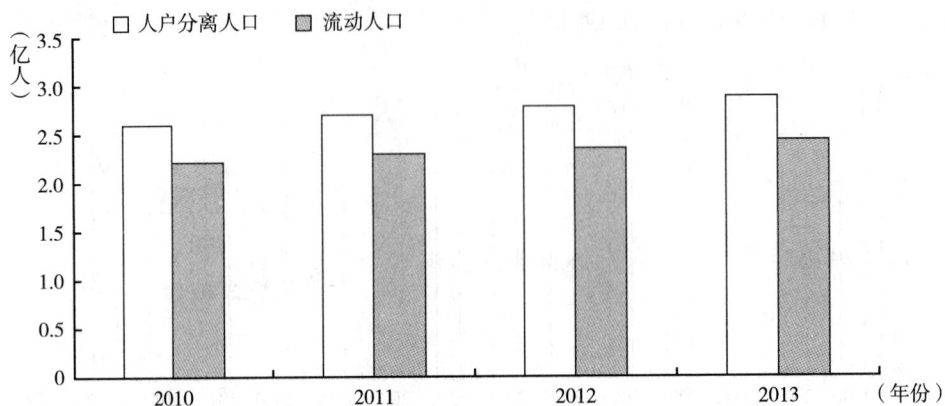

图 5　中国人户分离人口和流动人口情况

资料来源：2014 年《中国统计年鉴》。

表 1　农民工外出情况

单位：万人

指　标	2008 年	2009 年	2010 年	2011 年	2012 年	2013 年
外出农民工	14041	14533	15335	15863	16336	16610
其中：住户中外出农民工	11182	11567	12264	12584	12961	13085
举家外出农民工	2859	2966	3071	3279	3375	3525

资料来源：国家统计局《2013 年全国农民工监测调查报告》。

　　从外出农民工的流向看，东部地区仍然是农民工主要的流入地。2013年，7739 万人跨省流动，8871 万人在省内流动，分别占外出农民工的46.6% 和 53.4%。东部地区外出农民工以省内流动为主，中西部地区外出农民工以跨省流动为主。东部地区跨省流出农民工 882 万人，72.6% 仍在东部地区省际流动；中部地区跨省流出农民工 4017 万人，89.9% 流向东部地区；西部地区跨省流出农民工 2840 万人，82.7% 流向东部地区。在跨省流动农民工中，流向东部地区 6602 万人，占 85.3%；流向中西部地区 1068 万人，占13.8%[1]。

　　由于大规模人口流动，特别是农民工从农村向城镇的流动，"十二五"

---

　　[1]　引自国家统计局《2013 年全国农民工监测调查报告》。

时期城镇人口比例（城镇化率）快速提高。自 2000 年以来，中国城镇化率几乎成直线上升趋势，"十二五"时期依然延续了这一趋势，年均提高约 1.3个百分点，到 2013 年已经达到 53.73%（见图 6）。中国人口城镇化水平的快速提高与人口流动密切相关。根据统计局监测结果，外出农民工几乎 100%流向城镇，人口流动实际上是人口城镇化过程。2013 年，跨省流动的外出农民工流入城镇的比例是 99.1%；省内流动的外出农民工流入城镇的比例是100%；其中，跨省流动农民工主要流入大中城市，省内流动农民工主要流入小城镇[①]。

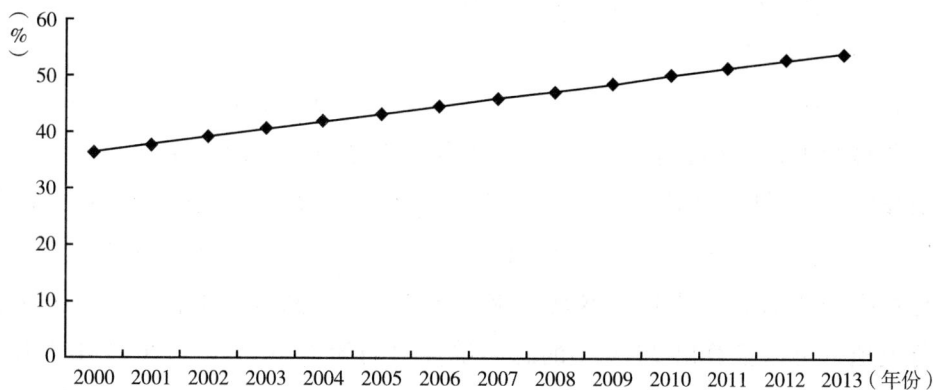

图 6　中国城镇人口比例的变化趋势

资料来源：2014 年《中国统计年鉴》。

（二）对当前实际生育水平的判断

当前我国人口问题之所以仍然存在较大争论，重要原因就在于对实际生育水平到底是多高缺乏统一认识。综合已有研究，我们判断我国实际生育水平在 2014 年应该在 1.5 左右，"单独二孩"政策的实施固然有可能使 2015 年生育水平出现小幅攀升，但总体影响并不大。

中国人口增长保持低速增长的根本原因在于人口已经进入低生育水平状态。自 20 世纪 90 年代初总和生育率低于更替水平以来，中国的生育水平持

①　引自国家统计局《2013 年全国农民工监测调查报告》。

续稳定下降。2010 年第六次人口普查数据显示，总和生育率仅为 1.18。虽然这一数字有可能低估中国实际的生育水平，但中国真实生育水平已经很低则是一个学术界公认的判断。第六次人口普查数据的回溯式模拟测算表明，1996~2003 年总和生育率为 1.4 左右；最近几年略有回升，大概也只有 1.5 的水平①。根据国家统计局的人口变动抽样调查，2013 年总和生育率也仅为 1.22，参考 2010 年普查生育水平和上述研究估计的生育水平之间的偏离程度，简单推算可知，中国 2013 年总和生育率应该不会超过 1.55，接近国际上公认的超低生育水平状态。进一步，我们以人口预测方法，根据 2011~2013 年的人口数、出生人口数和生育模式可以推算出，2011~2013 年总和生育率约为 1.47~1.48。

2014 年放开实施"单独二孩"生育政策后，普遍预期人口出生率、出生人数和总和生育率都有显著回升，但是实际情况却是申请"单独二孩"的数量明显低于预期，回升幅度十分有限。根据国家统计局公布的相关数据，2014 年出生人口 1687 万人，人口出生率为 12.37‰，死亡人口 977 万人，人口死亡率为 7.16‰，人口自然增长率为 5.21‰②。同样，根据人口预测方法进行模拟，可以推算出 2014 年的总和生育率约为 1.50。由于 2014 年 3 月以后怀孕的妇女预计将陆续在 2015 年开始生育，而各地区"单独二孩"政策基本上是在 3 月份以后逐渐放开的，因此 2015 年单独生育二孩的夫妇将会多于 2014 年。总体上，2015 年的出生人口数、出生率和总和生育率虽然会在 2014 年的基础上有所回升，但根据现在的情况推测，预计完成生育的数量仍然有可能低于预期，总和生育率估计不会超过 1.55 的水平，生育率将持续保持在超低生育水平状态。

（三）人口变动趋势预测

中国人口未来的发展趋势主要是：总人口将在 2026 年左右达到高峰后开始下降，劳动年龄人口及比例双双下降，老年人口及比例双双上升。

---

① 郭志刚：《六普结果表明以往人口估计和预测严重失误》，《中国人口科学》2011 年第 6 期，第 2~13 页。

② 数据引自北京晚报官方网站：《2014 年 GDP 数据出炉：首破 60 万亿，大陆总人口达 13.67 亿》，http://www.takefoto.cn/viewnews-288385.html。

1. 人口总量将在 2026 年左右到达高峰

按照前面对当前实际生育水平的判断，我们预测了中国人口的长期变动趋势。按照预测[①]，中国总人口将继续保持上升趋势，并在 2026 年左右到达高峰后下降。2015 年，中国人口将达到 13.75 亿，2020 年将有望突破 14 亿（见表2）。到 2026 年后，总人口达到峰值水平，大约为 14.13 亿人，随后总人口规模将不断下降，2030 年为 14.09 亿人，2040 年降为 13.41 亿人，2050 年下降为 13.00 亿人。

表2　中国总人口变化趋势

单位：亿人

年份	总人口	年份	总人口
2015	13.75	2025	14.13
2016	13.82	2026	14.13
2017	13.88	2027	14.13
2018	13.94	2028	14.12
2019	13.98	2029	14.11
2020	14.03	2030	14.09
2021	14.06	2035	13.95
2022	14.09	2040	13.73
2023	14.11	2045	13.41
2024	14.12	2050	13.00

资料来源：预测结果。

2. 劳动年龄人口比例持续下降，老龄化程度不断提高

15～59 岁劳动年龄人口及其占比在整个预测期内将保持下降趋势。2015 年约为 9.25 亿人，2025 年开始降至 8.79 亿人以下，2035 年降至 7.95 亿人，2045 年降至 7.21 亿人，到 2050 年约为 6.51 亿人。占总人口的比例 2015 年

---

① 预测期限及方法：本预测期限为 2010～2050 年，采用中国人口与发展研究中心开发的 PADIS－INT 人口预测软件进行预测。生育水平从 2015 年开始上升至 1.55 并保持不变，人口预期寿命非线性增长至 2050 年男性 78.77 岁、女性 83.67 岁。死亡模式采用联合国远东模型生命表。城乡迁移人口在 2020 年以前为每年 1000 万人，此后每 10 年减少 200 万人。

约为 67.26%，2030 年降至 59.20%，2050 年约为 50.05%。

老年人口规模和占比持续增长。60 岁及以上人口从 2015 年的 2.22 亿人一直增长至 2050 年的 4.92 亿人，占总人口的比例也从 16.16% 升高至 37.88%；65 岁及以上老年人口则从 2015 年的 1.45 亿人增长至 2050 年的 3.75 亿人，占总人口的比例从 10.52% 增长至 28.81%。

0～14 岁少儿人口将在 2020 年以后开始下降。2020 年以前，少儿人口将保持上升趋势，到 2020 年达到 2.35 亿人后开始下降，2030 年将下降至 2.03 亿人，2050 年将进一步下降至 1.57 亿人。占总人口的比例则在 2019 年达到 16.76% 后开始下降，2025 年下降至 15.94%，2035 年下降至 12.90%，到 2050 年为 12.07%（见表 3、图 7）。

表 3　中国人口年龄结构的变化趋势

年份	0～14 岁人口		15～59 岁人口		60 岁及以上人口		65 岁及以上人口	
	总量（亿）	占比（%）	总量（亿）	占比（%）	总量（亿）	占比（%）	总量（亿）	占比（%）
2015	2.28	16.57	9.25	67.26	2.22	16.16	1.45	10.52
2016	2.30	16.64	9.23	66.77	2.29	16.59	1.52	10.99
2017	2.32	16.71	9.20	66.31	2.36	16.99	1.60	11.49
2018	2.33	16.75	9.18	65.88	2.42	17.37	1.68	12.05
2019	2.34	16.76	9.15	65.44	2.49	17.79	1.76	12.57
2020	2.35	16.73	9.12	64.99	2.56	18.28	1.83	13.07
2025	2.25	15.94	8.79	62.19	3.09	21.87	2.12	15.00
2030	2.03	14.40	8.34	59.20	3.72	26.39	2.58	18.29
2035	1.80	12.90	7.95	56.98	4.20	30.12	3.12	22.38
2040	1.68	12.26	7.64	55.63	4.41	32.11	3.52	25.62
2045	1.63	12.14	7.21	53.74	4.58	34.12	3.65	27.18
2050	1.57	12.07	6.51	50.05	4.92	37.88	3.75	28.81

资料来源：预测结果。

3. 中国人口老龄化程度的国际比较

从国际视野来看，中国人口老龄化明显属于"未富先老"，即人口老龄

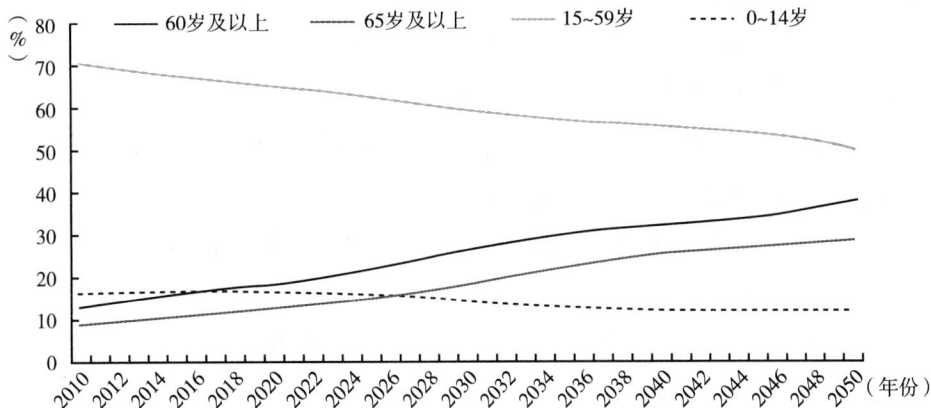

图 7　中国人口年龄结构的变化

资料来源：预测结果。

化程度超前于经济发展水平。直观来看，中国人口老龄化水平高于经济发展水平相当的一些国家和地区。利用联合国发布的 2010 年人类发展指数中的各国家和地区人均国民收入（GNI）指标代表各自的经济发展水平，并以联合国人口展望（2012）公布的各国和地区 2010 年人口年龄结构数据计算出各自的老龄人口比重，可以直观地观察出中国人口老龄化与经济发展水平的不一致性。2010 年，在两类数据均可收集的 161 个国家和地区中，中国人均国民收入排（自高到低）第 81 位，而 60 岁及以上老年人口比例则排（自高到低）第 55 位，65 岁及以上老年人口比例排第 56 位。在比中国人均国民收入高的 80 个经济体中，有 30 个经济体的 60 岁及以上人口比例低于中国，而在人均国民收入低于中国的 80 个经济体中，仅有 4 个经济体的 60 岁及以上人口比例高于中国[①]。

我国人口老龄化推进速度非常快。1990 年时我国 65 岁及以上人口比例为 5.6%，世界人口的平均水平约为 6.2%，但是到 2000 年我国 65 岁及以上人口的比例在与世界平均水平已经大体相当，均为接近 7%，说明这段时间中国人口老龄化速度明显快于世界平均水平，10 年时间就填平了约 0.6 个百

---

① 林宝：《人口老龄化与城镇基本养老保险制度的可持续性》，中国社会科学出版社，2014。

分点的差距①。到 2010 年，中国 65 岁及以上人口比例为 8.87%，已经高于世界 65 岁及以上人口比例。根据联合国的相关人口预测（中方案）数据以及本研究关于中国人口老龄化发展趋势的预测，未来中国人口老龄化速度仍将明显快于世界平均水平。世界 65 岁及以上人口比例约需要 40 年的时间从 7% 上升至 14%，而中国可能只需要 23 年的时间。而 65 岁及以上人口比例从 14% 到 21%，世界人口大约需要 50 年的时间，而中国人口则大约只需 11 年的时间。即便与联合国关于世界人口预测的低方案相比，中国 65 岁及以上人口比例从 7% 上升至 14%、从 14% 上升至 21% 的时间也分别要短 12～13 年。

（四）人口变动与经济发展之间的关联

世界各国的发展历程表明，生育水平、人口年龄结构变化等人口因素与经济增长之间表现出非常强的关联性：经济发展会降低生育水平，同时生育率下降引起的人口年龄结构变化又会影响经济增长，因而保持适度的生育水平有利于经济增长。

1. 经济发展水平与生育率呈负向关系

世界各国的发展历史表明：随着社会经济发展，生育率随之下降。根据联合国《世界人口展望》数据，图 8 展示了按发达程度分的世界不同地区的总和生育率（TFR）变动趋势，随着社会发展，所有地区的生育水平均在下降，1950～2000 年，发达国家（或地区）的 TFR 由 2.83 下降到 1.66，较不发达国家（或地区）的 TFR 由 6.02 下降到 2.41，就连最不发达国家（或地区）的 TFR 也由 6.55 下降到 4.53；同时，越是发达地区的生育水平越低，越是不发达地区的生育水平越高。不同国家的人均 GDP 和总和生育率的关系也反映了这一点：随着人均 GDP 不断提高，总和生育率呈下降趋势（见图 9）。

在人类发展的不同历史阶段，生育率与经济增长的关系也不同。在农业社会，生育水平高，人口呈几何级增长，人均收入呈算术级增长，因此，人类社会陷入马尔萨斯陷阱长期不能突破。1800 年左右开始了工业革命，人口变量与其他经济变量之间的相互关系开始发生变化，人均收入的增加不仅不会再像工业革命以前那样会刺激人口增加，到 20 世纪末反而出现经济发达国

---

① 世界人口相关数据见：*World Population Prospects：the 2012 Revision*，United Nations，http：//esa. un. org/unpd/wpp/unpp/panel_ indicators. htm。

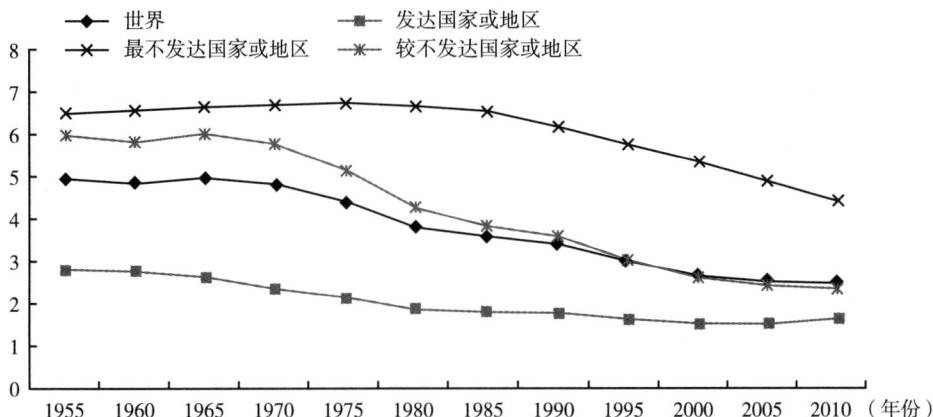

图8　世界不同地区的 TFR

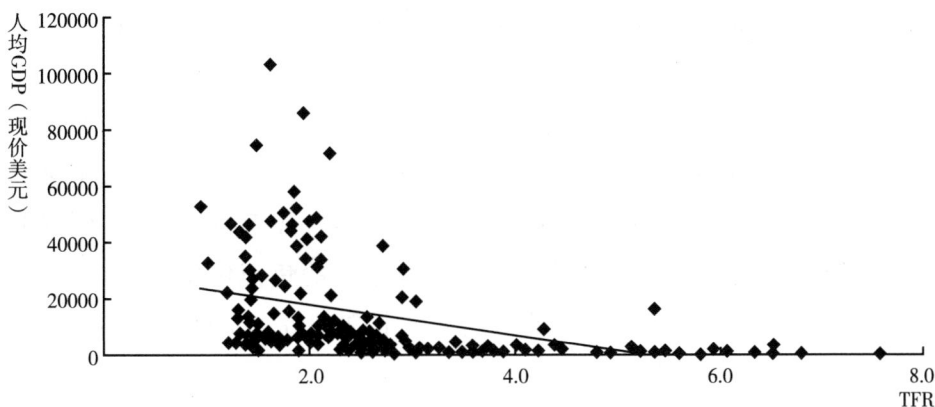

图9　人均 GDP 与总和生育率的关系

注：散点图数据来自 187 个国家或地区，其中人均 GDP 数据来自世界银行数据库；
TFR 数据来自联合国《世界人口前景》数据库。

家生育率下降的普遍趋势（Habakkuk and Postan，1965）[①]。在工业化进程中，经济增长与生育率的反向关系可以从社会和家庭两个方面来解释。

从家庭层面来说，随着家庭收入的增长，抚养子女逐渐变成"不划算"的行为。Leibenstein（1957）与 Becker（1960）运用消费者行为理论对养育

[①]　Habakkuk，H. J. and Postan，M. *The Industrial Revolutions and After：Incomes，Population and Technology Change.* Cambridge：Cambridge University Press，1965.

子女进行了经济学分析，他们认为子女是一种特殊的消费品，生育行为是消费者对子女需求所做出的反应①。"家庭生产函数"（Schultz，1973）和"全收入"（Becker，1965）理论认为，随着父母工资水平的提高，家庭收入增加的同时也使养育子女的机会成本上升，从而会降低人们的生育意愿，抑制对子女数量的需求②。

从社会层面来说，现代化因素导致推迟生育和少生子女。Esterlin（1985）将中间变量与社会经济变量相结合对生育率进行综合分析，认为生育率转变理论的核心是现代化因素，城市化促进传统农业社会向现代工业社会转变，从而会冲击传统婚育观念；同时就业竞争和生活不安定会促使进城人口推迟婚育年龄；而且，从农村流动到城市的居民，其生育率也较之前更容易得到控制③。过去的大多数研究文献表明经济增长会对生育率产生负向影响（Galor and Weil，1996；Doepke，2009)④⑤，即经济发展水平越高，生育率越低。

2. 人口老龄化对经济增长有负面影响

人口老龄化会减缓经济的增长，从 2013 年各国经济增长率与老龄化之间的关系来看，GDP 增长率越高的国家，老龄化（65 岁及以上人口比例）比例越低（见图 10）。Hviding et al.（1998）使用代际重叠模型对 7 个 OECD 国家进行建模，证明了人口老龄化对经济有显著的负面作用⑥。有些学者对人口老龄化给经济带来负面影响的预估甚至非常悲观：全球的老龄化将吞噬世界经济，并且将可能威胁到民主政治本身（Peterson，1999)⑦，还将使我们的社会安全和医疗系统变得不稳定（Greenspan，2003)⑧。

---

① Becker，G. *Demographic and Economic Change in Developed Countries*（Princeton：Princeton University Press，1960）.

② Schultz，T. W.，"New Economic Approaches to Fertility," *Journal of Political Economy*（81），1973，p. 2.

③ Esterlin，R. A. *The Fertility Revolution：A Supply-Demand Analysis*（Chicago：Chicago University Press，1985）.

④ Galor O.，Weil，D. N.，"The Gender Gap，Fertility and Growth," *American Economic Review*（89），1996，pp. 150 – 154.

⑤ Doepke，M. "Accounting for Fertility Decline during the Transition to Growth. *Journal of Economic growth* 9（3），2004，pp. 347 – 383.

⑥ Hviding，K.，Mérette，M. Macroeconomics Effects of Pension Reforms in the Context of Ageing：OLG Simulations for Seven OECD Countries. OECD Working Paper No. 201，1998.

⑦ Peterson，P. G. "Gray Dawn：The Global Aging Crisis," *Foreign Affairs*，1999.

⑧ Greenspan，A. Aging Global Population. Testimony before the Special Committee on Aging，U. S. Senate，2003.

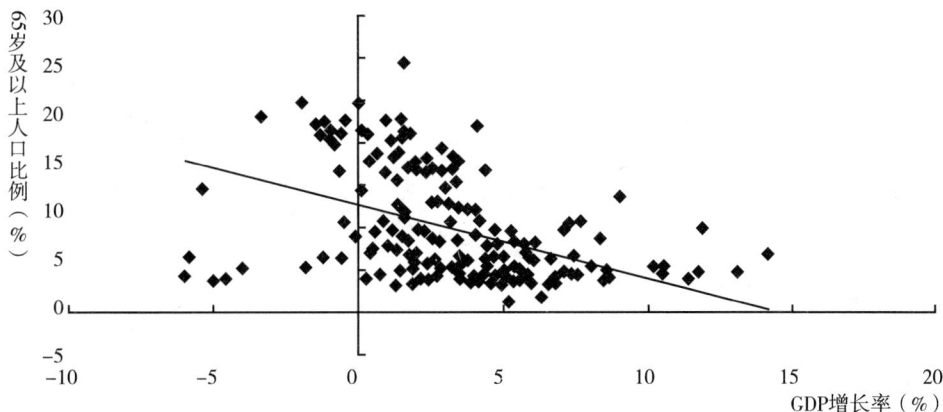

图 10　2013 年各国 GDP 增长率与 65 岁及以上人口比例的关系

　　日本"失去的十年"和欧债危机是人口老龄化对经济增长产生负面作用的两个典型的例子（见图 11）。日本经济起飞始于 20 世纪 50 年代初，与其人口转变的"人口红利期"相吻合。直至 20 世纪 90 年代之前，日本人口抚养比一直低于 50%，日本的经济也持续保持平均 5% 的增长速度。但随着人口老龄化，日本的抚养比呈现上升趋势，日本经济也开始持续萎靡不振。一些研究认为，人口老龄化及其养老体制是导致日本经济长期增长衰退的主要因素之一[①]（Hewitt，2003）。

　　近年发生的欧债危机使得欧洲许多老牌工业国家的经济一蹶不振，其中最重要的两个原因是高福利与老龄化。20 世纪末，欧洲整体上进入了超低生育率时代，人口寿命延长导致抚养比迅速提高，老年人口比例大幅度增加，高福利体制带来了沉重的养老金压力。2009 年，欧元区 17 国和欧盟 27 国的社会保障支出占 GDP 的比重分别为 30.41% 和 29.61%，其中养老金支出占 GDP 的比重都超过了 13%，而意大利、法国、西班牙、希腊甚至超过这个平均水平。不仅如此，高福利和人口老龄化也导致了欧洲劳动力成本的提高，进而加速了国内产业向新兴发展中国家转移的步伐，劳动生产率追不上劳动成本，导致资本出走，致使整个经济增长乏

---

　　① Paul S. Hewitt, The Gray Roots of Japan's Crisis, Asia Program Special Report, No. 107, Woodrow Wilson International Center for Scholars, 2003.

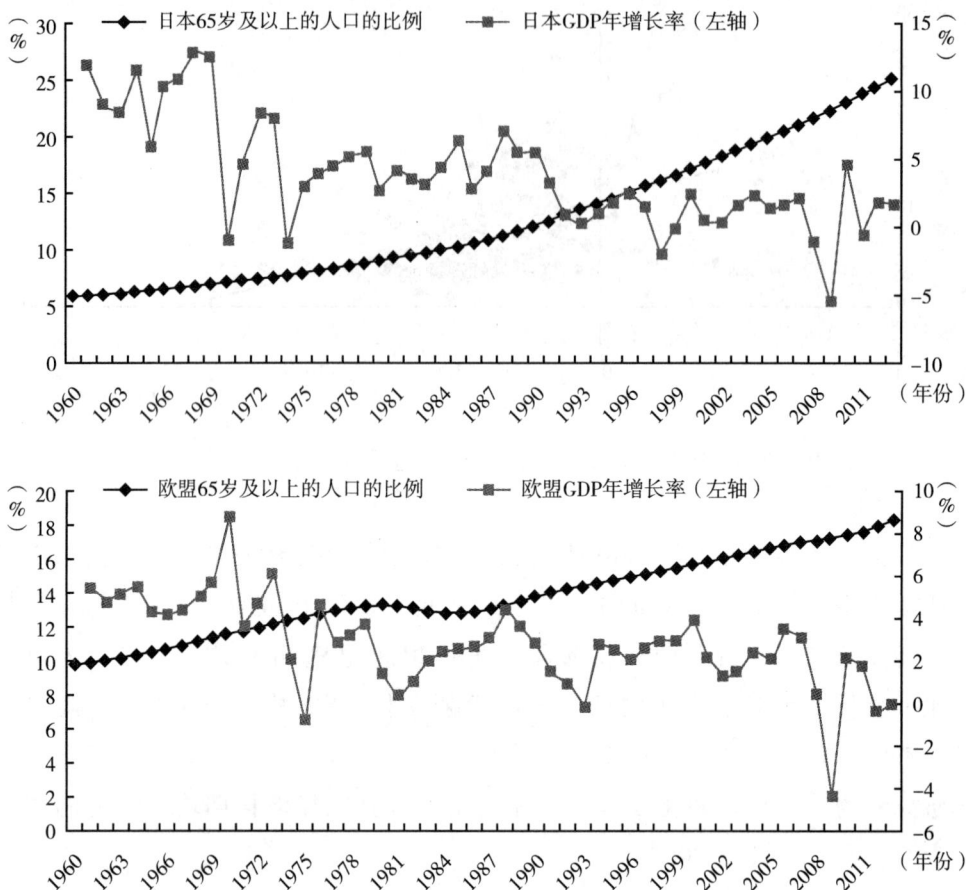

图 11　日本与欧盟的 GDP 增长率与 65 岁及以上人口比例的相关关系

力，2011 年欧元区国家和欧盟国家的经济增长率分别只有 1.2% 和 1.5%。如果欧债危机国家不能恢复和提高人口结构的活力，就难以摆脱"高福利陷阱"。

人口老龄化对经济增长影响主要体现在消费、储蓄率、劳动生产率、人力资本形成以及社会养老负担等方面。人口老龄化导致劳动力供给短缺，影响实体经济的发展；人口老龄化加剧会使得消费与储蓄的增长路径和稳态均衡值发生改变，最终导致消费率和储蓄率的双重下降；人口老龄化使得政府财政负担越发沉重，还有研究表明，未来 20 年内全球利率将呈现下降趋势，下降的幅度将取决于公共养老金支出的情况。

3. 保持适度生育水平有利于经济持续增长

在人口转变过程中，存在一个劳动年龄人口占比高的"人口红利期"，人口生产性强、社会储蓄率也高，有利于经济增长[①]。"人口红利"是"二战"后东亚国家经济快速增长的主要源泉之一。以亚洲"四小龙"为代表的东亚地区，克服资源贫乏的制约，自步入高速经济增长快车道之后，一直保持了40年的快速增长。1960~2000年，韩国、中国香港、新加坡、泰国和马来西亚GDP年均分别增长7.9%、7.8%、8.7%、7.1%和7.1%，被誉为"东亚奇迹"。许多专家认为，东亚国家的经济高速发展来源于两个动力，一是人力资本的积累，包含劳动力供给的增加、劳动参与率的提高和劳动力素质的持续提高；二是人口年龄结构转变带来的高储蓄和高投入（Young，1994；Krugman，1994)[②]。东亚地区人口转变开始于20世纪40~50年代，人口年龄结构处于高少儿抚养比阶段，经济增长受到抑制，而人口抚养比在1970年后才开始缓慢下降。1970年以前，东亚地区人均GDP大约增长2%，且起伏不定。从20个世纪60年代末开始，东亚地区劳动人口迅速增加，儿童、老年人口的比重相对下降。1965~1990年劳动年龄人口年均增长2.43%，是非劳动人口增长率的近4倍。而1970~1995年，东亚人均GDP增速高达6.1%。根据估算，人口红利因素对东亚经济增长的贡献为25%~30%[③]。

但是，由于生育率的下降，人口老龄化会给经济增长带来负面影响。发达国家的经验表明，经济增长率与总和生育率呈现正相关关系，从1960年至今，随着生育水平的下降，各国的经济增长速度也随之放缓（参见图12）。为了保持经济增长的活力，许多极低生育率的国家开始实施鼓励生育的政策，生育水平出现回升迹象，比如法国、英国、日本等。因此，保持适度生育水平有利于经济持续增长。

① 王德文、蔡昉：《中国人口与劳动问题报告》，社会科学文献出版社，2006。

② 李扬、殷剑峰：《劳动力转移过程中的高储蓄、高投资和中国经济增长》，《经济研究》2005年第2期。

③ Williamson, Jeffrey. Growth, Distribution and Demography: Some Lessons from History, NBER Working Paper, No. 6244, 1997.

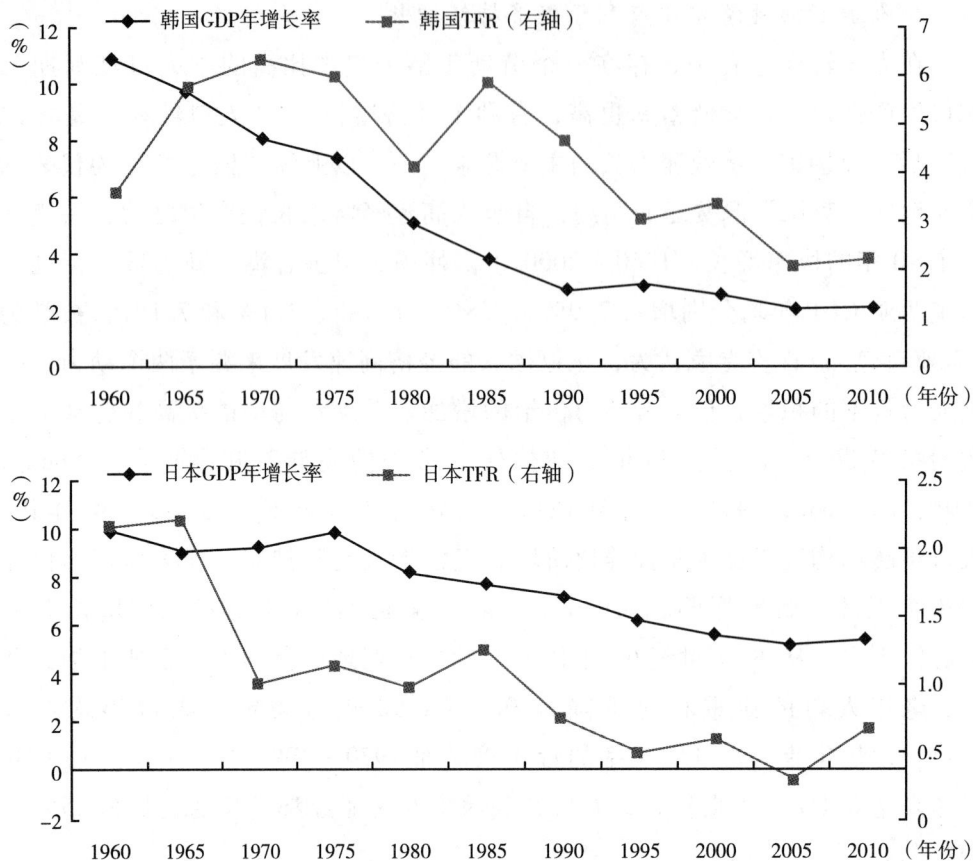

图 12　韩国、日本的 GDP 增长率与 TFR 变动

二　人口快速老龄化带来的挑战

　　"十三五"期间，中国人口发展面临诸多挑战，尤其是人口结构性矛盾突出，人口失衡将对社会经济发展产生巨大影响。《国家人口发展"十二五"规划》已经指出，人口结构性矛盾成为影响经济社会发展的重大问题。我国出生人口性别比长期居高不下，老年人口比重不断提高，人口抚养比开始上升，区域间、城乡间人口发展不平衡，人口结构性矛盾对经济社会发展的影响日益深刻。根据目前的人口发展形势，"十三五"期间中国人口结构性矛盾将更加突出，尤其是人口老龄化的影响将日益凸显，其挑战主要表现在如下几个方面。

（一）人口快速老龄化使传统经济发展方式难以为继

人口老龄化对经济发展的影响是全面、深刻而普遍的，人口老龄化将对经济增长、储蓄、投资与消费、劳动力市场、养老金、税收及世代传递产生冲击①。可以预见的是，"十三五"期间，劳动年龄人口下降引起的劳动力供给不足和成本上升，将使中国传统的经济发展方式难以为继。

人口变化已使中国劳动力市场发生了深刻的变化。2004 年以来，中国劳动力市场已经发生了大的转变，出现了刘易斯转折点，劳动供给从无限供给转向了有限供给②。"十一五"期间，劳动力短缺就呈现出不断严重的趋势③，"十二五"时期继续发展的劳动力短缺局面在"十三五"时期将持续。

在"十三五"时期，15 ~ 59 岁劳动年龄人口继续下降。2012 年，中国15 ~ 59 岁劳动年龄人口数量首次出现了下降④，标志下降历程就此开始，"十二五"期末将下降至 9.25 亿人，"十三五"时期会进一步下降，到期末预计将接近 9.12 亿人。在劳动参与率不发生显著变化的情况下，可以预见"十三五"期间，中国劳动力供给总体呈现下降趋势。与劳动供给不同的是，"十三五"时期的劳动力需求将依然保持强劲势头。城乡就业人员继续保持上升趋势，"十二五"期间城乡就业人员总量平均每年增加约 290 万人，城镇就业人员数每年增加超过 1100 万人。即便考虑到中国经济进入新常态以后的减速因素，如果能保持近年来的就业弹性，城镇就业人员每年也可增加700 万 ~ 800 万人。综合劳动供求变化趋势，"十三五"期间出现的全局性劳动力供给相对不足将成为常态。

劳动力短缺的直接影响是劳动力成本快速上升。自 20 世纪 90 年代末以来，劳动市场上正规劳动力的工资水平一直保持两位数的增长，近年来农民工工资也出现了相应上涨⑤。"十二五"时期是农民工工资快速增长的时期，

---

① United Nations, *World Population Ageing 1950 – 2050*. New York, 2001.
② 蔡昉：《劳动力无限供给时代结束》，《金融经济》2008 年第 3 期。
③ 都阳：《人口转变、劳动力市场转折和经济发展》，《国际经济评论》2010 年第 6 期。
④ 朱剑红：《劳动年龄人口首次下降》，人民网，http://finance.people.com.cn/n/2013/0119/c1004 – 20256249.html。
⑤ 蔡昉：《中国劳动力市场发育和就业变化》，《经济研究》2007 年第 7 期。

2011～2013 年农民工实际工资水平年均上涨接近 12%①，高出同期城镇单位在岗职工平均实际工资增长率约 4 个百分点。由于农民工工资整体上仍然大大低于城镇职工平均工资，随着劳动力短缺的全局性发展，农民工在劳动力市场上的地位将更加重要，其议价能力将进一步增强，因此，预计"十三五"期间农民工工资仍然将呈快速上涨趋势，从而并带动劳动力成本的整体上涨。

劳动力成本上涨将对中国经济的长期增长产生重要影响。劳动力丰富并便宜，是中国在国际贸易中享有比较优势的主要原因②，也是中国经济起飞和发展的重要条件。劳动力成本上涨将损害中国的比较优势，对出口产生重大影响，进而削弱中国的经济增长势头。因此，"十三五"期间，中国必须寻找经济增长的新动力源泉，以适应人口变化所带来的劳动力市场变化的影响。

劳动力短缺不仅表现在城镇，农村劳动力短缺问题也会在"十三五"期间逐渐显现。农村劳动力的短缺不是绝对数量的不足，而是适应农业现代化的新型农民的短缺。各种迹象表明，农村青壮年劳动力已经转移殆尽，农业劳动力以老人和妇女为主，但是农业现代化进程对农业劳动力的要求也越来越高，"十三五"期间农村劳动力问题将逐渐凸显，并可能对农业生产产生实质性影响，因此必须考虑谁将是未来农村和农业的劳动力，进行一些必要的准备。

（二）老年人口快速增加带来社会治理新难题

当前，我国仍然处于社会转型期，社会利益多元化、社会矛盾多发、社会管理机制体制不顺等问题还十分突出。老年人作为社会的一个重要群体，其社会管理问题将直接关系到创新社会治理体系的成败。"十二五"时期出现的一些社会现象已经反映出当前在老年人社会管理上的薄弱，如广场舞扰民问题、退休人员参加非法政治集会等。可以预见，"十三五"时期老年人社会管理问题将进一步凸显，对创新社会治理体系提出严峻挑战。做出这一判断，主要有以下几个原因。

---

① 根据国家统计局《2013 年全国农民工监测调查报告》中的农民工收入和《中国统计年鉴》中的相关价格指数测算。

② 蔡昉：《劳动力无限供给时代结束》，《金融经济》2008 年第 3 期。

一是"十三五"时期老年人口规模进一步扩大。根据预测,"十三五"期间我国 60 岁及以上老年人口规模将从期初的 2.3 亿人左右逐渐增长至期末超过 2.5 亿人。老年人口规模扩大,意味着老年人的社会问题涉及面会更广、涉及人群会更多,人群放大效应将更加明显。

二是"十三五"时期也是老年人利益诉求进一步多元化的时期。当前,我国各社会群体利益多元化趋势十分明显。"十三五"作为我国跨越"中等收入陷阱"的关键时期,人均国民收入有望突破 1 万美元,随着收入水平提高,老年人群的利益诉求也会随着社会经济状况的改变而日益多元化,各种社会矛盾和利益冲突都或多或少会在老年群体身上显现,老年人的利益诉求可能会逐渐从经济利益升到社会地位与政治权利等等,如何回应老年人的利益诉求将是"十三五"期间的一项重要工作。

三是"十三五"时期继续全面深化改革,将触动部分老年人的利益,可能引起一定的反弹。老年人本来就是个人、家庭和社会等多重转型(或转折)的结合点,面临多重冲击,容易产生负面社会情绪。在个人层面,可能面临退休、失能等人生转折;在家庭层面,面临空巢、丧偶等转折;在社会层面,既面临社会的整体转型,也面临着社会生活方式的转变。"十三五"时期将继续推进的收入分配制度改革、养老金制度改革等都将对社会各阶层的利益进行调整,必然也波及老年人,这些改革冲击一旦与部分老年人原本存在的负面情绪结合起来,可能加深部分老年人对社会的不满或引发一些社会矛盾。

四是老年人社会管理手段相对缺乏。在计划经济时代,对老年人的社会管理大多依赖于单位和基层组织,随着市场化改革,老年人也从单位人变成了社会人,对老年人的管理更多依赖于社会化的方式。但是,从目前来看,社会化管理手段还十分缺乏,对老年人的管理十分薄弱。中共十八届三中全会通过的《中共中央关于全面深化改革若干重大问题的决定》将创新社会治理体系是"十三五"及今后一段时间中国面临的重要改革任务之一,提出要改进社会治理方式,坚持系统治理、依法治理、综合治理和源头治理。但是,创新社会治理体系也是一个渐进的过程,在此过程中,如何运用合理手段加强老年人社会管理仍然是一个重大的课题。

(三) 老年收入保障体制机制亟待完善

"十三五"时期,中国老年收入保障体系也将面临人口老龄化的巨大冲击。在面对人口老龄化快速发展的形势下，如何通过制度改革改善老年收入保障的公平性和有效性，将是"十三五"面临的重大课题。

随着人口老龄化形势日趋严峻，养老金制度的公平性日益引人关注。首先是不同人群之间的公平问题。长期以来，养老金双轨制、地区分割、城乡差异等造成了不同地域、不同身份的人在养老金待遇上存在较大的差距。理论上讲，人群之间的差异不可避免，但是如何合理确定这些差异则涉及公平性的问题。近期进行的一些制度改革，如统一城乡居民基本养老保险制度、机关事业单位人员养老保障制度改革等是改进制度公平性的重要措施，但是无论是从制度设计本身，还是从社会期望来看，还有很多事情要做，特别是如何合理确定制度参与者的权利与义务等方面还需要进一步推进。其次是代际公平问题。养老金制度改革涉及新旧制度之间的转换，如何保障新旧制度参与者的利益，实现制度的平稳转轨和代际公平，也是"十三五"期间必须面对的问题。

人口老龄化对老年收入保障体系最直接的挑战来自支付压力。"十三五"时期，我国65岁及以上老年人口抚养比将快速上升，将从期初的15.2%上升至期末的18.6%左右，养老负担将急剧上升。改革以后的机关事业单位人员养老保险制度、城镇职工基本养老保险制度和城乡居民基本养老保险制度都采用了社会统筹和个人账户相结合的筹资模式，对于这三种制度而言，人口老龄化不仅将改变统筹部分养老金领取者和缴费者的数量对比，还将改变个人账户部分资金的领取时间，对制度的财务可持续性产生直接的影响。以城镇职工基本养老保险为例，如果不考虑前期资金积累的因素，单就年度资金平衡而言，"十三五"时期就有可能出现收不抵支的情况。

人口老龄化对城乡最低收入保障制度、计划生育家庭奖励扶助制度的资金压力也明显加大。老年人是城乡低保制度的重要保障群体，随着人口老龄化程度提高，家庭内部的抚养比也显著升高，家庭内部资源不足可能导致更多老年人陷入贫困并进入城乡低保制度保障范围，可以预见，如果城乡居民养老保障制度保障水平没有明显提高，"十三五"期间老年人对城乡低保的依赖性将会有所加强。而随着独生子女父母逐渐进入老年，"十三五"期间符合奖励扶助对象的老年人也将快速增长，从而对奖励扶助制度的资金需求也将快速上升。

（四）养老服务供给不足威胁家庭和谐、社会稳定

"十三五"时期人口老龄化将带动养老服务需求快速上升。"十三五"时期养老服务需求增长主要取决于三个因素。一是老年人口数量的增长。"十二五"期末，60 岁及以上老年人口数量将超过 2.2 亿人，"十三五"期末则将超过 2.5 亿人。二是老年人口中寻求养老服务的比例升高。家庭少子化、小型化和人口流动导致家庭内部难以解决养老问题，老年人不得不转而寻求社会服务。三是养老服务需求也将升级。随着社会经济发展水平的提高，老年人口的养老服务需求也将呈现多元化的趋势，基本养老服务也应逐步向个性化养老服务发展。

不能自理老年人口的数量增长情况可以从一个侧面反映养老服务需求随老年人口增长而增加的情况。第六次人口普查调查了我国 60 岁及以上老年人口的自理能力状况，揭示了我国老年长期护理需求的基本情况。普查结果显示，中国 60 岁老年人口中，生活不能自理的比例约为 2.95%，不健康但生活能自理的比例约为 13.9%，其他为健康或基本健康，以此结合普查时中国 60 岁及以上老年人口数量，可以推算出 2010 年不能自理老年人口约为 523.4 万人。根据预测，到"十二五"期末，不能自理老年人口数量将达到 625 万人；到"十三五"期末则将增加至 740 万人，较 2010 年增加约 40%①。不能自理老年人口数量的快速增长将导致以护理需求为主的养老服务需求快速增长。

养老社会化是社会转型的必然结果。在社会转型期，由于家庭规模缩小和其他社会经济因素的变化，家庭养老服务能力呈缩小之势，对社会养老服务需求的依赖性逐步增强。家庭小型化是中国家庭结构变化的趋势之一，同时由于长期较为严格的计划生育政策和人口转变，"十三五"期间将是 20 世纪 80 年代实施计划生育的夫妇集中进入老年的阶段，新进入老年的人口队列子女数明显减少，而大规模的人口流动又造成了父母与子女之间的分离，因此，无论是从客观上还是从主观上，这批老年人都将对社会养老服务甚至是公共养老服务有更多的需求和要求。

随着社会经济发展水平的提高，老年人的养老服务需求也向更高层次发

---

① 根据人口预测结果和第六次人口普查得到的不能自理老年人口的年龄性别分布计算。

展。在社会保障制度逐步完善和收入水平普遍提高的情况下，大多数老年人的经济供养问题得到解决，加之老年人的收入分化也比较严重，养老服务需求也逐渐从基本养老服务向多元化发展，不同老年人处于不同的需求层次，对养老服务需求也会提出不同的要求。当社会养老服务无法满足老年人的需求时，就可能引发社会问题，如近年来颇受关注的广场舞问题，实际上已经形成了一定的代际冲突，必须引起重视。"十三五"期间，社会养老服务需求将进一步分化和升级，满足不同层次的养老服务需求成为政府和社会共同面临的挑战。

养老服务需求的快速增长对养老服务体系建设和养老服务业发展提出了迫切的要求。当前的社会养老服务体系建设还存在一系列问题，如政府公共服务职能不到位，对养老服务体系建设的推动不力；社区养老服务发展严重滞后，无法对居家养老形成有效支撑；养老机构功能紊乱，质量参差不齐，影响机构养老的补充作用。2013年国务院发布的《关于加快发展养老服务业的若干意见》指出，养老服务和产品供给不足、市场发育不健全、城乡区域发展不平衡等问题还十分突出。要从国情出发，把不断满足老年人日益增长的养老服务需求作为出发点和落脚点，健全养老服务体系，满足多样化养老服务需求，努力使养老服务业成为积极应对人口老龄化、保障和改善民生的重要举措，成为扩大内需、增加就业、促进服务业发展、推动经济转型升级的重要力量。"十三五"时期是发展养老服务业的关键时期，发展养老服务业将成为整个社会面临的一项重要任务。

三　应对人口老龄化战略对策

应对人口老龄化需要从两个方面入手：一是寻求缓解人口老龄化程度的政策手段，即通过政策来改变人口老龄化趋势；二是建立体制机制积极应对人口老龄化带来的不利影响，即采取措施消除或减轻人口老龄化的影响[①]。在现阶段，前者需要调整计划生育政策，后者则需要进行一系列的制度建设和改革。

---

① 林宝：《北京市人口老龄化问题与战略选择》，《北京社会科学》2011年第1期。

（一）全面放开二孩生育，尽快让生育决策回归家庭

在人口发展所面临的一系列问题中，生育水平变化始终居于核心地位。改善人口发展失衡局面，必须从调整过低生育水平入手，否则都只能是治标不治本。因此，进一步完善生育政策、调整过低生育水平是"十三五"时期人口发展的根本问题。

1. 全面放开二孩生育时机已经成熟

当前我国人口自身的结构性矛盾都可以说在一定程度上源于生育水平快速下降，而人口政策是生育率快速下降的重要原因。人口变化是一个缓慢的过程，政策调整效果常常要一代人或几代人后才能得到体现。人口政策的调整必须站在战略的高度，并从长远观点来审视政策调整的综合影响。

我国实施人口控制政策已经超过 30 年，妇女总和生育率自 20 世纪九十年代初低于更替水平以来，也已有超过 20 年的时间。从国际上来看，在那些过去曾经采取抑制生育政策的国家，当生育率低于更替水平（2.1）10 ~ 15 年后，这些国家都开始从限制生育转为鼓励生育。如果从生育率低于更替水平算起，中国到 2005 年就已经经历了 15 年的时间，而直到 2014 年才放开"单独二孩"政策，而且当前生育政策调整的基本方向依然是限制生育，与鼓励生育背道而驰。从"单独二孩"政策实施效果来看，实际生育情况低于预期，这说明过去的预期存在对群众生育意愿和生育潜力的高估。2015 年是"十二五"的最后一年，进一步完善生育政策、全面放开二孩生育的条件应该说已经成熟。全面放开二孩生育虽然有可能会引起生育水平的波动，但并不会引起大幅度全面反弹。这主要是因为，随着社会经济发展水平的提高，我国育龄夫妇的生育意愿已经发生根本改变，二胎生育意愿已经不高，多种调查显示，符合政策的家庭愿意生育二孩的比例约在 50%，同时考虑到按照生育意愿真正实现二孩生育行为的比例更低，且生育要在多年内逐渐实现，实际上引起生育水平大幅反弹的可能性很小。从国际经验来看，在生育水平降低到 1.5 及以下后，即便是鼓励生育，效果也十分有限，不会出现大幅度反弹。事实上，如果一个社会长期维持超低生育水平，那么有助于维持低生育水平的经济、社会以及文化环境将会得到不断强化，即使采取鼓励生育的人口政策，生育率也难以回升，现在世界上很多低生育水平国家采取鼓励生

育的政策难以提升其生育水平的原因也正在于此。

全面放开二孩生育并不会从根本上改变我国低生育水平的现实，人口发展的基本形势和态势也不会因此发生转变，人口老龄化将继续，但与不放开政策相比老龄化程度有可能减轻。目前受生育政策影响的人群已经非常小，主要是党政机关和事业单位工作人员以及国有企业的职工，而其他社会群体受政策的约束并不大，这些群体尤其农村居民的生育意愿即使在过去政策框架下实际上也没有受到太过严重的抑制。全面放开二孩生育，不仅有利于缓解人口老龄化趋势，有利于家庭和谐稳定，更有利于社会公平公正，这实际上已经是当前最大的民生政策。从这个意义上说，全面放开二孩生育政策越早越好，早放开，早收益；而越晚放开越不利，后果也越严重。

对于全面放开二孩生育，我们应该有这样的认识：如果带来生育水平的反弹，则应该被视为正面和积极的信号，因为放开生育政策的目的正是希望生育率回升，如果不能回升，则意味着不符合政策的初衷，同时也意味着陷入了低生育率水平"陷阱"。很多人担心放开生育会带来生育堆积其实是一种并不完全正确的思维。

2. 全面放开二孩生育具体实施方案

一是统一目标。按照十八届五中全会《建议》精神，全国实施"不分民族、不分城乡、不分地域，一对夫妇可以生育两个子女"的政策，全面放开二孩生育。长期以来，中国计划生育政策有两个鲜明的特点：一是对生育子女数量限制较为严格。根据《人口与计划生育法》规定，"提倡一对夫妻生育一个子女；符合法律、法规规定条件的，可以要求安排生育第二个子女"。二是在执行中区域有别、人群有别。计划生育政策实际形成了较大的地区差异和人群差异，一孩政策、一孩半政策、两孩政策甚至是多孩政策都有适用。"单独二孩"政策的实施在一定程度上对数量限制和地区差别有所缓解，但总体形势并未有大的改观。计划生育政策新的调整不仅要在生育子女数量上有所放松，以适当提高生育水平，延缓人口老龄化进程，而且要最大限度地消除地区差别和人群差别，实现生育权利的平等。最终将生育决策权归还家庭，让每个家庭基于自身情况做出生育决策。

二是制定预案。放开二孩生育预计将会产生一定的出生堆积，但根据目前生育意愿已经转变的实际情况，辅之以按年龄段放开的过渡性安排，出生堆积现象也不会导致大的出生高峰。尽管如此,人口出生数量还是会对公共服务供给造成一定的压力,应根据生育政策调整的节奏,提前预判卫生、教育等公共资源的需求情况,实现资源的合理配置。

(二) 渐进式延迟退休年龄,实行弹性退休制度

中共十八届三中全会通过的《中共中央关于全面深化改革若干重大问题的决定》提出,要研究制定渐进式延迟退休年龄政策。这是基于中国人口和社会经济形势变化所做出的重大决策。

1. 延迟退休年龄的条件已基本具备

人口老龄化和平均预期寿命延长是需要延迟退休年龄的根本原因。人口老龄化引起的人口抚养比上升要求必须改变劳动人口和退休人口的构成,延迟退休年龄成为必然的选择;而人口平均预期寿命延长则要求对人们延长的寿命在工作和闲暇之间进行分配,也必然要求延迟退休年龄。因此,延迟退休年龄是对人口年龄结构变化和人口寿命延长的一种反应。我国正处于人口快速老龄化之中,今后几十年,中国人口老龄化趋势还将继续。据预测,2050年65岁及以上老年人口比例将超过25%,人口平均预期寿命将达到80岁。

养老金制度并轨为延长退休年龄奠定了有利的基础。延迟退休年龄有利于改善养老金制度的财务可持续性,但是由于养老金制度的公平性一直为人们所质疑,因此延迟退休年龄也面临巨大的社会压力。随着城乡居民基本养老保险制度并轨、机关事业单位退休制度改革的推进,各项制度之间的衔接也进一步加强。随着各项改革措施逐步落实,养老金制度的公平性将有望得到改善,社会舆论环境也将逐步宽松,可为延迟退休年龄奠定较好的基础。

近年来中国劳动力市场的深刻变化也为延迟退休年龄创造了条件。退休年龄与劳动力市场密切相关,在人口年龄结构一定的情况下,退休年龄是决定劳动力供给的一个重要因素。中国当前已经进入刘易斯转折点,劳动力供给从无限供给过渡到有限供给的阶段。自2004年珠江三角洲地区首次出现民工荒以来,劳动力供给的局部短缺现象已经连年上演。与此同时,城镇新增就业也出现了下降。劳动力市场转变对中国经济转型和升级提出了迫切的要

求，也为延迟退休年龄提供了较为宽松的环境。

国际上延迟退休年龄的做法为中国提供了有益的借鉴。当前，延迟退休年龄已经成为一个国际大趋势，是世界各国应对人口老龄化和寿命延长、缓解养老金压力甚至是增加劳动力供给的一项重要措施。2008 年金融危机以来，许多国家延迟了退休年龄。综观世界各国的退休年龄，有几个主要的特征和趋势：一是高收入国家的退休年龄普遍较高；二是延迟退休年龄的趋势明显；三是男女的退休年龄有趋同的趋势；四是建立了一定的弹性退休机制。

2. 延迟退休年龄的具体方案

建议职工养老保险的退休年龄改革方案分两步走。第一步：2017 年完成养老金制度并轨时，取消女干部和女工人的身份区别，将职工养老保险的女性退休年龄统一规定为 55 岁。为了减小对女工人的影响，可以规定在一定的时期内，女工人可保留选择按照旧制度退休的权利。第二步：从 2018 年开始，女性退休年龄每 3 年延迟 1 岁，男性退休年龄每 6 年延迟 1 岁，直至 2045 年同时达到 65 岁。

建议居民养老保险的退休年龄从 2033 年开始每 3 年延迟 1 岁，直至 2045 年完成。居民养老保险的男性退休年龄目前和职工养老保险的男性退休年龄相同，女性退休年龄（60 岁）则比职工养老保险的女性养老保险（50 岁或 55 岁）更高。这项制度建立时间不长，也需要保持一定的稳定性，以保证制度的严肃性和信誉度。可以等待职工养老保险的女性退休年龄延迟至 60 岁时，居民养老保险的退休年龄再与其同步延迟。

建议退休年龄改革中引入弹性机制。可考虑以法定退休年龄为基准，规定人们可提前 5 年退休，但养老金标准将较按照法定退休的标准有所下降；也可以高于法定退休年龄退休，养老金标准可适当提高。同时，考虑到中国的具体国情，可以在退休年龄弹性空间设计上，适当向女性倾斜，即女性的提前退休年龄可以略微宽松。弹性退休设计还可以引入新旧制度之间选择的弹性。即可以设立一个过渡期（如 10 年），允许人们在此时期内，可以在新旧两种制度之间进行选择[①]。

---

① 张车伟、林宝：《渐进式延迟退休年龄的方案和影响》，载李培林主编《全面深化改革二十论》，第 276 ~ 292 页。

（三）加快推进养老保险制度改革，完善老年收入保障体系

建立一个公平、可持续的老年收入保障体系是应对人口老龄化的关键。养老保险制度在老年收入保障体系中处于核心地位，尽快推进养老保险制度改革是今后一段时期的重要任务。

1. 养老金制度改革已有良好开端

2014 年以来，养老金制度并轨进展明显。2014 年 2 月，国务院发布了《关于建立统一的城乡居民基本养老保险制度的意见》（国发〔2014〕8 号），提出分两步走的改革任务："十二五"末，在全国基本实现新型农村社会养老保险和城镇居民社会养老保险合并实施，并与职工基本养老保险制度相衔接；2020 年前，全面建成公平、统一、规范的城乡居民养老保险制度。这一改革任务是提高社会保障制度的公平性和可持续性的一项重大举措，也是健全城乡发展一体化体制机制的重要环节。城乡居民基本养老保险制度统一以后，农村老年人口和部分城镇老年居民的养老保险将实现待遇均等，这是破除城乡养老保障二元结构的重要一步，有利于城乡人口流动和参保人员跨制度转移接续，更好地适应流动性的要求。

2015 年 1 月，国务院发布了《关于机关事业单位工作人员养老保险制度改革的决定》（国发〔2015〕2 号），按照"一个统一"和"五个同步"的思路改革机关事业单位工作人员养老制度，力图逐步建立独立于机关事业单位之外、资金来源多渠道、保障方式多层次、管理服务社会化的养老保险体系。"一个统一"，即党政机关、事业单位建立与企业相同的基本养老保险制度，实行单位和个人缴费，改革退休费计发办法，从制度和机制上化解"双轨制"矛盾。"五个同步"，即机关与事业单位同步改革，职业年金与基本养老保险制度同步建立，养老保险制度改革与完善工资制度同步推进，待遇调整机制与计发办法同步改革，改革在全国范围同步实施。这一改革统一了机关事业单位与企业的基本养老保险制度，采用了相同的制度框架。从长远看，制度并轨有利于实现两类人群之间的公平，同时待遇调整机制与计发办法的改革也有利于提高制度的效率。

2. 下一步养老金制度改革的主要方向

"十三五"时期，还需要落实国发〔2014〕8 号和国发〔2015〕2 号两

个文件精神，继续推进城乡居民基本养老保险制度和职工基本养老保险制度改革，并完善两个制度之间的衔接机制，形成统一的养老保障制度框架。

"十三五"时期城乡居民基本养老保险制度应该推进以下几个方面的改革。一是科学设置缴费档次和待遇水平。应该根据经济发展情况，充分考虑各地区经济发展水平的差异，适当增加缴费档次和待遇水平，供各地区选用。原则上，各地区不得在统一确定的缴费档次和待遇水平之外加设新的档次，以增加公平性、统一性和规范性。二是建立财政补贴的正常投入机制。根据不同的缴费水平确定不同的地方财政补贴水平，建立规范的财政转移支付机制。三是实现城乡居民养老保险基金的省级管理。四是实现基础养老金的有序增长。国家先建立基础养老金增长机制；各地根据国家的统一规定，考虑经济发展水平、物价水平等因素，确定和调整基础养老金水平。

城镇职工基本养老保险则需要推进以下几项改革。一是提高统筹层次，增强制度抗风险能力。按照社会保险的基本原理，统筹层次越高，制度的抗风险能力越强，应对人口老龄化的能力也就越强，制度的可持续发展能力也越强，应尽快推进社保基金的全国统筹。二是建立科学的养老金待遇调整机制。要根据工资增长、物价变化等因素建立常态化的调整机制，避免临时确定养老金调整幅度的做法。三是确定合理缴费率，增加制度合理性。测算表明，城镇职工基本养老保险制度在考虑到覆盖面扩大、退休年龄提高等因素的情况下，也具备了降低的条件[①]。四是加强养老保险基金的运营和监管。特别是随着职业年金和企业年金规模不断扩大，要加强保险基金运营和监管，确保基金的保值增值。

此外，还要进一步完善城乡居民基本养老保险和城镇职工基本养老保险之间的衔接机制。2014年2月印发的《城乡养老保险制度衔接暂行办法》对城镇职工养老保险和城乡居民养老保险之间的转移衔接进行了具体规定，但是在该办法下，两种制度相互转移都会带来一定的利益损失，这将会对两者之间的转移形成一定的障碍。考虑到跨两种制度转移的人多为农民工和就业困难群体，"十三五"期间应该对衔接机制进行进一步改革，减小制度参与者转移中的利益损失。

---

① 林宝：《人口老龄化与城镇基本养老保险制度的可持续性》，中国社会科学出版社，2014。

（四）把养老服务界定为准公共品，促进养老服务业发展

"十三五"期间养老服务需求将快速增长，但养老服务供给能力严重不足。要推动养老服务业的发展，必须把养老服务界定为准公共品，明确政府的责任，调动供需双方资源，引导社会、企业、家庭和老年人参与的积极性，形成政府、社会、企业、家庭和个人共同推动养老服务业发展的局面。只有这样，我国社会养老服务的供给能力才能增强，也才能从根本上推动养老服务业的发展。

1. 明确养老服务的准公共品属性，找准政府角色定位

要解决好养老服务问题，必须首先明确养老服务的准公共品属性。养老服务具有不完全的非竞争性和非排他性，是一种准公共产品，兼具公益性和市场性特点。养老服务的公益性体现在：一是政府需要对部分特殊困难老年人实施供养保障，提供经济供养和照料服务；二是对于收入偏低的老年群体，单靠市场难以有效解决养老服务问题，需要政府发挥部分保障作用；三是由于中国人口老龄化的速度快、未富先老等特征，养老问题将对中国长期经济社会可持续发展产生重大影响，养老服务将关系到广大老年群体和亿万家庭的福利和国家的长治久安，具有明显的正外部性，是一项公益性很强的事业。养老服务的市场性表现在：政府无法也不必包揽养老服务的供给，可以通过市场机制，开放养老服务市场，引入社会力量参与养老服务供给，实现养老服务的社会化和产业化。

正是基于养老服务的准公共品特性，政府在养老服务供给中负有重大的责任。政府在养老体系建设和养老服务业发展过程中，要履行做好规划引导、保障发展环境、进行部分基础设施投资和建设、购买部分养老服务等功能。同时，由于养老服务是准公共产品，也必须发挥市场机制的作用，向其他社会主体开放养老服务市场，引导社会资金参与，共同促进养老服务业发展，极大丰富养老服务供给。

2. 加快推进社会养老服务体系建设，大力发展养老服务业

到2020年，我国要全面建成以居家为基础、社区为依托、机构为支撑的，功能完善、规模适度、覆盖城乡的养老服务体系。要实现这一点，必须加快推进社会养老服务体系建设，特别是要整合政府、家庭和社会各方力

量，共同承担养老服务责任。第一，必须采取必要的激励措施鼓励家庭成员承担养老服务责任，构筑养老服务的第一道防线。家庭可成为社会化养老服务体系的最基本单元。可通过一定的方式使家庭成员的养老服务成为社会化养老服务的一部分，减少老年人对其他社会化养老服务的需求，如可通过对有老年人的家庭实施税收优惠和发放补贴等办法来购买或鼓励家庭成员提供养老服务，实现家庭养老服务的社会化。第二，建设覆盖城乡社区养老服务中心，完善社区养老服务功能。社区养老服务中心可主要负责跟踪老年人的健康和需求信息，为老年人提供一些基本的咨询服务，建立起老人和其他专业服务机构之间的联系，组织和协调志愿者在本社区的养老社会服务，整合和管理本社区的养老服务设施和资源等。第三，调整公办养老机构功能，合理引导民营养老机构发展，形成多层次的养老机构。首先将社会福利性养老机构的服务对象调整为生活自理能力较差的低收入老年人和高龄老年人。在各社区周围布局功能性养老服务机构，实行分散化、小型化，实现老年人的就近养老。其次，经营性的养老机构布局遵循市场化原则，但政府可利用产业规划进行调节，并通过政府补贴和税收措施引导部分养老机构向高龄老人和自理能力差的老年人倾斜，使其成为准福利机构，其他养老机构则向高端发展，走优质高价的发展之路，满足部分老年人的高端需求①。

发展养老服务业是建设养老服务体系的关键。只有一个欣欣向荣的养老服务业，才有可能向老年人提供各种养老服务，真正满足老年人养老服务需求。2013 年，国务院发布的《关于加快发展养老服务业的若干意见》明确提出了发展养老服务业的目标，即养老服务产品更加丰富，市场机制不断完善，养老服务业持续健康发展。为此必须加强各项任务的落实，如统筹规划发展城市养老服务设施；大力发展居家养老服务网络；大力加强养老机构建设；切实加强农村养老服务；繁荣养老服务消费市场；积极推进医疗卫生与养老服务相结合等。特别应该注意各项任务的分解和考核，要将各项任务加以具体落实，制定实施的时间表和路线图，确保提出的投融资、土地、税费、补贴、人才培养等各项政策措施得到落实，各项任务如期完成。

总之，"十三五"时期是我国人口发展的关键时期，必须及时调整生育

---

① 林宝：《建设以老年人为中心的多层次社会养老服务体系》，《科学中国人》2012 年第 9 期。

政策、延迟退休年龄、完善老年收入保障体系、大力促进养老服务业发展，以应对人口老龄化的严峻挑战。

参考文献

［1］ 蔡昉：《劳动力无限供给时代结束》，《金融经济》2008 年第 3 期。

［2］ 蔡昉：《中国劳动力市场发育和就业变化》，《经济研究》2007 年第 7 期。

［3］ 都阳：《人口转变、劳动力市场转折和经济发展》，《国际经济评论》2010 年第 6 期。

［4］ 郭志刚：《六普结果表明以往人口估计和预测严重失误》，《中国人口科学》2011 年第 6 期。

［5］ 李扬、殷剑峰：《劳动力转移过程中的高储蓄、高投资和中国经济增长》，《经济研究》2005 年第 2 期。

［6］ 林宝：《北京市人口老龄化问题与战略选择》，《北京社会科学》2011 年第 1 期。

［7］ 林宝：《建设以老年人为中心的多层次社会养老服务体系》，《科学中国人》2012 年第 9 期。

［8］ 林宝：《人口老龄化与城镇基本养老保险制度的可持续性》，中国社会科学出版社，2014。

［9］ 王德文、蔡昉：《中国人口与劳动问题报告》，社会科学文献出版社，2006。

［10］ 张车伟、林宝：《渐进式延迟退休年龄的方案和影响》，载李培林主编《全面深化改革二十论》。

［11］ 朱剑红：《劳动年龄人口首次下降》，人民网，http：//finance.people.com.cn/n/2013/0119/c1004 - 20256249.html。

［12］ Becker, G. *Demographic and Economic Change in Developed Countries* (Princeton: Princeton University Press, 1960).

［13］ Doepke, M., "Accounting for Fertility Decline during the Transition to Growth," *Journal of Economic growth* 9 (3), 2004.

［14］ Esterlin, R. A. *The Fertility Revolution: A Supply-Demand Analysis* (Chicago: Chicago University Press, 1985).

［15］ Galor O., Weil, D. N. "The Gender Gap, Fertility and Growth. *American Economic Review*" (89), 1996.

［16］Greenspan, A. Aging Global Population. Testimony before the Special Committee on Aging, U. S. Senate, 2003.

［17］Habakkuk, H. J. and Postan, M. *The Industrial Revolutions and After: Incomes, Population and Technology Change* (Cambridge: Cambridge University Press, 1965).

［18］Hviding, K. , Mérette, M. Macroeconomics Effects of Pension Reforms in the Context of Ageing: OLG Simulations for Seven OECD Countries. OECD Working Paper No. 201, 1998.

［19］Paul S. Hewitt, The Gray Roots of Japan's Crisis, Asia Program Special Report, No. 107, Woodrow Wilson International Center for Scholars, 2003.

［20］Peterson, P. G. "Gray Dawn: The Global Aging Crisis," *Foreign Affairs*, 1999.

［21］Schultz, T. W. "New Economic Approaches to Fertility," *Journal of Political Economy* (81), 1973.

［22］United Nations, *World Population Ageing 1950 – 2050* (New York, 2001).

［23］Williamson, Jeffrey. Growth, Distribution and Demography: Some Lessons from History, NBER Working Paper, No. 6244, 1997.

"十三五"时期全面推进依法治国若干问题研究

李　林　李洪雷[*]

摘要：回顾"十二五"时期的我国法治建设，规划要求在很大程度得到落实，目前中国特色社会主义法律体系已经形成，法治政府建设稳步推进，司法体制不断完善，全社会法治观念明显增强。但是，我国法治建设也仍然存在许多问题。"十三五"时期，要按照"科学立法、严格执法、公正司法、全民守法"的要求，全面推进依法治国，加快建设社会主义法治国家。在立法方面，要加强重点领域立法，转变立法观念和立法模式，强化人大及其常委会的立法职能，坚持立法为民，健全立法程序，提高立法技术，加强立法监督，维护宪法和法律权威。在法治政府建设方面，要实现政府职能的科学化、法定化，改善政府立法，完善法治政府制度体系，加强行政决策的科学化、民主化、法治化，促进严格、规范、公正、文明执法，强化对行政权力的监督制约，改进法治政府建设的推进机制，全面提高行政机关依法行政意识和能力。在司法方面，要完善确保依法独立公正行使审判权和检察权的制度，加强司法队伍建设，提高公正司法能力，健全司法权力运行机制，完善人权司法保障制度，加强对司法活动的监督。在法治社会建设方面，要深化法

---

* 李林，中国社会科学院学部委员，中国社会科学院法学研究所，所长，研究员；李洪雷，中国社会科学院法学研究所宪法行政法研究室，主任，研究员。

治宣传教育，加强基层群众性自治组织自治建设，强化企事业单位和社会组织内部行为规则约束，健全依法维权和化解纠纷机制。

关键词： 立法　法治政府　司法　法治社会

一　对落实"十二五"规划中有关依法治国基本方略情况的简要评估

《国民经济和社会发展第十二个五年规划纲要》（以下简称《纲要》）对实施依法治国基本方略提出的任务要求是："全面落实依法治国基本方略，坚持科学立法、民主立法，完善中国特色社会主义法律体系。重点加强加快转变经济发展方式、改善民生和发展社会事业以及政府自身建设等方面的立法。加强宪法和法律实施，维护社会主义法制的统一、尊严、权威。完善行政执法与刑事司法衔接机制，推进依法行政、公正廉洁执法。深化司法体制改革，优化司法职权配置，规范司法行为，建设公正高效权威的社会主义司法制度。实施'六五'普法规划，深入开展法制宣传教育，树立社会主义法治理念，弘扬法治精神，形成人人学法守法的良好社会氛围。加强法律援助。加强人权保障，促进人权事业全面发展。"

回顾"十二五"时期我国的法治建设，《纲要》中关于实施依法治国基本方略的要求在很大程度得到落实，社会主义法治国家建设取得显著成绩，主要标志有四个方面。一是中国特色社会主义法律体系已经形成，到2014年9月，我国已制定现行有效法律242件、行政法规737件、地方性法规8500多件、自治条例和单行条例800多件，一个立足中国国情和实际、适应改革开放和社会主义现代化建设需要、集中体现党和人民意志的中国特色社会主义法律体系已经形成，国家经济建设、政治建设、文化建设、社会建设以及生态文明建设各方面已经实现有法可依。二是法治政府建设稳步推进，法治政府的制度体系基本形成，政府行政职能进一步转变，行政体制改革不断深化，行政权力的运行得到有效规范，对行政权力的监督和行政问责明显加强，政府工作更加公开透明，行政机关公务员特别是各级领导干部依法行政的意识和能力有了很大增强。三是司法体制不断完善，优化司法机关职权配置，促进公正廉洁司法，落实宽严相济的刑事政策，促进社会和谐稳定，完善政法队伍管理体制，提升执法司法水平。四是"六五"普法规划前几年的任务得到较好落实，以宪法为核心的中国特色社会主义法律体系及各项法律法规得到广泛宣传普及，社会主义法治精神普遍弘扬，全社会学法、遵法、守法、用法意识明显增强，国家和社会的法治化治理水平进一步提高，依法办事和自觉守法的法治环境进一步改善，广泛深入的法治宣传教育在全面推进依法治国、加快社会主义法治国家建设中发挥了重要作用。

但是，也应当看到，我国法治建设仍存在一些问题亟待解决。主要表现为：保证宪法实施的监督机制和具体制度还不健全；有的法律法规未能全面反映客观规律和人民意愿，科学性、针对性、可操作性不强，立法工作中部门化倾向、争权诿责现象较为突出，部分法律制定后不能用、不管用、难执行、难适用、难遵守，个别法律甚至形同虚设；有法不依、执法不严、违法不究现象比较严重，执法体制权责脱节，多头执法、运动式执法、钓鱼执法、野蛮执法、执法不作为等现象仍时有发生，执法司法不规范、不严格、不透明、不文明现象较为突出，群众对执法司法不公和腐败问题反映强烈；部分社会成员遵法、信法、守法、用法和依法维权意识不强，违法成本太低，一些人不仅不能坚守法律底线，而且颠倒黑白，以不守法为光荣、以奉公守法为无能，价值观严重混乱，一些国家工作人员特别是领导干部依法办事观念不强、能力不足，知法犯法、以言代法、以权压法、徇私枉法现象依然存在。

"十三五"时期，要更加注重发挥法治在国家和社会治理中的重要作用，更加重视发挥依法治国在引领和保障全面深化改革、全面建成小康社会、实现中华民族伟大复兴的中国梦方面的重要作用。依法治国，是坚持和发展中国特色社会主义的本质要求和重要保障，是实现国家治理体系和治理能力现代化的必然要求，事关我们党执政兴国，事关人民幸福安康，事关党和国家长治久安。"十三五"时期，要按照党的十八大提出的到2020年全面建成小康社会时实现"依法治国基本方略全面落实，法治政府基本建成，司法公信力不断提高，人权得到切实尊重和保障，国家各项工作法治化"的基本目标，按照党的十八届三中全会提出的全面深化改革、推进法治中国建设和党的十八届四中全会提出的全面推进依法治国的总目标、总任务，坚持全面推进依法治国的指导思想和基本原则，坚定不移走中国特色社会主义法治道路，建设中国特色社会主义法治体系，形成完备的法律规范体系、高效的法治实施体系、严密的法治监督体系、有力的法治保障体系，形成完善的党内法规体系，坚持依法治国、依法执政、依法行政共同推进，坚持法治国家、法治政府、法治社会一体建设，努力推进科学立法、严格执法、公正司法、全民守法，促进国家治理体系和治理能力现代化，加快建设社会主义法治国家。

"十三五"时期是全面深化改革和全面推进依法治国的关键时期，应当进一步加强建设中国特色社会主义法治体系和建设社会主义法治国家的顶层设计，强化中央对全面推进依法治国事业的领导、协调、促进、评价和监督，尽快健全中央层面统一领导全面推进依法治国、加快建设社会主义法治国家的体制，建立国家级依法治国和法治话语体系的核心智库，研究制定法治中国建设的发展战略和中长期规划，设计全面推进依法治国的量化评估体系，进一步加强对各个地方、各个领域法治建设的领导和指导，切实把依法治国基本方略全面高效地落到实处。

党的十八届五中全会关于"十三五"规划建议稿指出，必须坚定不移走中国特色社会主义法治道路，加快建设中国特色社会主义法治体系，建设社会主义法治国家，推进科学立法、严格执法、公正司法、全民守法，加快建设法治经济和法治社会，把经济社会发展纳入法治轨道。这些要求是我国"十三五"时期法治发展的基本遵循。

二 "十三五"时期推进科学立法和民主立法的主要任务和措施

法律是治国之重器，良法是善治之前提。推进依法治国，建设中国特色社会主义法治体系，必须坚持立法先行，发挥立法的引领和推动作用。应当进一步转变立法观念，完善立法体制机制，提高立法质量，完善中国特色社会主义法律体系，加强重点领域立法，拓展人民有序参与立法的途径，推进科学立法、民主立法。"十三五"时期推进科学立法和民主立法应当有以下一些主要任务和措施。

（一）转变立法观念和立法模式

（1）立法应当公平公正地解决社会问题、分配社会利益、充分代表民意、体现民利、反映民情，防止立法中的部门保护主义、地方保护主义和立法不公，防止把畸形的利益格局或权力关系合法化，警惕立法权力滋生的腐败，从制度和规范的源头上维护人民利益。依法保障公民权利，加快完善体现权利公平、机会公平、规则公平的法律制度，保障公民人身权、财产权、基本政治权利等各项权利不受侵犯，保障公民经济、社会等方面权利得到落实，实现公民权利保障法治化。增强全社会尊重和保障人权的意识，健全公民权利救济渠道和方式。

（2）应当从以经济建设为中心的立法观，转变为经济、政治、社会、文化全面协调发展的立法观；从片面追求立法数量而忽视立法质量和实效的立法观，转变为立法质量和实效第一的立法观；从过于重视法律创制的立法观，转变为法律制定、修改、补充、解释、清理、废止、编纂、翻译并重的立法观。要充分发挥宪法解释和法律解释在推动宪法和法律实施中的辅助作用。

（3）应当从"成熟一部制定一部、成熟一条制定一条"的"摸着石头过河"的立法模式，向"加强领导、科学规划、顶层设计、协调发展"的立法模式转变。从立法项目选择的避重就轻、拈易怕难向立法就是要啃硬骨头、迎难而上、攻坚克难转变，使立法真正成为分配社会利益、调整社会关系和处理社会矛盾的艺术。

（二）强化人大及其常委会的立法职能

（1）人大及其常委会应当转变被动立法局面，形成人大主导立法工作的体制机制，使立法与全面深化改革协调推进，积极主动地通过法律的立、改、废、释为全面深化改革开放提供法律依据和法治保障，做到重大改革于法有据、立法主动适应改革和经济社会发展需要。

（2）推进人大常委会常委的年轻化、专职化，增加有法治实践经验的专职常委比例，让人大常委会委员能够充分发挥作用，更好履行立法职能。完善人大及其常委会的会期制度，适当延长每年的会期，为民主科学立法提供充分时间保障。建立人大常委会委员的立法助理制度，以弥补人大常委人数少、时间少、专业知识不足等欠缺。进一步扩大人大及其专门委员会、常委会和立法工作机构起草或者组织起草法律、法规草案的比重，组织有关部门参与综合性、全局性、基础性等重要法律草案的制定，增强立法的全局性、针对性和有效性，从源头上预防立法中的部门保护主义、地方保护主义。建立健全专门委员会、工作委员会的立法专家顾问制度，充分发挥专家学者在立法中的智库作用。

（3）完善对立法重大原则问题的请示报告制度。人大有关部门起草的重要法律草案、地方性法规草案涉及的重大原则问题，由人大常委会党组向党委报告。政府有关部门起草法律草案、法规草案过程中涉及的管理体制、方针政策问题，由起草部门报请政府考虑决定，其中需要党委决定的重大方针政策问题由政府报请党委决定。

（4）建立立法协调制度。对立法中涉及的部门争议问题，由立法统一审查机构提出意见和建议，报请立法机关决定。对部门之间争议较大的重大立法事项，由决策机关引入第三方评估，充分听取各方意见，协调决定，不能久拖不决。

（三）坚持立法为民，推进民主立法

（1）扩大不同利益群体公开主张、表达利益的渠道，使人民充分表达自己的立法意志和利益诉求，通过立法博弈实现公正立法。完善立法项目征集和论证制度。建立和完善立法草案向社会公开征求意见的制度，对涉及人民群众利益的立法事项，原则上都应当向全社会公布，并建立意见采纳情况的说明和反馈制度。

（2）完善立法听证制度，对影响重大、关系人民群众切身利益的重大立法事项，要通过举行听证会的方式充分听取意见，确保法律草案涉及的利害关系人全面参与立法、有效开展立法博弈，保证人民群众立法诉求的充分表达和宣泄。探索建立有关国家机关、社会团体、专家学者等对立法中涉及的重大利益调整进行论证的制度。

（3）推行律师和法学专家为法律草案涉及的利害关系人提供专业立法咨询、参与立法听证等立法援助的制度。探索委托第三方起草法律法规草案。

（4）推进立法公开，建立人大常委会、专门委员会审议法律草案、地方性法规草案的立法旁听制度，旁听代表有权发言，保证人民群众对立法的知情权和监督权。充分发挥人大代表参与起草和修改法律的作用。

（四）健全立法程序，提高立法技术

（1）根据改革发展进程，及时制定立法规划，规划草案应经过科学论证并向全社会征求意见。鼓励在法学研究机构和教学单位设立民间的立法起草中心，独立公正、科学专业地开展立法调研和立法起草。

（2）建立人大常委会审议法律草案、地方性法规草案的讨论和辩论制度，在联组会议、分组会议、全体会议上公开进行讨论和辩论。完善法律草案表决程序，对重要条款可以单独表决；对事关国计民生的重要法律草案，可以提供两个以上版本做出表决选择。

（3）完善法律法规的清理、修改制度和法律编纂制度。积极推进法典化立法，实现我国法律体系的升级换代。统筹法律制定与立法解释、立法修改、立法补充、立法废止，建立法律体系自我完善和适时更新的机制，实现立法清理的制度化和常态化。

（4）制定全国统一的立法技术规范手册，设计并推广立法技术软件，用现代高科技手段保证法律文本在结构布局、逻辑结构、语言文字、语法语句、标点符号使用等方面的立法技术水平不断提高。

（五）加强重点领域立法

（1）加强和完善社会主义市场经济领域的立法，使市场在资源配置中起决定性作用并更好地发挥政府作用，坚持以保护产权、维护契约、统一市场、平等交换、公平竞争、有效监管为基本导向，不断完善社会主义市场经济法律制度。

（2）加强和完善社会民权领域的立法，不断完善教育、就业、收入分配、社会保障、医疗卫生、食品安全、扶贫、慈善、社会救助和妇女儿童、老年人、残疾人合法权益保护等方面的法律法规，启动民法典编纂工作，保障全体人民共享改革开放和社会发展的成果，促进社会公平正义。

（3）加强和完善政府法治领域的立法，以建设法治政府为目标，保障和推进行政管理体制改革，促进政府职能转变。加快推进反腐败国家立法，完善惩治和预防腐败体系，形成不敢腐、不能腐、不想腐的有效机制。贯彻落实总体国家安全观，加快国家安全法治建设，抓紧出台反恐怖等一批急需法律，推进公共安全法治化，构建国家安全法律制度体系。

（4）加强和完善文化建设领域的立法，保障公共文化服务事业健康发展，满足人民群众不断增长的精神文化需求，促进精神文明同步发展。加强互联网领域立法，完善网络信息服务、网络安全保护、网络社会管理等方面的法律法规，依法规范网络行为。

（5）加强和完善生态环保领域的立法，坚持低碳发展、绿色发展、循环发展的理念，推动资源节约型和环境友好型社会建设，促进生态文明建设。

（六）加强立法监督，维护宪法和法律权威

（1）全面推进依宪治国，在全国人大设立宪法和法律监督委员会，完善违宪违法审查和监督程序，健全宪法解释程序机制，维护宪法和法律的统一和尊严。充分发挥立法备案审查、立法合法性审查、立法撤销等制度的作用，从立法体制机制上保证法律体系的动态和谐。

（2）全国人大常委会进一步加强对法律的解释，完善法律解释机制和程序。建立法律法规的制定机关、实施机关、专家学者、社会公众相结合的立法评估机制，适时完善、修改相关法律法规，确保立法的适应性。

（3）建立以法律执行、法律适用和法律运用等为主要依据评价立法质量的倒逼机制，规定行政机关和司法机关有义务和责任，将每年执行、实施和运用法律法规过程中发现的立法问题向同级人大报告，以此为动力推进法律体系的持续完善。

三 "十三五"时期法治政府建设的主要任务和措施

（一）进一步转变政府职能、优化行政体制，实现政府职能的科学化、法定化

政府职能是政府管理的核心和灵魂，科学的职能界定和配置是行政体制

改革的首要要求，也是法治政府建设的前提。要加快转变政府职能，改革和优化行政体制，加强行政组织法治建设，形成权界清晰、分工合理、权责一致、运转高效、法治保障的政府职能体系，实现政府职能的科学化、法治化。

（1）进一步转变政府职能。要切实做到政府该放的权坚决放开、放到位，政府该管的事坚决管住管好。一方面，要简政放权，把企业和个人能够自主决定、市场竞争能够自行调节、社会组织和行业组织能够自律管理的事项，放权给企业、个人、市场和社会。另一方面，政府要依法全面正确履行宏观调控、公共服务、市场监管、社会管理和环境保护职能，以弥补市场失灵，保障公平竞争，推动可持续发展，促进共同富裕，维护社会公平正义。

（2）深化政府机构改革，推进机构、职能、权限、程序、责任法治化，推行政府权力清单制度。在中央政府层次上，积极推进大部门制改革，将职能相近的部门尽可能集中于一个部门，强化政府的整体功能。健全政府监管机构建设，加强市场监管职能。压缩行政层级，推进省直管县改革，探索减少省级区划数量。合理划分中央与地方及地方各级政府间的权责，规范垂直管理部门与地方政府的关系。加强中央政府宏观调控职责，加强地方政府公共服务、市场监管、社会管理、环境保护等职责，厘清同一政府不同部门之间的职责分工，健全政府间协调配合机制。推进行政组织和编制管理的科学化和规范化，通过立法明确中央政府的结构和规模、地方政府的法律地位和组织构造、中央与地方的关系以及编制管理的基本规则。更多地发挥权力机关在行政组织设置和编制管理等问题上的作用，对于行政组织设置中的重大问题应由法律加以规范。制定《编制管理法》，对《中华人民共和国国务院组织法》和《中华人民共和国地方各级人民代表大会和地方各级人民政府组织法》进行全面修改和完善。加快制定与《中华人民共和国公务员法》相配套的法规规章，制定《公职人员财产申报法》，规范公务员管理，提高行政管理效能。依法推进事业单位改革，及时以法律形式巩固事业单位改革成果。

（3）进一步简政放权，深化行政审批制度改革。坚持法不禁止的，市场主体即可为；法未授权的，政府部门不能为。简政放权，要力争做到放无可放、减无可减，全面取消非行政许可的行政审批项目。逐步采用负面清单管理方式，除国家明文规定的外，凡是企业投资项目，一律由企业依法依规自主决策，政府不再审批；对市场机制能有效调节的经济活动，一律取消审批；对确需保留的行政审批事项，一律列入政府权力清单管理，并向社会公布，同时要规范管理、提高效率。减少行政审批事项，必须实事求是，务求实效，绝不能玩数字游戏。

（二）改善政府立法，完善法治政府制度体系

要构建系统完备、科学规范、运行有效的法治政府制度体系，使涉及政府管理各方面的法律制度更加完善，为建设社会主义的市场经济、民主政治、先进文化、和谐社会、生态文明以及促进人的全面发展，提供有力制度保障。

（1）抓紧重要领域和空白领域的政府立法，消除"立法真空"。倡导立法先行，政府推出重大制度和措施，要以立法为先导。不能草率地以行政文件设定重大制度和重大措施。

（2）提高政府立法科学化水平，增强法律的针对性、及时性、系统性。要防止立法中的部门保护主义和地方保护主义，防止把畸形的利益格局或权力关系合法化，警惕立法权力滋生的腐败。建立多元化政府立法起草工作机制，将一些政府立法委托第三方社会力量、专家学者进行起草。地方政府立法要符合经济社会发展规律，着眼解决问题，突出地方特色，增强立法的科学性、合理性和可操作性。

（3）坚持开门立法，推进公民有序参与政府立法过程。完善政府立法草案向社会公开征求意见的制度，立法事项原则上都应向全社会公布，并建立意见采纳情况的说明和反馈制度。完善立法听证制度，对影响重大、关系人民群众切身利益的重大立法事项，要通过举行听证会的方式充分听取意见，确保立法草案涉及的利害关系人全面参与立法，保证人民群众对立法的知情权和监督权。

（4）建立和完善政府立法分析、评价、评估机制，提高立法质量和实施效果。针对政府立法工作的不同环节，探索开展政府立法成本效益分析、社会风险评价和立法后评估工作。确立分析、评价、评估工作的组织机构和领

导体制，明确分析、评价、评估对象选择的范围和标准，引进科学、有效的方法，确定分析、评价、评估报告的法律效力和发布方式，实现政府立法分析、评价、评估工作的制度化、常态化、合理化。

（5）加强对行政规范性文件的审查和监督。各级政府应当严格按照法定权限和程序制定规范性文件，严格执行规范性文件统一登记、统一编号、统一公布制度和有效期制度。加强规范性文件数据库和检索系统建设，全面落实规范性文件定期清理制度，及时向社会公布清理结果。建立规范性文件自动失效制度。规范性文件有效期为5年，标注"暂行""试行"的有效期为3年，有效期满的，规范性文件自动失效；制定机关应当在规范性文件有效期届满前6个月内进行评估，认为需要继续施行的，应当重新公布；需要修订的，按指定程序办理。加强规章和规范性文件备案审查。

（三）加强行政决策的科学化、民主化、法治化

行政决策是现代政府管理活动的起点，建立健全行政决策机制是法治政府建设的重要内容。要健全科学民主决策机制，把公众参与、专家论证、风险评估、合法性审查、集体讨论决定作为重大行政决策法定程序，提高决策质量和效率，使决策更加符合经济社会发展的实际需要，最大限度地减少决策失误，增强决策的正当性与可接受性，降低执行成本。

（1）理顺决策体制，完善决策机制。科学界定政府、党委与人大等决策机关的决策范围，科学规范政府决策与党委决策、人大决策的关系，建立决策冲突协调机制，明确协调程序，完善协调方式，将决策冲突的协调和解决纳入制度化途径。抓紧制定《重大行政决策程序条例》，明确重大行政决策的事项范围、必经程序和法律责任。

（2）增强行政决策的透明度。建立健全行政决策公开制度，除涉及国家秘密、商业秘密和个人隐私的以外，决策的事项、方式、过程和结果都应在适当范围予以公开，特别是涉及群众切身利益的事项，更要切实做到"公开是惯例、是常态，不公开是例外，要说明理由"。大幅拓宽行政决策公开的领域和范围，实行重大行政决策过程和结果公开。

（3）扩大行政决策的公众参与。扩大和畅通公众参与渠道，及时反馈意

见采纳情况。完善重大决策听证制度，扩大听证范围，规范听证程序，增强听证参加人的代表性。提高听证实效，保证听证参与者的利益相关性和听证过程的公开透明，切实避免走过场和形式主义，听证意见应当成为决策的依据之一。建立社情民意反映制度和主动采集制度，改革和完善反映社情民意的服务网络平台，建立公众公平利益表达的制度性平台和参与决策的制度化途径。

（4）提高专家论证质量。加强行政决策咨询机构建设，建立由不同专业的专家组成的统一的专家咨询制度。在重大问题的决策上，将听取专家的咨询意见规定为决策的必经程序，以保证决策的科学性与可执行性。整合国内有关决策咨询机构，同科研机构、高等院校等建立稳定、规范的合作关系，培育、引导、利用各类民间研究机构，逐步建立多层次、多学科的智囊网络，采取课题招标、社会征集、政府订货、经费资助等多种措施，充分发挥各个思想库的作用。推广"政府法律顾问制度"。

（5）建立行政决策评价制度。明确行政决策评价的标准和基本程序，确定必要的机构和人员，建立相应的决策评价跟踪机制，采取民意测验、抽样调查、跟踪反馈等方法对决策实施效果进行评估，评估内容包括：决策实施是否会导致违法、违宪行为发生；是否会增加部分人的负担，导致社会不公；是否会影响生态环境等社会公共利益；决策实施是否能取得预期的效果。

（6）建立健全重大行政决策合法性审查和集体讨论后决定制度。重大行政决策提请审议前必须通过法制机构的合法性审查。做出重大行政决策必须经政府全体会议、常务会议或者部门领导班子会议集体讨论后决定。

（7）严格落实行政决策责任。推行重大行政决策后评估制度，发现问题及时调整、纠正。建立重大决策终身责任追究制度及责任倒查机制，违反决策权限和程序规定，出现重大决策失误，造成重大损失的，严格追究行政机关主要负责人和相关责任人的责任。

（四）促进严格、规范、公正、文明执法

执法是建设法治政府的中心环节，保障法律有效实施是建设法治政府的关键。要改革行政执法体制，明确行政执法标准，规范行政执法程序，创新

行政执法方式，提高行政执法人员素质，加强行政执法经费的财政保障，使得违法行为得到及时的查处和制裁，经济社会秩序得到有效的维护，公民、法人和其他组织的合法权益得到充分的保护，人民群众对行政执法的满意度得到显著提高。

（1）进一步改革行政执法体制，建立权责统一、权威高效、保障有力的行政执法体制。合理划分不同层级政府事权，减少行政执法层级，中央和省级政府及其部门主要负责宏观决策与监督检查，具体执行工作与执法职能下沉，交由基层政府承担。适当整合执法主体，相对集中行政执法权，推进综合执法，着力解决权责交叉、多头执法问题，大幅减少市县两级政府执法队伍种类，重点在食品药品安全、工商质检、公共卫生、安全生产、文化旅游、资源环境、农田水利、交通运输、城乡建设、海洋渔业等领域推行综合执法，有条件的领域可以推行跨部门综合执法。完善市县两级政府行政执法管理，加强统一领导和协调。理顺行政强制执行体制和城管执法体制。建立健全行政执法主体资格制度，清理、确认并向社会公告行政执法主体与执法权力。

（2）明确行政执法标准，规范行政执法程序。规范行政执法机关的自由裁量权，推广裁量基准制度，明确执法的具体标准、程序并予以公布，同时应注意不过度损害行政执法的灵活性。全面实施《中华人民共和国行政处罚法》和《中华人民共和国行政强制法》，进一步规范行政处罚和行政强制。制定《行政执法程序条例》，健全行政执法调查取证、告知、听证、集体讨论决定、罚没收入管理、争议协调等制度，保证行政执法程序的正当性和统一性。制定《行政收费管理法》，规范行政收费行为。严格执行重大行政执法决定法制审核制度，未经法制审核或者审核未通过的，不得做出决定。强化对行政执法的监督，建立行政执法案卷评查制度。创新行政执法方法。充分运用行政指导、行政合同、行政奖励、行政调解等柔性执法方法。建立对行政执法过程进行全过程记录的制度。健全行政执法和刑事司法衔接机制，完善案件移送标准和程序。

（3）健全行政执法人员管理制度。推行行政执法人员持证上岗制度，建立统一考试和资格管理体系。充实基层一线执法人员，把好基层行政执法人员准入关，保证新招行政执法人员具有一定的法律素质，促进基层行政机关执法水平的整体提升。全面落实行政执法责任制，推行行政执法绩效评估和考核制度。

（4）健全执法经费由财政保障制度。行政执法经费统一纳入财政预算，保证执法经费足额拨付。严禁下达或者变相下达罚没指标，或将行政事业性收费、罚没收入与行政执法机关业务经费、工作人员福利待遇挂钩。切实贯彻收支两条线。

（五）强化对行政权力的监督制约

建设法治政府，制约监督权力是重点。从党内监督、人大监督、行政监督、司法监督、民主监督、社会监督和网络舆论监督等方面，建立横向配合、纵向制衡的全方位监督体系，形成决策科学、执行坚决、监督有力的行政权力运行体系，使人民群众的知情权、参与权、表达权、监督权得到切实保障，行政权力得到有效的监督制约，使损害公民、法人和其他组织合法权益的违法行政行为得到及时纠正，违法行政责任人依法依纪受到严肃追究。

（1）认真贯彻实施《中华人民共和国各级人民代表大会常务委员会监督法》，创新人大监督形式，提高人大监督工作透明度，加强监督实效，加强人大预算决算审查监督、国有资产监督和对其他关系人民群众切身利益问题的重大事项的监督，加强执法监督，保证法律法规有效实施。完善政协民主监督机制，畅通民主监督渠道，加大民主监督力度。

（2）加强层级监督与专门监督。全面推行地方政府负总责制度，完善绩效评价标准与方法。健全巡视制度。严格执行领导干部报告个人有关事项、述职述廉、诫勉谈话、函询等制度。加强行政监察和审计监督，实现专门监督与一般监督相结合，推进执法监察、廉政监察、效能监察和财政审计、经济责任审计、政府投资审计。

（3）完善纠错问责机制，规范问责程序，推进问责法治化。在各级行政机关和行政机关工作人员中全面推行工作责任制和责任追究制，坚持权责统一、有错必究，做到有权必有责、用权受监督、侵权要赔偿、失职要问责、违法要追究。完善行政执法过错责任追究制度，严格执行行政首长问责制。建立问责跟踪监督制度，对问责后免职人员重新任职的条件和程序进行规范。

（4）积极探索建立以民意为重的考核评价机制，把群众评议与内部考评有机结合起来，充分发动群众举报投诉的积极性，开通监督举报网址、热线电话等，畅通监督举报渠道。高度重视舆论监督，加强新闻舆论监督平台建设，支持新闻媒体对国家工作人员违法或不当的行为进行曝光。政府部门门户网站应统一设立受理群众批评建议的网页或者邮箱，并对群众来信及时回复，将调查处理结果对全社会公开。

（5）促进信息公开和公众参与。推行政务公开并逐步实现制度化，进一步完善政府新闻发布制度，提高政府工作透明度，保障公民对政府工作的知情权、参与权、表达权和监督权。加快制定《信息公开法》，全面推行政务公开，防止"暗箱操作"，切实保障人民的知情权、监督权。要切实做到"公开是惯例和常态，不公开是例外并说明理由"，推进决策公开、执行公开、管理公开、服务公开、结果公开。积极推进电子政务建设，促进政府公共服务从以提供者为中心向以使用者为中心的转变。各级人民政府及其部门必须依法公布"权力清单"，接受社会监督。抓紧制定《电子政务法》，为电子政务的推进提供法律标准和法制保障。

（六）改进法治政府建设的推进机制，全面提高行政机关依法行政的意识和能力

完善法治政府建设的工作机制，强化行政首长作为推进法治政府建设第一责任人的责任，健全法治政府培训、考核的机制和制度，使行政机关工作人员特别是领导干部提升法治政府的意识和水平，增强运用法治思维和法治方式深化改革、推动发展、化解矛盾、维护稳定的能力。大力提高广大公务员特别是领导干部法治政府的观念和能力。公务员特别是各级领导干部要带头学法、遵法、守法、用法，牢固树立社会主义法治理念，自觉养成依法行政和依法办事的习惯，善于运用法治思维和法律手段管理经济、政治、文化和社会事务，解决经济社会发展中的各种突出矛盾和问题，使法治政府意识和能力强、做出突出实绩的优秀干部得到优先提拔使用。

（1）强化行政首长作为推进法治政府建设第一责任人的责任。各级政府和政府各部门应当建立健全由行政首长挂帅的推进法治政府建设领导小组，统一领导、定期部署本地区、本部门推进法治政府工作，及时解决法治政府

建设中存在的突出问题。各级行政首长要真正担负起推进法治政府建设第一责任人的责任，带头坚持依法行政，督促和支持下级行政机关和工作人员依法行政，确保依法行政各项要求的全面落实。各级政府都应当建立政府常务会议听取法治政府建设汇报制度，每年至少听取两次汇报，并做到将法治政府建设任务与改革发展稳定任务一起部署、一起落实、一起考核。县级以上地方政府每年还应当向本级党委、人大常委会和上一级人民政府报告推进法治政府建设情况，政府部门每年要向本级人民政府和上一级人民政府有关部门报告推进法治政府建设情况，自觉接受领导和监督。

（2）加大对法治政府建设工作的考核力度。制定法治政府建设考核指标体系，把依法行政、依法办事作为衡量政府领导和公务员工作实绩的重要依据，作为评判行政执行力强弱、工作实绩大小、发展成效好坏的重要标准，纳入行政机关及其工作人员政绩考核的指标体系，作为行政机关及其工作人员政绩考核的一项硬标准、硬任务，使法治政府建设真正成为一种硬要求、硬约束。优先提拔使用法治政府建设意识和能力强、做出突出实绩的优秀干部。

（3）改革和完善公务员录用考试制度，增加公务员录用考试中法律知识的比重。建立公务员法治政府学习培训长效制度。健全落实政府常务会议会前学法、法制讲座、法制培训、法律知识考试考核制度。各级行政学院及公务员培训机构将法制教育纳入课程范围。健全行政执法人员岗位培训制度和政府法制机构工作人员业务培训制度。

（4）进一步加强政府法制机构和队伍建设。推进法治政府建设工作的政治性、政策性、综合性、专业性很强，需要有一个精通法律、精干高效的法制机构和一支素质过硬、勇于任事的政府法制队伍，充分发挥其在推进法治政府建设方面的组织协调和督促指导作用，切实履行其作为政府和部门领导参谋、助手和顾问的职责。采取措施进一步加强政府法制机构特别是市县政府法制机构建设，使法制机构的规格、编制与其承担的职责和任务相适应。加大对法制干部的培养、使用和交流力度，重视选拔政治素质高、法律素养好、工作能力强的法制干部。

四 "十三五"时期深化司法改革的主要任务和措施

深化司法体制改革是政治体制改革的重要组成部分，对推进国家治理体系和治理能力现代化具有十分重要的意义。根据《中共中央关于全面深化改革若干重大问题的决定》和《中共中央关于全面推进依法治国若干重大问题的决定》，结合我国司法体制、机制中存在的若干问题，"十三五"时期我国应在以下方面落实中央提出的深化司法改革的主要任务。

（一）完善确保依法独立公正行使审判权和检察权的制度

我国宪法确立了依法独立行使审判权、检察权的原则，人民法院、人民检察院依法独立公正行使审判权、检察权是保障国家法律统一正确实施的关键。

（1）要改革司法管理体制，推动省级以下地方法院、检察院人财物统一管理。我国长期实行的是地方法院、检察院的人员、经费按行政区域实行分级管理、分级负担的体制，这在一定程度上为地方不当干预司法提供了制度基础，不利于国家法律的统一正确实施。应将省级以下地方人民法院、人民检察院的人财物改由省（区、市）一级统一管理。其中，对人的统一管理，主要是指法官、检察官统一由省提名、管理并按法定程序任免，对财物的统一管理，则主要是指省以下地方法院、检察院经费由省级政府财政部门统一进行管理。应注意的是，省级统管是对我国现行司法管理体制的重大调整和改革，涉及与人民代表大会制度的关系等很多复杂疑难问题，需要开展广泛深入的讨论和有序的试点，审慎稳妥的推进。

（2）根据经济社会发展水平，逐步建立和完善人民法院、人民检察院经费保障机制，提高人民法院、人民检察院经费保障水平，保证人民法院、人民检察院履行职能所必需的经费。中央财政要加大对中西部贫困地区基层人民法院、人民检察院的补助力度。

（3）探索建立与行政区划适当分离的司法管辖制度，如建立专门的知识产权法院。司法机关按行政区划设立，管辖所属行政区划内的案件，容易受到地方保护主义的干扰。同时，我国地区间发展不平衡，各地司法机关承担的业务量也有较大差距，一些地方司法资源闲置。应该从现行宪法框架着手，借鉴海事法院和一些专门法院的经验做法，探索与行政区划适当分离的司法管辖制度，通过设立跨行政区划的人民法院和人民检察院，办理跨地区案件。在重大、疑难、复杂案件较多的地方，建立上级法院派出巡回法庭工作机制。最高人民法院可设立巡回法庭，审理跨行政区域重大行政和民事商事案件。探索通过提级管辖、集中管辖等合理调整案件管辖制度，审理行政案件或者跨地区民事商事、环境保护案件。

（4）建立有效机制防止各级党政机关和领导干部影响法院、检察院依法独立公正行使职权。建立对领导干部干预司法活动、插手具体案件处理的记录、通报和责任追究制度。任何党政机关和领导干部都不得让司法机关做违反法定职责、有碍司法公正的事情，任何司法机关都不得执行党政机关和领导干部违法干预司法活动的要求。对干预司法机关办案的，给予党纪政纪处分，对造成冤假错案或者其他严重后果的，依法追究刑事责任。

（二）加强司法队伍建设，提高公正司法能力

高素质的司法队伍是实现司法公正的重要保障，要采取切实有效的措施提升司法人员的职业素质。

（1）推进司法人员分类管理改革。突出法官、检察官的办案主体地位，健全有别于普通公务员的法官、检察官专业职务（或技术职称）序列，完善执法勤务机构警员职务序列和警务技术职务序列，健全书记员、专业技术人员等司法辅助人员的管理制度，制定司法辅助人员的职数比例等配套措施，进一步提升司法队伍职业化水平。

（2）完善法官、检察官、人民警察选任招录制度。建立初任法官、检察官、人民警察统一招录、集中培训、基层任职、有序流动、逐级遴选的机制。建立预备法官、检察官训练制度，将完成预备法官、检察官职业训练并考核合格作为法官、检察官的法定任职条件。建立选拔律师、法律学者等专业法律人才担任法官、检察官的制度机制。针对不同审级法院的法官、不同级别检察院的检察官，设置不同的任职条件，实行法官、检察官逐级遴选制度。进一步改革人民警察招录培养制度，提高警察院校毕业生入警的比例。

（3）完善法官、检察官任免、惩戒制度。建立科学合理、客观公正的业绩评价体系和考核晋升机制。人民法院、人民检察院成立吸收社会有关人员参与的法官、检察官选任委员会、惩戒委员会，制定公开、公正的选任、惩戒程序，确保政治素质高、职业操守好、业务能力强的优秀法律人才进入法

官、检察官队伍，确保法官、检察官的违法违纪行为及时得到应有惩戒。

（4）采取有效措施逐步解决人民法院、人民检察院办案人员编制不足的问题。各级人民法院、人民检察院要通过改革不断优化人员结构，精简机关，充实一线，改进工作机制，提高工作效率。在此基础上，可根据经济社会发展和审判、检察工作的实际需要，相应增加和调整人民法院、人民检察院的政法专项编制。同时增加适当的机动编制，用于基层人民法院、人民检察院引进急需的高素质人才。

（5）强化法官、检察官、人民警察的职业保障制度。按照责权利相统一的原则，在严格司法人员任职条件，强化司法人员办案责任的同时，要为法官、检察官、人民警察依法公正履职提供必要的职业保障，推动司法队伍的专业化、职业化、正规化建设。要探索建立有别于普通公务员的晋升、考评、薪酬、惩戒等制度，探索建立适合司法工作特点的法官工资、退休和其他津补贴制度，在法官、检察官员额确定基础上，提升工资福利待遇，健全职务豁免制度，提高任职年龄并同时延迟退休年龄，体现法官、检察官职务的社会尊严、职业特点和风险性，增强司法人员职业荣誉感使命感。建立健全对司法人员履行法定职责的保护机制。非因法定事由，非经法定程序，不得将法官、检察官调离、辞退或者做出免职、降级等处分。改革司法绩效考评机制，废止一些有悖于司法规律的考核指标。

（三）健全司法权力运行机制

权责统一、权责明晰的司法权力运行机制，是公正司法、高效司法、廉洁司法的必要保障。近年来，司法机关为完善司法权力运行机制，进行了许多积极探索，也取得一定成效，但仍存在很多问题，例如，判审分离，审者不判，判者不审；审判工作内部层层审批，权责不明，错案责任追究难以落实；上下级法院之间的行政化报批影响审级独立；等等。

（1）明确四级法院职能定位，一审重在解决事实认定和法律适用，二审重在解决事实法律争议、实现二审终审，再审重在实现依法纠错，维护裁判权威。进一步规范和落实上下级法院的审级监督，确保审级独立。上级法院非经监督程序不得介入下级法院的案件审理活动，取消下级法院向上级法院就具体案件请示汇报的做法。

（2）明确司法机关内部各层级权限，健全内部监督制约机制。司法机关内部人员不得违反规定干预其他人员正在办理的案件，建立司法机关内部人员过问案件的记录制度和责任追究制度。完善主审法官、合议庭、主任检察官、主办侦查员办案责任制，落实谁办案、谁负责。

（3）建立主审法官、合议庭办案责任制，探索建立突出检察官主体地位的办案责任制，让审理者裁判、由裁判者负责，做到有权必有责、用权受监督、失职要问责、违法要追究。要明确法官、检察官办案的权力和责任，对所办案件终身负责，严格错案责任追究。

（4）改革审判委员会制度，审判委员会主要负责研究案件的法律适用问题，推进完善院长、副院长、审判委员会委员或审判委员会直接审理重大、复杂、疑难案件的制度。审判委员会对复杂、重大、疑难案件讨论向本院审判人员公开。

（5）加大司法公开力度，增强司法公开的主动性、及时性，构建开放、动态、透明、便民的阳光司法机制。深化审判公开、检务公开、执行公开、警务公开、狱务公开，创新公开形式。依法及时公开执法司法依据、程序、流程、结果。全面推行裁判文书上网公布，建立检察机关终结性法律文书向社会公开制度。完善司法听证制度和新闻发布制度，增强司法透明度。增强法律文书说理性。完善案件全程留痕制度。减刑、假释、保外就医的申请、处理依据、处理程序、处理结果实现网络同步公开公示，接受社会监督。完善办案信息查询系统，依托现代信息手段确保各项公开措施得到落实，实现以公开促公正。

（6）拓宽人民群众有序参与司法渠道。坚持人民司法为人民，依靠人民推进公正司法，通过公正司法维护人民权益。在司法调解、司法听证、涉诉信访等司法活动中保障人民群众参与权。完善人民陪审员制度，强化人民陪审权，扩大参审范围，完善随机抽选方式，优化人民陪审员结构，提高人民陪审制度公信度。

（7）要把人民法院、人民检察院队伍建设的重点放在基层。基层人民法院、人民检察院是人民法院、人民检察院整体工作的基础。要采取有力措施，全面提高基层人民法院、人民检察院队伍的整体素质和公正司法水平，为基层人民法院、人民检察院依法独立公正行使审判权和检察权提供有力支持和坚强保障。每年要有计划地从高校法律专业的应届毕业生中考录优秀学生充实到基层人民法院、人民检察院，解决基层人才短缺的问题。

（8）推进以审判为中心的诉讼制度改革，确保侦查、审查起诉的案件事实证据经得起法律的检验。全面贯彻证据裁判规则，严格依法收集、固定、保存、审查、运用证据，完善证人、鉴定人出庭制度，保证庭审在查明事实、认定证据、保护诉权、公正裁判中发挥决定性作用。

（9）加强职务犯罪线索管理，健全受理、分流、查办、信息反馈制度，明确纪检监察和刑事司法办案标准和程序衔接，依法严格查办职务犯罪案件。

（四）完善人权司法保障制度

尊重和保障人权是我国的宪法原则，加强人权保障是司法改革的重要目标。

（1）强化诉讼过程中对当事人和其他诉讼参与人的知情权、陈述权、辩护辩论权、申请权、申诉权的制度保障。

（2）健全落实罪刑法定、疑罪从无、非法证据排除等法律原则的法律制度。完善对限制人身自由司法措施和侦查手段的司法监督，推行刑讯逼供、体罚虐待零容忍，严格实行非法证据排除规则，加强对刑讯逼供和非法取证的源头预防，健全冤假错案有效防范、及时纠正机制。限制适用羁押措施，维护被羁押人的合法权益，加强未成年犯罪嫌疑人、被告人的权益保障。严格控制和慎用死刑。完善对涉及公民人身、财产权益的行政强制措施的司法监督制度。检察机关在履行职责中发现行政机关违法行使职权或者不行使职权的行为，应该督促其纠正。

（3）切实解决执行难，制定《强制执行法》，规范查封、扣押、冻结、处理涉案财物的司法程序。加快建立失信被执行人信用监督、威慑和惩戒法律制度。依法保障胜诉当事人及时实现权益。

（4）落实终审和诉讼终结制度，实行诉访分离，保障当事人依法行使申诉权利。对不服司法机关生效裁判、决定的申诉，逐步实行由律师代理制度。

（5）完善对违法犯罪行为的惩治和矫正法律，加快制定《社区矫正法》，健全社区矫正制度。

（6）完善司法救助制度，加大司法救助力度，特别是加大对困难群众维护合法权益的法律援助，切实解决好老百姓打官司难问题。对聘不起律师的申诉人，纳入法律援助范围。完善国家赔偿制度，建立刑事被害人救助等制度。

（7）完善律师执业权利保护机制，切实保障律师依法辩护、维护当事人权益，充分发挥律师对公正司法的制衡和促进作用。

（五）加强对司法活动的监督

（1）完善检察机关行使监督权的法律制度，加强对刑事诉讼、民事诉讼、行政诉讼的法律监督。完善人民监督员制度，推进人民监督员制度规范化，科学设置人民监督员选任方式，规范和完善监督程序，增强监督实效，重点监督检察机关查办职务犯罪的立案、羁押、扣押冻结财物、起诉等环节的执法活动。司法机关要及时回应社会关切。

（2）依法规范司法人员与当事人、律师、特殊关系人、中介组织的接触、交往行为。严禁司法人员私下接触当事人及律师、泄露或者为其打探案情、接受吃请或者收受其财物、为律师介绍代理和辩护业务等违法违纪行为，坚决惩治司法掮客行为，防止利益输送。

（3）对因违法违纪被开除公职的司法人员、吊销执业证书的律师和公证员，终身禁止从事法律职业，构成犯罪的要依法追究刑事责任。

（4）坚决破除各种潜规则，绝不允许法外开恩，绝不允许办关系案、人情案、金钱案。坚决反对和克服特权思想、衙门作风、霸道作风，坚决反对和惩治粗暴执法、野蛮执法行为。对司法领域的腐败零容忍，坚决清除害群之马。

五　"十三五"时期推进全民守法、建设法治社会的主要任务和措施

全民守法是法治建设的基础，法治建设最终要落实到守法上，要确保社会生活的每一个参与者都能够遵从宪法和法律的权威，推动全社会树立良好的规则意识、权利意识和责任意识，形成守法光荣、违法可耻的社会氛围。

（一）深化法治宣传教育

全面实施"六五"普法规划，尽快研究制定"七五"普法规划。大力增

强公民尤其是国家机关工作人员的法治思维、法律素养和法律意识，以党和政府带头守法带动全社会崇法、遵法、信法、护法、守法。

（1）深化法制宣传教育，推动守法意识不断增强，引导全民自觉守法、遇事找法、解决问题靠法。把法治教育纳入国民教育体系，从青少年抓起，在中小学设立法治知识课程。继续深入开展法律宣传日、宣传周、宣传月等普法主题教育活动。健全媒体公益普法制度，加强新媒体、新技术在普法中的运用，丰富法制宣传形式，提高报刊、广播、电视、网络法制节目质量，提高普法实效。健全普法宣传教育机制，各级党委和政府要加强对普法工作的领导，宣传、文化、教育部门和人民团体要在普法教育中发挥职能作用。实行国家机关"谁执法、谁普法"的普法责任制，建立法官、检察官、行政执法人员、律师等以案释法制度，加强普法讲师团、普法志愿者队伍建设。牢固树立有权力就有责任、有权利就有义务的观念。

（2）弘扬法治文化，以法治文化统领法制宣传教育，着力加强法治文化阵地建设，因地制宜建设一批文化景观、街区、农家书屋等法治文化设施。积极推动法治文化作品创作，带动和促进法治文化的繁荣与发展。把法治教育纳入精神文明创建内容，开展群众性法治文化活动。加强公民道德建设，弘扬中华优秀传统文化，增强法治的道德底蕴，强化规则意识，倡导契约精神，弘扬公序良俗。

（3）宣传模范守法公民的先进事迹，提倡见义勇为和敢于同违法犯罪行为做斗争的奉献精神和公民护法意识，鼓励守法者，惩处违法者，教育宪法和法律意识薄弱者。加强社会诚信建设，建立公民和组织守法信用记录，完善守法诚信褒奖机制和违法失信行为惩戒机制，对漠视宪法和法律权威、屡次违法者建立不良行为监控机制，通过社区、学校、医院、银行、航空公司、交通部门、社保部门、保险机构等建立相互协调、信息共享的个人诚信记录体系。

（4）健全落实党委（党组）中心组集体学法、政府常务会议会前学法、法制讲座、法制培训、法律知识考试考核制度，各级党委中心组每年安排法制讲座。各级党校、行政学院及公务员培训机构将法制教育纳入课程范围。

（5）实现法律服务的基层社区全覆盖，建立和完善法律服务顾问团，依靠法律服务职业化团体，送法下乡、下村、下街道、下小区，构建有效的法律服务社会化网络体系，让每一个公民切身体会到法律就在身边，遵守宪法和法律就是有效维护自身合法权益。

（二）加强基层群众性自治组织法治建设

（1）农村村民委员会和城市居民委员会是基层群众性自治组织。要将基层群众性自治组织的法治建设作为贯彻落实依法治国基本方略的基础性工程重点推进。通过村规民约和自治章程，培养守法观念和规则意识。

（2）充分发挥基层群众性自治组织在监督居民守法中的作用，建立有效的群众监督守法体系，形成基层群众守法义务与责任相统一的社会生活共同体。

（3）进一步强化基层群众性自治组织在社区矫正和对具有不良行为习惯的人员进行帮助改造方面的重要作用，通过法制义务宣传员走家入户、治安联防人员走街串巷，形成有利于全民守法的社会环境，全面推进法治社会的基础性建设。

（三）强化企事业单位和社会组织内部行为规则约束

（1）健全企事业单位民主管理制度，坚持和完善职工代表大会制度、建立健全基层工会组织，充分发挥基层工会在民主管理、保障和维护职工合法权益以及协调劳动关系等方面的作用。推进企业依法诚信经营，督促企业切实履行社会责任，认真执行经济管理和劳动法律法规。

（2）增强社会组织的自治功能，通过社会组织的自治章程，明确社会组织的成员权利，理顺社会组织与其成员之间的法律关系，加强社会团体民主机制建设，增强社会团体的代表性，改善社会团体的民主治理结构，保障社会团体成员参与社团管理和监督的民主权利。强化社会组织的成员对社会组织的服从意识和荣誉意识，增强社会组织成员对社会组织的责任心。

（3）按照政社分开、管办分离的要求，分类推进行业协会商会与行政机关脱钩。推动行业协会商会的自身改革和发展，完善社会组织法人治理、负责人管理、资金管理、信息披露、监督检查等制度，强化社会责任，强化行业自律。

（四）健全依法维权和化解纠纷机制

强化法律在维护群众权益、化解社会矛盾中的权威地位，引导和支持人们理性表达诉求、依法维护权益，解决好群众最关心、最直接、最现实的利益问题。

（1）注重发挥法治在社会治理中的重要作用，加快形成党委领导、政府负责、社会协同、公众参与、法治保障的社会治理体制，加强社会治理法规、制度、体制、能力建设，完善加强和创新社会治理的法规和制度安排，建立依法、常态、有序的社会治理机制，使依法治理成为社会管理的基本方式。

（2）全面提升"平安中国"建设法治化水平。加快平安建设、社会治理领域地方立法进程，把现有成熟经验上升为地方立法。加强社会稳定风险评估机制建设，建设立体化社会治安防控体系和公共安全体系，严防各种极端事件、暴力恐怖事件和重特大公共安全事故。加快基层派出所、司法所、法庭、检察室、综治办、维稳办等基层单位建设。健全安全生产监管体制，依法查处违法违规行为。完善食品药品安全标准体系，加强食品药品安全监管。完善应急管理体系，健全自然灾害、环境污染、食品安全、公共卫生等突发事件的应急机制，加强应急处置演练。

（3）依法有效化解社会矛盾纠纷。形成公正、高效、便捷、成本低廉的矛盾纠纷解决机制，有效防范和及时化解社会矛盾纠纷，人民群众对行政复议决定和行政诉讼裁判的接受程度显著提高，公民、法人和其他组织通过行政复议、行政诉讼等法定渠道解决矛盾纠纷的比率大幅提升。其一，健全社会矛盾纠纷监测、预警、处理和回应机制。及时收集分析热点、复杂矛盾纠纷信息，加强群体性、突发性事件预警监测。加大对社会矛盾纠纷的排查，对可能引发矛盾纠纷的苗头和隐患及时分析研判，制定应对措施。畅通和规范群众诉求表达机制。其二，完善多元化矛盾纠纷解决机制。围绕农村土地与城市房屋征收、劳资纠纷、环境污染等矛盾纠纷易发、多发领域创新多元纠纷解决机制。健全行政调解工作机制，在县级以上地方人民政府普遍建立政府负总责、政府法制机构牵头、以各职能部门为主体的行政调解工作机制。进一步推广和健全以人民调解为基础，集人民调解、行政调解、司法调解于一体的相互衔接配合的"三调联动"模式。其三，修改完善《中华人民共和国行政复议法》。加强行政复议机构队伍建设，县级以上人民政府要依法设立并健全行政复议机构，提高行政复议工作人员的素质。积极探索提高行政复议工作质量的新方式、新举措。探索相对集中复议权和行政复议委员会试点。其四，完善信访制度。畅通群众诉求表达、利益协调和权益保障渠道，规范信访工作程序。引导群众通过法定渠道，在法治框架内解决矛盾纠纷。建立和完善涉法、涉诉信访依法终结制度，用法治方式坚决扭转"信访不信法"局面。对已经或者依法应当通过诉讼、仲裁、行政复议等法定途径解决的事项，信访机构不予受理。

参考文献

［1］《中共中央关于全面深化改革若干重大问题的决定》。

［2］《中共中央关于全面推进依法治国重大问题的决定》。

［3］国务院《全面推进依法行政实施纲要》。

［4］《国务院关于加强法治政府建设的意见》。

［5］中央宣传部、司法部、全国普法办《关于认真学习贯彻落实党的十八届四中全会精神　深入开展法治宣传教育的意见》。

［6］《关于贯彻落实党的十八届四中全会决定进一步深化司法体制和社会体制改革的实施方案》。

［7］张德江：《完善以宪法为核心的中国特色社会主义法律体系》，《人民日报》（2014年12月31日）。

［8］孟建柱：《深化司法体制改革》，《人民日报》（2013年11月25日。

［9］孟建柱：《完善司法管理体制和司法权力运行机制》，《人民日报》2014年11月7日。

［10］郭声琨：《坚持严格规范公正文明执法》，《人民日报》2014年11月13日。

［11］徐绍史：《依法全面履行政府职能》，《人民日报》2014年11月28日。

［12］吴爱英：《推动全社会树立法治意识》，《人民日报》2014年12月8日。

［13］汪永清：《推进多层次多领域依法治理》，《人民日报》2014年12月11日。

［14］高虎城：《全面推进政务公开》，《人民日报》2014年12月4日。

［15］宁吉喆：《强化对行政权力的制约和监督》，《人民日报》2014年12月2日。

［16］信春鹰：《深入推进科学立法民主立法》，《光明日报》2014 年 10 月 31 日。

［17］袁曙宏：《健全依法决策机制》，《经济日报》2014 年 11 月 27 日。

［18］袁曙宏：《深化行政执法体制改革》，《光明日报》2013 年 11 月 27 日。

［19］方健：《加快建设法治政府》，《经济日报》2014 年 11 月 25 日。

［20］王峰：《深化行政执法体制改革》，《光明日报》2014 年 11 月 27 日。

［21］贺小荣：《依法治国背景下司法改革的路径选择》，《人民法院报》2014 年 12 月 31 日。

［22］贺小荣、何帆：《深化法院改革不应忽视的几个重要问题》，《人民法院报》2015 年 3 月 18 日。

［23］李林：《中国法治的现状、挑战与未来发展》，《新视野》2013 年第 2 期。

［24］莫纪宏：《全民守法与法治社会建设》，《改革》2014 年第 9 期。

"十三五"时期我国文化发展环境和重大问题研究

张晓明　李　河　章建刚　等[*]

摘要：本文认为，"十三五"时期我国将进入现代化发展的新阶段，为了适应中国成为全球性国家的新形势，为因应国内外环境出现的重大变化，必须大力推进文化治理体系和治理能力建设以突破文化发展的社会建设瓶颈，必须对一系列制约国内文化发展的重大问题提出根本性的解决方案。

关键词：文化体制改革　文化产业　文化市场体系

党的十八届五中全会关于"十三五"规划建议稿指出，要深化文化体制改革，实施重大文化工程，完善公共文化服务体系、文化产业体系、文化市场体系；要推动基本公共文化服务标准化、均等化发展，引导文化资源向城乡基层倾斜，创新公共文化服务方式，保障人民基本文化权益；要推动文化产业结构优化升级，发展骨干文化企业和创意文化产业，培育新型文化业态，扩大和引导文化消费。这些关于文化发展的政策要点，将是"十三五"时期我国文化建设的基本遵循。

---

[*] 张晓明，中国社会科学院哲学研究所，研究员，文化研究中心，副主任；李河，中国社会科学院哲学研究所，研究员，文化研究中心，副主任；章建刚，中国社会科学院哲学研究所，研究员，文化研究中心，副主任；史东辉，上海大学，教授，城市经济研究所，所长；祖春明，博士，中国社会科学院哲学研究所，助理研究员；刘建华，中国社会科学院文化研究中心，博士后；刘德良，北京新元文智文化咨询有限公司，董事长。

一 "十三五"时期我国文化发展的国内环境

"十三五"时期我国文化发展的国内环境可以这样来概括:中国已经站在全球化第三阶段的历史性起点上,经济社会的全面进步给文化发展提供的机会是多方面且潜力巨大的。但是,由于我国经济总体上还没有完成工业化,文化产业发展的起步阶段与工业化高峰期同步,文化体制改革与文化政策创新任务叠加,尽管发展机遇很大,但是发展环境的复杂性也大大增加。

(一) 中国文化发展环境的中长期趋势:五大发展机遇

文化发展环境首先要看 5～10 年的中长期趋势,而中长期趋势是由市场决定的。根据前面的分析,我们正处在现代化第二阶段到第三阶段的转折期,文化发展具有重大市场机遇,将在全球文化市场中彰显"主场效应"。

1. 文化产业作为消费性服务业,将呈现巨大的发展空间

"十三五"时期我国国民经济发展进入"新常态",将极大地有利于消费环境的改善,文化消费将会实质性启动,最终文化消费市场将会呈现巨大发展空间。

文化产业首先是"满足人民群众精神文化消费需求"的产业,以最终产品和服务(出版、影视、演艺等)满足消费需求是文化产业立身之本。由于种种历史的和体制的原因,当前中国市场的文化消费潜力没有得到充分释放,最终产品市场还存在着巨大的机遇。随着宏观经济发展方式转型的实质性推进,消费环境的进一步改善,文化消费必将获得较大程度的释放,为文化发展提供巨大的空间。根据商务部披露的信息,2013 年我国实际文化消费规模已超过 1 万亿元,但是实际消费潜力为 4.7 万亿元,还有 3.7 万亿元的消费缺口。2010 年,我国人均 GDP 超过 4500 美元,文化消费正步入快速增长期。据预计,到 2020 年,全国文化消费需求总量将达 16.65 万亿元,文化消费潜力释放空间巨大。

2. 文化产业作为生产性服务业,将成为国民经济转型和经济结构调整的重大支点

发展方式转型和经济结构调整升级将带动相关产业发展形成对文化创意

产业发展的机遇。文化产业同时也是"生产性服务业"，成熟的文化产业的重要标志是"中间产品率"比较高，对相关产业的带动性较大，而我国文化产业中间产品率较低，因此产业带动性较差。

进入到全球化的第三阶段后，"高技术与高文化的联姻"成为发展的主流性趋势，在新型工业化的过程中，高科技不再是发展经济的全部选择，高技术和高文化附加值是新型工业化战略发展的"车之两轮"和"鸟之两翼"。2008年金融危机后，我国提出"从中国制造走向中国创造"的口号，传统制造业升级成为重大战略选择，对文化产业作为生产性服务业的需求有了爆发式的增长。2014年3月14日国务院发布的《关于推进文化创意和设计服务与相关产业融合发展的若干意见》，就是应对这一需求出台的文件。

3. 文化产业也是新技术产业，技术革命将推动文化产业出现重大结构调整

现代文化产业也是"新兴文化产业"，以数字和网络技术为基础，以文化科技融合为特点，不断以创新业态、创新商业模式推动文化产业各个行业融合、文化产业与国民经济各相关行业融合，以及国内外市场的融合，不断掀起兼并重组和跨界发展的浪潮。

今后5~10年将是技术进步给文化发展带来根本性变革的时期。在我们看来，我国的新技术领域，由于人口基数庞大、消费活跃，是全球范围内市场最开放、资本最活跃的领域，技术革命将给文化产业带来巨大的发展机遇。而我国新兴文化产业居于技术革命的最前沿，是文化和科技融合度极高的新兴产业，也是我国文化产业各行业间市场开放度最高，与资本市场连接最紧密，与新型消费最贴近的领域，因此具有大量未知的、爆发式增长的潜在市场空间。2014年阿里巴巴在国内大举收购兼并文化企业后上市美国，腾讯、百度等互联网巨头纷纷进入影视文化等文化产业核心领域，已经充分显示出今后几年将是文化科技融合发展的爆发式增长期。而阿里巴巴等互联网企业的爆发式成长也告诉我们，在新兴文化产业领域我国最有可能出现全球顶尖级企业。

4. 新型城镇化建设继续为文化发展带来巨大机遇

现代文化产业是城市化的产业，而中国是一个正处在高速城市化过程中的发展中国家，文化必然受到城市化的极大推动。

今后 5 ~ 10 年城市化仍将带来文化发展的巨大需求。第一是已建城市的巨大的存量提升需要。10 多年来，中国的城市化受到地方政府投资冲动影响而发展速度超常，基础设施相对过剩，硬件完善而软件不足，"十三五"时期将会开始以文化为主线的软件投资时期，提升城市的文化生活环境质量。第二是同样巨大的新建城市的增量需要。中国城市化刚刚超过 50%，还有 20% 的人口（2.6 亿）要从农村转入城市，5 ~ 10 年内仍将会延续每年总人口的 1.5% ~ 2% 的转移速度。每个新城区的建设都会有公共文化服务设施，甚至也会有文化产业集聚区的考虑，这样就为文化发展开辟出了巨大的空间。第三是我国高铁发展造成的国土空间利用效率提升所释放出的文化需求。高铁网络的形成改变了中国一大批城市，特别是中西部文化资源丰厚、基础设施完善的二三线城市的区位性质，将极大地刺激这些城市旅游文化产业的发展。

5. 随着中国成为一个具有全球经济利益的国家，文化贸易将得到全面提升，全球文化发展将进入"中国主场"新阶段

全球化第三阶段的最重要标志就是全球文化贸易的急剧发展，而在经济全球化方面占据有利地位的国家将在文化贸易方面同样获得重大发展机遇。

今后 5 ~ 10 年可能是我国国际文化贸易出现根本性转变的时期。根据国家版权局发布的版权贸易数据，我国 2013 年共引进版权 18167 种，输出版权 10401 种，已经从世纪之交的大约 1:10 降低到了 1:1.4。[①] 根据这一发展趋势，在 5 ~ 10 年内我国可能达到版权贸易进出口平衡，甚至成为版权出口国。随着中国从版权进口国变为版权净出口国，中国全球文化产业制造业大国的地位会发生变化，文化制成品大规模出超的局面也会为进出口平衡所取代，甚至是转为文化产品和贸易进口国，以大规模文化消费为国际文化市场做出新的贡献（如同美国那样）。中国的文化产业正在从"创意进口""成品出口"时代走向"创意出口""成品进口"时代。从这个意义上说，中国的文化产业"全球化"进程，必会从主要"走出去"转向"走出去"和"走进来"并举，双向交流，甚至进入"开发全球文化资源""购买全球文化产品"的新时期，全球文化发展将进入"中国主场"新时期。

---

① 资料来源：《中国出版走出去格局发生根本变化——2013 年全国图书版权贸易分析报告》，国家新闻出版广电总局网站，2014 年 8 月 27 日。

对于全球性"中国文化主场"时代的来临需要有所准备，但是显然目前我们从观念、战略到策略都没有做好准备。比如说，"十三五"时期中国将成为最重要的国际活动的发生地，最主要的国际性文化机构和NGO组织所在地，全球性文化展会、论坛、比赛以及文化节日与庆典活动的举办地，以及全球性创意设计品牌新的诞生地。北京、上海、深圳等重要国家中心城市将相继成为世界城市，引领全球"创意城市"网络的发展。我国应该认真领会十八届三中全会关于"整合内外宣"的指导思想，将国际国内两个大局纳入文化治理体系建设，以法律、法规、政策创新来适应这一变化。

（二）从文化产业发展到文化市场体系建设

1. 要认识产业与市场的一般关系：市场是基础，产业政策是政府对市场的干预

按照一般理解，市场经济有较长的自发演进历史，而产业政策作为国家对市场的干预，服务于后发国家赶超发达国家的发展战略。在市场经济体系健全的国家，产业政策能起到弥补短板、形成战略增长点、推动国民经济快速发展的作用。但是如果市场经济体系不健全，产业政策也会脱离市场需要，扭曲市场规律，造成资源错误配置。我国发展面临改革、发展双重任务，因此国家的干预政策常常与市场机制形成张力，搞好了是产业推动市场开放，并为产业发展提供源源不断的动力，搞不好则是产业脱离市场规律，成为政府自娱自乐的过程。十八大将以前提出的市场经济对资源配置的基础性作用修改为市场经济对资源配置的决定性作用，就是要纠正多年来在"宏观调控"的名义下政府对市场越来越强的干预作用。

2. 要认识文化产业与文化市场的复杂关系：文化市场本质上是思想观念的博弈，以产业政策推动发展非常复杂

相比较而言，文化市场具有高度的复杂性，以产业政策推动文化发展难度更高。首先，文化市场的交易对象是文化产品和服务，具有经济价值和文化价值双重属性，这一特质决定了文化市场的供需双方——生产者和消费者的关系本质上是思想观念的创作、传播与相互激荡的关系。这是一场由专注于自我表达的一方（创作者），与同样专注于希望获得自我满足的另一方（消费者）组成的连续不断的博弈，结果具有高度的不确定性，对于这样的市场化过程的干预很难找到合理的尺度。其次,文化市场覆盖领域广泛,特异性高,比如说出版、影视、演艺等,每一个领域市场化形式都不同,产业化程度也不一样,很难形成大规模集约度很高的产业。从目前看,迄今为止只有在广电技术发展高峰期出现过与经济领域类似的产业化强势带动发展形势。目前我们正在面临数字和网络技术发展的新高峰,新业态和新商业模式层出不穷,新兴文化产业发展呈现出极为复杂的图景,甚至"市场"和"非市场"的边界都日益模糊。可以想象,在这样一种市场环境中制定合理的"战略新兴产业"发展战略将是一件难度极大的事。

3. 我国文化产业与文化市场关系总体上看是市场开放程度落后于产业政策干预力度,"十三五"的核心任务是回归市场与产业的合理关系

回顾"十五"以来的发展过程,基本上可以有这样一个结论:尽管2003年就开始启动了文化体制改革,加大了文化市场的开放力度,但是总体来说,由于文化体制改革与政治体制改革不配套,关键领域和关键环节一直未能获得突破,我国文化市场的开放程度一直落后于文化产业的政策干预强度,使得文化产业发展越来越脱离市场需求,依赖于财政的直接支持,成为政府政绩工程。因此,"十三五"时期改革的核心任务就是让文化产业与文化市场回归合理关系,让市场在资源配置中起支配作用。

让文化产业与文化市场回归合理关系的基本工作就是加大市场开放程度,充分发挥文化市场在资源配置方面的决定性作用,在这个基础上重新调整和完善产业政策。目前我们已经越来越具备全面开放文化市场、充分释放文化产业发展潜力的条件了。根据《中国文化产业发展报告(2012)》总报告的分析,我国文化市场已经从"总体短缺"走向了"短缺与过剩并存",即结构性过剩,已经没有必要对文化企业,特别是国有文化企业那样呵护备至了,我们已经具备了大规模放开市场,推动兼并重组、提升产业效益的条件了。近年来移动新媒体发展迅速,草根自创渐成内容创新主体,内容管制很大程度上已经落空,客观上也要求进一步转变政府职能,科学界定政府和市场的定位和合理边界。为此,就要放开市场准入、减少行政干预、强化公共服务,保护文化企业合法经营的权利,使其成为文化市场真正的独立主体。

4. 突破口是进一步改革内容生产和监管体制

突破口在于改革文化内容的生产和监管体制。要特别强调保护宪法所规

定的公民言论自由的权利，鼓励每一个人参与文化创造；要合理区分什么是一般文化内容，什么是意识形态内容，分类分级制定管理办法，尽最大可能保护人民群众的创造力；要培育大量的社会中介机构和行业协会，转交政府应该管却管不好的职能，为创造性的行为提供尽可能宽松的市场空间。

二 "十三五"时期我国文化发展急需解决的重大问题

（一）我国急需制定"对外文化发展战略"，与"一带一路战略"相配套，克服我国全球发展战略中的"文化短板"

中国并不是没有一个对外文化战略，21世纪初中国主动推出的"文化走出去"，就是这一战略的雏形。该战略也取得了一定的成绩，比如通过兴办或收购等形式已在海外传媒中拥有一席之地；自2004年在首尔开办第一家孔子学院起，截至2014年9月，国家汉办已在122个国家开办了457家孔子学院和707家孔子课堂，其中多半分布在欧美；包括中国作品外向推介、出版、演艺、书画艺术和设计等内容的海外中国节活动，从规模到效果都有长足的发展；此外中国影视对外出口也有较大的起色。

但毋庸讳言，我国"文化走出去"在实施层面有个与国内文化建设类似的通病：将文化交流活动等同于"外宣"，重视政府的直接推动作用，忽视对民间—民营主体的政策支持；只关心硬件建设，忽略效应评价；只问是否走出国门，不问是否入脑入心；一句话，只关心外延性增长指标，不关心其内涵性的真实影响力。近年来，中国出台的"一带一路"战略，其经济和政治举措是明确的，进一步凸显了相关文化举措的滞后，急需提出"丝绸之路文化发展战略"为"一带一路"战略提供重要的文化软支撑。在我国全球发展战略中，文化仍然是一块急需弥补的短板。

文化影响力的根本特性就在于"直指人心"，"文化走出去"如果不关心入脑入心，走出去的就肯定不是文化。因此，中国对外文化战略应以赢得域外民心为旨归，简单地说就是要赢得域外民众对中国的好感。这种好感太重要了。在经济高速扩张过程中不少中国企业人表现出的见利忘义行为，削弱了世界很多地区的民众对中国的传统好感；拒人于千里之外的僵硬政治话语表达方式强化着域外民众对我们的疏离感;凡事由国家直接出面的文化输出方式更会产生事与愿违的后果。从古至今,中国的国家形象好像从未像今天这样缺乏道义性。诗书礼乐、崇德尚义、谦和温良的国家形象早已离我们远去,由此引发的反感不仅无法为中国经济政治的重大举措提供软支撑,反而在我们与西方或周边国家发生经济政治纠纷时起推波助澜的作用。

中国对外文化战略需要更新对外文化交往模式,法国成功的政策实践值得我们学习。我们知道,法国在18世纪是个世界性帝国,法语在当时的地位相当于今天的英语。换句话说,法国曾是一个"文明型国家",即一个代表着独特文明类型的国家。但19世纪下半叶到20世纪,法语文明经历了来自不列颠帝国和美国的两大冲击。在感受到来自英语世界的压力后,1883年法国成立了以推广法语文化为宗旨的"法语联盟"(Alliance Francaise),目前共有1100个机构分布在130个国家;而从20世纪上半叶起,法国一直对来自美国的文化冲击保持着高度的政策警觉。1958年,法国明确将电影划归文化部管辖,从而彻底淡化了它的"文化工业"属性。此后,在乌拉圭回合当中提出"文化例外",以及1994年在国内推出旨在限制英语使用的"杜邦法",这一切都表明法国在维护自己文明地位方面的不苟且态度。

法国为维护其"文明型国家"地位所做的最重要努力,是1970年联合其以前的殖民地国家和附庸国,建立"法语国家组织"(International Organization of French Speaking Countries)——这是法国将其负面的殖民主义历史转化为积极的文化遗产的成功举措!该组织总部在巴黎,1986年以后每两年召开一次会议,目前已有56个正式成员,19个观察成员,覆盖9亿人口,其参与国数量大大超过了英联邦组织(53国)。它已经成为法国施展其国际影响的重要平台。

总之,要成为有影响力的全球性大国或"文明型国家",其区域或国际政治方面的意义就在于,要使"我的道路"成为"我们的道路",使"我的理想"成为"我们的理想",使"我的文化诉求"成为"我们的文化诉求",简而言之,就是要使"我"成为"我们"。只有这样才能使我们国家的全球经济利益得到更好的实现。

（二）提出"文化治理体系"方案，开辟新的改革路径，克服文化体制改革中的"社会建设"瓶颈

十八届三中全会在提出发挥市场在资源配置上的决定作用的同时，提出要"推进国家治理体系和治理能力现代化"的目标，这是经过深思熟虑的重大改革举措。文化领域也同样，在全会提出"建立健全现代文化市场体系"的总方针的同时，文化治理体系和治理能力的问题事实上已经成为深化文化体制改革的突破口和新途径。我国文化体制改革已经呈现了一条从"办文化"到"管文化"，又从"管文化"到"治理文化"的逻辑路径。

第一，无论"治理"概念的内涵如何复杂多变，但其基本的理论要旨可以概括为：某一群体在解决关乎自身利益的公共事务时，通过平等的主体间对话的方式以确定集体行动的规则或解决方案，并最终形成提升自我管理和组织能力的新的社会管理范式。与这种管理范式相对的是传统的统治型管理范式。这两种范式之间存在着本质差异：前者是市场—去中心化的、双向互动而灵活的管理体系；而后者则是行政—中心化的、单向无互动的僵化管理体系。

第二，文化领域是高度复杂的，与其他产品不同，文化产品与服务除了具有经济价值之外，还具有文化价值。文化价值又是多层面的，包括审美价值、象征价值、精神价值、历史价值等。如果说经济价值可以使用经济学术语解释清楚，但文化价值是不能简单地用金钱来进行评估的，文化市场因此需要多元化、多层次、多机制的复杂交换和评价系统来适应文化产品的复杂性。这就是文化领域需要法制，但是又非单纯的法制能够管理的原因。这也决定了政府不宜采用传统的统治型社会管理范式，而更宜采用治理型的社会管理范式的原因。

第三，我国传统的文化管理体制是文化行政管理部门自己办文化的体制，2003 年以来的文化体制改革启动了从"办文化"向"管文化"的转变。但事实上，管理文化意味着使用一种普遍去差异化的标准，以及行政—中心化的系统来规范和管理文化领域的各种活动，显然这种做法很难有效应对文化领域复杂多变的现实问题。从这个意义上说，从文化管理走向文化治理应成为我国深化文化体制改革的一个必然趋势和方向。我们不妨将文化体制改

革进程归结为从"办文化"到"管文化",又从"管文化"到"治理文化"的过程。

第四,党的十八届三中全会《决定》中首次提出要"培育文化非营利组织",这是推进国家治理体系和治理能力现代化总目标在文化领域的一项重要的战略部署。我们认为,政府职能转变必须将政府职能转交作为配套政策,"十三五"时期应该将培育"文化非营利组织"作为承接政府职能转交、推进国家文化治理体系的突破口和主要抓手。按照民政部 2014 年第 4 季度的统计数据,全国社会团体数量为 30.7 万个,民办非企业数量为 28.9 万个,基金会为 4044 个。截至 2013 年底,文化类社会组织只有 3.88 万个,占总体社会组织数量的 7%。文化非营利组织不仅在数量和规模上相对滞后,而且存在专业素质不高、内部治理不健全,政社不分、管办一体、责任不清,独立运作能力较弱,社会公信力偏低,整合社会资源能力不强等问题。这些问题的存在将极大地影响其承接政府让渡职能的功能,实际上也成为政府职能转变改革的瓶颈。

(三) 在统一的市场环境中进一步完善市场主体建设,特别是深化国有文化企业改革,全面推动创意、创新、创业

从 2003 年开始的文化体制改革是以打造市场主体为主要任务,到 2013 年十八届三中全会提出建立健全现代文化市场体系的改革方向,我国文化领域的体制机制改革和政策创新走过了从微观到宏观的发展道路。"十三五"时期我国将进入一个以文化市场环境建设进一步推动文化企业全面、快速、健康发展的新阶段,国有文化企业的发展与改革是一个关键的环节。

对于"十三五"时期我国文化企业发展前景的基本展望可以归结为以下 3 点:首先,随着政府职能的转变和文化管理体制改革的深化,特别是在文化投资和文化创新领域政府审批制度的革新,文化企业发展的制度环境将有明显的改善。现代文化市场体系的逐渐形成将使市场的进入和退出机制趋于完善,市场竞争机制的作用得以发挥,各类社会资本将拥有自主经营的更大空间,并因此大大提高我国文化企业的资源配置效率和营利性。其次,随着国有经营文化单位转制工作基本完成,我国文化企业将出现全行业、全方位的大规模兼并重组。特别是在转制企业比较集中的新闻出版发行服务、广播

电影电视服务、文化艺术服务 3 个大类中，转制企业与非转制企业在市场环境、政府管理及扶持、要素流动等方面原来较大的制度性差异会随之逐步消除，基于产品与服务的多样化与效益的竞争必将成为这些企业生存的唯一机会，在统一市场环境下的新一轮竞争必将展开。最后，随着转企改制任务的基本完成以及相关体制机制改革的全面深化，国家将进一步加强对内容生产的扶持，国有控股企业在文化内容生产领域的发展速度将进一步加快，非国有资本进入文化内容生产领域的速度也将加快，"新兴"文化内容生产企业也将对"传统"文化内容生产企业发起有力的挑战。我国文化企业将迎来一个新产品、新业态、新商业模式百花齐放，创意、创新、创业竞相迸发的时期。

这个时候特别需要关注以下问题的研究。首先是如何在统一市场环境下创新梳理政府与企业的关系，严格界定公共文化政策和文化产业政策。政府公共文化政策服务于全社会公共文化服务体系的建设，其主要通过政府出资举办或政府购买服务的方式，满足全社会对公益性文化产品和服务的需求。而文化产业政策则服务于国家发展文化产业的战略需求，其主要通过扶持特定企业、特定商业性项目、特定商业性行为的途径，促进相应文化企业的成长，最终达到推动文化产业成为国民经济支柱产业的战略目标。此外，由文化发展的固有特性所致，许多文化产品和服务门类公益性和非公益性并存。为此在政府扶持这些门类企业发展的具体政策设计上，同样需要区分公共文化政策和文化产业政策。其中必须明确的是，文化企业固然需要把社会效益放在首位，但其并没有提供公共文化产品和服务的义务。如果需要由文化企业提供公共文化产品和服务，那就应当直接由政府出资，如政府采购、项目资助。

其次是如何聚焦文化内容生产活动，以鼓励创新为重点，进一步完善政府文化产业政策体系。现代文化产业涵盖面越来越宽，创意内容前端的重要性越来越突出，政府文化产业政策体系的设计理应聚焦文化内容生产活动。政府扶持政策聚焦于此既充分体现了文化内容生产活动的重大战略意义，同时也有利于最大限度地发挥政府扶持政策的导向性、激励性作用。在聚焦文化内容生产活动的前提下，建议特别要以内容、技术、业态和商业模式创新作为政策鼓励和扶持的重点。通过政府扶持，不仅使得文化企业的创新活动能够为经济增长和文化发展提供充足的动力，而且也有利于广大文化企业有效应对由创新的不确定性所导致的风险，最大限度地提高创新投入。

最后是进一步规范政府对国有文化企业的扶持。国有文化企业一直是我国政府扶持的重点。在全面深化改革的历史背景下，政府对国有文化企业的扶持应顺应新的形势，进一步加以规范。第一要研究规范并改善对特许经营企业的政府管制。比如说，要特别注意在新闻出版发行服务、广播电视电影服务等行业中有着一大批拥有出版或播出特许经营权的国有企业，必须从反垄断和维护国家利益的立场出发，严格管制他们的纵向一体化行为，鼓励制作和出版、制作和播出分离，坚决抑制特许经营企业谋求垄断上下游市场的行为。同时，对特许经营企业从事非特许经营业务、特许经营业务所可能获得的垄断收益、对外投资等事项，要研究制定针对性的管制措施。第二要研究规范政府直接补贴国有文化企业的行为。鉴于目前各级政府对国有文化企业补贴名目较多的事实，要对其研究并规范，例如，如何继续维持政策性亏损补贴；如何减少乃至取消经营性亏损补贴；如何运用政府采购、招标、公开资助等方式对国有文化企业提供公益性文化产品和服务引进市场化机制，而不再采取政府直接补贴的方式；以及如何更加科学合理地对于提供的的产品和服务社会效益特别显著的国有文化企业给予政府奖励。

（四）鼓励"跨界融合"：推动文化创意产业与国民经济相关产业融合发展

在《中国文化产业发展报告（2013）》中已经指出："我国的文化产业已经从'分业发展'，走向了融合发展，文化产业内各个行业主管部门主导的发展，将越来越为跨行业的融合发展所取代，甚至为文化经济普遍融合发展所取代。"2014年3月14日，国务院正式印发了《关于推进文化创意和设计服务与相关产业融合发展的若干意见》，标志着"跨界融合"政策正式推出，鼓励文化产业"跨界融合"，推动文化创意产业与国民经济相关产业融合，使文化元素渗透与融入到国民经济其他产业中，推进文化创意和设计服务等新型、高端服务业发展，促进与实体经济深度融合，是培育国民经济新的增长点、提升国家文化软实力和产业竞争力的重大举措，是发展创新型经济、促进经济结构调整和发展方式转变、加快实现由"中国制造"向"中国创造"转变的内在要求，是促进产品和服务创新、催生新兴业态、带动就业、满足多样化消费需求、提高人民生活质量的重要途径。"十三五"时期将是文化创意产业与国民经济相关产业实现跨界融合发展的高峰期。

跨界融合首先是基于产业链各个环节的垂直融合，文化的资源、创意、生产、技术、资本、流通、消费等环节日益扁平化。以互联网行业为例，在移动互联网迅猛发展的不断催化下，产业链上下游的壁垒被进一步打破，电信运营商、内容和应用服务商、设备制造商、终端厂商、软件商等企业加速将自身业务向产业上下游延伸，通过企业并购、业务合作等形式，有针对性地打造硬件、软件、应用服务的一体化特色服务，以争抢移动互联网入口。其次，跨界融合是技术驱动下的行业融合，如传媒产业中的新闻出版、广播影视、新媒体业等媒体行业的融合，传媒业与歌舞演艺、艺术品业、会展业等不同文化行业的融合。再次，跨界融合是文化产业与外部传统行业的融合，如与零售、金融等传统产业纵深跨界融合加速，产业边界日渐模糊。最后，跨界融合是文化创意元素与第一、第二、第三产业的普遍融合。

近年来，随着我国新型工业化、信息化、城镇化和农业现代化进程的加快，文化创意和设计服务已贯穿在经济社会各领域各行业，呈现多向交互融合态势。"十三五"期间，文化创意和设计服务的先导产业作用更加强化，与相关产业全方位、深层次、宽领域的融合发展格局基本建立，相关产业文化含量显著提升。文化创意和设计服务增加值占文化产业增加值的比重明显提高，相关产业产品和服务的附加值明显提高，将为推动文化产业成为国民经济支柱性产业和促进经济持续健康发展发挥决定性作用。

随着经济的增长、社会的发展、科技的进步，消费的"脱物化"趋势将越来越明显，经济整体将越来越具有"体验"性质。产业内融合、产业间融合、文化与经济融合，甚至民族国家市场的融合将会是实现这一发展趋势的共同路径。从这个意义上说，我们正在大变局的入口处。

（五）实施"带状发展"的区域融合战略，提升文化产业空间配置效率

《中国文化产业发展报告（2013）》中指出，我国文化产业将从区域性

竞争发展走向统一市场条件下的整体协调可持续发展，地方政府本位的发展模式将为国家层面的、由综合经济管理部门主导的发展模式所取代。在这一背景下，我国文化产业的发展将会在整体空间布局上更为合理，区域特色发展、错位竞争发展将会成为主流。2014 年 3 月 3 日，文化部、财政部制定了《藏羌彝文化产业走廊总体规划》，8 月 8 日，文化部和财政部又发布了《关于推动特色文化产业发展的指导意见》，这两个文件的发布标志着我国文化产业在发展趋势上出现了"空间转向"。"十三五"时期将是我国文化产业从地方本位和行业分立式的发展模式走向统一市场和空间分布式发展模式的关键时期，文化产业将从空间整合和效益提升中获得重大发展机遇。

从空间布局角度看，我国文化产业存在的问题是地域性分割和发展的不平衡。我国长期以来对文化实行行政方式的、条块分割的管理办法，在中央设立文化、广电、新闻出版等管理部门（"条"的指挥体制），在地方则形成以地方行政当局统管的同样结构的下级管理部门（"块"的行政管理）。在计划经济体制下，以地方行政单位为文化资源配置的基本单位，每个地方都具有完全相同的文化单位和设施。比如说，每个省都有同样的新闻出版、广播电影电视，以及演艺机构等。

所谓发展不平衡是指，改革开放以来，在 2000 年以前，文化事业单位的发展主要依靠地方财政，以及允许事业单位自身创收的做法，导致文化发展在地区和城乡间严重不平衡。经济发达地区消费水平高，文化需求旺盛，购买服务能力强，财政支持力度又大，各种文化机构发展形势就好。落后地区有效需求不足，政府财政能力又小，文化机构发展形势就差。2000 年以来，我国启动了文化产业的发展，开始了市场机制对文化资源的配置，原有结构有所松动。但是从发展模式来看，由于从中央到地方都高度重视文化产业（特别是 2008 年金融危机以来），文化领域也很大程度上沿袭了与经济领域一样的发展模式：市场竞争＋地方政府竞争。也就是说，文化产业获得了长足的发展，地方政府的优惠政策和财政支持起了很大的作用，但是也强化了文化资源按照行政区域配置的传统模式，造成了重复建设和新的地域性分割。文化产业陷入了与宏观经济领域一样的不合理的发展方式。这种状况一直到金融危机后，宏观经济领域发展方式转型全面启动才得到遏制。

十八届三中全会提出"建立健全现代文化市场体系"的总方针，"十三五"时期将有可能也有必要按照建设统一开放、竞争有序的现代文化市场体系的要求，进行全国统一的产业空间规划，向合理的产业布局要效益。

实施"带状发展"的区域融合战略应该成为规划实施全国合理空间布局的突破口。首先，"带状发展"战略的基础是文化资源与要素的地理分布，"藏羌彝文化走廊"项目就是按照藏羌彝文化资源分布制定的横跨 7 个省份的"带状发展"规划，已经为我们提供了一个很好的范例；其次，"带状发展"的战略目标是提升产业协同效益，这就要突破行政区划，根据市场需要和产业竞争规律，进行产业规划，以期实现区域范围内产业效益的最大化。根据目前掌握的文化产业数据，我们可以规划出 4~6 个文化发展带，作为地方文化产业"十三五"规划的指导。如长江文化发展带、珠江文化发展带、丝绸之路文化发展带、环渤海文化发展带、东北文化发展带、西部文化发展带等，把每个文化发展带打造成统一开放竞争有序的现代文化市场体系；最后，"带状发展"战略还可以推动发展带内的地方政府和文化主管部门转变政府职能，改善对文化产业的财政支持方式，更好地发展政府应有的作用。

（六）推动文化科技融合，提升文化产业的发展水平

随着《国家文化科技创新工程纲要》和《文化部"十二五"文化科技发展规划》的出台，"科技带动文化产业发展战略"正式成为我国大力发展文化产业的核心战略之一。几年来，文化与科技融合的观念逐渐渗透到各相关领域，各地政府和相关部门也纷纷推出加快文化与科技融合发展的政策举措，由互联网巨头主导的行业间跨界兼并重组风起云涌。与此同时，移动互联网和个人数字设备的快速发展，深深改变了居民的生活消费环境，为文化科技融合提供了新的发展环境。因此，"十三五"时期（2016~2020 年）是中国文化产业与科技融合发展的关键时期，如何营造更加有利于文化科技融合发展的政策环境，是"十三五"时期文化发展的关键任务之一。

近年来文化科技融合推动传统文化产业升级，出现了许多新的发展趋势。首先是在文化产业各个行业内部对传统产业的冲击。文化科技融合产生

的新兴产业以其丰富的表现力、体验性、创新性,对几乎所有传统文化产业都产生了冲击,其中纸媒出版首当其冲。其次是文化产业与相关产业的跨界冲击。文化与科技融合推动了文化产业与许多原来与文化产业毫无关联的行业融合。比如说通过创意设计与制造业融合,与农业融合,以及用动漫、影视技术带动传统的旅游产业,等等。最后是文化科技融合引发的创新模式——众创空间的出现并被肯定,传统的以技术发展为导向、以科研人员为主体、以实验室为载体的科技创新活动正转向以用户为中心、以社会实践为舞台、以共同创新、开放创新为特点的用户参与的创新2.0模式。特别需要关注的是,"众创"模式的出现使得"内容为王"走向"平台为王",或者同步发展,出现了平台弱化内容生产的趋势,现在需要重新强调内容为王,至少应该实现"内容为王"和"平台为王"的统一。

目前我国文化科技融合战略落地还存在诸多障碍需要清除。首先是文化、科技、金融等管理部门条块分割、各自独立、缺乏协作,政产学研之间存在壁垒,既造成文化资源的高科技开发手段不足和文化科技装备不足,也存在科研成果与文化领域实际需求结合不紧、转化渠道不通。其次是文化与科技融合发展缺乏系统有效的保障支持,与以往经济领域(如科技领域)的成熟优惠政策体系相比,文化科技领域尽管已经出台了许多政策,但是真正落地执行,对文化科技融合形成支撑作用,还有一定的过程。再次是文化领域科技创新不足,对文化与科技创新成果评价存在非需求导向。现行的研发成果评价机制单纯以论著级别和数量、专利数等为考量标准,是为科研而科研的评价机制,难以用经济价值考量。重复低效的成果研发,成果实际应用效果差,没有以市场需求为导向。最后是人才供给不足。目前在文化科技融合发展方面的人才培养存在很大缺失,传统的文化人才不懂得科技在文化传播、文化消费过程中的作用,而科技人才对文化内容重要性又普遍认识不足。文化企业普遍缺乏既通晓高科技、又熟谙文化的复合型人才,难以创作出民族文化与高科技手段高度融合的文化精品。

"十三五"文化发展规划在文化科技融合领域特别需要关注以下问题:

(1)以规划为统领,形成文化产业与科技、金融融合发展的联动机制

要科学制定文化产业与科技、金融融合发展的规划,明确科技、金融支持文化产业发展的方向,提出主导产业发展目标和实现路径。为了落实融合

发展战略，还要从省或市的层面专门成立支持文化和科技融合的协调机构，形成推进文化产业与科技、金融融合的联动机制，承担统筹规划、宏观指导和评价监测等工作。最后，还要发挥协调机构在专题咨询、联席会议、定期会商、业务交流和重点督办等方面的作用，强化部门协同，加强跨行业、跨部门、跨所有制乃至跨区域联合，加强文化基地建设，引导科技、资金等要素资源不断向文化基地和优势文化企业聚集。

（2）建立健全要素市场，完善文化科技融合的投融资体系

要加快培育产权、版权、技术、信息等要素市场，重点围绕旅游业、民族民间文艺演出业、民族民间工艺品产业、民族节庆与会展产业、山地体育与户外运动产业、广播影视、新闻出版、文化艺术与休闲娱乐产业、网络新媒体与动漫网游、创意设计产业等专业市场开展金融创新，建立多元化、多层次、多渠道融资体系。发挥科技银行的对口信贷扶持作用，在资金的规模上、授信的额度上、信贷的时间上对文化科技产业给予扶持，提供个性化、系统化的融资方案，形成"科技与金融紧密结合，产业与资本无缝对接"的企业成长环境。建立联保机制、联席会议制度、企业融资项目库，切实解决文化园区企业融资困难问题。大力扶持园区文化企业上市融资，建立新三板申报企业项目储备库。

（3）以完善现代企业制度为突破口，做大做强与科技、金融融合的文化企业

以文化龙头企业为核心，形成一批规模型、龙头型的领军企业，打造一批与科技、金融融合的现代大型文化企业集团。大力引进国外知名文化企业，尤其是在我国文化产业发展重点领域内的国际知名企业。积极发展国有文化企业。培育一批核心竞争力强的国有或国有控股大型文化企业或企业集团，对国有文化企业跨地区、跨行业、跨所有制兼并重组和上市融资给予政策支持。放宽市场准入，按照"非禁即入"原则，鼓励和引导非公有资本以独资、合资、合作、联营、参股、特许经营等多种形式公平进入文化产业领域。推进信息科技手段在文化产业中的运用。

（4）加强复合型人才培养，建立健全文化与科技、金融融合的人才体系

加快文化产业与科技、金融融合的复合型人才培养，加强国内外高层次文化科技人才，尤其是文化领军人才的培养和引进。同时，做好现有人才的

专业培训，使之在快速发展的技术变化前具备充分的适应能力和驾驭新型文化技术装备的能力。将文化人才纳入特殊人才政策范畴，开通文化人才"绿色通道"，在子女入学、就医就业、税收返还等方面给予优惠政策。同时，为复合型人才、团队与研究机构的发展提供更为有效、完善的条件。加强理工学科与人文、管理学科的交叉融合，支持高校设立文化科技交叉学科，支持科研院所开展文化科技专业研究生培养，加强对有关文化园区、基地管理人员的培训等，促进文化创新人才的培养。

（七）加强文化金融合作，适应"大众创业、万众创新"的文化产业发展新形势

近年来文化产业的快速发展，与文化金融合作的深入开展和投融资体系的建设不断取得成效密不可分，正是由于社会资本和金融资本快速进入文化产业，文化产业顺利实现连续多年快速增长。但同时，资金仍然是制约文化产业进一步提升的核心因素之一。所以，2014年若干文化经济政策文件都将文化金融合作和投融资体系建设作为推动文化产业发展的核心工作之一。

2015年3月11日，国务院办公厅发布《国务院办公厅关于发展众创空间推进大众创新创业的指导意见》，"意见"的出台标志着中国进入了一个以"大众创业、万众创新"为特点的发展新阶段，新注册企业数量快速增长成为最突出的特点。2014年文化企业部分月份新注册企业数是2013年度同期的1倍以上，全年新注册文化企业增长率将超过2013年的20%，我国文化企业数量将超过160万家。按照这个趋势，2020年前后我国文化企业有可能达到250万~300万家。同时，我国文化企业中90%以上是中小微企业，大多数企业缺乏金融经验和资源，也缺少专业化服务。

"十三五"时期文化金融合作发展的主要任务就是，如何适应"大众创业、万众创新"的新形势，多方面开展金融创新，具体建议如下。

（1）要加强无形资产评估和债券融资模式研究，建立良性的无形资产交易市场机制，不断完善中介服务和担保服务体系

当前我国文化产业发展受市场机制不完善、法律法规执行不严谨、交易机制不透明等多种因素的制约，无形资产债权融资依然没有完全破题。一些

城市建立起来的版权交易中心在版权评估、融资中介等方面不断尝试，也产生了一定的作用，但与大量的版权融资需求相比微不足道。

破解无形资产融资难问题的核心是要建立完善的无形资产交易市场机制，要建立完善的法律法规，保障无形资产具有真实可信的评估依据。同时，无形资产融资的模式需要突破，版权链融资、债券融资、权益融资等模式需要创新。在这方面，需大量发展中介服务组织，在版权交易中介、版权交易评估、担保服务等方面发挥作用。

（2）要适应大量中小微企业的融资需求，大力发展小额贷款、担保体系，并对中小微企业提供金融服务支持

中小微企业，甚至个人自我就业将越来越成为我国文化产业发展的主流和希望所在。中小微企业的成长需要资金的扶持，因此我国文化市场对小额贷款和担保服务的需求越来越强烈。文化企业的特点是资金使用时间计划性差、资金需求量小、资金使用期限差异较大，商业银行贷款普遍难以满足需求。因此，需要大力发展具有灵活性和快速审批等特点的小额贷款公司，适合中小微文化产业的资金需求。

中小微企业普遍缺乏财务和金融知识以及融资技能，需要专业服务平台和服务机构的服务，但付费意愿普遍不足。在这方面，需要政府为专业服务平台和服务机构提供扶持，帮助这些机构降低经营成本，拓展业务机会。可以采取适当给予房租补贴、人才补贴、资金奖励等形式。

（3）要适应大量创业企业对创新型商业模式的探索需要，鼓励发展天使投资人和创业投资基金

随着"万众创新、大众创业"时代的到来，大量创业型文化企业涌现，创新型企业对天使投资和创业投资基金资金需求增强。根据《国务院办公厅关于发展众创空间推进大众创新创业的指导意见》的要求，就是要到2020年形成一批有效满足大众创新创业需求、具有较强专业化服务能力的"众创空间"等新型创业服务平台，培育一批天使投资人和创业投资机构，投融资渠道更加畅通。

"十三五"期间，文化产业应大力挖掘和培育天使投资人和创业投资基金，积极为天使投资人和创业投资基金提供服务和机会。可以扶持专业化社会机构，发起设立"文化产业天使投资人联盟"，建设"文化产业天使投资

人网络服务平台",采取信息交流、对接活动、会议论坛、培训等多种形式为天使投资人和创业型企业提供服务。

（4）越来越多的创意期和筹备期的项目和产品市场探索和资金需求强烈，互联网众筹融资模式的资金来源日益重要

大量中小微企业创意和筹备阶段中的项目和产品需要探索市场反应并进行融资，互联网众筹平台已经显示出良好的生命力和融资能力。因此，应大力扶持互联网众筹平台的发展，并鼓励文化企业通过众筹平台融资。

（5）大型文化企业整合并购意愿将持续，整合并购资金需求维持高水平，整合并购贷款需求强烈，并购基金有着巨大的发展空间

2012 年以来，文化产业发展中整合并购趋势越来越明显，已经先后设立了十余只由上市公司、私募股权投资基金、证券公司、商业银行等机构组成的并购投资基金，一批资金实力较强、发展较快的文化企业不断通过整合并购实现了外延扩张，向着国家规划中的集约化、规模化、专业化方向迈进。"十三五"期间，文化产业的整合并购将进一步深入，并购所需要的资金规模还将扩大。

"十三五"时期，并购基金将有着巨大的发展空间，政府管理部门可考虑研究将部分财政资金投入到并购基金，进一步推动整合并购的力度，推动文化产业向着集约化、规模化和专业化方向进一步迈进。

（6）鼓励社会资本进入文化产业领域，新兴的 PPP 合作模式的提出开辟了新的战略方向

多年来，从中央到地方政府都拨出了大量财政资金支持文化产业发展，其效果有待检验和评估。2014 年 10 月 24 日国务院常务会议提出，积极推广政府与社会资本合作（PPP）模式。11 月 16 日，《国务院关于创新重点领域投融资机制鼓励社会投资的指导意见》（国发〔2014〕60 号）下发，提出在生态、水利、基础设施、交通、能源、信息和民用空间基础设施、社会事业等领域，鼓励社会资本特别是民间资本参与投资。2014 年 12 月 4 日，国家发改委与财政部分别在各自官网上发布了《关于开展政府和社会资本合作的指导意见》和《政府和社会资本合作模式操作指南（试行）》，分别从政策层面和实际操作上对政府和社会资本的合作予以指导。"十三五"时期我国文化产业将继续得到财政的大力扶持，但是支持方式显然应该发生较大的变

化。

PPP 模式侧重于政府和社会资本合作，有利于增强公共产品和服务供给能力、提高供给效率，PPP 模式还可以通过特许经营、购买服务、股权合作等方式，与社会资本建立利益共享、风险分担及长期合作关系。文化产业 PPP 模式大有可为，"十三五"时期新型的 PPP 模式应该成为财政支持文化发展的重要战略方向。这就需要进一步创新社会化组织，承接财政资金的运作，联系广泛的社会资本和金融资本形成联动，推动 PPP 项目的实施。

（7）西部大量特色文化产业项目急需资金，需要建立针对性的投融资平台，大力扶持社会化专业化服务机构，为西部文化企业提供融资中介服务

2014 年 8 月，文化部、财政部联合印发了《关于推动特色文化产业发展的指导意见》。该指导意见确定了发展重点领域、发展区域特色文化产业带、建设特色文化产业示范区、打造特色文化城镇和乡村等主要任务。提出到 2020 年，实现基本建立特色鲜明、重点突出、布局合理、链条完整、效益显著的特色文化产业发展格局，形成若干在全国有重要影响力的特色文化产业带等一系列目标。

大量的西部文化资源开发、文化企业发展急需资金，但由于相对于中部和东部地区而言，西部文化市场更不健全，专业化机构更加缺乏，文化企业融资能力较弱，融资难的问题更加突出。因此，推动西部特色文化产业发展既需要增加财政资金投入力度，也需要专业化社会化服务机构和服务平台。

可以考虑选择西部大型区域综合性文化产业项目进行 PPP 试点，建立"西部文化发展组合基金"，鼓励和扶持中东部优秀的服务机构加入其中提供专业化服务，争取获得突破性的成果。同时也可以采取资金资助、奖励、当地政府房租补贴、协助推广、组织培训班等形式，吸引中东部优秀的机构在西部开设分支机构。

（8）艺术品市场经过数年调整和阵痛，正在进入新的增长期，对艺术品金融的需求将形成大规模增长，艺术品金融体系急需规划艺术品交易市场，建立艺术品交易数据库

2012 年之前，艺术品市场已经出现艺术品信托基金、私募投资基金、艺术品租赁、艺术品抵押贷款等金融产品，但整体金额过小、不成规模。2012 年以后，中国艺术品交易市场进入低迷期和调整期，艺术品金融市场也进入

低谷。进入 2015 年以来，艺术品市场显示出复苏迹象，"十三五"时期将可能迎来艺术品市场新的增长期。艺术品交易的再次活跃将产生对艺术品金融的大量需求。

当前艺术品金融面临的最大问题是艺术品交易市场机制不完善，交易规则和交易数据不透明，拍卖市场混乱和拍卖价格失真，缺乏真实可信的艺术品价值评估依据。发展艺术品金融，首先应完善艺术品交易市场机制，完善法律法规，规范拍卖市场，建立艺术品交易记录机制。在这方面，政府应采取措施规范拍卖市场，通过支持建立社会化服务机构采集和整合艺术品交易数据，面向艺术品投资人、经纪人、商业银行等金融机构提供交易信息服务。依托艺术品交易数据，鼓励金融机构开发艺术品金融产品和服务，推动艺术品金融创新。

（9）财政资金投入方式急需转变，应与社会资本、金融资本进一步加强协同合作，从扶持单个项目投资向扶持创业、扶持整合并购、扶持专业化服务平台方向发展

"十二五"时期，从中央到地方都设立了文化产业专项扶持资金，规模达到每年度几百亿元，对文化产业的发展起到了很大的推动作用。但是，资金在使用过程中也引起了产业界和社会的一些质疑，资金投入产出的效果是问题之一。

"十三五"时期，财政资金的投入方向应从单个项目投资和企业奖励转变为以"最大限度推动产业发展、最大限度产生杠杆效应、最大限度维护市场公平"为原则，与社会资本、金融资本协同合作的模式，联合社会资本、金融资本共同设立创业投资基金、整合并购基金，扶持社会化专业服务平台，扶持和奖励互联网众筹融资平台。

"十三五"时期
社会心理和舆论引导研究

杨宜音　王俊秀[*]

摘要："十三五"期间，在完善法治建设和社会建设的同时，应明确把社会心理建设纳入治国方略，在全社会形成和谐共处、奋发进取的社会心态，使全国人民满怀信心、充满活力地建设小康社会，实现社会经济的协调发展。

要从满足民众需求入手，让民众享受安全、愉快、有前景的生活，以"让我们生活得更美好"为理念，激活民众"求幸福、奔小康"的心理动力，使"中国梦"化作每个人、每个家庭的梦想和预期，成为社会发展生生不息的心理源泉。

要进行健康公民人格、契约精神和中国文化气质的养成教育，培育超越家庭的梦想，引导民众守法有德，有序参与经济、社会、文化、政治以及心理建设，使建设者在公共参与中获得成就感和认同感。

"人心归仁"是社会心态的基本现状，也是建设和谐社会心态的基础。对利益和观念多元化的社会现实，要通过营造平等、公平、公正的社会环境，形成各美其美、相互尊重的多元社会观。推动文化、族群、阶层、长幼、城乡、行业等社会类别之间的接触沟通，形成美美与共、和谐发展的包容心态。

* 杨宜音，中国社会科学院社会学研究所，研究员；王俊秀，中国社会科学院社会学研究所，研究员。

要借助多重媒体引导社会舆论，要注重社会心理学研究，在观察、调整、培育、引导社会心态上探讨规律，积累经验。

关键词： 社会心理　社会心态　舆论引导　社会心理建设

党的十八届五中全会关于"十三五"规划建议稿指出，要用中国梦和社会主义核心价值观凝聚共识、汇聚力量；要加强思想道德建设和社会诚信建设，增强国家意识、法治意识、社会责任意识，倡导科学精神，弘扬中华传统美德，注重通过法律和政策向社会传导正确价值取向；要牢牢把握正确舆论导向，健全社会舆论引导机制，传播正能量。

社会心理是社会发展的重要影响源和动力源。重视"十三五"时期社会心理和社会舆论的引导，在完善法治建设和社会建设的同时，适时启动"社会心理建设"非常必要。

在实现中华民族伟大复兴的目标下，引导全民形成社会共识，凝聚民心，从命运共同体意识、文化共同体意识上升为社会发展共同体意识，形成和谐共处、奋发进取的积极社会心态，才能使全国民众满怀信心、充满活力地建设小康社会，实现"十三五"期间社会经济协调发展的总目标。

一　"十三五"时期我国社会心理主要态势

（一）社会心理需求状况

1. 新常态下的社会需求与满足之间出现矛盾

随着我国经济的发展，多数民众的温饱需求已经基本得到满足，但是居民生活满意度却在经历了一个时期持续的上涨后不再增长或出现了下降的趋势。我们新近完成的几个大规模抽样调查显示，从2012年开始居民生活满意度出现了小幅下降。国外研究也发现人们的幸福感和生活满意度并不随着社会经济发展持续上升。生活满意度的不增长或下降与人们需求水平及层次的提高、需求内容的增多之间存在紧密关联。在我国经济社会发展进入"新常态"后，要长期面对民众需求不断提高、不断丰富，而社会发展与之差距拉大而形成的矛盾局面。

2. 民众需求层次多、标准高、问题多

"十三五"期间，首先要面对民众基本生理需求标准提高的问题。洁净的空气、无污染的水、改善的住房条件、高水平的医疗条件、宜居的自然环境、通畅的交通等成为迫切的需求。同时，民众对安全的食品、安全的交通、安全的生产环境、有效的灾害防范等也有更高的要求。从近年来的调查看，安全成为民众最迫切的需求。2006 年、2008 年和 2013 年三次全国范围的调查结果显示，民众在人身、财产和医疗安全等方面的安全感有所提升，但在食品、隐私和交通等方面的安全感却出现了下降趋势，特别是食品安全感处在较低水平。

其次，民众在社会性需求上也有新的特点。伴随人口结构变化、职业和地域流动性增大以及相应社会观念的变化，家庭养老育幼的负担和难度增大，生育意愿减弱，家庭的稳定性降低。同时，在生人社会和职场压力下，原本由家庭化解冲突、提供支持的功能被转移到社会和政府身上。在从熟人社会向生人社会转变过程中，原有的社会资本、社会资源的作用降低，人们的归属需求、社会支持需求得不到满足，同学会、老乡会、战友会、校友会等随即成为替代品。相形之下，生人社会必需的契约诚信精神在市场经济建设中还没有形成。我们连续三年在多个城市进行的社会信任调查发现，居民的社会信任几乎跌破底线，直到 2012 年后呈小幅提升的态势。人们痛恨走后门、拉关系，渴求社会公平，同时，又极度依赖关系网，花很大代价来维系人情往来。

再次，随着民主法治建设不断深入、信息化步伐不断加快，民众的社会参与需求也同步增强，民众的民主意识、权利意识、政治参与意识不断提升。社会心理学家发现，当人们感到自己对社会"如何改变""是否改变"无法介入，那么社会和国家就不是"我的"，而是"他们的""你们的"。这不仅可能导致社会疏离感，社会成员对所在社会漠不关心，还可能使社会、政府、国家成为宣泄负面情绪、责任推诿，甚至是攻击的对象。在近年的多次调查中，都可以看到民众的社会参与愿望与实际行动的巨大差距，或表现为"参与无门""不会参与""参与无效感"，或表现为空谈国家治理，对身边公共事务却漠然视之。因参与而体验到的效能感、成就感、集体自尊和认同感也就相应淡薄。

转型中的社会越来越分化和多元，不同群体的需求表现出很大的差别。不

仅贫富、城乡、官民、劳资、不同民族、不同信仰人群之间存在需求冲突，而且价值观、年龄、消费方式也存在明显差异，从而生成新的社会类别。例如，"有车族""房奴""红二代""北漂""啃老族""白领""蚁族""80后""粉丝""屌丝""手机控""独生子女""外地人"，等等。越来越多的社会类别增大了社会复杂度。特别是城市房价的飙升，使有房户和无房户形成生活境况的巨大差异，年轻一代甚至他们的父母都卷入以房为导向的生活中。

（二）社会价值观基本状况

1. 个人和人际层面的价值观在发生着变化

随着现代化进程，个人的价值观念发生了一些较为明显的变化，近年的调查发现：①强调物质占有的物质主义价值观趋于增强。②青年人传统的性观念和传宗接代观念淡化。③家庭中传统的以亲情为核心的价值观变得更加多元，表现为突出的利益权衡特点。④民众的权利观念增强，权力监督的意识和公共参与意愿增强；不满于权力等级区分造成权力距离拉大，认同缩小权力距离的观念，呼吁约束公共权力。⑤现实社会中人与人的关系越来越隔膜，因此，比以往更迫切地需要仁爱友善的人际关系。⑥人们的公平正义观表现出以自我为中心和自我服务的特点，即认同公平正义的价值观，也认为社会是比较公平正义的，相信整个世道是合理，但他人的遭遇是理所当然的，唯独自己的遭遇是不合理和不公正的。⑦虽然受环境条件限制，多数人仍认为自己的命运可以改变。⑧市场化进程中人们对于契约观念的认同程度在逐渐提高。

2. 社会道德观念和法治意识有待提升

经历了"文化大革命"对传统文化的解构、改革开放以来外来文化和价值观念的冲击、市场经济转型和互联网时代带来的多元文化的影响，中国人的道德观念已经发生了重构，传统的道德观念影响越来越弱，难以形成强有力的主流道德观。西方道德心理学家认为道德包含六个基本方面：关爱、公平、忠诚、尊重权威、节制和纯洁。而相反的方面，伤害、欺骗、背叛、颠覆和堕落，就是不道德。中国传统道德规范强调仁、义、礼、智、信五常，提倡良善、刚正、恭敬、是非和守信。这些都是各民族、各阶层、各类别人群应该持守的道德基准和底线，而人们从现实生活中不断发生的恶性社会事件中看到的却是道德底线的一次次失守，中国人道德滑坡几乎成为世人普遍接受的观点。尽管人们在谴责道德缺失，呼唤道德的回归，但是这种诉求是对他人的要求，而不是自己的身体力行。因此，提高参与的效能感、改变人微言轻的无助感，提升"从我做起"的自主性，形成正向传递、良性循环就极为珍贵和重要。

社会法制体系的建立虽然成效显著，但是，作为法治社会最核心的公民法律意识和法制观念却远没有形成，在社会缺乏公德意识的情境下，公民的法律行为养成困难。公民意识的提升、公民社会的建设仍然任重道远。

3. 社会价值观更加多元，缺乏共享的价值观

社会价值观是隐含在社会结构和制度中的，具有社会控制和社会规范的功能。近年来的研究发现，尽管人们大多同意中国社会更鼓励集体主义，但集体主义价值观实际上在不断弱化。2013年调查显示，"集体主义"在所列的19种"好社会"的价值观中位列末位。同时，令人欣喜的是，新的生态价值观在逐渐形成，越来越多的人认识到了环境对于人类社会的影响和制约，人们开始摒弃"人类中心"的价值观，这将有利于形成命运共同体意识。调查还显示，对于"好社会"价值观念的评价中，从民众对于社会主义核心价值观的选择排序看，更多人选择了社会层面和国家层面的价值，如平等、公正、民主、富强、文明、和谐等，个人层面价值排在后面，如诚信、爱国等。在国家层面，最受重视的价值是民主，在社会层面，最受重视的价值是平等，在个人层面，最受重视的价值是诚信。

社会价值观变化的突出表现是价值观念更加多元，对同一件事能听到不同的声音，并得到不同理论和社会思潮的支持。这在一定意义上源于不同社会阶层、不同文化背景、不同生活环境下人们的不同利益、不同需求、不同的知识体系、不同信息接触和周围社会环境的影响，这是正常的，也是社会转型中过去单一价值体系解体后一个必然的结果。但这种多元价值观背后也存在一个突出的问题，就是缺乏最基本的共享价值观念。没有全社会共享的核心价值体系，社会的互信无法实现，社会的共识无法达成，社会的合作无法进行。

（三）社会情绪基本状况

1. 社会情绪总体上是积极的

社会情绪的基调是正向的。2013年的调查结果显示，居民日常生活中普

遍的情感体验是积极情感,体验到愤怒、担忧、悲哀和厌恶的消极情感相对较少。典型积极情绪者的比例占被调查者的 13.5%,典型消极情绪者占8.7%。年龄越大,典型积极情绪者比例越高,"50 后"及年龄更长者典型积极情绪所占的比例最大;"60 后"在两种典型情绪人群中比例相当;"70 后"典型消极情绪比例最高;"80 后"极端消极情绪略低于前三组,但典型积极情绪所占比例也较低;"90 后"两种典型情绪体验比例都最小。

2. 负向情绪的引爆点降低,爆发激烈,指向性明确

社会转型中社会矛盾和冲突不断凸显,社会情绪是这些矛盾和冲突的核心。一方面,社会矛盾的表现是爆发激烈的社会情绪,另一方面,社会情绪又成为这些矛盾、冲突的动力成分。在影响比较大的社会事件中都有激烈的情绪反应,如"什邡事件""启东事件"中民众的愤怒,"7·23"动车事故引发的悲愤,湖南"永州事件"初期引发的民众的同情和愤怒及反日示威的仇恨,"湖州织里事件"中民众的敌意,食品安全问题的焦虑等。大量负向情绪的累积成为一种社会情绪气氛,在不发生任何事件时已经处于较高水平,一旦出现诱发因素,情绪强度迅速攀升,成为助推社会事件爆发的情绪能量,使得事件升级,增加爆发的激烈程度,导致事件失控。

(四) 社会关系和社会矛盾的社会心态特点

1. 社会不信任的扩大化和固化,成为群际冲突和社会矛盾的温床

我们连续三年的调查结果显示,社会一般信任下降,只有不到一半的人认为社会上大多数人可以信任。群体间的不信任在不断加深和固化,表现为官民、警民、医患、民商等社会关系之间的不信任,也表现在不同阶层群体之间的不信任。社会不信任导致社会群体之间的负面刻板印象加深,污名化泛滥(例如,无商不奸、无官不贪、无人不骗、无人不私),冲突增加,社会冲突又进一步强化了社会中的不信任关系,做好人难,做好事反而被误解、被诬陷,社会信任陷入恶性循环的困境中。

2. 阶层意识成为影响社会稳定的因素

近年来我们的调查发现,民众中存在比较普遍的底层认同、弱势群体认同,对社会进行两极化分层的现象。一些按照经济收入和社会地位应该归属于更高阶层的人认为自己属于底层。自认为底层的民众感到更不安全,更不

公平，社会信任程度更低，感到获得的社会支持也更少。较高比例的底层认同和弱势群体认同成为一个社会隐患。

社会阶层认同直接影响社会情绪反应。一些社会事件引发了异常的社会情绪反应，例如，本该同情的事，却有很多人表现出欣喜；本该是人所鄙夷的事情，却有人在赞美和钦佩；本该谴责却反应冷漠。如在一起患者家属刺死医生的事件发生后，某网站新闻读者情绪调查中65.3%的人对此事件表示高兴；表达同情、难过、愤怒的人数合计仅占25.2%。连续杀人罪犯周克华被击毙后，一些人流露出对他"劫富"的赞赏和对"侠客"的敬意。这种反向社会情绪源于社会普遍存在的底层怨恨。

3. 社会群体更加分化，群体行动、群体冲突增加

改革开放以来广受关注的问题是社会结构的分化，而共同的底层认同使得网络或民间总是出现一边倒的声音或行为。对他人进行极化分层，非贫即富，非下即上，非左即右。上下无贯通，中间少过渡。近年来很多社会冲突是由不同群体间利益、观念、身份差异或对立引起的，如湖州织里镇发生的抗税事件中当地人和外地人的冲突；富士康一线工人与保安人员的冲突；民族地区发生的不同民族的暴力冲突；所谓"左派""右派"之间的思想冲突等。随着社会的进一步分化，不同利益、身份、价值观念的群体间的摩擦、冲突也会相应增多。

（五）对社会状况的感受与预期

1. 对未来生活和社会发展持积极预期

我们的调查发现，生活满意度与家庭生活满意度和个人状况满意度最相关，也与工作、社会保障、环境和就医满意度具有极其显著的相关关系，此外，社会公平、社会信任和社会支持也与生活满意度存在显著相关关系。自我阶层定位越高，生活满意度越低；对过去改变的评价越高，生活满意度越高；对未来预期越高，生活满意度也越高。将近两成居民认为未来5年生活水平会有较大上升，大约一半居民认为会略有上升。

2. 感受到社会的分化，存在冲突的潜在风险

尽管人们对社会贫富分化、官民关系多有不满，但调查结果显示，二者并未达到极为严重冲突的境地。调查发现，人们对老板与员工、本地人与外

地人、不同民族群体之间、不同宗教信仰群体之间感受到的冲突整体上不太严重，比较严重的是"穷人与富人""官员与百姓"之间的冲突。

我国正经历着快速的城镇化过程，大量的农村人口将进入城市生活和工作，这需要农村居民对于城市的认同和城市居民对农村居民的宽容和接纳。农村居民不再满足于候鸟迁徙式的生存状态，他们希望成为真正的城市人。我们对杭州农民工的调查发现，六成农民工倾向于"新杭州人"认同，四成农民工为"新杭州人"身份感到自豪。全国范围的调查显示，绝大多数城市户口的调查对象（92.3%）对外来务工人员在城里工作现象持宽容态度。目前城乡之间的偏见歧视对城镇化进程的影响还不大。但并不意味着外来人和本地人之间可以顺利融合、和谐相处，随着进入城市的人口的增加，利益分配、生活方式等方面的矛盾会不断出现。

二 "十三五"时期社会心态调节和舆论引导的建议

在改革开放35年的进程中，我国在不同的时期重点推行经济建设、法治建设和社会建设。在"十三五"期间，社会结构调整、不同群体和阶层的社会冲突和社会矛盾进入了一个常态化阶段，应明确地把社会心理建设、社会心态培育纳入治国方略中，为实现中华民族复兴的伟大目标调动社会心理资源。

（一）从满足民众需求入手，激活全民奔小康的心理动力，引导民众修身齐家，守法有德，有序参与经济、社会、文化、政治和心理建设

1. 以"让我们生活得更美好"为理念，激活民众追求幸福的心理动力

调查数据支持这样的判断：当前和未来一段时期，中国人最大的共识是"生活得更美好"。它能够最大限度地弥合各阶层、各类别之间的冲突。民众的多种需求可以概括为：一要保障生活安全；二要社会平等相处；三要体现自我价值；四要未来充满希望。

改革开放初期的15年间，中国有市场经济起飞阶段全民动员的经验，说明社会发展的内部动力在于脱贫致富、建设小康社会的强大需求。应将内部动力充分调动起来，形成中华文明下的"中国精神气质"，以此作为实现

"中国梦"的社会心理动力源。

2. 从"修身、齐家"着手，培育健康公民人格，重塑社会道德，树立个人法制观念，培养规范意识和守法行为，鼓励公民参与社会建设和社会治理

社会发展最根本的因素是人，目的也是人。要把民众的基本生活需求、社会性需求作为社会发展的坚实基础，只有这样社会才有活力、有创造力。

中国人生活的基本单位是家庭，家和万事兴。围绕"让我们生活得更美好"的主题，利用多种媒体和小环境舆论，强化家庭美德、家庭幸福的价值观。为了家，人们自然努力工作；为了家，人们需要和谐环境；为了家，人们要守法守则；为了家，人们要保护环境。为了家，也要处理个人－家庭－社会－国家之间的关系，树立正确的公私观。要以契约观念、法治观念、伦理观念，处理好群己关系和群际关系，即从"家庭"认同延伸到"家园"认同上（社区、社团、城镇、都市、国家），从家庭亲密延伸到社会凝聚上。

在新的历史时期，中国传统美德的发扬光大将有助于重塑中国的社会道德。中国传统道德包含了大量社会规范和社会正义、良善的思想，"仁""义""礼""智""信"等一些传统的道德核心思想依然深入人心，也依然具有现实意义。可以说，"人心归仁"是社会心态的基础。在今后的教育、文化建设和社会治理中要认真学习和吸收传统文化那些有生命力的东西，在吸收先进现代道德观念的基础上，形成新的社会主义道德体系。

重塑社会道德首先就是要完善公民人格，通过家庭教育、学校教育和社会教育使青少年能够形成良好的个人习惯和健康人格。推动全社会的私德培育和公德养成，从家庭关系、代际关系等入手培育每个公民具有健康的人际关系，形成勤勉、自制的社会风气，激励每个公民养成自我修养、自我道德完善的"修身"习惯，促进健康的个人发展观。以私德完善来促进社会公德的提高。要重视家庭道德培育，发挥健康家庭关系对社会良性运行的促进作用，形成新型良好的现代伦理和代际关系，促进平等、互相尊重的社会关系的形成。把职业道德水准的提升、职业素养养成作为提高社会公德的突破口。对党员、干部、公职人员要有更高的道德要求；对教师、医生等特定职业要有严格的职业道德规范。

个人法治观念的建立也是公民人格培育的重要内容。公民意识只有在公

共生活中才能养成，全社会，特别是大众传媒的任务是要让每一个公民通过公共参与深刻理解公民的权利、责任和义务。全社会形成对于遵守道德和法律行为的褒扬氛围，鼓励公民的公共参与行为，为公民参与提供有效保障，使他们体会到作为公民的自尊和自豪感，体会到公共参与过程中实现个人价值的效能感。

（二）引导社会共享价值观念建设，多途径营造共同感，形成社会共识，增强社会凝聚力

以平等、民主、诚信为社会价值观建设定位。教育、主流媒体以及政府管理部门要大力倡导优良的个人价值观，形成全社会倡导包容、多元的社会价值观。在制度层面制定严格的职业规范和法律条款，逐步强化个人职业道德和规范，推动全社会形成优良的职业价值观，进而为形成良好的社会秩序奠定基础。从世界观、社会观和个人观三个层面逐步建立中国文化价值体系和基本信念，使个人可以形成包括科学、合理的宇宙观、社会与个人关系等的世界观；形成包含组织制度、社会规范、人际规范、社会奖惩、社会公正等的社会观；形成包括人与环境、社会关系、行为准则、发展目标等的个人观等，使个体成员逐步成为合格的社会成员，使社会逐渐形成共享价值观，提高社会凝聚力。

在"十三五"期间，可以通过以下几个方面营造共同感，提高社会凝聚力。

1. 文化共同感

社会共识有助于共同感的形成，反之亦然。文化的自豪感、独特感、成就感，会形成群体的文化尊严和共同的情感体验。一方面，同文同种，同甘苦共命运，最容易形成群体的凝聚力和向心力；另一方面，最容易启动对外群体的文化形成辨识和区隔。

对待少数民族，既尊重文化差异，各美其美，美人之美；又特别强调56个民族的共同点，美美与共，不固化差异。批判绝对的平等观，以人类先进文化引领各民族文化的发展。特别需要通过媒体和教育培养多元观念，从而接受多元现实。

对待各种阶层和类别群体（贫富、城乡、雇主与员工、上下级、性别及年龄群、教育程度、生活方式群组、民族、宗教等），要减少先赋性差异，

尊重选择性和独特性要求。强化各民族、各宗教向善、求和的相同性，共享追求美好生活的价值观和东方文化。重新类别化、交叉类别化、去类别化都是可适时采用的群际关系改善的方式。

2. 命运共同感

要使民众认识到风险社会下无论是自然环境风险，还是社会风险，社会中的每个人都处在一个命运共同体中。因此，人们必须团结一致，共同面对。以合作的力量感、共鸣的一体感共克时艰。

3. 发展共同感

要共享改革发展的成果，共担发展的风险和代价。在这一点上，没有人可以独享好处，也没有人命中就是替罪羔羊。通过公正分配资源，缩小贫富差距，缩小权力距离、缩小社会距离来重拾信心，聚沙成塔，集腋成裘，同甘共苦，共建家园。

（三）以中国梦作为全民共同的未来预期，调动文化心理资源，适度预期，形成生生不息的发展源泉

如何预期，悲观还是乐观，过度还是不足，都会对当下的行为有很大的影响。借鉴中国传统思想中的中庸理念和辩证思维方式，将可以形成不疾不徐、从长计议、留有余地、实事求是的预期，避免好高骛远、简单攀比、好大喜功的幻想与空想。

预期是中国文化心理的特征之一。中国文化的时间取向是承前启后、继往开来，纵向传承。因此，对比今昔的思维方式，可以让人满足，也让人期待。中国人勤俭持家，孩子是最大的生活动力和行为理由。预期孩子会比自己生活得更好，是最朴素的愿望和最大的生活动力。中国梦，一定要定位于中国人家庭的梦，随后逐渐从身边开始，培育超越家庭的梦想，而不要直接定位于民族的梦、国家的梦，要大而化小，小大关联。

要适度预期。预期过高，承受力小，不满情绪强。预期过低，得过且过，缺乏动力。适度预期的形成需要横向比较，也要纵向比较，要让数字说话，让体验说话，让普通人说话。要让民众了解社会发展一定有局限，有困难，有阶段，不可能一步到位，需要摸索、借鉴、配合、妥协、协商、忍耐、等待。这样的预期才有助于形成理性平和、积极向上的社会心态。

给弱势群体未来。对新生代农民工、低学历者、残疾人、重大病患者及家庭、老年人、民营小微企业、老少边穷地区民众以具体的发展图景，让所有人不因弱势而失去尊严和信心。

为美好未来奋斗。少壮不努力，老大徒伤悲。临渊羡鱼，不如退而结网。实现中国梦，实现个人梦、家庭梦，都必须从每一件工作做起，要敬业守则，克勤克俭，吃苦耐劳，不靠运气。

（四）通过新媒体引导社会心态，注重研究社会心态

目前媒体使用偏好主要有传统媒体与新媒体两大类型，这看似不过是使用者个人的自由选择，却最真实地反映出某种信息消费方式以及社会互动方式的差别。从互联网使用者的使用目的看，沟通、表达、检索、理财、休闲，满足了人不同的情绪、社会、经济方面的需求。它基于获取信息的需求，形成加工信息和发布信息的需求。这种高一级的需求偏好群体更能接受间接的、陌生的、公众社会的信息，更能信任制度和专家，也更懂得使用共享的信息，成为信息消费群、信息依赖群和信息加工群。他们从内容和发布对象上选择性地整理信息、评价信息、传播信息。他们把市场信息化，社交信息化，娱乐信息化，在一定的条件下，更容易形成多元、包容的心态，更具有自由意志，也更容易受到感染和动员；更容易透过信息网络得到信息而被连接为网状结构，也更容易各行其是。简言之，更容易凝聚，也更容易四散。引导社会心态要从新媒体使用群着手，摸索新媒体引导规律。

要重视社会心态的研究和监测，对于不同群体和阶层的社会心态研究进行跟踪和实时的监测，了解社会心态变化特点、规律和内部机制，在制定社会政策、公共管理和教育中能够纳入社会心态的视角。

参考文献

［1］ 高文珺、杨宜音、王俊秀：《社会文化价值观与社会现状感知——基于深圳、哈尔滨、黑龙江宝泉岭某垦区的对比研究》，王俊秀、杨宜音主编《中国社会心态研究报告（2014）》，社会科学文献出版社，2014。

［2］ 李炜：《社会公众的"好社会"价值标准调查报告》，李培林、陈光金、张翼主编《2015 年中国社会形势分析与预测》，社会科学文献出版社，2014。

［3］ 王俊秀：《关注人民的尊严和幸福，促进社会的公正与和谐——2010～2011 年中国社会心态研究报告》，王俊秀、杨宜音主编《中国社会心态研究报告（2011）》，社会科学文献出版社，2011。

［4］ 王俊秀：《关注社会情绪，促进社会认同，凝聚社会共识：2012～2013 年中国社会心态研究报告》，王俊秀、杨宜音主编《中国社会心态研究报告（2012～2013）》，社会科学文献出版社，2013。

［5］ 王俊秀：《当前社会价值观的特点与社会共享价值观的重建——2014 年中国社会心态研究报告》，王俊秀、杨宜音主编《中国社会心态研究报告（2014）》，社会科学文献出版社，2014。

［6］ 王俊秀：《社会心态理论：一种宏观社会心理学》，社会科学文献出版社，2015。

［7］ 杨宜音：《个体与宏观社会的心理联系：社会心态概念的界定》，《社会学研究》2006 年第 4 期。

［8］ 杨宜音：《试论社会心态的形成心理机制及效应》，《哈尔滨工业大学学报》2012 年第 6 期。

［9］ 杨宜音、王俊秀等：《当代中国社会心态研究》，社会科学文献出版社，2013。

［10］ 杨宜音、张曙光：《在多元一体中寻找"我们"——从社会心理学看共识的建构》，《学术前沿》2013 年第 4 期。

"十二五"发展规划
实施情况的总体评估

张晓晶　董　昀[*]

摘要：本章力图通过对公开数据资料的分析，从宏观经济、产业经济、区域经济、科技创新、民生发展和绿色发展六大方面入手，评估"十二五"规划的实施效果。评估结果表明，"十二五"规划的大部分发展目标可望如期实现，但也有少数目标将难以完成。"十三五"规划的制定应建立在构建更加科学合理的发展指标体系的基础之上。

关键词："十二五"规划　政策评估　经济运行

党的十八届五中全会关于"十三五"规划建议稿指出，"十二五"时期是我国发展很不平凡的五年，我们妥善应对国际金融危机持续影响等一系列重大风险挑战，适应经济发展新常态，不断创新宏观调控方式，推动形成经济结构优化、发展动力转换、发展方式转变加快的良好态势；我国经济总量稳居世界第二位，13亿人口的人均国内生产总值增至7800美元左右；第三产业增加值比重超过第二产业，基础设施水平全面跃升，农业连续增产，常住人口城镇化率达到55%，一批重大科技成果达到世界先进水平；公共服务体系基本建立、覆盖面持续扩大，新增就业持续增加，贫困人口大幅减少，生态文明建设取得新进展，人民生活水平和质量加快提高。

＊　张晓晶，中国社会科学院经济学部，研究员；董昀，中国社会科学院金融研究所，副研究员。

目前，"十二五"规划的实施已接近收官，"十三五"规划的编制也正在紧锣密鼓地进行之中。本报告拟利用公开的数据资料，总结分析宏观经济、产业经济、区域经济、科技创新、民生发展和绿色发展等6个方面的"十二五"规划实施效果，对照实际效果与规划目标的差异，进一步探究各项经济社会发展规划实施的成败得失的原因，提出相应解决方案，为科学合理制定"十三五"规划提供参考。

根据本报告的评估结果，2011~2013年，《中华人民共和国国民经济和社会发展第十二个五年规划纲要》（以下简称《纲要》）设定的大多数预期性指标和约束性指标的变化都符合或好于《纲要》的预期，但也有节能减排等方面的部分约束性指标没有得到很好的落实。另外，城镇登记失业率、第三产业增加值比重、人口总量等指标存在较大的局限性和片面性，在"十三五"规划的制定过程中，应当对就业、产业结构、创新、人口结构等方面的定量指标进行重新考量和设计，构建科学合理的指标体系。

在宏观经济运行方面，2011~2013年GDP增速、就业和物价的变化趋势均符合《纲要》的预期，经济波动总体平稳，经济在合理区间内运行，总需求结构也呈现不断优化的演变趋势。不过值得指出的是，无论是消费率的提高还是外部失衡减弱，这些总需求结构方面的改进很大程度上都是一种被动调整的结果，而不宜当作结构调整取得的成绩。一方面，受国际金融危机的冲击，投资下滑较多，从而相对抬高了消费率；另一方面，发达经济体陷入危机之中，复苏相当缓慢，从而外需大幅下降，这也使得内需得以相对提高，外部失衡程度减弱。这意味着，总需求结构调整的任务在"十三五"期间仍然非常艰巨。

在产业结构方面，两个定性目标和两个预期性定量目标（服务业增加值占比、研发支出占比）的实现都取得了进展。特别是按照目前的发展态势，两个定量指标如期实现的可能性比较大。不过，在产业结构调整的指标设定方面仍有待改进。

在区域结构方面，近年来中西部地区的经济发展速度一直高于东部地区，地区间发展差距出现收敛迹象，经济结构的优化升级正在推进，这都是区域发展协调性增强的表现。但各区域的产业结构变化路径并不一致，区域结构调整的目标也不能仅仅定位于各区域经济发展水平的均等化。

在科技创新方面,"十二五"规划实施以来我国的科技创新能力提升与创新型国家建设都取得了明显的进步,从定量角度来看,《纲要》设定目标的完成情况总体良好。但科技创新活动本身的特殊性与复杂性决定了对其进行客观评价的困难。应该看到,尽管过去几年取得了显著的成绩,但一些制约科技创新能力提升、阻碍创新驱动发展的深层次问题与障碍依然存在。

另外,"十二五"规划实施的前三年在就业、社保、收入分配和人口等方面的主要指标变化总体符合《纲要》的要求,但就业的两个预期性指标和人口总量的约束性指标的设定缺乏合理性,需要进一步进行优化设计。社保和收入分配方面的制度建设任务依旧艰巨。

同时,"十二五"规划实施的前三年的绿色发展状况可谓喜忧参半:一方面,土地、水资源以及化学需氧量和二氧化硫等污染物排放指标的完成进度较好;另一方面,非化石能源发展、节能、二氧化碳减排的进度则未达到要求。"十三五"期间在节能减排方面需要制定更加有效的监督和约束机制,维护规划的权威性。

一 导言

国家"十二五"规划的基本功能是阐明国家战略意图,明确政府在2011~2015年的工作重点,引导市场主体行为。《纲要》根据这五年间的阶段性条件和国家发展的长期愿景,提出了全局性的发展战略,明确了国家整体发展的战略任务。因此,"十二五"规划是这五年间全国各族人民共同的行动纲领,是中央和各级政府履行经济调节、市场监管、社会管理和公共服务职责的重要依据。

截至2014年末,"十二五"规划的实施已过大半,"十三五"规划的编制也正在紧锣密鼓地进行。利用公开的数据资料,总结分析"十二五"规划实施的效果,对照实际效果与规划目标的差异,进一步探究各项经济社会发展规划实施成败得失的原因,提出相应解决方案,对科学合理制定"十三五"规划、推动我国经济持续健康发展具有极为重要的借鉴意义。这也正是本评估报告力图达到的主要目标。

本报告有以下几个突出的特点。

第一,本报告不打算对《纲要》文本涉及的所有内容进行面面俱到的点评，而是从经济社会发展的角度选择若干具有重大现实意义的关键领域（涵盖宏观经济、产业经济、区域经济、科技创新、民生发展和绿色发展六大主题），利用公开数据资料，运用经济学的逻辑与方法，进行重点评估。

第二，党的十八届三中全会已经提出了全面深化改革的总体思路，对体制改革的分析评估涉及更为庞杂的领域，需要另外专门进行研究。本报告重点评估的是发展问题，只是在涉及体制改革问题时略做讨论和引申，并不打算系统研究制度问题。

第三，分析"十二五"期间的国际经济环境变化趋势对准确判断"十二五"期间中国经济的走势与前景具有重要意义。但本报告的重点在于评估规划本身的实施情况，因此并不打算专列一节分析国际环境，只是在必要时略做描述。

第四，本评估报告采取的是目标管理式的评估考核方式，即首先考察《纲要》文本设定的各项预期目标是否能够如期实现，如果不能实现，则找到背后的制约因素，并提出改进措施；如果可以实现，也要分析原因，找到潜在风险点。

根据本报告的评估结果，2011～2013年《纲要》设定的大多数预期性指标和约束性指标的变化都符合或好于《纲要》的预期，但也有节能减排等方面的部分约束性指标没有得到很好的落实。另外，城镇登记失业率、第三产业增加值比重、人口总量等指标存在较大的局限性和片面性，在"十三五"规划的制定过程中，应当对就业、产业结构、创新、人口结构等方面的定量指标进行重新考量和设计，构建科学合理的指标体系。

本报告具体的结构安排如下：第二部分评估"十二五"期间宏观经济运行状况，第三部分评估产业结构调整情况，第四部分评估区域经济结构调整状况，第五部分评估科技创新能力，第六部分评估民生发展情况，第七部分评估公共服务供给情况，第八部分评估绿色发展状况。

二　宏观经济运行评估

1.《纲要》文本有关宏观经济管理的论述

《纲要》在宏观经济领域提出的总体目标有两条：经济平稳较快发展、结构调整取得重大进展。前者更多地着眼于宏观经济总量，而后者则指向总需求结构问题。《纲要》还具体设定了"十二五"期间这两类指标所应达到的具体目标。

（1）宏观经济总量指标

——经济总量：国内生产总值年均增长7%。

——就业：城镇新增就业人数达4500万人，城镇登记失业率控制在5%以内。

——物价：价格总水平基本稳定。

（2）总需求结构指标

——消费：居民消费率上升。

——进出口：国际收支趋于基本平衡。

2. 目标实现情况

（1）宏观经济总量指标

——GDP增速

如表1所示，"十二五"规划实施以来，GDP增长速度呈现持续回落态势。与过去30余年平均9.8%和"十一五"期间平均10%以上的高速增长相比，2011～2013年的GDP增速分别仅有9.3%、7.7%和7.7%，但增长速度仍始终高于7%的预期值，超过了规划目标。此轮经济减速虽然与经济周期、外部环境、宏观政策等因素有一定关系，但具有明显的结构性特征，是中国经济发展阶段转换所导致的"结构性减速"。这就意味着，"十二五"乃至"十三五"期间，中国经济将在一个潜在增长率为7%～7.5%的较过去30余年水平略低的次高平台上运行。

表1 2006年以来中国的GDP增长速度

单位：%

年份	GDP增长速度	年份	GDP增长速度
2006	12.7	2010	10.4
2007	14.2	2011	9.3
2008	9.6	2012	7.7
2009	9.2	2013	7.7

资料来源：国家统计局网站。

——就业

从 2011～2013 年的情况来看，城镇新增就业人数共计 3797 万人，已完成"十二五"规划设定的 4500 万人目标的 84.4%，超出了规划预期，到 2015 年末完成规划任务不成问题。这三年间，城镇登记失业率一直保持在 4.1% 的水平，低于 5% 的预期值。从以上数据看，"十二五"规划实施的前三年就业指标完成情况良好。不过需要指出的是，中国的城镇登记失业率只把那些到就业服务机构求职登记的无工作者视为失业人员，没有去登记的失业人员则被排除在失业者队伍之外，难以反映实际的失业状况，不能直接将其作为宏观政策制定的参考依据。

——物价

"十二五"规划实施以来，物价涨幅呈现先高后低态势。2011 年全年居民消费价格上涨 5.4%，其中 7 月达到峰值 6.5%。2012 年物价涨幅明显下降，上半年居民消费价格同比上涨 3.3%，全年上涨 2.6%。2013 年居民消费价格仍同比上涨 2.6%。2014 年居民消费价格呈现继续回落态势，11 月达到 1.4% 的新低。居民消费价格基本稳定这一目标基本实现，但需警惕总需求不足可能导致通货紧缩压力加大，从而使得经济下行压力进一步加大。

（2）总需求结构指标

——消费率

从增量结构上看，"十二五"规划实施以来，我国的最终消费支出对 GDP 增长的拉动作用曾一度高于投资。2011 年和 2012 年，最终消费分别贡献了 GDP 增长率的 56.5% 和 55.1%，而资本形成的贡献率分别仅为 47.7% 和 47.0%。2013 年，消费对 GDP 增长的贡献率则下降到 50.0%，资本形成的贡献激增至 54.4%。但无论如何，用"投资拉动"来描述当前中国经济增长的特质已不再完全合适，"消费和投资双轮驱动"更符合近三年来经济运行的基本态势，这一趋势也符合《纲要》设定的"经济增长依靠消费、投资、出口协调拉动"的预期目标。

从总量结构上看，"居民消费率的上升"是《纲要》重点关注的目标。如表 2 所示，"十一五"期间，消费率和居民消费率持续下降，分别从 2006 年的 50.8% 和 37.1% 降至 2010 年的 48.2% 和 35.0%。2011 年，这两个指标均止跌回升，消费率和居民消费率分别增至 49.1% 和 35.5%，高于 2008 年的水平，此后两年，回升趋势得以保持，2013 年的消费率和居民消费率已基本恢复到 2007 年的水平。这样的新变化符合《纲要》的预期。

表 2   2006 年以来中国的消费率与居民消费率

单位：%

年份	消费率	居民消费率
2006	50.8	37.1
2007	49.6	36.2
2008	48.6	35.4
2009	48.5	35.4
2010	48.2	35.0
2011	49.1	35.5
2012	49.5	36.0
2013	49.8	36.2

资料来源：2014 年《中国统计年鉴》。

——国际收支平衡

如图 1 所示，2011 年以来，经常项目顺差占 GDP 的比重一直保持在较低水平，平均值降至 1% 左右。此外，近年来，外需对中国经济增长的贡献率呈持续下降态势。2000 年，中国的净出口对 GDP 增长的贡献率为 12.5%，到 2011 年已经降至 - 4.3%，2012 年为 - 2.2%，2013 年为 -4.4%。这一比率已经大大低于部分发达经济体，例如，德国 2011 年净出口对 GDP 增长的贡献率为 22.1%，日本 2009 年为 32.4%[①]。由此可见，中国经济的外部失衡已经得到了极大改善，中国经济发展的主要驱动力正逐步转向国内需求，《纲要》当中预期的"国际收支趋向基本平衡"的趋势已经显现。

（3）小结

在宏观经济运行方面，2011 ~ 2013 年 GDP 增速、就业和物价的变化趋势均符合《纲要》的预期，经济波动总体平稳，经济在合理区间内运行，总

---

① 以上数据来源于世界银行数据库（World Bank Database）。

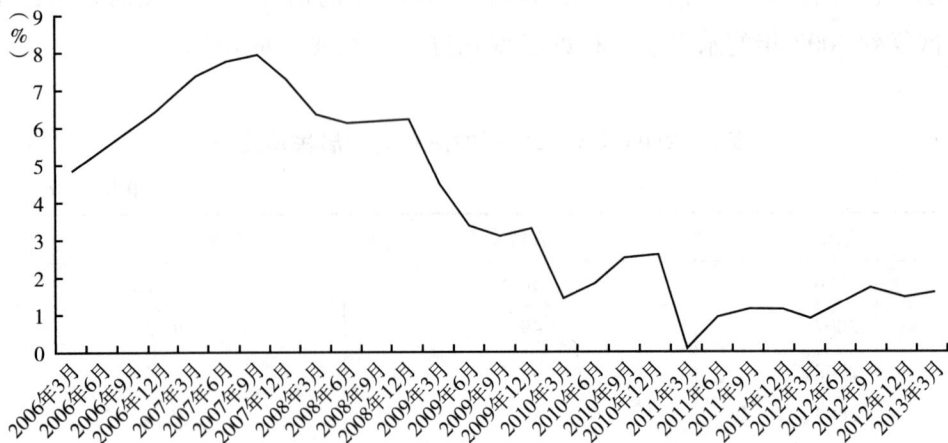

图 1 中国的经常项目顺差占 GDP 的比重

资料来源：CEIC。

需求结构也呈现不断优化的演变趋势。

不过值得指出的是，无论是消费率的提高还是外部失衡减弱这些总需求结构方面的改进，很大程度上都是一种被动调整的结果，而不宜被当作结构调整取得的成绩。一方面，受国际金融危机的冲击，投资下滑较多，从而相对抬高了消费率；另一方面，发达经济体陷入危机之中，复苏相当缓慢，从而外需大幅下降，这也使得内需得以相对提高，外部失衡程度减弱。这意味着，总需求结构调整的任务在"十三五"期间仍然非常艰巨。

3. 进一步讨论

——总需求管理一直是宏观稳定政策的核心，"扩大内需"也是"十二五"期间宏观经济政策的基本方向。但随着中国经济进入"结构性减速"阶段，当前和今后一个时期中国经济的潜在增长率将会不可避免地降至 7%～8%。这也就意味着，在供给面受限的前提下，如果还是一味强调刺激需求（主要是"扩大内需"），那么，不仅难以恢复两位数的经济增长率，还可能会推高通胀率、助长资产价格泡沫，更可能加剧产能过剩，扭曲经济结构。因此，今后不宜继续将扩大内需作为中国宏观政策的基本取向，而应该慎用需求管理，加强供给管理，以稳速增效和内外需均衡发展为基本取向。

——收入与消费是两个密切相关却又相互独立的领域，增加居民收入只解决居民是否有能力消费的问题,并不能解决居民是否愿意消费的问题。在给定收入增长的前提之后,设法提高消费倾向才是提高居民消费率的关键所在。我国居民消费倾向较低的重要原因之一是转型时期的各项制度不完备,不确定性较大,导致居民不敢消费。所有这些问题都不能依靠逆周期的需求刺激政策得到改善,而要通过中长期的制度改革和政策调整加以解决。近期提高居民消费倾向的新政策可考虑在免税、退税、贴息等方面进行探索。比如,对于采取贷款方式进行消费的,如果消费对象属于政策支持范围,可考虑通过贴息的方式扩大消费需求;对于国家支持的重点商品与服务领域,可考虑对消费税"先征后退",等等。

——投资仍将是实现中国经济持续健康增长的关键所在。在总需求管理中,将资金配置到更具动态效率、更有利于提升经济增长潜力和质量的领域是化解产能过剩、实现总供求平衡的重要抓手。未来有投资潜力的领域,除了医疗、教育、社会保障等薄弱环节,还至少包括以下两个领域。一是技术创新领域。一方面,中国和发达国家之间的技术差距还相当大,在产业升级、技术创新上还有不少后发优势。政府应鼓励企业在公平竞争的市场环境中将资金投向引进、吸收、改造高新技术并将其植入传统产业的活动中,提高产品的附加值。另一方面,要鼓励支持企业将资金投向新兴产业中高端产业链的自主技术创新活动中,从而形成核心研发创新能力和品牌优势。二是基础设施领域。随着城镇化进程的加速推进,我国未来的城市基础设施建设存在巨大的需求。中国前两轮积极财政政策的资金多投向高铁、港口和机场等基础设施,但城市内部的公共基础设施,如地铁、城市污水和垃圾处理、环境保护等仍比较缺乏资金支持,投资空间很大。

三　产业结构调整评估

1. 《纲要》文本有关产业结构调整的论述

产业结构调整的基本要求主要包括:"提升制造业核心竞争力,发展战略性新兴产业,加快发展服务业,促进经济增长向依靠第一、第二、第三产业协同带动转变。"

具体地看,《纲要》在产业结构调整方面提出了两个定性目标和两个预期性定量目标。

——"工业结构继续优化"。

——"战略性新兴产业发展取得突破"。

——"服务业增加值占国内生产总值比重提高4个百分点"。

——为了增强科技创新对结构调整和发展方式转变的驱动作用，《纲要》还提出，"研究与试验发展经费支出占国内生产总值比重达到2.2%"。

2.《纲要》中产业结构调整目标的实现情况

（1）关于"服务业增加值占国内生产总值比重提高4个百分点"

如表3所示，"十一五"期间，服务业增加值占GDP比重从2005年的40.5%增至2010年的43.2%，增加了2.7个百分点，未达到"十一五"规划要求的3个百分点。

表3　2005年以来我国服务业增加值占GDP比重

年份	服务业占比（%）	同比增加额（个百分点）
2005	40.5	
2006	40.9	0.4
2007	41.9	1.0
2008	41.8	−0.1
2009	43.4	1.6
2010	43.2	−0.2
2011	43.4	0.2
2012	44.6	1.2
2013	46.1	1.5

资料来源：国家统计局网站。

"十二五"规划要求服务业增加值占GDP比重增加4个百分点，这意味着，到2015年这一比值要达到47%左右。"十二五"规划实施前两年，服务业增加值占GDP比重从2010年的43.2%增加到2012年的44.6%，增加了1.4个百分点。2013年，服务业增加值占GDP比重增至46.1%，较2012年增加1.5个百分点，第三产业增加值占比首次超过第二产业。这意味着服务业增加值占GDP比重增加4个百分点的任务到2013年已经接近完成。

服务业增加值占 GDP 比重的提高说明过去服务业发展不足的状态有所改善，其背后的原因有二：一是国家"十二五"规划鼓励发展服务业，从而引导各地纷纷出台措施，推动服务业发展，从而产生了符合规划预期的结果；二是受产能过剩、外需不振等因素的困扰，工业增速持续下滑，从而服务业比重上升，这并不是规划制定者希望看到的结果。

（2）关于"研究与试验发展经费支出占国内生产总值比重达到 2.2%"

该指标"十一五"规划设定的目标值是 2%，如表 4 所示，2010 年研究和试验发展经费占比只有 1.76%，未能实现预期目标。2011 年、2012 年和 2013 年分别比上一年增加了 0.08 个百分点、0.13 个百分点和 0.12 个百分点，如果保持年均 0.1 个百分点左右的增幅，到 2014 年就能够提前实现 2.2% 的预定目标。

表 4　2010 年以来我国研究和试验发展经费占 GDP 比重

年份	研究和试验发展经费占比（%）	同比增加额（个百分点）
2010	1.76	
2011	1.84	0.08
2012	1.97	0.13
2013	2.09	0.12

资料来源：国家统计局网站。

（3）关于"工业结构继续优化"

工业是实体经济的主体，因而也最容易受实体经济周期性波动的影响。在经济周期下行的压力影响之下，"十二五"规划实施以来，规模以上工业增加值增速持续下滑，2011 年增速为 13.9%，2012 年跌至 10.0%，2013 年仅有 9.7%。工业企业的利润增速也大幅下降。2011 年规模以上工业企业实现利润比上年增长 25.4%，其中国有及国有控股企业增速为 15%，而 2012 年只有 5.3%，其中国有及国有控股企业增速为 -5.1%。2013 年，规模以上工业企业实现利润同比增速回升至 12.2%，但根据最新数据，2014 年前 11 个月，规模以上工业企业实现利润同比增速又降至 5.3%。这与过剩产能迟迟未能化解、工业销售进一步放缓有关。

（4）关于"战略性新兴产业发展取得突破"

"十二五"规划实施以来，各级政府对发展战略性新兴产业表现出很高的热情。国务院发布了《"十二五"国家战略性新兴产业发展规划》，各地也纷纷出台了支持发展战略性新兴产业的系列政策，将其与重大项目建设、骨干龙头企业发展及产业园区规划结合起来。由于无法获得战略性新兴产业的全国性数据，在此我们用高技术产业发展的数据作为替代。

如表5所示，在政策效应的推动之下，2011～2013年，高技术产业增加值的增长速度都比规模以上工业增加值增速快2个百分点以上，高技术产业在工业增加值中所占比重也相应获得较快增长。从数量上看，这一变化符合规划的预期。但目前还无法根据数据资料评估战略性新兴产业是否在提高创新能力和生产率方面发挥了先导性、主导性作用。

表5 "十二五"规划实施以来的高技术产业增加值增速

年份	高技术产业增加值增速（%）	规模以上工业增加值增速（%）	二者差额（个百分点）
2011	16.5	13.9	2.6
2012	12.2	10.0	2.2
2013	11.8	9.7	2.1

资料来源：国家统计局网站。

3. 进一步讨论

从以上初步评估结果看，在"十二五"规划实施的前半程，两个定性目标和两个预期性定量目标的实现都取得了进展，特别是按照目前的发展态势，两个定量指标如期实现的可能性比较大。不过，在产业结构调整的指标设定方面仍有待改进，特别是以下几个问题需要进一步讨论。

——产业结构调整的根本目的是不断将各种生产要素从效率较低的产业转移到效率较高的产业，从而提高资源配置效率和生产效率，提高经济增长的质量和效益。因此，各大产业部类的产值比重不应成为国家规划关注的目标，研究与试验发展经费比重也只能够刻画一个经济体在技术发明上的投入力度，而不能反映产出的质量和效益，因而也不必成为中央政府刻意追求的目标。与此相对应，刻画经济效率的指标则应当作为预期性目标纳入国家规划。

——在编制"十三五"规划时,不必刻意将扶持某些具体产业的发展作为产业政策的核心。政府产业政策的重心应放在为产业升级提供制度性支持,同时提供一些市场机制无法有效提供的与总量信息、基础设施和外部性有关的公共服务。特别是要与供给面的各项改革结合起来,以收到放松管制、打破垄断、提高供给效率之效。

——在未来的规划编制中,可明确提出政府在治理产能过剩中的主要作用是提供服务、发布信息、提示风险,同时避免过度干预,慎用直接限制产能的政策,充分发挥市场机制的引导作用。具体地说,可以在调整中央政府产业政策着力点、减少地方政府对经济的干预、形成市场化的资金配置机制、健全生产要素市场体系和规范地方政府投资行为等方面加大改革力度,通过创造新的改革红利来消除产能过剩的体制根源。

四　地区经济发展评估

1.《纲要》文本有关区域结构的论述

《纲要》指出,为确保科学发展取得新的显著进步,确保转变经济发展方式取得实质性进展,要"坚持把经济结构战略性调整作为加快转变经济发展方式的主攻方向"。其中,区域结构方面的基本要求是"促进区域良性互动、协调发展"。

基于以上指导思想,《纲要》将"结构调整取得重大进展"设定为"十二五"期间经济社会发展七大主要目标之一。具体地看,《纲要》在区域结构调整方面没有给出量化目标,只设定了一个定性目标:区域发展的协调性进一步增强。

2.《纲要》中区域政策目标的实现情况

区域结构调整的主要目标是"区域发展的协调性进一步增强"。增强区域发展的协调性就是要进一步处理好国民经济中的重大比例关系,调整和优化区域经济结构,缩小地区差距。下面选择我国国民经济运行中的若干重要指标对区域发展协调性的变化情况进行评估。

（1）GDP

从 GDP 增速看,如图 2 所示,在 2007 年之前,东部的 GDP 增速一直快于中部和西部。2008～2011年，西部的增速则持续走高，居三大区域之首，中部次之，东部增长最慢。另外，根据对2012年GDP结构的分析，西部增速为12.4%，中部为11%，东部为9.5%，仍维持近几年来的西部快、中部次之、东部慢的基本格局。这表明中西部地区与东部地区的收入差距正在逐步缩小，符合"区域发展协调性进一步增强"的规划预期。

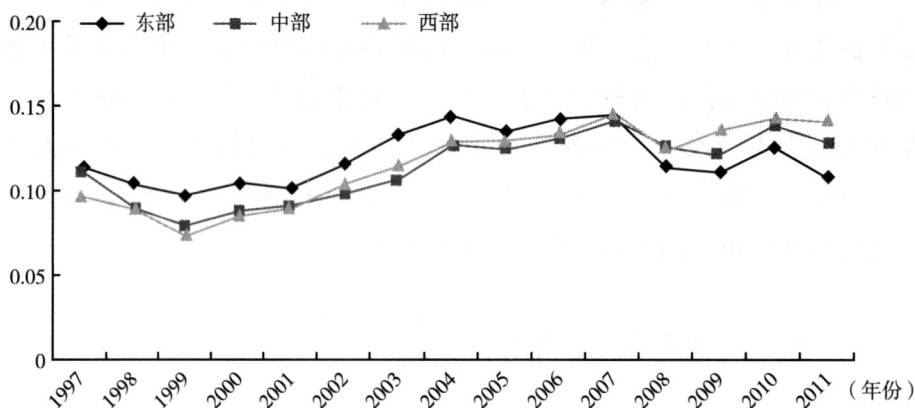

图2 各区域的GDP增长率

资料来源：国家统计局网站。

（2）投资

投资是中国经济增长的主要动力。表6显示，自2006年以来，东部地区的固定资产投资增速也是三大区域中最慢的，中西部地区的增速普遍大幅高于东部地区。综合资本形成和固定资产投资数据信息，可以认为"十二五"规划实施以来，投资增速延续了"十一五"期间的中西部地区显著高于东部地区的特征，有助于缩小区域之间的资本投入差距。

表6 各区域的固定资产投资增速

单位：%

年份	东部	中部	西部
2006	19.3	30.6	25.4
2007	19.9	33.3	28.2
2008	20.9	32.6	26.9

续表

年份	东部	中部	西部
2009	23.0	35.8	38.1
2010	21.4	26.2	24.5
2011	20.1	27.5	28.7
2012	16.5	24.1	23.1
2013	19.7	23.3	22.9

资料来源：国家统计局网站。

（3）产业结构

表7显示，东部地区产业结构不断优化，第二产业占比稳步下降，第三产业快速提升，符合《纲要》提高服务业产值比重的总体预期。中部和西部地区的产业结构及其变化趋势高度一致：第一产业和第三产业比重总体下降，第二产业比重持续增加。这表明中西部地区仍处于工业化加速推进阶段，产业结构仍有待进一步升级。

表7　各区域的三次产业占比

单位：%

年份		2006	2007	2008	2009	2010	2011	2012
东部	第一产业	7.03	6.81	6.73	6.55	6.30	6.22	6.20
	第二产业	51.52	50.83	50.72	49.35	49.37	48.92	47.93
	第三产业	41.46	42.36	42.55	44.11	44.33	44.86	45.86
中部	第一产业	14.73	14.42	14.25	13.61	13.03	12.35	12.04
	第二产业	48.67	49.47	50.54	50.38	52.41	53.54	53.31
	第三产业	36.60	36.11	35.21	36.01	34.56	34.11	34.65
西部	第一产业	15.62	15.55	14.73	13.73	13.15	12.74	12.58
	第二产业	45.34	46.12	47.65	47.46	49.99	50.92	50.85
	第三产业	39.05	38.33	37.62	38.81	36.87	36.34	36.57

资料来源：国家统计局网站。

综合以上三个方面的描述，可以认为，近年来中西部的经济发展速度一直高于东部地区，地区间发展差距出现收敛迹象，经济结构的优化升级正在推进，这都是区域发展协调性增强的表现。但各区域的产业结构变化路径并不一致，区域结构调整的目标也不能仅仅定位于各区域经济发展水平的均等化。

为进一步促进区域协调发展，从2013年下半年起，国家发改委还推出了差别化的新举措：一是加大对东部地区的制度供给；二是加大对中西部和东北地区的资金和项目支持力度，中西部地区将得到更大力度的基础设施和民生工程领域的倾斜；三是扩大区域开放合作，形成东部消费创新、中部承接产业转移并与沿海地区合作共建产业园、中西部加强经济开发区建设的格局。

3．进一步讨论

尽管"十二五"期间区域结构调整取得了新的进展和突破，但在"十三五"期间还有以下几个问题需要着力破解。

——在下一阶段的区域结构调整政策中应着力突出打破地区间市场壁垒，加快形成全国统一的市场体系对提高资源配置效率、促进我国经济持续健康发展的重要性。在未来的区域政策中要进一步体现统一市场的形成对中国经济全局的战略意义，强化全国一盘棋观念，以"加快形成全国统一的市场体系"为纲，围绕促进要素自由流动设计各类配套政策和考核指标体系。

——长期来看，区域协调发展的终极目标是实现地区间人均GDP的趋同，为实现这一目标，务必要高度重视人口的流动对区域协调发展的重要作用。短期内，要通过各方面的配套改革逐步实现地区间基本公共服务的均等化。为此，中央政府需要推动一系列制度改革，例如，完善财政转移支付体制，整合过于碎片化的养老保障体系，深化户籍制度改革，理顺公共服务提供中的中央与地方关系，等等。

——在中国今后的发展过程中，大量人口从中西部地区向东部沿海地区转移是大势所趋。作为人口流入地区的东部，继续加大基础设施投资是具有动态效率的，即这些设施将来会被充分利用，是有回报的。然而，如果在人口不断流出的西部地区继续加大基础设施投资则可能导致建成后使用率低或者闲置，投资成本难以收回，地方政府不良债务快速增长。一旦经济下行、土地出让进程放缓，首先出现偿债危机的就会是生产效率较低的西部地区。因此，对中西部地区的基础设施投资不应一味加大，对那些跨区域的重大交通、能源等领域的基础设施，中央政府仍有必要适度加大投资，但区域内的各类基础设施投资则不宜过度扩张。

五　科技创新能力评估

1.《纲要》文本有关科技创新的论述

在规划目标方面，《纲要》提出以下两个预期性指标，到2015年，研究与试验发展经费支出占国内生产总值比重达到2.2%，每万人口发明专利拥有量提高到3.3件。在政策导向方面，将科技创新与产业结构调整结合起来，强调"依靠科技创新推动产业升级。面向国内国际两个市场，发挥科技创新对产业结构优化升级的驱动作用，加快国家创新体系建设，强化企业在技术创新中的主体地位，引导资金、人才、技术等创新资源向企业聚集，推进产学研战略联盟，提升产业核心竞争力，推动三次产业在更高水平上协同发展"。

2."十二五"规划目标完成情况

（1）研究与实验发展经费占国内生产总值的比例

有关内容在产业结构部分已有评估，此处不再赘述。

（2）每万人口发明专利拥有量

如表8所示，作为"十二五"期间首次列入国民经济和社会发展规划纲要的一项评价指标，每万人口发明专利拥有量从2010年的1.70件提高到2012年的3.23件，已接近《纲要》设定的2015年目标（3.3件），2013年，这一数字已经提升至4.02件，提前完成"十二五"任务。而从总量来看，截至2011年底，我国发明专利拥有量69.7万件，同比增长23.4%，其内地拥有发明专利35.1万件，占总量的50.36%。截至2012年底，我国国内拥有发明专利共计43.5万件，比2011年增长23.9%。截至2013年底，国内拥有发明专利数量已达到58.7万件。

表8　每万人口发明专利拥有量变化情况（2010～2013年）

单位：件

年份	每万人口发明专利拥有量	年份	每万人口发明专利拥有量
2010	1.70	2012	3.23
2011	2.37	2013	4.02

资料来源：国家知识产权局。

（3）政策导向方面存在的问题

如前所述，无论是用研发投入还是用专利数量来衡量，"十二五"规划实施以来我国在科技创新能力提升与创新型国家建设方面都取得了明显的进步，从定量角度来看，《纲要》设定目标的完成情况总体良好。科技创新活动本身的特殊性与复杂性决定了对其进行客观评价的困难。但应该看到，尽管过去几年取得了显著的成绩，但一些制约科技创新能力提升、阻碍创新驱动发展的深层次问题与障碍依然存在，突出体现在以下几个方面。

——科研投入增长迅速，但管理体制和配置格局不合理，导致科研人员行为取向存在偏差，庞大的中央财政科研经费分散在近30个不同的资助渠道，和40个以上国家部委中，导致经费配置呈现多头管理、纷繁复杂的格局，行政导向色彩明显。

——行政导向、分散重叠的科研经费管理与分配体制，导致在评价考核中对简单可比的数量化评价指标而不是独立专业的同行评议更加青睐。各类科技计划、项目都将论文发表、专利申请作为主要考核指标，而各类奖励、职称晋升，甚至是学生毕业，都与论文发表挂钩，导致"唯SCI"倾向明显，科研人员对论文的重视超过对研究的兴趣，"为发表而发表"的现象普遍存在，从而在论文数量高速增长的同时，以引用率、影响力等指标体现的成果质量提升缓慢。

——从政策环境来看，现行财税、投资、金融、贸易政策仍然是鼓励跟踪模仿的，而非鼓励创新创造的，是鼓励数量扩张的，而非内涵提升的，是鼓励加工制造的，而非创意研发的，导致企业在发展模式上难以真正实现创新驱动。

3. 下一步改进措施

——调整与改进现有的科技创新评价指标，增加质量性或活动性指标，如专利实施许可合同备案数量、技术交易合同数量或金额。

——通过推动关键领域体制改革（包括财税、金融、投资、贸易等），最大限度地减少不必要的行政管制，取消和下放行政审批权；消除对不同所有制、不同规模企业的歧视性待遇，大力加强知识产权保护和运用，例如，建立知识产权专门法院，提高侵权诉讼赔偿额度，等等，以优化整体创新环境。

——对现行的科技管理体制进行改革，加强科技资源配置的宏观统筹，成立独立的专家委员会，就财政科技拨款的预算分配提出意见；将科技行政主管部门的决策、执行、评价职能分开；在科研项目经费预算中体现科研活动真实成本（包括人工与间接费用）；建立统一的、跨部门的公共财政资金支持项目库，避免重复资助与浪费。

——对现有的科技计划、项目、政策体系进行清理、合并与调整，解决重复设置与政策冲突的问题；调整政策着力点，实现从科技政策向创新政策的转变，更多运用需求侧政策，如应用示范、政府采购等激励创新。

六 民生发展评估

1. 《纲要》文本有关民生发展的论述

——城镇登记失业率和城镇新增就业人数，要求城镇登记失业率控制在5%以下，"十二五"期间的新增就业人数4500万人，相当于每年新增就业人数900万人。

——加快完善社会保险制度、加强社会救助体系建设、发展社会福利和慈善事业，参加城镇基本养老保险的人数在"十二五"期末达到3.57亿人。

——城镇居民人均可支配收入和农村居民人均纯收入在"十二五"期间的年增长速度不低于7%，按照可比价格计算到"十二五"期末分别达到26810元和8310元，即城乡居民的人均收入在"十二五"期间累计增长40%。

——《纲要》提出了人口的总量约束指标，要求到"十二五"期末，将全国总人口控制在13.9亿人以内。

2. "十二五"规划目标完成情况及相关政策建议

（1）就业

在宏观经济部分，我们已对就业进行了评估，发现从总体进度看，完成新增就业和控制城镇登记失业率的任务均完成良好。首先，两个预期指标本身并不能恰当、全面地反映劳动力市场形势的变化，因此，指标的实际完成情况难以用来评估就业状况。在考察失业情况时使用的登记失业率，其定义与国际通用的失业率定义有较为明显的差别，而且，登记失业制度仅覆盖具有城镇户籍的人员，不适用于1.6亿名外出农民工，农民工的就业状态及其变化难以得到有效反映。此外，登记失业是以"登记"为基础，往往不能真实地反映实际是否就业。同时，随着劳动力市场形势的变化以及人口转变进程的加速，以"城镇新增就业"来指导就业问题也缺乏针对性。

其次，即便是以登记失业率和城镇新增就业作为预期指标，具体目标的设置也过于宽松，对就业工作的指导意义不强。例如，在过去30年内，无论就业形势多么严峻，登记失业率从未高于5%，最近10年也一直低于4.3%。显然，以5%的登记失业率作为预期目标，其实际的指导意义有限。

（2）社会保障

截至2013年第一季度，参加城镇基本养老保险的人数已经达到3.06亿人，养老保险扩面的进度符合预期，具体情况如图3所示。到2013年第一季度，全国新型农村和城镇居民社会养老保险参保人数达到4.86亿人，共有1.33亿名城乡老年居民按月领取养老金。截至2013年底，参加城镇基本养老保险的人数进一步增加到3.22亿人，比2012年底增加1785万人。2014年和2015年，如能每年继续增加1700万~1800万人，就可以完成"十二五"规划设定的目标任务。

相对于社会保险扩面工作的顺利进展，在"十三五"期间，社会保障工作在以下方面仍然面临着严峻的挑战。

首先，相对于城镇居民社会保险覆盖的进程，社会保险对农民工覆盖面扩大缓慢，还有大量的农民工没有加入任何社会保险。

其次，社会保障制度建设仍然面临严峻的挑战，突出体现为基本社会保险制度的碎片化、统筹层次低、区域间不可转移接续等不足。应当看到，目

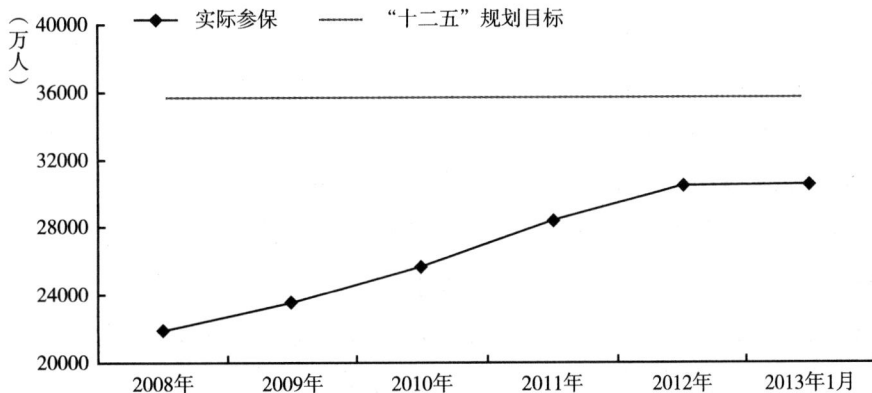

图 3　城镇参加基本养老保险人数变化情况

资料来源：人力资源和社会保障部：《2012 年度人力资源社会保障事业发展统计公报》《2012 年度人力资源社会保障事业发展统计公报》《2013 年一季度人力资源社会保障工作情况和下一步工作安排》。

前"多层次"的社会保险制度设计，在实现迅速扩面的同时，也给保障体系的可转移、可接续带来制度难题。当前，以推进"人的城镇化"为核心的新型城镇化过程，更需要突破社会保障制度碎片化的制约。

最后，城乡居民在享受社会保险的给付水平上存在较大的差异。例如，城乡居民在人均养老金、人均医疗报销费用上均存在较大的差别。为了统筹城乡民生事业的发展，推进新型城镇化，在"十二五"后期，应该积极研究合并实施城乡主要的社会保险制度，并把增量资金向农村居民倾斜。

（3）收入分配

城乡居民的收入增长目标完成良好，截至 2012 年末，城镇居民人均可支配收入和农村居民人均纯收入分别较"十一五"期末增长了 18.8% 和 23.3% 。2013 年，城镇居民人均可支配收入和农村居民人均纯收入分别又比 2012 年增长 7.0% 和 9.3% 。农村居民的收入增长快于城镇居民是在其他历史时期很少出现的，也有利于收入分配形势的总体改善。按可比价格计算，城乡居民收入比由"十一五"期末的 3.23 下降到 2013 年底的 3.30 。

应该看到，在"十三五"期间进一步缩小收入差距仍然面临着较为严峻的挑战。首先，进一步通过转移支付政策缩小收入差距的难度加大。无论是对落后地区的经济发展支持还是对低收入者的转移支付，对缩小个人收入差距都有一定的积极作用。各省份人均地区生产总值的基尼系数从2003年达到0.277的峰值以来持续下降，到2011年已经下降到0.215。显然，区域经济差距的缩小有利于缩小个人收入差距，但在地区经济发展差距达到历史低点后，进一步缩小地区差距需要新的政策手段。

其次，劳动力市场上出现的积极变化，对于缩小收入差距已经发挥了积极作用。未来，随着经济发展和人口转变，可以预期普通劳动者工资上涨的趋势仍将维持，但继续保持"十一五"及"十二五"期间的增长速度难度很大。

未来应进一步调整收入分配关系，应该着力于以下几方面工作。第一，通过进一步深化户籍制度改革，缩小不同群体之间再分配收益的差距，减小社会保护对于改善收入分配的累退效应。第二，通过深化经济体制改革，打破行业垄断，缩小行业收入差距。第三，以完善公共资源出让制度和收益分享制度为重点，规范劳动力要素以外的其他要素参与收入分配的制度，特别是国有资产收益的分配制度。

（4）人口

"十二五"期间，人口老龄化呈加速的态势，生育率水平的下降且处于低水平已经形成共识，劳动年龄人口的总量也首次出现下降。人口总量已经不是人口问题的主要矛盾。相比之下，人口的结构矛盾已经非常突出。既有的规划不仅在人口问题形势判断上存在偏差，其对于调控目标的安排也有可能造成未来人口年龄结构的进一步恶化。

首先，根据第六次人口普查所提供的资料推算，目前的总和生育率水平已低至1.4~1.5。这一超低生育率水平与规划使用的1.8有较大差别，也可以预期，人口老龄化的形势将比以前认识到的程度更加严峻。

其次，《纲要》将人口约束目标设定为人口总量目标，既缺乏必要性，也缺乏合理性。而且，根据国际经验，低生育率的形成具有不可逆转的趋势。根据目前的低生育率水平，达到约束目标无须耗费有限的行政资源进行政策干预。

总结上述评估结果,"十二五"规划实施的前三年就业、社保、收入分配和人口等主要指标变化总体符合《纲要》的要求,但就业的两个预期性指标和人口总量的约束性指标的设定缺乏合理性,需要进一步优化设计。社保和收入分配方面的制度建设任务依旧艰巨。

七 绿色发展评估

1. 《纲要》文本有关绿色发展的论述

《纲要》提出加强资源环境生态保护工作,推动绿色发展,建设"两型"社会。规划确定了12个资源环境生态发展目标,其中11个为约束性指标,较"十一五"期间的7个指标有大幅度增加(见表9),同时还明确了积极应对全球气候变化、加强资源节约和管理、大力发展循环经济、加大环境保护力度、促进生态保护和修复、加强水利和防灾减灾体系建设等6项重点任务。

表 9 "十二五"时期资源环境生态发展目标

类别	指标	2010 年	2015 年	累计变化	属性
土地	耕地保有量	18.18 亿亩	18.18 亿亩	0	约束性
水资源	单位工业增加值用水量降低			30 个百分点	约束性
	农业灌溉用水有效利用系数	0.5	0.53	0.03 个百分点	预期性
能源	非化石能源占能源消费比重	8.6%	11.4%	2.8 个百分点	约束性
	单位国内生产总值能源消耗降低			16 个百分点	约束性
二氧化碳	单位国内生产总值二氧化碳排放降低			17 个百分点	约束性
污染物	化学需氧量总量减少			8 个百分点	约束性
	二氧化硫排放总量减少			8 个百分点	约束性
	氨氮排放总量减少			10 个百分点	约束性
	氮氧化物排放总量减少			10 个百分点	约束性
森林	森林覆盖率	20.36%	21.66%	1.3 个百分点	约束性
	森林蓄积量	137 亿立方米	143 亿立方米	6 亿立方米	约束性

注:《中国统计年鉴》将 2010 年非化石占能源消费比重最终确定为 8.6%。

2. "十二五"规划目标完成情况

"十二五"规划实施的前三年，以完成目标的60%作为指标完成评判标准，资源环境生态类指标完成情况大致可分为几大类（见表10）。

表10　"十二五"时期资源环境生态指标完成状况

类别	指标	2010 年	2011 年	2012 年	2013 年	进展情况
土地	耕地保有量（亿亩）	18.18	18.24	—	—	完成
水资源	单位工业增加值用水量（立方米/万元）	90.0	82.2	75.6	68	较好
	农业灌溉用水有效利用系数	0.5	0.51	0.52	—	较好
能源	非化石能源占能源消费比重（%）	8.6	8.0	9.2	9.8	未完成
	单位国内生产总值能耗（吨标煤/万元）	0.81	0.794	0.765	0.742	未完成
二氧化碳	单位国内生产总值 CO_2 排放（吨 CO_2/万元）	2.05	2.05	1.95	1.87	未完成
污染物	化学需氧量排放同比变化率（%）		-2.04	-3.05	-2.93	较好
	二氧化硫排放量同比变化率（%）		-2.21	-2.62	-3.14	较好
	氨氮排放量同比变化率（%）		-1.52	-4.52	-3.48	较好
	氮氧化物排放量同比变化率（%）		5.73	-2.77	-4.72	完成
森林	森林覆盖率（%）	20.36	—	—		
	森林蓄积量（亿立方米）	137.2	—	—		

根据表10，可以得出两点初步结论。第一，完成进度要求或完成较好的，主要是土地、水资源以及化学需氧量和二氧化硫等污染物排放指标。第二，未完成进度要求或略有滞后的，主要是非化石能源发展、节能、二氧化碳减排等相关指标。"十二五"规划实施前三年的绿色发展状况可谓喜忧参半，"十三五"期间在节能减排方面需要制定更加有效的监督和约束机制，维护规划的权威性。

3. 值得进一步讨论的问题

（1）完成情况较差的单位国内生产总值能耗、非化石能源占能源消费比重等指标均与能源消费密切相关

当能源消费特别是煤炭消费持续快速增长时，这些指标的完成难度均很大。"十二五"规划实施前两年能源消费年均增量近2亿吨标准煤，与"十五""十一五"期间增量基本持平。2012年能源消费总量已达36.2亿吨标准煤。而且，煤炭作为短期唯一能够大幅度增加供应的能源品种，消费量也快

速增长。目前中国已经形成了世界上独一无二的高度依赖煤炭的能源生产和消费体系，煤炭产能接近40亿吨，超过世界煤炭总产能的一半；燃煤机组装机容量接近8亿千瓦，发电量占比高达3/4；煤炭占铁路货运量的40%以上；煤炭在能源结构中的比重也长期居高不下，一直在70%左右。《纲要》提出要合理控制能源消费总量，《能源发展"十二五"规划》也明确了能源消费总量控制目标，但仅为预期性目标，并未加以强化。如果能源消费总量继续保持上述增长趋势且能源消费结构不能得到有效改善（即煤炭占比不能显著下降），完成上述指标的"十二五"既定目标困难较大。

建议以控制能源消费总量作为战略支点，与产业结构调整与布局优化、能源结构调整、降低能源强度、环境治理、应对气候变化政策做好衔接，相互促进，形成合力，共同推动"两型"社会建设。近期，宜以控制煤炭消费为主。煤炭消费控制应坚持供应侧和需求侧并重，供应侧要以土地、水资源和生态环境承载力为依据，合理确定开发上限规模；需求侧应着力提高煤炭直接发电比重，抑制煤炭终端利用，提高煤炭清洁利用水平。率先在京津冀、长三角以及珠三角等地区实行煤炭消费总量控制，增产不增煤。

（2）资源生态类指标中质量效益指标缺乏

例如，森林考核指标以蓄积量和覆盖率两个数量指标为主，没有森林的质量指标，导致历次森林资源清查得到的蓄积量和覆盖率数据呈现快速增长，但森林资源整体质量却出现下降。

建议"十三五"期间以保护资源、改善生态环境为根本目标，加快建立和完善能够反映资源环境生态质量效益的评价指标体系。设定森林、土地、水、能源相关质量效益目标，强化指标控制。

（3）在强调二氧化碳减排的同时，应重视排放总量的快速增长

2012年中国二氧化碳排放量占全球总量的26.7%，远超过排名第二和第三的美国和印度（两者排放量占比分别为16.8%和5.3%）。图4显示了1980~2012年中美两国的二氧化碳排放量，21世纪以来中国二氧化碳排放量开始急剧上升。如果继续目前这种趋势，在不远的将来中国二氧化碳的历史累计排放量很有可能成为世界第一。即使不断降低二氧化碳排放强度，应对气候变化的国际压力也将空前巨大。

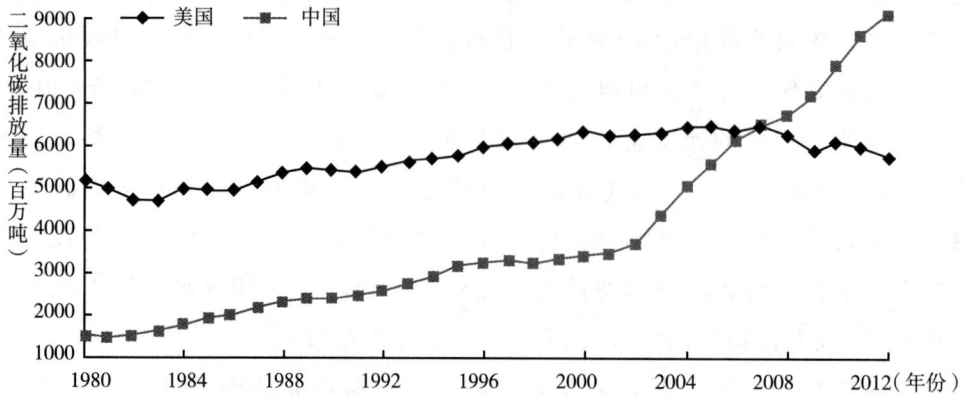

图4　1980～2012年中美两国二氧化碳排放量变化

资料来源：BP世界能源统计2013。

（4）强化PM2.5、重金属、大气汞排放等污染物控制

高度重视近两年暴露的新环境问题，如雾霾天气、水土污染，尽快将PM2.5等颗粒物排放量、重金属排放量纳入目标控制范畴，防止进一步恶化。尽早将大气汞排放量纳入目标控制范畴，做好防控工作。

后　记

　　2014 年末，"十二五"规划即将进入收官之年、"十三五"规划进入谋划之年，中国社会科学院党组决定，为配合国家"十三五"规划的制定，实施"十三五"时期经济社会发展重大问题研究，由我和蔡昉具体负责实施。我们经过认真研究，选定 20 多个"十三五"时期经济社会发展重大问题，组成由相关研究所所长、副所长和首席研究员领衔的各研究报告课题组，开展研究和撰写工作。到 2015 年 3 月，各研究报告已经基本完成，之后我们又组织了多次专家研讨会，对这些报告进行了深入的讨论和评议。2015 年 10 月 29 日，党的十八届五中全会通过了《中共中央关于制定国民经济和社会发展第十三个五年规划的建议》，我们又组织各课题组成员认真学习领会"十三五"规划建议稿，修改和完善各研究报告。

　　这本《2020：走向全面小康社会——"十三五"规划研究报告》，就是由这 20 多个研究报告组成的研究报告集。这些报告深入分析了未来五年以及更长时间段我国经济社会发展的环境、趋势和问题，提出了未来发展的思路和对策，其中有很多专家学者的真知灼见。这些专家研究报告，对于我们理解我国未来五年经济社会发展面对的新形势、新情况、新挑战、新趋势，对于我们思考我国在经济新常态下的发展战略和发展路径选择，对于我们深刻领会党的十八届五中全会的精神和战略部署，都是很有参考价值和启发意义的。

感谢中国社会科学院科研局局长马援和项目处处长金朝霞在协助组织该课题方面所做的大量工作，社会科学文献出版社社长谢寿光和责任编辑为出版此书付出的心血。

李培林

2015 年 11 月于北京

图书在版编目（CIP）数据

2020：走向全面小康社会："十三五"规划研究报告/李培林，
蔡昉主编.—北京：社会科学文献出版社，2015.11（2016.2 重印）
ISBN 978 - 7 - 5097 - 8435 - 8

Ⅰ.① 2… Ⅱ.①李… ②蔡… Ⅲ.①国民经济计划 - 五年
计划 - 研究报告 - 中国 - 2016～2020 Ⅳ.①F123.3

中国版本图书馆 CIP 数据核字（2015）第 268829 号

2020：走向全面小康社会
——"十三五"规划研究报告

主　　编／李培林　蔡昉

出 版 人／谢寿光
项目统筹／恽　薇　陈凤玲
责任编辑／陈凤玲　于　飞　陈　欣

出　　版／社会科学文献出版社·经济与管理出版分社（010）59367226
　　　　　地址：北京市北三环中路甲 29 号院华龙大厦　邮编：100029
　　　　　网址：www.ssap.com.cn
发　　行／市场营销中心（010）59367081　59367018
印　　装／北京季蜂印刷有限公司

规　　格／开　本：787mm×1092mm　1/16
　　　　　印　张：34.75　字　数：568 千字
版　　次／2015 年 11 月第 1 版　2016 年 2 月第 3 次印刷
书　　号／ISBN 978 - 7 - 5097 - 8435 - 8
定　　价／158.00 元

本书如有印装质量问题，请与读者服务中心（010 - 59367028）联系